O Tao da libertação

Recomendações

"*O Tao da libertação* é um livro inovador. Ele junta discernimentos cosmológicos, ecológicos e espirituais de maneira inovadora e convincente. Esta colaboração criativa de Mark Hathaway e Leonardo Boff nos oferece uma nova síntese que, com certeza, tornar-se-á clássica."

Brian Swimme
Diretor do Centre for the Story of the Universe,
California Institute of Integral Studies

"Eu adoro este livro porque é inspirador e bem-sucedido. Ele guia o leitor através de alguns dos problemas mais complexos de nossa era (por exemplo, o processo de globalização e a atual ameaça de mudança climática e perda de espécies) e indica um caminho a partir da religião e da espiritualidade. Como tive o grande privilégio de servir na Comissão da Carta da Terra ao lado de Leonardo Boff, eu já conhecia a ideia de que nossos valores e fé têm um impacto direto na crise atual. Leonardo Boff e Mark Hathaway escreveram uma obra inspiradora de ecolibertação e de sobrevivência planetária."

Elizabeth May
Líder do Partido Verde do Canadá

"Nenhum outro livro identificou tão cuidadosamente a nova cosmologia de Thomas Berry e Brian Swimme com um contexto libertador e um futuro sustentável. Esta obra é sábia e importantíssima."

Mary Evelyn Tucker
Codiretora do Forum on Religion and Ecology,
Yale University

"*O Tao da libertação* representa uma grande contribuição para uma resolução da crise global. Ele analisa suas raízes e propõe novas direções. O texto se inspira nas ciências, economia, ética e espiritualidade, e as integra de uma maneira que pode nos salvar do precipício."

David G. Hallman
Consultor do WCC Climate Change Programme

"Um manifesto grandioso, compreensivo e poético visando transformações sociais e ecológicas, escrito do ponto de vista de um proeminente teólogo da libertação e de um ativista prático de transformações espirituais. Eles produzem uma visão não apenas de mudanças culturais, mas de transformações espirituais alcançadas pela reconexão e renovação de nossos relacionamentos com a totalidade da criação."

Neil Douglas-Klotz
Autor de *Prayers of the Cosmos*

"Leonardo Boff e Mark Hathaway fundem maravilhosamente a teologia da libertação e a espiritualidade da criação. Gostei muito das dimensões ecológicas, cosmológicas e de filosofia feminista deste livro, as quais são inteligentemente aplicadas à crise do capitalismo e da cultura ocidental que enfrentamos, bem como seu profundo ecumenismo, o qual é exemplificado através da obra e de maneira muito bonita e apta com o uso do magnífico *Tao Te Ching*."

Matthew Fox
Autor de *The Coming of the Cosmic Christ: Original Blessing*

"A pobreza e a destruição do meio ambiente mundo afora representam dois dos mais importantes desafios enfrentados pela humanidade hoje em dia. Em *O Tao da libertação*, Mark Hathaway e Leonardo Boff exploram criativamente e de maneira inspiradora a interconexão entre esses dois desafios, mesclam habilmente as sabedorias de várias tradições espirituais com os discernimentos das ciências sociais e identificam as características estruturais e culturais do nosso comportamento insustentável. Este livro deve ser lido por todas as pessoas que querem entender a importante conexão entre a libertação dos pobres e a libertação da Terra."

Stephen Bede Sharper
University of Toronto

"Boff e Hathaway se inspiram em várias disciplinas e utilizam recursos convincentes para nos apresentar um caminho holístico, compreensivo e integrado das mudanças que devemos implementar se a humanidade quiser ter um futuro em nosso "lar terrestre". A crise que enfrentamos é espiritual e *O Tao da libertação* é uma obra importante que não podemos ignorar."

Rev. Bill Phipps
Cofundador da Faith and Common Good Network

"A humanidade chega a um momento histórico. Os leitores deste livro descobrirão uma riqueza de ideias e profundos discernimentos sobre as mudanças fundamentais que precisamos implementar em nossa maneira de pensar e em nosso mundo. A mais importante e profunda dessas ideias é a que está no centro dos esforços dos autores; quer dizer, ao invés de entender nossa transição para uma sociedade sustentável como algo baseado primariamente na imposição de limites e restrições, Hathaway e Boff propõem com grande eloquência uma nova e convincente concepção da sustentabilidade como forma de libertação."

Fritjof Capra
Autor de *O Tao da física*

"*O Tao da libertação* é um evangelho criativo que representa nossa era. A partir de uma síntese vital e integral de sabedorias antigas e novas, Mark Hathaway e Leonardo Boff produzem uma obra profética e atual que lida com os desafios que enfrentamos. Sua receita para a ecologia da transformação é inspiradora, motivadora e dá esperanças a todos aqueles que procuram uma visão integradora e uma nova era que seja saudável para a Terra e para todos os povos."

Jim Conlon
Autor de *From the Stars to the Street*

"*O Tao da libertação* [...] é lúcido e inspirador, conecta a cosmologia a ética, ciências, espiritualidade, teoria de sistemas e consciência ao mesmo tempo em que explica como todos esses discernimentos nos guiam em nossos esforços para trabalhar em conjunto na renovação da Terra."

Heather Eaton
Coautora de *Ecofeminism and Globalization*

O Tao da libertação

Dados Internacionais de Catalogação na Publicação (CIP)
(Câmara Brasileira do Livro, SP, Brasil)

Hathaway, Mark
  O Tao da libertação : explorando a ecologia da transformação / Mark Hathaway, Leonardo Boff ; tradução de Alex Guilherme ; prefácio de Fritjof Capra. 2. ed. – Petrópolis, RJ : Vozes, 2012.

  Título original : The Tao of liberation : exploring the ecology of transformation

  1ª reimpressão, 2022.

  ISBN 978-85-326-4253-0

  1. Ambientalismo 2. Ambientalismo – Filosofia 3. Desenvolvimento sustentável 4. Ecologia I. Boff, Leonardo. II. Capra, Fritjof. III. Título.

11-09619   CDD-333.72

Índices para catálogo sistemático:
1. Ambientalismo : Ecologia da transformação
333.72

Mark Hathaway
Leonardo Boff

O Tao da libertação

EXPLORANDO A ECOLOGIA DA TRANSFORMAÇÃO

PREFÁCIO DE
FRITJOF CAPRA

TRADUÇÃO DE
ALEX GUILHERME

EDITORA VOZES

Petrópolis

© 2009, Mark Hathaway e Leonardo Boff
© 2009, by Animus/Anima Produções Ltda.
Caixa Postal 92.144 - Itaipava
25741-970 – Petrópolis – RJ
www.leonardoboff.com

Tradução realizada a partir do original em inglês intitulado
The Tao of Liberation – Exploring the Ecology of Transformation.
Publicado por Orbis Books, Maryknoll, New York, U.S.A.

Direitos de publicação em língua portuguesa:
2012, Editora Vozes Ltda.
Rua Frei Luís, 100
25689-900 Petrópolis, RJ
www.vozes.com.br
Brasil

Todos os direitos reservados. Nenhuma parte desta obra poderá ser
reproduzida ou transmitida por qualquer forma e/ou quaisquer meios
(eletrônico ou mecânico, incluindo fotocópia e gravação) ou arquivada
em qualquer sistema ou banco de dados sem permissão escrita da editora.

CONSELHO EDITORIAL

Diretor Editorial
Gilberto Gonçalves Garcia

Editores
Aline dos Santos Carneiro
Edrian Josué Pasini
Marilac Loraine Oleniki
Welder Lancieri Marchini

Conselheiros
Francisco Morás
Ludovico Garmus
Teobaldo Heidemann
Volney J. Berkenbrock

Secretário Executivo
Leonardo A.R.T. dos Santos

Editoração: Elaine Mayworm
Diagramação: Victor Mauricio Bello
Capa: Aquarela Comunicação Integrada

ISBN 978-85-326-4253-0 (Brasil)
ISBN 978-1-57075-841-6 (Reino Unido)

Este livro foi composto e impresso pela Editora Vozes Ltda.

À minha filha Jamila e à minha esposa Maritza que tanto me apoiaram nesta jornada com carinho e coragem.
A todos os meus professores que tanto me inspiraram com seus discernimentos e sabedoria.
Ao cosmo vivo, cuja beleza evolutiva me preenche de respeito.
Mark Hathaway

A Miriam Vilela e a Steven Rockefeller por seu profundo amor pela Terra viva e por suas importantes contribuições durante o processo de formulação da Carta da Terra.
Leonardo Boff

"Estamos diante de um momento crítico na história da Terra, numa época em que a humanidade deve escolher seu futuro. À medida que o mundo torna-se cada vez mais interdependente e frágil, o futuro reserva, ao mesmo tempo, grande perigo e grande esperança [...]. A escolha é nossa: formar uma aliança global para cuidar da Terra e uns dos outros ou arriscar nossa destruição e a da diversidade da vida [...], devemos decidir viver com um sentido de responsabilidade universal, identificando-nos com a comunidade terrestre como um todo, bem como com nossas comunidades locais."

Carta da Terra

"Como as futuras gerações se referirão à nossa era? Elas falarão com raiva e frustração de um tempo de grandes distúrbios [...], ou verão esta época com alegria celebrando a 'Grande Reviravolta', como a época em que seus ancestrais transformaram a crise numa oportunidade, abraçaram o grande potencial da natureza humana, aprenderam a viver em colaboração criativa uns com os outros e com a Terra viva e forjaram uma nova era de possibilidades para a humanidade."

David Korten

"Não nos faltam energias dinâmicas que possam criar um novo futuro. Vivemos num mar de energias que vai além de nossa compreensão. Hoje nós nos apoderamos delas pela dominação, mas devemos aprender que devemos invocá-las."

Thomas Berry

Sumário

Prefácio, 13

Sobre o Tao Te Ching, 23

Prólogo, 25

1 Procurando a sabedoria numa era em crise, 31

Parte I. Examinando obstáculos, 47
2 Desmascarando um sistema patológico, 49
3 Superando a dominação, 110
4 Superando a paralisia – Renovando a psique, 141

Parte II. Cosmologia e libertação, 195
5 Redescobrindo a cosmologia, 197
6 A cosmologia da dominação, 212
7 Transcendendo a matéria – O microcosmo holístico, 246
8 Complexidade, caos e criatividade, 280
9 Memória, ressonância mórfica e surgimento, 309
10 O cosmo como revelação, 343

Parte III. O Tao da libertação, 419
11 A espiritualidade para a Era Ecozoica, 421
12 A ecologia da transformação, 463

Continuando a jornada, 525

Referências, 527

Índice analítico, 543

Índice geral, 589

Prefácio

Com o desenrolar do novo século, dois fatores vão impactar no futuro bem-estar da humanidade. O primeiro destes é o desenvolvimento e a propagação do capitalismo global, o segundo é a criação de comunidades sustentáveis fundadas em práticas baseadas em ecodesign.

O capitalismo global é preocupado com redes eletrônicas para transações financeiras e trocas de informações. O ecodesign se atém a redes ecológicas e ao fluxo de energia e materiais dentro destas redes. A meta da economia global é, em sua forma atual, a maximização da riqueza e do poder das elites; a meta do ecodesign é a maximização da sustentabilidade da teia da vida. Estes dois fatores estão atualmente em curso de colisão.

A nova economia, que surgiu da revolução da tecnologia da informação das últimas três décadas, é estruturada principalmente em torno de redes de transações financeiras. Tecnologias sofisticadas de informação e comunicação facilitam a rápida movimentação de capital pelo mundo em uma incansável procura por oportunidades de investimento. Esse sistema conta com a ajuda de modelos computacionais para administrar as muitas complexidades trazidas pela rápida desregulamentação e pelo número atordoante de instrumentos financeiros.

Esta economia é tão complexa e turbulenta que torna impossível uma análise econômica convencional. O que nós estamos realmente vivenciando é um cassino global operado eletronicamente. Os apostadores neste cassino não são especuladores desconhecidos, mas grandes bancos de investimento, fundos de pensão, multinacionais e fundos mutuais criados com a intenção de manipular mercados financeiros. O tão chamado mercado global, em si mesmo, não é um mercado, mas uma rede de computadores programados com um único intento: fazer dinheiro. Quaisquer outros intentos ficam fora da equação. Isto quer dizer que a globalização econômica tem sistematicamente excluído a dimensão ética de se fazer negócio.

Nos últimos anos, o impacto social e ecológico dessa globalização tem sido discutido exclusivamente por acadêmicos e líderes de comunidades. Sua análise diz que a nova economia está produzindo um grande número de consequências graves. Ela enriqueceu as elites globais de especuladores financeiros, empresários e profissionais de alta tecnologia e, em consequência, aqueles que se encontram no topo da pirâmide social nunca acumularam tanta riqueza. Entretanto, as consequências para a sociedade em geral e para o meio ambiente têm sido desastrosas; e como nós temos visto durante a atual crise financeira, a nova economia também representa um grave risco à saúde financeira de pessoas no mundo todo.

Este novo capitalismo global causou um aumento da desigualdade e da exclusão social, comprometeu instituições democráticas, teve um grande impacto negativo no meio ambiente e alastrou o problema da pobreza e da alienação. Este capitalismo ameaça e destrói comunidades locais pelo mundo afora e sua idealização de uma infundada biotecnologia é um assalto à santidade da vida, porque torna diversidade em monocultura, ecologia em engenharia e a vida em uma mercadoria.

É cada vez mais claro que o capitalismo global em sua forma presente é insustentável social, ecológica e até financeiramente, e então ele precisa ser fundamentalmente re-projetado. Seu princípio fundamental que dita que fazer dinheiro tem precedente sobre os direitos humanos, democracia, proteção do meio ambiente, ou quaisquer outros valores, só pode levar ao desastre. Entretanto, este princípio pode ser mudado; afinal, ele não é uma lei da natureza. As mesmas redes eletrônicas usadas em trocas de informações e transações financeiras *poderiam* contar com outros valores. O problema não é tecnológico, mas político. O grande desafio do século XXI é mudar o sistema de valores subjacentes à economia global para torná-la compatível com a dignidade humana e com a sustentabilidade ecológica.

Certamente, o ato de replasmação do processo globalizatório já começou. Na primeira década deste novo século uma impressionante coalizão de organizações não governamentais (ONGs) foi formada com esse propósito. Esta coalizão, também chamada de movimento pela justiça global, tem organizado uma série de manifestações bem-sucedidas contra reuniões da Organização Mundial do Comércio (OMC), G7 e G8, e tem também organizado vários encontros do Fórum Social Mundial (FSM), a maioria dos quais ocorreu no Brasil. Nesses encontros as ONGs propuseram um novo paradigma para políticas comerciais, que incluem propostas radicais e concretas para uma reestruturação das instituições financeiras mundiais, o que mudaria profundamente a natureza do processo de globalização.

O movimento pela justiça global exemplifica um novo tipo de movimento político que é típico dessa nossa era da informação. Por causa de seu habilidoso uso da internet, as ONGs dessa coalizão são capazes de se comunicarem umas com as outras, divulgarem informações e mobilizar seus membros com uma rapidez sem precedentes. Consequentemente, as novas ONGs globais se tornaram eficientes atores políticos independentes das tradicionais instituições nacionais e internacionais. Elas constituem um novo tipo de sociedade civil e global.

Para posicionar seu discurso político dentro de uma ótica sistemática e ecológica, essa sociedade civil e global conta com o apoio de uma rede de acadêmicos, institutos de pesquisa, grupos de reflexão e centros de estudos que tendem a operar independentemente das instituições acadêmicas tradicionais, das organizações financeiras e das agências governamentais. Atualmente há muitos desses institutos de pesquisa e de estudos espalhados por várias partes do mundo, e eles compartilham uma característica que é conduzir pesquisa dentro de parâmetros de valores centrais a todos eles.

A maioria desses institutos de pesquisa é formada por comunidades de acadêmicos e ativistas que estão engajados em vários tipos de projetos e campanhas. Entretanto, há três grupos de problemas que parecem ser um recorrente foco de preocupação por parte dos maiores e mais ativos movimentos de classes populares. O primeiro é o desafio de moldar as regras e as instituições envolvidas no processo de globalização; o segundo é sua oposição contra os alimentos transgênicos e sua preferência pela agricultura sustentável; e o terceiro é o ecodesign, que é um esforço sério de remodelar estruturas físicas, cidades, tecnologias e indústrias para torná-las ecologicamente sustentáveis.

Design, no sentido mais lato, consiste na plasmação dos fluxos de energia e matéria para usos e propósitos humanos. Ecodesign é um processo pelo qual os usos e propósitos humanos são cuidadosamente embutidos e tecidos na malha e no fluxo natural do mundo. Os princípios do ecodesign refletem os princípios de organização que a natureza criou para sustentar a teia da vida – o contínuo ciclo da matéria, o uso de energia solar, diversidade, cooperação e simbiose, e assim por diante. Para implementar esta noção de design, precisamos mudar nossa atitude para com a natureza – daquilo que podemos *extrair* da natureza para o que podemos *aprender* com a natureza.

Recentemente temos visto um aumento considerável em práticas e projetos orientados por ecodesign, os quais são agora bem documentados. Eles incluem a renascença da agricultura orgânica pelo mundo afora; a organização de indústrias em agrupamentos ecológicos, nos quais o refugo de uma se torna o recurso da outra; a mudança de uma economia baseada em produtos para uma economia baseada em "fluxo e serviço", na qual matérias-primas industriais e componentes técnicos circulam continuamente entre fabricantes e usuários; edifícios construídos de acordo com um design que gera mais energia que a usada, que não produzem desperdício e que monitoram seus desempenhos; carros híbridos que são muito mais eficientes que os carros normais; e assim por diante.

Estes projetos e tecnologias baseados em ecodesign incorporam princípios ecológicos e têm, então, algumas características fundamentais em comum. Eles tendem a ser projetos em pequena escala, com muita diversidade, eficiência energética, não poluentes, orientados para a comunidade, de mão de obra intensiva e criadores de vários postos de trabalho. As tecnologias agora disponíveis são provas irrefutáveis que a transição para um futuro sustentável não é mais um problema técnico ou de fundamentos. Muito pelo contrário, é um problema de valores e de vontade política.

Mas parece que tal vontade política tem aumentado significativamente nos últimos anos. Um indício notável disso é o filme *Uma verdade inconveniente*, de Al Gore, que teve um importante papel na sensibilização das pessoas para uma consciência ecológica. Em 2006, Al Gore treinou pessoalmente duzentos voluntários no Tennessee para palestrar sua mensagem mundo afora. Até 2008 esses voluntários já tinham dado vinte mil palestras para dois milhões de pessoas. Neste mesmo ínterim, a organização de Al Gore, *The Climate Project*, treinou mais de mil outros indivíduos empenhados pela causa na Austrália, Canadá, Índia, Espanha e Reino Unido. Eles agora são vinte e seis mil palestrantes que já comunicaram a mensagem para uma audiência de mais de quatro milhões de pessoas mundialmente.

Outro importante acontecimento foi a publicação do livro *Plan B: Mobilizing to Save Civilization*, de Lester Brown, um dos fundadores do Worldwatch Institute e um dos maiores pensadores sobre o meio ambiente. A primeira parte do livro é uma discussão detalhada sobre a interconexão fundamental dos maiores problemas que nos afetam. Ele demonstra com extrema claridade que o círculo vicioso de pressão demográfica e pobreza leva ao esgotamento de recursos – queda no nível dos lençóis d"água, poços artesianos que secam, florestas que diminuem, declínio dos estoques de pesca, erosão do solo, desertificação dos prados e assim por diante – e como este esgotamento, exacerbado por mudanças climáticas, produz Estados falidos cujos governos não conseguem manter seus cidadãos, alguns dos quais, num estado de completo desespero, recorrem ao terrorismo.

Enquanto esta primeira parte do livro é categoricamente deprimente, a segunda – um plano de ação para salvar nossa civilização – é otimista e emocionante. Tal plano envolve várias ações simultâneas trabalhando em cooperação umas com as outras, e refletindo a interdependência dos problemas que elas tentam solucionar. Todas as propostas nessa segunda parte podem ser implementadas com o uso de tecnologias que nós já possuímos e, de fato, todas essas propostas são explanadas com exemplos bem-sucedidos em alguma parte do planeta. O *Plano B* de Brown é talvez a mais clara documentação que temos hoje em dia de que nós possuímos o conhecimento, as tecnologias e os meios financeiros para salvar nossa civilização e para construir um futuro sustentável.

E, finalmente, a liderança e a vontade política para o desenvolvimento de uma civilização sustentável ganharam um novo ímpeto com a eleição de Barak Obama para a presidência dos Estados Unidos. As origens da família Obama são bem diversas tanto racial quanto culturalmente. O pai dele era do Quênia, a mãe era norte-americana e o padrasto era da Indonésia. Obama nasceu no Havaí e passou parte da infância lá e parte na Indonésia. Estas origens bem diversas moldaram a maneira que ele tem de ver o mundo; ele não tem problemas em se comunicar com pessoas de outras raças e de classes sociais diferentes.

Como passou vários anos trabalhando como organizador comunitário e como advogado de direitos humanos, Obama é um excelente ouvinte, facilitador e mediador. Sua eleição remodelou a cultura política nos Estados Unidos e está transformando a imagem desse país no exterior e mudando a percepção que os norte-americanos têm deles mesmos.

O programa político do Presidente Obama representa um redirecionamento para os Estados Unidos. Os pontos principais desse programa são a rejeição do fundamentalismo de mercado, o final do unilateralismo norte-americano, a implementação de políticas econômicas visando o bem-estar do meio ambiente como respostas à crise mundial do meio ambiente. Obama é muito consciente da fundamental interconexão dos grandes problemas do mundo e muitos dos maiores cientistas e ativistas do planeta estão prontos a lhe ajudar na implementação dessa política.

Mas algumas questões importantes ainda necessitam respostas: Por que levou tanto tempo para se reconhecer a seriedade do risco à sobrevivência humana? Por que somos tão devagar em mudar nossas percepções, ideias, modos de vida e instituições, as quais continuam a perpetuar injustiças e a destruir a capacidade do Planeta Terra em sustentar a vida? Como impulsionar o movimento pela justiça social e pela sustentabilidade ecológica?

Estas questões são centrais para este livro. Os autores – um do Grande Sul, o outro do Grande Norte – têm refletido muito sobre questões teológicas, de justiça e de ecologia. A resposta deles às questões delineadas é que o desafio maior vai além da disseminação de conhecimento e mudança de hábitos. Todas as ameaças que enfrentamos, na visão deles, são sintomas de uma doença cultural e espiritual afetando a humanidade. Eles afirmam que: "Há uma patologia aguda inerente ao sistema que atualmente domina e explora o mundo". Eles identificam a pobreza e a desigualdade, o esgotamento da Terra e o envenenamento da vida como os três principais sintomas dessa patologia, e ainda observam que "as mesmas forças e ideologias que exploram e excluem os pobres estão também devastando toda a comunidade de vida do Planeta Terra".

Para superar este estado patológico, os autores argumentam, será necessária uma mudança fundamental da consciência humana. Escrevem que, "de uma maneira muito real, somos chamados a nos reinventar como espécie". Eles se referem a este processo de profunda transformação como "libertação", da mesma maneira que este termo é usado na tradição de teologia da libertação; quer dizer, no nível pessoal como forma de realização ou iluminação espiritual e no nível coletivo como a procura de um povo de se liberar de opressões. Em meu entendimento, este uso dualista do conceito de "libertação" é o que dá a este livro seu caráter único, permitindo aos autores integrar as dimensões sociais, políticas, econômicas, ecológicas, emocionais e espirituais da atual crise global.

Como Hathaway e Boff dizem no prólogo, *O Tao da libertação* é a procura pela necessária sabedoria para efetuar profundas transformações liberadoras em nosso mundo. Ao se darem conta de que esta sabedoria não pode ser encapsulada por palavras, eles decidiram descrevê-la a partir do uso do antigo conceito chinês *Tao* ("o Caminho"), significando tanto o caminho espiritual do individual como a maneira de ser do universo. De acordo com a tradição taoista, a realização espiritual acontece quando agimos em harmonia com a natureza. Nas palavras do clássico texto chinês *Huai Nan Tzu*: "Aqueles que seguem o fluxo da natureza na corrente do *Tao*".

Neste livro, a procura pela necessária sabedoria para efetuar as mudanças de uma sociedade obcecada por crescimento ilimitado e por consumo material para uma civilização equilibrada e sustentadora de toda a vida envolve duas etapas. A primeira pretende compreender os obstáculos reais que bloqueiam nosso caminho de transformação libertadora. A segunda etapa envolve a formulação de uma "cosmologia de libertação" – uma visão do futuro que é, como diz Thomas Berry, "suficientemente fascinante para nos respaldar durante a transformação do projeto humano que está atualmente em desenvolvimento".

Os múltiplos e interdependentes obstáculos explorados por Hathaway e Boff são causados por nossas estruturas políticas e econômicas, reforçadas por uma visão do mundo mecânica, determinista e subjetiva como sentimento de impotência, negação e desespero. Os obstáculos sistêmicos externos são argumentados em grande detalhe. Estes incluem a ilusão de crescimento ilimitado num planeta finito, o poder excessivo das corporações, um sistema financeiro parasita e a tendência de monopolizar o conhecimento e impor, usando a adequada expressão de Vandana Shiva, "monoculturas de mentes". Os autores explicam que estes obstáculos externos são reforçados por sistemas opressivos de educação, pela manipulação dos meios de comunicação, por um consumismo generalizado e por ambientes artificiais – especialmente áreas urbanas – que nos isolam da natureza viva.

Para suplantar o sentimento de impotência, que pode se manifestar em várias formas como vício e ganância, negação, dificuldade de raciocínio e desespero, os autores sugerem que nós precisamos expandir nossa percepção do "eu". Necessitamos aprofundar nossa capacidade para compaixão, para construir comunidades, para a solidariedade, e precisamos acordar nosso senso de pertença para com a Terra, e assim redescobrir o nosso "eu ecológico". Eles sugerem que devemos nos "concentrar nas coisas que realmente nos dão regozijo, que nos dão prazer – passar tempo com os amigos, fazer caminhadas ao ar livre, escutar música, ou se deliciar com uma simples refeição". A maioria das coisas que nos dão realmente prazer, eles identificam, custa pouco ou é gratuita.

Contudo, para realmente despertarmos e nos reconectarmos, nós também precisamos de um novo entendimento da realidade e de um novo senso do lugar da humanidade no cosmo. Necessitamos de "uma cosmologia vital e fundamental". Os autores usam o termo "cosmologia" no sentido de uma concepção comum de entender o universo que dá significado a nossas vidas e eles contrastam a "cosmologia da libertação" que agora vai surgindo com a "cosmologia da dominação", que inclui "a subalterna cosmologia de aquisição e consumo", a qual domina as sociedades modernas e industrializadas.

Os autores afirmam que um novo entendimento do cosmo está surgindo a partir da ciência moderna, o qual é muito parecido com as cosmologias aborígenes. Entretanto, ao contrário da maioria dessas cosmologias, essa nova e científica visão do mundo imagina um universo em evolução e, portanto, é um paradigma conceitual ideal para as transformações libertadoras de que tanto necessitamos. Para defender esse ponto, Hathaway e Boff recorrem a vários pensadores contemporâneos – filósofos, teólogos, psicólogos e especialistas em ciências naturais. Dentre a vasta gama de ideias, modelos e teorias discutidas por eles, nem todas são compatíveis entre si; algumas são esotéricas e definitivamente fora dos parâmetros da ciência convencional; e algumas vezes os autores extraem conclusões que vão além da ciência corrente. Não obstante, eles são admiravelmente bem-sucedidos na demonstração do surgimento de um novo, coerente e científico entendimento da realidade.

Na vanguarda da ciência contemporânea o universo não é mais visto como um aparato mecânico composto de simples elementos fundamentais. Foi descoberto que o mundo material, em última análise, é uma rede de inseparáveis modelos de relacionamentos; que nosso planeta é uma totalidade viva e um sistema autorregulatório. O entendimento do corpo humano como uma máquina e da mente como uma entidade em separado está sendo substituída por outro que concebe o cérebro, o sistema imunológico, tecidos orgânicos e mesmo células como sistemas viventes e cognitivos. A evolução não é mais vista como uma luta competitiva por existência, mas como uma dança cooperativa impulsionada por criatividade e pelo constante aparecimento do novo. E com essa nova ênfase em complexidade, em redes e em padrões de organização, uma nova "ciência de qualidade" está surgindo lentamente.

Os autores também argumentam, corretamente em nossa opinião, que essa nova cosmologia científica é completamente compatível com a dimensão espiritual da libertação. Eles nos lembram que, dentro da tradição cristã deles mesmos, o significado original da palavra espírito – *ruha* em aramaico, ou *ruah* em hebraico – era o sopro da vida. Este era também o significado original das palavras *spiritus*, *anima*, *pneuma* e de outras antigas palavras para "alma" ou "espírito". A experiência espiritual, então, é, antes de tudo, a experiência de vida. A percepção central desse tipo de experiência, de acordo com numerosos testemunhos, é um profundo sentimento de unidade com o todo, um sentimento de pertença para com o universo em sua totalidade.

Esse sentimento de unidade com o mundo natural é confirmado pela nova concepção da vida difundida pela ciência contemporânea. Quando entendemos que as raízes da vida são fundadas em princípios básicos químicos e físicos, que o desenvolvimento de complexidades começou muito antes do aparecimento das primeiras células e que a vida evoluiu durante bilhões de anos a partir do constante uso dos mesmos padrões e processos, percebemos nossa firme conexão com todo o tecido da vida.

Por isso, esse entendimento de sermos conectados com toda natureza é especialmente forte em ecologia. Conectividade, relacionamento e interdependência são conceitos fundamentais da ecologia, e conectividade, relacionamento e pertença são essenciais à experiência espiritual. Então, a ecologia parece ser uma ponte ideal entre a ciência e a espiritualidade. Certamente, Hathaway e Boff defendem uma "ecologia espiritual" essencialmente preocupada com o futuro do Planeta Terra e de toda a humanidade.

Os autores ainda salientam que há singulares discernimentos e abordagens ecológicas em todas as religiões e eles nos encorajam a ver essa diversidade de ensinamentos como um ponto forte e não como uma ameaça. "Cada um de nós deve verificar novamente nossas próprias tradições espirituais", e os autores sugerem "procurar discernimentos que nos dirijam à reverência de toda a vida, a uma ética de compartilha e de cuidado, a uma visão do sagrado encarnado no cosmo".

O Tao da libertação também contém várias sugestões reais de metas, estratégias e políticas para a execução de ações transformativas para que possamos implementar uma sociedade justa e ecologicamente sustentável. Dois tópicos são discutidos em grande detalhe: o biorregionalismo baseado no conceito de recuperação da conexão com a natureza no nível local; e a Carta da Terra, que é "um verdadeiro sonho de liberação para a humanidade" e que tem como princípios primeiros o respeito e o cuidado para com a comunidade da vida.

Estamos nos aproximando de uma encruzilhada na história da humanidade e assim os leitores deste livro vão se deparar com uma riqueza de ideias e profundos discernimentos sobre as mudanças necessárias na consciência humana e sobre as transformações radicais que devemos implementar em nosso mundo. Dentre tais ideias, a mais importante e profunda é talvez a noção central do argumento dos autores. Ao invés de se ver a transição para uma sociedade sustentável primeiramente em termos de limites e restrições, Hathaway e Boff eloquentemente propõem uma nova e convincente concepção de sustentabilidade como forma de libertação.

Fritjof Capra
22 de abril de 2009, Berkeley, Estados Unidos
Dia Internacional da Mãe Terra

Sobre o Tao Te Ching

Decidimos usar o *Tao Te Ching* (ou *Dao De Jing*)[1], um antigo texto chinês escrito aproximadamente 2.500 anos atrás, como fonte de inspiração para este livro. O texto é tradicionalmente atribuído a Lao-tzu (ou Laozi), um sábio que se acredita ter vivido entre aproximadamente 551 e 479 a.C., mas a maioria de acadêmicos acredita que o texto é uma coleção de provérbios tradicionais com fontes diversas. O texto foi provavelmente elaborado entre o sétimo e o segundo séculos a.C.

De acordo com Jonathan Star, podemos entender o significado do título *Tao Te Ching* da seguinte maneira:

> Tao é a Suprema Realidade, a substância onipresente; é o universo em sua totalidade, bem como a maneira em que o universo opera. Te é o formato e o poder de Tao; é a maneira pela qual o Tao se manifesta; é o Tao particularizado em uma forma ou virtude. Tao é a realidade transcendente; Te é a realidade imanente. Ching significa "livro" ou um "texto clássico". Então o *Tao Te Ching* significa literalmente "O Clássico Texto da Suprema Realidade (Tao) e de sua Perfeita Manifestação (Te)", "O Livro do Caminho e de seu Poder", "O Clássico Tao e sua Virtude" (STAR, 2001: 2).

Depois da Bíblia, o *Tao Te Ching* é o texto mais publicado no mundo inteiro. Há várias traduções do texto, algumas mais acadêmicas e literais, outras mais poéticas. O chinês antigo é uma língua conceitual e por causa disso cada palavra do texto evoca uma miscelânea de imagens que podem ser traduzidas de várias maneiras. Então, nenhuma tradução pode propriamente captar a amplitude e profundidade do texto. De certa maneira, qualquer tradução é uma interpretação do texto e nenhuma nos dá a totalidade do que nos é dito nele.

Já que nós não estamos tentando escrever nada como um tratado acadêmico sobre o texto, decidimos nos referir a várias traduções do *Tao Te Ching*

---

1. A transliteração moderna do chinês é Dao De Jing, que é corretamente fiel à pronúncia. Entretanto, decidimos usar Tao Te Ching porque o título do livro é mais popularmente conhecido nesta forma.

e a maioria delas é mais poética do que literal; combinamo-las para criar uma versão bem adaptada ao capítulo a ser introduzido, mas que continua sendo fiel ao texto original. Para isso, usamos as traduções de Mitchell (1998), Müller (1997) e Feng e English (1989), mas também consultamos a excelente tradução literal de Jonathon Star e C.J. Ming (2001) como um guia.

Prólogo

Existia algo inteiro
Antes do céu e da terra.
Silencioso e sem forma.
Imutável e independente.
Sempre em movimento,
em círculo.
Chamemos-lhe a mãe do mundo.
Não sei seu nome.
Chamo-lhe Tao...

O que não tem limites,
eternamente flui;
sempre fluindo,
constantemente regressa.

O homem obedece à terra;
a terra obedece ao céu;
o céu obedece ao Tao;
O Tao obedece à sua própria natureza
(*Tao Te Ching*, § 25)[1].

O Tao da libertação é uma procura pela sabedoria, pela sabedoria necessária para implementar profundas transformações em nosso mundo. Decidimos descrever esta sabedoria a partir do uso da antiga palavra chinesa *Tao*, a qual significa o caminho ou senda da harmonia, paz e relação apropriada. O Tao pode ser entendido como um princípio de ordem que regulamenta o cosmo; o Tao é ao mesmo tempo o modo de ser do universo e a estrutura fluídica cósmica que não pode ser propriamente descrita, mas apenas percebida[2]. É a

---

1. LAO-TZU (2010). *Tao Te Ching*. Lisboa: Presença, p. 55-56 [Trad. de Joaquim Palma] [N.T.].
2. Nós nos referimos às definições do Tao de Dreher (1990), Heider (1986), Feng e English (1989) e Star (2001).

sabedoria central ao universo, a sabedoria que abrange a essência de seu propósito e de sua direção.

Apesar de fazermos uso da imagem do Tao e do antigo texto *Tao Te Ching*, nosso livro não é escrito com o intento de ser um tratado *taoista*. De fato, a ideia de Tao a que nos referimos aqui transcende, de certa maneira, qualquer filosofia ou religião. E ideias parecidas podem ser vistas em outras tradições. Por exemplo, o Dharma do budismo significa "o modo de ser das coisas" ou "o processo de ordem" (MACY, 1991a: XI). Similarmente, a palavra aramaica usada por Jesus e que é tradicionalmente traduzida como "o Reino" – *Malkuta*[3] – se refere aos "princípios maiores que dirigem nossas vidas na direção da unidade" e invoca "a imagem de um 'braço forte' intencionado em criar, ou uma corda embaraçada pronta a se desenrolar para o potencial vivente da Terra" (DOUGLAS-KLOTZ, 1990: 20). O Dharma e o Malkuta formulam o conceito diferentemente, mas apesar disso, e para o propósito deste livro, podemos conceber que eles identificam a mesma realidade apontada pelo Tao, a qual é difícil de descrever e que só pode ser intuída na profundeza do nosso ser.

O kanji (ou ideograma) chinês usado para representar o Tao é o resultado da combinação do kanji para sabedoria e para caminhar, invocando a imagem do processo pelo qual a sabedoria é colocada em prática; ou seja, um tipo de *práxis*. Em *O Tao da libertação* nós procuramos esta "caminhada sábia" inerente ao cosmo.

---

3. É praticamente impossível saber as palavras precisas que Jesus usou em aramaico. Neste livro nós nos referimos às palavras usadas na versão aramaico-siríaca da Bíblia, a qual é usada até hoje por todos os cristãos aramaicos; esta é a versão peshitta da Bíblia. Muitos acadêmicos de origem cristão-aramaica argumentam que essas versões dos evangelhos podem ser tão antigas quanto às do Novo Testamento em grego. A transliteração e interpretação das palavras da versão Peshitta são encontradas no trabalho de Douglas-Klotz (1990; 1995; 1999; 2006). Este nota que Jesus falava em aramaico, língua usada pela maioria da população local na época, significa então que o uso de uma fonte aramaica (como é o caso da versão peshitta) nos dá melhor discernimento sobre Jesus e sobre o significado de suas palavras, como também a natureza de sua espiritualidade. Como Douglas-Klots (1999: 6) explica: "A versão peshitta é a mais semítica – ou seja, a mais judia – das primeiras versões do Novo Testamento. Ela nos oferece, no mínimo, um entendimento do pensamento, língua, cultura e espiritualidade de Jesus a partir dos olhos das primeiras comunidades de judeu-cristãos". Além disso, Douglas-Klotz nota que as palavras-chave que Jesus deve ter usado são identificadas pela raiz (mas também pelo significado) com as palavras em aramaico-palestiniano e siríaco. A metodologia usada por Douglas-Klotz pode ser verificada em seu *The Hidden Gospel* (1999: 1-24).

Na busca por essa sabedoria, nós nos referimos a discernimentos de diversas áreas como economia, psicologia, cosmologia, ecologia, e espiritualidade. Mesmo assim, é difícil de se delinear completamente o Tao da libertação. O Tao é uma arte, não é uma ciência exata. Num senso muito real, o Tao é um mistério: Nós não podemos fornecer a direção do caminho, não podemos detalhar um mapa preciso.

Procuramos a sabedoria na esperança de achar discernimentos que vão ajudar a humanidade a deixar para trás percepções, ideias, hábitos e sistemas que perpetuam injustiças e destroem a capacidade de nosso planeta de sustentar a vida. Fazemos isso na esperança de achar novas maneiras de viver, nas quais as necessidades da humanidade sejam harmonicamente consistentes com as necessidades e o bem-estar de toda a comunidade de vida da Terra, e, ultimamente, com o próprio cosmo.

Usamos a palavra *liberação* para nos referirmos a esse processo de transformação. Tradicionalmente, a palavra liberação tem sido utilizada com o significado de realização espiritual no nível pessoal, e como a procura de um povo de se liberar de opressões políticas, econômicas e sociais no nível coletivo. Nós subscrevemos a estes dois sensos da palavra, mas os usamos dentro de um contexto maior, um contexto ecológico – e até mesmo cosmológico. Para nós, libertação é um processo pelo qual nós construiremos um mundo onde os seres humanos possam viver com dignidade e em harmonia com a grande comunidade da vida que constitui *Gaia*, a Terra vivente. Então, liberação implica reparar os terríveis danos que nós temos causado a nós mesmos e ao nosso planeta. Na profundeza do ser, liberação significa dar-se conta do potencial criativo e de participação no processo magnificador de vida na contínua evolução de Gaia.

Podemos até usar a palavra liberação dentro de uma perspectiva cosmológica, quer dizer, como um processo pelo qual o universo procura realizar seu próprio potencial a partir de níveis de diferenciação, de interiorização (ou auto-organização) e de comunitarianismo cada vez maiores. Dentro desse contexto, a humanidade (indivíduos e sociedades) se libera à medida que:

- torna-se cada vez mais diversa e complexa por meio do respeito e celebração das diferenças;
- aprofunda aspectos de interioridade e consciência e encoraja processos criativos de auto-organização;
- reforçam laços de comunidade e interdependência, incluindo o senso de comunhão com a grande comunidade da vida da Terra.

Este livro começa com a questão: Como implementar esta transformação? – ou talvez mais precisamente: Por que é tão difícil efetuar essas mudanças, as quais são tão urgentes para se salvar Gaia, a comunidade da Terra vivente, da qual somos parte? A grande importância deste livro se dá ao se perguntar sobre esta questão. Esperamos que nosso texto sirva como inspiração para outros que procuram novas maneiras criativas de transformação liberadora.

Este livro é a confluência do pensamento de dois autores, um do Grande Sul e outro do Grande Norte[4]. Leonardo Boff será provavelmente reconhecido por muitos na leitura deste livro. Como teólogo, ele tem refletido profundamente sobre questões de libertação e ecologia, e publicou mais de cem livros nessas áreas. Ele ensinou teologia por muitos anos em seu país natal, o Brasil, bem como em outros países das Américas e da Europa. Em 2001 recebeu o *Right Livelihood Award*.

Mark Hathaway tem trabalhado na área de educação de adultos lidando com questões de justiça e ecologia nos últimos vinte e cinco anos. Destes anos, oito foram passados trabalhando como educador comunitário e coordenador pastoral em um bairro pobre de Chiclayo, uma cidade na costa norte do Peru. Durante todos esses anos ele estudou matemática, física, teologia, espiritualidade da criação, educação de adultos e tem trabalhado em iniciativas católicas, ecumênicas e inter-religiosas lidando com problemas de justiça e ecologia. Vive atualmente no Canadá, seu país natal, onde trabalha como coordenador de projetos para a América do Sul da United Church of Canada, e também atua como *free-lancer* ecologista, pesquisando e escrevendo sobre a interconectividade entre a ecologia, a economia, a cosmologia e a espiritualidade.

O tema central deste livro é baseado num artigo que Mark Hathaway escreveu enquanto trabalhava em seu mestrado sobre educação de adultos, e que foi intitulado *Transformative Education* (Educação transformativa). Durante uma visita de Leonardo Boff a Toronto em 1996, os dois autores tiveram a oportunidade de se encontrarem. Depois de ter lido *Transformative Education*, Boff sugeriu que eles deveriam escrever algo em conjunto, incorporando perspectivas da América Latina. Este livro é o resultado dessa colaboração.

---

4. Neste livro nós usamos várias vezes a palavra Norte e o termo Grande Norte para indicar as sociedades ultradesenvolvidas e com alto consumismo, que são achadas predominantemente no Hemisfério Norte; a palavra Sul e o termo Grande Sul se referem às sociedades empobrecidas encontradas predominantemente no Hemisfério Sul, e particularmente nas zonas tropical e subtropical do planeta.

Os dois pontos de referência do livro são a opção preferencial pelos pobres e pela Terra. Entendemos que estes pontos de referência são fundamentalmente interconectados: as mesmas forças e ideologias que exploram e excluem os pobres são as mesmas forças e ideologias que assolam a comunidade de vida na Terra. Nesta obra exploramos os relacionamentos entre os vários fatores que obstruem a tão necessária transformação. E, ao mesmo tempo, nós nos esforçamos para entender melhor modos naturais de mudança em nosso mundo. Esses dois aspectos do texto podem servir como guias para todos aqueles que se empenham no processo de transformação engrandecedora da vida.

Inspiramo-nos em várias perspectivas e discernimentos de diversas pessoas e tradições espirituais, e somos muito agradecidos a todos aqueles que dividiram suas sabedorias conosco. Esperamos ainda que todas estas linhas sejam escritas em nosso texto de maneira a formar uma tapeçaria coerente e vibrante. E isso é de certo modo um grande desafio para nós. Optamos por uma ampla perspectiva em lugar de uma análise mais focada e direcionada. Acreditamos que esta estratégia nos permitirá apresentar aos leitores e leitoras deste livro dimensões que poderão ser mais tarde exploradas em mais detalhes por eles mesmos.

A imagem que usaríamos para descrever o texto é aquela de uma espiral. Algumas vezes, vai parecer que o mesmo tema está sendo reconsiderado, mas isso será feito a partir de diferentes perspectivas. Com o desenrolar da espiral, essas diversas perspectivas ajudarão o leitor, ou a leitora, a compreender o todo, que é maior que a mera soma de todas as partes; a ver a tecelagem que só pode ser vista de longe. Com isso esperamos que o leitor, ou a leitora, comece a perceber o fluxo e a textura do Tao da libertação de maneira profunda e intuitiva, de modo que esta sabedoria possa guiar suas ações e seus esforços pela renovação do mundo.

1

Procurando a sabedoria
numa era em crise

O homem superior ouve o Tao
e começa logo a praticá-lo empenhadamente.
O homem médio ouve o Tao
e ora o pratica, ora o esquece.
O homem inferior ouve o Tao
e dá gargalhadas.
Sem essas gargalhadas,
não haveria Tao.

E assim surgiram estes adágios:
O Tao luminoso parece escuro.
O Tao que avança parece voltar atrás.
Um caminho suave parece rochoso.
O poder supremo parece vazio.
A brancura perfeita parece manchada.
A virtude abundante parece insuficiente.
A virtude vigorosa parece débil.

O grande quadrado não tem ângulos.
O grande vaso demora tempo a fazer.
A grande música quase não tem sons.
A grande imagem não tem forma.

O Tao está oculto,
não tem nome.
É por isso que
só ele sabe começar e acabar
(*Tao Te Ching*, § 41)[1].

---

1. LAO-TZU (2010). *Tao Te Ching*. Lisboa: Presença, p. 80-81 [Trad. de Joaquim Palma] [N.T.].

Vivemos atualmente um importante momento na história da humanidade e da Terra. A dinâmica combinada de profunda pobreza e a acelerada degradação ecológica está criando um poderoso vórtice de desespero e destruição, do qual é cada vez mais difícil escapar. Se falharmos em agir com suficiente energia, urgência e sabedoria, vamos logo nos encontrar condenados a um futuro no qual o potencial para uma vida com esperança e beleza foi imensamente diminuído.

Com certeza, para a maioria da humanidade que tenta sobreviver às margens da economia global a vida já parece estar à beira de um desastre. Ano após ano, a divisão entre ricos e pobres continua a aumentar. Num mundo que vende a ilusão do paraíso do consumo, a maioria da humanidade batalha só para conseguir o suficiente para sobreviver. O sonho de conseguir um simples, mas digno, estilo de vida continua sendo perpetuamente esquivo. De fato, para muitos, a vida se torna continuamente mais difícil com o passar dos anos.

As outras criaturas que dividem este planeta com a humanidade vivenciam uma crise ainda mais grave. Os seres humanos se apropriam cada vez mais de porções dos recursos da Terra, o que os tornam cada vez mais escassos às outras formas de vida. Quando poluímos o ar, a água e o solo com elementos químicos e com dejetos, os complexos sistemas que sustentam a teia da vida são rapidamente minados. Muitas espécies estão desaparecendo. De fato, nosso planeta está vivenciando uma das maiores extinções em massa já vistas.

Entretanto, há sinais de esperança: um incontável número de indivíduos e organizações estão trabalhando criativa e corajosamente por mudanças. Alguns movimentos, que agora são verdadeiramente globais, foram criados. Seus esforços estão mudando para melhor a vida de várias comunidades pelo mundo afora. Ao mesmo tempo, novos meios de comunicação estão construindo oportunidade de diálogo entre pessoas de culturas e religiões diferentes, e então a oportunidade para se trocar sabedoria e discernimentos nunca foi tão grande. Muitas pessoas são conscientes de seus direitos humanos básicos e são mais engajadas em defendê-los. Muitos avanços estão sendo feitos nas áreas de saúde e de acesso a serviços básicos. Vemos uma conscientização cada vez maior em relação aos problemas ecológicos por parte da população e muitas comunidades estão se esforçando para trabalhar em harmonia para com a natureza e não contra esta. Todas estas tendências nos abrem novas possibilidades em nossa busca para a renovação do mundo.

Mas, de certa maneira, essas tendências são como faíscas numa escuridão. Há ainda muito pouca evidência de ações efetivas e sérias, e em escala suficientemente grandes para impactar no nível da pobreza e da degradação ecológica, e então, muito menos para iniciar o processo capaz de curar a comunidade da Terra. Instituições globais, mais especificamente os governos e corporações, continuam a agir de forma que não leva em conta a necessidade de fundamentalmente mudar nosso modo de vida. Muito pelo contrário, as ideias, os motivos, os hábitos, e as políticas que já causaram tanta devastação e injustiças no mundo continuam a dominar nossos sistemas políticos e econômicos. Como Mikhail Gorbachev notou em 2001:

> Enquanto nós vemos um aumento de iniciativas inteligentes para proteger o meio ambiente por parte de líderes governamentais e corporações, eu não vejo o aparecimento de uma liderança e de uma vontade de arriscar a implementação dessas iniciativas na escala necessária para fazer jus às dificuldades da situação atual. Enquanto nós vemos um aumento do número de pessoas e organizações que se dedicam à conscientização das pessoas e que efetuam mudanças no modo pelo qual tratamos a natureza, eu ainda não vejo uma visão clara e coerente que poderá inspirar toda a humanidade a implementar mudanças a tempo de evitar o pior (GORBACHEV, 2001: 4).

Joanna Macy e Molly Brown (1998) escrevem sobre o desafio maior de nosso tempo – mudar de uma sociedade baseada no crescimento industrial para uma civilização baseada na sustentabilidade da vida – em termos de a "Grande Reviravolta" ("Great Turning"). Infelizmente, nós não temos certeza de que implementaremos essas transformações essenciais a tempo de impedir a destruição da complexa rede sustentadora de toda a vida. Se formos incapazes de implementar essas mudanças, isso não vai ocorrer por falta de tecnologia, informação, ou alternativas inovadoras, mas porque não há vontade política e pelo fato de os perigos que nos ameaçam serem tão horríveis que muitos de nós escolhem ignorá-los a temê-los.

Acreditamos firmemente que o atual ciclo de desespero e destruição pode ser quebrado, e que nós ainda temos tempo de agir criativamente e implementar as mudanças necessárias. Ainda há tempo para a "Grande Reviravolta" acontecer e curar nosso planeta. Neste livro buscamos o caminho para essa transformação, para a mudança em nosso modo de ser no mundo – um modo que incorpora relações justas e harmônicas dentro de sociedades humanas, e dentro da comunidade de vida de toda a Terra. Nós procuramos a sabedoria – o Tao – que nos guiará na busca da liberdade plena.

Nós acreditamos que o poder para efetuar estas mudanças já está entre nós. Ele está presente na forma de uma semente no espírito humano, no processo de evolução de Gaia, nossa Terra viva. De fato, ele está tecido na estrutura do cosmo, no Tao que flui através de tudo e que está presente em tudo. Se conseguirmos achar um modo de nos sintonizar ao Tao e nos guiar por sua energia, encontraremos a chave de transformações revolucionárias e de verdadeira libertação. Entretanto, o Tao não é algo que podemos nos apropriar ou dominar; ao invés disso, precisamos deixá-lo trabalhar através de nós, necessitamos nos abrir às suas energias transformativas para que a Terra seja curada. Nas palavras de Thomas Berry:

> Não há falta de forças dinâmicas para criar o futuro. Nós vivemos submergidos num mar de energia que vai além de toda nossa compreensão. Mas esta energia, num último senso, não é nossa por meio de dominação, mas a partir de invocação (BERRY, 1999: 175).

Contudo, e antes de começarmos a fazer isso, precisamos entender os verdadeiros obstáculos em nosso caminho para a transformação liberadora. Talvez o primeiro passo na direção da sabedoria é simplesmente reconhecer que temos que mudar. Muitos de nós ainda não entendem a magnitude e a gravidade da crise que enfrentamos. Isso se dá em grande parte porque nossa percepção da realidade tem sido moldada para mascarar o que de outro modo seria completamente evidente. Nós tendemos a ver o mundo a partir de uma ótica que é bem restrita no tempo e no espaço. É muito raro para nós olharmos nosso passado, futuro imediato e para além de nossa comunidade ou região.

Parte do problema é também devido ao fato de que muitos deles são enfrentados por nós e se agravam gradualmente, e isso se dá especialmente quando são comparados com a duração da vida humana. Tendemos a nos habituar a novas realidades muito rapidamente – pelo menos superficialmente – e então nós não nos damos conta da seriedade da crise que enfrentamos. Uma analogia reveladora é aquela do sapo que é submetido a aumentos de temperatura: Se você colocar o sapo em água fervente, ele tentará escapar imediatamente; se, ao invés disso, você colocar o sapo em água fria e gradualmente elevar a temperatura, ele não se dará conta do perigo até ser tarde demais, o que resultará em sua morte por excesso de temperatura.

A crise da Terra: uma perspectiva cósmica

Então, devemos deixar de lado por um momento nossa visão normal da realidade e tentar adotar uma visão mais "cósmica" para ganharmos um discernimento melhor da crise que enfrentamos. Vamos imaginar que os quinze bilhões de anos de história do universo foram condensados em um único século[2]. Quer dizer, cada "ano cósmico" é equivalente a cento e cinquenta milhões de anos terrestres[3].

Deste ponto de vista, a Terra nasceu no ano 70 do século cósmico e a vida apareceu nos oceanos, para nossa surpresa, logo depois, no ano 73. Durante quase duas décadas cósmicas a vida ficou praticamente limitada a bactérias unicelulares. Contudo, estes organismos foram responsáveis por mudar a face do planeta, já que eles mudaram radicalmente a atmosfera, os oceanos, a geologia da Terra, o que permitiu ao nosso planeta sustentar formas de vida mais complexas.

No ano 93 uma nova fase criativa se iniciou com o aparecimento da reprodução sexual e com a morte de organismos singulares. Nessa nova fase o processo evolutivo se acelerou rapidamente. Dois anos mais tarde, no ano 95, os primeiros organismos multicelulares aparecem. No ano seguinte, em 96, vemos o aparecimento de sistemas nervosos, e, em 97, os primeiros organismos vertebrados. Os mamíferos aparecem no meio de 98, ou seja, dois meses depois dos dinossauros e das primeiras plantas floridas.

Há cinco meses cósmicos os asteroides começam a cair sobre a Terra destruindo muitas espécies, incluindo os dinossauros. Entretanto, um pouco depois nosso planeta se recupera e ultrapassa sua beleza anterior. Esta era, a era cenozoica, exibe uma exuberância e variedade de vida nunca vistas.

É nesta era extremamente linda que os seres humanos nascem. Nesse período nossos ancestrais se tornaram bípedes (12 dias cósmicos atrás), e logo após o *Homo habilus* começou a usar ferramentas (6 dias cósmicos atrás), enquanto o *Homo erectus* conquistou o fogo (há apenas 1 dia cósmico). Somente há doze horas cósmicas os humanos modernos (*Homo sapiens*) surgiram[4].

---

2. As datas indicadas aqui são baseadas no século cósmico argumentado em *The Universe History* (BERRY & SWIMME, 1992: 269-278). A mais recente estimativa da idade do universo é 13,73 bilhões de anos.

3. Similarmente, um mês cósmico é equivalente a 12,5 milhões de anos terrestres, um dia cósmico a 411.000 anos terrestres, uma hora cósmica a aproximadamente 17.000 anos terrestres, um minuto cósmico a 285 anos terrestres, e um segundo cósmico a 4,75 anos terrestres.

4. O *Homo sapiens* surgiu há 150 mil anos [N.T.].

Pela maior parte desta tarde e noite cósmicas nós vivemos em harmonia com a natureza e apegados a seus ritmos e perigos. Certamente, nossa presença teve pouco impacto na comunidade biótica do planeta até quarenta minutos atrás, momento no qual nós começamos a domesticar plantas e animais e a desenvolver a agricultura. A extensão de nossas intervenções na natureza continuou a aumentar, mas se tornaram mais vagarosas quando começamos a construir e habitar cidades aproximadamente vinte minutos atrás.

A humanidade começa a ter um impacto muito maior nos ecossistemas do planeta há apenas dois minutos quando a Europa se transforma numa sociedade tecnológica e expande seu poder por meio da exploração colonialista. É durante este tempo que nós vemos também a diferença entre ricos e pobres aumentar rapidamente.

Nos últimos doze segundos (a partir de 1950) o ritmo de exploração e destruição ecológica se acelerou dramaticamente. Neste breve período de tempo:

- Nós destruímos quase metade das grandes florestas do planeta, dos pulmões do mundo. Muitas das mais importantes e extensas florestas – incluindo as florestas boreais, subtropicais e tropicais – ainda vivenciam um acelerado ritmo de destruição. Uma área maior que Bangladesh é destruída por madeireiras todos os anos.
- Nós soltamos imensas quantidades de dióxido de carbono e de outros gases causadores de efeito estufa na atmosfera, iniciando assim um ciclo de aquecimento global e instabilidades climáticas. Temperaturas já subiram 0,5°C e podem aumentar ainda mais entre 2° e 5°C nos próximos vinte segundos cósmicos[5].
- Nós causamos um gigantesco buraco na camada de ozônio, aquela película protetora do planeta que filtra a perigosa radiação ultravioleta. Por causa disso, os níveis de UV têm chegado a altos recordes, o que ameaça a vida de vários organismos.
- Nós temos seriamente solapado a fertilidade do solo e sua capacidade de sustentar a vida: 65% da terra cultivável foi perdida – e mais ou menos a metade disso ocorreu nos últimos nove segundos cósmicos – e, além disso, 15% das terras do planeta estão em processo de desertificação. Nos últimos cinco segundos cósmicos, a Terra perdeu uma quantidade de solo

---

5. As estatísticas usadas aqui são provenientes de várias fontes: Sale (1985); Nickerson (1993); Brown et al. (1991); (1997); Ayres (1998); Graham (1998); International Panel on Climate Change Third Assessmente Report (2001); Worldwatch Institute (2000; 2005); International Fund for Agricultural Development (2006).

ivalente a toda terra cultivável da França e da China. Dois terços de toda terra usada para a agricultura foi degradada, moderada ou severamente, pela erosão ou pelo processo de salinização.

• Nós soltamos dezenas de milhares de novos produtos químicos no ar, na terra e na água do planeta, muitos dos quais são tóxicos por muitos anos e envenenam lentamente os processos de vida. Nós produzimos grandes quantidades de dejetos nucleares que continuarão a ser perigosamente radioativos por muitas centenas de anos – muito além das doze horas cósmicas em que os seres humanos modernos existem.

• Nós destruímos centenas de milhares de espécies de plantas e animais. De fato, cerca de cinquenta mil espécies desaparecem todos os anos e, em sua maior parte, isto é em decorrência de atividades humanas. Estima-se que a taxa de extinção seja dez vezes maior agora do que antes da existência de seres humanos, e que nós podemos estar vivenciando a maior extinção em massa da história do planeta. Cientistas estimam que entre 20 e 50% de todas as espécies irão desaparecer nos próximos 30 anos (7 segundos cósmicos) se a tendência atual continuar.

• Os seres humanos usam ou desperdiçam atualmente cerca de 40% de toda energia disponível aos animais terrestres (o que é chamado de "Net Primary Production" (Produção Primária Líquida) ou NPP (PPL) do planeta), e se a tendência atual continuar, usaremos cerca de 80% dentro dos próximos 35 anos (8 segundos cósmicos), deixando apenas 20% para os outros animais terrestres.

Tanta destruição em tão pouco tempo! E para quê? Apenas uma pequena porção da humanidade desfrutou dos "benefícios": os 20% mais ricos da população mundial ganham atualmente duzentas vezes mais que os 20% mais pobres[6]. No princípio de 2009 os 793 bilionários do mundo valiam juntos cerca de 2,4 trilhões de dólares (PITTS, 2009), o que é mais que o total da renda anual da metade mais pobre da humanidade. (No começo de 2008, antes da crise econômica atual, havia cerca de 1.195 bilionários que valiam juntos 4,4 trilhões de dólares, ou seja, mais ou menos o dobro da renda anual dos 50%

---

6. Em 1992 um relatório da UNDP (United Nations Development Program) estimou que a diferença entre as nações 20% mais ricas e as 20% mais pobres era de 60 para 1, baseando-se em médias nacionais; mas se as receitas reais individuais fossem consideradas, essa diferença seria de 150 para 1 (ANTHANASIOU, 1996). Em 2005 o relatório da UNDP põe a diferença baseada em médias nacionais em 82 para 1, o que sugere uma diferença baseada em receitas reais individuais em torno de 200 para 1.

mais pobres.) Em termos de renda, os 1% mais ricos da humanidade receberam o mesmo que os 57% mais pobres[7].

Nosso planeta, o fruto de mais de quatro bilhões de anos de evolução, está sendo devorado por uma relativa minoria humana, e mesmo este grupo privilegiado de pessoas não pode continuar com essa exploração por muito mais tempo. Não é surpreendente, então, que um grupo de mil e seiscentos cientistas, incluindo mais de cem ganhadores do Prêmio Nobel, emitiram um comunicado em comum, o "Warning to Humanitty", quando se encontraram em 1992:

> Não mais de uma ou poucas décadas nos restam antes que a oportunidade para prevenir os perigos que agora nos ameaçam seja perdida, e com isso perspectivas para a humanidade serão terrivelmente diminuídas [...]. Uma nova ética se faz necessária – uma nova atitude para cumprir nossa responsabilidade de cuidar de nós mesmos e da Terra. Esta ética deve motivar um grande movimento e convencer líderes, governos e pessoas relutantes em efetuar mudanças (BROWN et al., 1994: 19).

Quando este livro estava sendo escrito notamos que já fazia dezessete anos que esta advertência havia sido emitida. Mas enquanto alguns líderes mundiais estão lidando com o problema da pobreza e da degradação ecológica de uma maneira mais séria, ainda não há um movimento coerente para mobilizar todas as forças da humanidade contra a crise que enfrentamos. De fato, mais energia tem sido usada na chamada guerra contra o terrorismo (a qual, em sua maior parte, é uma guerra para proteger acesso às fontes de petróleo e continuar com "um certo senso de normalidade" ("business as usual")) do que contra as ameaças que estão realmente destruindo a vida a taxas nunca vistas antes.

A busca pela sabedoria

Pela primeira vez na história da evolução da humanidade os maiores problemas que enfrentamos – a destruição de ecossistemas, os bilhões de seres humanos vivendo em extrema pobreza por causa da cobiça e injustiça sistêmicas, e a contínua ameaça do militarismo e das guerras – são causados por nós mesmos. Combinadas, todas essas ameaças podem destruir não só uma específica sociedade ou região do mundo, mas a humanidade inteira; e certamente, elas podem também comprometer a teia da vida de todo o nosso planeta. Não só a atual geração, mas gerações futuras estão ameaçadas.

---

7. Estatísticas de Milanovic (1999: 52). A distribuição de renda tem se tornado mais e mais desigual desde que a coleta de dados começou.

Os perigos que enfrentamos nos dão um medo que é justo. É importante reconhecermos a situação e as emoções que ele causa em nós. Então, enquanto é importante enfatizar a gravidade da crise, é também vital evitarmos fazer advertências apocalípticas que nos causariam uma paralisia por desespero. Devemos nos lembrar de que o fato desses problemas serem causados por nós mesmos significa que há esperança para solucioná-los satisfatoriamente. Realmente, muitas pessoas conscientes e criativas têm trabalhado muito na formulação de alternativas práticas que permitiriam que a humanidade viva com dignidade sem danificar a saúde dos ecossistemas do planeta.

Nós acreditamos que temos uma grande parte das informações e conhecimentos necessários para solucionar a atual crise. De fato, Macy e Brown notam:

> Nós podemos escolher a vida. Não obstante previsões assustadoras, ainda podemos agir para garantir um mundo em que possamos viver. É crucial sabermos que *nós podemos suprir nossas necessidades sem destruir o sistema sustentador da vida*. Temos o conhecimento técnico e os meios de comunicação necessários a isso. Temos o *know-how* e os recursos para a produção de alimentos necessários para assegurar ar e água livres de poluentes, gerar a energia que necessitamos usando sol, vento e biomassa. Se tivermos a vontade, teremos os meios para controlar o número de seres humanos, para desmantelar armamentos, parar as guerras e dar a todos uma voz numa democrática autogovernança (MACY & BROWN, 1998: 16).

Obviamente, muito trabalho, ações coerentes e organização serão necessários para colocarmos essas alternativas em prática. Mais que tudo isso, contudo, necessitamos de energia, visão, perceptividade e sabedoria para dirigir nossas ações transformativas – necessitamos de um autêntico Tao nos dirigindo à liberação. Nós precisamos entender as várias dimensões dessa crise global e a dinâmica que conspira para perpetuar essa crise; necessitamos descobrir modos de superar os obstáculos que se apresentem em nosso caminho; precisamos de um entendimento profundo da realidade, incluindo sua própria natureza transformadora; de afinar nossa intuição, desenvolver nossa sensitividade para assim podermos agir mais criativa e eficazmente.

Em nossa procura pela sabedoria devemos primeiramente reconhecer que todas as ameaças que enfrentamos podem ser de certa maneira sintomas de uma doença crônica cultural e espiritual afetando a humanidade, principalmente os 20% dos seres humanos consumidores da maior parte da riqueza do mundo. Isto nos força a investigar nossas culturas, nossos valores, nossos sistemas políticos e econômicos, e nós mesmos. O psicólogo Roger Walsh afirma que a crise que enfrentamos pode servir para "derrubar nossas defesas e nos ajudar a confrontar o verdadeiro estado do mundo e nosso papel na criação do problema" (WALSH, 1984: 77). Esta crise tem o potencial de nos fazer implementar mudanças verdadeiramente profundas em nosso modo de vida, nossa maneira de pensar e agir – de fato, ela pode mudar a maneira em que vemos a realidade.

Tempos de crise podem ser tempos de criatividade, tempos nos quais novas visões e novas oportunidades aparecem. O kanji chinês para crise, *wei-ji*, é o resultado da combinação dos kanjis para perigo e para oportunidade (representando uma poderosa lança e um escudo impenetrável). Isto não é uma simples contradição ou paradoxo; os perigos que enfrentamos nos forçam a investigar profundamente, a procurar alternativas para aproveitar oportunidades. Nossa própria palavra *crise* é derivada da palavra grega *krinein*, que significa "separar". Subentende-se nela a escolha entre alternativas distintas. Se não agirmos para mudar a situação de extrema pobreza afetando grande parte da humanidade e a destruição do meio ambiente, escolheremos continuar com nosso atual rumo a um abismo de desespero.

Perigo + Oportunidade

Mas outra seleção nos é possível: temos a oportunidade de escolher um novo modo de viver nesse nosso planeta, um novo modo de viver uns com os outros, e um novo modo de viver com as outras criaturas da Terra. Há muitas fontes de inspiração para transformar o mundo. Algumas dessas fontes são ancestrais e chegam a nós a partir das diversas tradições culturais e espirituais. Outras fontes são mais modernas e estão surgindo de áreas de estudo como ecologia profunda, feminismo, ecofeminismo e também da nova cosmologia que nasce da ciência. Um novo entendimento da realidade, um novo entendimento de ser no mundo, está se tornando uma possibilidade. De fato, Macy e Brown notam que

> a característica mais extraordinária do atual momento histórico da Terra não é que estamos a caminho de destruir nosso planeta – nós já estamos fazendo isso há muito tempo; é que nós estamos come-

çando a acordar, de um sono milenar, para um novo modo de se relacionar para com o mundo, para com nós mesmos, e para com os outros. Este novo entendimento torna a "Grande Reviravolta" possível (MACY & BROWN, 1998: 37).

Examinando obstáculos

Se a autêntica transformação que nos dirige a um mundo baseado nesta nova visão parece ser algo difícil, isso se deve em grande parte a uma série de obstáculos interdependentes que conspiram para fazer essa mudança impossível. Um passo importante, então, na busca do Tao da libertação, é entender os fatores reais que obstruem a mudança. Para vermos isso mais claramente, examinaremos os obstáculos que enfrentamos a partir de três perspectivas diferentes. Uma maneira de imaginar esse processo seria visualizar a remoção de uma camada depois da outra. Algumas vezes nós retornaremos ao mesmo obstáculo, mas faremos isso a partir de uma perspectiva diferente que é, muitas vezes, mais sutil. De certo modo, então, todas essas perspectivas ou camadas diferentes são maneiras complementares de entender a realidade única.

Uma perspectiva em particular entende os obstáculos que enfrentamos como *sistêmicos*. As estruturas políticas e econômicas do mundo estão ativas na destruição da Terra, e ao mesmo tempo estão impedindo a implementação de ações para solucionar os problemas que enfrentamos. Cada vez mais o poder se encontra nas mãos de algumas Corporações Transnacionais (Transnational Corporations (TNCs)), as quais são cada vez menos responsáveis às instituições democráticas. A economia do capitalismo global é fundada numa ideologia baseada em princípios de crescimento e progresso quantitativo. Uma proporção cada vez maior dos lucros é gerada por meio de especulação, causando o detrimento de atividades, naturais e sociais, que são realmente produtivas. Cada vez menos pessoas se beneficiam desse sistema por conta de uma exclusão cada vez maior de partes da humanidade. A natureza viva e a vida dos pobres são convertidas em capital sem vida, em dinheiro – o qual é simplesmente uma abstração sem valor inerente. Desde que essa forma de sistema é insustentável, as minorias que se beneficiam dele presentemente não podem esperar fazê-lo no futuro. Resumindo, nosso mundo é governado por um sistema patológico que está fora de controle e que, se deixado progredir, poderá destruir a Terra.

A partir de uma análise detalhada deste sistema patológico buscaremos entender de uma maneira clara sua dinâmica e ao mesmo tempo revelar suas bases insanas. Isto nos demonstrará que o capitalismo transnacional é baseado no patriarcado (a dominação da mulher pelo homem) e no antropocentrismo (a dominação da natureza pela humanidade). Parte do desafio envolvido na criação de um sistema alternativo é reformular o conceito da natureza do poder, não mais como controle, mas como uma potencialidade criativa tecida nos laços de interação mútua.

Do ponto de vista de outra perspectiva, as estruturas globais de exploração e dominação conspiram para desligar nossas capacidades psicológicas e espirituais de implementar mudanças. A opressão objetiva produz um eco psicológico em forma de uma impotência interna, subjetiva. A gravidade da crise que enfrentamos também tende a produzir uma dinâmica de recusa e de culpa; se ousarmos reconhecer a realidade da crise, entraremos em desespero. Dependências podem surgir como formas de mecanismos de defesa contra uma realidade dolorosa. Nossos espíritos morrem e nós cessamos de viver como seres humanos. A mídia, nossos sistemas de educação, consumismo e a repressão militar (que ocorre em várias nações) – junto com uma série de dinâmicas culturais bem sutis – reforçam a dominação de nossos espíritos. Nossa própria percepção da realidade é destorcida por um sistema que constantemente nos seduz e nos impede de implementar ações transformativas.

Para superar esses impedimentos psicológicos e espirituais à nossa transformação, iremos considerar a importância de reconhecer nossos medos, de viver em comunidade, de encorajar a criatividade e a solidariedade. Além disso, iremos também refletir sobre a necessidade de superarmos nossa alienação da natureza e de recuperar nossa verdadeira saúde psicológica para que possamos acessar a força interior que tanto precisamos para implementar profundas mudanças em nosso mundo. No fundo, nossa meta é re-acordar nosso espírito e desenvolver um profundo senso de compaixão – a habilidade de se identificar com as alegrias e com os sofrimentos de todas as criaturas da Terra. Isto envolve viver num nível muito mais profundo e rico de Ser do que encontramos normalmente na maioria das sociedades modernas.

Investigando mais a fundo: cosmologia e libertação

A pesquisa da doença espiritual do desligamento nos dirige a investigar uma terceira perspectiva, que talvez seja até mais fundamental: nossa própria percepção da natureza da realidade. Esta perspectiva, a qual chamamos *cosmológica*, é talvez a mais difícil de se desafiar e é provavelmente a mais rica das correntes alternativas. Essa cosmologia abrange nosso entendimento das origens, evolução e propósito do universo, e do lugar dos seres humanos nele. O modo pelo qual nós vivenciamos e entendemos o cosmo – nossa "cosmovisão" – é a pedra fundamental de nosso entendimento da natureza da transformação.

Durante, aproximadamente, os últimos três séculos, uma cosmologia mecânica, determinista, atomística e reducionista se tornou dominante entre a humanidade. Mais recentemente, o consumismo estreitou e banalizou ainda mais nossa percepção da realidade. Juntos, esses fatores têm conspirado para limitar severamente nossa capacidade de visualizar mudanças e de agir criativamente.

Entretanto, nos últimos cem anos, um novo entendimento do cosmo começou a emergir da ciência. De várias maneiras, essa nova cosmologia relembra uma cosmologia ancestral – ainda presente entre os povos aborígenes – que entende o universo como um organismo único que funciona holisticamente. Contudo, a nova cosmologia que emerge da ciência se difere dessas cosmologias ancestrais porque entende que o universo está em constante evolução. O cosmo não está estático, não é um ente eterno, mas um processo em constante desenvolvimento e que se cria a cada momento. Como vamos demonstrar, esta cosmovisão desafia o modo atual de entendermos a dinâmica da mudança. Quando despertarmos para nossa própria interconexão para com o cosmo, o problema da transformação é visto de uma ótica diferente que perturba nossas suposições sobre a causalidade linear e sobre o acaso. A importância da intuição, da espiritualidade, das antigas e tradicionais sabedorias se torna mais aparente, e ao invés de sermos consumidores passivos ou espectadores num jogo de sorte, podemos nos ver como participantes ativos do sutil mistério do desenvolvimento do propósito cósmico.

A ecologia da transformação

Enquanto consideramos os múltiplos níveis dos obstáculos às mudanças e enquanto exploramos a nova cosmologia que vem emergindo da ciência, também começaremos a ver a inter-relação entre as várias dimensões do processo integral de transformação – e podemos pensar nisso em termos de uma ecologia. A palavra "ecologia" se refere normalmente ao relacionamento entre organismos e seu meio ambiente. Essencialmente, "ecologia" é o estudo de inter-relações e interdependências. Um entendimento mais literal de "ecologia" é "o estudo da casa" (já que *oikos*, "casa" em grego, pode ser entendido como a Terra). Parece-nos apropriado, então, falar de uma "ecologia da transformação" para descrever os processos de inter-relação que devem ser acionados para podermos restaurar a saúde de nossa casa comum, a Terra.

Uma ecologia da transformação eficaz necessitará de uma nova visão da realidade, que nos servirá de meta real e nos dará esperança. Com a queda do "verdadeiro socialismo" nos últimos quinze anos (o qual, apesar de todas as suas limitações, enchia-nos de esperança e alternativas possíveis), a necessidade de uma visão convincente de um mundo transformado nunca foi tão urgente. A partir da concepção de modos concretos de viver com dignidade e harmonia com a Terra, nós poderemos começar a criar uma alternativa, um vértice inspirador de vida que nos guia avante e para um futuro melhor.

Uma visão concreta do mundo que pode permitir aos seres humanos viver com dignidade e harmonia com as outras criaturas da Terra é o "biorregionalismo". O biorregionalismo concebe uma sociedade baseada em pequenas comunidades locais ligadas por uma rede de relacionamentos fundados na igualdade, na compartilha e no equilíbrio ecológico em lugar da exploração da natureza. Este modelo procura construir comunidades que são autossuficientes e autogeradoras. A escala dessas comunidades é dependente das "biorregiões" naturais em que se encontram, as quais são baseadas na ecologia, na história natural e na cultura específica da área, e elas refletem os valores de autossuficiência, harmonia com a natureza, com a comunidade para suprir necessidades individuais e encorajar a cultura local (NOZICK, 1992).

No princípio, esta visão de sociedade parece ser pouco realista, até mesmo utópica; mas com o desenrolar do nosso argumento neste livro, ela parecerá cada vez mais como o modelo mais apropriado para as necessidades humanas e em sincronia com o processo evolutivo cósmico, do que as estruturas de dominação e exploração que atualmente assolam nosso planeta. Mais ainda, adotar este tipo de modelo, ou algo parecido, pode ser nossa única alternativa para um futuro no qual queiramos viver.

Por último, nós examinaremos, aprofundaremos e integraremos nossos discernimentos a partir de descrições de como nos abrir ao incorporar o Tao da libertação. Dessa maneira, as linhas gerais da ecologia da transformação também se tornarão aparentes. Esperamos que este livro produza novas reflexões e novos processos que poderão enriquecer as práticas de todos aqueles que se preocupam com a saúde e com o bem-estar da comunidade da Terra.

No fundo, o objetivo deste livro é inspirar esperança e criatividade em todos aqueles que se esforçam para aumentar a qualidade e o vigor da comunidade da vida da Terra, humanos e não humanos. Certamente há um senso de urgência nessa tarefa. O caminho à nossa frente não será fácil. Duane Elgin fala do futuro próximo como um tempo de "compressão planetária"; um tempo de crises ecológicas causadas pela degradação do meio ambiente e pela escassez de recursos, um tempo de mudanças climáticas e de pobreza que vão nos lançar num rodamoinho de necessidades no qual "a civilização humana ou vai descer numa situação caótica ou vai ascender num processo espiral de profunda transformação" (ELGIN, 1993: 120). Podemos evitar essa transformação profunda – e cair num futuro cheio de miséria, pobreza e degradação ecológica –, ou podemos nos despertar para a urgência e para a radicalidade das mudanças necessárias e buscar o Tao da libertação.

Se escolhermos a segunda alternativa, então teremos uma oportunidade para despertar a espiritualidade coletiva da humanidade e para uma nova civilização planetária na qual a beleza, a dignidade, a diversidade e o respeito absoluto à vida são centrais a tudo – isto será uma autêntica Grande Reviravolta. Esperamos que nossas reflexões nesta obra possam contribuir para a sabedoria necessária a fim de se trabalhar coerentemente para essa transformação.

PARTE I

Examinando obstáculos

2

Desmascarando um sistema patológico

Nos tempos antigos, eles atingiram a unidade:
o céu atingiu a unidade,
e tornou-se puro;
a terra atingiu a unidade,
e tornou-se tranquila;
as almas atingiram a unidade,
e ficaram mágicas;
os vales atingiram a unidade,
e produziram abundância;
todos os seres se tornaram um,
e ficaram férteis;
os chefes atingiram a unidade,
e tornaram-se exemplos a seguir.

Se o céu não fosse puro,
fragmentar-se-ia;
a terra sem tranquilidade,
quebrar-se-ia;
as almas sem magia,
depressa se esfumariam.
Os vales sem abundância,
depressa ficariam esgotados.
Os governantes não respeitados
seriam depostos
(Tao Te Ching, § 39).

O palácio está bem limpo e cuidado.
Os campos não estão cultivados.

Os celeiros estão vazios.
Alguns usam roupas magníficas
e possuem as mais afiadas espadas.
Enchem-se de comida e bebida
E acumulam riquezas a mais.
São eles os chefes dos ladrões.
Isso não é o Tao
(Tao Te Ching, § 53)[1].

O primeiro passo na procura do caminho para um mundo no qual a vida, a beleza e a dignidade possam florescer verdadeiramente é entender a atual realidade de nosso planeta. Como já vimos, vivemos numa época na qual os ecossistemas da Terra estão sendo rapidamente destruídos e uma minoria da humanidade monopoliza as riquezas do planeta. Ao mesmo tempo, experimentamos profundas e rápidas mudanças na maneira como organizamos as sociedades humanas. De uma forma múltipla, podemos dizer que estamos numa encruzilhada. Tecnologicamente falando, avanços em comunicação, em computação e em genética amplificam os poderes humanos de um modo nunca visto antes. Economicamente falando, o mundo está sendo subjugado em todos os níveis pelos princípios de "mercado" e pela procura de lucro. Politicamente, as corporações transnacionais estão se tornando forças dominantes globais, apoiadas pelo poderio bélico de nações que só querem defender seus próprios interesses. Culturalmente, a mídia, a comunicação em massa, impõe valores e desejos consumistas mundo afora.

Para muitos, este tipo de "globalização" é visto como inevitável. De fato, o discurso vindo das nações dominantes nos diz isso. Nós temos que nos adaptar e talvez influenciar sutilmente, essas tendências da melhor maneira que pudermos. Não há outra alternativa.

Mas, e se a crise causadora da destruição do meio ambiente e da pobreza não for um simples efeito colateral ou "uma pequena dor de crescimento" de nosso sistema econômico, político e cultural? E se esta crise não puder ser curada com remédios paliativos? E se esta crise estiver sendo causada por algo intrinsecamente patológico? Nós deveríamos então reexaminar nossa situação atual e procurar novas alternativas? E também pensar e agir de maneiras novas e mais criativas para mudar o que nos parece inevitável?

---

1. LAO-TZU (2010). *Tao Te Ching*. Lisboa: Presença, p. 77-78, 99 [Trad. de Joaquim Palma] [N.T.].

De fato, acreditamos que há uma patologia aguda que é intrínseca ao sistema que atualmente domina e explora o mundo. Neste capítulo, iremos desmascarar tal patologia. E não fazemos isso porque temos a intenção de causar em nossos leitores e leitoras um sentimento de impotência. Muito pelo contrário, o primeiro passo na direção da saúde é reconhecer e entender a doença. De certa maneira, nós estamos vivendo uma forma de alucinação coletiva na qual aquilo que é ilógico e destrutivo parece ser normal e inevitável. Certamente, a desordem da realidade pode ser vista com clareza por aqueles que vivenciam os maiores sofrimentos causados por essa patologia – as criaturas que têm seus habitats destruídos e a vasta maioria da humanidade que vive às margens da economia global. Por outro lado, para aqueles que se beneficiam do sistema (pelo menos temporariamente) a existência dessa patologia pode ser menos aparente. Então, uma detalhada análise do sistema revelará discernimentos úteis a todos e que nos ajudarão a desafiar essa dominante des/ordem[2] e a conceber outras alternativas.

---

2. Há vários modos possíveis de se dar nome a esse sistema patológico que atualmente domina nosso planeta. Neste livro nós usaremos a já consagrada terminologia des/ordem como indicação desse sistema, ou mesmo "ordem" que é fundamentalmente patológica; que quer dizer, essencialmente, um sistema que se parece de vários modos a uma doença como o câncer. Outros autores, como David Korten, mas também algumas organizações ecumênicas, referem-se a tal des/ordem usando o termo *império* (*empire*). Korten, por exemplo, descreve o império como "a ordenação hierárquica das relações humanas através do princípio da dominação. A mentalidade do império abraça um materialismo excessivo pelas classes dominantes, dá ao dominador poder sobre a vida e de cometer violências, rejeita o princípio feminino e reprime o potencial de autor-realização da maioria da humanidade" (KORTEN, 2006: 20). Similarmente, a World Alliance of Reformed Churches (Warc) define império como "a convergência econômica, política, cultural, geográfica e militar de interesses, sistemas e redes imperialistas que buscam poder político e enriquecimento econômico. É típico desta convergência forçar e facilitar o fluxo de riqueza e poder de pessoas, comunidades e países vulneráveis para os mais poderosos. O império, hoje em dia, ultrapassa fronteiras, desfaz e constrói identidades, subverte culturas, subordina nações e estados, e ou marginaliza ou coopera com comunidades religiosas". Uma vantagem desse termo "império" é sua clara ligação do sistema atual com um modelo de sociedade que começou, mais ou menos, cinco mil anos atrás e que inclui o uso do poderio militar. Entretanto, a forma moderna de império tem características singulares que a palavra império não evoca necessariamente naqueles que a ouvem – particularmente, sua voraz destruição dos sistemas vivos da Terra. Há ainda um terceiro e complementar modo de se dar nome a este sistema patológico, o qual é indicado pelo termo Sociedade de Crescimento Industrial (*Industrial Growth Society*). Este termo foi cunhado pelo ecofilósofo norueguês Sigmund Kwaloy e ressalta a dependência do sistema no contínuo e crescente consumo de recursos e no tipo de mentalidade que vê a Terra como "fornecedora de recursos e, ao mesmo tempo, depósito de lixo" (MACY & BROWN, 1998). Os três termos são válidos, complementares e úteis, e serão usados em diferentes partes deste livro juntos com outros, como "capitalismo corporativo global".

Qual é exatamente a natureza dessa doença que afeta o mundo? O primeiro passo para respondermos essa questão é olharmos mais minuciosamente os sintomas dessa doença que se origina nos modos de organização das atuais sociedades humanas. Iremos estudar em detalhes os problemas da pobreza e da desigualdade e as questões ecológicas que resultam da extrema exploração da Terra, levando à sua depauperação e contaminação.

Pobreza e desigualdade

O primeiro sintoma dessa patologia é o aumento da diferença entre ricos e pobres. Muitos argumentariam, pelo menos em termos monetários, que a humanidade nunca foi tão rica. Nós vivemos num mundo cheio de maravilhas que nossos antepassados um século atrás teriam dificuldade em imaginar; por exemplo: viagens e comunicação rápidas, medicina sofisticada, mecanismos facilitadores de trabalho e confortos suntuosos. Algumas estimativas até dizem que há uma maior diversidade de produtos consumíveis que de espécies de organismos viventes. Globalmente, os seres humanos agora produzem quase cinco vezes mais por pessoa do que há um século (LITTLE, 2000).

Entretanto, este inacreditável aumento de riquezas não eliminou, ou mesmo reduziu dramaticamente, a pobreza entre os seres humanos. De fato, nos últimos cinquenta anos a proporção de pessoas vivendo em estado de pobreza permaneceu relativamente constante (KORTEN, 1995). Algum progresso real tem sido feito em termos de se reduzir a mortalidade infantil, melhorar a expectativa de vida, melhorar a alfabetização e o acesso a serviços de saúde. Apesar disso, quase um terço da humanidade ainda vive com menos de um dólar americano por dia. Uma análise mais profunda então (e considerando a erosão de culturas tradicionais, dos meios de vida, e dos ecossistemas que sustentam os últimos) nos demonstra que a qualidade de vida de muitos dos pobres do mundo pode ter certamente se deteriorado.

Ao mesmo tempo, a diferença entre ricos e pobres chegou a um nível abismal. Em termos relativos, a Ásia, a África e a América Latina são agora mais pobres que há um século. Globalmente, a disparidade de renda entre ricos e pobres dobrou. E para piorar as coisas ainda mais, um montante inestimável de riquezas continua a ser transferido das nações pobres para as ricas; por exemplo: para cada dólar que o "Grande Norte" envia para o "Grande Sul" como ajuda ou caridade, ele recebe três dólares de retorno na forma de pagamento da dívida externa. A transferência líquida de riquezas aumenta ainda mais dramaticamente quando consideramos os termos injustos de acordos comerciais que condenam nações pobres à prática de baixos salários e a receber baixos preços por *commodities*.

Em termos de riqueza, a escala dessa desigualdade é ainda mais chocante. As três pessoas mais ricas do mundo possuem ativos que excedem o PIB combinado das quarenta e oito nações mais pobres. E como já notamos, os 793 bilionários do mundo possuem ativos de cerca de 2,4 trilhões de dólares, o que é mais do que metade da humanidade possui. Em contraste com isso, o custo total de se dar educação e saúde básicas, nutrição adequada, e água potável e saneamento básico para todos aqueles que agora não possuem esses bens essenciais foi estimado em meros 40 bilhões por ano – menos de 2% da riqueza desses bilionários (UNDP DEVELOPMENT REPORT, 1998). Mais recentemente, foram estimados pelo Banco Mundial (World Bank) que para que as metas de desenvolvimento do milênio (The Millenium Development Goals, que incluem os objetivos mencionados antes, a redução de casos de HIV/Aids e malária, e visa a sustentabilidade do meio ambiente) sejam alcançadas serão necessários gastos adicionais entre 40 e 60 bilhões de dólares. Em comparação, o Stockholm International Peace Research Institute estima que o mundo gastou aproximadamente 25 bilhões de dólares por *semana* em armamentos em 2007.

O que se nota então quando refletimos sobre a realidade do problema da pobreza que afeta grande parte da humanidade é que este não é realmente uma questão de falta de riqueza ou recursos, mas o resultado da desigual distribuição das riquezas do mundo. Com já dizia Gandhi: "A Terra satisfaz as necessidades de todos, mas não a ganância daqueles empenhados em consumir de maneira insana".

Outro pensamento que nos veem é que enquanto a pobreza causa inestimáveis sofrimentos, a desigualdade os agrava. Isto vale ainda mais hoje em dia, porque até os mais pobres são expostos aos meios de comunicação como o rádio, a televisão e a comerciais e propagandas. Os meios de comunicação em massa propagam a visão de um "paraíso" de consumo que só é possível a poucos, e em decorrência disso a alienação e o desespero crescem entre os pobres. Essa visão propagada pela mídia também mina as tradicionais fontes de suporte social (cultura, família e tradições). Ao mesmo tempo, a devastação ecológica piora, e o sustento material e espiritual supridos por modos de vida tradicionais e a beleza da natureza desaparecem.

Pauperizando a Terra

O segundo maior sintoma da patologia que assola o planeta é o rápido esgotamento das riquezas da Terra, riquezas que incluem água límpida, ar puro, solo fértil e a grande diversidade de comunidades orgânicas. A mesma ganância que causa a pobreza para a humanidade também empobrece a Terra. O consumo por parte dos humanos usurpa proporções cada vez maiores das riquezas naturais do planeta, uma riqueza cujo valor transcende qualquer dinheiro porque sustenta a própria vida. Em termos mais técnicos, presenciamos a exaustão dos "recursos" da Terra, e nosso mundo está entrando num período de "decadência" no qual a humanidade devora a riqueza comum mais rápido do que pode ser restaurada[3].

Esse processo de "decadência" ameaça nossa capacidade de produção de alimentos. A agricultura moderna usa produtos químicos para estimular o crescimento vegetal e incrementar a produção num prazo curto; entretanto, alguns nutrientes são perdidos e não são repostos nesse processo, o que leva à degradação do solo e à piora do valor nutritivo dos alimentos. O solo é visto como um simples "meio de crescimento" ao invés de um ecossistema complexo no qual cada grama de solo contém um bilhão de bactérias, um milhão de fungos, e dezenas de milhares de protozoários; como Suzuki e McConnell (1997: 80) dizem: "O solo produz a vida porque ele mesmo é vivo". Levam-se quinhentos anos para a camada superior de solo aumentar só 2,5cm, mas, no entanto, nós atualmente perdemos 23 bilhões de toneladas de solo a cada ano, o que significa que nos últimos 25 anos perdemos uma quantidade de solo equivalente às terras usadas para agricultura na França e na Índia combinadas. A cada ano usamos ou desperdiçamos 40% das cem bilhões de toneladas criadas anualmente pelos ecossistemas da Terra.

Ao mesmo tempo, o uso excessivo de irrigação está causando a salinização do solo, enquanto que a mecanização da agricultura e o desenvolvimento da mesma em áreas marginais estão aumentando a erosão do solo. Esta situação combinada com os efeitos de mudança climática tem causado a desertificação de áreas usadas para agricultura; por exemplo: entre 1972 e 1991, uma região maior que as áreas usadas para produção agrícola da China e Nigéria combinadas se desertificou. Estima-se que 65% das terras que já foram usadas para agricultura agora são desertos.

---

3. Muitas das estatísticas usadas nesta parte do livro foram originalmente compiladas por Brown, Flavin e Postel (1991) e Sale (1985). Nós as atualizamos com dados baseados no relatório *Vital Signs 2006-2007* do Worldwatch Institute, e do *The Sacred Balance: Rediscovering our Place in Nature*, de Suzuki e McConnell (1997). Também nos referimos a dados adicionais de outras fontes como a FAO (Food and Agriculture Organization).

Os ecossistemas terrestres mais biologicamente ricos do planeta, as florestas, estão também sendo destruídos. Nos últimos vinte anos a devastação já destruiu uma área equivalente aos estados americanos que estão ao leste do Rio Mississipi; de fato, mais da metade das florestas existentes do planeta em 1950 foram destruídas desde então. É verdade que existem projetos de reflorestamento; porém, em sua maioria, não são mais que "sítios florestais" que sustentam muito menos diversidade e densidade de vida que as verdadeiras florestas que estão sendo destruídas. Não nos causa surpresa então que centenas de milhares de espécies animais e vegetais tenham desaparecido para sempre, e que outras estão se tornando extintas rapidamente e a taxas nunca vistas desde o desaparecimento dos dinossauros.

Os oceanos, os quais constituem 99% do espaço para a vida do planeta e onde 90% da comunidade da vida da Terra vivem, também experimentam mudanças extraordinárias. Pelo menos um terço de todo gás carbônico e 80% do calor que está sendo gerado por mudanças climáticas são absorvidos pelos oceanos. Como resultado disso, a acidez, a quantidade de gelo, o volume e a salinização dos mares podem eventualmente alterar as correntes oceânicas, as quais têm uma influência imensa no clima planetário. Um quarto de todos os recifes de corais – os ecossistemas marítimos mais biodiversos – já foram destruídos e mais ou menos metade dos restantes estão agora em perigo. Ao mesmo tempo, mudanças fundamentais na química dos oceanos podem colocar em risco o crescimento de plâncton, que é uma fonte importante de nutrientes para outras criaturas marítimas; o plâncton também serve como pulmão primário do planeta, produzindo cerca de 90% do oxigênio da Terra (MITCHELL, 2009).

Muitos reservatórios de água subterrâneos que se formaram por conta da contínua acumulação dela durante milhões de anos foram rapidamente esgotados no século passado, e a pressão sob este recurso deve aumentar em cerca de 25% nos próximos 25 anos. Muitos já experimentam uma escassez crônica e este problema tenderá a se tornar mais severo em várias partes do planeta nas próximas décadas. O petróleo e o carvão, criados durante um período de quinhentos milhões de anos, podem ser completamente esgotados até o meio do próximo século. O carbono presente no petróleo e no carvão, que a Terra tão cuidadosamente enterrou em suas profundezas para estabilizar o clima do planeta, estará novamente livre na atmosfera. Nós estamos muito pertos de atingir um pico na produção de petróleo e a procura irá simplesmente ultrapassar a oferta. Além disso, muitas jazidas de minerais básicos como o ferro, a bauxita, o zinco, o fosfato e o cromo podem se esgotar completamente no decorrer deste século.

De fato, Ayres (1999b) nota que a cada minuto de todos os dias:

• nós perdemos uma área de florestas tropicais equivalente a uma área de cinquenta campos de futebol, principalmente por conta de queimadas;

• nós convertemos meio quilômetro quadrado em deserto;

• nós queimamos uma quantidade de combustíveis fósseis para produzir energia que a Terra levaria dez mil minutos para produzir a partir da captação de energia solar.

Há estimativas que dizem que os 20% mais ricos da humanidade já usam mais que 100% do que a Terra produz, enquanto os outros 80% da humanidade usam o equivalente a 30% do que nosso planeta produz – e estas são estimativas bem conservadoras. Isso quer dizer que já ultrapassamos os limites da Terra. É bem claro que uma relativamente pequena porção da humanidade é responsável por essa situação; o consumo excessivo de poucos está empobrecendo toda a comunidade do planeta. Alguns ecologistas estimam que até um terço do "capital natural" da Terra pode ter sido perdido durante os 25 anos entre 1970 e 1995 (SAMPAT, 1999), e a taxa desse esgotamento só tem aumentado desde então. É evidente que essa pilhagem das riquezas de nosso planeta não pode continuar sem que ela ameace a vida de todos nós.

Envenenando a vida

O terceiro sintoma patológico pode ser a maior ameaça de todas. Como nós continuamos a produzir uma quantidade cada vez maior de dejetos, esmagamos a capacidade natural do planeta de absorver, decompor e reciclar elementos contaminadores. Mais sério ainda que isto é o fato de que nós introduzimos materiais químicos e nucleares que envenenam e continuam a existir por longos períodos de tempo; e estamos também mudando a própria química de nossa atmosfera. Esses *problemas de tolerância* estão seriamente minando a saúde de todas as criaturas do planeta, bem como seus habitats. Consideremos os seguintes exemplos:

• Setenta mil tipos de compostos químicos criados pelos seres humanos têm sido liberados nos ares, águas e terras da Terra – e a maioria desses nos últimos cinquenta anos – e, além do mais, milhares de novos tipos de compostos químicos são criados todos os anos. A produção anual de compostos químicos que são orgânico-sintéticos cresceu de sete milhões de toneladas por ano em 1950 para quase um bilhão de toneladas hoje em dia (KARLINER, 1997); 80% desses compostos foram atestados como tóxicos (GOLDSMITH, 1998); cinquenta pessoas morrem por envenenamento causado por pesticidas a cada minuto (AYRES, 1999b); e um milhão de toneladas de dejetos nocivos é produzido todos os dias (MEADOWS et al., 1992).

• Dejetos nucleares, alguns dos quais permanecerão perigosamente radioativos por duzentos e cinquenta mil anos, continuam a ser produzidos sem termos meios seguros de nos dispormos deles. Há mais de mil e oitocentas toneladas de plutônio no mundo. Este elemento é tão tóxico que menos de um milionésimo de um grama pode ser letal ao ser humano; e apenas oito quilos são suficientes para se produzir uma bomba atômica com o mesmo poderio da que destruiu Hiroshima.

• Nós liberamos imensas quantidades de carbono na atmosfera – três vezes mais que o ciclo natural poderia normalmente absorver –, o que iniciou um perigoso ciclo de aquecimento global e instabilidade climática. Há boas razões para se acreditar que esta é a mais importante mudança no clima da Terra desde o princípio da Era Eocênica, que ocorreu há cinquenta e cinco milhões de anos (LOVELOCK, 2006). E, ao mesmo tempo, nossa contínua destruição de florestas e de ecossistemas marítimos reduziu a capacidade da Terra de remover o dióxido de carbono do ar. O nível de CO_2 atual é o maior dos últimos cento e sessenta mil anos, e as temperaturas globais já subiram uma média de 0,5°C. Se continuarmos com taxas atuais, o nível de CO_2 dobrará nos próximos cinquenta anos e as temperaturas do planeta subirão entre outros 2° a 5°C até o final deste século (Intergovernamental Panel on Climate Change (IPCC)). O resultado disso é que o clima está se tornando cada vez mais caótico e os danos causados por tempestades têm aumentado. O número de pessoas que foram afetadas anualmente por desastres relacionados com o clima cresceu de uma média de cem milhões em 1981-1985 para duzentos e cinquenta milhões em 2001-2005 (WORLDWATCH, 2007).

Esses *problemas de tolerância* representam um desafio bem particular por causa dos persistentes efeitos de longo prazo que eles têm. Mesmo que nós parássemos de produzir compostos químicos tóxicos amanhã, mesmo que todas as instalações nucleares fossem fechadas imediatamente, mesmo que nós cessássemos de emitir gases de efeito estufa como o metano e o dióxido de carbono, os perigosos efeitos de tudo isso continuarão a ser sentidos por séculos, milênios, ou – no caso de dejetos nucleares – centenas de milhões de anos. Contudo, a produção de várias dessas substâncias continua a aumentar, e em alguns casos a taxas aceleradas. James Lovelock (2006) nota que algumas das mudanças causadas por nós podem se tornar irreversíveis. Por exemplo, se não reduzirmos a emissão de gases de efeito estufa logo, poderemos atingir o ponto sem retorno, o que nos levaria a um clima planetário permanentemente mais quente no futuro.

Algumas vezes, não vemos imediatamente a interconexão entre os problemas de tolerância, o esgotamento, a pobreza e a desigualdade. A conexão entre as dimensões ecológicas e sociais da crise podem ser particularmente difíceis de se perceber. Isto se deve em parte aos meios de comunicação em massa, os quais tendem a apresentar esses problemas como uma forma de competição entre as necessidades humanas e a proteção do meio ambiente. Por exemplo: Devemos preservar uma floresta natural ou cortá-la para se criar empregos? Devemos proteger um rio límpido ou abrir uma nova mina para estimular uma economia em depressão? Devemos usar engenharia química e genética para aumentar a produção de alimentos? Devemos construir uma nova usina hidrelétrica para produzir energia para o desenvolvimento da indústria?

Entretanto, e quase sempre, quando tomamos uma perspectiva maior, essa ideia de que *ou* nós resolvemos o problema da pobreza *ou* protegemos o meio ambiente (mas *não* podemos fazer os dois) se revela como uma falsidade que é perpetuada por aqueles que querem continuar a explorar a Terra *e* os mais pobres e vulneráveis da humanidade. Para virmos isso mais claramente, deixemo-nos examinar seis importantes características da atual des/ordem mundial que é produzida pelo capitalismo de crescimento industrial:

1) vício ao crescimento ilimitado;
2) entendimento distorcido de "desenvolvimento";
3) aumento do poderio das corporações;
4) dependência da especulação e encorajamento ao endividamento como importantes geradores de lucro;
5) tendência a monopolizar o conhecimento e a impor uma forma uniforme de cultura no mundo;
6) confiança no poder, incluindo poder militar e uso de violência, como forma de dominação.

Crescimento canceroso

Num senso, o credo de muitos no crescimento é justificado porque crescimento é uma característica essencial da vida [...]. O que está errado com a atual noção de crescimento econômico e tecnológico, entretanto, é a falta de qualificação. Geralmente, acredita-se que todo crescimento é bom, mas isso não reconhece que num meio finito há uma dinâmica de equilíbrio entre crescimento e diminuição. Enquanto algumas coisas crescem, outras têm que diminuir para que seus elementos constituintes sejam dispersos e reciclados.
A maior parte do atual pensamento econômico é baseada numa noção de crescimento indiferenciado. A ideia de que crescimento pode ser obstrutivo, doentio, patológico, não é estudada.
O que nós precisamos urgentemente, então, é uma diferenciação e qualificação do conceito de crescimento (CAPRA, 1982: 213-214).

No mundo de hoje o crescimento se tornou sinônimo de saúde econômica. Quando o crescimento se torna estagnante, ou pior ainda, quando a economia "encolhe" entramos em recessão e o desemprego e outros males sociais aparecem logo. Poucos de nós, então, questionam a sabedoria convencional que afirma que nós precisamos de uma economia em constante expansão.

Ainda assim, a atual noção de crescimento econômico envolve o uso de cada vez maiores quantidades de recursos naturais e a produção de mais subprodutos perigosos, como poluentes químicos e nucleares. E, ao mesmo tempo, e como nós vimos, muitos materiais importantes para o crescimento econômico estão rapidamente se esgotando. Enquanto alguns "otimistas" podem postular que materiais sintéticos podem ser achados para substituí-los, há muito pouca evidência para isso.

O ponto crucial é este: nós vivemos num planeta finito. Há uma quantidade limitada de ar puro, água potável e solo fértil. E a quantidade de energia disponível é também finita (certamente, ela está sendo renovada pelo sol, mas a uma taxa fixa). Como todas as economias e todos os seres humanos necessitam desses essenciais limitados, fica claro que há *limites* para o crescimento.

Por que, então, a maioria dos economistas continuam a insistir que o crescimento econômico ilimitado e indiferenciado é necessário e bom? Em parte essa visão se dá porque há uma confusão entre crescimento e desenvolvimento. O economista Herman Daly comenta que *"crescer* significa aumentar o tamanho a partir da assimilação ou crescimento de materiais", enquanto *"desenvolvimento* significa expandir ou realizar as potencialidades, e produzir um estado mais completo, maior e melhor" (DALY, 1996: 2). Nossa economia precisa se desenvolver de um modo *qualitativo*, mas não precisa necessariamente crescer de uma maneira *quantitativa*. Certamente, "nosso planeta se desenvolve através do tempo sem crescer. Nossa economia, um subsistema de nossa finita e 'sem crescimento' Terra, deve eventualmente se adaptar a um padrão similar de desenvolvimento" (DALY, 1996: 2).

Antigamente, quando os seres humanos eram em números relativamente pequenos no planeta e quando nossa tecnologia era mais simples, podíamos agir como se a Terra fosse um armazém de matérias-primas sem limites. É verdade que no Império Romano os habitantes da Ilha da Páscoa, a civilização maia e outras culturas causaram sérios danos a ecossistemas locais, e, no processo disso, o colapso dessas próprias civilizações. Mas nestes casos a saúde global do planeta nunca foi seriamente ameaçada e com o tempo os ecossistemas locais se recuperaram.

Na era moderna, entretanto, a população humana se expandiu rapidamente por todo o planeta e o consumo por parte dos seres humanos cresceu mais rapidamente ainda. Daly diz que nós mudamos de um mundo de "economia-vazia" para um mundo de "economia-plena". O próprio Daly (1996: 218) complementa:

> O crescimento econômico fez o mundo cheio de nós e de nossas coisas, mas fez também o mundo relativamente vazio do que estava nele antes e que agora foi assimilado em nós e em nossas coisas; quer dizer, os sistemas naturais sustentadores da vida que nós começamos recentemente a chamar "capital natural" por causa de nosso tardio reconhecimento de sua utilidade e escassez. A contínua expansão do nicho humano hoje em dia tende a frequentemente causar mais honorários ambientais do que um aumento de benefícios produtivos, o que nos leva a um novo ciclo de crescimento antieconômico [...] quer dizer, crescimento que empobrece em vez de enriquecer porque os custos gerais são maiores que o valor final. Este crescimento antieconômico faz com que resolver o problema da pobreza e proteger a biosfera se tornem uma tarefa mais difícil ainda.

Um caminho insustentável

Nós já mencionamos de passagem que uma maneira de se entender essa mudança para uma economia de "mundo pleno" é a partir do conceito de Net Primary Production (Produção Primária Líquida) ou NPP (PPL) do planeta. Os seres humanos consomem hoje em dia mais de 40% de toda energia produzida por meio da fotossíntese da terra; 3% são utilizados diretamente, enquanto o resto é simplesmente desperdiçado ou destruído (por conta dos processos de urbanização, desmatamento, desperdício de alimentos, entre outros). A proporção de NPP sobe ainda mais quando levamos em conta os efeitos destrutivos de poluentes, do aquecimento global e do buraco na camada de ozônio (MEADOWS et al., 1992). Se continuarmos com as atuais taxas de crescimento estaremos nos apropriando de cerca de 80% do NPP produzido em terra até o ano de 2030 (KORTEN, 1995).

Outra maneira de se entender os limites do crescimento é a partir do conceito de *ecological footprint* (pegada ecológica) desenvolvido por William Rees e Mathias Wackernagel da British Columbia, Canadá. A *ecological footprint* é baseada num cálculo que leva em conta a quantidade necessária para se produzir alimentos, madeira, papel e energia para a média dos habitantes de uma determinada região ou nação.

Deixando um mínimo de 12% da superfície terrestre da Terra para a preservação de espécies não humanas (uma porcentagem que nos parece escandalosamente pequena), resta 1,7 hectare por ser humano para a produção de seu sustento (ou 1,8 hectare, se recursos marítimos forem incluídos). Mas a *ecological footprint* média *per capita* já é de 2,3 hectares[4], quer dizer: nós já estamos consumindo 30% mais do que seria sustentável em longo prazo e estamos fazendo isso primariamente a partir do consumo de recursos não renováveis. Se reservássemos 33% da superfície terrestre para outras espécies, o que nos parece mais sensato, isso significaria que cada ser humano teria 1,3 hectare para a produção de seu sustento e que nós já consumimos 75% além disso.

À primeira vista poderíamos concluir que a população humana deveria ser reduzida em pelo menos um terço. É verdade, os números são importantes, mas eles não contam toda a história. A *ecological footprint* média *per capita* de um habitante de Bangladesh, por exemplo, é de apenas 0,6 hectare. Um peruano necessita de 1,3 hectare para produzir seu sustento. Em contraste com isso, as nações ricas precisam de algo entre 5,4 hectares (caso da Áustria) e 12,2

---

4. E algumas estimativas vão além disso e nos dão um cifra em torno de 3,1 hectares. Cf., p. ex., http: //www.nationmaster.com/graph/env_eco_foo-environment-ecological-footprint

hectares (caso dos Estados Unidos). Se todos os seres humanos precisassem do mesmo que um habitante do "Grande Norte" precisa (aproximadamente 7 hectares por pessoa), necessitaríamos de quatro planetas Terra para nos sustentar. É claro então que é o consumismo em massa do "Norte" a causa do estresse ecológico.

Mas outra indicação da impossibilidade de se continuar com um crescimento econômico ilimitado vem de uma sofisticada simulação por computador feita pelos autores do livro *The Limits of Growth* em sua última edição (MEADOWS et al., 2004). Se continuarmos com o modelo atual de crescimento econômico sem efetuarmos mudanças significativas, nossa qualidade de vida material irá começar a sofrer dramaticamente, provavelmente perto do ano 2015, mas não mais tarde que 2025.

Dependendo das diferentes estratégias e cenários usados, é claro, o princípio deste rápido declínio pode ser retardado. Surpreendentemente, a simulação mostra que mesmo que nós dobremos os recursos não renováveis disponíveis, o efeito é irrisório no declínio. Juntar tecnologias modernas e aumentar os recursos disponíveis é algo mais promissor; porém, é apenas a partir do uso das mais otimistas previsões: dobrar os recursos conhecidos, controle de poluição próprio, aumento significante na produção de alimentos, proteção contra a erosão e tecnologias muito melhores visando o aproveitamento de recursos. O colapso pode ser evitado, mas mesmo assim a expectativa de vida começa a decair no meio deste século. Em longo prazo (além de 2100), então, manter a qualidade de vida se tornará algo insustentável porque os custos envolvidos tenderão a crescer demasiadamente.

Mas precisamos notar que se apenas uma dessas previsões otimistas usadas neste cenário for alterada significantemente, isto poderia ser o suficiente para provocar um declínio drástico no bem-estar da humanidade. Por exemplo, se removermos a premissa do melhor aproveitamento de recursos a partir do desenvolvimento e implementação de tecnologias melhores para isso, aí as projeções mostram um colapso perto de 2075. Além do mais, pode ser que este modelo subestime os efeitos da mudança climática que já colocamos em movimento (cf., p. ex., o gráfico em MEADOWS et al., 2004: 1), mostrando os efeitos potenciais da mudança climática). Como Denis Meadows afirma, no fundo:

> Enquanto tivermos o crescimento exponencial da população e da indústria e estes dois entrelaçados processos de crescimento continuarem a encorajar o aumento do consumo, não faz a mínima

Projeções "Business as Usual"

Estado do planeta

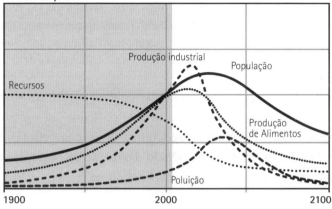

Nível de vida material

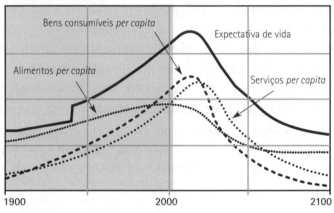

Bem-estar e *footprint* humano

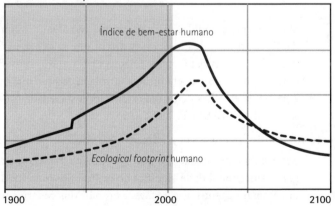

Fonte: MEADOWS et al., 2004: 169.

diferença o que pensamos a respeito da tecnologia, dos recursos e da produtividade. Eventualmente, vamos chegar ao limite, vamos passar dos limites, e atingir o colapso [...]. Mesmo se nós fizermos suposições heroicas sobre tecnologia ou recursos, isso só faz com que o colapso venha mais ou menos uma década mais tarde. Está ficando cada vez mais difícil de se conceber premissas que produzam um modelo com resultados sustentáveis (apud GARDNER, 2006: 38).

Por outro lado, se a população puder ser estabilizada e o consumo *per capita* for significantemente reduzido (e ao mesmo tempo se controlar a poluição e proteger áreas reservadas à agricultura de maneira eficaz), o colapso econômico e ecológico poderá ser evitado. Diferente de cenários anteriores, é a irrealista previsão de que seria possível dobrar os recursos não renováveis disponíveis.

Mas tempo é um fator extremamente importante. As projeções feitas por Meadows et al. mostram que se tivéssemos começado a efetuar as mudanças necessárias vinte anos atrás, teríamos muito menos poluição, mais recursos não renováveis para todos e um índice de bem-estar um pouco maior para toda a humanidade. Em oposição a isso, quanto mais esperarmos para frear a forma atual de crescimento, mais desastrosas serão as consequências e mais difícil será a transição para a sustentabilidade. Meadows et al. observam que:

> Crescimento, especialmente crescimento exponencial, é tão insidioso, ao ponto de diminuir o tempo que temos para implementar ações eficazes. Ele aumenta o estresse no sistema cada vez mais e mais, até o ponto em que os mecanismos de segurança que conseguiriam lidar com taxas menores de estresse começam a falhar [...] (MEADOWS et al., 1992: 180).

> Uma vez que a população e a economia vão além dos limites físicos da Terra [o que Meadows et al. dizem que já ocorreu], há apenas duas alternativas para nós: o colapso involuntário causado pela escassez e por crises, ou a redução controlada daquilo que é produzido a partir de escolhas deliberadas feitas pela sociedade [nossa digressão] (MEADOWS et al., 1992: 189).

E mais recentemente Meadows et al. dizem:

> Retardar a redução daquilo que é produzido, bem como a transição para a sustentabilidade, significa no melhor dos cenários diminuir as opções para as futuras gerações, e no pior dos cenários precipitar o colapso (MEADOWS et al., 2004: 235).

Cenário com a implementação de tecnologias melhores e com o dobro de recursos não renováveis

Estado do planeta

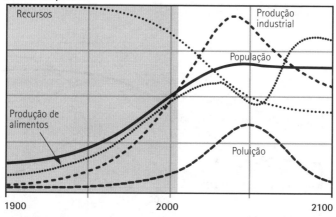

Nível de vida material

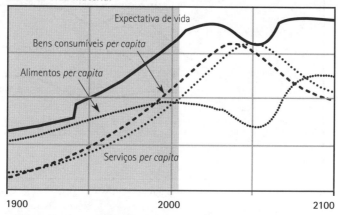

Bem-estar e *footprint* humano

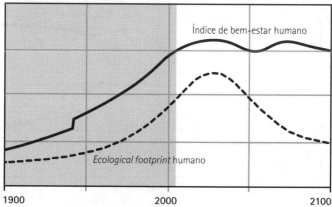

Fonte: MEADOWS et al., 2004: 219.

Cenário com a estabilização da população e do consumo a partir de melhores tecnologias

Estado do planeta

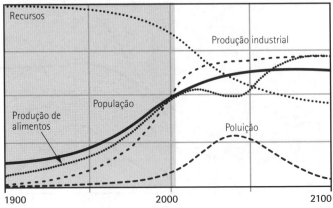

Nível de vida material

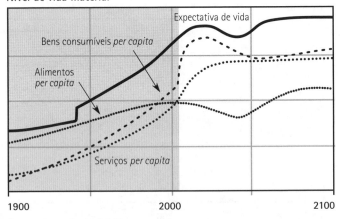

Bem-estar e *footprint* humano

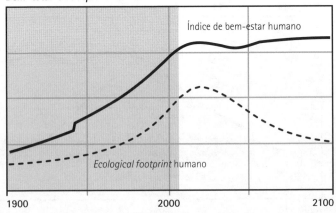

Fonte: MEADOWS et al., 2004: 245.

A atratividade do crescimento

Apesar de já termos ultrapassado quaisquer limites que julguemos razoável do ponto de vista da sustentabilidade, ainda somos relutantes em escolher voluntariamente em favor da redução do consumo ou "daquilo que é produzido economicamente". De fato, a maioria dos economistas e políticos continuam a insistir que o crescimento é uma característica fundamental de uma economia saudável. Por que o fator "crescimento" é tão atrativo?

Os partidários dessa visão argumentam que o crescimento é necessário para se reduzir a pobreza. É evidente que muitos seres humanos – provavelmente a maioria da humanidade – não possuem os recursos suficientes para viver com dignidade. O "crescimento" é visto como a saída mais fácil para se resolver o problema: Nós não temos que redistribuir a riqueza, só temos que criar mais riquezas.

Mas a mera existência de limites reais significa que este caminho não é viável. Dada a probabilidade de a população humana atingir algo entre nove a dez bilhões de pessoas neste século, a economia teria que crescer pelo menos vinte vezes mais para permitir que todas as pessoas consumam da mesma maneira que os 20% mais ricos agora consomem. As Nações Unidas estimam que se confiarmos apenas em crescimento para combater a pobreza, então a economia teria que crescer pelo menos de cinco a dez vezes mais para se atingir um nível de vida aceitável para todos aqueles vivendo em estado de pobreza agora (McKIBBEN, 1998: 72). Mas como a economia já cresceu além dos níveis de sustentabilidade, o colapso ecológico e econômico ocorreria muito antes de isso acontecer. Por que, então, os políticos e economistas continuam a defender o crescimento como forma de combater a pobreza? O Worldwatch Institute observa que:

> O crescimento evoca a imagem de que um "bolo" de riquezas em expansão é uma ferramenta política potente e conveniente que faz com que problemas sérios como a desigualdade de renda e da redistribuição de riquezas sejam colocados de lado. As pessoas supõem que enquanto existir crescimento há esperança para que os pobres possam melhorar suas vidas sem ocasionar mudanças ao estilo de vida dos ricos. A realidade, entretanto, é que para se alcançar uma economia global ecologicamente sustentável só é possível a partir da limitação do consumo por parte dos afortunados [sic] para que os pobres possam incrementar seu consumo (BROWN et al., 1991: 119-120).

Seja como for, um século de "crescimento" sem precedentes não nos levou à redução real da pobreza; então é questionável se o "crescimento" produzirá isso no futuro. Mesmo que a taxa de crescimento econômico das nações pobres dobrasse, apenas sete nações reduziriam a diferença entre elas mesmas e as nações ricas no próximo século – e apenas outras nove alcançariam isso no próximo milênio! (HAWKEN, 1993).

Certamente, David Korten, que é especialista em desenvolvimento, identifica que as políticas para promover crescimento podem fazer com que o problema da pobreza piore porque elas "transferem renda e ativos para aqueles que possuem propriedades com detrimento para aqueles que dependem de seu próprio trabalho para seu sustento (KORTEN, 1995: 42). Por exemplo, começar a produzir produtos agrícolas para exportação pode aumentar o crescimento econômico, o que favorece os grandes agronegócios, mas com detrimento dos pequenos produtores de alimentos. A exploração da madeira aumenta o crescimento econômico, mas também leva à modificação de modos de vida tradicionais dependentes de recursos florestais, ao mesmo tempo aumentando a erosão do solo e reduzindo o índice pluviométrico.

Muito daquilo que conta como crescimento consiste na simples mudança de uma economia não monetária para uma economia monetária. Frequentemente, isto ocorre por conta da expropriação das tradicionais bases econômicas dos pobres, o que os leva a tornarem-se mão de obra numa economia baseada em dinheiro. Korten (1995: 11) conclui que:

> A contínua busca por crescimento econômico enquanto princípio organizador de políticas públicas está acelerando o esgotamento das capacidades regenerativas do ecossistema e do tecido social que sustenta a comunidade humana; ao mesmo tempo, esta busca intensifica a competição entre ricos e pobres por recursos e esta é uma competição em que os pobres invariavelmente perdem.

A única maneira de se resolver os problemas da pobreza e da desigualdade seria os que têm muito reduzirem drasticamente seu consumo para que a riqueza limitada da Terra possa ser mais igualmente redistribuída entre todos. Obviamente, parte desta redução pode ser alcançada a partir do melhor uso dos recursos que temos; por exemplo, por meio do uso de tecnologias energéticas ambientalmente sustentáveis e da redução de recursos utilizados com fins militares ou de despesas militares. Isso junto com uma simultânea redução do consumo total e um aumento de recursos disponíveis aos pobres ainda necessitaria uma significante mudança do estilo de vida para aqueles 20% mais ricos (e mais poderosos) da humanidade.

O desafio de se reduzir o consumo no "Norte" e a redistribuição de riqueza no "Sul" pode parecer inicialmente impossível, mas seria benéfico a todos.

Alguns dos benefícios seriam ecológicos; o Worldwatch Institute identifica que a diferença entre ricos e pobres é o fator mais importante na destruição do meio ambiente. Por um lado, os que vivem no topo da escala de renda causam a maioria dos danos ecológicos por seu alto consumo e pela criação de grandes quantidades de dejetos e poluição; por outro lado, aqueles que vivem em extrema pobreza também causam danos a ecossistemas porque são cada vez mais levados a viver às margens do sistema. Como resultado disso, eles são forçados a utilizar intensamente pastagens, a desmatar florestas em busca de lenha, ou a se dedicar ao cultivo de culturas em frágeis colinas que são vulneráveis à erosão. Em contraste, a porção da humanidade vivendo com meios modestos, mas suficientes, tende a ter o menor impacto na totalidade da comunidade da Terra. Uma maior igualdade, então, poderia eliminar muitos dos danos associados aos extremos da riqueza e da pobreza (BROWN et al., 1994).

Além disso, a redistribuição das riquezas do mundo libertaria bilhões de pessoas que sofrem e vivem em desespero por conta da extrema pobreza, e as ajudaria a desenvolver seus potenciais como seres humanos de uma forma mais completa, bem como a contribuir de maneira significativa para um futuro sustentável. Os benefícios de redistribuição para o "Norte" não são imediatamente evidentes, mas é certamente argumentável que o afastamento de uma cultura baseada no consumo seria, em última análise, benéfica para o ultradesenvolvido "Norte" porque levaria à renovação da comunidade formada por pessoas livres de um estilo de vida baseado em impulsividade e competição. De fato, uma melhor distribuição de renda e riqueza poderia resultar uma saúde melhor para todos. Korten (1995: 40-41) nota que:

> Água potável e saneamento básico são talvez os mais importantes contribuintes para saúde e expectativa de vida. Investigações feitas em locais como o estado de Kerala na Índia mostra que essas necessidades básicas podem ser supridas a custos bem modestos. Em contraste com isso, países com rendimentos altos por habitante estão vivenciando um aumento das taxas de câncer, doenças respiratórias, estresse, problemas cardiovasculares, má formações congênitas, bem como um declínio na contagem de espermatozoides no esperma. Há cada vez mais dados comprobatórios de que todos esses fenômenos são subprodutos do crescimento econômico – a poluição do ar e da água, aditivos químicos e resíduos de pesticidas nos alimentos, níveis de ruído elevados, e um aumento da exposição à radiação eletromagnética.

Um último benefício de uma igualdade maior é que esta pode ser a chave para se controlar excessos demográficos, o problema da superpopulação.

Tradicionalmente, a taxa de crescimento demográfico só começa a cair quando as necessidades básicas da população estão garantidas e as pessoas se sentem seguras para poderem ter menos filhos (os quais representam uma forma básica de segurança para quando atingirem a terceira idade). Importa assinalar que nos anos de 1970, quando a renda aumentava no "Sul", a taxa de crescimento da população declinou significativamente. Entretanto, com o início da crise da dívida e com a imposição de severas medidas de austeridade nos anos de 1980 a renda caiu demasiadamente e a taxa de crescimento demográfico parou de declinar e, em alguns casos, aumentou. Foi só nos anos de 1990 que a taxa de crescimento populacional começou a cair novamente, mas mesmo assim aproximadamente um terço da redução pode ser atribuído ao coeficiente de mortalidade da pandemia da Aids.

Juntamente com a segurança de rendimento, a chave para a estabilização populacional está no processo de empoderamento das mulheres, o que inclui a capacidade de decidir o tamanho da família. Este empoderamento, no entanto, é evidentemente mais fácil de ocorrer numa sociedade caracterizada por baixos níveis de desemprego e de violência social; mas estas condições, também, só são achadas em lugares onde um mínimo de igualdade de renda e de redução de pobreza foram realizados. Finalmente, então, maior segurança de renda é essencial para uma rápida redução de crescimento populacional.

Um indicador defeituoso, uma perspectiva falsa

Um dos principais problemas com a economia focada em crescimento é a maneira pelo qual este é medido. O Produto Interno Bruto (PIB)[5], a principal medida de crescimento econômico, é um indicador seriamente defeituoso. Basicamente, o PIB é a soma do valor de todos os bens e serviços produzidos pelo país, incluindo todas as atividades econômicas envolvendo dinheiro. Assim, o alto custo das operações de descontaminação, a produção de bombas nucleares, ou o custo do trabalho envolvido no desmatamento de uma floresta é adicionado ao PIB e é interpretado como um benefício econômico. Ironicamente, outras atividades econômicas que não envolvem dinheiro, como a agricultura de subsistência (a produção de alimentos para a família ou a comunidade), trabalho voluntário, ou a educação dos filhos não fazem parte desse indicador.

---

5. Um mais antigo e ligeiramente diferente indicador é o Produto Nacional Bruto (PNB). Entretanto, este também sofre praticamente das mesmas limitações do Produto Interno Bruto (PIB) argumentadas nesta parte do livro.

Dirigir o carro por um quilômetro contribui para o PIB, mas caminhar ou andar de bicicleta a mesma distância não, mesmo que estas últimas ações não causem danos ao meio ambiente.

Essencialmente, o PIB valoriza muitas atividades destruidoras da vida enquanto outras sustentadoras da vida são desconsideradas. Cálculos são feitos para se estabelecer a depreciação de edifícios, fábricas e maquinários, mas não há cálculos similares para se estabelecer o esgotamento do "capital natural" – a redução da capacidade da Terra. A "riqueza" artificial é geralmente "produzida" sem se levar em conta os custos da destruição da riqueza real do planeta, seja isso florestas, água, ar ou solo. Por exemplo, desmatar uma floresta gera crescimento, mas ninguém conta os custos da perda de riqueza representada por criaturas, ar, solo e água que formavam um ecossistema. Korten (1995: 38) até chega a dizer que o PIB é nada menos que "nossa taxa de transformação de recursos em lixo".

No filme *Who's Counting*, a economista e feminista Marilyn Waring demonstra um exemplo interessante do tipo de distorção causada pelo PIB. Ela salienta que a atividade econômica gerada pelo derramamento de óleo do petroleiro *Exxon Valdez* próximo da costa do Alaska fez com que esta fosse a viagem mais produtiva em termos de geração de "crescimento" da história. O PIB levou em conta os custos da despoluição, os pagamentos de seguros e até mesmo as doações às organizações "verdes" como formas de crescimento. Entretanto, não houve nenhum débito. Os custos dos pássaros, peixes e mamíferos marítimos mortos, e da destruição da magnífica beleza natural da região, não foram contados.

Então de ambos os pontos de vista éticos e práticos, o uso do PIB como medida de progresso econômico se torna questionável. O tipo de medida de crescimento econômico indiferenciado praticado pelo PIB não é necessariamente bom e pode até ser prejudicial. Herman Daly afirma que "há algo fundamentalmente errado em tratar a Terra como se ela fosse uma empresa em processo de falência" (apud AL GORE. *Earth in the Balance*: 91).

Mas é isso mesmo que nós fazemos quando destruímos o capital real do planeta – sua capacidade de sustentar a vida – a fim de acumular capital artificial, abstrato e morto na forma de dinheiro (que é algo que não tem valor intrínseco). Nós estamos de fato emprestando do futuro bem-estar de *toda* a vida para produzir ganhos de curto prazo para uma minoria da humanidade. Isto equivale a uma perigosa forma de financiamento de déficit.

Como alternativa, muitos estudiosos argumentam que deveríamos substituir o PIB por um outro indicador, o Índice de Progresso Genuíno ou IPG

(Genuine Progress Indicator or GPI). O IPG diferencia as atividades sustentadoras da vida das atividades destruidoras da vida. As primeiras são contadas como produtivas, as segundas como custos. Todas as atividades, incluindo aquelas que não envolvem transações monetárias, estão incluídas nesse indicador. Isto permite uma melhor avaliação do progresso econômico real, que é baseado em fatores *qualitativos* ao invés de crescimento *quantitativo*. Aplicações antecipadas desse indicador demonstram que de 1967 a 1992 o IPG dos Estados Unidos caiu, enquanto que seu PIB subiu (NOZICK, 1992). Esta análise confirma que isso é uma tendência e que o IPG para 2002 é ligeiramente inferior ao IPG para 1976.

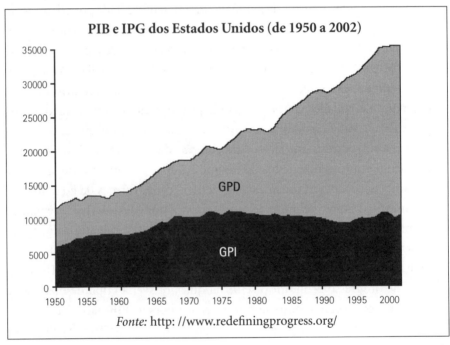

Fonte: http://www.redefiningprogress.org/

Indo além da tradicional economia quantitativa, do crescimento medido a partir do PIB, exige-se que adotemos uma abordagem qualitativa. As tradicionais ideias de lucro, eficiência e produtividade têm que ser questionadas e redefinidas. Precisamos de crescimento? Certamente. Nós necessitamos crescer em conhecimento e sabedoria, crescer em níveis de prover acesso a necessidades básicas de todos, crescer em dignidade humana. Nós também precisamos cuidar do belo, preservar a vida, fomentar a saúde dos ecossistemas, e não precisamos do crescimento de um consumo supérfluo. Também não necessitamos de um crescimento canceroso que destrói a vida simplesmente para acumular capital morto para uma minoria da humanidade.

Desenvolvimento distorcido

Quando a antropóloga Helena Norberg-Hodge visitou a região do Ladakh em Kashmir, na Índia, pela primeira vez em 1975, encontrou um povo que tinha vivido à parte da economia global. Mesmo assim, os ladaquianos tinham uma qualidade de vida bem alta. Os ecossistemas locais estavam saudáveis e com poluição praticamente inexistente. Certamente, alguns recursos eram escassos, mas mesmo assim a maioria das pessoas trabalhava apenas o equivalente a quatro meses por ano, o que deixava o resto do tempo para a família, amigos e atividades criativas. As pessoas viviam em casas espaçosas e próprias para a região. Quase todas as necessidades básicas, incluindo roupa, abrigo e comida, eram produzidas e distribuídas sem o uso de dinheiro. Quando Norberg-Hodge (1999: 196) perguntou a um habitante local onde os pobres viviam, a pessoa a quem ela perguntou ficou primeiramente confusa e então respondeu que "nós não temos nenhum pobre por aqui".

Com o passar dos anos, entretanto, a economia local começou a "se desenvolver". Primeiramente, os turistas começaram a visitar a região, o que causou a introdução de produtos e processos da economia global. Logo depois, as pessoas começaram a sentir a necessidade de dinheiro para comprar artigos de luxo. Paulatinamente, as pessoas começaram a se orientar por meios monetários. Com a introdução da agricultura comercial, a economia local ficou dependente do petróleo, visto que meios de transportes modernos são necessários para a expedição da produção. O ecossistema local, também, começou a se degradar com a introdução de produtos químicos na produção agrícola. Com o desmoronamento da economia tradicional, a cultura Ladakh também começou a erodir e as pessoas começaram a perder o senso de identidade.

Nossa primeira reação quando escutamos essa história talvez seja de olhar nostalgicamente para um passado de culturas mais simples. A maioria de nós considera o que aconteceu com os ladaquianos algo triste, mas praticamente inevitável. Outros de nós talvez tentassem conceber outra maneira possível de se abrir ao mundo, uma maneira em que a cultura e os ecossistemas locais não se deteriorassem.

Seja como for, parece-nos razoável questionar se o processo de crescimento experimentado pelos ladaquianos foi de progresso ou de "desenvolvimento". Como vimos antes, "desenvolvimento" implica melhores qualidades de vida para as pessoas. A pergunta é: Os benefícios da economia global (televisão, acesso a bens consumíveis para aqueles que podem pagar por eles, meios de transporte modernos) compensaram os custos em termos de pobreza, degradação ecológica e erosão cultural? Parece improvável. Seja como for, chamar esse processo de "desenvolvimento" é uma grande distorção. Entretanto, desde a Segunda Guerra Mundial a maioria do mundo está engajada num grande projeto de "desenvolvimento" que possui várias das características do processo vivenciado pelos ladaquianos.

Mas não se pode negar que nos últimos sessenta anos um progresso genuíno tem ocorrido com respeito ao controle de doenças, aumento de expectativa de vida e incremento do acesso à educação. É preocupante, contudo, que esses avanços estão sendo arruinados com o aumento dos níveis de pobreza em vários países africanos, bem como latino-americanos e asiáticos. Mesmo algumas das economias "miraculosas" da Ásia, as estrelas dos ideólogos do desenvolvimento, têm experimentado graves reveses de tempos em tempos por causa de crises financeiras.

Desenvolvendo a pobreza

De fato, o processo de desenvolvimento é muitas vezes um exercício de "mau desenvolvimento" baseado nos pressupostos da economia focada em crescimento que já foram explorados por nós previamente. Isto é especialmente verdade nos megaprojetos como barragens, projetos de irrigação, zonas de livre-comércio e muitos outros empreendimentos industriais. Todos esses tipos de iniciativas podem certamente produzir "crescimento" na economia monetária que é medida pelo PIB (elas provavelmente gerarão um oneroso endividamento), mas elas também empobrecem a maioria das pessoas e minam a saúde dos ecossistemas. Considere os seguintes exemplos:

- O Projeto de Irrigação Narmada, que está sendo desenvolvido na Índia, construirá 30 grandes, 135 médias e 3.000 pequenas barragens para aproveitar as águas do Rio Narmada e de seus afluentes. Mais de um milhão de pessoas serão afetadas negativamente e 350 mil hectares de florestas destruídas (causando a extinção de valiosas espécies de plantas, bem como a morte em massa da fauna local) por causa desse projeto. Muitos dos habitantes afetados são *Adivasi* (população indígena local) e eles perderão as terras que têm habitado há milênios.
- Pelo mundo afora a introdução das sementes híbridas do *green revolution* (revolução verde) tem resultado em ganhos de curto prazo na produtividade agrícola, mas a um alto custo. As novas culturas precisam de generosas (e caras) doses de fertilizantes químicos e pesticidas, o que causa danos à água, ao solo e aos trabalhadores rurais. Muitas dessas culturas

necessitam de mais água, o que requer extensos sistemas de irrigação (o que leva à construção de grandes projetos de barragens, como o de Narmada). Muitas dessas culturas híbridas são cultivadas na forma de monocultura, o que elimina o tradicional plantio que mistura culturas diferentes, e isso torna o cultivo mais vulnerável a secas, pragas e infestações (DANKELMAN & DAVIDSON, 1988). Mais recentemente, a introdução de culturas geneticamente modificadas como a soja tolerante ao herbicida na América do Sul tem levado a uma maior concentração de renda nas mãos dos grandes proprietários de terras e, ao mesmo tempo, ao desaparecimento de pequenos proprietários e à destruição de complexos ecossistemas.

- A comunidade agrícola de Singrauli na Índia, que no passado foi produtiva, tornou-se agora uma zona de desastre ecológico quando uma dezena de minas de carvão a céu aberto e uma série de centrais elétricas movidas a carvão foram abertas na região. A contaminação do solo, do ar e da água tem contribuído para uma autêntica pandemia de tuberculose, desordens cutâneas e outras doenças. Setenta mil pessoas, muitas das quais trabalhavam na terra, agora trabalham nas minas. Patricia Adams (1991) nota que a mídia indiana tem comparado Singrauli aos "círculos inferiores do inferno de Dante".

- O governo sul-africano e o Banco Mundial estão implementando no Lesoto o Highlands Water Project, que consiste em cinco grandes barragens, duzentos quilômetros de túneis e uma usina hidrelétrica. No curso disso nota-se que vinte sete mil habitantes locais estão sendo afetados e perdendo suas áreas de plantio por causa do alagamento provocado pelo Mohale Dam (Barragem Mohale). Houve promessas de ajuda para que mudassem para áreas urbanas, mas muito poucos receberam compensação por suas perdas (UNITED CHURCH OF CANADA, 2007).

- A maior mina de ouro da América do Sul, a Yanacocha, foi desenvolvida perto de Cajamarca, nas áreas montanhosas do Peru. Enquanto isso significa uma nova oportunidade de enriquecimento para uma pequena parcela da população, a maioria foi prejudicada com preços cada vez mais altos para terrenos e produtos essenciais. O crime e a prostituição também aumentaram. Cianureto começou a vazar para os lençóis freáticos envenenando muitas fontes locais de água potável. Muitos riachos já mostram sinais de contaminação. Além disso, um derramamento de mercúrio causado por um caminhão da mina em 2002 contaminou cerca de quarenta quilômetros de estrada, o que causou o envenenamento de quase mil habitantes locais.

• A zona de livre-comércio *Maquila* na fronteira entre os Estados Unidos e o México foi criada para encorajar o desenvolvimento econômico mexicano. Os trabalhadores (a maioria mulheres) ganham baixos salários e são submetidos a uma gama de abusos contra os direitos humanos. Enquanto isso, a zona fronteiriça mostra níveis alarmantes de poluição e má formações congênitas severas se tornaram comuns.

Todos os "projetos de desenvolvimento" geram a forma de crescimento medida pelo PIB, mas eles não têm gerado uma melhor qualidade de vida para a maioria das pessoas. Todos esses projetos destroem ecossistemas e prejudicam a capacidade da Terra de sustentar a vida. Mesmo assim, a maioria dos economistas e "especialistas em desenvolvimento" continuam a insistir que o progresso só pode ser alcançado por essas vias de "mau desenvolvimento". Por quê?

Destruindo a subsistência

Um problema fundamental com o estilo ocidental de desenvolvimento é sua dependência de indicadores como o PIB que falham em valorizar as tradicionais economias de subsistência; quer dizer, as economias voltadas à produção imediata e consumo local. Povos que praticam economias de subsistência, como era o caso dos ladaquianos há algumas décadas, podem ter uma qualidade de vida bem alta com tempo para a família e para atividades criativas, e isso sem a necessidade de trocas monetárias. Do ponto de vista distorcido da economia moderna, a ausência de dinheiro é interpretada como pobreza, como um "problema" que tem de ser "curado".

Entretanto, a ecofeminista indiana Vandana Shiva (1989: 10) nota que "a subsistência [...] não significa necessariamente uma baixa qualidade de vida". Alimentos produzidos localmente sem o uso de aditivos químicos e não processados são quase sempre mais saudáveis que os consumidos nos países desenvolvidos; moradias e roupas produzidas com materiais naturais são na maioria das vezes mais adequadas ao clima local e são quase sempre mais baratas. Shiva (1989: 10) ressalta que o projeto de remoção de pobreza é um "projeto culturalmente parcial" porque "destrói estilos de vida saudáveis e sustentáveis e cria uma pobreza material real, ou seja, miséria, e faz isso a patir de sua negação daquilo que é necessário à vida por conta do desvio de recursos para a produção intensiva de *commodities*". "As *commodities* aumentam, mas a natureza diminui. O problema da pobreza no "Sul" vem da crescente falta de água, alimento, pastagem, combustível junto com o crescente 'mau desenvolvimento' e destruição ecológica" (SHIVA, 1989: 5).

Então, a "cura" prescrita pelo "desenvolvimento" é a criação de megaprojetos, o cultivo de culturas para exportação e o aumento da exploração de recursos naturais. Todas essas medidas aumentam o fluxo monetário, mas também afetam a população pobre e seu meio de vida. As mulheres são geralmente as mais afetadas por essas mudanças. "O problema da pobreza afeta as mulheres mais severamente, primeiro porque elas são as mais pobres entre os pobres, e segundo porque, junto com a natureza, elas são as principais provedoras da sociedade" (SHIVA, 1989: 5).

Por exemplo, agricultores de subsistência (mulheres geralmente) são frequentemente puxados para as margens do sistema pela agricultura comercial, o que deixa suas famílias sem acesso à renda. Isto geralmente acelera o processo de urbanização dessas famílias (que se acham "deslocadas" da economia tradicional), que vão à procura de emprego nas cidades, empregos que são muitas vezes em áreas de livre-comércio com baixos salários como os de *Maquilas* no México e outras da América Central. Ao mesmo tempo, os ecossistemas locais se acham sob ataque, florestas são abatidas, pesticidas são introduzidos nas práticas agrícolas, e indústrias e minas poluem o solo, a água e o ar. David Korten (1995: 251) conclui que:

> Depois de quase trinta anos devotados à pesquisa do desenvolvimento, eu finalmente comecei a ver a extensão do foco do programa de desenvolvimento ocidental na separação das pessoas de seus meios de vida tradicionais e na quebra da segurança fornecida pela família e pela comunidade, para então criar uma dependência do trabalho assalariado e dos produtos fabricados pelas modernas corporações. Este processo começou com "a tomada", ou privatização, das terras comuns (*common lands*) na Inglaterra para concentrar as vantagens produtivas nas mãos de poucos, ao invés de muitos [...]. E, com isso, o sistema agrícola, e do governo, de saúde, da educação, e de entreajuda que são controlados localmente são substituídos por outros mais receptivos a um controle centralizado.

Arrumando o mau desenvolvimento

Há uma década pesquisadores da Yale University e de outros dois grandes jardins botânicos dos Estados Unidos publicaram um estudo sobre o valor de produtos florestais colhidos das saudáveis florestas tropicais. Em média, o valor total da borracha, de frutas e outros produtos extrativistas colhidos da floresta atingiam um valor de seis mil dólares por hectare, o que é mais que o dobro do valor atingido com pastagens para o gado criadas por conta do desmatamento ou com o abate de árvores para madeira em florestas comerciais.

Apesar disso, dezenas de milhares de hectares de floresta tropical são abatidas ou simplesmente queimadas todos os anos. Muitas vezes, governos como o da Indonésia ou do Brasil oferecem incentivos diretos ou indiretos para esse tipo de atividade. Por quê? Porque em contraste com a produção extrativista tradicional que é vendida em mercados locais visando necessidades locais, o gado, a soja e a madeira podem ser vendidos internacionalmente, o que gera "grande quantidade de divisas". Elas são "importantes *commodities* controladas pelo governo e contam com o apoio de grandes despesas orçamentárias federais" (apud ADAMS, 1991: 36). Essa capacidade de gerar divisas no mercado internacional é importante porque os pagamentos da dívida externa necessitam de moeda forte.

De fato, há uma grande pressão sobre as nações endividadas para que continuem pagando seus empréstimos. Instituições financeiras internacionais como o FMI (o Fundo Monetário Internacional) e o Banco Mundial impõem grandes medidas de austeridade – os tão chamados Programas de Ajustamento Estrutural (PAE) ou Structural Adjustament Program (SAP) – como condições para assegurar novos empréstimos. O objetivo dos PAEs é assegurar a disponibilidade de divisas para o pagamento de empréstimos. Para esse fim, o governo deve controlar a inflação (a partir da redução do consumo interno), cortar gastos públicos, encorajar a produção de culturas para exportação assim como de indústrias de extração de recursos naturais, enfraquecer direitos trabalhistas e as leis de proteção ambiental, e facilitar o investimento estrangeiro (a maioria do qual é feito por corporações). Ironicamente, o problema da dívida que o PAE tenta resolver é causado pelos megaprojetos conectados à prática de "mau desenvolvimento", a más decisões relativas a empréstimos e a juros altos.

Na prática, o PAE quase nunca reduz o fardo pernicioso da dívida que ele tenta solucionar – de fato, ele pode piorar o problema. O PAE geralmente provoca uma recessão quando aumenta os juros internos para controlar a inflação. E com a queda do consumo interno, desemprego e queda no nível salarial, a coleta de impostos diminui. Ao mesmo tempo, como mais e mais países aumentam a produção das mesmas *commodities* para exportação, a oferta e a competição por mercados aumenta também, o que causa efetivamente uma queda dos preços dessas *commodities*, de arrecadação tributária e de salários. E as dívidas aumentam ainda mais rapidamente. Novos empréstimos são necessários só para pagar os juros dos empréstimos antigos (o que leva a novos PAEs), e os juros internos têm que ser aumentados novamente para atrair investimento.

Então, a estratégia usada para garantir o pagamento de dívidas, o Programa de Ajustamento Estrutural, tem sido uma grande catástrofe. Mas os credores do "Norte" continuam a insistir na implementação desses programas como condição para novos empréstimos. Por quê? A verdadeira intenção do PAE parece ser a criação de um mercado de trabalho desesperado por empregos, o aumento de exportação de matérias-primas para o mercado internacional e a abertura de novos mercados para as corporações internacionais. Esse fenômeno é geralmente conhecido como a implementação de "neoliberalismo econômico" – ou seja, de um modelo de capitalismo selvagem que sacrifica o bem-estar da maioria da humanidade e da Terra para enriquecer poucos. De certa maneira, o PAE pode ser entendido como um tipo de prisão moderna para devedores, prisão que aprisiona povos e ecossistemas inteiros.

Numa entrevista ao *New Internationalist* em 1999, pouco antes de falecer, o ex-presidente da Tanzânia Julius Nyerere observou como o PAE tinha causado o empobrecimento de milhões de pessoas e revertido ganhos reais introduzidos por verdadeiros programas de desenvolvimento humano em seu país:

> Eu visitei Washington no ano passado. No Banco Mundial a primeira questão que eles me perguntaram foi: "Por que falhou?" Eu respondi que nós assumimos um país em que 85% da população adulta era analfabeta. A Grã-Bretanha nos governou por 43 anos. Quando nos tornamos independentes, havia apenas dois engenheiros e doze médicos no país. Este foi o país que nós herdamos.
>
> Quando eu terminei meu mandato, 91% da população sabiam ler e escrever e praticamente todas as crianças estavam sendo escolarizadas. Nós treinamos milhares de engenheiros, médicos e professores.
>
> Em 1988 a renda *per capita* da Tanzânia era de duzentos e oitenta dólares. Agora em 1998 ela é de cento e quarenta dólares. Então eu perguntei aos indivíduos do Banco Mundial o que havia acontecido. Nos últimos dez anos a Tanzânia tem feito tudo o que o FMI e o Banco Mundial pediram. Mas mesmo assim o nível de escolaridade caiu para 63% e o serviço de saúde, dentre outros, piorou. Então, eu perguntei a eles de novo: "O que aconteceu?" (BUNTING, 1999 [Disponível em http: //www.newint.org/features/1999/01/01/anti-colonialism/]).

O problema do PAE são as causas que ele produz: o empobrecimento de grande parcela da humanidade e também a devastação da Terra. Culturas comerciais necessitam de aditivos químicos e pesticidas; as florestas tropicais são abatidas para se exportar madeira, o que destrói espécies, provoca a erosão do solo e no final causa a desertificação da região; mangues delicados são convertidos em fazendas de camarão; minas e fundições geram uma infusão mortal de produtos tóxicos.

De fato, o PAE neutraliza o único mecanismo de mercado que poderia promover a conservação da riqueza natural da Terra. Na teoria, quando uma *commodity* se torna escassa, seu preço sobe, o que força produtores a se tornarem mais eficientes e a procurarem alternativas mais ecologicamente sustentáveis. Do mesmo modo, quando preços sobem o consumo diminui e a conservação aumenta.

Infelizmente, o PAE distorce essa forma de regulação do mercado. O modelo neoliberal imposto na forma do PAE causa uma competição de produção de bens exportáveis entre países a fim de gerar divisas. Madeira, minérios, petróleo e produtos agrícolas são exportados a taxas demasiadamente altas, criando-se assim um "excesso de oferta" e os preços são mantidos em baixa. Os mecanismos de mercado que poderiam promover conservação ou procura por alternativas mais sustentáveis ficam incapacitados. Cria-se uma situação na qual os preços só subirão quando muitos dos recursos da Terra estiverem praticamente esgotados – o que efetivamente causará um colapso econômico ao invés de uma transição gradual para uma forma de economia mais sustentável.

Repensando o desenvolvimento

O PAE e a prática de "mau desenvolvimento" que ele promove criam uma dívida enorme e impagável que empobrece a maioria da humanidade, bem como a inteira comunidade da vida com quem dividimos a Terra. Para solucionarmos tal situação, precisamos repensar e questionar muito daquilo que é atualmente chamado de desenvolvimento. Mais especificamente necessitamos questionar tudo que causa dano à sabedoria e às culturas tradicionais, tudo que erode participação e democracia, tudo que danifica a saúde de ecossistemas.

Até projetos que aparentemente se preocupam com as básicas necessidades humanas têm de ser muitas vezes questionados. Por exemplo, construir escolas pode ter um impacto negativo se o sistema de educação encorajar indivíduos a abandonar modos de vida tradicionais em favor do consumismo e da economia monetária. Hospitais e clínicas podem ser usados para impor práticas ocidentais de medicina, provocando assim a marginalização de praticantes da medicina e de medicamentos tradicionais. Estradas podem aumentar a dependência do petróleo e encorajar a fabricação de produtos para exportação.

Dito isto, nem tudo aquilo que leva o nome de desenvolvimento é ruim. De fato, iniciativas que genuinamente promovem a melhora da saúde, da nutrição e da educação são urgentemente necessárias. Além disso, dado os danos causados pelo "mau desenvolvimento", precisamos fazer muito para restaurar a saúde das comunidades afetadas. É fundamental que pratiquemos o "desenvolvimento" de maneira a empoderar indivíduos, a reafirmar culturas e a proteger ecossistemas locais.

Então, desenvolvimento deve (no caso do crescimento, como já vimos) ser repensado de maneira qualitativa ao invés de quantitativa; especialmente se as quantidades medidas (por exemplo, quando dinheiro e PIB são usados como medidas) são questionáveis. Assim, desenvolvimento cessa de valorizar a conveniência e o lucro de curto prazo dos poucos, e passa a valorizar a melhora da qualidade de vida de todos os seres humanos e de todas as criaturas da Terra em longo prazo. Talvez nós tenhamos de criar um novo conceito que seja desassociado da negatividade agora encapsulada pelo termo desenvolvimento. Alguns estudiosos agora falam em termos de "desenvolvimento sustentável". Na teoria isso significa o desenvolvimento que não põe em perigo o bem-estar de futuras gerações; entretanto, na prática, desenvolvimento sempre parece ter prioridade sobre sustentabilidade. Outra alternativa sugerida por estudiosos é "comunidade sustentável". Esta alternativa nos parece melhor porque ela descreve o objetivo a ser alcançado (especialmente se entendermos o termo comunidade envolvendo outras criaturas também), entretanto, tal termo nos parece muito estático. Nós poderíamos sugerir "ecodesenvolvimento", "comunidade evolutiva sustentável", ou mesmo "coevolução participativa" como termos mais apropriados.

Para se criar comunidades que são realmente sustentáveis, temos que aprender a sabedoria envolvida na saúde dos ecossistemas; quer dizer, todos os dejetos são reciclados por organismos para produzir vida novamente. Um exemplo fascinante disso é o Método Aigamo de cultivo do arroz desenvolvido por Takio Furuno no Japão. Patos são criados nos arrozais, e assim são uma fonte natural de fertilizantes para o cultivo do arroz. Além disso, os patos comem a maioria das ervas daninhas (mas não comem as mudas de arroz porque as acham pouco apetitosas), o que elimina muito do trabalho braçal. Uma planta aquática que produz nitrogênio para o arroz e que serve de alimento suplementar para os patos também é usada nos arrozais. Mais de setenta e cinco mil agricultores asiáticos agora usam esse método. Em média, a produtividade dos arrozais cresce de 50 a 100% sem o uso de aditivos químicos e os agricultores também acham nos patos uma fonte extra de proteína e de renda (HO, 1999).

Muitos outros exemplos desse tipo de pensamento ecológico criativo podem ser achados por todo o mundo. Este tipo de ecodesenvolvimento em que é possível melhorar a qualidade de vida de comunidades humanas se baseia na preservação da saúde da Terra. De fato, na realização de qualquer tipo de ecodesenvolvimento devemos nos inspirar na sabedoria de muitos povos nativos das Américas, os quais procuram entender as consequências de suas ações para as sete gerações que hão de vir. Mike Nickerson (1993: 12) nota que: "Mais de sete mil gerações cuidaram e trabalharam para fazer nossas vidas possíveis. Elas nos deram linguagem, roupas, música, ferramentas, agricultura, esporte, ciência, e um vasto entendimento de nós mesmos e do mundo que nos cerca. Nós temos que achar um meio de possibilitar pelo menos mais sete gerações".

Poderio corporativo

Não podemos deixar para trás o crescimento ilimitado e indiferenciado e o "mau desenvolvimento", ao menos que confrontemos o poderio global por detrás dessa patologia, ou seja, as Corporações Transnacionais (Transnational Corporations (TNCs)). As quinhentas maiores corporações do mundo empregam 0,05% da população humana, mas elas controlam cerca de 25% da economia global (quando medida pelo PIB) e são responsáveis por cerca de 70% do comercio internacional. Metade das cem maiores economias do mundo não é composta de nações, mas de corporações. As trezentas maiores corporações (excluindo as instituições financeiras) são proprietárias de quase um quarto dos ativos produtivos mundiais, enquanto que as cinquenta maiores instituições financeiras controlam cerca de 60% do capital produtivo (KORTEN, 1995: 222). Tom Athanasiou (1996: 196) nota que:

> As corporações transnacionais são ao mesmo tempo os arquitetos e os elementos constitutivos da economia global. [...] São [elas] que ditam as condições. [...] Elas são atores regionais e globais num mundo partido em nações e tribos e elas jogam país contra país, ecossistema contra ecossistema, simplesmente porque é bom para os negócios. Salários baixos e regras de segurança inadequadas, o saque ao meio ambiente, e o contínuo aumento dos desejos – todos esses são sintomas de forças econômicas que, personificadas pelas corporações transnacionais, são tão poderosas que ameaçam vencer qualquer limitação imposta por sociedades que elas dizem servir.

As corporações transnacionais têm trabalhado muito para moldar as regras da economia global e obter vantagens. Elas exercem influência sobre pequenas e grandes nações:

- a partir do cultivo de "relações amigáveis" com partidos políticos via contribuições financeiras aos mesmos;
- por conta da promessa (ou ameaça) de mover investimentos e empregos para outros países;
- por meio de pressão exercida sobre mercados financeiros internacionais (por exemplo, com a especulação monetária) de forma que esses "votem" efetivamente suas opiniões a respeito de políticas governamentais.

Dado o controle que elas têm sobre a economia mundial, tal influência política tem se tornado enorme nos últimos vinte cinco anos. Não é surpresa então que as políticas englobadas pelo PAE são muito propícias às grandes corporações. Além disso, as novas regras econômicas encapsuladas em acordos e defendidas por instituições responsáveis por comércio e investimento, como a OMC (Organização Mundial do Comércio), o Nafta (Tratado Norte-Americano de Livre Comércio), e mesmo o (ainda não implementado) Acordo Multilateral de Investimentos (AMI) (Multilateral Agreement on Investiment (MAI)), são em grande parte uma "declaração de direitos" das corporações transnacionais. Martin Khor (1990: 6), diretor do Third World Network, nota que os acordos de comércio internacional funcionam como "uma polícia econômica mundial que impõe as novas regras que maximizam as irrestritas operações das corporações transnacionais".

Este novo paradigma mundial faz com que se torne cada vez mais difícil para governos e cidadãos protegerem o bem-estar humano e do planeta. Por exemplo, o governo canadense foi forçado a retirar as restrições sobre a comercialização interprovincial do aditivo para combustíveis MMT (Tricarbonilo Metilciclopentadienil de Manganês) – que é comprovadamente uma neurotoxina muito potente – porque as regras do Nafta proíbem essas restrições. Ironicamente, o MMT não tem aprovação de uso nos Estados Unidos, o país onde a Ethyl Corporation fabrica esse produto químico. Outro exemplo são as propostas à OMC para se eliminar as tarifas sobre produtos florestais e permitir que investidores tenham acesso irrestrito às florestas de países membros sem qualquer obrigação de respeitar as leis trabalhistas e ambientais do país "invadido".

As corporações e a destruição do meio ambiente

Além de promover um paradigma de economia global que torna a proteção do meio ambiente e do trabalhador praticamente impossível, as corporações transnacionais são responsáveis por muitas das atividades destruidoras da natureza. Tais corporações produzem mais da metade dos combustíveis fósseis e são também diretamente responsáveis por mais da metade das emissões de gases de efeito estufa. Além disso, as corporações transnacionais produzem a quase totalidade das substâncias químicas que destroem a camada de ozônio. Elas também controlam 80% das terras usadas para a produção de culturas para a exportação. Apenas vinte corporações transnacionais são responsáveis por 90% do comércio de pesticidas (ATHANASIOU, 1996). E vale notar que algumas corporações transnacionais como a General Electric®, a Mitsubishi®, e a Siemens® têm grandes interesses em usinas nucleares.

Mais recentemente, essas corporações têm aumentado seu controle sobre o comércio de sementes – e de material genético – por conta de patentes de formas de vida e genes. O cultivo de organismos geneticamente modificados (ou construídos) (OGM), que são produzidos e controlados por corporações como a Montsanto® e a Aventis®, tem se expandido rapidamente desde 1995 e agora atinge cerca de cem milhões de hectares (o equivalente ao tamanho da Bolívia ou das áreas da França e Alemanha combinadas). E vale notar que 60% da soja e 25% do milho produzidos mundialmente contêm algum gene estranho (retirado de outro organismo) em seu material genético.

O perigo dessas culturas "transgênicas" é de duas ordens; primeiramente, visto que a semente é propriedade da corporação que a produz, essas culturas transgênicas dissolvem o controle que os agricultores têm sobre o suprimento de sementes (e esse processo começou de certa maneira com a introdução de variedades híbridas de sementes no século passado). Para usar tais sementes, os agricultores são forçados a assinar um "acordo de uso de tecnologia" que os proíbe de guardar sementes de um ano para outro. As corporações até pensaram em inserir controles genéticos nas sementes para torná-las estéreis; entretanto, até agora, essa tecnologia "exterminadora" não foi aprovada.

Mais perturbador ainda é talvez o fato de que as culturas transgênicas são o resultado da inserção de genes de uma espécie para outra através do uso da tecnologia do DNA recombinante. Essa aleatória inserção de genes estranhos pode causar efeitos não desejados no genoma da planta – e, de fato, apenas uma pequena proporção desses experimentos genéticos são bem-sucedidos. Mas os genes se replicam e se espalham – e qualquer efeito não desejado – incluindo as subsequentes mutações relacionadas a um genoma instável – podem facilmente se propagar e atingir outras importantes culturas por conta do processo de polinização cruzada.

Dado o potencial de risco envolvido, por que não banir os OMGs? As grandes corporações da indústria química e agrícola argumentam que as culturas transgênicas são necessárias para se incrementar a produção de alimentos, e até mesmo para a redução do uso de aditivos químicos na agricultura. Entretanto, nenhum desses argumentos parece ser válido. Como já vimos, o problema da fome e da pobreza é decorrente da má distribuição de riqueza e do empobrecimento de ecossistemas. As culturas transgênicas, por causa do controle corporativo do suprimento de sementes e da possível contaminação genética de ecossistemas, só vão piorar o problema. Mesmo que a produção de alimentos aumente consideravelmente, ela terá pouco efeito na redução da pobreza. De fato, o aumento da produção tende a baixar preços, o que empobrece os pequenos agricultores.

Ademais, nenhuma das culturas comerciais OMGs até hoje criadas aumentaram os resultados das colheitas ou o valor nutritivo dos alimentos. Quase todas as modificações genéticas têm focado no aumento da tolerância aos herbicidas (o que permite aos agricultores matar as ervas daninhas sem detrimento para a cultura) ou na resistência contra insetos ou pragas. As culturas tolerantes aos herbicidas na verdade aumentam o uso de produtos químicos prejudiciais aos ecossistemas. Elas também facilitam o aumento de áreas cultivadas pelas corporações e pelos grandes proprietários de terra. De fato, na Argentina e no Paraguai, os grandes proprietários de terra têm usado herbicidas indiscriminadamente em áreas vizinhas às suas com o intento de matar as plantações de pequenos agricultores e com isso forçá-los a deixarem suas terras.

A melhor maneira de se garantir a segurança alimentar é por meio do uso de uma variedade de culturas de polinização livre, o que assegura a diversidade genética e, com isso, uma combinação de particularidades que facilitam a adaptação a uma variedade de mudanças climáticas e de solos. Entretanto, as sementes de culturas de polinização livre não podem ser patenteadas e controladas pelas corporações, como no caso das sementes de OMGs. Como Lovins e Lovins (2000) notam: "A nova botânica não tem como objetivo o desenvolvimento das plantas com intento de sucesso evolucionário, mas com o intento de sucesso econômico; quer dizer, isso não é a sobrevivência do mais forte, mas a sobrevivência dos mais rechonchudos, daqueles mais vantajosos num mercado de produtos monopolizados".

Dados os grandes investimentos das corporações transnacionais em tecnologias destruidoras do meio ambiente, essas corporações têm se tornado forças poderosas que resistem a abordagens mais ecológicas. Muito mais dinheiro tem sido investido em tecnologia nuclear do que em tecnologia solar e eólica nos últimos quarenta anos; primariamente, porque a energia nuclear (bem como as tecnologias associadas para uso militar), pela natureza centralizada de seu controle, é mais lucrativa para as grandes corporações. Ao mesmo tempo, as companhias petrolíferas têm investido muito em campanhas publicitárias questionando a evidência científica sobre o aquecimento global, isso apesar do consenso entre cientistas de que as atividades humanas estão tendo um efeito discernível (a maioria predominante) no aquecimento global.

Certamente, há corporações que na verdade promovem a ecologia. Grandes companhias de seguro preocupadas com os danos de tempestades causadas pelo aquecimento global têm começado a fazer campanhas de *lobby* visando a redução da emissão de gases de efeito estufa. Há muitas companhias – na maioria pequenas – que estão desenvolvendo tecnologias mais ecológicas como painéis solares, turbinas eólicas e células de combustível de hidrogênio. Entretanto, a maioria das maiores e mais poderosas corporações transnacionais ainda resiste ao uso de tecnologias alternativas até achar um meio de controlar e dominar essas tecnologias para sua vantagem.

É claro, então, que as grandes corporações transnacionais são ainda muito responsáveis pela devastação do meio ambiente que vivenciamos hoje em dia. Esta situação deve mudar só quando as estruturas e a regulamentação dessas corporações forem radicalmente alteradas. Paul Hawken (1993) nota que, atualmente, uma empresa fica numa melhor situação do ponto de vista de seus resultados se ela ignorar o fato de que na verdade está ela roubando do futuro para lucrar hoje. Se uma corporação tenta se tornar mais ética, justa e ecológica, ela incorre em custos que outras não incorrem. No longo prazo, muitas corporações estão danificando seus prospectos de rentabilidade, mas o preço das ações geralmente não leva em conta perspectivas desse tipo.

A "superpessoa" corporativa

Muitos observadores notam que muitos dos problemas relacionados ao nosso atual modelo corporativo pode ser traçado quando os tribunais dos Estados Unidos (e depois, os de outras nações) deram às corporações o direito de serem consideradas "pessoas de direito". Em decorrência disso, outros direitos foram dados, incluindo o direito de liberdade de expressão e de participação política. Mas, como Kalle Lasn (1999: 221) observa, as corporações não são de modo algum "pessoas":

A corporação não tem coração, alma ou moral. Ela não sente dor. Você não pode discutir com ela. Isto tudo porque a corporação não é um ser vivo; ela é um processo, quer dizer, um modo eficaz de se gerar renda [...]. Para continuar "vivendo", a corporação só precisa alcançar uma coisa: sua renda deve ser igual às suas despesas no longo prazo. Desde que consiga fazer isso, ela poderá existir indefinidamente.

Quando a corporação causa danos às pessoas ou ao meio ambiente, ela não sente tristeza ou remorso porque é intrinsecamente incapaz de sentir [...].

Nós demonizamos as corporações por suas inabaláveis buscas por crescimento, poder e riqueza. Mas elas estão simplesmente cumprindo ordens genéticas. Foi exatamente para isso que as corporações foram concebidas por nós.

Similarmente, Joel Bakan (2004: 60, e 79) argumenta que as "superpessoas" corporativas já foram criadas como seres patológicos. Nós não podemos esperar que elas se comportem eticamente, visto que são estruturadas para pensar e agir como psicopatas:

O modelo corporativo é geralmente concebido de forma a proteger os seres humanos que são proprietários e que dirigem as corporações de responsabilidades jurídicas, o que torna a corporação uma "pessoa" com desprezo psicótico por limitações jurídicas, as quais se tornam seu principal alvo em ações na justiça [...]. Como uma criatura psicótica, a corporação não pode reconhecer ou agir de modo ético a fim de não causar danos a outros. Nada neste modelo jurídico limita o que ela pode fazer a outros em sua perseguição de objetivos egoístas, e ela é de fato compelida a causar danos quando os benefícios são maiores que os custos. Só uma apreensão pragmática pelos seus próprios interesses e pelas leis do país limita os instintos predatórios das corporações; mas muitas vezes isto não é suficiente para impedi-las de destruir a vida de pessoas, causar estragos a comunidades e colocar o planeta inteiro em perigo.

David Korten nota que a "superpessoa" corporativa está atualmente fora de controle; até mesmo aqueles que "dirigem" as corporações têm se tornado cada vez mais descartáveis. As corporações hoje em dia existem como "seres à parte" e sem ligações com pessoas e lugares. De fato, Korten argumenta que os interesses dos seres humanos e de toda a comunidade de vida da Terra cada vez mais diverge dos interesses das corporações. Mas, apesar disso, as corporações continuam a deter mais e mais controle sobre nossas vidas. "É praticamente como se estivéssemos sendo invadidos por seres alienígenas, que têm a intenção de colonizar nosso planeta, reduzindo-nos a servos e excluindo o maior numero possível de nós" (KORTEN, 1995: 74).

John Ralston Saul (1995) observa que essa tendência é muito parecida com os objetivos de movimentos corporativistas como o fascismo da década de 1920/1930, que procuravam: 1) transferir poder do povo e de governos para grupos com interesses econômicos; 2) "encorajar atividades empreendedoras em áreas geralmente reservadas ao setor público" (e nós chamamos isso de "privatização"); e 3) eliminar as barreiras entre os interesses públicos e privados. Lendo isso, dá-nos a impressão de que, apesar das batalhas da Segunda Guerra Mundial, o movimento corporativista triunfou sob uma nova, mais sutil e mais poderosa forma. Um modelo de governança mundial que seja menos democrático e menos ecológico é difícil de se imaginar.

Algumas vezes, o poder patológico e esmagador das corporações parece ser algo invencível, mas nós já começamos a ver fissuras na armadura corporativa. Por exemplo, pessoas em partes da Europa e do Brasil – mas também em outros países como os Estados Unidos – conseguiram criar zonas livres de OMGs. Governos progressistas, principalmente na América do Sul, têm fortemente questionado o programa neoliberal promovido pelas corporações transnacionais. O número de protestos contra o FMI, o Banco Mundial e a OMC (os quais são instrumentos fundamentais de governança corporativa) tem aumentando muito mundo afora. Por causa desses protestos e da eleição de governos que criticam esse programa neoliberal, as negociações visando o "progresso" da OMC estagnaram-se recentemente.

Korten argumenta que o atual capitalismo corporativo global se parece muito com as economias centralizadas do antigo bloco socialista. "O Ocidente está enveredando por um caminho ideológico extremista [que é similar àquele da antiga Europa do Leste]; a diferença é que estamos sendo compelidos a depender de corporações que estão à parte e fora de controle ao invés de um Estado à parte e fora de controle" (KORTEN, 1995: 88-89). Os dois sistemas concentram poderio econômico em instituições centralizadas que resistem a participação popular e controles; os dois sistemas são fundados em grandes estruturas que são intrinsecamente ineficientes e inertes aos direitos e verdadeiras necessidades humanas; os dois sistemas criam uma forma de economia distorcida que trata os seres vivos e os ecossistemas como recursos a serem consumidos sem qualquer preocupação com as consequências disso. Como sabemos, o sistema soviético, que era visto como invulnerável, caiu no curso de poucos anos. O capitalismo corporativo global pode bem ser um sistema mais sofisticado de controle e exploração, mas há boas razões para se acreditar que ele também pode sucumbir à mesma sorte se não mudar radicalmente. Como Korten (1995: 89) observa: "Um sistema econômico só pode continuar a ser viável se a sociedade contar com mecanismos que combatam os abusos de poder do Estado ou do mercado, bem como a erosão de capital natural, social, e moral que são exacerbadas por esses abusos".

Finanças parasitas

Os problemas de crescimento, de "mau desenvolvimento" e de governança corporativa são piorados por um sistema financeiro parasita que continuamente muda o foco econômico de produção e distribuição de bens e serviços para a procura de lucros a partir de manipulações financeiras. Por exemplo, em 1993, duas das maiores corporações mundiais, a General Electric® e a General Motors®, geraram mais lucros através de suas subsidiárias internas de finanças que através da produção de eletrônicos e produtos automotivos (DILLON, 1997).

Em geral, a economia financeira global cresceu mais rapidamente que a economia que lida com bens e serviços reais. As transações financeiras agora valem (porque o dinheiro é a medida de tudo!) setenta vezes mais que o comércio mundial de *commodities* concretas. O valor monetário de ações comercializadas nas maiores bolsas do mundo aumentou de US$ 0,8 trilhão em 1997 para US$ 22,6 trilhões em 2003. Como Korten (2006: 68) observa: "Isto representa um aumento enorme do poder de compra das classes governantes em comparação com o resto da sociedade. Isto cria a ilusão de que as políticas econômicas aumentam a riqueza real da sociedade, mas de fato elas só a esgotam".

Em geral, as transações em ações, em moedas, de contratos futuros de *commodities* e de *bonds* era de cerca de US$ 4 trilhões em 1997 (DILLON, 1997), enquanto que o Bank of International Settlements calcula que hoje em dia só as transações de câmbio chegam a esse valor (e em 1997 elas equivaliam a US$ 1,5 trilhão). Dillon (1997: 2) nota que "a maioria dessas transações (95%) são especulativas; elas não financiam, e não são necessárias para o financiamento da produção de bens e de serviços". A inserção de novas tecnologias tem aumentado consideravelmente o ritmo do crescimento e o volume dessas transações financeiras. Agora, quase todas essas transações fazem uso de *cybermoney* (dinheiro cibernético), através de transações eletrônicas, quase simultâneas, entre computadores utilizados pelo mundo afora. Dillon (1997: 3) percebe que: "Nada tangível é trocado. Contudo, os especuladores ficam cada vez mais ricos, fazendo nada mais palpável do que a reorganização de zeros e uns em seus computadores quando compram e vendem *cybermoney*".

Muitos anos atrás o economista John Maynard Keynes avisou: "A especulação pode não causar danos quando é uma pequena bolha no fluxo constante do empreendimento. Mas a posição é séria quando o empreendimento torna-se uma bolha sobre o redemoinho da especulação". Isso parece ser uma descrição correta da atual economia mundial. Esta situação pode gerar uma volatilidade tão grande, podendo se deteriorar rapidamente e ser inesperadamente um caos. Em 1995 um operador de Singapura levou o Barings Bank da Grã-Bretanha, uma instituição que tinha 223 anos, à falência depois de ter perdido US$ 1,3 bilhão numa transação envolvendo US$ 29 bilhões de derivativos japoneses. Mais preocupantes foram as crises financeiras do México em 1994 e da Ásia em 1998, que foram provocadas quando os investidores subitamente retiraram dinheiro dessas regiões, o que causou o colapso da "bolha econômica" (*bubble economy*). Nesses últimos dois casos, o enorme e volátil influxo de capital especulativo criou as condições que geraram a crise. Nos dois casos, os investidores estrangeiros estavam protegidos de perdas (depois de terem lucrado muito com a especulação) por pacotes financeiros de ajuda internacional. O custo desses pacotes, entretanto, foi pago pelo povo e pelos ecossistemas das nações afetadas, especialmente por causa do aumento do fardo pernicioso da dívida e pela imposição de PAEs.

Por último, tivemos a recente e grande crise do mercado hipotecário de risco, que começou nos Estados Unidos, causando a queda dos mercados financeiros através do mundo. Mais uma vez, a especulação (especialmente por conta das negociações de papéis de hipotecas de risco como formas de investimento) levou ao grande colapso da *bubble economy*, mas desta vez de forma global ao invés de regional. O economista Herman Daly (2008) nota que:

> A turbulência que afeta a economia mundial desencadeada pela crise do mercado hipotecário de risco norte-americano não é de fato uma crise de "liquidez" como se vem dizendo. Pois este tipo de crise indica que a economia está com problemas porque as empresas não conseguem crédito e empréstimos para financiar investimentos. De fato, a atual crise é o resultado do crescimento excessivo de ativos financeiros em comparação com o crescimento real de riqueza, o que é basicamente o oposto, ou seja, pouca liquidez.
>
> O problema que agora vemos nos Estados Unidos surgiu porque o nível de riqueza real não é suficiente para garantir as enormes dívidas a pagar, as quais surgiram em decorrência da grande habilidade

que os bancos têm de criar dinheiro e de fazer empréstimos usando como garantia ativos duvidosos, mas também por causa do grande déficit do governo norte-americano, o qual sofreu aumento substancial como resultado do financiamento de guerras e cortes de impostos [...]. Para se manter a ilusão de que o crescimento está nos tornando ricos, nós suspendemos os custos por meio da criação de ativos financeiros quase sem limites, e convenientemente esquecemos que estes tão chamados "ativos" são na verdade dívidas (da sociedade inteira) que devem ser pagas por meio do futuro aumento da riqueza real. Este futuro aumento da riqueza real é muito duvidoso, dados os custos reais envolvidos nisso, e enquanto isso as dívidas continuam a aumentar e a atingir níveis exorbitantes.

Mais uma vez, governos foram forçados a resgatar o sistema financeiro a partir de enormes empréstimos e até mesmo por meio da compra de instituições financeiras, a um custo de trilhões de dólares para o contribuinte. Ao mesmo tempo, o estouro da bolha causa um aumento de custos reais com o crescimento dos índices de desemprego, com o número de famílias perdendo suas casas e com a rápida contração do comércio internacional.

A especulação financeira, então, apesar de ser de certa maneira divorciada da realidade, gera custos reais para as pessoas e para a comunidade da Terra. Os especuladores financeiros exercem grande poder econômico, como ocorreu no caso das crises do México e da Ásia. Eles podem mover seus fundos quando bem quiserem, e suas decisões podem causar o colapso de economias. Até as políticas das nações mais desenvolvidas estão à mercê da pressão deles. Nos anos de 1990, por exemplo, a ameaça de represálias financeiras foi citada como uma das razões para a implementação de cortes drásticos no orçamento pelo governo canadense. Os investidores internacionais exercem efetivamente o poder de veto sobre as políticas de nações do mundo inteiro; eles forçam os países a adotar leis e regulamentações que aumentem a lucratividade das corporações por meio de políticas de investimento abertas (o que aumenta ainda mais a volatilidade), do *free trade* (livre-comércio), de baixos impostos, e do enfraquecimento das leis trabalhistas e da regulamentação ambiental.

Os investidores também exercem poder sobre as corporações. Para cortar custos, aumentar lucratividade e incrementar o preço das ações, companhias cortam postos de trabalho ou os movem para lugares onde os salários são mais baixos. Similarmente, usar os "ativos naturais" a partir do esgotamento da riqueza da Terra a taxas insustentáveis aumenta os lucros no curto prazo e, com isso, o preço das ações. As corporações que tentam ser responsáveis, que procuram a sustentabilidade de longo prazo ao invés do lucro no curto prazo, são submetidas a grandes pressões financeiras para que mudem suas estratégias. Aquelas corporações que persistem podem ficar vulneráveis a *corporate raiders* ("caçadores de empresas").

Ned Daly (1994) cita o exemplo da Pacific Lumber Company, uma madeireira que explora as florestas de sequoias da Califórnia. Nos anos de 1980 a companhia era considerada um modelo em termos de práticas ambientais e trabalhistas, que incluía benefícios generosos aos trabalhadores e métodos inovadores de abate de árvores visando a sustentabilidade. Entretanto, essas mesmas práticas faziam com que tal empresa gerasse uma quantidade modesta de lucro, e com isso o preço de suas ações era baixo. Em decorrência disso, a companhia empresa foi alvo de uma oferta de aquisição hostil por parte de Charles Hurwitz. Quando assumiu o controle da empresa, Hurwitz dobrou imediatamente a taxa de abate de árvores e drenou mais da metade dos ativos do fundo de pensão da empresa. Essas ações permitiram que ele pagasse os *junk bonds* (títulos-lixo) que usara para financiar sua aquisição da empresa, e a obter lucros avultados. Contudo, seu ganho foi alcançado com o aumento da destruição de uma das florestas mais majestosas e únicas do mundo.

O sistema financeiro mundial pode ser, de certa maneira, entendido como um parasita que suga a vida da economia real. Isso não quer dizer que investimentos não são necessários; de fato, investimentos produtivos que geram empregos com salários adequados e que respeitam os limites da sustentabilidade do meio ambiente são geralmente necessários para se produzir inovações genuínas e progresso. Entretanto, a maioria dos investidores do mundo parece estar atualmente envolvida num tipo de investimento extrativista (*extractive investment*) que não cria riqueza, mas simplesmente "extrai e concentra a riqueza existente [...]. Na pior das hipóteses, o investimento extrativista na verdade diminui o total das riquezas [e a saúde] da sociedade enquanto dá vultosos retornos ao indivíduo" ou grupo de investidores (KORTEN, 1995: 195). Os atos de Charles Hurwitz nos parece ser um exemplo perfeito desse tipo de investimento parasita.

Riqueza ilusória

Um entendimento errôneo do dinheiro está no centro do investimento extrativista e das finanças parasitas. Até Adam Smith se opôs à ideia de se fazer dinheiro de dinheiro; o dinheiro deve ser um meio, e não um fim. John Ralston Saul (1995: 153-154) adverte que "o grande crescimento de mercados de capital não relacionado ao financiamento de atividades econômicas reais é pura inflação. E em razão disso os mercados de capital são muito herméticos, e representam uma forma particular de ideologia".

O economista Herman Daly (1996) refere-se a isso como a "falácia do deslocamento do concreto". Nós confundimos o dinheiro (ou os zeros e uns que substituíram o dinheiro cruzando o ciberespaço) com a riqueza real que ele deveria representar. Tudo aquilo que consideramos verdadeiro da riqueza real passa a ser presumido para o símbolo abstrato que a representa.

Entretanto, a riqueza real é sujeita à deterioração. Cereais não podem ser guardados indefinidamente em armazéns e silos; eventualmente, roupas se desgastam ou são devoradas por traças; e casas se deterioram gradualmente. Na melhor das hipóteses, a riqueza natural (como florestas ou o cultivo agrícola) pode crescer a taxas que são de acordo com a quantidade de sol, água limpa, ar e saúde do solo. Contudo, a riqueza real nunca cresce a taxas exponenciais durante períodos de tempo significativos, e de fato ela pode até diminuir com o passar do tempo.

Por outro lado, o dinheiro não se estraga. Por causa da equiparação do símbolo (dinheiro) com a realidade (riqueza), a riqueza se torna algo abstrato livre das leis da física e da biologia. Ela passa a se tornar algo que se pode acumular para sempre e que não decai. Por conta da magia da dívida e de outras sofisticadas manipulações financeiras, o dinheiro pode até crescer, muitas vezes a taxas exponenciais. Devido à "falácia de deslocamento do concreto", a maioria dos economistas (e muitos políticos, investidores e cidadãos comuns) foram pegos pela ilusão do dinheiro, e então assumem que a riqueza real também cresce a taxas exponenciais.

De fato, o dinheiro acumulado não é de forma alguma riqueza real; ele é simplesmente uma garantia (uma forma de caução) para a produção futura e, por convenção social, pode ser trocado por riqueza real a qualquer hora[6].

---

6. Um exemplo fascinante de como essas garantias podem se acumular e atingir proporções absurdas a partir do crescimento exponencial pode ser achado num artigo escrito pelo pesquisador venezuelano Luis Britto García (1990). Tal texto foi escrito na forma de uma carta fictícia do chefe dos índios guatemaltecas, chamado Guaicaipuro Cuauhtémoc, aos líderes europeus. A carta diz que se a Europa tentasse pagar o "empréstimo amigável" de 185 mil quilos de ouro e os 16 milhões de quilos de prata que ela tomou das Américas há mais de trezentos anos e com "juros de mercado", então a Europa teria "que desembolsar no primeiro pagamento 185 mil quilos de ouro e os 16 milhões de quilos de prata elevados à potência exponencial de 300. Isto é equivalente no papel a uma cifra com mais de trezentos dígitos, e o peso total disso seria maior que o peso da Terra". Enquanto que a utilização da potência exponencial de trezentos parece ser um exagero, é verdade que a juros de 13,5% a quantidade de ouro e prata necessária para se repagar o empréstimo depois de trezentos anos seria de fato maior que o peso da Terra.

Para atender o aumento de garantias para a produção futura que é gerada pela acumulação de capital, a economia deve crescer constantemente ou o valor do dinheiro deve ser reduzido pela inflação a fim de se igualar à produção real existente. (Alternativamente, como foi o caso da crise das hipotecas de risco, a bolha pode estourar, causando uma reação em cadeia que inclui o colapso de companhias e a evaporação do valor de ativos virtuais.)

Assim, podemos começar a entender mais claramente como a procura da economia financeira pelo lucro concentra a riqueza nas mãos dos investidores enquanto causa o empobrecimento de partes da humanidade e da comunidade da Terra. Por um lado, o mundo é forçado a continuar com sua obsessão de crescimento para atender o aumento de garantias para a produção futura, causando nesse processo o esgotamento dos recursos naturais do planeta. Ao mesmo tempo, as pressões inflacionárias empobrecem ainda mais os pobres porque estes não ganham rendimentos a taxas exponenciais.

O seguinte exemplo pode nos ajudar a entender ainda melhor essa situação. Entre 1980 e 1997 as nações pobres transferiram cerca de US$ 2.9 trilhões como pagamentos de dívidas a bancos, a governos no Norte e a instituições financeiras internacionais como o Banco Mundial e o FMI. Entretanto, no mesmo período, a dívida total cresceu de US$ 568 bilhões para mais de US$ 2 trilhões. Essa dívida então transfere uma quantidade enorme de recursos dos pobres para os ricos por conta da "mágica" dos juros sobre juros. Estas crescentes garantias para as produções futuras das nações pobres nunca poderão ser cumpridas. Mas o sistema financeiro parasita internacional continua a drenar os pobres e a Terra por causa de sua contínua insistência de que qualquer riqueza que seja extraída deve ser direcionada para o enriquecimento da economia financeira.

O dinheiro colonizando a vida

A maioria de nós entende a economia como a ciência (ou arte) de produzir, distribuir e consumir riqueza. Para falar sem rodeios, muitos de nós entendem a economia como a arte de fazer dinheiro. Contudo, a palavra grega *oikonomia* (que é a origem de "economia") significa a arte de cuidar e gerenciar a casa; ou a comunidade, ou sociedade, ou a Terra. De fato, a palavra "economia" tem a mesma raiz da palavra "ecologia", o estudo da casa.

Aristóteles estabeleceu uma distinção clara entre economia e chrematística, ou seja, atividades especulativas que não produzem nada de valor, mas que geram lucros. A chrematística é definida como "um braço da economia política relacionado à manipulação de propriedade e riqueza para maximizar os ganhos monetários de curto prazo para o proprietário" (DALY & COBB, 1989: 138).

Aristóteles se refere ao filósofo Tales de Mileto como forma de ilustrar a diferença entre economia e chrematística. Durante vários anos, Tales foi ridicularizado em sua comunidade por causa de seu simples estilo de vida. Eles perguntavam: "Se filosofia é tão importante", então "por que você não conseguiu enriquecer?" Tales então decidiu comprovar a pertinência de seu argumento. Com o uso de seu conhecimento de astronomia, ele conseguiu prever uma grande colheita de azeitonas. Então, durante o período de inverno ele arrendou todas as prensas de azeite da região a preços módicos. Quando a grande colheita de azeitonas finalmente aconteceu, ele usou seu monopólio para gerar grandes lucros para ele mesmo – mas a um custo grande para a comunidade.

De certa maneira, o que Tales fez é muito similar ao que acontece hoje em dia nos mercados de capitais do mundo inteiro. Entretanto, Tales entendia o que estava fazendo; quer dizer, era um exercício de chrematística e não de economia. Afinal, ele não tinha criado nada de valor; ele não inventou novos usos para o azeite, ele não construiu novas prensas de azeite, ele não plantou mais oliveiras. Ele só se enriqueceu aos custos de outros.

Muito das nossas práticas em economia é nada mais que uma sofisticada forma de chrematística. De fato, muitas vezes as atividades que geram os maiores retornos não têm valor real algum ou têm um valor bem irrisório (essas atividades não sustentam ou aumentam a vida, podendo até causar sua destruição); enquanto que atividades que são realmente produtivas (educando crianças, produzindo alimentos e protegendo a natureza) produzem pouco em termos monetários. Então nós vemos o banqueiro de investimentos como alguém que vale mais que uma camponesa lutando para fazer a terra produzir e para cuidar de sua família. Vandana Shiva (1989: 25) nota que:

> A última forma de reducionismo é alcançada quando colocamos a natureza sob um entendimento econômico que mede o valor de tudo e da riqueza a partir do dinheiro. A vida não é mais o princípio organizador de atividades econômicas. O problema é que o dinheiro tem uma relação assimétrica para toda a vida e para os processos da vida. A exploração, a manipulação e a destruição da vida podem ser uma fonte de dinheiro e de lucro, mas estes não podem se tornar uma fonte de vida ou de suporte da vida. Esta assimetria explica o agravamento da crise ecológica em decorrência da diminuição do potencial gerador de vida da Terra; e essa assimetria também explica

o aumento do acúmulo de capital e do "desenvolvimento" como um processo de substituição do capital e sustento da vida pelo capital e lucro monetário.

David Korten entende que hoje em dia o dinheiro colonizou a vida. Esta é uma expressão feliz. Similarmente, a cerca de cinquenta anos atrás o grande historiador econômico Karl Polanyi nos advertiu de que "a noção do ganho" pode transtornar as estruturas sociais (e nós acrescentaríamos as ecológicas também) de maneira que a sociedade humana (e a comunidade da Terra) se torne um mero "acessório do sistema econômico". Polanyi nos alertou também para o fato de que se as leis do comércio (ou melhor dito: as leis da chrematística) tiverem precedência sobre as leis da natureza e de Deus, então o mercado autorregulador não pode existir "por períodos indefinidos sem aniquilar as substâncias naturais e humanas da sociedade" (apud ATHANASIOU, 1996: 197).

A monocultura da mente

O sistema patológico que domina o mundo atualmente parece converter os seres humanos e as outras comunidades bióticas da Terra em "meros acessórios do sistema econômico". Ao agir dessa maneira ele impõe uma cultura globalizante (ou uma caricatura de cultura) que destrói culturas e conhecimentos locais, o que empobrece toda a humanidade e que potencialmente põe em perigo a sobrevivência de nossa espécie. Vandana Shiva observa que essa cultura global que vem sendo imposta ao mundo pelo capitalismo corporativo finge ser de certa forma universal, mas de fato é primariamente o produto de uma cultura específica (que se origina nos Estados Unidos e na Europa). "A 'cultura global' é simplesmente a versão global de uma tradição bem regional e provinciana" (SHIVA, 1993: 9).

Esta tão chamada cultural global, que é poderosamente difundida por meio de propagandas, dos meios de comunicação em massa e de sistemas de educação ocidentalizados, tende a negar a existência do conhecimento local e da sabedoria tradicional; isto é feito a partir da simples declaração de que tal conhecimento e sabedoria são ilegítimos ou mesmo que são inexistentes. Na melhor das hipóteses, a "cultura global" incorpora alguns elementos simbólicos como a música, a maneira de vestir ou a arte não ocidentalizada, mas a essência e os valores dessas culturas são amplamente ignorados. Ao mesmo tempo, a cultura global "faz desaparecer alternativas por conta da supressão ou destruição da realidade que elas tentam representar. As partículas lineares do conhecimento dominante infiltram as brechas de uma realidade fragmentada, e em decorrência disso alternativas são eclipsadas junto com o mundo que tentam representar. Com isso, o conhecimento científico dominante produz uma monocultura de mentes quando faz o espaço para alternativas locais desaparecer" (SHIVA, 1993: 12).

Fragmentando e monopolizando conhecimento

Ironicamente, uma das maneiras pelas quais o conhecimento é fragmentado e destruído é por meio da multiplicação da informação, a qual muitas vezes só tem um valor marginal. O caso da publicidade é um bom exemplo. Uma criança norte-americana agora assiste em média trinta mil propagandas antes de entrar na primeira série, e os adolescentes passam mais tempo expostos à publicidade comercial que na escola (SWIMME, 1996). Esta prolongada e persistente lavagem cerebral começada em uma idade tão precoce não ajuda porque causa uma pequenez e falta de visão e nos doutrina a ver a atual des/ordem mundial como algo normativo. É inacreditável que, por exemplo, a maioria dos cidadãos norte-americanos reconhece mais de mil logotipos de corporações, mas menos de dez espécies animais ou vegetais de sua própria região (ORR, 1999). A monocultura dominante nos enche com "informações" vácuas e muitas vezes nos desvia do conhecimento real.

Ao mesmo tempo, o meio televisivo tende a dividir o conhecimento em fragmentos isolados de informação. Os telejornais, organizados de forma a empregar "manchetes", nos ensinam a lidar com problemas complexos a partir da divisão desses problemas em fragmentos desassociados de qualquer estrutura maior ou análise. Os programas de televisão, que geralmente variam de trinta a sessenta minutos, também tendem a lidar com simples problemas que podem ser resolvidos rapidamente, evitando assim qualquer forma de problema mais complexo. No entanto, essas formas de entretenimento fastidiosas, que entorpecem a mente, desviam as pessoas de atividades culturais tradicionais como contar histórias, conversas, música, arte e dança.

Isso nos relembra as palavras de T.S. Elliot, que escreveu no "Coros" ("Choruses") de "A rocha" (*The Rock*):

Onde está a sabedoria que perdemos no conhecimento?

Onde está o conhecimento que perdemos na informação?

E nós poderíamos acrescentar uma terceira linha:

Onde está a informação que perdemos na distração?

Quando a "cultura global" estende seus tentáculos, tenta controlar tudo aquilo da cultura tradicional que pode lhe ser útil. Isto pode ser claramente visto na ânsia que as corporações transnacionais têm de patentear a vida. A OMC abriu as portas para isso acontecer quando permitiu o uso de patentes de sementes e material genético. Vandana Shiva nota que duas corporações norte-americanas têm usado tal regulamentação da OMC para pedir patentes do arroz Basmati e da planta do Neem (que é um pesticida e fungicida natural), e isso apesar dessas plantas terem sido desenvolvidas séculos atrás por camponeses na Índia[7]. Este tipo de "biopirataria" está se tornando cada vez mais comum. Houve mesmo tentativas de se pedir patentes dos genes de populações aborígenes. O fato desse tipo de loucura parecer lógico da ótica da des/ordem global que domina o mundo é uma evidência clara de seu intrínseco estado patológico.

Destruindo a diversidade

Quando a "monocultura de mentes" se espalha, ela também destrói outras culturas, línguas e sistemas de conhecimento como se fosse um câncer. Sistemas inteiros de conhecimento desaparecem da mesma maneira em que espécies animais e vegetais da região são perdidas e substituídas por algumas variedades mais lucrativas. Muitas dessas culturas levaram milhares de anos para se desenvolverem e se adaptarem unicamente a um ecossistema específico – e isso é ainda mais verdade no caso das culturas aborígenes. Cada cultura perdida representa uma diminuição da diversidade, uma diminuição das riquezas verdadeiras da Terra. Assim como a destruição de espécies vegetais nas florestas tropicais podem representar a perda da cura do câncer ou a perda de um alimento importante, a destruição de partes do mosaico cultural mundial representa a perda de possíveis soluções para a atual crise. Além disso, tal perda significa a diminuição da beleza e do mistério da vida, que é algo que nunca pode ser adequadamente medido ou quantificado.

Um bom exemplo dessa tendência é a redução do número de línguas faladas no mundo. De certa maneira, a língua é o aspecto central de uma cultura porque ela incorpora o modo de pensar dessa cultura. Então, a perda de uma

---

7. Felizmente, depois de uma batalha jurídica, a patente da planta do Neem foi rejeitada e a patente do arroz Basmati foi restringida. Entretanto, isso se deve em grande parte ao fato de que estes casos foram amplamente divulgados e atraíram muita atenção; infelizmente, a maioria desses tipos de pedidos de patentes nunca são muito divulgadas ao público.

língua representa a perda de uma perspectiva, a perda de uma maneira única de conceber o mundo. Linguistas estimam que, há aproximadamente dez mil anos, havia doze mil línguas faladas pelos entre cinco e dez milhões de seres humanos que habitavam a Terra. Atualmente apenas sete mil línguas existem, e isso apesar da população humana ter dramaticamente aumentado para cerca de seis bilhões. Ao mesmo tempo, a taxa de desaparecimento de línguas tem subido rapidamente, mais ainda no último século. Nós agora perdemos uma língua por dia. Se essa taxa de desaparecimento continuar, daqui a cem anos só teremos duzentas e cinquenta línguas restando. Alguns estudiosos são ainda mais pessimistas e acreditam que 90% das línguas agora faladas desaparecerão até 2100 (WORLDWATCH, 2007).

Em seu estudo sobre ascensão e queda de civilizações mundiais, o historiador de cultura Arnold Toynbee notou que a civilização em declínio tende a uma maior uniformidade e padronização. Em contraste com isso, as civilizações que prosperam tendem a ser marcadas por diversidades e diferenciações. Como os ecossistemas saudáveis, a civilização saudável permite uma diversidade cultural e de formas de conhecimento; assim sendo, a uniformidade é uma característica de estagnação e de deterioração (KORTEN, 2005).

Cada vez mais a homogeneização da cultura global corre em paralelo à imposição de uma economia globalizada cada vez mais uniformizada. Em seu livro *The Ecology of Comerce*, Paul Hawken (1993) compara a atual economia globalizada a uma comunidade pioneira de ervas daninhas. Em áreas que foram recentemente desmatadas, as plantas competem para cobrir o solo o mais rapidamente possível. Muita energia é desperdiçada e o nível de diversidade fica baixo. As plantas dessas comunidades bióticas não são geralmente muito úteis a outras espécies, incluindo os seres humanos. Em contraste com isso, os ecossistemas com alto potencial evolutivo são aqueles com a maior diversidade (como no caso de florestas tropicais ou recifes de coral). De maneira similar, a obsessão da economia globalizada com o crescimento e a expansão sem restrições negligencia outras características mais importantes, como a complexidade, a cooperação, a conservação e a diversidade. Isto é uma imaturidade.

A mesma analogia nos ajuda a entender o aumento da monocultura global. Definitivamente, a diminuição da diversidade cultural e de conhecimentos regionais representa uma ameaça à comunidade humana similar à da Terra representada pela perda da diversidade em ecossistemas. Estamos substituindo um "ecossistema" diverso de culturas por uma monocultura de ervas daninhas que cresce rapidamente, mas que é de pouco uso. Para piorar as coisas, essa cultura de ervas daninhas que se espalha parece ter um gene letal – como o algodão geneticamente modificado que produz o inseticida Bt® –, que o torna de certa maneira contraditória à própria vida.

Poder como dominação

No centro da patologia global que domina o mundo está a concepção de poder como dominação. Para se impor no mundo, o capitalismo (e seu predecessor, o mercantilismo) usou a força, inicialmente na forma de colonialismo. Entre 1500 e 1800, as potências europeias conquistaram e subjugaram uma grande parte do mundo ao seu domínio. No começo do século XIX, entretanto, as populações locais começaram a se revoltar contra essa dominação, e isso começou principalmente na América Latina. Esses movimentos pela independência das classes médias (em sua maioria) poucas vezes trouxeram mudanças significativas aos pobres da sociedade, mas forçaram os poderes dominantes a repensar suas estratégias. E, com isso, o colonialismo tradicional baseado na dominação política direta foi quase totalmente substituído pelo neocolonialismo econômico até o final dos anos de 1960. Recentemente, as corporações transnacionais (junto com nações que procuram satisfazer suas necessidades políticas) têm aumentado seu poder de controle por meio de PAEs, e ainda mais recentemente a partir da liberalização do comércio e de acordos comerciais que destroem o controle local e a soberania dos cidadãos enquanto garantem os "direitos" de exploração de poderes econômicos – e mais especificamente das grandes corporações.

Esses armamentos econômicos são dispositivos eficientes de dominação, mas eles também são apoiados pela ameaça militar. O orçamento militar ainda consome uma enorme proporção dos recursos do planeta. De acordo com o Stockholm International Peace Institute, mundialmente governos gastaram US$ 1,3 trilhão (ou 2,5% do PIB mundial) para financiar as forças armadas em 2007. Talvez mais importante ainda é o fato de que as maiores mentes do mundo estão engajadas em pesquisa para uso militar; qual seria o resultado se todos esses recursos fossem usados para solucionar os verdadeiros problemas do planeta? Guerras e conflitos continuam a destruir vidas e comunidades, especialmente como resultado de conflitos internos relacionados à pobreza, à falta de recursos e aos interesses das grandes corporações. A ameaça de uso de armamentos nucleares continua a ser muito real; cerca de doze mil ogivas nucleares ainda existem no mundo, o que é suficiente para destruir o pleneta várias vezes.

Então, para muitos dos povos da Terra a guerra e a repressão militar são uma realidade muito presente e real. Nos últimos anos isso tem se tornado ainda mais evidente nos conflitos, nas táticas de repressão e na violação de direitos humanos relacionados com a tão chamada guerra contra o terrorismo. Cada vez mais, tachar uma pessoa ou grupo de "terrorista" significa dar licença para encarceramento por prazo indeterminado, tortura e até para matar.

De modo geral, as metáforas e modos de pensar militaristas continuam a dominar a patologia que assola o mundo. Pensamos em termos de "conquistar a doença" ao invés de promover o bem-estar; falamos da "sobrevivência do mais forte", ou até mesmo "destrua ou seja destruído", ao invés de falar em cooperação visando a sobrevivência mútua. Vemos dominação, seja do pobre pelo rico, seja de mulheres por homens, seja de uma nação por outra, seja da natureza pela humanidade, como algo natural ou inevitável.

Não é surpresa então que os seres humanos estão tentando manipular e dominar os processos de vida a partir da engenharia genética. Outras tecnologias podem aumentar o poder de dominância ainda mais, especialmente a robótica e a nanotecnologia (e esta última pode eventualmente resultar em nanorrobôs autorreplicativos que são pouco maiores que moléculas e que imitam micro-organismos). Bill Joy (2000) nos adverte que essas tecnologias têm um potencial de causar danos numa escala sem precedentes. Ao contrário do caso de ogivas nucleares, essas novas tecnologias não requerem matérias-primas que são difíceis de obter. Todas elas têm um potencial de autorreplicação. E finalmente, todas essas tecnologias estão sendo desenvolvidas por grandes corporações com pouca supervisão governamental, e sem supervisão de mecanismos que cuidam da responsabilidade pública.

O perigo dessas novas tecnologias é bem real. Os genes de culturas transgênicas podem passar para outras plantas e até mesmo para outras espécies. Os microscópicos "nanites" ("nanitos") podem se autorreproduzir; o que abre as portas, por exemplo, para que o aparecimento de microrrobôs que podem cobrir toda a Terra e consumir todos os seus recursos, reduzindo tudo à poeira, ou que podem aniquilar bactérias essenciais para a vida em nosso planeta. Com o avanço da tecnologia de inteligência artificial, os robôs podem começar a se reproduzir e substituir os seres humanos no futuro.

Quando ouvimos isso pela primeira vez, essas previsões parecem ser algo de ficção científica, mas há boas razões para se acreditar que tais tecnologias se tornarão realidade num futuro muito próximo; de fato, o gênio da genética já "escapou da lâmpada". Joy (2000) observa que:

As caixas de Pandora da genética, da nanotecnologia, da robótica estão praticamente abertas, mas nós nem notamos [...]. Nós inauguramos esta nova era sem planos, sem controle e sem barreiras. Já fomos muito longe para alterar o caminho? Eu não acredito nisso, mas não estamos tentando fazer isso ainda, e a última chance para tomarmos controle – ou seja, implementarmos dispositivos de segurança – está se aproximando rapidamente. Temos os nossos primeiros robôs de estimação, bem como técnicas comerciais de engenharia genética, e nossas técnicas de nanotecnologia estão avançando muito rápido. Apesar do desenvolvimento dessas técnicas envolver uma série de passos [...], descobertas mais mirabolantes com respeito a robôs autorreprodutores, engenharia genética e nanotecnologia podem aparecer de repente. O que nos causaria grande surpresa como quando ficamos sabendo da clonagem de um mamífero.

Os poderes humanos podem ter aumentado mais rapidamente que a sabedoria humana. Contudo, Joy acredita que há motivos para esperança. Ele nota que a humanidade foi capaz de renunciar ao uso de armamentos químicos e biológicos por se dar conta de que esses são armamentos tão terríveis e destruidores que nunca poderiam ser usados. Podemos renunciar ao conhecimento e ao poder implicados nessas novas tecnologias? Ou, pelo menos, implementar nelas dispositivos de segurança como precaução? No final, isto talvez dependa de se a humanidade (ou, mais especificamente, se aqueles que detêm mais influência sobre o sistema patológico que governa nosso planeta) está disposta a deixar para trás a contínua busca por mais e mais poder, controle e dominação.

Da patologia para a saúde

É realmente possível abandonar o atual trajeto patológico e escolher um caminho saudável e de vida? À primeira vista, a envergadura e o suposto poder da atual des/ordem mundial parecem ser algo esmagador. Além disso, a absoluta insanidade manifestada na irracionalidade de seus fundamentos tende a nos causar um sentimento de negação (Como isso tudo pode estar acontecendo?) ou de desespero (Como podemos interromper isso?).

Paradoxalmente, então, essa irracionalidade pode ser um sinal de esperança. Os sistemas econômico, político e ideológico que dominam o mundo na atualidade tentam constantemente nos convencer de que este tipo de globalização baseado no livre-comércio, especulação financeira, desregulamentação, poder corporativo e crescimento ilimitado é de certa maneira inevitável. Não há outro caminho, podemos fazer pequenos ajustes, mas uma mudança fundamental de direção é impossível. Entretanto, um sistema patológico e irracional como a des/ordem que domina o mundo atualmente é claramente evitável. Este sistema é artificial e ilógico e vai contra os bilhões de anos de evolução cósmica da Terra.

Salientando pressupostos e convicções

> Se os seres humanos, como indivíduos, cedem ao apelo de seus instintos básicos, evitando a dor e buscando satisfação apenas para si próprios, o resultado para todos é um estado de insegurança, medo e sofrimento (EINSTEIN, 1995: 16).

Para entendermos isso mais claramente, vamos rever alguns dos pressupostos credos subjacentes à patologia que afeta o mundo e compará-los ao que chamamos de "bom-senso ecológico" ou à maneira de pensar incorporada pela sabedoria do Tao.

Primeiramente, o sistema atual é obcecado pelo crescimento quantitativo, indiferenciado e ilimitado que é avaliado a partir da ótica distorcida do PIB. O aumento da produção (a taxa de utilização de recursos) é visto como um sinal de saúde, mesmo que cause a escassez de riquezas naturais que agrava o problema da pobreza por conta do processo de "mau desenvolvimento". Ao mesmo tempo, a mentalidade da monocultura tenta impor um modelo único de cultura e de economia no planeta inteiro, o que causa o aparecimento de sociedades imaturas de "ervas daninhas", sociedades que usam muita energia e têm baixos níveis de diversidade.

Em contraste, ecossistemas saudáveis exibem características muito mais constantes e estáveis; Herman Daly chama esses ecossistemas saudáveis de "economias constantes" (*steady state economies*). Isso não quer dizer que mudanças não são possíveis, ou mesmo que não sejam desejadas; de fato, todos os ecossistemas evolvem o tempo, mas as mudanças são primariamente qualitativas e levam ao aumento da diversidade que traz ainda mais estabilidade para o sistema. Além disso, há uma riqueza enorme de ecossistemas, cada um mais unicamente adaptado a um clima diverso e a uma área geográfica que outro. O Tao é baseado na diversidade, na diferenciação, na estabilidade e não no canceroso crescimento da monocultura.

Um segundo ponto é que a atual des/ordem global dá prioridade à noção do ganho ou de lucro a qualquer custo. Mais especificamente, o sistema é centrado em torno da obsessão pelo ganho no curto prazo com o detrimento para a sustentabilidade no longo prazo e por priorizar os lucros para os poucos com o detrimento para a maioria. Muitas vezes, aquelas atividades que geram os maiores lucros são aquelas que minam a qualidade de vida, enquanto que aquelas que sustentam e maximizam a vida são consideradas não rentáveis. O ganho é definido puramente em termos financeiros; o dinheiro é entendido como "a única medida de valor e de riqueza", mesmo que a qualidade e a diversidade da vida sejam minadas ao mesmo tempo em que o capital sem vida é acumulado.

No que diz respeito aos ecossistemas, o dinheiro é uma abstração criada para facilitar trocas. O dinheiro não tem valor intrínseco. (Qual seria o valor do dinheiro se alimentos saudáveis, ar puro e água potável não pudessem ser comprados?) Só a saúde e a diversidade da teia da vida têm realmente valor. Atividades que causam danos a isso, incluindo a destruição da vida para acumular capital, são um mal, não um bem. Toda atividade deve ser medida por seus valores duradouros de longo prazo. Ganhos no curto prazo que custem o bem-estar no longo prazo não são na verdade ganhos, mas perdas. O Tao valoriza a vida e procura pelo menos o bem das sete gerações seguintes.

Outro ponto é que o sistema dominante da des/ordem concentra o poder e a riqueza nas mãos das corporações "superpessoas", seres artificiais que evitam ter qualquer responsabilidade para com as comunidades em que operam. O poder é entendido e exercitado basicamente como uma forma de dominação. A competição é vista como a força motriz de mudança e de progresso (mesmo que as grandes corporações tentem simultaneamente cortar a competição por meio da monopolização de mercados e do poder).

Do ponto de vista de ecossistemas, a riqueza serve melhor à comunidade quando é distribuída mais igualmente. O poder é descentralizado, isto é, em ecossistemas saudáveis nenhuma espécie é dominante. A dinâmica de competição existe, mas cooperação e interdependência são mais fundamentais. Do ponto de vista de ecossistemas, uma espécie que começa a se expandir além de seus limites naturais é uma espécie que se tornou patológica – como as células cancerígenas no corpo. As espécies que expandem seus habitats além de limites lógicos irão inevitavelmente exaurir suas fontes de alimentos, o que causará o colapso demográfico. O Tao procura o equilíbrio e a interdependência, o que permite que todas as espécies e todas as pessoas coexistam em harmonia.

Do ponto de vista ecológico, então, não há nada lógico ou natural na atual des/ordem que domina nosso planeta. Essa des/ordem é contrária ao Tao. Similarmente, do ponto de vista da ética e dos valores humanos, o atual sistema é irracional. David Korten (1995: 70-71) sumariza alguns pressupostos sobre o comportamento humano implícitos na atual ideologia dominante:

1) Os seres humanos são fundamentalmente motivados pela ganância e pelo egoísmo, os quais são expressos fundamentalmente pelo desejo de ganho monetário.

2) A melhor medida para o progresso e o bem-estar humano é o aumento de consumo; isto é, nós realizamos nossa humanidade a partir de aquisições.

3) O comportamento competitivo (e presumivelmente, o desejo de dominar) é mais vantajoso para a sociedade que a cooperação.

4) Os atos que produzem os maiores ganhos financeiros são aqueles que são mais benfazejos para a sociedade – e para a comunidade da vida – como um todo. A ganância e o acúmulo irão nos levar a um mundo melhor.

Quando especificados tão clara e descaradamente, poucas pessoas concordariam com esses pressupostos. Certamente, eles são contrários a praticamente todas as religiões e filosofias tradicionais praticadas pela humanidade. O *Tao Te Ching*, por exemplo, diz:

> Viver com o que se tem
>
> é ser-se rico
>
> (*Tao Te Ching*, § 33)[8].

Até mesmo Adam Smith, que é supostamente o grande guia do capitalismo e da economia de livre-comércio, teria levantado objeções fortes contra tal caricatura de valores. Smith acreditava que solidariedade (ou compaixão) é a característica fundamental da humanidade, e não a competição ou egoísmo. Ele definiu a virtuosidade como consistindo de três elementos: decência, prudência (a busca ajuizada de interesses próprios) e benevolência (o estímulo da felicidade dos outros) (SAUL, 1995: 159).

Adotando uma nova perspectiva

Como podemos deixar essa estrutura distorcida que substitui nossos valores por antivalores para trás? E como podemos mudar de um sistema baseado em chrematística, monocultura e dominação para um sistema baseado em *oikonomia*, para uma maneira de cuidar verdadeiramente de nossa casa, a Terra? Como podemos construir um mundo no qual os seres humanos vivem dentro dos limites ecológicos do planeta, enquanto que diminuindo a desigualdade entre ricos e pobres?

---

8. LAO-TZU (2010). *Tao Te Ching*, p. 69. Op. cit. [N.T.].

Quando refletimos sobre essas questões é importante nos lembrarmos de que, apesar do grande poder econômico, político e cultural do sistema de des/ordem que domina o mundo, este sistema ainda não triunfou completamente. O planeta ainda sustenta uma grande variedade de culturas. Além disso, mundo afora, há muitos grupos que resistem e que continuam a lutar contra tendências de homogeneização. Isso é ainda mais verdade naqueles que são mais marginalizados e oprimidos pelo sistema dominante, como mulheres, nações indígenas e aqueles que vivem da economia de subsistência. Mas essa resistência também acontece perto dos "centros" de poder. Há comunidades por toda a parte que procuram alternativas à globalização da economia e da cultura. Há movimentos por toda a parte que resistem às imposições do sistema dominante e que tentam criar uma nova ordem baseada na igualdade, na justiça, no empoderamento e na saúde ecológica. Por todo lugar há pessoas e organizações concebendo políticas inovadoras e tecnologias criativas. Não há nada de inevitável à atual des/ordem mundial. Nós ainda podemos escolher outro caminho que nos levará à "Grande Reviravolta", e certamente muitas pessoas já decidiram por isso.

Korten entende que nossa escolha é entre o que ele chama de império (empire) – o sistema que atualmente domina o mundo (ou o que Macy e Brown chamam de Sociedade de Crescimento Industrial (*Industrial Growth Society*)) – e a comunidade da Terra – a ordem baseada no princípio de comunidade sustentável que cuida do nosso lar, e que é uma autêntica *oikonomia*. O contraste de pressuposições e valores entre essas duas alternativas pode ser ilustrado da seguinte forma:

Império (Sociedade de crescimento industrial)	Comunidade da Terra (*Oikonomia*)
A vida é hostil e competitiva	A vida é solidária e cooperativa
Os seres humanos são falhos e perigosos	Os seres humanos são seres de muitas possibilidades
Organizado por uma hierarquia de poder	Organizado a partir da cooperação
Compete ou morre	Coopere e viva
Ama o poder	Ama a vida
Defende os direitos do indivíduo	Defende os direitos de todos/ responsabilidades mútuas
Dominação do masculino	Equilíbrio entre o masculino e o feminino

Adaptado de Korten, 2006: 32.

O quadro a seguir representando nossa atual economia pode nos ajudar a conceber uma estrutura ou visão alternativa de uma autêntica *oikonomia* (adaptado de HENDERSON, 1996). Ao contrário da atual patologia econômica que valoriza o aspecto financeiro da "supereconomia" acima de tudo e que simplesmente ignora o não humano e as economias de subsistência, o modelo seguinte reconhece que a economia não humana é primária. Em seguida vem as atividades humanas que procuram sustentar a vida, como cuidar dos filhos e o trabalho de agricultura de subsistência (as quais são hoje em dia praticados em sua maioria por mulheres e não envolvem transações monetárias), e essas são entendidas como bases para o desenvolvimento de outras atividades econômicas humanas. Depois vem a contribuição do setor público e da economia social, que incluem muitas atividades conduzidas por organizações populares e não governamentais. Por último vem o setor privado (incluindo cooperativas, pequenos negócios e grandes corporações) e o setor financeiro (o qual é só mesmo um detalhe final destinado a servir aos outros níveis, mas nada substancial por si mesmo).

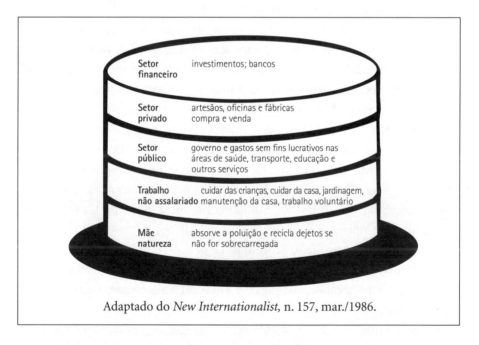

Adaptado do *New Internationalist*, n. 157, mar./1986.

A ideia básica deste modelo consiste em alterar radicalmente a atual economia. Ao invés de termos a economia financeira e corporativa sugando a vida das camadas inferiores, a área financeira e de negócios passa a servir à comunidade da vida. A comunidade humana, por sua vez, passa a reconhecer sua dependência da comunidade da vida na Terra e valoriza ecossistemas por reconhecer que são as bases de toda a vida e da atividade humana. E neste modelo o valor econômico de certa atividade é medido por sua contribuição para as relações saudáveis com a comunidade da vida, e para o sustento da vida; e não pela quantidade de lucro gerada.

Na prática, há muitas políticas que podem nos direcionar a renascença de práticas de *oikonomia*. A perpetuação do atual estado patológico da economia se dá, em grande parte, pelo fato de que esta recompensa atividades que causam danos e ao mesmo tempo esconde o valor total desses danos. Então, não é difícil conceber políticas que fariam o oposto, como, por exemplo:

- Deveríamos reformular nossos indicadores econômicos seguindo as linhas do Índice de Progresso Genuíno que mencionamos anteriormente para que o consumo de capital natural seja visto como um custo, e não como uma fonte de renda. Ao mesmo tempo, esse indicador alternativo deve reconhecer o valor não monetário de atividades humanas e a contribuição de ecossistemas no sustento da vida.
- Deveríamos reduzir os impostos sobre trabalho e renda enquanto que teríamos de aumentar os impostos sobre "produção" de recursos. Geralmente, o trabalhador é o mais afetado pela carga tributária. Impostos "verdes" seriam uma alternativa muito mais eficaz. Por um lado, a energia, o consumo industrial de água, a poluição, os pesticidas e o excesso de embalagens deveriam ser mais taxados para se incentivar a conservação e para se reduzir a produção de elementos danosos. Por outro lado, as fontes de energia alternativas, o transporte público, a agricultura orgânica e as tecnologias visando conservação deveriam ser subsidiadas para se encorajar sua utilização. Similarmente, uma pequena taxação sobre transações financeiras (a tão chamada "Tobin Tax", assim chamada em homenagem ao primeiro economista a propô-la) ajudaria muito a diminuir atividades especulativas enquanto geradora de fundos para o combate à pobreza, cancelamento de dívidas externas e restauração do meio ambiente.
- Deveríamos cancelar as dívidas externas das nações mais pobres, bem como achar maneiras de efetivamente reduzir e eliminar as dívidas das chamadas nações de renda média. Como vimos anteriormente, a dívida e os PAEs que as acompanham são mecanismos-chave para o "mau desenvolvimento". E, além do mais, essas dívidas já foram pagas várias vezes

(e muitas dessas dívidas são injustificáveis ou ilegítimas, para começar). O redirecionamento de gastos militares e a criação de um imposto sobre transações financeiras por si só poderiam ser suficientes para remover o peso que essas dívidas têm sobre os pobres.

- Deveríamos implementar uma série de medidas para restringir o poder das corporações; por exemplo: proibir as corporações de doar dinheiro a partidos políticos; acabar com a ficção jurídica de que as corporações são "pessoas" com direitos como o de liberdade de expressão e de participação política; tornar os acionistas juridicamente responsáveis pelos danos causados pelas corporações para se encorajar investimento ético; e criar dispositivos para que possamos remover o registro (*corporate charter*) de empresas que repetidamente violam legislação ambiental e trabalhista, e que cometem atos criminosos.

Não há falta de ideias para políticas e tecnologias que podem nos ajudar a criar um futuro mais sustentável e com mais igualdade. E também não há falta de recursos econômicos. Paul Hawken (1993: 58) nota que:

> Os Estados Unidos e a antiga Rússia gastaram mais de US$ 10 trilhões durante a Guerra Fria, o que é dinheiro suficiente para se refazer toda a infraestrutura do mundo, todas as escolas, todos os hospitais, todas as estradas e ruas, e todos os edifícios e fazendas. Em outras palavras, compramos e vendemos um mundo para derrotar um movimento político. Para agora dizermos que não temos recursos para construírmos uma economia restaurativa é irônico, já que as ameaças que enfrentamos hoje em dia estão realmente *acontecendo*, enquanto que as ameaças do pós-guerra e a tensão nuclear do período eram apenas *possibilidades* de destruição.

O que então é necessário para a "Grande Reviravolta" acontecer? Como podemos mudar e assegurar a liberação completa da humanidade e da Terra? Se entendermos que a situação atual não é algo inevitável, e que é fundamentalmente ilógica e patológica, então nós já teremos dado o primeiro passo. O próximo terá que entender mais claramente as origens de nossas crenças, atitudes, perspectivas e práticas que sustentam o atual sistema.

3

Superando a dominação

O Tao do céu é como quando se estica o arco.
Baixa-se a parte de cima
e levanta-se a que está embaixo.
Reduz o que tens a mais
e procura o que te falta.
O Tao do céu reduz o que está a mais
e aumenta o que está a menos.

Os homens não agem assim.
Eles tiram a quem tem pouco
e dão a quem tem mais.
Quem é que tem a mais
para poder oferecer ao mundo?
Apenas aquele que tem o Tao.

É por isso que o sábio
atua sem vaidade,
realiza sem aclamação,
oculta seu mérito
(Tao Te Ching, § 77).

Usando o Tao, chegas aos governantes
que aplicam a lei das armas.
Nascem espinhos
onde estiveram as tendas de guerra.
Depois das batalhas,
segue-se um longo tempo de desgraças
(Tao Te Ching, § 30)[1].

---

1. LAO-TZU (2010). *Tao Te Ching*. Lisboa: Presença, p. 139-140 [Trad. de Joaquim Palma] [N.T.].

Como um sistema tão ilógico e destrutivo como a atual patologia de des/ordem pode ter emergido? O ecopsicólogo Theodore Roszak (1992: 232) nota que a atual crise ecológica e social deve ser entendida como "mais que um catálogo aleatório de erros, deslizes e recuos que podem ser corrigidos com um pouco mais de conhecimento aplicado em algumas áreas específicas". Como já notamos, os valores, as crenças e as premissas que estão no centro do sistema de dominação também são formas distorcidas; eles criam a violência que ataca a vida. Portanto, "nós precisamos alterar nossas sensibilidades, precisamos de um novo padrão de sanidade para [...] romper as premissas básicas da nossa vida quotidiana industrializada" e a globalização corporativista.

Neste capítulo vamos explorar as perspectivas da ecologia profunda (*deep ecology*) e do ecofeminismo (*ecofeminism*) como formas de se desafiar as premissas básicas que constituem o que chamamos de "ideologia de dominação". Em seguida, usaremos tais perspectivas para analisarmos a história dessa ideologia e também examinaremos como essa ideologia se desenvolveu na atual forma de capitalismo global. Por último, iremos nos inspirar nesse novo entendimento e revisar o conceito de poder.

Ecologia profunda

A ecologia profunda (*deep ecology*), bem como outras filosofias ecológicas, é preocupada com a atual destruição da biosfera da Terra e com possibilidades de restauração dos sistemas de vida do planeta. Entretanto, a ecologia profunda vai muito além de formas "rasas" de pensamento ecológico (*shallow ecology*) que tentam motivar as pessoas a salvar "o meio ambiente" porque isso ajuda a humanidade. Da perspectiva da ecologia profunda, outras espécies e ecossistemas têm um valor intrínseco; quer dizer, um valor que independe do valor útil ou estético que essas espécies e ecossistemas têm para os seres humanos. De fato, a ecologia profunda argumenta que muitas versões de ambientalismo são *antropocêntricas* (centradas no ser humano) porque continuam a ver o mundo de uma ótica humana, como se o ser humano fosse a medida de todas as coisas, o pináculo da criação. O psicólogo Warwick Fox (1990: 10-11) diz: "Até mesmo muitos que estão envolvidos diretamente com problemas do meio ambiente continuam a perpetuar, mas sem o saberem, a arrogante premissa de que os seres humanos são o centro do universo; que, essencialmente, o mundo é feito para nós".

De fato, a ecologia profunda questiona o conceito de meio ambiente como algo separado da humanidade. Esta é vista como parte da natureza, parte da grande "teia da vida". Isto é verdade nos níveis físico e espiritual ou psíquico. Quando poluímos o ar, a água, o solo, envenenamos a nós mesmos. Quando diminuímos a beleza e a diversidade da comunidade da Terra, também nos diminuímos como humanidade. Wendell Berry nota que: "O mundo imediato, o mundo que está ao nosso redor, também está dentro de nós. Somos feitos dele; comemos, bebemos e o respiramos; ele é o osso do nosso osso e a carne da nossa carne" (apud HAWKEN, 1993: 215).

A ecologia profunda tenta ir além da abordagem sintomática de algumas versões do ambientalismo e procura as raízes da crise ecológica. Seed et al. (1988) notam que: "A ecologia profunda argumenta que nada mais nada menos que uma verdadeira revolução na maneira de pensar será de utilidade duradoura para a preservação dos sistemas sustentadores da vida de nosso planeta".

Revolucionando a consciência

Qual é a natureza dessa "revolução de consciência"? Arne Naess (1912-2009) foi quem concebeu originalmente a ideia da ecologia profunda em 1973 e argumenta que ela tem dois elementos-chave: a autorrealização e a igualdade biocêntrica[2].

A autorrealização afirma que os seres humanos são conectados de maneira integral a ecosfera. Os seres humanos não estão separados ou mesmo acima da grande teia da vida. Todos organismos – incluindo os seres humanos – são vistos como "uma rede biosférica ou um campo de relações intrínsecas" (Arne Naess, apud ROSZACK, 1992: 232). A autorrealização, então, é enraizada numa

---

2. Arne Naess (1989: 29) identifica mais detalhadamente os seguintes princípios como básicos à ecologia profunda: 1) O bem-estar e a prosperidade da vida humana e não humana na Terra têm valor intrínseco. 2) A riqueza e a diversidade das formas de vida têm valor por si mesmas e contribuem para o bem-estar e a prosperidade da vida humana e não humana na Terra. 3) Os seres humanos não têm direito de reduzir essa riqueza e diversidade, exceto para satisfazer suas necessidades básicas. 4) A atual interferência humana com o mundo não humano é excessiva e essa situação está piorando rapidamente. 5) O bem-estar e a prosperidade da vida e da cultura humana são compatíveis com uma diminuição substancial da população humana. O bem-estar e a prosperidade das formas de vida não humanas requerem essa diminuição. 6) Novas políticas são necessárias para uma mudança significativa e para melhoria das condições de vida. Estas novas políticas devem afetar as estruturas básicas econômicas, tecnológicas e ideológicas. 7) A mudança ideológica será, sobretudo, no que se diz respeito à apreciação da qualidade de vida (focando no valor intrínseco) em vez de um foco em padrões de vida cada vez mais elevados. Haverá uma consciência profunda da diferença entre o grande e o excelente; 8) Todos aqueles que concordam com os princípios anteriores têm a obrigação direta ou indireta de tentarem implementar as mudanças necessárias.

profunda empatia e compaixão que nos conecta a todas as criaturas vivas. Naess diz que "com maturidade, os seres humanos vão vivenciar regozijo quando outras formas de vida vivenciam regozijo, e sofrimento quando outras formas de vida vivenciam sofrimento" (apud KHEEL, 1990: 135). Ao mesmo tempo, e por causa desta conexão profunda, nós nos enriquecemos com a diversidade e multiplicidade das espécies e ecossistemas da Terra. Devall e Sessions (1985: 76) notam que:

> A autorrealização que vivenciamos quando nos identificamos com o universo é intensificada pelo aumento dos vários modos em que indivíduos, sociedades, e até mesmo espécies e formas de vida se realizam. Quanto maior a diversidade, maior a autorrealização [...]. Muitos ecologistas profundos sentem uma conexão com algo maior que seus próprios egos, seus nomes, suas famílias e seus atributos como indivíduos [...]. Sem essa identificação fica difícil para o indivíduo se envolver com a ecologia profunda.

A igualdade biocêntrica vem de uma visão do mundo parecida. Cada ser vivente e cada ecossistema têm um direito intrínseco de existir, e isto é independente da utilidade que eles têm para a humanidade. Certamente, um organismo pode ter que matar outro para poder sobreviver, mas nenhum organismo (incluindo os seres humanos) tem o direito de destruir outro sem motivo, e nenhum organismo tem o direito de erradicar espécies inteiras. Portanto, os seres humanos podem matar para satisfazer suas necessidades básicas – eles podem tirar da terra tudo aquilo que é necessário para sustentar sua saúde e dignidade –, mas eles não têm o direito de destruir a biodiversidade visando a acumulação de capital e riquezas, ou para produzir luxos desnecessários. No final, então, isso implica o fato de os seres humanos terem que deixar de lado a busca pelo domínio – de outras espécies e de outros seres humanos. Devall e Sessions (1985: 65-66) notam que:

> A consciência ecológica e a ecologia profunda contrastam enormemente com a dominante visão do mundo das sociedades tecnocráticas e industriais que entendem o ser humano como isolado e fundamentalmente separado do resto da natureza, como um ente superior e com comando do resto da criação. Mas este entendimento dos seres humanos como entes separados e superiores ao resto da natureza é só uma parte de uma tendência cultural maior. Por milhares de anos, a cultura ocidental tem se tornado obcecada pela ideia de dominação: com a dominância da natureza pela humanidade, do feminino pelo masculino, dos pobres pelos ricos e poderosos, das culturas não ocidentais pela ocidental. A consciência ecológica profunda nos permite ver esses erros e essas perigosas ilusões.

Criticando o antropocentrismo

Do ponto de vista da ecologia profunda, o principal responsável pela crise ecológica é o *antropocentrismo*. O antropocentrismo pode ser definido como a ideia de que só os seres humanos têm valor intrínseco e que o resto da criação só tem valor relativo e que é importante à medida que serve aos interesses da humanidade.

O antropocentrismo nos separa do resto da comunidade da Terra. Nós nos vemos além das outras criaturas. Reduzimos o resto da esfera da vida, a biosfera, a um meio separado de nós.

O antropocentrismo está no centro de nossas atuais práticas e entendimentos antiecológicos de nossa economia. Nosso próprio uso de linguagem (por exemplo: "matérias-primas", "recursos naturais" e até mesmo "preocupação com o meio ambiente") é traiçoeiro porque demonstra nossa percepção de que o mundo não humano está a nosso serviço e disposição.

A maioria de nós nunca questionou esse entendimento seriamente. Parece-nos algo natural que a humanidade está de certa maneira acima e separada do resto da comunidade da Terra. Acreditamos que nós temos direito de usar a Terra mesmo que isso prejudique ou mesmo elimine outras espécies.

Certamente, alguns teoristas dizem que podemos ser antropocêntricos e ainda proteger outras formas de vida. De fato, é óbvio que para se preservar a espécie humana teremos que proteger partes da natureza. Mas a pergunta é: Qual parcela da natureza deve ser preservada e quais espécies podem ser perdidas? Isto nos leva a enveredar por um caminho escorregadio que pode destruir a humanidade junto com muitos outros membros da comunidade da Terra.

Além disso, o que pode ser suficiente para uma forma limitada de sobrevivência humana pode não ser o suficiente para sustentar o amor, a beleza e alimentar o espírito. O historiador de cultura ecológica (ou geólogo) Thomas Berry (1914-2009) notou que a espécie humana só poderia ter evoluído num planeta bonito como o nosso. A beleza da Terra parece ser essencial para preservarmos aquilo que é mais valoroso na humanidade.

De certo modo, alguns dos argumentos mencionados antes podem parecer antropocêntricos. Mas de uma ótica diferente, o argumento de que os seres humanos precisam de outras espécies num senso maior e mais inclusivo é um reconhecimento de nossa própria interconectividade com toda a vida. No final, então, como Warwick Fox (1990) explica, o antropocentrismo é ao mesmo tempo irracional e limitante porque:

1) Não é coerente com a realidade científica. Nem nosso planeta nem os seres humanos podem ser vistos como o centro do universo. A biosfera da Terra constitui um todo dinâmico no qual os seres humanos são interdependentes com todas as outras espécies. Também não podemos nos considerar o ápice da criação; a evolução é uma realidade crescente, e não uma hierarquia piramidal.

2) As atitudes antropocêntricas têm sido uma prática desastrosa; elas nos levaram a destruir espécies e ecossistemas a taxas mais elevadas desde o cataclismo cósmico que causou o desaparecimento dos dinossauros.

3) O antropocentrismo não é uma posição logicamente coerente, visto que não há divisões radicais entre nós e outras espécies – e isso nem no senso evolucionário, e nem no senso físico. Nossos próprios corpos são comunidades simbióticas: quase metade do nosso peso consiste de outros organismos, como as bactérias e leveduras intestinais que nos ajudam a metabolizar alimentos e a fabricar vitaminas essenciais.

4) O antropocentrismo é eticamente questionável porque não está de acordo com uma atitude experiencial aberta. Essencialmente, o antropocentrismo é uma atitude egoísta que nos vincula a ilusões e nos cega para a verdade.

O antropocentrismo pode nos parecer algo natural, mas ele vai contra o entendimento ecológico de que somos fundamentalmente relacionados e dependentes da teia da vida inteira. Nós não podemos existir sem a Terra; somos parte de uma totalidade maior. Não há "meio ambiente" fora de nós. Estamos constantemente trocando "matéria" com o meio ao redor de nós, ingerindo oxigênio, água e nutrientes que foram uma vez parte de outros organismos. Toda a vida da Terra tem o mesmo mecanismo genético básico. Todos os outros seres viventes são "nossos parentes".

Somos chamados então a abandonar o antropocentrismo e a abraçar uma perspectiva biocêntrica ou ecocêntrica. O antropocentrismo é essencialmente uma mentalidade *egocêntrica*. Somos chamados a expandir nossa empatia a todos os seres viventes, e até mesmo ao solo, ao ar, à água, os quais também são partes de nós.

Uma alternativa antropocêntrica

Stephen Scharpen (1997) propõe como alternativa à mentalidade antropocêntrica a mentalidade antropo-harmônica. Ao invés de conquistar a natureza os seres humanos precisam se desenvolver e progredir em harmonia com a totalidade da ecosfera. Isso não quer dizer que a humanidade é de certa maneira única; de fato, deveríamos celebrar nossa singularidade reconhecendo nossa interdependência para com as outras criaturas do planeta. Isso também não quer dizer que os seres humanos nunca poderão matar outras formas de vida, visto que de fato precisamos consumir outros organismos para sobreviver.

Contudo, para implementarmos uma ética antropo-harmônica é necessário desenvolver um profundo respeito e amor para com toda a vida; é necessário cessar de dominar, manipular, devorar e poluir a Terra, como se ela fosse nossa propriedade privada; e significa consumir apenas o necessário para uma vida saudável e digna (o que significa o fim da busca por acumulação ilimitada).

Arne Naess afirma que, no final, a ecologia profunda nos chama a redefinir o que significa ser humano. Isso não é um exercício de negação de nossa identidade – nossa singularidade no processo evolutivo da Terra – mas de reformulação de nossa identidade dentro do contexto do "eu ecológico" (*ecological self*). Tal mudança tem de ir além da aceitação intelectual e deve permear cada faceta do nosso ser e de todas as nossas ações. Mais especificamente, essa mudança pede para a humanidade colocar de lado a busca pela aquisição, pelo consumo e pela dominação, e afirma que esse caminho não pode nunca levar a humanidade a alcançar uma autêntica realização. Em vez disso, precisamos procurar segurança, amor e comunidade em harmonia com a totalidade da ecosfera. Essa conversão para uma nova ética é um grande e profundo desafio; contudo, ela pode levar a humanidade a um modo de vida mais completo.

Ecofeminismo

O ecofeminismo aprofunda de várias maneiras a crítica da ecologia profunda sobre o ambientalismo. E, ao mesmo tempo, o ecofeminismo faz uma análise mais vasta por incorporar uma preocupação sobre o problema de injustiça em relacionamentos entre seres humanos. Uma maneira de se entender o ecofeminismo é vê-lo como uma integração das perspectivas do feminismo e da ecologia profunda; mas seguramente, a síntese que emerge é muito mais radical (no sentido de ir à raiz dos problemas) e muito mais inclusiva que a mera soma de suas partes constituintes.

O próprio feminismo é um movimento diverso e pluralista que escapa de qualquer definição. Entretanto, podemos entender o feminismo como uma crítica profunda do patriarcado e ele deve ser entendido como o sistema pelo qual as mulheres são dominadas pelos homens. Contudo, formas radicais de feminismo estabelecem uma relação causal entre a dominação e a exploração fundada na opressão de um sexo pelo outro, em todas as outras formas de opressão baseadas em classe, raça, etnia e orientação sexual. Dentro dessa perspectiva, o patriarcado é entendido em termos muito amplos, e o feminismo radical não procura a igualdade entre homens e mulheres dentro da des/ordem dominante (mas isso não é algo possível); o feminismo radical é uma crítica de todos os sistemas que perpetuam a opressão e a exploração.

De fato, Vandana Shiva (1989) afirma que o feminismo é, em última instância, uma filosofia e movimento transexual. O feminismo reconhece que a masculinidade e a feminilidade são social e ideologicamente construídas e que o princípio feminino de criatividade é incorporado em homens, mulheres e na natureza. A recuperação desse princípio representa um desafio ao patriarcado. Este deve se tornar mais inclusivo e permitir às mulheres a possibilidade de se tornarem mais produtivas e ativas enquanto que os homens têm possibilidade de abraçarem atividades mais sustentadoras de vida. As mulheres têm guiado o movimento feminista (o que parece ser algo correto, já que o processo de liberação começa pelo lado oprimido), mas os homens também têm que tomar uma atitude mais ativa em favor do feminismo e desafiar o sistema do patriarcado.

O feminismo é seguramente um dos mais importantes e singulares movimentos de todos os tempos. Fritjof Capra (1982) nota que até recentemente o patriarcado parecia ser tão difundido e tão enraizado que era poucas vezes, de fato quase nunca, seriamente questionado. Mas o patriarcado tem moldado profundamente todas as relações humanas, bem como as relações entre os seres humanos e o mundo. No entanto, e recentemente, o movimento feminista se tornou uma das mais influentes correntes culturais de nossa era; o feminismo cruzou praticamente todas as fronteiras e atinge todas as classes e se tornou verdadeiramente global.

Ligando o patriarcado ao antropocentrismo

Por causa da síntese entre feminismo e ecologia profunda, o ecofeminismo consegue estabelecer uma conexão dinâmica entre o patriarcado e o antropocentrismo. Da perspectiva do ecofeminismo, não é mera coincidência que o pensamento patriarcal ocidental tenha identificado a mulher com a natureza; esta construção social serviu como base para a exploração e dominação da mulher e da natureza, visto que ambas são consideradas como inferiores aos homens. Vandana Shiva (1989: 223) nota que as metáforas e os conceitos de mentes sem o princípio feminino foram baseados no entendimento de que a natureza e as mulheres não têm valor e que são passivas, e no final dispensáveis. As mulheres e a natureza são vistas como passivas enquanto que os homens são considerados racionais, fortes e desconectados de sentimentos. Na sociedade patriarcal, a construção social para o masculino é valorizada como superior, enquanto a natureza e as mulheres são basicamente vistas como objetos a serem explorados. Por causa disso, ecofeministas afirmam que seria mais correto dizer *androcentrismo* (centralização no homem) do que *antropocentrismo* (centralização no ser humano). Charlene Spretnak (1990: 8-9) observa:

> A sociedade moderna, tecnocrática, é impulsionada por obsessões de dominância e controle herdadas do patriarcado. Elas [...] [sustentam] uma cultura gerencial que privilegia a eficiência produtiva e os ganhos de curto prazo acima de tudo – acima da ética ou dos valores morais, acima da saúde da comunidade, e acima da integridade dos processos biológicos, especialmente daqueles que constituem o poder elementar do feminino. Os especialistas que conduzem nossa sociedade procuram conquistar seus medos da natureza em razão de não terem nenhuma comunhão real ou conexão profunda com esta [...].

> Ecofeministas dizem que esse sistema está nos levando ao ecocídio e ao próprio suicídio de nossa espécie porque esse sistema é fundado na ignorância, no medo, na desilusão e na ganância. Dizemos que as pessoas, homens e mulheres, emaranhados nos *valores* desse sistema são incapazes de tomar decisões racionais.

Então, para o ecofeminismo a chave para se alcançar a liberação para as mulheres e para a comunidade da Terra inteira reside no desmantelamento das fundações do patriarcado e do androcentrismo, em terminar todas as formas de dominação, especialmente a dominação das mulheres e da natureza pelos homens. Para fazer isso, o ecofeminismo procura afirmar o valor intrínseco de toda a natureza enquanto que "revaloriza a cultura e as práticas femininas" (BERMAN, 1993: 16).

Expandindo a análise

O ecofeminismo também afirma que a mesma lógica usada para oprimir as mulheres e a natureza também é utilizada, com pequenas variações, para justificar a opressão de raças, classes e orientação sexual. Assim como as mulheres e a natureza são vistas como fracas, passivas e inferiores, os "não brancos" são representados como sendo mais próximos do mundo animal e menos "civilizados" que os "brancos". A classe trabalhadora também é vista como sendo mais conectada a instintos animais "básicos" e representada como "o proletariado" que se reproduz rapidamente. Os homossexuais masculinos são condenados por possuírem características efeminadas, enquanto que mulheres homossexuais são condenadas por usurparem papéis masculinos. Em todos esses casos, vemos a mesma lógica de dominação presente na mentalidade do patriarcado sendo empregada.

De várias maneiras, então, o ecofeminismo expande ainda mais a perspectiva da ecologia profunda, e faz isso a partir da conexão entre todos os sistemas de dominação e controle. Ao mesmo tempo, o ecofeminismo procura superar o surrealismo presente na ideia de uma identificação generalizada para com a natureza, o que é algo defendido por alguns ecologistas profundos. Ecofeministas afirmam veementemente que laços emocionais com lugares e pessoas reais são necessários para inspirar ações em favor da justiça e da harmonia ecológica. Devemos estar enraizados em experiências reais (e não simplesmente nos identificar com abstrações) para podermos nos abrir para a imponência, a maravilha e a compreensão que nos sustenta. Kheel (1990: 136-137) nota que "o perigo de uma identificação abstrata para com o 'Todo' é que ela não reconhece ou respeita a existência de seres vivos e independentes [...]. Nosso profundo e holístico entendimento da interconexão de toda a vida deve ser um entendimento *vívido* que experimentamos nos relacionando com seres em *particular* e com o Todo".

As origens do patriarcado e do antropocentrismo

A perspectiva ecofeminista nos fornece entendimentos que nos ajudam a explicar como a ganância, a exploração e a dominação têm influenciado enormemente os sistemas econômicos, políticos e culturais que atualmente governam a maioria das sociedades humanas.. Mais especificamente, esses entendimentos nos ajudam a compreender como os credos, premissas e valores da atual des/ordem global são produzidos por mecanismos patriarcais e antropocêntricos (ou androcêntricos).

Para compreendermos isso melhor, precisamos procurar as origens e a evolução histórica do patriarcado e do antropocentrismo. Isso nos revelará os processos pelos quais essas construções sociais aparecem e nos darão ideias de como criar alternativas justas, equitativas e sustentáveis para substituir o sistema atual.

Muitas culturas aborígenes antigas e modernas mostram um alto nível de igualdade entre os sexos e um relacionamento harmonioso com a natureza. Muitas vezes, tais culturas exibem uma divisão de trabalho mais ou menos definida entre os sexos, mas isso não indica necessariamente um relacionamento abusivo entre eles. De fato, nos tempos antigos, antes da invenção da agricultura em grande escala e da domesticação de animais, a maioria das culturas humanas eram provavelmente bem igualitárias, e muitas eram basicamente matricêntricas; quer dizer, essas culturas tinham deusas como suas principais divindades e concediam um grande prestígio às mulheres dessas sociedades. A maioria das tribos caçadoras-coletoras das sociedades do Neolítico da Europa e da Anatólia, e das primeiras culturas andinas, parecem fazer parte desse modelo matricêntrico.

O começo do patriarcado

Entretanto, pelo ano 5000 a.C. o patriarcado começou a penetrar na Europa e no Oriente Médio. O patriarcado parece ter aparecido muito antes na Ásia Central e alcançou outras partes do planeta muito mais tarde, e isso se deve algumas vezes em decorrência de invasões e colonização. (Contudo, há culturas como a balinesa e a kung-san do Deserto de Kalahari no sul da África que continuaram com um modelo equitativo de relações entre homens e mulheres em nossos tempos modernos.)

Maria Mies (1986) postulou que o patriarcado ganhou primeiramente uma posição de dominância entre os pastores. Quando os homens começaram a observar e a entender os processos de reprodução animal, eles se tornaram conscientes de seus próprios papéis na reprodução. Isso eventualmente levou a uma mudança em sua relação com a natureza, e a uma nova divisão de trabalho entre os sexos. Nas sociedades nômades do semiárido, o papel tradicional desempenhado pelas mulheres de coletoras de alimentos se tornou algo secundário. E por causa disso as mulheres foram relegadas a um papel subordinado, que envolve largamente o cuidado com as crianças. E um novo modo de produção baseado na coerção, no controle e na manipulação começou assim a funcionar e a se desenvolver.

Ao mesmo tempo, as sociedades agrícolas patriarcais podem ter surgido com a invenção do arado. Rosemary Radford Ruether (1992: 94) nota que: "O arado era a ferramenta de dominação dos homens sobre os animais e a terra. O arado e a espada se tornaram os meios de dominação de homens sobre outros homens, e, no final, de suas próprias mulheres".

Ken Wilber (1996) salienta que o uso do arado requer uma grande força física. Mulheres grávidas que tentam usar o arado tendem a ter abortos espontâneos, então a não participação nesse tipo de trabalho se torna uma vantagem biológica. Desse modo, o aparecimento do arado inicia uma mudança em práticas agrícolas, as quais eram do domínio das mulheres e passam a ser do domínio dos homens. O resultado disso é que os homens passam a ser responsáveis pela produção de alimentos e as mulheres se acham cada vez mais isoladas na esfera do lar. Mais ainda, o arado ajudou na geração de excedentes de alimentos, o que liberou parte da população masculina para outras atividades não conectadas com o suprimento de alimentos, enquanto que as mulheres continuaram largamente envolvidas com os processos de reprodução e com os cuidados da casa.

Com o passar dos tempos isso causou, com efeito, a remoção das mulheres da arena pública. De fato, Wilber nota que nas sociedades que praticam a horticultura (ou seja, que usam a enxada ou pá) as mulheres produzem cerca de 80% dos alimentos; há relacionamentos de igualdade entre homens e mulheres (apesar da diferença de papéis) e muitas das divindades são femininas. Em consequência, cerca de 90% das sociedades agrárias (ou seja, aquelas que usam o arado) são dominadas por homens e as divindades são primariamente masculinas.

Produção predatória

Mesmo no período do neolítico, os melhoramentos de práticas agrícolas começaram a permitir que povoados produzissem excessos de alimentos e acumulassem riqueza com o tempo. Mies observa que em decorrência disso a guerra se tornou economicamente viável pela primeira vez na história, já que era muitas vezes mais fácil usar a força e pilhar a produção de outros que produzir por si mesmo. Então, a "produção predatória" (em essência, a produção não produtiva!) nasceu na forma de conquista e de pilhagem. Muralhas foram construídas ao redor de povoados e a "arte" da guerra se desenvolveu. Os homens começaram a ter monopólio das armas (provavelmente por causa do tamanho dos armamentos e porque os homens não estavam engajados nos cuidados com os filhos), o que levou a uma nova concentração de poder e de prestígio em suas mãos, e com isso a um crescimento do patriarcado. Mies (1986: 65) ressalta que "as relações permanentes de exploração entre os sexos" e a "divisão assimétrica de trabalho entre homens e mulheres" foram no final "criadas e sustentadas" a partir de violência e coerção diretas, e baseadas no monopólio masculino sobre as armas.

Com o crescimento das sociedades agrárias, esse processo se acelerou. Quanto mais riqueza era acumulada, mais homens eram liberados de atividades envolvendo a produção de alimentos. Por um lado, isso tornou possível a invenção da escrita, da astronomia, da metalurgia e da matemática; mas, por outro lado, ocasionou também a criação de grupos especializados em guerra (por causa do número de homens não envolvidos na produção de alimentos). Então, pela primeira vez na história, vemos o aparecimento de exércitos profissionais e castas de guerreiros.

Com o tempo, o crescimento populacional nas cidades-estado causou uma maior competição pela escassa riqueza natural – solo fértil, água para irrigação, metais preciosos, entre outros. E com isso houve um aumento dos conflitos entre cidades-estado, bem como um aumento de tensão entre etnias. E por causa desse complexo processo sociedades se tornaram cada vez mais divididas de acordo com classe, sexo e raça.

Mies (1986: 66) conclui que o "modo predatório de apropriação" por fim se tornou o "paradigma de toda história de relações exploradoras entre os seres humanos" e, nós acrescentaríamos, entre os seres humanos e a comunidade de vida da Terra. Nesse processo certos grupos de seres humanos (e a Terra) começaram a ser vistos como meros "recursos naturais" a serem usados visando o enriquecimento de outros. A exploração gerada por essa "produção predatória" envolve muito mais que "a apropriação dos excessos produzidos que vão além das necessidades da comunidade"; esta exploração envolve "o roubo, a pilhagem e o saque dos *mínimos necessários* de *outras* comunidades. Esse conceito de exploração, portanto, sempre implica um relacionamento criado e mantido a partir de coerção ou violência".

Enraizando o antropocentrismo

O mesmo processo que progressivamente causou o aumento do poderio do patriarcado também contribuiu para o enraizamento do antropocentrismo. Na maioria das sociedades caçadoras-coletoras o relacionamento entre os seres humanos e o mundo não humano é próximo e direto. Certamente, algumas vezes certo medo da natureza pode ser identificado, mas em geral a divisão entre os seres humanos e a grande comunidade de vida da Terra simplesmente não existe. O próprio sistema de produção é baseado na harmonia com a natureza, e não no controle da natureza.

Quando as sociedades começaram a desenvolver a horticultura um elemento de controle foi introduzido, mas a mudança foi relativamente pequena.

As pessoas continuaram a viver perto da Terra e o nível de intervenção humana no meio ambiente era ainda bem pequeno. Com as sociedades pastorais, talvez, a domesticação dos animais tenha causado um senso maior de controle e dominação sobre a natureza. Esse sentimento de controle e dominação aumenta ainda mais nas sociedades agrárias, visto que elas usam os animais para arar a terra, e aumenta novamente quando os grandes projetos de irrigação aparecem.

Quando as cidades e as cidades-estado se tornam sociedades agrárias, a mudança para o antropocentrismo se torna ainda mais saliente. Vale notar que a separação psicológica entre o humano e o não humano começou com a construção de muralhas e fortificações ao redor dos povoados do neolítico. Com o aparecimento das primeiras cidades, entretanto, esse processo se acelerou ainda mais rapidamente. A cidade é uma criação largamente humana, é um habitat artificial onde a natureza é controlada e as construções humanas se tornam cada vez mais centrais.

Duane Elgin (1993) também nota que as sociedades das cidades-estado eram muito mais hierarquizadas que os povoados. A sociedade se torna progressivamente dividida em classes e castas, e com uma divisão clara de trabalho entre governantes, sacerdotes, guerreiros, artesãos e comerciantes. Ao mesmo tempo, as cidades-estado contribuem para o crescimento das práticas predatórias de aquisição; há cada vez mais riqueza para ser defendida e métodos cada vez mais sofisticados de guerra. Além disso, há uma mudança na psicologia social dessas sociedades, uma vez que a riqueza é sistematicamente acumulada e contabilizada, e com isso uma nova visão do mundo emerge baseada na "organização matemática dos céus". E com isso as divindades perdem seu foco terrestre e ganham os céus, o que talvez simbolize que a humanidade tenha quebrado seu relacionamento direto com o mundo natural ao seu redor.

Em algum determinado momento desse processo o conceito de propriedade privada apareceu. Com o crescimento das cidades-estado e com a divisão de sociedades em classes, grandes porções de terra são reservadas às seções mais poderosas da sociedade (por exemplo, a realeza, os sacerdotes e assim por diante) como fontes de riqueza. Frequentemente essas propriedades são cultivadas por escravos. As terras que pertencem à comunidade são reduzidas em tamanho, o que empobrece as classes camponesas. Por causa desse processo, a terra passa a ser vista como uma possessão pessoal ao invés de uma riqueza comum a ser dividida entre todos. (Mas essa mudança não foi total nos tempos antigos, e certamente algumas culturas nos tempos modernos ainda persistem com o conceito de terras comuns (*common lands*).) Tal transformação sinaliza uma mutação significativa de consciência: a terra passa a ser percebida como recurso, propriedade privada e algo controlado pelos seres humanos (e na maioria das vezes homens). Antes disso, vemos nas sociedades aborígenes de nossos dias que a terra era algo que não podia ser possuído, mas apenas compartilhado. A terra não pertencia aos seres humanos; ao contrário, os seres humanos pertenciam à terra, e, consequentemente, à própria Terra.

O crescimento das cidades-estado era muitas vezes acompanhado de práticas destruidoras da natureza. Em seu livro *A Forest Journey: The Story of Wood and Civilization*, John Perlin (2005) liga a devastação causada pelas antigas culturas da Mesopotâmia, Creta, Grécia e Roma com a queda dessas civilizações. Similarmente, muitos argumentam que o abandono das cidades nas selvas pelos maias ocorreu por causa das consequências ecológicas do desmatamento. Muitas vezes a devastação foi resultado de uma demanda excessiva por madeira para construção (incluindo a construção de navios) ou para uso como combustível em fornos ou fundições. Outras vezes ela ocorria como resultado do desbravamento e limpeza de terras para a agricultura. Nos dois casos, entretanto, o desmatamento era associado com uma mudança do entendimento do mundo, que permitia a dominação e exploração da natureza e de outros seres humanos como "recursos" para que se possa acumular riqueza.

Algumas implicações para o presente

O que podemos aprender dessa história? Com certeza, a evolução do patriarcado e do antropocentrismo é algo complexo, mas é certo que, de certa maneira, todas as formas de dominação, opressão e exploração têm origens comuns. Ao mesmo tempo, é útil ir além da perspectiva histórica e tentar discernir os processos psicológicos envolvidos nisso.

Por exemplo, Rosemary Radford Ruether (1992) sugere que as antigas culturas matricêntricas podem ter contido as sementes de sua própria destruição. O feminino é conectado por sua própria natureza com os processos reprodutivos e com o sustento da vida, mas, ao contrário disso, o masculino tem que ser construído socialmente.

Nas sociedades de caçadores-coletores que existiam no final da última era glacial, os caçadores homens ainda tinham um papel importante como provedores de alimentos; isso se deve em grande parte à presença da caça de grandes mamíferos. A construção social do homem como caçador ainda tinha muita importância, o que permitia a eles se sentirem seguros com seus lugares na contribuição para a sociedade. Com o final da era glacial, entretanto, a caça se tornou cada vez menos importante e o papel da mulher (como principais coletoras) aumentou.

No período do neolítico as mulheres se tornaram as principais provedoras de alimentos *e* as principais progenitoras. Nessas sociedades (por exemplo, na Europa Antiga e na Anatólia) os homens podem ter falhado em desenvolver um papel social mais positivo e importante para si mesmos, o que ocasionou o ressentimento masculino contra o prestígio intrínseco das mulheres. Como Mary Gomes e Allen Kanner (1995) salientam a dominação pode ser um modo de negar a dependência. Neste caso, os homens começaram a definir sua masculinidade a partir da hostilidade para com as mulheres e foi assim que as fundações do patriarcado surgiram. Só quando esse ressentimento for resolvido é que nós poderemos lidar com a atual forma do patriarcado, de modo a eliminá-la.

Ruether sugere que isso implica concretamente que nós precisamos conceber novos meios de igualar os sexos de forma a mudar a dependência em interdependência. Mais especificamente a atual sociedade precisa urgentemente priorizar um novo papel masculino que envolva o cuidado com os filhos e com a casa, já que estes são ligados com o sustento da vida. Em geral, os sexos terão de se tornarem mais fluidos e flexíveis permitindo que homens e mulheres participem significantemente na produção da vida ao invés de em atividades que a destruam. É interessante notar aqui que Ruether também se refere ao exemplo da sociedade tradicional balinesa como um possível modelo de estabilidade e de relacionamentos não exploradores entre os sexos.

Além disso, a análise de Gomes e Kanner que considera a dominação como um mecanismo de negação da dependência pode ser usada para entendermos nosso próprio relacionamento com a grande comunidade de vida da Terra. Os seres humanos tentam dominar a Terra e todos os seres vivos e fazem isso em sua busca de negar sua própria dependência da grande teia da vida. Gomes e Kanner (1995: 14) notam que "nós, nas civilizações modernas e industrializadas, temos centrado nossa própria identidade como espécie em torno da renúncia da verdade. A dependência humana na hospitalidade da Terra é absoluta, e isso é algo extremamente ameaçador para o "eu" separativo". Esse processo parece ter começado há muito tempo com o surgimento das sociedades agrárias e das cidades-estado, mas agora o nível de alienação aumentou demasiadamente com o aparecimento e desenvolvimento das sociedades industrializadas.

Capitalismo global: um sistema androcêntrico

Da perspectiva do ecofeminismo, o capitalismo moderno representa a mais sofisticada e exploradora forma do patriarcado e do antropocentrismo. O capitalismo corporativo global, como as outras formas de dominação imperialista que o precederam, tem suas fundações na "relação extrativista, não recíproca e exploradora da natureza, estabelecida entre homens e mulheres e entre os homens e a natureza" (MIES, 1986: 71). Como vimos em nosso exame da patologia de crescimento ilimitado e do "mau desenvolvimento", a contribuição da economia não humana (e muitas vezes das mulheres, especialmente na forma de trabalho não pago) é praticamente desconsiderada pelo atual sistema econômico. De fato, a destruição das riquezas naturais da Terra para se criar uma ilusão artificial de acumulação de capital é algo central para as sociedades industrialistas criadas pelo capitalismo corporativo. Ao mesmo tempo, nossa análise do controle corporativo e da especulação financeira demonstra que: "aqueles que controlam os processos de produção e os produtos não são propriamente dito produtores, mas expropriadores". O que nos parece menos óbvio, mas é salientado pela análise feminista, é "a tão chamada produtividade que pressupõe a existência e a subjugação do outro (na análise feminista), ou seja, do produtor" (MIES, 1986: 71). Então, os "meios de produção predatórios" são centrais ao capitalismo.

As fundações do capitalismo

Da perspectiva do ecofeminismo, as origens do capitalismo estão completamente relacionadas com diversos processos históricos: a expansão do colonialismo e do escravagismo, a perseguição das mulheres durante as grandes "caças às bruxas" na Europa e o aparecimento das ciências e tecnologias modernas que nos levaram à Revolução Industrial. Juntos, todos esses processos serviram para transformar a imagem da natureza de Mãe Terra para a imagem de uma máquina sem vida servindo às necessidades do "homem" como uma fonte de matérias-primas e um lugar apropriado para se dispor de dejetos. Ao mesmo tempo, novas e mais sofisticadas formas do patriarcado apareceram e serviram para dominar as mulheres e subjugá-las a novos níveis de exploração.

Muitos historiadores argumentam que a acumulação primitiva de capital que serviu como fundação para o capitalismo só foi possível por causa da usurpação por meios violentos das riquezas das colônias europeias nas

Américas; principalmente ouro, prata e produtos agrícolas das colônias espanholas e portuguesas. Como já mencionamos, em sua carta fictícia Guaicaipuro Cuauhtémoc diz, com tom de brincadeira, aos líderes europeus que os 185 mil quilos de ouro e os 16 milhões de quilos de prata enviados entre 1503 e 1660 à Sanlúcar de Barrameda (Cádiz, Espanha) como "o primeiro empréstimo amigável das Américas visando o desenvolvimento da Europa" (BRITTO GARCÍA, 1990). Certamente, a realidade é que essa riqueza foi comprada com suor, sangue e vidas de centenas de milhares de trabalhadores nativos que trabalharam nas minas por toda a América Latina. Para suplementar essa mão de obra milhões de africanos foram violentamente retirados de seus lares, extirpados de sua liberdade e enviados como escravos para as Américas. Muitos mais foram escravizados para trabalhar nas grandes plantações que forneciam valiosas *commodities* para a Europa. Como Espanha e Portugal não utilizaram essa riqueza para financiar seu próprio desenvolvimento industrial, ela criou condições e uma demanda por artigos de luxo que ocasionaram o começo da Revolução Industrial no norte da Europa Ocidental.

Durante o mesmo período, especialmente entre a metade do século XV e a metade do século XVIII, a grande "caça às bruxas", que é algumas vezes chamada de "o tempo das fogueiras", caiu sobre toda a Europa. Estima-se que de 80 a 90% dos mortos foram mulheres e que algo em torno de dois milhões de pessoas morreram e, na maioria das vezes, de maneiras horríveis. Muitas das mulheres mortas praticavam métodos tradicionais de medicina e de obstetrícia, e quase todos os envolvidos eram pobres. Teve início então a "caça às bruxas" como parte da Inquisição da Igreja Católica (que também afetou a América Latina); essa prática logo foi abraçada pela Europa protestante (e mais tarde também pela Nova Inglaterra (New England)).

De certa maneira, o tempo das fogueiras pode ser visto como uma manifestação de medo dos poderes das mulheres e da natureza, especialmente porque as mulheres que praticavam métodos tradicionais de medicina (o que requeria um conhecimento de ervas e dos lugares onde essas ervas podiam ser coletadas) estavam em grande perigo. De fato, em inglês a palavra *witch* (bruxa) vem de *wita*, que significa "a sábia". "Bruxas", então, eram aquelas que possuíam alguma forma de sabedoria da natureza.

Além disso, Mies (1986) salienta que as "caças às bruxas" constituíam também um ataque à sexualidade das mulheres e ao controle que elas detinham sobre sua fertilidade (e, então, a perseguição às parteiras). De um modo mais geral, a "caça às bruxas" visava a exclusão das mulheres da vida pública e, como resultado desta perseguição, elas cessaram de ser artesãs e tiveram propriedades confiscadas. No nível psicológico, podemos imaginar o trauma coletivo gerado por essa enorme e horrível perseguição. As mulheres, sem dúvida, descobriram que a melhor forma de defesa era manter um perfil discreto e mostrarem-se como esposas e filhas dóceis e obedientes, dedicadas ao lar.

É interessante notar aqui que a "caça às bruxas" e a primeira fase do colonialismo europeu ocorreram mais ou menos ao mesmo tempo. Mies (1986: 69) argumenta que isso não foi coincidência:

> O homólogo das incursões escravagistas na África foram a "caça às bruxas" na Europa. [...] Assim como o processo de "naturalização" das colônias era baseado no uso direto e em grande escala de violência e coerção, o processo de domesticação das mulheres europeias não foi pacífico ou idílico. As mulheres não passaram voluntariamente o controle que detinham da produtividade, sexualidade e capacidade de geração para seus maridos, e para os GRANDES HOMENS (Igreja e Estado).

O terceiro evento histórico que ocorreu nesse mesmo período foi a revolução científica. Embora detalharemos esse evento mais à frente, faz-se necessário salientar que ele afetou profundamente a maneira dos europeus verem o mundo; principalmente no que diz respeito às elites políticas e intelectuais europeias. Ao invés de ver a Terra como a *terra mater*, a terra, as florestas e todas as criaturas vivas foram transformadas em uma máquina sem vida e em uma fonte inesgotável de "matérias-primas" para uso humano. Essa mudança, como Vandana Shiva (1989: XVII) salienta, "removeu todos os impedimentos éticos e cognitivos contra a violação e a exploração". Por extensão, as mulheres (e os povos aborígenes) que eram identificadas como sendo mais próximas da natureza e menos racionais e com valor inferior, foram convertidas em meros instrumentos a "serviço do homem".

Da perspectiva ecofeminista a ciência moderna é demonstrativamente um projeto patriarcal à medida que facilita novas formas de subjugação e de exploração. Por fim, ela gera mau desenvolvimento, que começou com o colonialismo e que atualmente continua na forma de dominação econômica. Ela se baseia num modo de percepção reducionista (que tenta entender o todo a partir de suas partes), dualista (porque tudo tem que ser *ou* isto *ou* aquilo, mas nunca ambos) e linear (relacionamentos baseados em causa e efeito diretos). Shiva (1989: 5) observa que esses modos dominantes de percepção:

> [...] são incapazes de lidar com a igualdade na diversidade, com formas e atividades significantes e válidas, mesmo que elas sejam diferentes.

A mente reducionista sobrepõe papéis e formas de poder do homem ocidental na mulher, nos povos não ocidentais e até mesmo na natureza, tornando esses três "deficientes" e em necessidade de "desenvolvimento". A diversidade, a unidade e harmonia na diversidade se tornam epistemologicamente impossíveis no contexto do "mau desenvolvimento", e esse último é extremamente conectado com o subdesenvolvimento da mulher (pelo aumento da dominação machista) e com o esgotamento da natureza (pelo agravamento da crise ecológica).

Por fim, Shiva (1989: XVII) argumenta que tal maneira de pensar e a revolução industrial causada por ela transformaram a economia:

> [...] de uma forma prudente de gerenciamento de recursos para o sustento e satisfação de necessidades básicas em um processo de produção de *commodities* visando a maximização de lucros. A industrialização criou um apetite ilimitado de exploração de recursos e a ciência moderna proveu a licença ética e cognitiva para fazer essa exploração possível, aceitável e atraente. A relação de dominação e controle da natureza pelo homem é então associada com a tendência de dominação e controle da mulher e com a impossibilidade de elas trabalharem como *iguais* aos homens nas ciências e no processo de desenvolvimento.

Capitalismo e exploração

O capitalismo surgiu dentro de um contexto no qual o androcentrismo atingia seu apogeu na consciência das elites políticas e intelectuais da Europa. O "homem" era definido como um ser racional e autônomo ("Eu penso, logo existo") e visto como o auge na hierarquia da criação, que era organizada de forma que "a selvagem" e indomável natureza ocupasse a base; as mulheres, os povos indígenas, os povos não brancos e os camponeses ocupassem o meio da pirâmide. O patriarcado, entendido aqui como um sistema unificado de dominação e exploração, serviu como a fundação sobre a qual o capitalismo foi construído.

De fato, Maria Mies argumenta que o capitalismo não pode existir sem o patriarcado. A acumulação capitalista é baseada na apropriação da riqueza produzida pela natureza, pelas mulheres e pelos pobres do mundo (especialmente os não europeus). Em outras palavras, no centro do capitalismo achamos um modo de produção "predatório" (ou parasita), que é justificado e sustentado pelo patriarcado. O capitalismo depende do trabalho não pago das mulheres, da pilhagem de recursos do planeta e da baixa compensação pelo trabalho das classes e raças exploradas. O eterno processo de acumulação de capital sem vida suga a vida da Terra e de todas as criaturas. Ao mesmo tempo, aqueles que controlam e lucram com a produção não produzem nada, mas só usurpam. Isso é ainda mais verdade no caso da moderna "economia financeira".

Como todas as formas de produção predatórias, o capitalismo depende da violência. Algumas vezes essa violência é direta e envolve o uso ou a ameaça de uso de armas. Durante o período colonial inteiro e até mesmo recentemente, "a diplomacia da canhoeira" tem sido usada para manter controle da atual des/ordem mundial (algo que pode ser evidenciado pelas duas guerras e sanções contra o Iraque, que mataram milhões de pessoas inocentes para se garantir o suprimento de petróleo para o Ocidente). Hoje em dia, o que é ainda mais comum é o uso de mecanismos de repressão dentro das próprias nações. Por exemplo, governos implementando os ditames dos PAEs mandam o exército e a polícia para lidar com e suprimir os protestos legítimos de seus próprios povos.

A forma mais generalizada de violência do capitalismo, entretanto, é a violência estrutural exercitada na forma de coerção econômica. Por um lado, a dívida e os PAEs são excelentes exemplos desse modo de coerção exercitado sobre povos e nações. Mas de uma maneira mais geral, o capitalismo usa a divisão desigual de trabalho como uma forma estrutural de apropriação de riqueza. O trabalhador assalariado recebe menos que o valor do que ele cria, o que então permite a acumulação de capital por parte dos que controlam os meios de produção. A exploração das mulheres e dos ecossistemas é ainda maior porque suas contribuições para a economia são simplesmente desconsideradas (é mantida invisível, por exemplo, em indicadores econômicos como o PIB).

A falha em se valorizar atividades básicas que sustentam a vida não é só um lapso, mas algo baseado na divisão de trabalho de acordo com os sexos e que valoriza o trabalho "humano" (entenda-se "homem") como algo acima das atividades "naturais" (que incluem a produção para subsistência, o cuidado da casa e a generosidade de toda a comunidade da vida da Terra). O trabalho não pago e praticado em sua maioria por mulheres é considerado como algo com menos valor, mas que é ao mesmo tempo algo extremamente necessário para o sustento e criação da vida[3]. Da mesma forma, os serviços que uma comunidade

---

3. Isto é algo muito verdadeiro hoje em dia com respeito aos Programas de Ajustamento Estrutural (PAEs). Muitas vezes as mulheres têm que pegar mais trabalhos não pagos para conseguirem lidar com as crises econômicas causadas pelos PAEs. Por exemplo, as cozinhas comunitárias da América Latina têm sido um mecanismo que permite a população se alimentar numa época de aumento de preços e de alto desemprego. Efetivamente, o trabalho não pago das mulheres subsidia uma economia inteira de sobrevivência. Poderíamos dizer, então, que os pagamentos da dívida estão sendo indiretamente pagos pelo trabalho não pago das mulheres.

biótica, como as florestas, presta a todos em termos de produção de oxigênio, purificação e armazenagem de água e a produção de solos férteis não conta em nada. Mas "esta *produção de vida* é uma condição essencial a todas as outras formas históricas de trabalho produtivo, incluindo as do capitalismo de acumulação" (MIES, 1986: 47). De fato, o trabalho não valorizado é a primeira fonte de toda verdadeira riqueza e sua exploração faz parte das fundações parasitas e predatórias dos meios de produção do capitalismo moderno. Isto cria um contraste com o marxismo, que entende a exploração do trabalho pago como chave para a acumulação de riquezas; a análise ecofeminista vai além disso por argumentar que o capitalismo depende da exploração do trabalho assalariado *e* da *super*exploração das mulheres e da comunidade da vida da Terra. Mies (1986: 23-32) conclui que:

> A opressão das mulheres hoje em dia é parte integrante das relações produtivas do capitalismo (ou do socialismo) patriarcal, do paradigma de crescimento ilimitado, das forças que visam o aumento da produção, da exploração ilimitada da natureza, da contínua produção de *commodities*, da eterna expansão de mercados e da permanente acumulação de capital [...].
>
> [Consequentemente] as mulheres lutam para recuperar sua humanidade e não têm nada a ganhar com a continuação do [paradigma de eterna acumulação de capital e de "crescimento"] [...]. Hoje em dia fica ainda mais evidente que o processo de acumulação destrói a essência do humano mundo afora porque esse processo é baseado na destruição da capacidade das mulheres de governarem suas vidas e seus corpos. As mulheres não têm nada a ganhar com respeito à humanidade delas com a continuação do modelo econômico baseado em crescimento, e assim elas são capazes de conceber uma perspectiva de sociedade que não é baseada na exploração da natureza, das mulheres e de outros povos.

Então, é simplesmente impossível para as mulheres abolirem a exploração e a opressão dentro do contexto do atual paradigma econômico. Da mesma forma, é impossível de se proteger a integridade da comunidade da vida da Terra dentro desse paradigma. Da perspectiva do ecofemismo, nós precisamos fazer um esforço enorme para mudar as relações entre homens e mulheres, entre os seres humanos e a natureza e entre o "Norte" e o "Sul".

Além do capitalismo: as alternativas ecofeministas

Que tipo de alternativa para o atual sistema global de capitalismo corporativista é concebida pelo ecofeminismo? Ao invés da produção predatória baseada na exploração, o ecofeminismo concebe uma nova economia baseada fundamentalmente na *produção e sustento da vida*. No lugar da exploração, os relacionamentos econômicos seriam baseados na reciprocidade e na não hierarquia entre os povos e entre os seres humanos e a natureza. Portanto, a colonização, as divisões dualísticas como homem/mulher, humanidade/natureza, bem como aquelas divisões baseadas em classe e raça serão rejeitadas. Similarmente, a ideia de crescimento e progresso infinito será reconhecida como uma ilusão perigosa nascida da desigualdade e da destruição. Aceitaremos a Terra como finita e a humanidade se engajará para viver em harmonia com ela (MIES, 1986).

No centro dessa nova visão está um novo entendimento do trabalho. O objetivo do empreendimento humano não é mais o crescimento em termos de aumento de quantidade visando a acumulação, mas o engrandecimento dos processos da vida e da felicidade humana. Isso implica que o trabalho cesse de ser entendido simplesmente como um fardo a ser carregado, mas como uma combinação de algo prazeroso e um esforço necessário.

Dentro dessa perspectiva, o trabalho que envolve um contato direto e sensual com a natureza fica valorizado. As máquinas e a tecnologia ainda têm seu lugar, mas a função delas não é nos colocar à parte da matéria orgânica, dos outros seres vivos ou do mundo material. O trabalho deve primeiro de tudo ter um propósito, deve ser algo útil e necessário para a produção e sustento da vida. Isso também implica uma nova concepção de tempo na qual paramos de dividir o dia entre horas de trabalho e horas de diversão e passamos a misturar essas duas atividades de uma forma mais descontraída.

Os processos de produção e de consumo devem ser novamente unificados e, assim, as comunidades devem desenvolver suas economias no nível regional, tornando-se autossuficientes, ou seja, produzindo e consumindo localmente. Entretanto, essa nova forma de trabalho não pode ser estabelecida enquanto a divisão de trabalho baseado em sexo não for abolida. Mies afirma que uma transformação da atual divisão de trabalho baseada em sexo deve estar no centro do processo visando a criação de uma nova forma de economia; a autora (1986: 22) ainda salienta que:

> A procura pela autossuficiência ecológica, econômica e política deve começar com o respeito pela autonomia que as mulheres têm sobre seus corpos, pela capacidade que elas têm de criar a vida e de sustentá-la a partir de seu trabalho, bem como o respeito pela sua sexualidade. A transformação da atual divisão de trabalho baseada em sexo implicaria primeiramente que a *violência* que caracteriza o

capitalismo patriarcal e as relações entre homens e mulheres mundo afora seriam abolidas – mas não pelas mulheres, e sim pelos próprios *homens*.

Rosemary Radford Ruether (1992) também argumenta sobre a necessidade de se revisar a atual divisão de trabalho baseada em sexo, mas ela vai além disso quando afirma que precisamos revisar os papéis e estereótipos atribuídos à mulher e ao homem. A mulher precisa reforçar o aspecto autônomo, de independência de sua vida, mas isso não deve ser feito a partir da prática de dominação (a autoafirmação feita à custa de outros), mas pela unificação do modo de ser uma "pessoa" para outros e para si mesmo dentro do contexto da comunidade sustentadora da vida.

Ruether concorda com Mies que a transformação fundamental deve ser feita no estilo de vida dos homens. O homem precisa "superar a ilusão do individualismo autônomo e seu exercício de poder egocêntrico sobre outros, começando com as mulheres relacionadas a eles" (RUETHER, 1992: 226). A melhor maneira de se fazer isso, Ruether sugere, seria com os homens entrando integralmente em relacionamentos sustentadores de vida com as mulheres a partir de tarefas como o cuidado com as crianças, lavar a louça, cozinhar, costurar e limpar. Ruether (1992: 266) afirma:

> Apenas quando os homens estiverem completamente integrados na cultura diária de sustento da vida poderão homens e mulheres começar a remodelar sistemas maiores como a economia, a política e a sociedade. Eles poderão começar a conceber uma nova consciência cultural e estruturas organizacionais que conectariam esses sistemas maiores com a Terra e que suportariam o planeta diariamente de geração a geração.

A transformação do trabalho e dos papéis e estereótipos de homens e mulheres deve ser também acompanhada de uma profunda mudança no modo de se perceber a realidade. Vandana Shiva (1989: 223) salienta que a versão "racionalista" da realidade construída pelos homens que é tão predominante na cultura ocidental não passa de "um feixe de irracionalidades que ameaça a sobrevivência da humanidade"; ela também argumenta que nós precisamos recuperar o princípio feminino "por seu respeito à vida na natureza e na sociedade. No final isso permitirá a todos os povos, no 'Norte' e no 'Sul', abraçar uma nova maneira de pensar e de ser no mundo".

Quando o princípio feminino é enfraquecido nas mulheres e na natureza, ele fica distorcido e se torna um princípio de passividade. Nos homens isso ocasiona "uma mudança no conceito de atividade, o que a torna destrutiva ao invés de criadora, bem como uma mudança no conceito de poder, o que o torna dominador ao invés de empoderador". E quando o princípio feminino morre nos homens, nas mulheres e na natureza simultaneamente, "a violência e a agressão se tornam bases do modelo masculino de atividade e as mulheres e a natureza são convertidas em passivos objetos da violência" (SHIVA, 1989: 53).

Para se reverter esse processo o teorista junguiano Gareth Hill argumenta que precisamos recuperar a "dinâmica feminina" na sociedade. Neste contexto, feminina não se refere às mulheres e ao sexo feminino, mas a um grupo de valores ou atributos que têm sido sistematicamente negados pelo patriarcado. Essa "dinâmica feminina" vai além da imagem estática de cuidado, da criação e do papel de mãe, e certamente inclui qualidades como compaixão e o desejo de sustentar a vida. Ao mesmo tempo, vale notar que há uma qualidade interativa de vida na dinâmica do feminino. Ela é simultaneamente ativa e responsiva, criadora e contínua. Ela nos lembra o seguinte parágrafo do *Tao Te Ching*, que fala do poder da água:

> *Nada debaixo do céu é tão maleável*
> *como a água.*
>
> *No entanto, no ataque ao que é duro,*
> *nada a ultrapassa.*
> *Nada a pode substituir.*
>
> *O fraco vence o forte,*
> *a maleabilidade vence o duro.*
> *Em todo o mundo,*
> *não há ninguém*
> *que não saiba isso,*
> *mas ninguém o põe em prática*
> (*Tao Te Ching*, § 78)[4].

A "dinâmica feminina" também é criativa, mas exibe um elemento de caos e surpresa que vai além do previsível. Ela contrasta muito com o paradigma de dominação e controle (GOMES & KANNER, 1995) e então a integração da "dinâmica feminina" em nossas práticas econômicas, políticas e culturais requer uma nova concepção e uma nova forma de exercer o poder; poder não como dominação, exploração e controle, mas como algo positivo e criativo.

---

4. LAO-TZU (2010). *Tao Te Ching*. Op. cit., p. 141 [N.T.].

Reconstruindo o poder

Enquanto o poder for exercido de maneira dominadora e exploradora, o patriarcado continuará a ser catastrófico e a minar os sistemas sociais e ecológicos que sustentam a vida. Precisamos de um novo modo de entender e de exercer o poder para que o princípio feminino possa ser renovado e regenerado.

A palavra *poder* gera muitos pensamentos e imagens. Em determinados círculos, a palavra *poder* tem uma conotação inteiramente negativa; o poder é visto simplesmente como a imposição da vontade de um indivíduo ou grupo sobre outro. Entretanto, a raiz da palavra *poder* é a palavra latina *posse*, que significa "ser capaz" (o que é algo também refletido na palavra espanhola *poder*, por exemplo). Essencialmente, poder é aquilo que dá capacidade. Como se vê, a imagem inerente na raiz da palavra poder, ele não é algo destrutivo, mas produtivo e até mesmo criativo.

Contudo, nas sociedades patriarcais o poder tem sido tradicionalmente visto como algo possuído por um grupo ou indivíduo ao custo de outro. Esta é basicamente uma concepção distorcida de poder. Michel Foucault argumenta que o poder não é estático e não é algo que pode ser possuído. O poder é algo que flui através de teias de relações; o poder é mais bem descrito como linhas conectando seres. Foucault (1980: 98) escreve: "Os indivíduos são veículos de poder, e não seu ponto de aplicação".

Como notamos antes, Vandana Shiva conecta o firme exercício de poder pelo homem com a construção social da natureza e da mulher como passivas; e como o poder é relacional, os homens dependem da natureza e das mulheres. O desafio é remodelar o poder de uma forma de relacionamento entre o ativo e o passivo, opressor e oprimido, explorador e explorado, para uma nova forma de relacionamento baseada na igualdade e criatividade. Para vermos como isso pode ser feito precisamos prosseguir com uma análise mais prática de poder.

Analisando o poder

A ecofeminista, ativista e psicóloga Starhawk delineia em seu livro *Truth or Dare* (1987) três formas ou modalidades básicas pela qual o poder é expresso: *poder sobre*, *poder de dentro* e *poder em conjunto*.

O *poder sobre* é talvez mais bem descrito como a forma de poder que restringe ou controla. Esta é a forma de poder mais normalmente difundida e arquitetada na sociedade patriarcal de hoje em dia e é enraizada no paradigma mecânico predominante, o qual será explorado mais adiante no capítulo 6.

O *poder sobre* tende a se organizar hierarquicamente e funciona por meio de sistemas de autoridade e dominação. Este é o tipo de poder que permite ao capitalismo patriarcal se apropriar da produção pelo uso da exploração.

Estamos tão acostumados com o *poder sobre* e com suas ameaças implícitas às nossas vidas que essa forma de exercício de poder está muito presente em nosso subconsciente, e é quase que um carcereiro controlando nossas próprias mentes. Geralmente só ficamos conscientes do *poder sobre* em suas manifestações mais extremas, como no caso da violência aberta. Mas enquanto o poder apoiado pelas armas e pela força é o exemplo mais claro do *poder sobre*, esse tipo de poder normalmente opera a partir do uso de sutis mecanismos de coerção, manipulação e controle que causam medo em algum nível.

É importante notar que o *poder sobre* é num sentido "capacitador": "O *poder sobre* capacita um indivíduo ou grupo a tomar decisões que afetam outros e a impor controles para que essas decisões sejam cumpridas" (STARHAWK, 1987: 9). Mas o *poder sobre* é essencialmente negativo; é o poder usado para reprimir e destruir o poder dos outros.

Um segundo tipo de poder, que para Starhawk representa o oposto do *poder sobre*, é o *poder de dentro*. Este é o poder que sustenta toda a vida; é o poder da criatividade, da cura e do amor. Essa forma de poder é experimentada especialmente quando as pessoas agem conjuntamente para se oporem aos controles do *poder sobre*. Evidentemente, o *poder de dentro* está essencialmente presente naquilo que é muitas vezes chamado de "empoderamento" e, assim, essa forma de poder é conectada a muitos modelos de educação e de ações políticas de libertação.

Interessantemente, o Tao pode ser a mais pura e mais essencial forma do *poder de dentro*; do poder intrínseco que se manifesta na própria essência do cosmos[5]. O *poder de dentro* também é relacionado com o conceito chinês de Te (a segunda palavra no *Tao Te Ching*). O Te é representado pelo *kanji* ou ideograma que combina a imagem de seguir em frente com a do coração (DREHER, 1990: XIV, 12). Isto implica viver autenticamente, viver do fundo do coração, viver de modo a combinar a intuição e a compaixão. De outra perspectiva, o Te é o poder individual que cada um de nós tem e que nos capacita a ver as coisas claramente e a agir decisivamente na hora certa. O Te é também o poder intrínseco das sementes, o poder de germinar a vida. Poderíamos entender o Te

---

5. Jesus usa a palavra aramaica *hayye* para designar poder. Essa palavra aramaica também tem a mesma conotação de *poder de dentro* e é melhor traduzida como força-vital ou a "energia primordial imanente ao cosmos" (DOUGLAS-KLOTZ, 1999: 65).

como o poder da energia vital em cada ser, o poder que nos conecta ao poder cósmico do Tao e que canaliza tal poder através de nós.

A terceira modalidade pela qual o poder pode ser expresso é chamada de *poder em conjunto* ou o poder de influenciar ou poder como processo. A fonte desse poder está na vontade de outros em escutar nossas ideias. O *poder em conjunto* nos permite agir em comunhão e estabelecer organizações que são verdadeiramente participativas. Enquanto que o *poder sobre* usa sua autoridade e impõe sua vontade a partir da obediência, o *poder em conjunto* é baseado no respeito pessoal ganho na prática; "O *poder em conjunto* é mais sutil, mais fluido e mais frágil que a autoridade. Ele depende da responsabilidade pessoal, de nossa própria criatividade e ousadia e da vontade de outros em responder" (STARHAWK, 1987: 11). Joanna Macy, que é budista e ativista pelo meio ambiente e pela paz, entende esse tipo de poder como um tipo de sinergia baseado na abertura para o outro: "O exercício do poder como processo requer o desmascaramento e a rejeição de todas as práticas de poderes que obstruam a participação de indivíduos na vida" (apud WINTER, 1996: 258). O poder como processo nos chama a encorajar nossa capacidade de empatia e atividades que facilitam a educação popular, e a organização de movimentos populares geralmente empregam esse tipo de poder.

Na prática, todos os três tipos de poder coexistem e são inter-relacionados. Por exemplo, o *poder de dentro* e o *poder sobre* muitas vezes se fundem juntos (mesmo que sejam conceitos opostos). A dominação se baseia ultimamente num certo grau de criatividade, por mais pervertida que esta seja. Muitas vezes uma pessoa impõe suas ideias ou criatividade a outros convertendo o *poder de dentro* em *poder sobre*. Similarmente, o *poder em conjunto* também pode ser convertido em *poder sobre*. Starhawk nota que na atual cultura dominante essas duas formas de poder são geralmente confundidas. Influência pode ser facilmente convertida em autoridade, especialmente porque somos muito doutrinados a aceitar o poder como dominação.

O caso do *poder em conjunto* ser muitas vezes misturado e confundido com o *poder sobre* foi analisado em detalhes pela filósofa Hannah Arendt. Escrevendo a respeito da violência, a forma mais extrema de *poder sobre* e do poder de agir em comunhão (que corresponde ao conceito de *poder em conjunto* de Starhawk), Arendt (1970: 52-53, 56) nota que:

> O poder [*poder em conjunto*] e a violência [*poder sobre*], apesar de serem fenômenos distintos, geralmente aparecem em conjunto. Quando são combinados, noto que o poder é o fator primário e mais predominante. Entretanto, essa situação muda completamente quan-

do analisamos esses conceitos em suas formas puras [...]. A violência sempre pode destruir o poder; do cano da espingarda vem um comando eficaz produzindo uma obediência imediata e perfeita. O que nunca emergirá disso é o poder [...].

Politicamente falando, não basta dizer que o poder e a violência não são iguais. O poder e a violência são opostos; quando um governa absolutamente, o outro desaparece. A violência surge onde o poder está corroído, por isso leva ao desaparecimento do poder. A violência pode destruir o poder e ela é absolutamente incapaz de criá-lo.

Similarmente, Starhawk (1987: 12) diz que "os sistemas de dominação destroem o *poder em conjunto* porque essa forma de poder só pode existir entre iguais e que se reconhecem como iguais". Ao contrário do *poder sobre*, o *poder em conjunto* pode ser revocado pelo próprio grupo e ele não infringe a liberdade do outro.

A relação entre o *poder em conjunto* e o *poder de dentro* é talvez bem mais clara. Num grupo no qual as opiniões de todos são valorizadas (quer dizer, onde todos têm *poder em conjunto*), é mais provável que indivíduos expressem e desenvolvam o *poder de dentro*. Do mesmo modo, quando um indivíduo desenvolve sua criatividade e seu potencial de sustentar a vida, ele irá provavelmente ganhar o respeito de outros.

Uma maneira de visualizar como esses três tipos de poder interagem pode ser percebida pelo uso da imagem de uma teia organizacional, à qual já nos referimos anteriormente, e que foi sugerida por Michel Foucault. O *poder de dentro* pode ser representado como "nódulos" que dão origem ao poder; o *poder em conjunto* são as linhas que conectam indivíduos e grupos que se encontram e se comunicam; e o *poder sobre* são as barreiras que bloqueiam as relações do *poder em conjunto* e que asfixiam o exercício do *poder de dentro*.

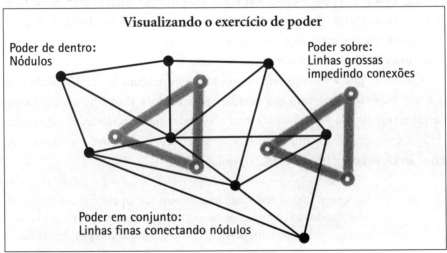

Transformando relacionamentos de poder

Entre a reformulação teórica do conceito de poder e a reconstrução desse conceito na prática há um grande espaço, mas mesmo assim precisamos tentar unir teoria e prática. O modelo predatório de produção do patriarcado depende do exercício do *poder sobre*, do poder da dominação. Se esse tipo de poder não pode ser combatido, se novos tipos de poder que encorajam a vida ao invés de causarem a morte não podem ser cultivados, então as possibilidades de transformarmos o mundo segundo a visão ecofeminista serão minimizadas.

Entendemos que é útil aqui relembrar que o poder não é algo nem estático nem quantitativamente fixo. A tradicional política de transformação fala do "poder da palavra". Mas outras possibilidades existem; nós podemos criar novas fontes de poder e podemos fazer isso começando pelas margens. Certamente, em algum momento poderá haver uma inevitável confrontação com aqueles que detêm o poder, mas antes disso acontecer as fontes de *poder de dentro* e de *poder em conjunto* deverão ser alimentadas em movimentos populares. De fato, o movimento mundial de sociedade civil incorporado por muitas organizações populares e ONGs demonstra que esses tipos de poder estão sendo criados e encorajados.

Uma maneira então de se alimentar o poder em *poder em conjunto* e em *poder de dentro* é a partir da criação de organizações participativas nas quais uma atmosfera de abertura permite a membros se sentirem livres para expressar suas opiniões. Algumas vezes o uso de imagens, técnicas lúdicas e formas de expressão criativas podem facilitar isso. Aqueles que procuram facilitar o processo de transformação devem também assegurar certo grau de segurança dentro do grupo para que os mais tímidos ou vulneráveis possam se expressar honestamente e sem medo. Para esse fim, uma lista de "regras básicas" pode ser de ajuda em certas situações.

Uma segunda estratégia para o cultivo do poder libertador é feito pela conscientização. Joanna Macy (1995: 257) observa que "o *poder em conjunto* envolve uma atenciosa abertura do meio físico (ou mental) que nos rodeia e uma vigilância de nossas próprias reações assim como as reações dos outros. Ele é a capacidade de agir de modo a aumentar a soma total de nossa participação consciente na vida". Starhawk (1987: 79) nota que "a conscientização é o começo de toda resistência. Nós só podemos resistir à dominação quando nos tornamos e permanecemos conscientes; conscientes do "eu", conscientes da maneira pela qual a realidade e construída ao nosso redor, conscientes de cada escolha que fazemos por mais insignificantes que sejam, conscientes que estamos de fato fazendo escolhas".

O desenvolvimento do *poder em conjunto* só pode acontecer dentro do contexto de um grupo. Por sua própria natureza, esse tipo de poder é o mais intrinsecamente relacional. Os participantes de iniciativas de libertação podem desenvolver melhor o *poder em conjunto* quando o grupo permite uma participação genuína e uma divisão das funções de liderança. Starhawk (1987: 268) observa que "para empoderar outros, o grupo deve se estruturar de modo a encorajar a libertação; deve ser consciente da maneira em que ele se move e flui dentro do grupo".

As formas de poder liberador incorporadas no *poder de dentro* e no *poder em conjunto* são mais proveitosamente cultivadas quando engajadas em interações que produzem valor. Macy (1995: 257) argumenta mais especificamente sobre "trocas de sinergias" que geram "algo que não estava ali antes e que incrementa as capacidades e bem-estar de todos os envolvidos". De fato, a palavra *sinergia* parece ser uma ótima descrição do que entendemos por *poder em conjunto*.

No final, a reestruturação do poder na sociedade como um todo requer estratégias que vão além desses começos. O patriarcado tem que ser desenvolvido por milhares de anos e o capitalismo global, a mais recente manifestação da mentalidade imperialista, mantém um controle forte sobre o mundo. Para construirmos novas formas de poder a fim de combatermos a situação atual, precisamos desenvolver nossos recursos internos e ganhar um entendimento da natureza da realidade e do próprio processo de transformação.

Nossa primeira tarefa é nos libertarmos do feitiço que o patriarcado e o antropocentrismo colocaram sobre nós; devemos superar a paralisia que nos mantém prisioneiros da opressão, do desespero, da negação e do vício. O caminho para alcançarmos isso será explorado a seguir quando entrarmos numa nova fase de nossa jornada.

4

Superando a paralisia

Renovando a psique

*[...] o sábio não alimenta os desejos,
não conserva o que é difícil de conseguir;
aprende o não aprender,
passa ao lado das práticas da multidão;
trabalha com a natureza dos homens
mas não age sobre eles*
(*Tao Te Ching*, § 64).

*[...] quando alguém receia governar
como receia seu corpo,
podemos confiar-lhe o mundo*
(*Tao Te Ching*, § 13[1]).

O entendimento das patologias que prejudicam as sociedades humanas e a teia da vida é o primeiro passo para a libertação. Quando desmascararmos essas desordens e demonstrarmos como o antropocentrismo e o patriarcado caracterizaram nossas percepções e moldam nossas ações, poderemos começar a deixar para trás a crença de que a situação atual é de certa forma inevitável e imutável. Mas as patologias que afetam nosso mundo também estão bem enraizadas em nossa própria psique. Então, não é surpresa que nos sintamos incapazes de implementar mudanças significativas ao nosso modo de vida, a maneira como nos relacionamos com outros seres humanos e com a comunidade de vida da Terra.

---

1. LAO-TZU (2010). *Tao Te Ching*. Lisboa: Presença, p. 120 e 33 [Trad. de Joaquim Palma] [N.T.].

De fato, enquanto os sistemas de exploração e de organização do poder são grandes obstáculos à transformação da libertação, nosso próprio sentimento de impotência pode representar um maior obstáculo ainda. Qual é a causa dessa paralisia? Por que nos sentimos incapazes de agir? Ou mesmo, por que não somos esperançosos de que outro caminho existe? O que entorpece e adormece nossos espíritos?

A impotência pode ser definida como aquilo que nos impede de realizar a totalidade de nosso *poder de dentro* (o potencial criativo que serve como fundação essencial para a renovação da visão do mundo) e nosso *poder em conjunto* (a habilidade de agir em comunhão com outros). Se vamos reformular e restabelecer o poder, precisamos primeiramente reconhecer nosso próprio senso de impotência: De que maneira essa impotência é manifestada? Como ela nos afeta? E como podemos superá-la?

O rabino e psicólogo Michael Lerner refletiu muito sobre o fenômeno da impotência. Durante os anos de 1960 e 1970 ele foi envolvido no movimento norte-americano contra a Guerra do Vietnã. Naquela época ele começou a notar como as pessoas envolvidas naquela luta agiam muitas vezes de uma maneira que prejudicava seus próprios objetivos; essas pessoas entendiam a impotência como algo óbvio e isto as levava a fazer planos e agir de modo a confirmar isso. Além da impotência estrutural criada pelos sistemas que as dominava havia esse "adendo" (ou internalização) de impotência que foi algo mais fatal para o movimento.

Lerner não nega a realidade das fontes "externas" (ou objetivas) da impotência, quer dizer, as estruturas políticas, econômicas e sociais que previnem os seres humanos de implementar suas capacidades e efetuar mudanças. Essas fontes existem, mas elas são feitas ainda piores pela internalização da impotência; Lerner (1986: 23) nota que dentro dessa realidade de impotência criada sistematicamente "o ser humano contribui para tal impotência à maneira que sua constituição emocional, intelectual e espiritual o previne de implementar as possibilidades que realmente existem".

A dinâmica internalizada de impotência é um aspecto importante que nos impede de implementar uma transformação genuína hoje em dia em nível mundial. Apesar do fato de que nós enfrentamos as ameaças mais letais na história da humanidade, muitas vezes não agimos ou agimos de modo que no final põe nosso próprio bem-estar em perigo. A dinâmica internalizada de impotência se tornou tão poderosa e tão difundida que agora faz parte de todos os aspectos da sociedade humana. De fato, até as elites governantes muitas vezes agem de maneiras que danificam seu próprio futuro e o futuro de seus filhos, mesmo que trazendo lucros no curto prazo.

Lerner (1986: 2) observa que "a impotência corrompe de maneira muito direta. Ela nos muda, transforma e distorce". Nossa crença de que as grandes transformações são impossíveis se tornaram "profecias autorrealizadoras". Certamente, as atuais estruturas de poder são obstáculos reais à mudança. Mas uma das maneiras pela qual essas estruturas previnem mudança é a partir da exploração e reforço de nosso próprio sentimento de impotência. Lerner (1986: 3-4) afirma:

> O mundo poderia ser transformado. Mas uma das maiores razões por que ele não muda é por causa da nossa profunda crença e convicção de que nada pode ou irá mudar. Isso é um novo desenvolvimento histórico. No passado, a maior razão para as coisas permanecerem do modo que eram não tinha nada a ver com crenças, convicções e sentimentos que as pessoas tinham delas mesmas [...]. A primeira mudança ocorrida na era atual foi o fato de que as elites governantes governam por consentimento; elas conseguiram fazer com que as massas tenham uma participação ativa no processo de policiamento do *status quo*. Nós nos tornamos nossos próprios carcereiros.

Se pudermos confrontar nosso sentimento de impotência internalizado com sucesso, se pudermos sair da cadeia que construímos em nossa própria psique, o prospecto de transformarmos os sistemas políticos, culturais e econômicos é muito melhorado. Como Lerner salienta, mesmo que as atuais estruturas de dominação exerçam grande poder, elas não têm poder *absoluto*. E podem ser certamente derrubadas.

De fato, muito do poder de dominação dos atuais sistemas do patriarcado, que são incorporados pelo capitalismo corporativo mundial, vem precisamente da maneira pela qual esses sistemas exploram nosso senso internalizado de impotência. Há um relacionamento muito próximo entre a impotência objetiva produzida pelos sistemas de dominação e a realidade psicológica de impotência internalizada. Nas próximas partes deste capítulo começaremos a ganhar um entendimento melhor das diferentes formas de impotência internalizada e como elas se inter-relacionam. Após isso, investigaremos como os sistemas de dominação alimentam e utilizam essa impotência internalizada para se perpetuarem e aumentarem seu poder. Em seguida e a partir do uso da ecopsicologia, iremos ao fundo do relacionamento entre nosso sentimento de impotência e nossa alienação real em vista da grande comunidade de vida da Terra. Finalmente, como base em toda esta análise, exploraremos alguns modos concretos de superar a paralisia e de estabelecer um autêntico empoderamento e alcançar a libertação.

A dinâmica da impotência

O psicólogo Roger Walsh (1994) notou que o budismo nos oferece uma análise da patologia que afeta o indivíduo e a comunidade, o que nos é útil no entendimento da dinâmica de impotência internalizada. O budismo classifica todas as patologias em três tipos de "envenenamento": aversão, vício e ilusão.

A aversão pode se manifestar de vários modos; ela pode aparecer como uma compulsão por evasão, raiva, medo, resistência ou agressão. A aversão na forma de medo é bem evidente em duas formas de impotência internalizada: a *negação* e a *opressão*. A negação é mais prevalente entre aqueles que se beneficiam de uma forma ou outra das atuais estruturas de poder; eles têm medo de reconhecer a gravidade da crise por temerem perder o senso de segurança e de conforto que possuem. Em contraste com isso, a opressão internalizada é especialmente evidente naqueles que sofrem com os efeitos diretos da impotência estrutural e que tentam se proteger de formas brutais de violência.

Quando nos referimos ao *vício*, nós nos remetemos a algo muito mais abrangente que a dependência de substâncias como o álcool ou as drogas; na psicologia budista o vício também inclui todas as formas de ganância e apegos. O vício é relacionado à aversão porque ele é ainda outra maneira que o indivíduo tem de se esconder e de escapar de seus medos. Ele também pode ser entendido como uma tentativa de encher o vazio de uma vida de desilusões com algo, *com qualquer coisa* que faça a dor do desespero cessar. Ao mesmo tempo, o vício combinado com a aversão embaralha nossas percepções ainda mais, o que nos leva, ainda, a mais desilusões.

Talvez a mais pura forma da impotência interna seja a desilusão causada pelo *desespero*. Começamos a ver o mundo sem esperanças e considerar mudanças como impossíveis. Vislumbramos o mundo pelas lentes do desespero, passamos a acreditar que isso é real e qualquer sugestão de alternativa é considerada utópica e impraticável. Deixados nesta triste situação, procuramos uma maneira falsa de escapar ou expressar nossa frustração e raiva de formas irracionais e agressivas de comportamento.

Ao nos referirmos a essas diferentes formas de impotência internalizada, devemos reconhecer que todas elas de fato combinam, se reforçam e são raramente achadas isoladamente. As complexas interações entre elas dão lugar a um emaranhado que aprisiona nossas mentes. Para começar a desembaraçar essa intrincada teia é necessário examinar cada fio mais cuidadosamente para que um melhor entendimento dessas interações apareça.

A opressão internalizada

William Reich propôs que a questão fundamental da psicologia moderna deve ser: "Quais são as forças psicológicas que previnem as pessoas de se rebelarem contra a ordem social que as oprime e que as impedem de se tornar tudo aquilo que elas poderiam ser?" (apud LERNER, 1986: V). Esta questão nos parece verdade particularmente no que diz respeito à vasta maioria das pessoas que se beneficia muito pouco (talvez mesmo nada) do atual sistema político, econômico e social. Por que elas não se rebelam?

Para a maioria da humanidade, perigos reais são parte do dia a dia. A ausência de serviços básicos, a vulnerabilidade a doenças potencialmente letais e a violência (seja esta doméstica, social ou política) criam uma situação onde a segurança se torna algo permanentemente elusivo. O medo é o resultado natural desta situação; esse medo retira o poder das pessoas, as paralisa e com isso inibe qualquer ação transformadora. Ele é característico da opressão internalizada, é o resultado da impotência e da opressão estrutural, mas também é distinto destas. De certa forma, esse medo é a impressão psicológica causada por uma longa história de subjugação e violência.

Os povos da América Latina podem ser considerados um exemplo disso[2]. Durante muitos séculos esses povos desenvolveram o que poderia ser chamado de *cultura de sobrevivência,* e isto é especialmente verdade dos povos indígenas. Tal cultura de sobrevivência tem normalmente evitado confrontações diretas com as estruturas de opressão e exploração, preferindo se submeter (pelo menos superficialmente) a tais estruturas e ao mesmo tempo procurando preservar o que podem de suas culturas enquanto resistem à dominação de maneiras sutis. Esta estratégia tem sido muitas vezes necessária e, de certa maneira, pode-se dizer que ela é um sucesso; mas esse sucesso veio a um preço elevado, quer dizer, a opressão internalizada.

A existência dessa cultura de sobrevivência não implica que haja uma total passividade face à opressão; ela também não nega que haja uma história de luta contra a opressão dos povos latino-americanos, uma história que é cheia

---

2. Escolhemos este exemplo porque ele está perto de nossas próprias experiências. Entretanto, muito do que é dito aqui pode ser de muitas maneiras transferido a muitas outras culturas que sofreram conquistas e colonizações.

de rebeliões valentes. Mas a maioria dessas rebeliões não foram bem-sucedidas e um alto preço foi pago cada vez que elas falharam. Cada confronto malsucedido causou, de certa forma, um reforço do poder dos dominadores e forçou a resistência para a clandestinidade; e com isso o "soterramento" da resistência psicológica. Assim, o desespero continuou a aumentar à medida que qualquer esperança de mudança desaparecia.

No século passado, essa história de opressão começou a mudar devido ao sucesso de movimentos trabalhistas, movimentos populares rurais e indígenas, organizações populares e até de revoluções, mesmo que alguns desses sucessos tenham sido de curta duração. Mais recentemente ainda, temos assistido a eleição de vários governos progressistas que são apoiados por movimentos populares na América Latina, alguns dos quais querem reorientar os fundamentos básicos de suas sociedades (enquanto outros, que são menos radicais, querem pelo menos implementar reformas significativas que melhorem a vida dos pobres). Apesar desses sucessos, entretanto, as antigas maneiras de pensar e agir persistem; as "impressões" deixadas pelos fracassos do passado continuam na forma de opressão internalizada.

Paulo Freire (apud TORRES, 1986) fala dessa realidade; os oprimidos se adaptaram de certa maneira à sua situação, de modo que desejam uma vida melhor para eles mesmos e para seus filhos e ao mesmo tempo continuam a temer a liberdade. Mais especificamente, eles temem a luta pela libertação porque ela representa uma ameaça real às suas vidas, visto que a história de repressões violentas foi marcada em suas psiques. Consequentemente, é natural que as pessoas comecem a "se desligar" daquilo que é a chave para a libertação. Freire (apud TORRES, 1986: 99) diz:

> A consciência ingênua [da pessoa oprimida] não é assim tão ingênua; ela é também uma consciência reflexiva. Ela é a *consciência do possível* ou, mais exatamente, ela é *a máxima claridade de consciência que pode ser representada* sem o perigo de descobertas que desestabilizem a pessoa oprimida.

Essa "consciência ingênua" a que se refere Paulo Freire é essencialmente um tipo de ilusão criada pela mente em resposta ao medo da repressão, do sofrimento e da violência. Enquanto que no passado isso teve um propósito (e hoje em dia é ainda compreensível), esse mecanismo inibe ações transformativas, o que no final é algo desvantajoso para o oprimido.

Devemos notar aqui também que tal dinâmica de opressão internalizada tem um papel importante na subjugação das mulheres na sociedade. As dinâmicas de poder nas famílias, escolas e sociedade em geral iniciam o processo de opressão internalizadas nas mulheres muito cedo, quando elas ainda têm uma idade muito tenra. A constante ameaça de violência e abuso sexual dentro e fora de casa contribui enormemente para a insegurança que dá lugar à opressão internalizada. Similarmente, a dinâmica de impotência internalizada reforça o racismo, bem como a opressão baseada em orientação sexual.

Aqueles que trabalham com os setores marginalizados e subjugados da sociedade precisam levar em consideração a opressão internalizada quando tentam implementar a *práxis* transformadora (quer dizer, a ação transformativa que combina teoria, ou visão, e prática). Algumas vezes, os educadores e ativistas de movimentos populares se restringem a atividades de "conscientização"; entretanto, estas são muitas vezes ineficazes porque a opressão internalizada reprime o entendimento e a prática no futuro. Rockhill (1992: 26) complementa:

> "Entender" o que acontece não quer dizer mudar o que acontece. Nós somos tão apegados à "segurança" do que aprendemos a ser, à "segurança" do que sabemos, do que nos é familiar [...]. É muito aterrador deixar tudo isso para trás, especialmente porque a maneira de ser não é algo próprio de nós, mas algo que nos foi prescrito, ordenado socialmente. Nosso medo de mudança, nosso senso de ameaças eminentes, é algo justificável.

Essa ideia também está presente na seguinte observação de Charlotte Bunch (1987: 88): "O processo de conscientização nos ajuda a verbalizar nossa opressão, [mas isso] muitas vezes não nos leva a tomar controle de nossas vidas e a lidar com as causas que causam nossa opressão". Então, para superarmos a opressão internalizada, precisamos muito mais que meras informações; necessitamos de uma *práxis* libertadora que lide com as causas e com a dinâmica que apoia essa forma de opressão.

A negação

Assim como no caso da opressão internalizada, a aversão na forma de medo também está no centro da negação. Para aqueles que sofrem com as ameaças mortais do sistema que nos domina mais diretamente, a negação pode ser algo difícil; é um desafio, mas não é impossível, dizer que está tudo bem e ao mesmo tempo ter que lutar diariamente para garantir a própria sobrevivência ou ter que enfrentar a violência (entretanto, nós notamos que a negação poderia ser empregada em casos de ameaças ecológicas, se essas ameaças não estão sendo experimentadas de forma direta).

A negação é sem dúvida algo mais enraizado e mais difundido entre aqueles que se beneficiam do sistema atual. Neste caso, a negação só precisa bloquear certos aspectos da realidade e suprimir certas informações. Quer dizer, o mecanismo de negação fica ainda mais facilitado se as ameaças mais graves à sobrevivência de uma pessoa são separadas temporariamente ou espaçadamente das experiências imediatas dessa pessoa.

Este é certamente o caso das ameaças à sobrevivência que todos nós enfrentamos atualmente. Para aqueles que têm uma vida relativamente confortável, o problema da pobreza e da injusta distribuição dos recursos do mundo é algo que pode ser colocado de lado, o que é feito por meio da exclusão dos pobres. Os danos ao meio ambiente podem ser desconsiderados se os efeitos desses danos não são muito visíveis. O perigo de uma guerra nuclear ainda é um perigo real, mas há pouca evidência disso no nosso dia a dia.

O ditado "o que os olhos não veem, o coração não sente" sem dúvida facilita a negação dos problemas[3]. Isso é algo que também é causado pela mídia em massa que escolhe e dissemina (ou bloqueia) informações. A negação depende essencialmente de nossos filtros internos, os quais bloqueiam informações que sejam dolorosas. A negação é um mecanismo de defesa tão eficaz ao ponto de sermos muitas vezes inconscientes de que o estamos empregando. Quando uma informação que pode desestabilizar nosso falso senso de segurança aparece, Macy (1995: 242-243) nota que nós tendemos a reagir das seguintes formas:

- *Desacreditar*: Nós simplesmente tentamos ignorar o problema, o que é ajudado pelo fato de muitas das crises que enfrentamos serem difíceis de ser vistas (p. ex.: a destruição da camada de ozônio ou de recursos hídricos) ou por ocorrerem de forma gradual (por exemplo: o aumento da temperatura global).

- *Contestar*: Uma vez que seja impossível ignorar o problema, podemos tentar contestar os fatos ou argumentar que sua severidade não é assim tão grave. Alternativamente, tornamo-nos "otimistas em relação à tecnologia" e passamos a apoiar o argumento de que a inteligência humana (ou o crescimento econômico!) irá magicamente resolver a questão, mesmo que a solução não seja clara no presente.

---

3. Um exemplo interessante desse ditado é o caso do desmatamento na província de British Columbia no Canadá, onde as madeireiras e o governo mantêm "corredores paisagísticos" ao redor das rodovias principais para mascarar a magnitude da devastação. É só quando viajamos por estradas secundárias ou quando sobrevoamos a região que nos damos conta da dimensão da destruição.

• *Levar uma vida dupla*: Uma vez que se torna impossível ignorar ou contestar, caímos numa vida dupla; quer dizer, começamos a colocar as verdades de nossa realidade num cantinho escuro das nossas mentes enquanto continuamos a viver como se tudo estivesse normal. Nas palavras de Macy (1995: 243): "Nós continuamos a viver nossas vidas como se nada tivesse mudado, mesmo sabendo que tudo mudou".

Mas na verdade nós vivemos numa realidade que não é nada normal. As ameaças que enfrentamos são qualitativamente diferentes das que enfrentamos no passado. Macy (1995: 241) salienta que "até o final do século XX todas as gerações através dos tempos viveram com a certeza tácita de que haveria uma próxima geração". Quaisquer que tenham sido as privações, quaisquer que tenham sido as ameaças à sobrevivência de indivíduos, havia um entendimento inquestionável que gerações futuras andariam pela Terra – pelo menos até o dia em que o Criador decida pelo contrário. Tal certeza não existe mais e sua perda representa "uma referência psicológica fundamental do nosso tempo". A dor dessa perda nos causa um medo tão grande que é mais apropriado nos referirmos a ele como terror ou temor. Entretanto, a maioria de nós nunca fala sobre isso. Essa perda é algo muito doloroso. Assim, nós caímos na negação. Macy e Brown (1998: 26) notam que "os sinais de perigo que deveriam chamar nossa atenção, nos aguçar e nos forçar a agir coletivamente tendem a ter o efeito oposto. Estes sinais fazem com que coloquemos viseiras em nós mesmos e queiramos nos manter ocupados o tempo todo com coisas diversas".

O medo que este temor nos engendra é tão profundo que ele acaba causando um "adormecimento psíquico" que tenta nos proteger e evita que experimentemos a totalidade da nossa dor. Laura Sewall (1995: 202) observa que "ter consciência total do problema dói [...] e numa cultura que tem o luxo de poder fazê-lo, abaixa-se o volume". Mas a prática da negação também bloqueia muita beleza e prazer. Ao mesmo tempo, nós nos permitimos continuar com os mesmos tipos de comportamento e atitudes que sustentam os sistemas que destroem a comunidade da Terra. Então nossa negação, enquanto causada pela crise que enfrentamos, também perpetua essa crise. Macy (1983: 16) nota que:

> A conspiração do silêncio ao redor dos nossos pensamentos sobre o futuro da humanidade, e o nível de entorpecimento, isolamento, cansaço e confusão racional causados por ela produzem um sentimento de futilidade em nós. Cada ato de negação, consciente ou inconsciente, representa uma abdicação dos nossos poderes de resposta.

O medo da dor, algo tão central à negação, é piorado pelo fato de que nas sociedades ocidentais o próprio medo é ser visto como uma coisa disfuncional. Além disso, temos medo de causar angústia ou pânico a outras pessoas; temos medo de nos sentirmos culpados por sermos parte responsáveis pelos problemas que enfrentamos; e temos medo de parecer estúpidos ou impotentes (já que não podemos dizer que há um problema ao menos que tenhamos a solução para ele). Todos esses medos são compreensíveis, mas o custo de reprimi-los é altíssimo e muito real. O que acontece no final é que a energia de que precisamos para pensar claramente e para implementar ações criativas ou diminui ou se dissipa, e nós nos achamos com ainda menos poder sobre nossas próprias vidas. Roger Walsh (1984: 76) observa:

> A negação, a repressão e outros mecanismos de defesa são sempre utilizados em detrimento do entendimento, da autenticidade e a eficácia. Quando negamos nossa realidade, também negamos a totalidade de nosso potencial e de nossa humanidade. Quando distorcemos nossa visão do mundo, também distorcemos nossa visão de nós mesmos. Consequentemente, continuamos inconscientes do poder e do potencial que temos dentro de nós e que nós somos; e este poder e potencial são os maiores recursos que podemos oferecer ao mundo.

Quando estamos desligados do nosso *poder de dentro*, a negação bloqueia o potencial para organizarmos o *poder em conjunto* que é tão necessário para confrontarmos os sistemas de *poder sobre* que controlam nosso mundo. Como veremos mais tarde em detalhes, o entorpecimento da mente pela negação também bloqueia a beleza e a compaixão que poderiam nos motivar e nos apoiar na luta pela transformação. A negação também pode levar a comportamentos destrutivos como o vandalismo, a violência ou o suicídio; e pode fomentar projeções psicológicas que demonizam outros (o que leva ao racismo, machismo, intolerância religiosa, e assim por diante); e pode diminuir a produtividade intelectual e criativa. Uma outra consequência da negação é o vício como forma de compensação pelos aspectos da vida que foram perdidos por causa desse mecanismo. Em todos esses casos a negação significa essencialmente uma vida de mentiras porque negamos a realidade de nossa situação. Inevitavelmente, a negação nos leva a uma vida de desilusões, e hoje em dia ela se manifesta predominantemente na forma de desespero.

O vício

Quando ouvimos a palavra "vício", nossa primeira impressão é provavelmente conectada com o "abuso de substâncias químicas"; por exemplo: o alcoolismo, o tabagismo e outras drogas. Ninguém pode negar que estes vícios existem e ninguém pode negar os imensos danos que eles causam à sociedade. Entretanto, o vício a que nos referimos aqui é muito mais que isso. Do ponto de vista da psicologia budista (WALSH, 1984), o vício inclui qualquer comportamento compulsivo que procura possuir ou experimentar algo. Normalmente, o vício é caracterizado pela crença que "Eu tenho que ter [...] para ser feliz". Uma pessoa pode ser viciada na acumulação de capital, de bens, em fazer compras, no poder, em trabalhar, em se divertir, em comida e em sexo.

A dependência e a compulsão que caracterizam o vício causam uma forma de bitolação mental na pessoa. O vício é centrado em experiências imediatas e na gratificação instantânea de desejos. O vício tende direta ou indiretamente a nos entorpecer e a diminuir nosso senso de atenção. E com esse processo, como salienta Ed Ayres (1999a: 189), o vício destrói nosso poder de visualizar e simpatizar com outras pessoas; mas "para sermos humanos precisamos da capacidade de visualizar, de literalmente ver o outro, de simpatizar com outras pessoas e de sentir nossas próprias necessidades". O vício é fundamentalmente desumanizador.

Na era moderna, algumas das mais difundidas (e inter-relacionadas) formas de vício são aquelas do consumismo e do crescimento econômico. Relacionados com esses vícios estão a televisão e outros tipos de tecnologia. Diferentemente de outros vícios, o consumismo e o crescimento econômico são efetivamente promovidos e aceitos pelo capitalismo corporativo. Como já vimos, o "crescimento" quantitativo indiferenciado e a acumulação de capital são tidos como nossos principais objetivos econômicos apesar de não terem resultado em melhor bem-estar para a comunidade da vida e de terem causado uma destruição incalculável. No nível popular, o consumismo é como algo crucial para a felicidade e o contínuo fluxo de propagandas na mídia em massa efetivamente alimenta esse vício. David Korten (1995: 266) nota que:

> Ao invés de nos ensinarem que o caminho para a autorrealização seja vivenciar a vida em sua totalidade a partir de nossos relacionamentos familiares, com a comunidade, com a natureza e com o cosmo vivente, a mídia corporativa continuamente repete a falsa promessa: quaisquer anseios que tenha, o mercado provê satisfações instantâneas. Nosso propósito é consumir, nascemos para comprar. Extasiados pela música das sereias do mercado, sistematicamente desvalorizamos a energia vital dispensada por nós para conseguir dinheiro e ao mesmo tempo valorizamos excessivamente a energia vital ganha quando o gastamos.

Assim, enquanto que a maioria da população do mundo é provocada por visões de um paraíso de consumo que nunca poderão alcançar, uma pequena porção da humanidade se dá ao luxo de procurar adquirir cada vez mais quantidades de bens. Entretanto, a necessidade de consumir nunca é satisfeita. De fato, os habitantes de sociedades consumistas não são mais felizes hoje do que eram nos anos de 1950 e isso apesar do poder de compra ter mais que dobrado (WINTER, 1996). Nos Estados Unidos a porcentagem de pessoas que se dizem "muito felizes" na verdade caiu de 35% em 1957 para 30% hoje em dia (GARDNER, 2001).

Certamente, uma das características de todo o vício é que as necessidades compulsivas os fundamentam e nunca podem ser satisfeitas. Isso porque o ser humano tem uma necessidade de alegria, beleza, amor, significado na vida, mas isso não pode ser alcançado ou preenchido por qualquer substância, possessão ou prazer imediato.

Apesar do vazio que causa, o sofrimento causado pelo vício se encontra muitas vezes mascarado. Certo nível de negação quase sempre acompanha todas as formas de vício. O alcoólatra que ainda bebe irá tentar manter uma boa aparência e negará que o problema existe. Similarmente, as sociedades viciadas no crescimento ilimitado e no aumento contínuo do consumo negarão que há um problema, como se os limites dos recursos finitos pudessem ser simplesmente rejeitados por uma fé cega e irracional nas soluções que ainda serão imaginadas. No final, o vício nos força a viver uma mentira, a viver na ilusão.

Desespero

O vício, a negação e a opressão internalizada tendem a nos paralisar e nos removem da luta pela criação de comunidades equitativas e sustentadoras da vida. Entretanto, nossas tentativas de nos protegermos do medo e da dor na verdade nos levam a um tipo de sofrimento ainda mais profundo. Quando nos separamos dos esforços comunitários que fazem diferença, "nossas vidas começam a aparecer tão cheias de desesperança e desolação que muitos de nós acabam se culpando e entrando num ciclo de destruição própria, o que é tão ruim ou mesmo pior" que se tivéssemos nos engajado na luta por mudanças (WALSH, 1984: 19). O desespero, que muitas vezes se manifesta sutilmente e outras vezes de formas não tão sutis como no caso da depressão, é pior que o sofrimento envolvido no abraço da verdade dolorosa de nossa realidade e na procura por uma solução para isso.

A perda da esperança e o cair em desespero podem representar a mais pura forma de impotência internalizada. A renúncia do *poder de dentro*, o poder de criarmos e contribuirmos com algo significativo no mundo, está na raiz desse problema. Ele pode até nos levar a um estado ainda maior de negação ou de vício porque tentamos evitar ou escapar do sofrimento inevitável que vem com o desespero.

O desespero, aliás, é essencialmente um estado de desilusão porque ele nos faz perceber a realidade através de um véu de mentiras que nos separa das alegrias da vida. O desespero é extremamente relacionado com o entorpecimento da mente que começa com a negação. Quando passamos a gastar mais e mais energia suprimindo medos e dores, tentamos nos isolar do sofrimento do mundo à nossa volta, caímos cada vez mais num buraco sem fundo que suga as alegrias das nossas vidas. Este mesmo isolamento nos separa de outros seres humanos e da grande comunidade de vida da Terra, o que nos priva da fonte do amor, esperança, energia e experiências relacionadas com o *poder em conjunto*. Joana Macy (1995: 249) observa que:

> Isto resulta numa grande perda de sensações, como se um nervo tivesse sido extirpado. Barry Childers disse que "nós nos imunizamos contra as exigências da situação a partir da diminuição de nossa consciência". Esta anestesiação também afeta outros aspectos de nossas vidas – os amores e as perdas se tornam menos intensos, o céu é menos vívido – porque se não nos permitimos deixar sentir dor, não vamos nos deixar sentir o resto. Robert Murphy nota que "a mente se torna insensível ao mundo por conta da renúncia de sua espontaneidade e de sua capacidade de sentir alegrias".

O desespero também pode afetar aqueles que estão ativamente envolvidos com a luta por mudanças. De fato, quando somos francos e enfrentamos a realidade do mundo, isso pode ser algo tão estarrecedor para nós que pode nos levar ao desespero. E pode ainda piorar se nosso engajamento nos levou a trabalhar compulsivamente por mudanças, ao ponto de estarmos sobrecarregados e cansados. Notamos que a ação *compulsiva* pode ser considerada ainda como outra forma de vício.

Certamente, a severidade da crise que enfrentamos não nos inspira otimismo. Os problemas são complexos e nosso tempo é limitado. De certa maneira ajudaria se expressássemos nossos medos; se admitíssemos que nós achamos que talvez seja muito tarde para implementarmos as mudanças necessárias para estabelecermos um futuro mais justo e ecologicamente harmonioso. Mas há uma linha tênue entre a esperança e o desespero. A demonstração de nossos sentimentos deve ser o primeiro passo para nos livrarmos da paralisia que esses medos engendram. Nós precisamos de uma esperança realista que admita os perigos, as dificuldades e os medos do presente, mas que seja capaz de ir além disso e que se guie a partir de uma inspiração profunda como a vida da Terra.

Reiteração sistêmica

Enquanto que a impotência internalizada serve para perpetuar os sistemas que exploram a humanidade e a grande comunidade de vida da Terra, ela é de certa forma também o produto desses sistemas. Como notamos anteriormente, o capitalismo moderno nos domina porque consentimos com isso; mas tal consentimento tem sido algo "manufaturado" (para usarmos a terminologia de Noam Chomsky) com um propósito muito específico.

Por estranho que pareça, aqueles que controlam o sistema dominante atual se embaraçaram na mesma teia que construíram. A negação e o vício parecem ser tanto quanto (ou talvez ainda mais) prevalentes entre os ricos e poderosos que entre os outros setores da sociedade. Então, quando consideramos os mecanismos de reiteração sistêmica, precisamos lembrar que esses mecanismos (principalmente aqueles mecanismos conectados com educação e meios de comunicação em massa) servem para controlar e limitar as ações daqueles que detêm o poder. Isto não quer dizer que não há responsáveis pelo atual sistema de dominação. Mas isso salienta o fato de que o sistema atual se tornou muito abrangente. De certa maneira, poderíamos dizer que o sistema atual ganhou vida própria.

Exploraremos na seção a seguir os mecanismos de reiteração sistêmica usados para "manufaturar" consentimento. Primeiramente, vamos ver como a ameaça real de violência e nosso sistema de educação têm um papel fundamental no aparecimento e sustento da impotência internalizada. Entretanto, vale notar que essa seção lidará largamente com o papel da mídia como facilitadora da negação, como alimentadora de vícios e como ela nos mantém num estado de ilusão.

Repressão, militarismo e violência

Em várias partes do planeta, o poder das forças armadas e da polícia são um dos principais meios de perpetuação da impotência estrutural. O poder de repressão é um dos instrumentos mais diretos e brutais do sistema dominante de poder. E, em decorrência disso, ele é usado quase que exclusivamente contra os pobres e oprimidos.

Ao mesmo tempo, a repressão alimenta a dinâmica de opressão internalizada. Para isso, a repressão não precisa ser realmente exercida, visto que uma mera ameaça é suficiente. Cada vez que um protesto é violentamente reprimido, que um ativista é preso, que um prisioneiro é torturado, os efeitos do uso de violência ecoam para muito longe daqueles que receberam diretamente os golpes. A reiteração da opressão internalizada multiplica o poder para muito além dos limites onde foi diretamente exercida.

A repressão também depende da opressão internalizada para se auto-organizar. A polícia e as forças armadas da maioria dos países são compostas por pessoas que também são pobres e oprimidas. Só é possível controlar a maioria da população se um número suficiente de pessoas oprimidas optou por se tornar parte das forças de repressão. Certamente, esse tipo de dispositivo pode se tornar instável muito rápido. Exemplos disso são "a revolução do povo" nas Filipinas, que removeu o regime de Ferdinand Marcos do poder em 1986 e mais recentemente a derrubada do governo de Slobodan Milosevic na Sérvia em 2000; em ambos os casos, a polícia e as forças armadas mudaram de lado num momento crítico, ou seja não reprimiram e se juntaram ao povo, o que permitiu que protestos populares derrubassem essas ditaduras.

Mundo afora, mas em proporções diferentes, o uso da repressão se torna cada vez mais problemático por causa da pressão pelos direitos humanos. Mesmo que seja praticamente impossível que a violência brutal, como forma de dominação, desapareça totalmente, vale notar que ela é um mecanismo desastroso que passa a ser reservado para situações extremas. O sistema dominante tem optado cada vez mais pelo uso de meios mais sofisticados para alimentar a impotência internalizada.

Talvez algo mais persistente e mais difícil de erradicar seja a ameaça de violência doméstica e sexual que é usada para reiterar a opressão internalizada das mulheres em todas as partes do planeta e de todas as classes sociais. Mais uma vez, o uso real desse tipo de violência não é sempre necessário; a mulher não tem que ser violentada para temer por sua segurança e restringir suas atividades para evitar o potencial de perigo. Além disso, o abuso verbal pode ser tão grave quanto o abuso físico; mas o verbal pode ser mais difícil de combater porque é mais difícil de provar. Os meios de comunicação em massa também reiteram a opressão internalizada pela maneira que retratam atos de violência contra mulheres. (Mas apesar de todas essas ameaças os movimentos pelos direitos das mulheres têm feito progressos reais e fizeram com que a violência contra as mulheres tenha se tornado cada vez mais algo inaceitável em várias sociedades do planeta.)

Finalmente, não podemos nos esquecer da ameaça constante de uma guerra nuclear, e esta é uma tensão que ainda exerce um efeito poderoso na psique coletiva do planeta, isso apesar do fim da Guerra Fria. Joanna Macy (1983) demonstrou convincentemente que tal ameaça é a fonte de um desespero profundo que age sutilmente, mas que nos mantém forçosamente atrelados à impotência internalizada. Até o dia em que o desarmamento nuclear ocorra numa escala global, isso continuará a afetar nossas vidas de várias maneiras porque vai corroer nossos espíritos por temermos que um cataclismo possa acontecer de repente e sem aviso algum.

Educação

A educação, especialmente a educação realizada em instituições formais, tem um papel importante em nossa socialização e assimilação de valores e perspectivas do capitalismo corporativo e da ideologia do império. A educação também tende a reiterar a dinâmica da impotência internalizada, mas algumas vezes isso ocorre de maneira bem sutil.

Os métodos de educação, principalmente no "Sul", ainda se apoiam na dinâmica de opressão internalizada. A educação se baseia enormemente na autoridade que o professor tem devido à sua posição de transmissor de conhecimento. O aprendizado é muitas vezes reduzido à memorização de fatos e fórmulas e o aluno é tratado como um recipiente passivo de conhecimento. Educadores populares na América Latina chamam esse modelo de educação bancária porque ela conjura a imagem de "se depositar" conhecimento nas mentes dos alunos. O *poder de dentro* é muitas vezes negligenciado e, no pior dos casos, simplesmente reprimido. A criatividade e o debate são considerados subversivos (ou pelo menos como algo que chateia).

Esse tipo de metodologia treina estudantes a verem o poder como algo autoritário e estático. Os estudantes são ensinados a serem obedientes, passivos e não questionadores. E consequentemente isso reforça a opressão internalizada. Os tópicos usados no processo educativo podem reiterar ainda mais essa tendência de reforço da opressão internalizada. Por exemplo: o ensino da história pode exaltar as virtudes dos opressores (e ressaltar os fracassos dos oprimidos); e o estudo da literatura e a instrução religiosa podem idealizar a visão patriarcal das relações entre os sexos.

Aqueles que experimentaram sistemas educacionais mais progressivos podem ver esse modelo baseado na autoridade como algo do passado; entretanto, ele ainda é muito prevalente em várias partes do mundo. Mesmo os modelos mais iluminados da educação que valorizam de certa forma o debate, a criatividade e a cooperação sofrem algumas limitações.

Praticamente todos os sistemas de educação alimentam a dinâmica da negação porque transmitem uma visão distorcida da realidade que ou negligencia a verdadeira realidade da crise que afeta o mundo ou a trata de maneira superficial. As matérias são apresentadas como disciplinas independentes, o que faz com que a conexão entre os problemas seja mais difícil de ser estabelecida. Nós somos ensinados para pensar no curto prazo e a refletir pouco nas consequências de longo prazo que nossas ações ou planos acarretam. É verdade que as crianças são particularmente sensíveis às ameaças de uma guerra nuclear e a destruição do meio ambiente, mas essa sensitividade é poucas vezes desenvolvida construtivamente. Os medos dos adultos têm um papel importante nisso, especialmente no que diz respeito ao medo de causar angústia a alguém e de reconhecer seus medos. De fato, já que a maioria dos educadores sofre de certo grau de negação, eles podem transmitir isso inconscientemente a seus estudantes.

Enquanto os sistemas de educação se esforçam para desencorajar os vícios de substâncias tóxicas, tendem a fomentar a obsessão da sociedade pelo consumo ilimitado ao encorajar estudantes a ambicionar empregos bem pagos que permitirão um alto nível de conforto material. Mesmo nas sociedades mais pobres e entre os povos marginalizados, onde a realização dessas aspirações é algo virtualmente impossível, o mito do "melhorando por meio da educação" é usado para reiterar o poder do sistema formal de educação e assegurar seu alto prestígio na sociedade.

A ideia de que ações transformativas são futilidades (o que é uma mensagem que causa desespero) é algo também transmitido de maneira muito sutil. As crianças que sonham em mudar o mundo muitas vezes recebem um sorriso ou comentário sarcástico ao invés de um real encorajamento. A história é frequentemente apresentada de maneira determinista, o que põe fim a esperanças utópicas para o futuro. Somos ensinados a ser "práticos" e "realistas", e a aceitar nossa impotência inerente.

Certamente, há vários modelos educativos que vão contra esses que mencionamos antes. Há muitos educadores que se esforçam para acordar a imaginação e a criatividade de seus alunos, que procuram dar uma visão apurada dos problemas do mundo e apoiar a maturidade emocional, a capacidade de lidar, construtivamente, com a dor de seus estudantes. Entretanto, em muitos lugares e para muitas pessoas o resultado do sistema educacional é torná-los mais vulneráveis à dinâmica de impotência internalizada.

Talvez o que seja ainda mais importante é o fato de que poucos sistemas educacionais (ou educadores) procuram transmitir uma visão da realidade que verdadeiramente valorize nosso relacionamento com a grande comunidade de vida da Terra. Os conhecimentos tradicionais e as histórias dos povos indígenas são muito poucas vezes valorizados. Os estudantes passam mais tempo aprendendo num meio esterilizado e com pouco ou nenhum contato com a natureza; a não ser que contemos o ocasional "bicho de estimação" da classe e a dissecação de um "espécime" em aulas de ciência como uma forma de contato com o mundo natural. O entendimento por detrás da educação é que precisamos equipar os estudantes para competirem numa economia global, ou para se tornarem consumidores, ou talvez para serem bons cidadãos com certo grau de respeito por outros. A educação moderna está em contraste com os sistemas de aprendizado das sociedades aborígenes porque não inicia os estudantes num relacionamento com a comunidade da Terra e com o universo que a abraça. Os estudantes são ensinados a funcionar de maneira autônoma numa sociedade competitiva; eles não são ensinados a funcionar como participantes na grande comunidade da vida.

Os meios de comunicação em massa

Os meios de comunicação em massa, principalmente a televisão, podem ser os mais importantes meios de reiteração da impotência internalizada nas sociedades modernas no "Sul" e no "Norte". O poder e a cobertura dos meios de comunicação em massa atingiram proporções inacreditáveis: 97% das residências nos Estados Unidos, 90% na China e mais de 80% no Brasil têm pelo menos um aparelho de televisão. Enquanto que nos países mais pobres essa percentagem é significativamente inferior, outras formas de comunicação em massa (especialmente o rádio) têm penetração praticamente universal.

O aumento da mídia em massa é um fenômeno relativamente novo no mundo. Até o começo do século passado, quase todo mundo recebia informações e notícias por meio de pessoas que conheciam e confiavam: pais, anciãos, professores, médicos e líderes religiosos. Hoje em dia, a mídia em massa suplantou muitas dessas fontes de conhecimento e informações. Por exemplo, a maioria das crianças com cinco anos nos Estados Unidos passam quinze horas por semana assistindo televisão e com isso são submetidas a milhares de propagandas publicitárias (SWIMME, 1997). E quando essas crianças crescem, muitas vão passar ainda mais tempo em frente à televisão do que na escola. Quando se tornarem adultas, elas vão assistir quase cinco horas de televisão por dia, o que significa que esse tipo de atividade absorverá mais tempo do que qualquer outra com exceção do tempo passado trabalhando ou dormindo (KORTEN, 1995). Quando nós adicionamos a isso o tempo gasto com outras formas de mídia (jornais, rádio, internet e propagandas publicitárias em *outdoors*), a influência dos meios de comunicação em massa pode ser vista como algo avassalador; perturbador também é o nível de concentração de controle nos meios de comunicação em massa. Hoje em dia, cinquenta grandes corporações dominam a mídia global e nove destas são extremamente influentes (HERMAN & McCHESNEY, 1997)[4]. Similarmente, apenas cinquenta firmas de relações públicas são responsáveis pela maioria das campanhas publicitárias no mundo e dez dessas firmas detêm 70% do orçamento para propagandas publicitárias (KARLINER, 1997). Ed Ayres (1999a: 165) conclui que "nossa aquisição de informações é cada vez mais filtrada por grandes organizações, sejam elas as corporações donas de jornais ou estações de rádio, ou suas companhias de relações públicas, ou seus lobistas que procuram influenciar o formato das leis [...] e os meios de comunicação lucram com tudo isso".

Então não é surpreendente quando Paul Hawken (1993: 132) afirma que "nossas mentes estão sendo 'tratadas'" – ou devemos dizer moldadas? – "pela mídia em suporte das corporações que as patrocinam". Nas seções seguintes examinaremos em mais detalhes a seguinte afirmação: A mídia está tentando "re-arrumar a realidade para que os espectadores esqueçam o mundo a seu redor". Como a realidade está sendo re-arrumada? Com que propósito? E como isso reitera nosso próprio sentimento de impotência?

Bloqueando percepções, perpetuando a negação

O fomento da negação é uma das principais maneiras pela qual a mídia retira nosso poder. Isso é feito em parte pela mídia quando ela bloqueia nossas

---

4. E em 2006 apenas oito grandes companhias de mídia dominavam o mercado dos Estados Unidos; três dessas são *new media* (nova mídia): Yahoo, Microsoft e Google. As outras cinco corporações-chave de mídia são a Disney (ABC), AOL-Time Warner (CNN), Viacom (CBS), General Eletric (NBC) e News Corporation (FOX). A maioria dessas companhias também são grandes protagonistas mundialmente.

percepções, nunca nos permitindo ter uma visão clara do que está realmente acontecendo no mundo, e por quê.

À primeira vista isso pode parecer estranho; nunca na história da humanidade tanta informação esteve tão acessível e em tal proporção para a humanidade. Entretanto, Ed Ayres compara isso à nossa capacidade de vermos os pequenos pontos ou pixels que compõem uma imagem maior. Não damos conta de processar todos esses pequenos pontos de informação e poucas vezes nos é permitido dar um passo atrás para podermos ver a imagem por inteiro. Este problema é mais saliente em meios de comunicação, como a televisão, que se apresenta para nós com o uso de *sound bites* (frases bem sonantes) criados a fim de capturarem nossa atenção e produzirem um impacto imediato; mas que não constroem um entendimento coerente do que está acontecendo e de seu por quê[5].

Além de produzir essa fragmentação da informação (o que pode parecer algo meramente acidental), a mídia também obscurece informações e semeia a dúvida. Por exemplo, no debate sobre mudanças climáticas a primeira linha de defesa daqueles que têm interesse em manter o *status quo* (como é o caso das indústrias do petróleo) é simplesmente negar que mudanças climáticas estão ocorrendo, ou que são causadas por fenômenos naturais como os ciclos solares. E organizações bem financiadas, como a Global Climate Coalition, são criadas para apoiar esse tipo de argumento. Apesar da clara parcialidade desses grupos, a mídia insiste em dar-lhes a "mesma cobertura" em nome da imparcialidade; o que é algo que poderíamos chamar de "falsa objetividade".

Eventualmente, quando a comunidade científica começou a dizer com ênfase que as mudanças climáticas estão sendo causadas pelos seres humanos, a mídia mudou de tática. Ela foi forçada a dar atenção aos relatórios do International Panel on Climate Change (Painel Intergovernamental sobre Mudanças Climáticas (IPCC)), os quais são escritos levando em consideração as opiniões da maioria dos especialistas em climatologia do mundo. Mas a mídia continua também a publicar e transmitir as opiniões do ocasional cientista "aventureiro" que tenha opiniões contrárias (e especialmente em momentos importantes, quando essas opiniões podem ter seus efeitos maximizados). Esse tipo de opinião contrária pode ser refutado com muita facilidade, mas ele ainda causa

---

5. Esta mesma fragmentação do conhecimento ocorre em outras áreas e não só na mídia. Por exemplo, no culto pela especialização estabelecido em todas as áreas, das ciências ao governo, o que torna difícil juntarmos informações e com isso virmos e estabelecermos as tendências maiores.

danos; instiga a dúvida, o que é suficiente para se criar descrença e um sentimento de negação na maioria da população.

Ao mesmo tempo, a mídia desvaloriza a importância das informações que temos – ou minimiza seu âmbito. Argumenta-se que as mudanças climáticas podem não ocorrer tão rapidamente ou ser tão severas, que nós ainda podemos retardar nossas ações, que os seres humanos serão capazes de se adaptar, ou mesmo que mudanças climáticas podem trazer benefícios. A recomendação do IPCC de que os seres humanos devem cortar a emissão de gases de efeito estufa em cerca de 80% dentro dos próximos quarenta anos é poucas vezes ou praticamente nunca relatada. Ao invés disso, o debate tem se restringido sobre se devemos, ou não, reduzir emissões de gases em meros 5% ou 10% e sobre os níveis de 1990, e se há urgência em se implementar essas limitadas reduções. O fato é que as emissões dos grandes produtores de gases de efeito estufa aumentaram desde 1990: as dos Estados Unidos aumentaram em 16% e as do Canadá aumentaram a taxas ainda mais elevadas, cerca de 50%[6].

A mídia é bem eficaz em restringir os termos do debate em quase todos os tópicos importantes. Noam Chomsky nota que as democracias se deram conta de que não conseguem abafar debates – mas que também não há necessidade em fazer isso. Se o debate pode ser mantido dentro de certos parâmetros ditos seguros, então não há realmente perigo de desafios daqueles que estão no poder. Chomsky (1989: 48) observa:

> O debate não pode ser abafado e num sistema de propaganda que funciona propriamente ele não deve ser; sendo assim, se ele for restringido dentro de certos limites, assume uma característica reforçadora do sistema. O essencial é o estabelecimento firme de limites. A controvérsia pode acontecer desde que suporte pressuposições que estejam de acordo com as opiniões das elites; além disso, ela deve ser encorajada dentro desses parâmetros porque ajuda no estabelecimento das doutrinas e também na maneira de pensar, e isso reitera a sensação de liberdade que temos.
>
> Em resumo, o essencial é que o poder defina a agenda.

---

6. Por exemplo, o plano debatido pelo Congresso dos Estados Unidos em junho de 2009 prevê a redução das emissões de gás de efeito estufa dos Estados Unidos em 4% até 2020 quando comparadas aos níveis de 1990, o que é muito menor que o objetivo original do Protocolo de Kyoto, que almejava 7% de reduções até 2012. O plano reduzirá as emissões de gases de efeito estufa mais significativamente no longo prazo (redução de 83% dos níveis atuais até 2050), mas o ritmo das redução, pelo menos inicialmente, parece ser muito lento. De fato, muitos especialistas argumentam que deveríamos almejar reduzir as emissões em cerca de 80% dos níveis atuais até 2020 para que consigamos evitar os piores efeitos das mudanças climáticas.

A fragmentação e o obscurecimento da informação semeiam a dúvida, restringem o debate e com isso a mídia é capaz de bloquear eficazmente uma visão global da crise que ameaça a humanidade e a grande comunidade de vida da Terra. Sem dúvida, um grupo pequeno de pessoas é capaz de penetrar este véu que distorce, que nos engana, mas essas pessoas podem ser marginalizadas se ficarem de fora do debate porque são vistas como estando às margens e incapazes de uma discussão racional. Entretanto, para a maioria essas táticas são suficientes para mantê-los e reiterá-los na negação.

Bitolando a inadequação, drenando a imaginação

Os meios de comunicação em massa também retiram nosso poder a partir de uma combinação de dispositivos mais sutis, que mesmo assim são muito potentes. Michael Lerner (1986) observa que a televisão aprofunda a impotência internalizada por causa de seu próprio formato: a maioria dos programas televisivos dura entre trinta minutos e uma hora, e nesse período um problema é apresentado ao telespectador e depois resolvido de alguma forma. Com o passar do tempo, tal simplificação da vida pode inserir em nosso inconsciente um senso de inadequação que faz com que duvidemos do poderio de nosso próprio *poder de dentro*.

Similarmente, todas as formas de mídia em massa focam e retratam pessoas que são belas (quer dizer, o entendimento da mídia do "belo") e materialmente "bem-sucedidas". E, quando a mídia faz isso, cria a impressão de que é "normal" ser rico e belo, o que nega a realidade da maioria das pessoas que têm poucos bens e uma ideia diferente do "belo". Isto dá lugar a um senso de inadequação e até de culpa ("Há algo errado *comigo* se eu não sou assim [...]"), o que causa um tipo de opressão internalizada.

A moderna mídia em massa também é responsável pela homogeneização de culturas, aquilo que Vandana Shiva chama de "monocultura de mentes". Quando a mídia retrata uma cultura como sendo "normativa", as outras são desvalorizadas. E isso também reforça a opressão internalizada.

Outra maneira pela qual a mídia retira nosso poder é feita por conta de nosso isolamento e alienação da comunidade. No passado, a maioria dos entretenimentos se dava em grupo. A oportunidade de ouvir música, escutar histórias, dançar ou assistir uma peça de teatro ocorria em comunidade, e as pessoas tinham tempo para conversar com os vizinhos e amigos ou para participar de eventos de maneira real e imediata. Em contraste com isso, a mídia moderna instiga por sua própria natureza uma passividade e individualidade[7]. A televisão, em especial, tende a nos isolar de outras pessoas, mesmo quando assistimos programas televisivos em grupo. Ela nos atrai para dentro dela e nos absorve. E, como resultado disso, ela nos aliena da comunidade ao nosso redor, o que neutraliza a possibilidade de agirmos em conjunto e de criarmos e alimentarmos o *poder de dentro*. Ao mesmo tempo, a televisão corta nosso relacionamento com a grande comunidade da Terra, o que nos aliena ainda mais da natureza.

Por fim, a televisão, os filmes e a mídia relacionada a estes (e então poderíamos incluir aqui vários jogos de videogame) funcionam de um modo que restringe ou perverte nossa imaginação, limitando assim nossa criatividade e visão. A natureza visual desse tipo de mídia nos suga para dentro dela de modo que ela efetivamente projeta imagens diretamente em nossas mentes. Assistimos esse tipo de mídia de uma maneira descontraída, o que nos leva a um estado quase hipnótico no qual valores e ideias são aceitos de maneira não crítica num processo de absorção passiva; e isto difere da leitura ou escuta de uma história porque não precisamos criar imagens ou exercitar nossa imaginação. Ao mesmo tempo, com a televisão, os filmes e a mídia relacionada a estes, nós nos abrimos para uma sutil deformação da alma. Por exemplo, a maioria das crianças nos Estados Unidos já viu aproximadamente quarenta mil assassinatos na televisão quando atinge a idade de dezoito anos (AYRES, 1999a) e pode ter sido envolvida em assassinatos fictícios (mas realistas) por meio dos videogames. Como é possível isso tudo não afetar a maneira dessas crianças de ver o mundo e as visões para o futuro que elas têm? Entretanto, é a imaginação (e a criatividade que vem junto com ela) que nos fornece as fundações para nossa capacidade de desenvolver o *poder de dentro*.

Reiterando o vício

Os meios de comunicação de massa não só reiteram a negação e drenam a imaginação; eles também alimentam e intensificam o impulso do capitalismo moderno pelo vício (e pela ganância) a partir do uso de propagandas e

---

7. Sem dúvida, pode ser argumentado que a internet é diferente dos outros meios de comunicação nesse respeito porque ela nos permite conectar e interagir com outras pessoas. Mas mesmo assim é importante notar que as corporações inundam a internet com propagandas publicitárias, material que encoraja a exploração das mulheres e jogos que são muitas vezes violentos. O lado positivo da internet é que pessoas e organizações populares a usam como meio de subverter esse novo meio de comunicação para instigar ações transformativas.

imagens que encorajam o consumo. Somos bombardeados com centenas e até milhares de mensagens todos os dias que nos dizem com vários graus de sutileza que nosso valor intrínseco depende de nossa capacidade de adquirir. Por mais insignificante e vazia que a busca da felicidade por meio do consumo seja, essa mensagem ainda nos afeta porque nos reduz a meros receptáculos para os últimos lançamentos da economia corporativa.

A idade do capitalismo de consumo começou mesmo nos Estados Unidos logo depois da Segunda Guerra Mundial. Nessa época o analista de comércio Victor Lebow argumentou claramente sobre a necessidade de se inculcar o vício do consumo. Ele diz:

> Nossa grandiosa economia produtiva [...] exige que façamos do consumo nosso modo de vida, que tornemos a compra e o uso de bens e coisas em rituais, que procuremos nossa satisfação espiritual, nossa satisfação pessoal, no consumo [...]. Nós precisamos consumir, usar até o fim, gastar e descartar bens e coisas a taxas cada vez maiores (apud DURNING, 1995: 69).

Para fazer do consumo um modo de vida, o capitalismo moderno tem empregado o que os psicólogos Allen Kanner e Mary Gomes (1995: 80) dizem ser o "maior projeto psicológico jamais conduzido pela espécie humana". A quantidade de dinheiro gasta nesse projeto de doutrinação em massa é simplesmente assombrosa e atingiu a cifra de cerca de meio trilhão de dólares em 2008; quer dizer, mais de oitenta dólares ao ano para cada homem, mulher e criança do planeta e mais de seis vezes o investimento anual necessário para garantir nutrição, saúde, água e educação adequada para toda a humanidade. A quantidade de conhecimento e pesquisa psicológica que esses recursos podem adquirir é simplesmente surpreendente.

Não é surpresa então que as mensagens mais frequentes e persistentes que recebemos são "as propagandas de venda". E como é que elas funcionam? Elas instalam sutilmente um senso de inadequação ou infelicidade em cada um de nós. Muitas vezes elas fazem isso por meio da criação da imagem do "consumidor ideal" que deveríamos emular. É-nos dito que, se queremos ser belos, bemsucedidos ou felizes, então devemos comprar certos produtos. Em essência, a propaganda publicitária continuamente tenta criar falsas necessidades em nós e isso é feito a partir de mensagens que nos dizem que devemos ter "apenas mais uma coisa" para sermos felizes; quer dizer, ela funciona pelo encorajamento de comportamentos de vício.

É estranho que poucas pessoas se lembrem de propagandas publicitárias claramente. De certo modo, o objetivo principal das campanhas publicitárias é vender o próprio consumismo e criar uma cultura consumista e viciante. O principal efeito disso é a construção em cada um de nós daquilo que Kanner e Gomes (1995: 83) chamam de "ego consumador", um ego falso que "aparece da distorção impiedosa das verdadeiras necessidades e desejos humanos". Nossa própria identidade é deformada e retorcida pelo empreendimento consumista. No centro da propaganda publicitária está a falsidade que afirma que nosso sucesso ou felicidade depende do que possuímos. Entretanto, essa asserção é evidentemente uma falsidade quando vai além de nossas necessidades básicas. Mas ela é repetida tão frequentemente que nós passamos a acreditar nela. Buscamos satisfazer as verdadeiras necessidades humanas como o amor, a beleza, a amizade e o significado das coisas com um falso substituto. (Então não é surpresa que as sociedades ricas são muitas vezes menos felizes do que eram quarenta anos atrás!) Vivemos num estado de ilusão; entretanto, essa condição não atinge só os ricos.

Essas mesmas mensagens são divulgadas para bilhões de pessoas que lutam diariamente só para conseguirem satisfazer suas necessidades básicas. Para essas pessoas, a música de sereias do consumismo é um contínuo insulto. Elas nunca podem esperar conseguir atingir o nível notável de consumo exibido nas propagandas publicitárias. A mensagem que recebem é que elas nunca poderão ser verdadeiramente felizes, bem-sucedidas e belas. Na melhor das hipóteses, elas podem buscar uma participação momentânea nisso a partir da compra de um refrigerante, um maço de cigarros ou de um pacotinho de batatas fritas que elas mal podem comprar. Por último vale notar que a mensagem do consumismo reitera o senso de opressão internalizada e até causa desespero nos pobres.

O consumismo aprofunda nosso senso de alienação e fragmenta comunidades no "Norte" e no "Sul". Com o uso cada vez maior de energias direcionadas para atividades de consumo (ou para substitutivos do consumo próprio que são criados pela televisão e por outras formas de mídia), cada vez menos energias são usadas para relacionamentos autênticos, na contemplação da natureza, na comunidade e na criação do *poder de dentro*. Isso nos leva a um profundo senso de alienação e vazio, que por sua vez volta a alimentar o ciclo frenético do consumismo.

Sustentando a ilusão

A ideologia do consumo se tornou tão generalizada e poderosa que agora faz parte da própria constituição cosmológica das sociedades capitalistas modernas. Por cosmologia entendemos aqui o discernimento da natureza da realidade e do propósito da vida, o que é algo que exploraremos em mais detalhes nos próximos capítulos.

Brian Swimme (1996; 1997) é um adepto convicto desse aspecto. Ele reflete sobre como nas sociedades tradicionais as crianças sentavam ao redor do fogo à noite para ouvir as histórias dos mais velhos sobre o nascimento do universo, sobre o surgimento dos seres humanos e do lugar da humanidade na comunidade de vida da Terra. E então ele ponderou: Onde é que isso acontece hoje em dia? Qual é a fonte de nossa cosmologia funcional? Até que um dia ele se deu conta de que:

> Pegamos nossas crianças, as colocamos no escuro, ligamos a televisão, e não são os programas, *são as propagandas* que elas veem [...]. As propagandas são a história da cosmologia moderna [...]. Elas nos dizem tudo que importa e de uma maneira bem concentrada nos falam da natureza do universo, da natureza do ser humano e nos dão exemplos a seguir: Qual é a natureza do universo? O universo é um depósito de materiais. Qual é a natureza do ser humano? A natureza do ser humano é trabalhar e comprar coisas e bens. O que é o ideal do ser humano? O ideal do ser humano é relaxar à beira da piscina bebendo Pepsi® e se divertindo (SWIMME, 1997).

Na mesma palestra Swimme lamenta que milhares dos melhores psicólogos do mundo trabalhem longas horas tentando achar maneiras de implantar essa mensagem na alma de todas as crianças[8]. De fato, a maioria das outras fontes de cultura são muito fracas em comparação, e, como notamos antes, as crianças são bombardeadas com uma média de trinta mil propagandas antes mesmo de começarem a ir para a escola. Quando se tornam adolescentes, a maioria das crianças terá passado mais tempo vendo propagandas publicitárias que nas salas de aula durante sua educação secundária.

Assim, começamos a ser doutrinados numa cosmologia trivial que nos faz sentir vácuos e vazios já em uma idade bem tenra. Somos ensinados a substituir nossas verdadeiras necessidades de significado, amor, criatividade e comunhão por bens materiais. Nossa existência é reduzida cada vez mais ao trabalho, a ganhar dinheiro e a comprar o máximo que pudermos. Há cada vez menos espaço para aquilo que poderia realmente nos fazer sentir completos. E,

---

8. Carol Herman, antiga vice-presidente da Grey Advertising, afirmou isso claramente quando disse: "Não é suficiente fazer propaganda na televisão [...] você tem que tocar as crianças o dia todo – nas escolas, quando elas vão aos *shoppings* [...] ou nos cinemas. Você tem que se tornar parte das vidas delas" (apud "Selling America's Kids: Comercial Pressures on Kids of the 90's", da Consumer Union (http://www.consunion.org/other/sellingkids/summary.htm)).

além disso, somos cada vez mais separados das fontes de nosso próprio *poder de dentro*. Nossa imaginação e criatividade são definhadas e se torna difícil imaginar outras maneiras de ser no mundo. Ao mesmo tempo, nossa alienação e nosso isolamento das outras pessoas que dividem este planeta conosco reduzem nossa capacidade de agir em comunhão para efetuarmos mudanças reais. O sistema de dominação tece uma teia de desilusão que nos separa de nossa fonte de poder. Roger Walsh (1984: 33) conclui que:

> Nosso estado de espírito normal, dizem psicólogos do Oriente, não é claro, ideal, nem completamente racional. Ou melhor, nossos vícios, aversões e crenças errôneas pintam e distorcem nossas experiências em importantes, sutis e irreconhecíveis maneiras. Porque elas são irreconhecíveis, essas distorções constituem uma forma de ilusão (os orientais chamam isso de *maya*) que é raramente questionada porque é algo culturalmente partilhado.

> Apesar disso parecer estranho à primeira vista, é de acordo com o pensamento de vários psicólogos eminentes do Ocidente. "Somos todos hipnotizados desde a infância. Não nos percebemos como realmente somos e não percebemos o mundo ao nosso redor como ele realmente é; mas como fomos persuadidos a nos ver e a ver o mundo", já dizia Willis Harman, da Stanford University.

Examinando meticulosamente: as perspectivas da ecopsicologia

Há alguma esperança de escaparmos das teias internalizadas de opressão, negação, vício e desespero que aprisionam e paralisam a maioria da humanidade? À primeira vista as correntes que nos aprisionam podem parecer inquebráveis. Entretanto, essa cosmologia vácua do consumismo, que tenta nos levar à complacência, na verdade se mostra incapaz de saciar nossa sede pela comunhão, criatividade e beleza. Em nossos corações sabemos que há algo de errado, que estamos incompletos, e é nesse sentimento que está a solução para nossa liberação.

Um sinal de que o modo de vida consumista falha em nos satisfazer é a grande epidemia de depressão nas sociedades mais afluentes. A Organização Mundial da Saúde (OMS) lista a depressão como a segunda doença mais comum, e mais prevalente que o câncer, nas nações ricas do "Norte". Além disso, há fortes indícios sugerindo que a depressão se torna mais comum quando sociedades passam da procura para satisfazer necessidades básicas para o consumo conspícuo. Por exemplo, os adultos nascidos nos Estados Unidos uma década depois da Segunda Guerra Mundial (1939-1945) têm de três a dez vezes mais chances de sofrerem de depressão que aqueles nascidos antes da Primeira Guerra Mundial (1914-1918). O psicólogo britânico Oliver James diz enfaticamente que "quanto mais uma nação se aproxima do modelo norte-americano (uma forma de capitalismo muito avançada e tecnologicamente desenvolvida), maior é a taxa de doenças mentais em seus cidadãos" (apud GARDNER, 2001: 14).

Isso não deve ser uma surpresa se considerarmos nossa discussão até aqui. A tentativa de se satisfazer a necessidade por comunhão e beleza a partir do vício pelo consumo nunca poderá trazer verdadeira felicidade. Gary Gardner (2001) observa que contrastando com isso estão estudos de Comunidades Amish (Old Order Amish) no estado da Pensilvânia nos Estados Unidos, as quais ainda vivem uma vida conectada com a terra e com fortes laços comunais. Essas comunidades levam uma vida simples e rejeitam a televisão, a eletricidade, o carro e muitas outras conveniências modernas. Ao mesmo tempo, a saudável economia local lhes permite prover necessidades básicas como alimentação, vestuário e moradia sem problemas. Enquanto seu modo de vida é de certa maneira austero, a taxa de doenças mentais entre os Amish é bem pequena; de fato, tal taxa é um quinto da taxa encontrada entre aqueles vivendo com os confortos da modernidade na cidade vizinha de Baltimore.

O que podemos aprender com isso? Certamente, nós não precisamos concluir que toda tecnologia moderna e bem-estar material são culpados por si mesmos. Sem dúvida, as pessoas que convivem com a pobreza, a violência urbana e a miséria também têm altas taxas de doenças mentais. A grande diferença entre os Amish e seus vizinhos em Baltimore é que os primeiros ainda vivem em comunidades coesas; quer dizer, em comunidades que não foram afetadas pela ideologia e estilo de vida consumista. Se analisarmos mais profundamente, podemos observar que o senso de comunidade não é limitado aos seres humanos. Os Amish cultivam o solo de forma tradicional, o que lhes permite viver conectados a terra. Eles têm vivido por gerações no mesmo lugar; vivem em comunidade com a terra, cuidam dela porque é sua fonte primária de sustento.

As sociedades modernas e urbanas no "Norte" e no "Sul" contrastam com isso porque são cada vez mais alienadas de um sentido de comunidade para com outros seres humanos e não humanos que lhes avizinham. Mais de 45% da população mundial vive em cidades hoje em dia e esta proporção só tende a aumentar. Nas nações da América Latina, Europa e América do Norte essa porcentagem muitas vezes vai além de 70%. E, ao mesmo tempo, o povo se torna cada vez menos apegado a um lugar específico. Nos Estados Unidos essa falta de apego a um lugar chega ao extremo, já que cerca de 20% da população muda de residência a cada ano (SALE, 2001). Essa tendência, junto com a influência da cultura do consumo (a qual é ela mesma uma das importantes forças impulsionadoras do processo de urbanização e de mobilidade), faz com que tenhamos mais e mais dificuldades em experimentar um senso de comunidade. Assim, estamos cada vez mais desconectados de nossos vizinhos, da terra e das criaturas que a coabitam conosco.

Para analisarmos este senso de desconexão e de alienação mais a fundo vamos nos referir ao novo campo de estudos chamado de ecopsicologia. Diferentemente de outras áreas de estudo em psicologia que geralmente não olham para além das relações da família imediata, a ecopsicologia salienta que precisamos apreciar uma teia de relacionamentos muito maior que inclui nosso relacionamento com a própria Terra. No centro dessa convicção está a premissa de que nas profundezas do nosso ser ainda estamos conectados fundamental e intricadamente com "a Terra que nos trata como mãe e que nos dá existência". A ecopsicologia diz que, quando analisamos a maneira como exploramos nosso planeta sem piedade, vemos que esse abuso é de certa maneira como uma projeção "das nossas necessidades e desejos inconscientes", o que é algo similar a sonhos e alucinações. A ecopsicologia afirma que a maneira pela qual subjugamos nosso planeta vivente revela muito mais a respeito de nosso "estado coletivo de alma" do que nossos sonhos poderiam revelar, visto que nós não confundimos sonho e realidade facilmente. "Muito mais consequentes são os sonhos que [...] queremos tornar 'realidade'; em aço e concreto, em carne e sangue, com o uso dos recursos retirados da própria substância do planeta" (ROSZAK, 1995: 5).

Ecopsicose: vivendo num estado de desconexão

Quando a ecopsicologia analisa o estilo de vida disfuncional das pessoas nas sociedades modernas, ela observa que estamos vivendo um tipo de psicose coletiva. Se entendermos a psicose como uma tentativa de viver uma mentira, então a base de nossa psicose (ou ilusão) coletiva está em nossa desconexão de outras pessoas e em nossa percepção de que existimos como se fôssemos "EUs isolados". Da maneira como vivemos desconectados de outros seres (humanos e não humanos), passamos a aceitar a mentira de que não temos obrigações éticas reais para com outras pessoas, que não precisamos cuidar de outros seres vivos e de que não temos laços concretos com a Terra que nos sustenta.

Muitos teóricos tentaram dar um nome e descrever a natureza dessa psicose; e cada um deles revelou novas facetas dessa desordem coletiva que nos atinge. Thomas Berry, um historiador de culturas e religiões que se tornou estudioso da Terra (*geologian*), salienta que "nós nos tornamos autistas em relação ao mundo natural. Nós não o consideramos uma realidade que nos é possível" (apud SCHARPER, 1997: 116). Como quem sofre de autismo, parecemos não sentir, escutar ou perceber verdadeiramente a presença dos outros; assim sendo, tornamo-nos incapazes de nos relacionar ou entrar em comunhão com os outros, e inclusive com a grande comunidade de vida da Terra. Ralph Metzner (1995: 59) nota que "nós nos tornamos cegos à presença psíquica de nosso planeta vivente e surdos às vozes e histórias que nutriam nossos antepassados das sociedades pré-industriais".

Como esse tipo de autismo virtual surgiu? Ele apareceu em grande parte devido ao processo de adormecimento psíquico que exploramos anteriormente quando lidamos com a negação. Sarah Conn (1995: 171) observa que:

> Muitos de nós aprendem a andar, respirar, olhar e escutar menos; aprendem a adormecer os sensos para a dor e para a beleza da natureza; a viver a vida sofrendo de maneiras "meramente pessoais" e a manter a dor dentro de nós; isso faz com que nos sintamos vazios. Consequentemente, projetamos nossos sentimentos em outros ou nos engajamos em comportamentos compulsivos e insatisfatórios que não nos alimentam e que não contribuem para a solução de nossos problemas maiores. Talvez, a atual alta incidência de depressão seja um sinal de que estamos sangrando nas bases, separados da natureza, incapazes de chorar ao ver a dor ou de nos empolgarmos ao admirar a beleza da natureza.

O adormecimento da mente e o autismo também estão muito relacionados com o comportamento compulsivo e de vício. De fato, Metzer (1995: 60) observa que "nossa incapacidade de lidar com nosso comportamento suicida e ecocida corresponde à definição clínica do vício e da compulsão" porque somos incapazes de parar esse tipo de comportamento mesmo quando sabemos que ele faz mal a nós mesmos e aos outros. Similarmente David Korten (1995: 261) reflete que:

> Nenhuma pessoa sã quer ver o mundo dividido entre bilhões de pessoas marginalizadas vivendo em absoluta miséria e uma pequena elite guardando suas riquezas e luxos atrás de uma muralha. Ninguém se regozija com a perspectiva de viver num mundo de colapso social e ambiental. Apesar disso, continuamos a colocar a civilização humana, a sobrevivência de nossa espécie e

de muitas outras do planeta em risco para permitir que cerca de um milhão de pessoas acumulem dinheiro que vai muito além de suas necessidades. Nós continuamos a ir ousadamente onde ninguém jamais foi.

Por que fazemos isso? Esse tipo de comportamento se deve em parte ao fato de que nossa própria percepção do normal é muito pervertida. Durante a maior parte da história da humanidade vivemos em pequenas tribos ou comunidades que estavam em contato direto com os ecossistemas que as sustentavam. Desse ponto de vista, as civilizações urbanas e tecnológicas de hoje em dia não são nada normais. De fato, Edward Goldsmith (1998: XIII) salienta que "isso é muito atípico da experiência humana na Terra; é algo efêmero e uma completa aberração". Considerar nossa realidade atual como algo normal é comparável a confundir um tecido canceroso com "um organismo saudável". Da mesma forma, Theodore Roszak (1992: 307) considera que a industrialização urbana "representa o limite de uma oscilação demasiadamente cavalar". Os seres humanos evoluíram dentro de um contexto rico de tradições em comunidade e em contato direto e sensual com a natureza. Não é surpresa então que sejamos mal adaptados para essa realidade isolacionista decorrente de nossa existência moderna fundada na tecnologia.

A psicologia, assim como as outras ciências modernas, surgiu de um paradigma distorcido baseado nesse estado aberrante. Em geral, a psicologia tem analisado os seres humanos como entes relativamente isolados enfatizando os relacionamentos imediatos com a família; e algumas vezes isso é estendido a amigos e colegas de trabalho. O mundo é visto como um lugar frio, objetivo e inóspito. Entretanto, no passado (e nós continuamos a ver isso nas sociedades indígenas atuais) a psicologia cobria um contexto muito maior. Roszak (1992: 14) observa:

> No passado toda psicologia era "ecopsicologia". Aqueles que tentavam curar a alma entendiam que a natureza humana está fortemente conectada com o mundo que dividimos com os animais, vegetais e minerais, e todas as outras forças invisíveis do cosmo como um princípio. Toda forma de psicoterapia era entendida normalmente como algo vinculado ao cosmo da mesma maneira que a medicina era entendida como algo "holístico" (a cura do corpo, mente e alma) e não precisava ser identificada como assim sendo. Foi a psiquiatria moderna ocidental que separou a vida "interna" do mundo "externo" como se o que está dentro de nós também não estivesse dentro do universo, não fosse real, coerente e inseparável do nosso estudo do mundo da natureza.

Assim, a maioria das perspectivas da psicologia ocidental não nos pode ajudar muito em nossa análise e entendimento da psicose coletiva que nos desconecta e isola da grande comunidade da vida. De fato, a psicoterapia moderna quase sempre foca o indivíduo e é aplicada dentro dos confinamentos de um consultório. A psicoterapia tende a desassociar o indivíduo do contexto comunitário e ecológico, e nesse sentido ela é fundada na mesma visão distorcida da realidade que tentamos entender. Contrastando com isso é o caso da ecopsicologia, visto que ela pode nos ajudar a estabelecer as estruturas dessa psicose coletiva dentro de um contexto mais abrangente, o que nos ajudará a ganhar novos discernimentos de como tal psicose começou e de como podemos curá-la.

A gênese da ecopsicose

Como a psicose que nos afeta surgiu? Como chegamos a esse estado que se comparado com a totalidade da história humana é algo "muito atípico" e uma "completa aberração"? É como se nós tivéssemos esquecido algo que era de conhecimento comum: nós perdemos a noção da importância da vida em comunidade, da ligação com a terra, da relação com a grande comunidade da vida, do sentimento de respeito e de reverência para com a Terra que nos sustenta e da maravilha do universo que tudo abraça. Praticamente todas as culturas tradicionais atuais (e a totalidade das culturas de nossos antepassados) sabem e vivem isso. Como esse conhecimento e modo de vida foram perdidos por nós?

Ralph Metzner (1995) acredita que nós podemos estar sofrendo de uma forma traumática e coletiva de amnésia. Da mesma forma que a vítima de um grande ato de violência suprime sua memória, um trauma coletivo (ou uma série de traumas) pode ter-nos feito esquecer aquilo que um dia foi de conhecimento geral. É interessante notar que Chellis Glendinning (1995: 51-52) afirma que esse trauma também é a fonte de nosso comportamento baseado em vícios; e estes ocorrem "porque algo insuportável ocorreu *conosco*". Ela propõe que:

> O trauma vivenciado por pessoas que usam tecnologia [...] é a remoção sistêmica e sistemática da conexão de nossas vidas com a natureza (com as texturas da terra, com os ritmos do sol e da lua, com os espíritos de ursos e árvores, com a própria força vital). Este trauma também representa uma remoção sistêmica e sistemática de nossas vidas daquelas experiências sociais e culturais que nossos antepassados vivenciavam quando viviam de acordo com os ritmos da natureza.

Enquanto não temos certeza de quem Chellis Glendinning considera como "pessoas que usam tecnologia", parece-nos óbvio que o processo ao qual ela se refere está sendo experimentado de vários modos pela maioria dos povos modernos no "Norte" e no "Sul". Nós notamos que alguns dos traumas que têm ocorrido por gerações incluem:

- O trauma ancestral causado pela mudança de uma vida baseada na cultura de caça-coleta para uma baseada na agricultura e mais tarde para uma cultura fundada nas cidades-estados. Muitas vezes essas mudanças não ocorreram pacificamente e foram o resultado de violentas imposições trazidas por guerras e conquistas.

- Os traumas que os povos europeus experimentaram durante a peste negra (meio do século XIV), a pequena idade glacial (século XV) e a "caça às bruxas". Juntos, esses eventos levaram a um aumento de atitudes hostis contra as mulheres e a natureza; e depois essas atitudes foram impostas a outros povos quando os europeus começaram a invadir e conquistar outras regiões do planeta.

- O trauma daqueles que foram removidos ou empurrados para fora de suas terras forçosamente pelo tráfico escravagista ou pela conquista de regiões da África, Austrália, Ásia e Américas. A extensão e profundidade do trauma causado por esses eventos é algo difícil de estimar, especialmente porque eles foram acompanhados por massacres e muito sofrimento resultados da violência, de maus-tratos e de doenças.

- O trauma associado à grande imigração dos europeus para as Américas, Austrália e outras partes do planeta muitas vezes envolvia certo grau de coerção, visto que muitos dos imigrantes estavam fugindo de algum tipo de perseguição. Muitos eram pobres camponeses tentando escapar da fome e da pobreza, e que foram atraídos para o "novo mundo" com falsas promessas. Há também casos extremos, como daqueles que foram transportados contra sua vontade; por exemplo, os prisioneiros pobres da Grã-Bretanha e da Irlanda que foram levados para a Austrália.

- O trauma da industrialização que direta ou indiretamente forçou (e continua a forçar) pessoas de suas terras para cidades superlotadas e muitas vezes violentas. Esse trauma continua nos dias atuais, especialmente no "Sul", porque pessoas continuam a migrar das áreas rurais para as cidades na esperança de escaparem da pobreza, conseguirem trabalho, acesso à educação e a serviços de saúde.

Todos esses traumas abalaram as conexões ancestrais que nos ligavam à terra e a outras pessoas, sendo que algumas culturas aborígenes ainda preservam (de certa forma) tais conexões. Entretanto, para a maioria de nós essas ligações foram demasiadamente erodidas com o tempo. A verdade é que no fundo do nosso ser carregamos as cicatrizes daqueles traumas. Estes nos afetam a todos (oprimidos e opressores; explorados e exploradores; pobres e ricos), mas nossa maneira de lidar com eles ou expressá-los varia. De fato, Chellis Glendinning (1995: 53) conclui que:

> O deslocamento da sociedade tecnológica para além do único lar que conhecíamos é algo traumático que tem acontecido por gerações, isso que acontece novamente com cada nova geração e a cada dia de nossas vidas. Quando nos damos conta de tal ruptura, então os sintomas de estresse traumático não são mais vistos como um evento raro causado por um mero acidente ou pelo mau tempo, mas como o conteúdo da vida cotidiana de todos os seres humanos.

Glendinning (1995: 53) também nota que a reação clássica ao trauma é o processo de dissociação, pelo qual "nós dividimos a consciência, reprimimos arenas inteiras de experiência e desligamos nossa percepção completa do mundo". Uma manifestação dessa consciência dividida são dicotomias, criadas por nós mesmos, como mente/corpo, masculino/feminino, matéria/espírito, humano/natureza, selvagem/domesticado. De modo parecido, Robert Greenway (1995) afirma que as culturas industrializadas inflaram o processo de "se fazer distinções" a tal ponto que ele domina nossa maneira de pensar completamente. O dualismo se tornou nossa modalidade cultural. De fato, nós experimentamos a sensibilidade como uma forma de separação, mesmo que não possamos nos separar da biosfera que nos sustenta.

Os meios ambientes artificiais que construímos para nós mesmos, a maioria dos quais em áreas urbanas, aumentam ainda mais nossa dissociação porque nos isola da natureza. Theodore Roszak (1992: 219) pondera que as cidades começaram como megalomanias de fantasias imperialistas de reis e faraós; as cidades "nasceram de ilusões de grandiosidade, foram construídas com disciplina e violência e dedicadas à implacável regulamentação da humanidade e da natureza". De várias maneiras as cidades modernas continuam com essa tradição. Mais especificamente, as cidades modernas industriais podem ser vistas como um tipo de "armadura" coletiva de nossa cultura, um "esforço patológico que serve para nos distanciar de termos qualquer proximidade com a natureza que nos deu vida" (ROSZAK, 1992: 220)[9]. James Lovelock (1988: 197) medita sobre isso quando diz:

> Como podemos reverenciar o mundo vivo se não podemos escutar um pássaro cantando por causa do barulho do tráfego ou se não podemos sentir o cheiro de ar fresco? Como podemos nos perguntar sobre Deus e o universo se não vemos as estrelas por causa das luzes da cidade? Se você pensa que isso é um exagero, então pense quando foi a última vez que você se deitou num prado ensolarado, sentiu o cheiro de ervas aromáticas, escutou e viu as cotovias voando e cantando. Pense quando foi a última vez que você olhou para cima durante a noite e viu um céu de um azul tão escuro que era quase negro e tão límpido que você podia ver a Via Láctea, a congregação das estrelas, nossa galáxia.

Lovelock nota que muitos de nós vivendo em cidades só veem o mundo pela televisão. Nós nos achamos encarcerados num mundo no qual fomos reduzidos a espectadores (e não mais atores); este é um mundo construído e guiado pela dominância humana. Lovelock (1988: 198) conclui que "a vida na cidade reitera e reforça a heresia do humanismo, que é uma devoção narcisista aos interesses humanos".

Nossa ecopsicose também é transmitida e reiterada pelo modo como criamos nossos filhos. O aparecimento do ego separador começa bem cedo; pode-se dizer que muitas vezes ele começa no momento do nascimento. A medicina moderna separava, pelo menos até recentemente e ainda em muitos lugares, o recém-nascido de sua mãe quase que imediatamente depois do parto e o colocava num berçário estéril cheio de bebês angustiados. Em muitos casos, a mamadeira substitui a relação estabelecida pela amamentação. Os bebês dormem sozinhos à noite e os pais são desencorajados de abraçarem as crianças com frequência. Roszak (1999: 59) conclui que:

> Qual pode ser o efeito de tudo isso senão a quebra dos laços entre mãe e filho bem cedo, como que forçando a criança para a autonomia [...]. Contrastando com isso é o caso das sociedades tradicionais nas quais a fase de carregar as crianças no colo vai muitas vezes até o primeiro ano de vida [e a fase de amamentação também é prolongada e vai além desse primeiro ano]. O normal nas sociedades

---

9. Certamente, muitas pessoas (talvez a maioria daquelas que vivem em cidades) não fazem isso voluntariamente. Muitos foram forçados por circunstâncias econômicas ou pela procura de uma educação melhor a migrar para cidades. Entretanto, o efeito isolador é o mesmo. De fato, aqueles que vivem nas favelas podem ser ainda mais afetados porque raramente têm a oportunidade de escapar da cidade e as regiões que habitam são geralmente mais poluídas e degradadas.

ocidentais é forçar a criança para a autossuficiência e independência a partir do primeiro dia de vida. Os bebês, quando acabam de sair do útero, quer dizer a relação mais íntima que existe, de repente se acham obrigados a tornarem-se indivíduos, queiram ou não queiram.

A psicologia feminista nota que esse processo é ainda mais acentuado com respeito aos homens, porque se espera que eles formem suas identidades com base na separação e diferenciação de suas mães. Espera-se que o homem arranque a "mulher de dentro de si". Isto requer um grande ato de vontade que deve começar bem cedo, o que é algo que distorce e tinge a identidade masculina. Marti Kheel observa que "a autoidentidade do menino fica assim fundada na negação e na objetificação do outro" (apud ROSZAK, 1999: 88). Os homens são deixados emocionalmente isolados, encarcerados pelos limites das muralhas de seus egos. Para defender esses limites e impor sua autonomia a dependência tem de ser negada, e isso é muitas vezes feito por meio de competição, dominação, exploração e violência. E vemos isso nas bases psicológicas do patriarcado.

O filósofo e ecologista Paul Shepard observa que, como resultado do aparecimento do ego separador na infância, as pessoas nas sociedades modernas industrializadas (especialmente os homens) se acham desenvolvidamente deficientes desde uma idade tenra. Nós "podemos ser os portadores da identidade mais mal organizada do planeta; pelas normas do paleolítico somos adultos infantis". Como consequência dessa patologia coletiva, mostramos uma tendência "de atacar a natureza porque entendemos que ela nos falhou" (apud METZNER, 1990: 58). Similarmente, nossa tendência de competir infinitamente com os outros pode ser vista como outra manifestação dessa patologia.

Não é surpresa então que há uma ligação entre nossa alienação da grande comunidade de vida da Terra e nossa busca pela dominação. A experiência de separação e a autonomia que caracterizam a consciência moderna são "o contexto fundamental da dominação" e "a dominação está na base de toda exploração" (GREENWAY 1995: 131). E por que isso é assim? Os psicólogos observam que a dominação é muitas vezes uma tentativa de se negar a dependência. Assim como os homens com uma mentalidade patriarcal podem tentar negar sua dependência das mulheres com a subjugação delas, as sociedades tecnológicas tentam negar sua dependência da Terra pela dominação. Mary Gomes e Allen Kanner (1995: 115) salientam que "a dependência humana da hospitalidade da Terra é total, e isso é algo muito ameaçador para o ego separador. O domínio da biosfera e a tentativa de controlar os processos da natureza nos mantém na ilusão de sermos extremamente autônomos"; eles também notam que este tipo de negação de dependência muitas vezes resulta num relacionamento parasita, o que pode ser visto a partir da análise da busca capitalista pelo crescimento ilimitado; além disso, os autores concluem que "a dependência não reconhecida nos faz agir como parasitas do planeta; e com isso estamos matando nosso próprio hospedeiro".

Ampliando nosso senso de ser, acordando nossa psique ecológica

Como podemos começar a lidar com essa psicose coletiva? Como podemos curar nossas almas e deixar para trás as atitudes de dominação e exploração que nos fazem causar tanta dor a outros e à grande comunidade de vida da Terra?

A ecopsicologia nos ensina que primeiramente devemos ir além de nosso senso limitado de "eu". O pensamento moderno ocidental e a principal corrente da psicologia têm geralmente restringido o "eu" àquilo que está dentro dos confins da pele; tudo que está além faz parte do "mundo exterior". Desde uma idade muito tenra somos ensinados a reprimir o que chamamos de "simpatia cósmica" ou qualquer tipo de "consciência oceânica". A partir de um processo progressivo de adormecimento psíquico nós nos isolamos cada vez mais da comunidade da vida para que possamos funcionar como "indivíduos normais" no mundo moderno. É interessante notar que Freud observou que "os sentimentos de nosso ego atual são apenas um pequeno resíduo de sentimentos muito mais inclusivos (de fato, um sentimento universal), que representavam uma conexão muito mais íntima entre o ego e o mundo ao seu redor" (apud ROSZAK, 1995: 12)[10]. Theodore Roszak (1995: 12) vê tal afirmação como um distante precursor dos argumentos da ecopsicologia. Esta pode "ser definida como a recusa de aceitar esse 'pequeno resíduo'" e, ao invés disso, ela procura expandir nosso entendimento do "eu"; expandi-lo para além dos confins da pele.

À primeira vista a ideia de alargar o "eu" pode parecer estranha para aqueles cujas mentes foram moldadas pela civilização moderna e tecnológica. Mas a sabedoria tradicional já propôs várias vezes que a maior parte da alma está fora do corpo; quer dizer, o corpo está *na* alma e não o contrário. No nível puramente físico, a ideia de que existe um limite definido entre o "eu" e o mundo

---

10. Em outras ocasiões Freud se refere à natureza como algo "eternamente remoto" que "nos destrói friamente, cruelmente e incessantemente" (apud ROSZAK, 1995: 11).

exterior pode também ser considerada como uma ilusão. Nossos corpos estão constantemente trocando matérias com o mundo exterior. De fato, 98% dos átomos de nossos corpos são substituídos todos os anos; além disso, mais da metade do peso da matéria seca de nosso corpo é composta de células não humanas (bactérias e leveduras intestinais e outros micro-organismos simbióticos que são essenciais à nossa sobrevivência) (KORTEN, 1999). No nível mental, estamos constantemente trocando ideias e informações; quer dizer, nossos pensamentos são o resultado do intercâmbio com outros. Todo "indivíduo" é um sistema aberto e dinâmico que só pode sobreviver por meio do intercâmbio com outras pessoas e outros organismos, com a grande ecosfera e com o próprio cosmo.

Certamente, isso não nega o fato de que precisamos sentir que somos únicos e que temos uma identidade própria; entretanto, essa identidade não precisa ser formada como a oposição defensiva a outros. O filósofo francês Jacques Maritain escreveu: "Nós acordamos para nós mesmos quando acordamos para o outro" (apud BARROWS, 1995: 110). Ao invés de vermos o ego separador como regra, poderíamos procurar valorizar e alimentar o que a psicologia feminista chama de ego relacional. "Ao invés de igualar o desenvolvimento saudável com o aumento da autonomia, a teoria relacional sugere que o amadurecimento nos leva a relacionamentos com mais complexidade" (GOMES & KANNER, 1995: 117). Arne Naess também sugere algo parecido quando afirma que o processo de amadurecimento psicológico envolve o alargamento de nossas identificações com outros; isso permite ao "eu" abranger círculos cada vez maiores de existência até chegar ao ponto em que ele inclui a identificação com a própria comunidade da Terra (BARROWS, 1995).

Esse alargamento do "eu" também é um aprofundamento. A ecopsicologia acredita que no fundo da psique está o que poderia ser chamado de "inconsciente ecológico". De uma maneira misteriosa, essa forma de inconsciente coletivo incluiria um registro vivo do processo inteiro de evolução cósmica e caracterizaria um profundo senso de conexão com a Terra. Essa sabedoria interna que está nas profundezas do nosso ser tem guiado nossa evolução e permitido nossa sobrevivência. Roszak (1992: 304; 320) a chama de "a inteligência compacta ecológica de nossa espécie, a fonte da qual a cultura emerge e se manifesta como uma reflexão autoconsciente do contínuo surgimento da 'mente' da natureza". A repressão desse "inconsciente ecológico está no centro da insanidade permissiva que atinge as sociedades industriais" e "um acesso direto ao inconsciente ecológico representa o caminho para a sanidade".

A medida que re-acordamos para nossa conexão com a Terra e com todos os seres vivos, também re-acordaremos nossos próprios "eus".

Roszak (1992: 320-321) argumenta que a regeneração do inconsciente ecológico envolve um processo pelo qual redescobrimos "as experiências animistas inatas" da infância para que permitam o "inconsciente ecológico" de renascer. Quando isso ocorre, "o eu ecológico amadurece com um senso ético e de responsabilidade pelo planeta", "procura implementar isso [...] na teia de relações sociais e de decisões políticas".

O alargamento e aprofundamento do "eu" requer que estendamos nossa capacidade de empatia e compaixão. Warwick Fox (1990: 257) se refere a isso como o processo de desenvolver uma forma de "identificação fundada no cosmo", "ter uma noção viva da organização da totalidade das coisas para que possamos ter um senso de partilha com todos os outros entes (não importando se os encontramos pessoalmente ou não)". Albert Einstein parece se referir a esse mesmo processo quando diz:

> [Os seres humanos] são parte da totalidade, chamada por nós de "universo"; somos uma parte limitada em tempo e espaço. [Nós] experimentamos nossos pensamentos e sentimentos como algo separado do resto (um tipo de ilusão ótica de nossa consciência). Esta ilusão é um tipo de prisão restringindo nossos desejos e nossas afeições àqueles próximos de nós mesmos. Precisamos nos libertar dessa prisão e podemos fazer isso a partir do alargamento de nossa esfera de compaixão com a inclusão de todas as criaturas vivas e da natureza com toda sua beleza (apud CHANG, 2006: 525).

À primeira vista isto pode parecer uma tarefa impossível. Enquanto que a compaixão e a interconexão são muito valorizadas por todas as grandes tradições espirituais, elas recebem muito pouca atenção dentro da cultura competitiva do capitalismo. De fato, muitos acreditam que as sociedades modernas baseadas no crescimento industrial são caracterizadas por um tipo de *Thanatos*[11]; ou seja, o falecimento da alma causado por nossa própria resistência "às invasões de nossos limites individuais" por "temermos nossa desintegração pessoal" (SLIKER, 1992: 123). A ideia de flexibilizarmos ou expandirmos nosso senso do "eu" pode até causar um sentimento de terror. Mas a grande abertura vinda da compaixão também nos abre para a energia de "Eros", o abraço apaixonante da vida, e para a beleza e maravilha do cosmo. Além disso, quando reconhecemos nossa dependência dos outros, incluindo nossa dependência da

---

11. Uma palavra grega que significa "morte"; é também o deus grego da morte.

grande comunidade da vida da Terra e do cosmo que a engloba, então "deixamos a gratidão e a reciprocidade fluírem livres e espontaneamente" (GOMES & KANNER 1995: 115). Liberamos uma nova energia, um fogo que nos inspira e nos sustenta em nossos esforços para curar o mundo.

Beleza, maravilha e compaixão

Essa visão é muito inspiradora, mas como podemos implementá-la? Primeiramente, precisamos nos lembrar que o conhecimento de nossa conexão íntima com a Terra e com os processos de evolução já fazem parte de nós e repousam em nosso inconsciente ecológico. Esse conhecimento não precisa ser criado *ex nihilo*; ele só precisa ser re-acordado por meio do processo que traz memórias profundas para o consciente. E esse despertar precisa ser nutrido de amor, beleza e maravilha, que são forças que nos abrem para tudo aquilo que temos de melhor em nós mesmos.

A ecopsicologia faz uma observação em referência a isso que é muito importante para nós que trabalhamos pela completa libertação e cura do planeta. Se entendermos que as pessoas são mesquinhas e brutais por natureza, ou se entendermos que as pessoas são ignorantes e autodestrutivas, então nosso tom e nosso discurso serão desdenhosos, prepotentes e autoritários. Começamos a usar o *poder sobre*, que retira o poder daqueles que tentamos motivar a agir.

De todas as ferramentas autoritárias, a culpa e a vergonha podem ser as mais perigosas. A maioria de nós sente, no fundo do nosso coração, culpa por causa do estado do planeta e de nossa responsabilidade nisso. Esse sentimento é algo natural e até saudável dentro dos limites. Mas encorajar a culpa, tentar chocar e envergonhar as pessoas para que ajam é algo completamente improdutivo. "A vergonha sempre tem sido uma das motivações políticas mais imprevisíveis; ela se deteriora facilmente em ressentimento. Questione o modo de vida inteiro de uma pessoa e o que você receberá é uma rigidez defensiva como resposta" (ROSZAK, 1995: 15-16). A vergonha nos fecha, paralisa e alimenta a culpa que aumenta nosso senso de desarmonia; isso nos leva a mais isolamento, alienação e negação.

Jogar com a culpa pode também ter outros efeitos colaterais perigosos. Roszak (1992: 230) acredita que "a política autoritária se enraíza na consciência culposa" que aparece quando "convencemos as pessoas que elas não podem confiar umas nas outras e nelas mesmas". Roger Walsh (1984: 76-77) também comenta que:

> A culpa sempre procura alguém para culpar e ela não se preocupa muito com quem a leva. No caso de nós mesmos, nos condenamos e

denegrimos, o que exacerba nosso senso de falta de valor e de inadequação que deram origem a todo o problema. No caso de outros, procuramos por bodes expiatórios, os quais podem ser vítimas também.

A ecopsicologia sugere que devemos começar com a crença de que as pessoas fundamentalmente são sensíveis e compassivas. No fundo do nosso ser carregamos um grande amor pelo mundo e por todas as criaturas da Terra. Todos nós ficamos comovidos com a beleza do mundo, de suas criaturas e temos a capacidade de sentir respeito e reverência por eles. Se iniciarmos com isso, então podemos começar a sensibilizar as pessoas para o poder que está dentro e ao redor delas, o misterioso Tao que flui através de tudo e em tudo.

De fato, se nos encorajarmos "a alargar nossa capacidade de compaixão" a expandir nosso "eu", não precisaremos de motivações externas para nos puxar para agir. Arne Naess observa que "o cuidado flui naturalmente se o 'eu' é alargado e aprofundado [...] assim como não precisamos da moral para respirarmos [...] [então] se o seu 'eu' abraça o outro você não precisa de exortações morais para cuidar" (apud FOX 1990: 147).

Quando nossas ações são fundadas no ego expandido e ecológico, o "dever" ético associado à culpa e à vergonha se torna supérfluo. O amor e a beleza ao invés da obrigação se tornam as fundações do agir (e isso é um discernimento ensinado pelas grandes tradições espirituais do mundo). A Prece do Caminho da Beleza (*Prayer of the Beaty Way*) do povo navajo do sudoeste dos Estados Unidos exemplifica este senso ético: "Todos os meus pensamentos serão bonitos, todas as minhas palavras serão bonitas, todas as minhas ações serão bonitas quando eu enveredar minha vida pelo Caminho da Beleza". Quando estendemos nosso "eu" abraçando a beleza à nossa volta e nos harmonizando com ela, nos tornamos parte desse desdobramento de beleza.

Ao mesmo tempo, a experiência da expansão do "eu" (que inclui o inconsciente ecológico) deve nos dar um sentimento de realização permitindo que nos desembaracemos das teias da inadequação, negação, vício e desespero que nos envolvem. Isto pode ser ainda mais verdade com respeito ao vício do consumismo porque com a expansão do "eu" o vazio sentido pelo "eu consumista" é substituído por um sentimento cada vez maior de realização e integração. O desejo insaciável por mais e mais coisas cessa porque o vazio que sentimos dentro de nós é finalmente satisfeito. O ritual de ir às compras constantemente pode ser substituído por atividades que trazem mais satisfação, como a construção da comunidade, participação em criações artísticas e contemplação da beleza da natureza. E com essas mudanças novas energias são liberadas para acharmos as soluções para injustiças e para salvar o planeta.

Da paralisia para a reconexão

> *Criamos uma situação no mundo que parece requerer um amadurecimento psicológico e social para garantir nossa sobrevivência sem precedentes [...]. Porque esta crise global requer um maior desenvolvimento e amadurecimento de nós, ela pode servir como um catalisador evolucionário. A necessidade não só estimula o talento, ela pode também estimular a evolução. Isso nos dá uma visão bem diferente da situação. Porque desta perspectiva nossa crise atual pode ser vista não como uma calamidade total, mas como um desafio evolutivo; não como um golpe que nos leva ao retrocesso e à extinção, mas como um empurrãozinho para uma evolução sem precedentes [...]. Essa perspectiva nos dá uma visão para o futuro e um motivo para alcançá-lo* (WALSH, 1984: 81-82).

A crise que afeta nosso planeta parece certamente requerer um novo nível de maturidade psicológica, um novo modo de *ser* humano no planeta. A ecopsicologia nos dá uma visão do que consiste essa nova forma de *ser* humano; ela nos fornece uma perspectiva de como viver em contato com o poder da beleza, do respeito, da reverência e da compaixão, e de como re-criar os laços comunitários entre nós, com outras criaturas e com o cosmo. Como podemos implementar esse entendimento concretamente?

Como temos visto, não há uma simples resposta para essa questão. Há muitos obstáculos reais bloqueando o caminho para a transformação. Começamos a entender mais claramente como a dinâmica da opressão internalizada, da negação, do vício e do desespero nos aprisionam, e como os sistemas de dominação reiteram tais dinâmicas para nos manter num estado de paralisia coletiva. Quando procuramos implementar uma nova visão, um novo modo de ser no mundo, precisamos nos perguntar como podemos nos livrar dessas correntes. Ao mesmo tempo, temos que descobrir como podemos liberar e nos abrir para novas fontes de energia para podermos utilizá-las em ações transformadoras. Na parte final deste capítulo investigaremos processos que podem nos auxiliar na liberação das forças que nos aprisionam e nos re-conectar ao poder criativo do Tao.

Um primeiro processo engloba o desenvolvimento de nossa consciência. Ser consciente significa ser aberto para a realidade, que inclui a beleza e a alegria (mas também o medo e a dor). Podemos começar com aqueles aspectos da realidade que facilitam a abertura; quer dizer, as experiências do belo, do respeito e da reverência. Quando as barreiras dentro de nós começam a dissolver, podemos começar a nos conscientizar sobre a desarmonia da realidade; a beleza foi manchada, o sofrimento impera, e as coisas não são como deveriam ser.

O reconhecimento e o processamento de nossas respostas emocionais (e mais especificamente nossas respostas com respeito à dor) são outros processos importantes que nos levam à re-conexão com o verdadeiro poder. Joanna Macy (1995) salienta que sentir dor por causa de nossa situação é algo natural e saudável; só é algo mórbido ou disfuncional se nos negarmos ou reprimirmos a dor. A repressão requer uma grande quantidade de energia, e assim ela suga a vitalidade em nós e esmorece nossas mentes e espíritos. Quando desbloqueamos e expressamos a dor, também desbloqueamos as energias do *poder de dentro*. Ao mesmo tempo, partilhar e expressar a dor pode, na verdade, estabelecer uma conexão com outros (e com a grande teia da vida), e isso nos ajuda a gerar o *poder em conjunto*.

Quando examinamos mais profundamente nossa dor em comum nos abrimos e estabelecemos interconexões e laços com outros seres humanos, outros seres vivos, com a Terra e com o cosmo. Com isso, podemos começar a achar maneiras de alimentar a compaixão, de construir comunidades e de sermos solidários. Começamos a procurar um melhor entendimento de nossa situação, bem como novas fontes de sabedoria que guiem nossas ações. E com mais compaixão e senso de comunidade poderemos aprender como direcionar nossa atenção e energias de maneiras mais eficazes. Ao mesmo tempo, poderemos procurar uma nova visão e propósito que nos inspirem e motivem em nosso esforço para salvar a comunidade da Terra.

Quando examinarmos esses processos em mais detalhes nas subseções a seguir veremos que eles são partes complementares de um processo maior de re-conexão com o poder que tudo abrange. Certamente, tais processos não devem ser vistos de maneira linear; quer dizer, não é o caso de utilizarmos um de cada vez e em sequência. Ao invés disso, precisamos nos engajar com eles de forma dinâmica, como se tivéssemos num rodamoinho. Assim sendo, notamos que é importante dar nome a esses processos e examiná-los em detalhe individualmente. Isto nos permitirá entender mais claramente como podemos superar nossa paralisia e nos conectar com o Tao da libertação.

Acordando com a beleza

> *Falar do belo [...] não é um mero exercício de estética ou uma discussão sobre o inefável. Falar do belo é uma tarefa vital e envolvente que é diretamente relacionada à possibilidade de nossa sobrevivência (ou pelo menos para uma sobrevivência decente e humana). Por essa razão nós concordamos com Platão, que diz na República que "o objetivo da educação é nos ensinar a amar a beleza"*
> (FERRUCCI, 1982: 187-188).

Como podemos superar o adormecimento psíquico causado pela opressão internalizada, pela negação, pelo vício e pelo desespero? O psicólogo James Hillman (1996) sugere que devemos começar a re-acordar nossas almas para a beleza e o prazer. Quando começamos a recuperar nosso senso estético, também recuperamos nossa sensibilidade e damos início ao processo de dissolução das barreiras que nos separam de outros seres. Laura Sewall (1995: 203) nota que "nós começamos a querer cuidar daquilo que vemos e, idealmente, achamo-nos numa relação amorosa com o mundo e com a Terra. Isso acontece porque o amor altera o comportamento e, assim sendo, honrar experiências sensoriais e sensuais pode ser algo muito importante para a preservação do planeta". O despertar dos sensos e a re-conexão com o belo mudaram a maneira que percebemos a realidade. Saímos do nosso "eu" adormecido e nos abrimos conscientemente para o mundo.

No centro desse processo está o desenvolvimento de novos níveis de conscientização. O silêncio e a solidão podem nos ajudar: Nós precisamos de uma pausa, de sentir nossa respiração, de nos familiarizar com nossos corpos e reconhecer as sensações que experimentamos. Quando fazemos isso desenvolvemos uma consciência maior. Para aqueles de nós que levam uma vida frenética é importante achar tempo que não envolva tarefa alguma para simplesmente *ser*.

Simultaneamente, como o sábio budista Thich Nhat Hanh (1997) nos relembra, simples ações (como lavar a louça, limpar a casa, tomar um chá ou fazer uma caminhada) também podem nos dar oportunidade para refletir se focalizamos no que estamos fazendo e não nos pensamentos que temos. Isso não é um processo fácil, mas nós aprendemos paulatinamente a liberar nossa consciência da prisão do ego e assim expandir nosso senso do "eu". Inicialmente, nossa consciência pode estar limitada a nossos próprios corpos e sensações, mas nós podemos expandi-la de modo que ela abrace cada vez mais o mundo ao nosso redor.

No nível prático, um exercício bem interessante é refletir sobre as coisas que nos dão prazer e que nos encantam. Descobrimos que na maioria das vezes essas coisas requerem muito pouco dinheiro ou são grátis; por exemplo, passar tempo com os amigos, fazer caminhadas ao ar livre, escutar música ou degustar uma simples refeição. Por um lado, isto nos relembra que o consumismo não é o verdadeiro caminho para a felicidade. A maioria de nossos verdadeiros prazeres pode ser acomodada dentro de um estilo de vida simples; de fato, se este estilo de vida inclui mais tempo, então ele pode permitir mais oportunidades de experimentarmos autênticos prazeres.

Mais importante ainda é o fato de que essas atividades que nos dão prazer autêntico, essas coisas que nos fazem realmente felizes, são "portões naturais para a reverência". É natural que prestemos atenção àquilo que amamos; então, toda vez que nos engajamos com algo que nos é prazeroso, esforçamo-nos conscientemente para praticar uma atitude atenciosa. E, consequentemente, isso nos ajuda a sermos mais atentos a outros aspectos de nossas vidas. Ao mesmo tempo, esforçamo-nos para podermos passar mais tempo nessas atividades prazerosas porque elas nos trazem prazer e renovam nossos espíritos (e também podem nos direcionar para estilos de vida mais sustentáveis).

Ter contato com a natureza é outra maneira fundamental de expandir e desenvolver nossa consciência. Fazer uma caminhada pela floresta, ou às margens de um rio, tem um poder único de restaurar nossos espíritos. Quando nos abrimos para o canto dos pássaros, para o vento que balança as árvores, para o movimento das águas, nosso senso de "eu" vai além dos limites do ego. Quando contemplamos a beleza de uma flor, o brilho da luz do sol nas águas, a maciez da grama nos nossos pés descalços, abrimo-nos para um senso maior de comunidade com o todo.

Mas para alguns de nós re-estabelecer contato com a natureza pode ser um desafio. Isto é ainda mais verdade para aqueles que vivem nos bairros pobres das grandes cidades; mas mesmo nesses casos a possibilidade existe. Por exemplo, algumas comunidades criaram jardins ou hortas comunitárias em terrenos baldios ou não utilizados. Esses projetos geraram muitos benefícios maravilhosos para a comunidade: eles criaram um espaço no qual a comunidade pode trabalhar junto e se encontrar; eles produzem alimentos saudáveis que suplementam e enriquecem a dieta dos membros da comunidade; e eles oferecem uma oportunidade para as pessoas trabalharem com o solo, as sementes e plantas de maneira direta e sensual que alimenta a alma. Há outros projetos trazendo benefícios similares para comunidades, como projetos envolvendo a recuperação de bacias hidrográficas e de arborização de bairros.

Quando nos conectamos com o belo, especialmente com a beleza da terra que habitamos, começamos a superar o sentimento de alienação que temos do lugar, o sentimento de falta de raízes. Com respeito a isso, podemos nos engajar conscientemente na promoção da "alfabetização ecológica", quer dizer, aprender a identificar espécies nativas, estudar a geografia local e entender o inter-relacionamento entre esses fatores no ecossistema local. Esses processos nos ajudam a recuperar nosso senso de sermos verdadeiramente "nativos" de um lugar, sejamos lá nascidos ou não. Ao invés de nos virmos como "proprietários da terra", nós nos vemos como parte dela; de fato, nós nos vemos como *pertencendo* a ela. No final, o objetivo de todos esses processos é desenvolver a *querencia*, uma palavra espanhola que foi definida por Kirkpatrick Sale (2001: 41) como "um senso profundo de bem-estar interno que aparece quando conhecemos um lugar específico da Terra; suas tendências diárias e sazonais, suas frutas e seus odores, seus solos e o canto de seus pássaros. Um lugar onde, quando retornamos, nossas almas soltam um suspiro de reconhecimento e de realização".

Quando aprofundamos nossa consciência, expandimos nossa percepção e nos re-conectamos a um lugar, começamos a adquirir um senso de reverência e de amor pela Terra e por todas as suas criaturas. Na terminologia da ecopsicologia desenvolvemos nosso "eu ecológico". Começamos a cuidar de toda a vida espontaneamente, não como um "dever moral", mas como resultado de nosso amor. Sewall (1995: 209) nota que:

> Quando somos alimentados pela beleza e sensibilidade, nosso relacionamento com o mundo pode tocar nossos corações. Quando o mundo tem sentido e é importante, sentimos isso em nossos corpos. Assim, o mundo sensorial é diretamente incorporado em nós; o relacionamento se torna visceral e as experiências subjetivas se tornam sensuais. Nós nos apaixonamos. A participação se torna algo essencial para cuidarmos da Terra porque precisamos vê-la através de nosso "olhar apaixonado".

O desespero e o trabalho que empodera

Assim como a beleza e o prazer nos levam a um senso maior de interconexão, digerir as emoções associadas à crise que enfrentamos, principalmente a dor e o medo, também nos leva a isso. Como notamos anteriormente, o medo faz parte das bases da opressão internalizada, da negação, do desespero e do vício. A dor também desempenha um papel importante porque a maioria dos nossos medos é sentir medo da dor; da dor que sentimos agora e que sentiremos no futuro, da dor que nós sentiremos por nós mesmos e por outros que amamos. O enfraquecimento de nosso poder surge quando tentamos escapar de nossos medos pela aversão, pelo vício e pela ilusão. A dor é uma emoção tão forte que ela pode nos puxar de volta para a realidade e nos forçar a reconhecer nossos medos, e isso cria oportunidades de crescimento. Walsh (1984: 77) nota que:

> As ameaças que enfrentamos hoje em dia são sem precedentes, e talvez por isso elas nos fazem pensar mais cuidadosamente a respeito de nosso estilo de vida e capacidade de ajudar. Se deixarmos, elas podem baixar nossas defesas e isso nos ajudará a confrontarmos a verdadeira condição do mundo e nosso papel em causá-las. Elas podem nos forçar a reexaminar nossas vidas e valores com mais urgência e nos abrir completamente, talvez pela primeira vez, para questionar nossa existência.

A partir do reconhecimento e da vivência de nossas emoções, criamos solidariedade e regeneramos a comunidade, desbloqueamos energias reprimidas e ganhamos um novo senso de claridade e de propósito. No final, quando trabalhamos nossa dor e nosso medo, re-acordamos nossos espíritos e nos suprimos de novos recursos a serem usados no esforço pela transformação.

Joanna Macy (1983: 18) sugere que para fazermos isso precisamos nos engajar com uma forma "de trabalho envolvendo desespero e empoderamento" (ou "o trabalho que nos religa"), que é algo similar a lidar com a situação de luto por aqueles que perderam um ente querido. Ela nota que:

> Assim como o luto é um processo pelo qual as pessoas que sofreram a perda desbloqueiam energias adormecidas pelo reconhecimento e sofrimento pela perda de um ente querido, nós também precisamos desbloquear nossos sentimentos sobre a situação perigosa de nosso planeta e da possibilidade de perda de muitas espécies. Mas até que o façamos, nosso poder criativo para achar soluções estará comprometido.

Macy identifica vários níveis "de trabalho envolvendo desespero e empoderamento". O primeiro passo é simplesmente reconhecermos nossa dor e medo. Como notamos anteriormente, a dor só é mórbida se for negada e o poder do medo que nos paralisa é multiplicado se não falarmos sobre ele. Precisamos validar nossos medos e dores, e reconhecer que são experiências naturais e saudáveis. De fato, Macy (1983: 19) pontua que "percebemos pela primeira vez na história a possibilidade da morte de nossa espécie. Enfrentar nosso desespero e o sentimento de angústia que sentimos por nosso mundo é um tipo de rito de iniciação necessário para nosso amadurecimento (e para a realização do compromisso que temos dentro de nós).

Uma vez reconhecidas a dor e o medo, precisamos achar coragem para vivenciar essas emoções. Mas o reconhecimento é insuficiente, visto que a maioria de nós sabe que vivemos em perigo e que nosso futuro está ameaçado. Entretanto, temos dificuldade em reconhecer porque temos medo de nos sentir desamparados e sem esperança. Para nos livrarmos dessa paralisia precisamos desmantelar nossas defesas, sentir e expressar a dor. Isso envolve um processo de "desintegração positiva" pelo qual aprendemos a baixar nossas defesas e a rejeitar maneiras de ser que sejam obsoletas. A arte, o movimento e o ritual podem ter um papel de facilitação criativa nesse processo de lamento.

Quando nos abrimos para o fluxo de emoções podemos começar a identificar e ir à raiz de cada uma delas. Nossa dor (e mesmo nosso desespero) está enraizada na compaixão, em nossa capacidade de "sofrer com o outro". Macy (1983: 35-36) escreve ainda:

> Para que serve o desespero? Por que nossa dor pelo mundo é tão importante? Porque as respostas para essas questões demonstram nossa interconectividade. Nosso sentimento de angústia pela sociedade e pelo planeta é uma porta para alcançarmos uma consciência social sistêmica. Para fazermos uso de uma metáfora: nosso sentimento é como um "membro fantasma"; quer dizer, assim como algumas pessoas que tiveram um membro amputado continuam a sentir coceiras e sensações nessa parte do corpo, nós sentimos a dor da extensão do nosso "eu", do nosso corpo estendido, do qual ainda não somos completamente conscientes.

Nosso medo também é muitas vezes enraizado no amor. Sentimos medo de ver aquilo que amamos sofrendo ou morrendo. E como já dissemos antes, quando nossos sentimentos são desbloqueados, energias são liberadas. "Quando começamos a nos liberar de antigos tabus e respostas condicionadas, começamos a ganhar um entendimento do compromisso que temos dentro de nós; vemos novas possibilidades surgindo. Somos como organismos acordando de um sono, nós nos espreguiçamos, flexionamos uma perna e bocejamos" (MACY, 1983: 19). De muitas maneiras esse processo é um tipo de catarse, mas ele vai além disso porque, como Macy (1983: 23) nota:

> O trabalho envolvendo o desespero e o empoderamento, se visto só como um processo de catarse, sugeriria que depois de reconhecer-

mos e partilharmos nossa experiência do sofrimento geral e do prospecto de aniquilação em massa poderíamos andar pelo mundo sem sentir dor. Mas isso não é algo possível e nem adequado às nossas necessidades, uma vez que a cada dia que passa temos causas novas para nos angustiar. Com o reconhecimento de nossa capacidade de sofrer com o mundo, nascemos para novas dimensões de ser. Nessas novas dimensões ainda há muita dor, mas também há muito mais que isso; há maravilhas e felicidades porque retornamos para nosso lar sentindo que pertencemos uns aos outros; e assim surge um novo tipo de poder.

O último estágio do processo é recuperar o poder da interconexão. Quando desbloqueamos nossas dores e reconhecemos nossos medos, abrimo-nos mais uma vez para a grande teia da vida da qual fazemos parte. Ficamos livres para ir além dos limites do nosso ego ilusório e nos re-conectamos com o poder do Tao que flui através de tudo.

Podemos ver o trabalho envolvendo o desespero e o empoderamento como outra maneira de desenvolver nossa consciência sem ficarmos "completamente aterrorizados, angustiados, com raiva e com um senso de impotência" que a dor e o medo podem engendrar em nós (MACY, 1983: xiii). Aliás, há uma grande afinidade entre o processo envolvendo o trabalho com o desespero e o processo de re-acordar a partir do contato com o belo. De um lado, a reconexão com a beleza nos dá força e coragem para enfrentar a dor; por outro lado, ela é enraizada no amor e na compaixão pela vida ao nosso redor. Quando combinados, esses processos podem sem dúvida ser mais eficazes e ter mais poder do que quando agem isoladamente.

Alimentando a compaixão

Os trabalhos envolvendo o desespero e o despertar pela beleza alimentam, aprofundam e nos ajudam a ganhar uma maior consciência; isso também nos ajuda a alimentar e aprofundar nossa capacidade de compaixão. A compaixão implica um alargamento do "eu" permitindo que "o amor e o cuidado" fluam naturalmente através da extensão de nosso ser. À medida que somos verdadeiramente compassivos, identificamo-nos com outras pessoas e com a comunidade da vida inteira. A compaixão nos permite vivenciar a interconexão.

Muitas vezes a compaixão é definida estreitamente como a identificação com o sofrimento do outro, mas na verdade a compaixão também engloba a partilha de sentimentos como a alegria, o prazer e o êxtase. A beleza nos leva para fora de nós mesmos e permite que desenvolvamos nossa sensibilidade e consciência. Somos inspirados por respeito, maravilha e reverência, por todos esses aspectos fundamentais da consciência ecológica da interconexão.

Não associamos normalmente a compaixão e a consciência com o poder. Isso provavelmente acontece porque a maioria de nós ainda associa o poder com a dominação (ou *poder sobre*) e pode até entender a compaixão como uma fraqueza. Entretanto, a sinergia do *poder em conjunto* depende da consciência e da interconexão. Ela "envolve uma abertura para o mundo material e mental ao nosso redor e uma atenção à nossa própria maneira de responder e obter a resposta dos outros. Ela representa a capacidade de agir de modo a aumentar a totalidade de nossa participação consciente na vida" (MACY, 1995: 257). Quando aprofundamos nossa compaixão e nossa consciência, também nos reconectamos e recuperamos nosso poder de agir em conjunto com outros. Não é surpresa então que Michael Lerner (1986) conclui que a tarefa mais importante da psicologia de empoderamento em massa deve ser a geração da compaixão.

Alimentar a compaixão é um processo; de fato, é a jornada de uma vida. Quando re-acordamos nossos sensos a partir da beleza e do prazer, começamos a experimentar nossos medos e dores, e a desenvolver nossa compaixão por nós mesmos e por outros. Prestar atenção nas experiências de nossos corpos também pode abrir nossas capacidades intuitivas, aumentar nossa sensibilidade, expandir os limites do "eu" e nos colocar em contato com a fonte do poder. Além disso, atividades criativas podem nos ajudar a conectar nosso *poder de dentro*, nos dar força de vontade para desligarmos nossos mecanismos de defesa e para expandirmos os limites do nosso "eu".

Quando encorajamos a compaixão começamos a atingir novos níveis de consciência que neutralizam os efeitos limitantes da impotência internalizada. Ganhamos um discernimento maior da natureza da realidade; um discernimento da conexão fundamental entre todas as coisas e todos os seres.

Construindo comunidades e estabelecendo solidariedade

Se vamos realmente alimentar a compaixão e a consciência não podemos ficar isolados dos outros. A compaixão só é real se a interconexão for uma realidade vivida em comunidade e solidariedade. Nunca poderemos transformar o modo de sermos humanos no mundo sem o apoio e a ousadia de outros envolvidos na mesma campanha. Então, o *poder em conjunto* necessário para uma mudança de atitudes e estruturas só pode ser exercido em conjunto com os outros.

Ao mesmo tempo, precisamos nos lembrar que muitos dos mecanismos do sistema dominante usados para reiterar a impotência servem também para nos isolar uns dos outros e para inibir o desenvolvimento do *poder em conjunto*, como já foi notado em nossa discussão sobre os efeitos dos meios de comunicação em massa. Enquanto isso, o vício, como o consumismo, tenta aplacar nossa necessidade de contato humano e de comunidade com falsos substitutos. Então, a construção de comunidades e o estabelecimento da solidariedade podem diminuir nosso senso de impotência internalizada porque aliviam a nossa dependência do comportamento de vício e nos libertam de nossa prisão isolacionista que diminui nosso poder.

Entretanto, Lerner (1996) nota que entrar em comunhão com os outros não deve representar um retorno às estruturas do passado (por exemplo, um retorno de famílias disfuncionais que causaram danos a muitos). Para ser verdadeiramente libertadora a comunidade não pode ser baseada em relacionamentos de opressão ou desigualdade de poder e respeito. É preciso um novo tipo de comunidade fundado no mutualismo e no compromisso comum pelo amadurecimento e por ações transformadoras.

Marcia Nozick (1992: 101-102) observa que essas comunidades são um componente indispensável no redescobrimento do poder pessoal. Se é realmente verdade que o autoconhecimento é essencial para o desenvolvimento do *poder de dentro*, então é igualmente verdade que esse conhecimento "poucas vezes aparece isolado porque normalmente é iniciado pelo processo interativo de *identificação com outras pessoas engajadas na mesma luta* com outros que pensam o mesmo e que estão na mesma situação, e isso funciona como um *espelho* refletindo imagens de quem somos e do que poderemos ser". Assim, a comunidade é essencial para "a realização de nosso próprio potencial de agir, bem como para as mudanças que venhamos a efetuar em nossas vidas".

Para ser verdadeiramente libertadora e emponderante, a comunidade deve nos ajudar a alimentar e praticar a compaixão. Lerner (1986: 283) nota que primeiro devemos aprender a sermos compassivos com nós mesmos porque precisamos entender que em nossa luta por mudanças "continuaremos cometendo erros. Os objetivos de nossa compaixão devem abraçar o conhecimento, lutar contra o desalento e aceitar as limitações que temos sem abandonar os esforços para superá-las". Ao mesmo tempo, aprendemos a perdoar aqueles à nossa volta porque percebemos que eles também erram. Isso envolve "saber e entender as nuances das experiências de vida de cada um, bem como um entendimento de como as esferas política, social e econômica moldam essas experiências".

A comunidade e a solidariedade representam grandes desafios. Elas são fundamentais se vamos amadurecer e mudar, se vamos realmente nos curar dessa patologia que nos afeta e nos tira o poder. Roszak (1992: 311) salienta que "a saída para essa insanidade colusiva não pode [...] ser feita pela terapia individual. Não temos nem o tempo nem os recursos médicos para colocar nossas esperanças nessa forma de abordagem". A comunidade deve ser o contexto no qual procuramos a cura e onde desafiamos todos a seguir um novo modo de ser.

Cultivando a vontade

Uma vez que começamos a recuperar e a nos reconectar com o poder, a questão é: Como focá-lo e torná-lo eficaz? Os discernimentos psicológicos de Roberto Assagioli, fundador da psicossíntese, podem nos ajudar a responder a essa pergunta. De especial interesse para nós aqui é seu entendimento do conceito de *vontade.*

O papel da vontade é muitas vezes mal-entendido e desvalorizado porque ela é confundida com a ideia vitoriana de *força de vontade.* Ela não deve ser confundida com uma firme assertividade ou com uma persistência fútil que faz uso da força bruta. No entendimento de Assagioli, a função real da vontade é dirigir e não impor. A vontade pode algumas vezes envolver certo esforço, mas esse é um esforço análogo ao envolvido na manobra de um veículo ao invés do esforço de empurrá-lo montanha acima (FERRUCCI, 1982).

O desenvolvimento da vontade nos permite agir livremente, em sintonia com nossa natureza e não mais sob influências externas (SLIKER, 1992), o que nos leva a conectar o *poder de dentro.* No centro das várias técnicas que Assagioli estabeleceu para o cultivo da vontade está o desenvolvimento da concentração. Piero Ferrucci, um dos mais ilustres discípulos de Assagioli, cita o filósofo Hermann Keyserling como forma de demonstrar a importância da concentração:

> A habilidade de se concentrar é uma verdadeira força de propulsão para a totalidade dos mecanismos psíquicos. Nada aumenta mais nossa capacidade de ação que esse desdobramento. Qualquer sucesso, seja em que área for, pode ser explicado pelo uso inteligente dessa habilidade. Nenhum obstáculo pode suportar permanentemente o grande poder da concentração quando maximizada (apud FERRUCCI, 1982: 30).

Aprender a se concentrar, aprender a focar nossa atenção, representa o primeiro passo para o cultivo da vontade e para a recuperação de nosso poder de agir. É importante relembrarmos que a concentração é essencialmente uma forma extrema de focar a atenção ou a conscientização. Como vimos anteriormente, essa mesma capacidade de atenção está no centro da compaixão; ela permite que estendamos nossa capacidade de identificação pelo alargamento de esferas de existência cada vez maiores. Assim, o desenvolvimento da vontade pode nos ajudar a aprofundar nosso senso de interconexão com outros, bem como nossa capacidade de exercitar nosso poder em conjunto com outros.

Recuperando perspectivas e propósitos

Roberto Assagioli (1965) argumenta que o processo pelo qual a vontade é exercida tem cinco estágios. Primeiramente, precisamos de um objetivo claro (ou motivação) que queiramos alcançar; necessitamos de uma visão que nos inspire e ilumine. Só depois é que podemos passar para os outros estágios: deliberação (ou discernimento), afirmação, planejamento e execução do plano de ação.

O que é central a esse processo pelo qual exercitamos a vontade (e similarmente, com o exercício do poder) é a existência de uma visão e propósitos claros. Se não sabemos a direção que devemos seguir, então permanecemos paralisados. Meredith Young-Sowers (1993: 245-246) explica:

> Quando não temos uma visão real, nossos corpos e o corpo do planeta não sabem se devem aceitar a situação atual de depressão, luto, doença e aniquilação. Quando não temos uma visão real, a energia interna de nossos corpos e emoções fica estagnada e começa a resistir a qualquer movimento e mudança [...]. O medo emerge da falta de planos, da falta de uma narrativa interna (quer dizer, uma falta de visão) que nos dê esperança.

David Korten (1995: 326) reforça esse ponto. Ele tem certeza de que muitos de nós já têm uma ideia básica das mudanças que precisamos implementar para sobrevivermos como uma espécie e para assegurar a integridade da biosfera. Mas "escapar da extinção não é uma razão suficiente que nos leva a implementar as difíceis mudanças de que precisamos". Para "escolhermos uma nova vida devemos ser movidos por uma visão envolvente de novas possibilidades fundadas em valores significativos".

De certo modo, já começamos a vislumbrar tal visão. Ela vai certamente incluir um sistema econômico que suporte um estilo de vida simples e dignificante e que respeite e cuide da grande economia – a Terra e a teia da vida inteira. Além disso, ela envolverá novas maneiras de nos relacionarmos uns com os outros e também com os seres que dividem este planeta conosco; essas serão maneiras que deixam o patriarcado e o antropocentrismo para trás e que procuram criar um novo modo de exercitar o poder criativo em harmonia com o Tao. Fica também claro que essa nova visão deve nos levar para além dessa paralisia causada pela opressão internalizada, negação, desespero e vício. Ela necessita da superação dessa ecopsicose e da expansão do "eu" através de uma nova consciência baseada em interconexão e compaixão.

No final, as fontes dessa nova visão devem também incluir um novo entendimento da realidade e do significado do lugar da humanidade no cosmo; ela requer uma cosmologia fundamental e viva. Jim Conlon (1994: 31) comenta:

> A criatividade surge na mente quando nossa consciência passa de ser *centrada no humano* para ser *centrada na criação*. Esse ato de criatividade é como uma ressurreição da psique. Ele torna o misticismo possível e nos salva da visão antropocêntrica do mundo. Otto Rank, um colega de Freud, escreve que "quando a religião perdeu o cosmo [a humanidade] ficou neurótica e inventou a psicologia [...]".

Doutor Stanislav Grof, o proeminente psiquiatra e autor de *A mente holotrópica* (*The Holotropic Mind*), entende a psique como coextensão do universo. O contexto para a cura é o cosmo e não a pessoa. Passamos a entender que estamos no cosmo e o cosmo em nós. A psique não é um objeto a ser sondado e analisado; ela é uma fonte de maravilhas, de santidades e de celebrações.

Nos próximos capítulos exploraremos novos discernimentos sobre a cosmologia que emerge da ciência moderna. Ao fazermos isso vislumbraremos um novo e surpreendente entendimento da natureza do universo em que vivemos, assim como da natureza da própria transformação. Além disso, um senso de propósito mais profundo emergirá junto com o esboço de uma visão envolvente que nos inspirará na implementação de transformações reais.

PARTE II

Cosmologia e libertação

5

Redescobrindo a cosmologia

O Tao dá vida.
A virtude alimenta.
A matéria dá forma.
As circunstâncias dão o que falta.

Assim, todos os seres do mundo
louvam o Tao e a virtude.
O louvor ao Tao e à virtude
não são impostos por ninguém,
acontecem naturalmente.

Assim, o Tao dá-lhes vida,
a virtude alimenta-os,
levanta-os
abriga-os,
e protege-os.

Dar vida, sem possuir,
agir, sem expectativas,
guiar sem oprimir.
A isto se chama "o poder da virtude suprema".
(Tao Te Ching, § 51[1]).

Para a maioria de nós a palavra "cosmologia" evoca a imagem de algo abstrato, não relacionado com nosso dia a dia e certamente não conectado com os grandes desafios transformativos com que a humanidade se depara. Nós entendemos que a cosmologia é algo relacionado com filosofia, astronomia e física.

---

1. LAO-TZU (2010). *Tao Te Ching.* Lisboa: Presença, p. 95 [Trad. de Joaquim Palma] [N.T.].

Ela é sem dúvida uma área fascinante de estudo, mas parece marginalmente pertinente para a solução da crise atual de nosso planeta.

Entretanto, todos nós temos um entendimento básico (que é muitas vezes inconsciente) sobre a natureza da realidade. Esses pressupostos influenciam nossa habilidade de entender os problemas que enfrentamos e limitar nossa imaginação, o que torna mais difícil a concepção de um novo caminho que leve à autêntica libertação. Apesar disso, nunca questionamos esses pressupostos; talvez porque nós não sejamos conscientes deles.

Nós todos aprendemos a ver o mundo de certa maneira. Nós todos temos uma visão do mundo, uma cosmovisão. De onde vem essa visão? Quais são as premissas básicas que a suportam? Como essa visão está relacionada com nosso atual entendimento científico do universo e com nosso pensamento filosófico e religioso? Todas essas questões são cosmológicas por natureza.

A cosmologia pode ser entendida como a exploração das origens, evolução, destino e propósito do universo. Ela é uma área de estudo tão antiga quanto a humanidade. Brian Swimme (1996) comenta como nossos ancestrais (talvez trezentos mil anos atrás) podem ter começado com a cosmologia quando se reuniam à noite e ponderavam sobre o mistério do mundo, contavam histórias e celebravam rituais. Sem dúvida, eles faziam as mesmas perguntas que temos perguntado há milênios: Como o mundo começou? Qual é o lugar da humanidade no universo? Qual é nossa relação com os outros seres da Terra? Como podemos viver harmoniosamente uns com os outros e com a grande comunidade de vida da Terra da qual somos parte?

A cosmologia tem uma ligação com os conceitos de visão do mundo e de paradigma. O conceito de paradigma, em seu senso originário, é empregado por Thomas S. Kuhn e se refere a "constelação de conceitos, valores, percepções e práticas partilhadas por uma comunidade que forma uma visão específica da realidade servindo de base para a organização dela própria" (CAPRA & STEINDL-RAST, 1991: 34). Enquanto o paradigma deve ser partilhado pela sociedade em geral, a visão do mundo pode ser algo individual. Contrasta com isso o caso da cosmologia, porque ela dá menos ênfase ao entendimento da sociedade em geral, mas também é mais sistemática que a visão do mundo no nível individual. A cosmologia geralmente tem um enquadramento científico, religioso ou filosófico preocupado com a história das origens do universo. Ela é o mito que sustenta nosso modo de vida, onde mito deve ser entendido como a história que dá sentido (e que pode ou não ser verdade). Assim, ela molda nossa percepção da realidade e o nosso entendimento da natureza da transformação. As consequências para a práxis transformativa são substanciais.

Thomas Kuhn nota que o ser humano não pode viver sem alguma forma de cosmologia porque ela nos fornece uma visão do mundo que é partilhada e que permeia tudo; quer dizer, ela dá sentido às nossas vidas (HEYNEMAN, 1993). Historicamente, no centro de todas as culturas humanas há uma cosmologia que a orienta e imbui com um senso de propósito. Entretanto, Louise Steinman salienta que "no Ocidente não há uma Grande História na qual todos nós acreditamos e que nos diz como o mundo começou, como tudo se desenvolveu e como devemos nos comportar para manter um equilíbrio de coexistência com o resto do cosmo" (apud HEYNEMAN, 1993: 1).

De fato, a cultura moderna originária da Europa pode ser a primeira cultura humana a não ter uma cosmologia funcional. Esse processo começou aproximadamente quatrocentos anos atrás com o Iluminismo e com a Revolução Científica iniciada por pensadores como Copérnico, Galileu, Descartes e Newton. Marta Heyneman nota que o filósofo Immanuel Kant, refletindo nas leis científicas propostas por Newton, eventualmente concluiu que é impossível saber se o universo é infinito ou finito ou se teve origem no tempo; assim sendo, Kant efetivamente argumentou que o estudo da cosmologia é algo fútil.

Apesar dessa conclusão, a ortodoxia científica do final do século XIX defendeu o argumento de que o universo é infinito e eterno. Mas esse universo não pode ser considerado um cosmo porque uma expansão infinita não tem forma; e, assim sendo, não podemos nos orientar e nos sentir em casa nele. Talvez ainda mais importante é o fato de que a natureza estática e eterna deste universo significa que ele é desprovido de história, mito e, no final, de significado.

Até recentemente, muito poucas pessoas, além de cientistas, abraçavam esse entendimento com segurança; e podemos chamar esta compreensão de "pseudocosmologia". Muitos, mesmo na Europa e na América do Norte, achavam na religião uma forma de cosmologia alternativa que continuava a dar significado ao mundo. Entretanto, como a educação científica se tornou mais e mais comum, muitas pessoas inconscientemente adotaram uma divisão entre credos religiosos e premissas científicas. A cosmologia foi então relegada à "esfera religiosa" de nossas vidas. Com o crescimento do laicismo, a ideia de um universo infinito e sem propósito se enraizou cada vez mais, foi sendo adotada por mais pessoas, incluindo aquelas que detêm grande poder e que podem moldar as forças políticas, econômicas e sociais do nosso mundo.

As cosmologias tradicionais

Para apreciarmos melhor o que significa a perda de uma cosmologia funcional para a cultura moderna é preciso considerar como as cosmologias tradicionais dão significado ao mundo. É preciso lembrar que essas cosmologias ainda exercem grande influência em muitas culturas do mundo. De fato, se olharmos a história da humanidade, a cultura moderna associada à tecnologia e ao capitalismo é uma aberração.

Certamente, há uma grande diversidade de culturas tradicionais e indígenas no mundo, e então, quando falamos desses povos, precisamos tomar cuidado para não fazermos generalizações. Entretanto, podemos notar que muitos pontos comuns existem entre essas culturas, mesmo que haja também algumas exceções. Podemos reconhecer as limitações dessa perspectiva, ela nos ajuda a detalhar os pontos comuns das cosmologias dos povos aborígenes, o que nos possibilitará contrastá-los com a pseudocosmologia adotada pelas sociedades modernas baseadas no crescimento e na industrialização.

O mito da criação é central para a maioria das culturas indígenas. Entre os iroqueses/seis nações (iroquois/six nations)[2], por exemplo, a história da criação fala da Mulher-céu (Sky Woman) descendo dos céus e sendo ajudada por animais marítimos, que colocaram lama no casco da Grande Tartaruga (Big Turtle) e deram origem ao continente da América do Norte. Os aborígenes australianos contam a história da Mãe-Sol (Sun Mother) que acorda os espíritos e dá forma a todas as criaturas. De acordo com o mito dos kung-san da África Meridional, todas as criaturas viviam pacificamente nas profundezas com Käng, o Grande Mestre e Senhor de toda a Vida (Great Master and Lord of All Life), até que um dia o mundo superior foi criado e a primeira mulher foi sugada para cima por um buraco perto das raízes de uma árvore maravilhosa, para depois ser seguida por outras criaturas e pessoas.

A maioria desses mitos não nos conta só como tudo começou, mas também as relações que existiam entre os seres humanos e o resto da criação. Em decorrência disso, muitas normas culturais são várias vezes baseadas no mito da criação; por exemplo, o Hopi conta como a Mulher Aranha (Spider Woman) prescreveu responsabilidades e papéis específicos aos homens e mulheres.

---

2. Originalmente, os povos de língua iroquesa formavam uma associação chamada de "Liga da Paz e do Poder" (League of Peace and Power), composta por cinco tribos (mohawk, oneida, onondaga, cayuga e seneca). Em 1722 a tribo tuscarora juntou-se à liga iroquesa, que então passou a ser chamada de seis nações (six nations) [N.T.].

Os mitos da criação também explicam como certos desacordos e desarmonias apareceram no mundo e nos dão dicas de como restabelecer o equilíbrio original. Na maioria dos mitos aborígenes os seres humanos são vistos como parte da grande família que inclui outros animais e mesmo insetos, plantas e "entes geográficos" como rios, mares e montanhas.

Para a maioria das culturas indígenas, esses mitos mostram a natureza como uma comunidade de seres vivos extremamente interconectada, ou seja, animal, planta, pedra, rio ou montanha, todos têm um espírito. Todas as entidades do cosmo são vistas como *vivas*. O mundo se torna encantador e os seres humanos se sentem em casa e parte da grande comunidade da vida. É verdade que nem todos os seres humanos dessa grande comunidade são amistosos, pelo menos não o tempo todo; entretanto, nessa visão cosmológica todos os seres humanos são de alguma maneira entes dignos que possuem seu próprio lugar e não são entendidos como meros objetos a serem usados e explorados. Nessas cosmologias os seres humanos não são observadores isolados, mas participantes diretos do desenvolvimento cósmico (BERMAN, 1981). E também a Terra é vista como um ser vivente; de fato, mesmo na Europa da Idade Média o mundo era visto como tendo uma alma, a *anima mundi*.

Essas cosmologias animistas dão um alto valor ao respeito a todas as criaturas; quer dizer, não só animais e plantas, mas também a água, a terra e o ar. A Terra é muitas vezes entendida como uma mãe cuidadosa que merece grande respeito (e que se maltratada pode causar grandes destruições). Para essas cosmologias, perfurar a terra para achar ouro ou pedras preciosas equivale a abrir as entranhas do ente vivo que sustenta toda a vida; poluir um riacho é sujar a força vital da Mãe Terra. Quando a Terra é vista como algo vivo e sensível, então há uma limitação natural de vários comportamentos danosos.

Certamente, os povos que vivem essas cosmologias também precisam matar para garantir seu sustento, mas fazem isso dentro de certos limites. Os caçadores podem matar outras criaturas para satisfazer a necessidade real de alimento; devem fazer isso com um sentimento de gratidão e respeito, nunca matar mais do que precisam para viver e usar todas as partes do animal para que nada seja desperdiçado. Na cultura navajo do sudoeste dos Estados Unidos, por exemplo, os caçadores tradicionais fazem uma oração antes de matar a caça:

> Os navajos não rezam para a interioridade do veado explicando suas necessidades e pedindo ao veado que compreenda porque isso é algo afável; eles rezam porque isso os relembra que o veado tem direito à vida e que eles não devem ser indulgentes ou excessivos porque

esse tipo de comportamento pode colocar o mundo inteiro fora de harmonia e equilíbrio, o que seria perigoso para sua própria sobrevivência (WITHERSPOON, apud WINTER, 1996: 51-52).

A ideia de equilíbrio, respeito e reciprocidade é central para as culturas animistas. Nas sociedades baseadas na subsistência, o conceito de pessoas trabalhando para ganhos econômicos pessoais e causando o detrimento de outros é visto como uma forma de perversão. Muitas vezes, a redistribuição de riquezas entre a comunidade é feita a partir de complicados rituais (como no caso do *potlatch* das comunidades aborígenes da região noroeste do Oceano Pacífico dos Estados Unidos e Canadá). A cooperação e a harmonia são mais valorizadas que a competição e o sucesso pessoal. O conceito de propriedade privada é raro, ou pelo menos muito limitado e a ideia de se possuir terras é algo completamente desconhecido. Como pode alguém ser proprietário da Terra ou de qualquer criatura que vive nela quando entendemos que são entes vivos que merecem respeito?

Isso não quer dizer que as culturas tradicionais e as cosmologias animistas são perfeitas. Certas vezes, a ideia da existência de espíritos hostis pode levar a um medo paralisante ou a uma limitação das possibilidades. A grande preocupação com a harmonia pode levar ao conformismo e à perda de independência e de liberdade individual. Além disso, a maioria das cosmologias tradicionais não conta com um aspecto evolutivo e o tempo é concebido como algo cíclico. Isso pode algumas vezes reiterar tendências conservadoras que podem se tornar opressivas; por exemplo, se a cosmologia justifica a subjugação das mulheres pelos homens, ou privilegia certa classe social, então fica difícil mudar a "ordem natural" das coisas mesmo que sejam inerentemente injustas. Mas precisamos notar que há uma grande variedade de culturas e cosmologias tradicionais e que a maioria é fundada num alto grau de igualdade e num processo de decisão participativa.

Assim sendo, inspiramo-nos no trabalho de Deborah Du Naan Winter (1996: 54) e o enriquecemos com nossas próprias reflexões e, além de identificarmos sete características fundamentais das cosmologias tradicionais:

1) O mito da criação está no centro da cosmologia (então o universo teve um começo e tem um propósito), o qual também estabelece o lugar dos seres humanos no mundo e a natureza de nossos relacionamentos com outros seres humanos e outras criaturas, bem como restabelece a harmonia quando enfrentamos um desequilíbrio.

2) A natureza, incluindo a Terra e o cosmo, é entendida como uma teia de existência viva e interconectada, e não como algo inerte composto de partes distintas.

3) Os seres humanos se consideram parte da natureza (o cosmo é nosso lar) e assim as pessoas se esforçam para manter a harmonia com ela. Uma ética robusta baseada no respeito fundamenta as interações entre os seres humanos e as outras criaturas. A natureza deve ser honrada e reverenciada; ela não é algo a ser subjugado, explorado e "melhorado".

4) A terra é entendida holisticamente como uma comunidade de seres vivos, e não como um amontoado de "solo" ou aglomerado de "recursos naturais"[3]. Assim sendo, a terra não pode ser propriedade de ninguém, mas apenas mantida para o bem comum. As pessoas não são *proprietárias* da terra, elas *pertencem* à terra.

5) As sociedades humanas valorizam afinidade, inclusão, cooperação e reciprocidade ao invés de competição e de procura por ganhos pessoais.

6) O tempo é visto como cíclico e não linear. O tempo segue o fluxo das estações do ano e os ciclos de nascimento, morte e renascimento.

7) A vida tem como propósito a harmonia, o equilíbrio e a sustentabilidade, e não o progresso, o crescimento e o desenvolvimento econômico.

Thomas Berry (1999: 14) sumarizou a essência das cosmologias animistas enquanto refletia sobre as culturas aborígenes:

> O universo, como manifestação da grandeza primordial, era reconhecido como o referente fundamental para nosso entendimento do maravilhoso e temível mundo que nos rodeia. Todos os seres se realizavam pelo alinhamento com o universo. Com os povos indígenas da América do Norte, todas as atividades formais eram primeiramente situadas em relação às seis direções do universo, aos seis pontos cardinais e combinados com o céu e a terra. Só assim as atividades humanas podiam ser completamente validadas [...].
>
> Antigamente, o universo era o mundo do significado, o referente para a ordem social, para a sobrevivência econômica e para a cura das doenças. As Musas estavam presentes nesse amplo ambiente e davam inspiração a poetas, artistas e músicos. O atabaque, o batimento cardíaco do universo, ditava o ritmo das danças pelas quais os seres humanos entravam em transe e sintonia com o mundo natural.

---

3. David Suzuki e Peter Knuldtson (1992) notam, por exemplo, que "um grupo de nativos da Colúmbia Britânica (British Columbia) traduziu o conceito ocidental de "recursos naturais" para sua língua como "tirando a pilastra de toda a vida". Nas sociedades aborígenes do passado e do presente, por causa de seus valores éticos e vocabulário visceralmente ligado ao mundo natural, as tentativas de se desenvolver terras tribais consideradas sagradas pode ser algo muito doloroso e envolve um exame de consciência que não foi realmente vivenciado historicamente no Ocidente.

A dimensão numinosa do universo era impressa na mente pela vastidão do céu, pelo poder do trovão e do raio, bem como pela renovação da vida após a desolação do inverno durante a primavera. Mas também naquela época o sentimento geral de impotência humana frente a todas as ameaças à sua sobrevivência revelava a íntima dependência dos seres humanos no funcionamento integral das coisas. O fato de que os seres humanos tinham tamanha conexão com o universo à sua volta só era possível porque o universo primeiramente tinha se conectado a eles como a fonte maternal que dá luz aos seres humanos que o sustentam.

A perda da cosmologia no Ocidente

Para as pessoas que vivem nas sociedades industrializadas modernas, a perspectiva das cosmologias tradicionais pode parecer algo estranho, muito distante e que está separado de nós por um abismo temporal e um espaço psíquico. São muitos os que argumentam que a humanidade tem se distanciado das cosmologias animistas durante os últimos cinco mil anos, quando as primeiras cidades-estado apareceram. Como notamos, quando refletimos sobre as origens do patriarcado e do antropocentrismo, com o surgimento das cidades-estado a ideologia de dominação e exploração tomou raiz, a sociedade se subdividiu em camadas sociais, a opressão das mulheres e a escravidão se intensificaram e em muitos casos vemos um acúmulo de práticas ecologicamente destrutivas. Seria uma visão muito simplista dizer que as transformações nessas sociedades foram causadas por mudanças em suas cosmologias; ao invés disso, seria mais apropriado dizer que as estruturas sociais mudaram ao mesmo tempo em que as crenças e a visão do mundo dessas sociedades mudaram; ou seja, elas afetaram e causaram mudanças mútuas. Entretanto, sem uma cosmologia que autorize a destruição de vidas para a geração e acumulação de riquezas fica difícil ver como práticas de exploração poderiam ter aparecido.

Depois da queda do Império Romano a Europa se tornou uma cultura de pequenas comunidades rurais influenciadas pelo cristianismo e por antigas visões do mundo. De acordo com a cosmologia medieval, o mundo tem uma alma (a *anima mundi*) e o cosmo era entendido como sendo formado por uma série de esferas concêntricas representando os diversos mundos celestes. Certamente, havia uma grande diversidade de cosmologias em outras partes do mundo, mas é importante notar que a ideia de um mundo limitado e ordenado era praticamente universal até o princípio da revolução científica quatrocentos anos atrás.

Mesmo assim, as novas ideias sobre a natureza do universo e natureza da realidade entraram no consciente popular paulatinamente, e só se tornaram comuns muito depois devido à combinação de processos migratórios, da revolução industrial, da urbanização e do sistema de educação moderno.

Hoje em dia os habitantes das sociedades industrializadas perderam o senso de que a Terra está viva. O espírito foi exorcizado da matéria, a qual é concebida como sendo apenas "uma substância morta" a ser consumida. Os mundos celestiais que no passado envolviam a Terra se tornaram uma infinita expansão de espaço frio com estrelas e galáxias distantes. (De fato, aqueles que vivem nas cidades poucas vezes veem o céu noturno ou são tocados pela maravilha das estrelas e dos planetas por causa da iluminação artificial noturna.) Morris Berman se refere a isso como um contínuo processo de "desencantamento" caracterizado pela separação rígida entre o sujeito e o objeto, o qual nos impede de ganhar um senso de participação no processo de desenvolvimento cósmico. Os momentos quando experimentamos uma união extasiante com o universo são raros; eles só acontecem brevemente quando admiramos a natureza e a antiga conexão é restabelecida como que por mágica, iluminando-nos com um senso de grande respeito.

Contudo, nossa experiência "normal" do mundo é que ele é um aglomerado de objetos (e não mais uma comunidade de seres vivos); e quando tornamos o mundo um objeto, também nos tornamos objetos. Morris Berman (1981: 16-17) observa que "o mundo não é criado por nós, o cosmo não nos dá importância e nós não nos sentimos como parte dele; o que sentimos é uma doença na alma". Marta Heyneman (1993: 17-18) notou enquanto refletia sobre o processo de desencantamento que:

> Nosso mundo foi transfigurado (como aqueles edifícios que são dinamitados e que ficam parados no ar por um momento antes de se quebrarem em milhões de pedaços) por algo como uma catedral cheia de vida, luz e música para "[...] um negócio enfadonho, silencioso, sem cheiro e sem cor; uma mera correria sem fim e sem sentido de substâncias", como Alfred North Whitehead descreveu tão claramente.

Brian Swimme acredita que a questão cosmológica mais fundamental seja: "É o universo um lugar amistoso?" Para os povos que vivem dentro dos parâmetros da cosmologia animista, a resposta para essa pergunta não é certa e dependerá da cultura a que nos referimos. Entretanto, a maioria das culturas animistas provavelmente dirá que se formos amigáveis com o cosmo, se o respeitarmos e nos esforçarmos para manter a harmonia com ele, então o cosmo será amigável conosco (pelo menos na maioria do tempo).

Para aqueles que adotaram a pseudocosmologia do universo sem forma, sem limites e eterno, a resposta àquela pergunta parece ser muito mais pessimista. Quando o matemático e filósofo Bertrand Russell, por exemplo, refletiu sobre um universo sem propósito e ocorrido ao acaso, ele concluiu que "a habitação da alma" só podia ser construída "numa fundação de desespero inabalável". Mais recentemente, o geneticista e ganhador do Prêmio Nobel Jacques Monod, observou que estamos sozinhos na "insensível imensidão do universo, da qual surgirmos por pura chance. Nunca nos foi dito nosso destino nem nosso dever". Similarmente, o físico e também ganhador do Prêmio Nobel Steven Weinberg, que entende a vida como o produto de uma sucessão de eventualidades, concluiu que vivemos num "universo demasiadamente hostil" e quanto mais sabemos dele, mais nos parece sem sentido (todas citações em ROSZAK, 1999: 82-83).

Os seres humanos vivendo em sociedades industrializadas são de certa maneira como pessoas desabrigadas vagando pelo espaço e pelo tempo. Perdemos a história original que dá sentido a nossas vidas no mundo. O universo se tornou um lugar frio, hostil e sem sentido no qual devemos lutar por nossa sobrevivência e construir nosso lar. Há consequências sérias disso para o espírito humano porque, como Heyneman (1993: 5-6) conclui:

> A visão cosmológica, seja ela o que for para o físico e para o astrônomo, é para todos nós o enquadramento da ordem psíquica, o tecido de toda imaginação e o cálice de todo conhecimento. Ela é a casa mental na qual todos nós vivemos. Nós nos orientamos por esta visão imaginária a todo momento e a utilizamos para fazer suposições sobre o que é real e decidir o que é possível e impossível. A visão cosmológica é nosso mundo interior. Tudo o que sabemos ou imaginamos é contido, consciente ou inconscientemente, nela. Se o cálice é quebrado e a imagem se torna disforme, então as impressões ficam sem sentido. Não as aturamos; não temos espaço para elas dentro de nós porque estamos imersos nelas. Elas fluem sobre nós incessantemente, mas não somos capazes de extrair nada delas para adicionarmos à estrutura ou substância de nosso entendimento para podermos levar uma vida coerente e intencional.

Cosmologia e transformação

Como resultado de não termos uma cosmologia vivente que poderia genuinamente sustentar e nutrir nossos espíritos, tentamos preencher o vazio que sentimos com a cosmologia alternativa da aquisição e do consumo. E, como notado, adotamos um comportamento autista para com outros seres humanos e outras criaturas da Terra. Não escutamos as vozes das árvores, das montanhas, dos rios e dos mares; não ouvimos os clamores dos pobres e dos marginalizados da sociedade. Nós estamos desesperados e perdemos a visão que poderia nos inspirar e motivar para enfrentar a crise que nos ameaça.

A pseudocosmologia que surgiu da ciência do século XVII junto com a cosmologia alternativa do consumismo nos deixou tão debilitados que Brian Swimme (1985) diz que é como se tivéssemos sofrido uma lobotomia: Somos incapazes de nos sentir maravilhados, reverentes ou respeitosos quando nos deparamos como a verdadeira natureza do cosmo. Ao mesmo tempo, nossa imaginação e criatividade foram severamente enfraquecidas. É difícil conce-bermos um modo de vida fundamentalmente diferente e é praticamente im-possível vermos *como* as profundas e necessárias transformações podem ser implementadas. Fritjof Capra (1996: 4) comenta que todas as crises que en-frentamos são simplesmente "diferentes facetas de uma única crise, que no fundo é uma crise de percepção [...]. Há soluções para os grandes problemas de nosso tempo, e algumas delas são bem simples; mas elas requerem uma mu-dança radical em nosso modo de perceber e pensar, e em nossos valores".

Ed Ayres (1999a: 5) conta a história do primeiro encontro entre James Cook e os aborígenes da Austrália como forma de ilustrar isso. Quando o na-vio *Endeavour* entrou na Baía de Botany (Botany Bay) na costa leste da Aus-trália, ele era nas palavras do historiador Robert Hughes "um objeto tão gran-de, complexo e desconhecido que praticamente desafiava o entendimento dos nativos". De fato, parece que os nativos *não viram* o navio entrando na baía porque eles não tinham como encaixar tal objeto em seu entendimento do mundo; então eles continuaram a pescar como se o navio fosse invisível, e de certo modo pode-se dizer que ele *era* invisível para eles. Foi só quando os tri-pulantes do *Endeavour* pegaram seus barquinhos e começaram a ir em direção à praia que os nativos fugiram e se esconderam entre as árvores enquanto dois guerreiros permaneceram para recebê-los. Só quando eles viram os pequenos barcos (algo dentro do âmbito de suas experiências) puderam reagir.

Talvez nos achemos no mesmo tipo de situação. Ayres (1999a: 6) usa esse exemplo como forma de ilustrar como podemos ignorar a grande crise que nos ameaça: "Os seis bilhões de nativos da Terra [...] estão sendo confrontados por algo tão fora de suas experiências coletivas que eles não conseguem ver mesmo quando a evidência é irrefutável". O mesmo pode ser dito com respei-to à nossa incapacidade de conceber um caminho verdadeiramente saudável e sustável porque nossa imaginação foi limitada por nosso entendimento da realidade, ou seja, por nossa cosmologia.

Entretanto, e se a natureza da realidade for completamente diferente do que nos ensinaram a acreditar? E se for o caso de que não vivemos num universo infinito e eterno governado por leis matemáticas e pelo acaso e, ao invés disso, vivemos num cosmo se desenvolvendo criativamente e repleto de propósito? E se a evolução não for propulsionada primariamente pela competição acirrada, mas pela cooperação e por um impulso na direção da complexão (e talvez na direção da consciência)? E se não houver uma divisão demarcada entre matéria, mente e espírito, mas um entrelaçamento e combinação entre eles? E se o relacionamento entre causa e efeito for muito mais misterioso e criativo do que imaginamos? Como uma mudança em nossa maneira de perceber as coisas e em nosso entendimento pode criar possibilidades que nunca foram concebidas antes?

Lewis Mumford nota que "toda transformação social [...] tem como fundamento uma nova ideologia e metafísica; quer dizer, baseia-se em profundos sentimentos e intuições cuja expressão racional dá forma a uma nova imagem do cosmo e da natureza humana" (apud GOLDSMITH, 1998: 433). Hoje mais do que nunca precisamos de uma nova visão do cosmo que nos inspire e guie nas grandes transformações necessárias para a sobrevivência de formas complexas de vida na Terra.

Essa nova cosmovisão deve recapturar alguns dos elementos-chave das cosmologias tradicionais. Como vimos, a humanidade tem se entendido normalmente como parte de um cosmo vivente e cheio de espírito, de um mundo cheio de maravilhas. Morris Berman (1981: 23) observa que "o entendimento completamente oposto a isso que surgiu nos últimos quatrocentos anos e destruiu a continuidade de nossas experiências e a integridade de nossa psique. E esse novo entendimento quase destruiu o planeta nesse processo. Nossa única solução para esse problema me parece ser o re-encantamento do mundo".

Heyneman (1993: 18) usa a metáfora de uma enchente para descrever a falta de sentido e de propósito do universo no qual perambulamos (de maneiras diferentes) pelos últimos quatrocentos anos. Entretanto, ela é otimista e afirma que pode ser o caso de que "estamos cruzando um oceano, assim como nossos ancestrais fizeram para chegar a terras novas e desconhecidas". Neste último século temos visto uma nova visão do cosmo surgindo da própria ciência e tal visão é tão diferente da pseudocosmologia que surgiu no século XIX quanto esta era da cosmologia animista.

Mais uma vez o cosmo começa a ser entendido como tendo uma forma e um começo. Alguns cientistas até identificaram algo que só pode ser descrito como "propósito" ou, pelo menos, "direção". Hoje em dia, podemos vislumbrar o passado e entrever uma expansão espacial de cerca de quatorze bilhões de anos-luz[4]; podemos ver o começo do universo de relance. Foi só agora que nós desenvolvemos nossas sensitividades para isso graças às ferramentas da ciência moderna. Entretanto, Swimme (1996: 1) observa que a história do princípio do universo sempre esteve conosco e cai sobre nós na forma de fótons de luz que têm existido desde a explosão original do universo. Em contraste com a pseudocosmologia do espaço infinito e de leis deterministas, a nova narrativa do cosmo sendo percebida é marcada pela evolução e por certos aparecimentos; quer dizer, por um processo único de desenvolvimento.

E quando nossa visão do macrocosmo muda, nosso microcosmo também se transforma. Os átomos e as partículas subatômicas não são mais considerados como sendo coisas sem vida, como componentes básicos da matéria. O microcosmo é um mundo de atividade dinâmica que desafia qualquer forma de descrição em linguagem humana. Alguns físicos comparam as partículas subatômicas a pensamentos ou ideias e dizem que elas só podem ser descritas matematicamente e nunca podem ser claramente visualizadas. O microcosmo é uma unidade; cada partícula é ligada de alguma maneira a todas as outras, alcançando mesmo os primórdios da aventura cósmica. Causa e efeito não são mais entendidos em termos lineares, mas como combinados e informativos um do outro. Não há também uma divisão rígida entre o observador e o que é observado, visto que eles interagem e são parte de um sistema único. A mente e a matéria parecem ser misteriosamente entrelaçadas de maneira que fica difícil discernir se a mente surge da matéria ou a matéria da mente; ou se elas surgem juntas.

Se olharmos para nosso planeta e para a vida que surgiu nele, então a nova cosmologia sugere uma complexa dinâmica de surgimentos e evoluções. Parece que a Terra funciona como se fosse um organismo único (Gaia) que tem cuidadosamente regulamentado e sustentado as condições ideais para a vida. Enquanto que a competição entre organismos tem seu papel, a cooperação e a simbiose parecem ser muito mais importantes e o mesmo pode ser dito em relação ao impulso para a complexidade e diversidade. Mais uma vez a Terra,

---

4. As melhores estimativas de hoje em dia dizem que o universo tem cerca de 13,73 bilhões de anos (± 0,12 bilhões de anos); ou seja, o universo tem mais ou menos 14 bilhões de anos.

incluindo a terra, a água e o ar, parece estar de alguma maneira viva, talvez esteja encravado com o que só podemos descrever como "alma".

À primeira vista, a nova cosmologia que emerge da ciência moderna pode ser desconcertante. Certamente há mistérios que não podem ser simplesmente explicados, muitos só podem ser ditos com o uso de paradoxos e várias vezes sentimos que estamos como que tateando no escuro quando tentamos entender ideias que vão além de nossa compreensão. Mas há um profundo senso de esperança a partir da criatividade que emerge de um cosmo não governado por leis mecânicas e deterministas e pelo acaso. E ideias como comunidade, relacionamento, complementaridade e reciprocidade parecem ter papéis importantes e aparecem por toda parte.

Pode essa nova cosmologia que emerge da ciência re-ascender nossa imaginação e nos dar esperança? Com certeza, ela é uma fonte importante para a nova visão especialmente se for integrada a discernimentos de outras fontes de sabedoria. Swimme (1996: 3) nota que:

> Hoje em dia temos a oportunidade de integrar o entendimento do universo das ciências com as antigas intuições sobre o significado e o destino do ser humano. Este empreendimento pode resultar na adoção de um significado comum e num programa coerente de ação por parte de toda a humanidade.
>
> Uma maneira de se salientar a significância do que está ocorrendo é dizer que a ciência está entrando numa fase de sabedoria [...]. Somos desafiados a entender o significado do projeto humano dentro de um universo em evolução. Nosso sucesso nesse empreendimento é fundamental para a vitalidade da comunidade da Terra (incluindo o tipo de qualidade de vida que futuras gerações terão).

Nos próximos capítulos exploraremos essa nova cosmologia que surge das ciências em mais detalhes enquanto nos ligamos a fontes antigas de sabedoria de forma a enriquecer e vitalizar o que nos é revelado. Mas, ao fazermos isso, precisamos reconhecer que o mero *estudo* da cosmologia por si só é insuficiente para nossas atuais necessidades. No final, uma mudança em nossa cosmovisão precisa indicar uma autêntica "revolução mental", uma reviravolta interna, uma profunda conversão. Ela precisa reorientar fundamentalmente nossa maneira de ser no mundo, nossa maneira de nos relacionarmos com outras criaturas e nosso entendimento do próprio conceito de transformação.

Entretanto, primeiro precisamos procurar entender melhor as características e bases fundamentais da pseudocosmologia que atualmente exerce grande poder de influência sobre os habitantes das sociedades fundadas no crescimento e na industrialização. Com isso esperamos começar a quebrar as muralhas que aprisionam nossas mentes e que tolhem nossa criatividade. Só assim poderemos começar a aprender uma nova maneira de visualizar e de entender a realidade.

6

A cosmologia da dominação

Os homens que querem agarrar o mundo
não o conseguem de maneira alguma.

O mundo é um vaso sagrado
que ninguém pode manipular.
Quem tenta manipular, falha.
Quem tenta agarrar, perde.
(Tao Te Ching, § 29)[1].

Nosso bom-senso não vem diretamente
da experiência, não é arbitrário ou
acidental. Ao invés disso, nossa visão do
mundo é o resultado de séculos de tradição
intelectual que está tão embutida em nossas
instituições sociais e educacionais que se torna
difícil de identificá-la e apreciar seus efeitos
(WINTER, 1996: 32).

Quando tentamos refletir, notamos como é difícil, se não impossível, descrever as características de nossa cosmovisão. Por natureza, suposições básicas são difíceis de identificar. Tendemos a ver nossa visão da realidade como algo axiomático e normal. É verdade que nossas visões pessoais são de vários modos únicas, mas é também verdade que absorvemos uma gama enorme de crenças associadas ao meio cultural em que vivemos. A cosmologia pode ser ensinada formalmente, mas o que em geral acontece é que ela é doutrinada de forma inconsciente; ou seja, adotamos determinada cosmologia a partir de um processo que mais se parece a osmoses do que à educação formal.

---

1. LAO-TZU (2010). *Tao Te Ching*. Lisboa: Presença, p. 62 [Trad. de Joaquim Palma] [N.T.].

Mas se é verdade que a pseudocosmologia que nos domina afeta negativamente nossa criatividade e limita nossas possibilidades de transformação, as quais são tão necessárias para enfrentarmos a crise que nos ameaça, então precisamos começar a caracterizar e descrever essa visão da realidade o mais claro possível. Quais são suas características fundamentais? E como essas características surgiram?

Provavelmente não há um conceito único que capture completamente a atual cosmovisão que domina as modernas sociedades industrialistas. Alguns chamam essa cosmovisão de "materialismo científico", outros de "mecanismo" e outros ainda chamam-na de "reducionismo". Enquanto todos esses termos têm seus méritos, eles só descrevem parcialmente aquilo a que nos referimos e são incompletos. Assim, vamos nos referir a essa cosmovisão usando o termo "cosmologia da dominação"[2] porque, como veremos no decorrer deste capítulo, essa visão da realidade é a grande responsável pelo adágio "subjugue a Terra" e, com isso, pela exploração e pilhagem do planeta. Inspirando-nos no trabalho de Theodore Roszak (1999) e David Toolan (2001), podemos delinear algumas características-chave dessa pseudocosmologia:

1) Há uma realidade objetiva que existe fora de nossas próprias mentes; e outras pessoas têm seus próprios e únicos centros de consciência.

2) A mente e a matéria são entidades separadas[3].

3) O universo é composto de matéria, uma substância sem vida formada por minúsculos átomos (que são normalmente indivisíveis) e por outras partículas que são ainda menores, imutáveis e elementares.

4) Todo verdadeiro fenômeno pode ser percebido pelos sentidos, e muitas vezes isso ocorre com a ajuda de instrumentos. Tudo que não pode ser percebido dessa forma (com exceção da própria mente) é considerado como ilusório, ou, na melhor das hipóteses, como algo subjetivo. O espírito e a alma são assim descartados, ignorados e marginalizados como coisas subjetivas. O mundo real é reduzido ao mundo material, o qual pode ser medido e quantificado. Nas palavras de Galileu: "O livro da natureza é escrito na linguagem da matemática" (apud ROSZAK, 1999: 9).

---

2. Quando usamos esse termo não queremos dizer que esta é a única cosmologia da história humana que encorajou a dominação e a exploração. Contudo, pode ser bem o caso que a pseudocosmologia examinada aqui pode fazê-lo mais do que qualquer outra do passado.

3. Entretanto, em versões mais modernas a mente é às vezes vista como algo puramente material, surgindo como um fenômeno do cérebro, o qual também é entendido em termos mecânicos.

5) A maneira de pensar preferida é por natureza a argumentativa e analítica; ou seja, o pensar com um enfoque que caracterize, identifique elementos e defina. A realidade é mais acuradamente estudada a partir de observações objetivas e rigorosas, bem como da aplicação da lógica. Quanto mais objetivo e imparcial o observador, mais acuradas serão suas observações.

6) A natureza e o cosmo são entendidos em termos mecânicos. O universo se parece com um maquinário gigantesco exemplificado pelo movimento dos planetas e das estrelas.

7) Visto que a natureza da realidade é mecânica, podemos entendê-la por completo se identificarmos suas partes (ou reluzi-la a seus componentes) e estudá-las uma por vez. (E esse enfoque é geralmente chamado de "reducionismo".)

8) A natureza e o cosmo não têm um propósito. Mas há leis eternas e fixas que governam e ordenam tudo e por todo o tempo. Assim, se as condições forem idênticas, um experimento irá sempre dar os mesmos resultados.

9) O tempo é entendido como sendo linear. Assim, causas sempre precedem efeitos e todo efeito tem uma causa ou um grupo de causas.

10) O determinismo e as leis mecânicas imperam no cosmo. Se pudéssemos ter um conhecimento absoluto do atual estado de toda matéria, seria possível prever o futuro com toda certeza. Qualquer coisa de novo é algo essencialmente impossível[4].

11) O universo é eterno e imutável por natureza, e suas leis são evidência disso[5]. Se considerado em grande escala, sua estrutura não muda com o tempo; a evolução da Terra deve ser entendida como uma anomalia isolada e não como a norma.

12) Toda a vida da Terra está envolvida numa contínua competição pela sobrevivência. A evolução é movida pelo impulso da dominação, pela "sobrevivência do mais forte". A mudança, quando ocorre (e só dentro dos limites do determinismo), é causada pela competição ou mesmo pela violência.

---

4. Versões mais modernas dão um papel ao acaso, especialmente no nível atômico e molecular.

5. Quando a termodinâmica revelou a morte gradual do universo e foi descoberto que ele continua a se expandir, a ideia de "contínua criação" foi proposta como forma de se garantir a natureza eterna do universo.

Se examinarmos cada uma dessas suposições criticamente, veremos que essas ideias não são verdades incontestáveis; entretanto, a maioria das pessoas vivendo nas modernas sociedades industrializadas, de uma maneira ou de outra, aceitam a maior parte dessas suposições como sendo verdadeiras. Vale notar que até recentemente as ciências têm se apoiado nesses princípios, que muito pouco mudaram, nos últimos séculos; e muitos cientistas continuam a aceitá-los sem muita crítica.

Mas Roszak (1999) salienta que a lógica não dita que devemos aceitá-los. Os budistas usam seu próprio tipo de análise baseada na experiência e chegam a conclusões diferentes (por exemplo, eles acreditam que nosso senso de ego individual e de tudo aquilo que normalmente concebemos como sendo realidade são uma forma de ilusão; ou, pelo menos, algo que nós mesmos construímos). De fato, quando começamos a examinar a nova cosmologia que vem surgindo das ciências durante o último século, fica cada vez mais claro que aquelas suposições podem ser questionadas e que algumas são na verdade extremamente falsas. Contudo, aquelas suposições continuam a dominar e moldar o entendimento da realidade da maioria das pessoas nas sociedades modernas; mas é claro que para algumas delas outras hipóteses, baseadas em crenças religiosas, por exemplo, também são importantes.

Pode-se argumentar que todas essas suposições distorcem nossa capacidade de perceber a realidade claramente e de agir criativamente. Vandana Shiva (1989: 22) caracteriza a cosmologia da dominação como fundamentalmente reducionista; não só porque ela quebra a totalidade em pequenas partes, mas porque ela reduz "a capacidade humana de conhecer a natureza" a partir da "exclusão de outros seres humanos e de outras maneiras de saber" e reduz "a capacidade que a natureza tem de se regenerar e se renovar criativamente porque a manipula como uma substância inerte e fragmentada". Shiva (1989: 22) vai além e conclui:

> As metáforas mecânicas do reducionismo reconstituíram a natureza e a sociedade socialmente. Em contraste com as metáforas orgânicas, nas quais os conceitos de ordem e de poder são baseados na interconexão e reciprocidade, a metáfora da natureza como máquina se baseia em separação e manipulação [...]. A dominação da natureza e da mulher é inerentemente violenta; quer dizer, uma violência contra sua integridade. A ciência reducionista é a fonte dessa violência contra a natureza e a mulher porque ela as subjuga e remove o poder, o potencial e a capacidade de produção que elas têm.

Thomas Berry (1999: 103) observa que essa visão mecânica do cosmo facilitou "o aumento de invenções tecnológicas e a extração industrial" e tem como objetivo "tornar as sociedades humanas o mais independente possível da natureza, ao mesmo tempo em que torna a natureza o mais subserviente possível de decisões humanas". Não é surpresa então descobrir que a cosmologia da dominação foi promovida em parte porque ela serve aos interesses das classes governantes que desejavam promover o capitalismo, o colonialismo e o desenvolvimento econômico. E Lerner (1986: 207) nota que essa cosmologia foi aceita prontamente porque ela se encaixava aos requerimentos econômicos e políticos daqueles que estavam no poder; e ela foi muito aceita socialmente porque as elites governantes foram capazes "de convencer o povo de que a manipulação do mundo físico produziria uma vida melhor e mais feliz", e assim "o triunfo das ciências foi no final devido à política".

A cosmologia reducionista e mecânica não é um fato científico provado, e muito menos algo vindo das eternas leis do universo; quer dizer, ela foi socialmente construída. Se pudermos ver isso claramente, se entendermos as forças históricas e ideológicas que contribuíram para o advento dessa cosmologia, então poderemos começar a desconstruí-la e a contrapor seu poder de distorcer nossas percepções. Assim, exploraremos algumas das figuras, ideias e forças econômicas que ajudaram a moldar essa pseudocosmologia que domina a maneira de pensar e de perceber de tantas pessoas nas sociedades modernas.

De organismo a máquina: a morte do cosmo vivente

Durante grande parte da história humana e na maioria das sociedades o mundo era concebido como um organismo vivo que contava com uma alma ou espírito em seu coração. A matéria era vista como algo dinâmico, e que era de certa maneira viva. De fato, a palavra matéria é derivada da palavra indo-europeia *mater*, que significa "mãe". A matéria era a substância viva do corpo de nossa Mãe Terra. Não havia uma separação rígida entre a consciência humana e o mundo material, não se presumia um mundo puramente material.

Na Europa essa forma de consciência persistiu durante a Idade Média e até a época da revolução científica. Morris Berman (1981: 92) exemplifica isso quando se refere à visão do mundo vinda da alquimia. Para o alquimista não há uma separação distinta entre fenômenos mentais e materiais; de alguma maneira, tudo é simbólico porque todo processo material é simultaneamente um processo psíquico. Berman nota que "se imaginarmos o estado de espírito do alquimista" teríamos que "dizer que o alquimista não *confrontava* a matéria, ele a *penetrava*". Similarmente, Jamake Highwater fala da habilidade dos povos aborígenes de "conhecer algo a partir da sintonização temporária com ele" (apud HEYNEMAN, 1993: 27). E Berman vai além e sugere que as pessoas antigamente não só *acreditavam* que a matéria possuía uma mente, mas que de certa maneira *ela realmente tinha uma mente*. A visão animista do mundo era muito eficaz para aqueles que a viviam porque, como Berman (1981: 93) sugere:

> Nossos ancestrais construíam a realidade de maneira que ela produzia resultados verificáveis, e isso sugere que a teoria de projeção de Jung é errônea. Se nossa consciência fosse novamente fracionada, como foi na época da Revolução Científica, aqueles que não vivenciavam isso poderiam concluir que nossa epistemologia "projetou" a mecânica na natureza.

A visão animista na Europa não foi fundada só na alquimia, mas também na filosofia escolástica de Santo Tomás de Aquino (1225-1274) que dominou o pensamento da Igreja Católica por séculos. De acordo com Santo Tomás de Aquino, a natureza é viva e uma grande variedade de seres vivos tem almas (mas só os seres humanos têm almas imortais). Sua filosofia foi inspirada pela de Aristóteles, o qual acreditava que tudo na natureza tem uma alma que lhe dá propósito e lhe impulsiona para alcançar seus objetivos. A alma do carvalho lhe dirige seu desenvolvimento de semente para muda, e desta para árvore; a pedra cai no chão porque sua alma a dirige para sua casa, para a terra.

Entretanto, com o advento da Renascença as tradições pitagóricas e platônicas receberam um novo impulso na Europa. Pitágoras e seus seguidores eram fascinados pela matemática e por números; eles acreditavam que todo número tem uma natureza única com qualidades místicas e que a matemática é a chave para se entender o cosmo. Platão, que foi influenciado por essa tradição, concluiu que o mundo físico é cheio de mudanças, mas que o mundo das ideias, formas e conhecimento é eterno e imutável.

Esse entendimento filosófico inspirou vários dos primeiros cientistas europeus. Nicolau de Cusa (1401-1464), por exemplo, concebeu o mundo como enraizado numa infinita harmonia baseada em proporções matemáticas que podiam ser medidas. Cusa acreditava que "o número é o primeiro modelo na mente do criador" e que "o conhecimento é sempre mensurável" (apud SHELDRAKE, 1988: 22). Similarmente, Copérnico (1473-1543), o defensor do modelo heliocêntrico do cosmo (que ele emprestou de Pitágoras), acreditava que o universo inteiro era composto por números e então o que é matematicamente verdadeiro também deve ser verossímil na realidade (e isso inclui a astronomia).

No começo, a ideia de Copérnico defendendo um cosmo heliocêntrico teve um impacto muito pequeno porque não havia evidência empírica que a demonstrasse. Copérnico não adotou essa visão baseando-se na observação científica, mas simplesmente porque lhe parecia mais racional e nos fornecia uma "geometria mais harmoniosa dos céus" (SHELDRAKE, 1988: 22). Assim, não é surpresa que os matemáticos da época simpatizavam com suas ideias; contudo, esse modelo era baseado em meras conjecturas e não em dados científicos. (Certamente, as órbitas dos planetas e o movimento do sol podem ser descritos matematicamente do ponto de vista geocêntrico; entretanto, isso se torna muito mais simples de se entender e descrever se adotarmos a perspectiva heliocêntrica.)

Foi Johannes Kepler (1571-1630) quem deu uma fundação sólida às ideias de Copérnico quando produziu uma teoria matemática sobre o movimento dos cinco planetas então conhecidos baseada na observação empírica. Kepler concebeu essa teoria em termos de três "leis" de movimentação planetária, e se inspirou na filosofia de Platão para isso. Ele "ficou maravilhado quando verificou que as órbitas dos planetas se assemelhavam às esferas hipotéticas que podiam ser inscritas dentro e em torno dos cinco sólidos platônicos"; para Kepler, "a harmonia matemática descoberta na observação dos fatos era a *causa* disso, a razão de serem como são. Deus criou o mundo de acordo com o princípio de números perfeitos" (SHELDRAKE, 1988: 23).

Galileu (1564-1642) fez uso de sua invenção do telescópio para observar as estrelas e os planetas, e com isso alcançou as mesmas conclusões de Copérnico e Kepler. Como eles, Galileu também achava atraente uma visão matemática do cosmo. Postulou então que a ordem do universo era governada por leis imutáveis que a natureza nunca pode transgredir; ele também acreditava que "aquilo que não pode ser medido e reduzido a um número não é algo real" (apud GOLDSMITH, 1998: 61).

Essa nova visão do cosmo explanada por Copérnico, Kepler e Galileu mudou fundamentalmente a síntese entre o aristotelismo e o tomismo ilustrada pela filosofia escolástica (e isso apesar de Copérnico ter aceitado muitas das ideias de Aristóteles). A Terra não era mais o centro do universo e, em consequência disso, a Terra não era mais o centro de ação e propósito de Deus. A visão de um mundo envolvido por esferas celestiais acima e pelo inferno abaixo começou a desintegrar; certamente, esse processo ocorreu vagarosamente e levou séculos para ser absorvido pela cultura popular. Ao mesmo tempo, a visão da realidade que provia as culturas europeias com um senso de lugar no universo por mais de um milênio começou a se despedaçar e a quebrar. Marta Heyneman (1993: 13-15) comenta sobre essa transformção na mentalidade:

> A revolução do século XVI roubou o universo de qualquer forma imaginável, apagou a imagem de esferas concêntricas pelas quais a alma humana almejava subir da terra para o céu, e com isso despejou Deus e os anjos de suas moradas e os colocou na rua. Entretanto, eles podem ter ido viver indefinidamente em algum outro lugar nesse universo infinito [...] se não fosse por um outro processo que ocorria ao mesmo tempo. Esse processo, que E.J. Dijksterhuis chama de "a mecanização da efígie do mundo" e que Carolyn Merchant denomina de "a morte da natureza", transformou o mundo numa máquina que funciona por si própria sem necessidade de anjos e almas que sejam responsáveis por seus movimentos, e com isso Deus se tornou "um engenheiro aposentado".

À medida que a ideia de um universo governado por leis eternas se firmou, a crença de que tudo tem uma alma gradualmente foi desaparecendo. As leis do universo atenuaram a necessidade por almas individuais guiando todas as coisas na direção de seus objetivos. Vale notar que entre 1596 e 1623 Kepler, por exemplo, decidiu fazer uma mudança em seu *Mysterium cosmographicum* e substituiu a palavra "alma" (*anima*) pela palavra "força" (*vis*) quando se referiu aos planetas. Com isso, Kepler parece ter transformado a natureza de uma entidade animada divinamente em algo que mais se assemelha a um mecanismo ou máquina. Entretanto, Kepler foi uma figura transicional porque ele ainda acreditava que o mundo tinha uma alma "na qual a essência divina está impressa" (HEYNEMAN, 1993: 15).

Foi René Descartes (1596-1650) quem primeiro propôs uma cosmologia mecânica. Para Descartes, a mente transcendente humana está acima da matéria; a alma é composta pela substância mental que é inteiramente distinta do corpo e eterna por natureza. O que diferencia os seres humanos de todo o resto é nossa capacidade de raciocínio, que é encapsulado pelo adágio: "penso, logo existo". As emoções pertencem ao mundo corporal e contaminam a pureza do mundo mental encapsulado em nossas mentes.

O mundo físico pode ser entendido com o uso da matemática e é governado por leis imutáveis que vêm diretamente de Deus. De certo modo, parte da excelência da mente humana está no fato de que ela tem "uma capacidade divina de entender a ordem matemática do mundo" (SHELDRAKE, 1988: 25). Assim, a verdade é concebida em termos de conhecimentos matemáticos.

Conforme Descartes, a totalidade da realidade é mecânica por natureza (e está além do mundo mental do transcendente, que também inclui Deus).

Tudo é simplesmente matéria morta. Mesmo os animais são "mecanismos" que *parecem* estar vivos (mas na verdade eles são máquinas complexas); e, já que eles não têm almas, não podem experimentar a dor ou a alegria, e assim os seres humanos podem usá-los como bem quiserem.

Surpreendentemente, muitos cristãos hoje em dia aceitam essa visão cartesiana do mundo e pressupõem que só os seres humanos têm almas. Mas quando essa ideia foi introduzida, ela ia contra o entendimento ortodoxo do tempo que entendia o mundo como vivo e repleto de criaturas vivas, e tudo tinha uma alma criada por Deus. Rupert Sheldrake (1988: 26) salienta que "Descartes propôs uma forma ainda mais extrema de monoteísmo que a própria doutrina ortodoxa da Igreja. Ele acreditava que tinha uma concepção mais elevada de Deus". Mas com o tempo a própria Igreja parece ter inconscientemente adotado o pensamento cartesiano como uma forma de nova ortodoxia.

É difícil de imaginar uma visão do mundo mais descaradamente antropocêntrica que a argumentada por Descartes. Os seres humanos (e mais especificamente as mentes humanas) pertencem a uma realidade completamente diferente de outras criaturas e do mundo material. Os humanos têm total liberdade para exercerem seu poder sobre a Terra e tudo nela, mesmo que isso envolva a destruição de outros organismos (que são considerados como sendo "maquinários" e não vivos) no processo. Ao mesmo tempo, a preferência dada a maneiras "racionais" (ou, mais precisamente, "discursivas") de saber junto com a desvalorização das emoções e do corpo parece reforçar o patriarcado porque as mulheres são tradicionalmente identificadas como mais próximas da esfera emocional e da natureza. Além disso, a alegação de que a mente é superior ao corpo leva a uma importância maior das atividades intelectuais (incluindo a matemática e as ciências), as quais eram geralmente conduzidas por homens das altas classes sociais, e a uma menor importância do trabalho físico, o qual era geralmente feito por pessoas das classes populares e mulheres. Assim, a visão cartesiana do mundo serve para justificar a dominação e a exploração de outros seres vivos pelos seres humanos, bem como das mulheres pelos homens.

Sir Isaac Newton (1642-1727) se inspirou na filosofia de Descartes e a aplicou nas ciências com a formulação das leis mecânicas do movimento e da gravidade, as quais podem ser verificadas a partir de experiência e observação. Newton era capaz de prever matematicamente o movimento das estrelas e dos planetas com o uso dessas leis. O sucesso das teorias de Newton abriu as portas para a aceitação generalizada da visão mecânica do mundo e para suas fundações matemáticas. Deborah Du Naan Winter (1996: 35) comenta que:

O trabalho de Newton ainda serve de base para nossa visão moderna do mundo: a matéria é vista como inerte; o mundo é composto por objetos que se movem porque forças exteriores agem sobre eles, e estes são como bolas de bilhar cuja direção e movimento pode ser predito com sucesso. Apesar de concordar com Descartes na premissa de que só Deus poderia ter criado um universo tão maravilhosamente ordenado, Newton ajudou a abrir o caminho para nossa visão moderna e secular do mundo por ter demonstrado como os movimentos dos objetos são ordenados e necessariamente previsíveis.

A síntese cartesiano-newtoniana gradualmente ganhou dominância; primeiro no mundo das ciências e depois na sociedade em geral. Com isso, a alma e o espírito foram efetivamente extirpados do mundo. O cosmo, que no passado foi uma catedral de luz, tornou-se um ordenado, mas enfadonho, maquinário. A Terra passou de grande mãe viva para matéria morta, tornou-se um mero armazém de matérias-primas esperando pela exploração humana. Mesmo os animais, as criaturas mais próximas de nós, tornaram-se bestas idiotas incapazes de sensações e emoções. O mundo, sem dúvida, tornou-se menos selvagem e assustador, e ficou mais previsível porque as ciências exercitam seus poderes para controlá-lo; mas ironicamente o mundo também se tornou um lugar mais frio e lúgubre porque a humanidade se acha sozinha, desassociada da grande comunidade da vida, e verdadeiramente desabrigada pela primeira vez em sua história.

Reduzindo o todo a suas partes: o materialismo atômico

> *Quem quebra uma coisa para descobrir o que ela é não prossegue pelo caminho da sabedoria* (GALDALF. *The Lord of The Rings* [*O senhor dos anéis*]. TOLKIEN, 1999, p. 339).

Substituir a visão orgânica do universo por uma mecânica produziu grandes implicações para nosso entendimento da realidade. Deixamos de viver num lar cheio de mistério e passamos a viver numa máquina esperando ser dissecada e controlada. O mundo passou a ser entendido de forma a facilitar o domínio humano sobre a natureza. Diarmuid O'Murchu (1997: 24) salienta que essa nova visão do mundo foi "engenhosa, eficaz e fácil de se entender" e para ilustrar algumas de suas características-chave ele fez uso de uma analogia com a televisão.

Primeiramente, causa e efeito ocorrem de forma simples, direta e linear. Se eu apertar o botão, a televisão funciona. Algo acontece porque alguma outra coisa faz isso acontecer. Similarmente, não há almas guiando o crescimento dos carvalhos, há apenas processos biológicos guiados por genes.

Além disso, o universo é previsível e determinista. Se eu apertar o botão a televisão irá sempre funcionar, ao menos que haja um problema com ela ou falta de eletricidade no momento. Quando apertamos o botão "liga", por exemplo, isso nunca resultará na mudança de canais ou na mudança de qualidade da imagem. As coisas funcionam de maneira previsível e predeterminada. Da mesma maneira, experimentos científicos sempre dão resultados consistentes e repetitivos.

Finalmente, o todo é sempre composto por partes. Se há algo de errado com a televisão, basta achar a parte ou as partes que não estão funcionando bem e substituí-las para que a televisão volte a funcionar normalmente. Para entendermos como a televisão funciona, basta estudarmos suas partes e como elas se relacionam entre si. Assim também podemos fazer com o cosmo: quebramos algo complexo em componentes mais simples para que possamos entendê-los.

Essa última característica da cosmologia clássica e materialista é normalmente chamada de reducionismo, e ela é um elemento-chave do enfoque científico para o estudo da realidade. De acordo com o pensamento reducionista, faz sentido procurar os menores componentes possíveis da matéria para se entender o funcionamento básico do universo. Esses pequenos, indivisíveis e indestrutíveis componentes são chamados de átomos. Newton, e outros cientistas da época, postularam a existência de átomos, porém fizeram isso não por causa de evidência empírica demonstrando sua existência, mas porque a ideia era filosoficamente atrativa. Num mundo onde tudo pode ser reduzido a pequenos e simples componentes, os átomos *devem* necessariamente existir, mesmo que seja impossível vê-los.

O conceito de átomos, entretanto, é muito mais antigo que Newton e seus contemporâneos. O filósofo grego Anaxágoras (500-428 a.C.), seguido por Leucipo e Demócrito (460-370 a.C.), postularam que a matéria era composta por pequenos átomos que existem permanentemente. Os átomos são fisicamente indivisíveis e assim são eternos e indestrutíveis. A realidade é composta por esses átomos e pelo espaço no qual eles se movem aleatoriamente, algumas vezes colidindo como se fossem bolas de bilhar e outras vezes se juntando com outros do mesmo tipo para formar substâncias. O ponto inicial para essa teoria foi a filosofia de Parmênides de Elea (princípio do século V a.C.), que concebeu a realidade em termos de permanência e mudança (e isso contrasta com a filosofia de Heráclito (535-475 a.C.), que entendeu a realidade de forma dinâmica, como um constante processo que flui). Para os atomistas, a mudança é simplesmente um movimento e uma recombinação de partículas reais e invisíveis, mas as fundações da realidade são compostas por átomos imutáveis e eternos.

Theodore Roszak (1999: 37) faz uma pergunta intrigante: Por que o atomismo era tão atrativo para os filósofos gregos? Ele acredita que uma das razões principais disso é que essa visão lhes liberava da necessidade de acreditar em deuses temperamentais. "Átomos impessoais e seguidores da lei nos fazem sentir seguros: ninguém no Olimpo queria nos pegar." Assim, é possível que "o átomo entrou na história como um pequeno tranquilizador filosófico, como uma solução intelectual para nossos mais profundos medos [...]. O átomo era terapêutico, não era científico".

Então, para os materialistas gregos que propuseram a existência de átomos não havia necessidade de espíritos e de deuses. Os seres humanos eram entes materiais como qualquer outra coisa. Entretanto, os atomistas da revolução científica juntaram a teoria do atomismo à teoria platônica das formas eternas, o que resultou no conceito de leis universais. Deus criou os átomos e colocou o universo em movimento, o qual é governado por leis que Ele estabeleceu. Rupert Sheldrake (1988: 28) nota que esse "dualismo cósmico composto por uma realidade física e por leis matemáticas" que foi primeiramente formulado por Isaac Newton "está implícito na visão científica do mundo desde então".

O atomismo de Newton difere um pouco daquele de Descartes porque este último entendia que todo espaço era preenchido por turbilhões de submatéria. Para Newton, como para Leucipo e Demócrito, os átomos se movem num vazio. Isso significa que a força de atração da gravidade precisa agir misteriosamente através do próprio espaço. Segundo Newton, a gravidade vem de Deus e é uma expressão da vontade divina. Entretanto, com o tempo os cientistas começaram a atribuir a força de atração da gravidade à própria matéria; e uma vez acontecido isso, Sheldrake (1988: 29) nota que "o que restou era um mundo-máquina em espaço e tempo absolutos, contendo forças inanimadas e matéria, e inteiramente governado por eternas leis matemáticas".

Com o passar do tempo a teoria atomista continuou a se desenvolver. No século XIX, o químico inglês John Dalton (1766-1844) fez uso da teoria atômica para prover a química com uma fundação matemática. Já que os átomos podem ser pesados e contados, então eles servem de base para calcularmos fórmulas químicas. Isso junto com a tabela periódica de Dmitri Mendeleyev levou o atomismo a se desenvolver ainda mais; quer dizer, a única diferença entre os elementos é de quantidade (de quanto seus átomos pesam) e não de qualidade. Theodore Roszak (1999: 39) comenta que:

> Tudo era maravilhosamente simples. Os átomos davam ao mundo visível uma fundação puramente física. Eles supostamente se movem de acordo com as mesmas leis mecânicas que previam acuradamente os movimentos dos astros. Certamente, havia uma diferença: os astros podiam ser vistos e os átomos não. Mas os átomos ofereciam algo mais valioso que a visibilidade; eles ofereciam a finalidade. Eles eram a fundação da realidade. Os cientistas com inclinações religiosas podiam defender a teoria de que Deus havia criado os átomos e os colocado em movimento, enquanto que os ateístas podiam defender o entendimento de que os átomos eram eternos e não necessitavam de Deus para criá-los ou colocá-los em movimento. De qualquer forma, não havia mais nada para ser explicado na natureza além dos próprios átomos.

Eventualmente se descobriu que os átomos (ou que as entidades às quais nós assim chamamos) não são de fato os menores componentes da matéria. Outras "partículas elementares" foram descobertas, as quais sabemos serem divisíveis. Hoje em dia, os cientistas continuam sua busca por partículas cada vez menores por meio do uso de maquinários cada vez maiores. Entretanto, cada vez que eles descobrem uma nova partícula, sua busca parece se tornar elusiva porque eles parecem ser incapazes de achar a menor partícula da matéria; eles só "tocam" uma realidade misteriosa que desafia qualquer forma de descrição em termos de nossas experiências ordinárias. Ainda mais, os átomos e as partículas subatômicas não seguem as leis mecânicas de Newton, mas algo muito mais estranho e exótico. Os átomos (se ainda podemos dizer que eles existem) são algo completamente diferente do que foi concebido por Leucipo, Demócrito, Newton e Dalton.

Subjugando a natureza: a busca pelo controle

Por trás da teoria atômica original havia o desejo de um mundo determinista e previsível. Como no caso dos antigos filósofos gregos que procuravam tranquilidade e segurança, cientistas se sentiam atraídos pela teoria atômica porque ela lhes permitiria entender, prever e controlar as forças da natureza. Diarmuid O'Muchu (1997: 25) nota que "uma vez que tenhamos descoberto os 'pedaços' originais, saberíamos como o universo surgiu, como ele funciona, como as várias forças nele podem ser conquistadas e controladas e como tudo vai eventualmente terminar".

Se concebermos o universo como uma vasta máquina composta por "elementos básicos" funcionando de maneira determinista, então podemos ter certo controle sobre a natureza à medida que sabemos mais sobre as leis universais que tudo governam. Se concebermos que o cosmo é composto por matéria inerte e morta (ou mesmo se concebermos que outras criaturas não sentem dor), então as restrições éticas contra a dominação ou exploração são praticamente todas removidas. Assim, a pergunta agora é: Que medida foi usada para a formulação e adoção de uma cosmologia mecânica *motivada* pelo desejo por controle, subjugação e exploração da natureza?

Francis Bacon (1561-1626) é considerado o pai do método científico. Para Bacon, o universo era essencialmente um problema a ser resolvido. Em seus manuscritos ele notou que "conhecimento é poder" e que a verdade, algumas vezes, pode ser considerada como equivalente à utilidade. Edward Goldsmith (1998) observa que Bacon substituiu os valores tradicionais de "bem" e "mal" pelos valores de "útil" e "inútil", o que serviu de licença para a exploração numa época de expansão colonial no Novo Mundo, o qual oferecia oportunidades ilimitadas de pilhagem, escravatura e outros ganhos econômicos.

No *The Plan of the Instauratio Magna*, Bacon escreveu que a natureza daria todos os seus segredos mais facilmente quando estivesse "sob controle e irritada; quer dizer, quando pela engenhosidade e mão do homem ela é expulsa de seu estado natural, espremida e moldada". Similarmente, no *The Masculine Birth of Time*, Bacon postulou que: "Eu trago o caminho da verdade da natureza e de todas as suas crianças; obrigue-a a lhe servir e torne-a sua escrava". O tom patriarcal dessas passagens é evidente; a natureza, concebida como sendo "ela", deve ser espremida, moldada, obrigada a servir e escravizada pelo "homem".

Não nos surpreende então que várias escritoras feministas considerem Bacon um machista. Ele é muitas vezes acusado por usar metáforas de tortura como "atormente a natureza", mas é improvável que esta tão citada frase tenha sido realmente usada por Bacon[6]. Contudo, é evidente que ele concebeu a ciência como a ferramenta pela qual o "homem" podia violentamente subjugar a "feminina" natureza. Rosemary Radford Ruether (1992: 195) nota que Bacon fez uso da história cristã da queda do paraíso e da redenção para reiterar seu pensamento:

---

6. Entretanto, é importante notar que Bacon foi acusado de tortura quando exercia o posto de *Lord Chancellor of England*, então é concebível que metáforas de tortura podem ter influenciado seu pensamento.

Por causa do pecado de Eva a "natureza" saiu do controle do "homem", mas o conhecimento científico reverteu a queda do paraíso e a "natureza" foi trazida de volta ao domínio do homem, o qual é o representante do poder de Deus na Terra. Para Bacon, o conhecimento científico é fundamentalmente uma ferramenta de poder, é o que nos capacita a subjugar e governar a "natureza".

O filósofo René Descartes também ajudou a remover os limites éticos contra a exploração implacável. Ruether observa que o dualismo cartesiano entre corpo e mente leva a outro dualismo entre valores e fatos. A verdade científica é considerada "objetiva" e "liberada de valores". A ética e os valores são assim relegados à esfera individual da alma. O divórcio entre a ética e a ciência é conveniente porque permite aos cientistas conduzir investigações livremente e sem se preocuparem com as implicações de seus achados para a religião. Ao mesmo tempo, o confinamento da ética para a esfera pessoal libera muitas outras atividades "materiais" de considerações éticas; por exemplo, destruir coisas que não possuem uma mente (tudo aquilo que não é humano) não tem importância do ponto de vista ético. E mesmo quando a ética tem algo a dizer (como no caso de seres humanos), aqueles envolvidos em atividades físicas (mulheres e aqueles pertencentes a classes sociais mais baixas) podem ser considerados implicitamente como tendo menos valor que aqueles envolvidos em atividades intelectuais.

A física newtoniana que criou um sistema cosmológico baseado numa ordem rígida e em leis universais parece estar relacionada, pelo menos até certo ponto, à necessidade pessoal de Newton por alguma forma de segurança. Newton nasceu alguns meses depois da morte de seu pai, e, quando sua mãe casou novamente, ele foi enviado para viver com seus avós. É dito que ele era sério, quieto, pensativo e que contava com poucos amigos quando jovem; e quando estava na universidade, seus interesses incluíam não só a matemática e as ciências naturais, mas também a alquimia.

Muitas das descobertas de Newton, incluindo a invenção do cálculo matemático, do desenvolvimento da teoria da gravidade e seus estudos iniciais sobre a natureza da luz, aconteceram entre os anos de 1665 e 1667, quando a Universidade de Cambridge estava fechada por causa de um surto de peste. Sem dúvida, esse período de solidão ajudou o desenvolvimento do caráter engenhoso de Newton; mas esse contexto em que a peste devastava e matava tantos à sua volta pode também ter sutilmente direcionado seu pensamento. Com certeza, a imagem de um universo ordenado e parecido com uma máquina teria sido algo muito confortável naquela época.

Morris Berman (1981: 120) acredita que a evolução no pensamento de Newton foi influenciada por suas próprias necessidades psicológicas e pelo puritanismo baseado em "austeridade, disciplina e acima de tudo em culpa e em vergonha". A vida de Newton, especialmente sua infância, foi marcada por uma atmosfera hostil; assim, para ele o universo não era um "lugar amistoso", era um local que precisa ser controlado e disciplinado. "A mais importante fonte do desejo de Newton em saber era sua ansiedade quando confrontado pelo seu medo do desconhecido [...]. O conhecimento que podia ser demonstrado matematicamente punha fim a esses problemas [...]. O fato de que o mundo obedecia às leis matemáticas lhe dava segurança" (F.E. Manuel, apud BERMAN, 1981: 121).

Berman concluiu que Newton não era psicótico, mas estava à beira da loucura. Além disso, ele notou que a imagem retratada ao longo da vida de Newton parece ser testemunha de um processo de endurecimento. Em sua infância, Newton parecia ter sido gentil, um indivíduo quase que etéreo por ser tão sensível. Com seu amadurecimento (quando suas teorias se tornaram cada vez mais mecânicas e reducionistas), ele experimentou um "endurecimento de caráter" que eventualmente erradicou a imagem sensível de sua infância.

A adoção da visão mecânica e do atomismo por Newton também está ligada ao contexto social em que vivia. É bem evidente que Newton era fascinado pela alquimia e que seu interesse nela nunca desapareceu por completo. Entretanto, suas ideias alquímicas foram suprimidas e expurgadas de seus trabalhos que foram publicados. Berman nota que Newton deu as costas às suas teorias anteriores na mesma época da Revolução Gloriosa (*Glorious Revolution*), quando Leveller e sentimentos republicanos estavam em alta. Nesses primeiros textos, Newton apresentou a natureza como "transformativa e infinitamente fecunda", e isso tem paralelos políticos inquietantes e que podem ser considerados perigosos. Berman (1981: 125-126) notou que eventualmente, nos idos de 1706, quando seu discípulo Samuel Clarke trabalhava numa tradução de *Opticks* para o latim:

> Afirmações do tipo "nós não podemos afirmar que a natureza não está viva" foram retiradas de seus escritos antes de serem publicados; talvez mais importante ainda é o fato de que Newton adotou a posição de que a matéria é inerte, não se transforma internamente, mas apenas se re-arranja. Então, no [...] *Opticks* [...] Newton nos propõe que "a natureza é duradoura"; quer dizer, ela é estável, previsível e regular (como a ordem social deve ser). Quando jovem, Newton tinha sido fascinado pela fecundidade da natureza; mas depois foi a rigidez dela que se tornou importante para ele.

Se a necessidade inconsciente de Newton por segurança e previsibilidade moldou sua ciência, as motivações de seu contemporâneo, Robert Boyle, foram muito mais explícitas. Boyle viu claramente que uma das mais importantes vantagens da nova filosofia materialista era sua habilidade de dotar a humanidade (ou talvez deveríamos dizer, "homens") com poder ao mesmo tempo em que removia os limites éticos, os quais ele se referiu como sendo "escrúpulos de consciência":

> A veneração do homem por aquilo que ele chama natureza tem sido um impedimento desestimulante do império do homem sobre as criaturas inferiores de Deus. Muitos têm olhado a natureza como algo não só impossível de se compreender, mas como algo ímpio de se tentar fazer porque tenta remover os limites impostos pela natureza em suas criações; e por verem a natureza como algo venerável, alguns deles adotam um escrúpulo de consciência e se esforçam para emular e exaltar os trabalhos dela (BOYLE, apud ROSZAK, 1999: 100).

Para Boyle, era simplesmente insuficiente *conhecer* a natureza; temos que "forçá-la a nosso serviço" a fim de atingirmos algum propósito. Fica claro que para Boyle e outros como ele que as ciências devem ser usadas como um método de controle e de dominação.

Essa busca pelo poder através da ciência (poder concebido como *poder sobre* ou como o *poder de* dominação do "império do homem") ainda persiste em nossa era. Apesar de termos uma nova visão do mundo em certas áreas, como na física quântica e na teoria de sistemas, a maioria dos cientistas continua com um processo de acumulação de partículas elementares na esperança de achar a "fundação" da natureza. Na biologia os genes agora têm a mesma função dos átomos na física. Os genes são vistos como determinantes que codificam mecanicamente certas características (talvez até mesmo para certos comportamentos). Tudo é reduzido ao gene; então, se pudermos mapear o genoma completamente e entender a função de cada gene, iremos magicamente descobrir todos os segredos da vida e ser capazes de recriar organismos da maneira que quisermos. Na psicologia, a teoria do comportamento (*theory of behaviorism*) estende a mecânica à própria mente: o cérebro é só uma máquina, comportamentos são entendidos em termos de estímulos/reações sem referência à consciência, à motivação e à ética. Pela manipulação de comportamentos podemos moldar e reprogramar a própria psique do indivíduo.

De acordo com Roszak (1999: 12), o psicólogo Abraham Maslow acreditava que a busca científica moderna "é inconscientemente dominada pelo método de investigação, o qual é fundado no medo e por isso governado pela necessidade de controle". Para Maslow, se esta necessidade passar dos limites ela pode resultar num tipo de "patologia cognitiva" que "distorce mais que ilumina". É interessante notar aqui, por exemplo, que a física clássica simplesmente ignora o problema de sistemas caóticos e não lineares porque eles não podem ser entendidos dentro dos termos mecânicos e de previsibilidade das ciências.

Similarmente, Aldous Huxley refletiu sobre a premissa de que o entendimento europeu da natureza surgiu do ponto de vista "de um jardim bem cuidado" e não "da misteriosa complexidade de uma floresta tropical". Ele também entendia que o medo era uma motivação importante da ciência eurocêntrica: "É o medo do fluxo labiríntico e da complexidade de todo fenômeno que leva os homens à filosofia, à ciência e à teologia; o medo de uma realidade complexa os leva a inventar uma ficção mais simples, mais gerenciável e mais consoladora" (apud ROSZAK, 1999: 43); e um exemplo disso é a ficção confortadora de um universo mecânico que pode ser reduzido a átomos inertes.

É importante notar aqui uma característica muito evidente da pesquisa científica do final do século XIX e de muito do século XX: isto é, ela era quase que praticamente dominada por homens. As ciências eram por definição um domínio machista. Roszak (1999: 43) nota que tradicionalmente as mulheres têm sido responsáveis pelos difíceis detalhes do dia a dia, ou seja, criar os filhos, cozinhar e limpar a casa. Essa realidade "as leva a não esperar muito asseio, ordem e claridade da vida. Talvez por isso elas não podem fazer outra coisa senão cultivar uma consciência astuta do inacabado, de nuances sutis e de relacionamentos desiguais; e, assim, aprendem a aceitar a desordem como parte integral do mundo". Roszak também nota que a recente disposição das ciências de contemplar a "Teoria do Caos" (*Chaos Theory*) para entender os fenômenos não lineares pode ter se tornado possível por causa de uma presença feminina maior na comunidade científica.

Dada a influência masculina nas ciências tradicionais, não deve ser surpresa que elas fazem tanto uso de métodos e de atitudes patriarcais. Jane Goodall argumenta que essa "ciência machista" exclui as qualidades "femininas" como "a sensitividade, a gentileza, o calor humano, a compaixão e a intuição" dessa metodologia (ROSZAK, 1999: X). A retirada dessas qualidades das ciências também remove as limitações éticas contra o uso de técnicas exploradoras e violentas, como acontece no caso de experimentação em animais (e muitas vezes em pesquisas muito duvidosas).

Enquanto a tendência masculina nas ciências pode ser considerada como resultado da divisão do trabalho baseada no sexo naquela época, pode-se dizer que havia também uma intenção consciente na adoção desse enfoque. Por exemplo, Henry Oldenburg, o primeiro secretário da Royal Society do Reino Unido, afirmou que a primeira prioridade deles era o estabelecimento de uma "filosofia masculina"; "a mulher em nós", ele disse, é "uma Eva tão fatal quanto a Mãe das misérias" (ROSZAK, 1999: 56).

Dada a inclinação patriarcal das ciências no Ocidente, não nos surpreende que o filósofo francês Michel Serres concluiu que a física tradicional é uma "estratégia de matança" onde tudo é "estável, imutável e supérfluo" e onde "não há nada a ser aprendido, descoberto ou inventado. Há sempre morte" (apud TOOLAN, 2001: 54). Vandana Shiva (1989), como notamos antes, também acredita que a ciência patriarcal contribuiu com o processo de industrialização que converteu a Terra de *terra mater* numa máquina morta e depósito de matérias-primas porque removeu os limites éticos no uso da exploração; e isso levou a novos modos de dominação sobre as mulheres e à exclusão delas das ciências e do desenvolvimento socioeconômico.

Eternidade, determinismo e a perda de propósito

Com a ascendência da visão de um universo mecânico, o entendimento das ciências sobre o cosmo também se tornou imutável e determinista. A inspiração para essa visão foi o modelo platônico, mas seu deus era o frio movedor, impassível, onipotente e imutável de Aristóteles. Inicialmente, esse deus era necessário para "colocar a máquina em movimento" e manter tudo em andamento de tempos em tempos; contudo, no começo do século XIX o cosmo se torna uma máquina em perpétua locomoção.

De fato, o físico francês Pierre Laplace (1749-1829) acreditava que se soubéssemos tudo a respeito de todas as forças que agem no universo e a posição precisa de todos os objetos num certo momento, então seria teoricamente possível conceber uma fórmula que nos permitiria saber tudo sobre o passado, bem como prever o futuro perfeitamente e sem incertezas. Não haveria surpresa alguma porque tudo é fixado e determinado. Rupert Sheldrake (1988: 4) afirma que:

> A máquina seria eterna e continuaria para todo o sempre, como sempre o fez, de maneira inteiramente determinada e previsível; ou pelo menos de um modo que seria em princípio inteiramente previsível por uma inteligência onisciente e super-humana (se tal inteligência existisse [...]). Deus não seria mais necessário para colocar a máquina em movimento, e assim Ele se tornou uma hipótese desnecessá-

ria; entretanto, suas leis universais permaneceram, mas não como ideias em sua mente eterna. Elas não tinham razão para existir; elas não têm propósito. Tudo, até mesmo os físicos, tornaram-se matéria inanimada se movendo de acordo com essas leis cegas.

No centro desse determinismo está a ideia de uma causalidade linear ou de "transformações unitárias". Se todo evento no universo é o resultado de causas que os precedem, então "o presente é sempre feito por sombras do passado e tudo que ocorrerá no futuro está contido no presente" (PEAT, 1991: 125). Assim, esse fluxo unidirecional de causalidade é linear porque a "entrada" (*input*) diretamente determina a "saída" (*output*).

E a linearidade é relacionada ao reducionismo; quer dizer, as variáveis são reduzidas de forma que possam ser controladas, separadas e testadas uma de cada vez. Enquanto essa metodologia tem dado importantes frutos, ela é limitada porque não consegue lidar adequadamente com as complexidades envolvidas na interação entre variáveis. O objetivo dessa metodologia é analisar, controlar e prever resultados, e tudo isso é feito sob a presunção de que a causalidade é unidirecional (MACY, 1991a). O desejo das ciências tradicionais por um universo linear era tão grande que os sistemas não lineares, como já notamos, foram praticamente ignorados até o século XX. Mas vale notar que mesmo os sistemas planetários, os quais serviram de inspiração para um universo mecânico, podem demonstrar uma dinâmica caótica e não linear quando três corpos celestes ou mais estão interagindo.

No final do século XIX, a visão do mundo das ciências ocidentais se tornou ainda mais deprimente. O mundo não podia mais ser considerado como uma máquina em perpétuo movimento porque as então recém-descobertas leis da termodinâmica provavam que tal máquina seria algo impossível. Quer dizer, tudo tende a um estado de equilíbrio de energia e a se dirigir gradualmente a um estado de desordem; assim, o universo eventualmente morrerá com a dissipação de calor e se tornará nada mais que uma pilha disforme de matéria e energia.

Mesmo no século XX a ideia de um universo estático e eterno era algo tão normal que Albert Einstein computou tal ideia nas equações de sua teoria da gravidade universal. Quando ele fez uso primeiro dessas equações, elas só davam resultados "não estáticos", o que indicava que o universo estava em expansão. Einstein acreditou que isso era um erro, e assim ele tentou arrumar suas equações com a adição de uma "constante cosmológica"; e com isso ele obtinha resultados "estáticos". Muitos anos depois Einstein se referiu a isso como o maior erro de sua vida. Este evento mostra o poder das ideias, como elas podem distorcer as ciências e influenciar pensadores, mesmo os do calibre de Einstein.

Uma vez confirmado que o universo estava de fato expandindo, a teoria da contínua criação nos ajudou a conceber o cosmo como estando num contínuo "estado de regularidade". Os modelos estáticos do universo, nos quais o novo e a mudança têm um papel minúsculo, continuaram a dominar a física até os anos de 1960. Assim, não há objetivo e propósito no universo; a vida, e mesmo a mente, são considerados como meros acidentes cósmicos sem grandes significados. Hoje em dia notamos que muitos cientistas ainda são muito cautelosos e removem qualquer insinuação de propósito de suas descrições da realidade. Qualquer insinuação de "teleologia" (ou qualquer tipo de propósito final) é implacavelmente expurgada de teorias científicas. Mesmo os organismos vivos são vistos como não tendo nenhum objetivo, com a exceção talvez da mera sobrevivência.

Obviamente, esses credos moldam nosso modo de entender o conceito da "transformação". Num universo determinista e sem propósito, ideias como revolução e transformação radical não têm lugar. O que será é determinado pelo que foi. Autêntica criatividade, algo genuinamente novo, é essencialmente impossível. Essa triste visão pode ser sumarizada pela seguinte passagem, a qual nós já nos referimos previamente, de Bertrand Russel:

> A humanidade é o produto de causas que não tinham ideia do que estavam produzindo; suas origens, crescimento, esperanças, medos, amores e crenças são nada mais que o produto de colisões acidentais de átomos; nenhum fogo, heroísmo, potencial de pensamento e sentimento pode preservar um indivíduo além do túmulo; tudo o que foi criado por séculos, toda devoção e inspiração, toda brilhante engenhosidade humana estão destinados a serem extintos com a morte do sistema solar; e o templo das realizações da humanidade deve ser inevitavelmente enterrado debaixo dos escombros de um universo em ruínas. Tudo isso é algo tão certo (quase inegável) que nenhuma filosofia que os rejeite pode esperar suceder; é apenas dentro desse contexto de verdades, apenas nessa fundação de desespero inabalável que a habitação da alma pode ser construída (apud SHELDRAKE, 1988: 6-7).

A concepção de um cosmo sem propósito vem e é reiterada pela ideia de uma ciência liberta de valores. A ética se torna supérflua ou uma mera convenção social: "O universo 'lá fora' não tem valores e propósito por natureza. O valor é um produto da mente humana e, assim sendo, não pode ser um aspecto objetivo do cosmo" (HAUGHT, 1993: 28-29). Martha Heyneman

(1993: 50) nota que dentro desse entendimento o próprio ser humano, no final, perde seu senso de propósito:

> Se imaginarmos o universo como "uma coisa" (um universo de "matéria morta e forças cegas"), então algo em nós mesmos também morre e fica cego. Podemos nos engajar sem remorso (até quando passamos a compreender que nossa própria existência está ameaçada) na completa destruição da natureza. Se imaginarmos, além disso, que o universo não tem propósito, então sofreremos com a decepção e com o sentimento de depressão que virão logo depois da alegria que sentimos quando alcançamos algum objetivo. Se o universo não tem significado, então pode a minha vida ter algum? Se o todo não tem propósito, então como alguma de suas partes pode ter?

Ganhos pessoais, progresso e a sobrevivência do mais forte

O vácuo de significado numa visão do mundo inerentemente mecânica junto com a busca das ciências pelo controle da natureza levou à formulação do que poderíamos chamar de primeira "cosmologia substituta". Se a humanidade vive num universo morto e hostil, então ela só pode achar propósito com a melhora de suas próprias condições de vida, o que ela faz pela acumulação de riquezas e pelo trabalho de desenvolvimento social e econômico. Com o tempo, esses objetivos foram combinados com a busca pelo crescimento econômico.

Morris Berman (1981) observa que pela maior parte da história humana a cosmologia era impulsionada por "por quês?", uma vez que se entendia que o cosmo estava vivo e que tinha objetivos e propósitos. Entretanto, durante a revolução científica houve uma mudança e passamos a perguntar "como?" e o universo foi transformado numa coleção de átomos inertes se movendo mecanicamente e sem propósito. Substituímos o enfoque *qualitativo* por um *quantitativo*; até mesmo o propósito humano, se é que ele existia, passou a ser definido em termos quantitativos. Berman (1981: 45-46) observa:

> O atomismo, a quantificação e a resolução de ver a natureza como uma abstração da qual podemos nos distanciar, tudo isso abriu as portas para aquilo que Bacon proclamou como sendo o verdadeiro objetivo das ciências: o controle. O paradigma cartesiano ou tecnológico representa [...] a junção da verdade com a utilidade, com a manipulação cheia de propósito da natureza [...]. Não há mais holismo, mas dominação da natureza; não mais o ritmo eterno da ecologia, mas o gerenciamento consciente do mundo.

Dado o enfoque quantitativo dessa mecânica, não nos surpreende que havia uma necessidade de se achar uma maneira de medir a manipulação, o controle e a dominação; e o dinheiro é uma maneira conveniente para isso.

Quando exploramos a ligação entre o capitalismo econômico e a cosmologia da dominação, é importante notar que o desenvolvimento da economia baseada no dinheiro está diretamente relacionado com o nascimento da revolução científica. Durante a Renascença, a acumulação de capital e o desenvolvimento das finanças se tornaram uma importante força na dinâmica europeia. O sociólogo alemão Georg Simmel afirma que a economia construída ao redor do dinheiro "criou a ideia de cálculos matemáticos exatos", que mais tarde levaram "a interpretação matemática em termos exatos do cosmo" como "cúmplice teórica da economia monetária" (apud BERMAN, 1981: 55). Berman (1981: 55) nota que a habilidade que o dinheiro tem de se reproduzir parece não ter fim, e isso "substancia a noção de um universo infinito", o que consequentemente sugere e sustenta a ideia de crescimento e desenvolvimento econômico ilimitado.

Os mercadores que ganhavam poder com a nova forma de economia viam cálculos financeiros como uma maneira de entender a realidade e o próprio cosmo. Berman (1981: 55) nota que a quantificação passou a ser considerada como "a chave para o sucesso pessoal porque só ela se mostrava eficaz na dominação da natureza, o que era feito a partir do entendimento de suas leis"; e como o dinheiro e a matemática não tinham "contento tangível", eles podiam ser "direcionados para qualquer propósito", e "no final eles se tornaram o propósito".

Berman também nota que durante esse mesmo período o entendimento quantitativo de tempo entrou no consciente europeu. Os relógios se tornaram cada vez mais comuns e a concepção de tempo passou de cíclica para linear; e isso, junto com o entendimento de uma economia monetária, deu origem à ideia de que "tempo é dinheiro" (uma frase que primeiro apareceu no século XVI). Berman (1981: 57) conclui que "o desenvolvimento da concepção linear de tempo e do pensamento mecânico", bem como "a equiparação de tempo com dinheiro e do relógio mecânico com ordem mundial foram partes da mesma transformação, e cada uma dessas partes ajudou a reiterar a outra". A noção de tempo linear está diretamente relacionada com o conceito de transformações unitárias e estas com a concepção determinista da realidade.

Similarmente, o aumento do individualismo que tanto caracteriza o começo da era moderna ajudou a tornar os conceitos de reducionismo e de atomismo mais atrativos aos cientistas. O individualismo também reforçou a ideia de que seres humanos são separados da natureza e que o cientista é um observador imparcial. Ao mesmo tempo, esses pilares das ciências serviram para reiterar noções individualistas, incluindo aquelas de propriedade privada e de direitos do indivíduo. A concepção da matéria como algo inerte e sem vida e também que a natureza esperava a mão transformadora do "homem" para melhorá-la influenciaram os ideais político-econômicos de uma Europa envolvida em explorações coloniais.

John Locke (1632-1704), por exemplo, inspirou-se na "ética" da utilidade de Bacon para fundar seu conceito de propriedade privada. Para Locke, uma terra não usada era uma terra inculta. Os povos nativos não eram verdadeiramente proprietários das terras que habitavam porque eles nunca as tinham "melhorado"; assim, os sertões eram simplesmente "terras virgens" à espera de exploração. Conforme Locke, a propriedade privada era um direito e um dever dado por Deus: "Deus, por ter comandado a dominação, também deu autoridade para a apropriação" (apud WINTER, 1996: 40). Locke argumentou que o trabalho do indivíduo "separa" a terra "do uso geral e comum"; e isto é de fato um argumento contra qualquer tipo de propriedade coletiva. Na concepção da democracia de Locke apenas os proprietários de terra podiam votar porque só eles trabalhavam para "dominar a terra" e, assim sendo, só eles mereciam uma voz no governo.

Nosso atual entendimento de indivíduos em constante competição pode ter se originado na filosofia de um pensador anterior, Thomas Hobbes (1588-1679). O pensamento dele suplanta de várias maneiras o de Locke, mas ele não foi inicialmente bem recebido. Hobbes argumentou em favor de uma concepção inteiramente mecânica da realidade onde tudo, incluindo seres humanos, mentes e ideias, era puramente materiais por natureza. Hobbes acreditava que os seres humanos estavam engajados num constante estado de competição uns com os outros por poder e por recursos; além disso, os seres humanos também lutam por sua sobrevivência contra a natureza, a qual é vista como sendo perigosa e caótica. Winter (1996: 42-43) comenta que "assim, Hobbes via o egoísmo competitivo como a base da natureza humana, porque as pessoas estão inerentemente em competição umas com as outras e elas devem entrar em contratos de mercado para criar uma aparência de ordem social". Tudo é baseado no egoísmo competitivo; para Hobbes, os seres humanos não têm qualquer obrigação para com a sociedade.

Essa forma de individualismo argumentada por Hobbes foi depois reforçada por Adam Smith (1723-1790), o qual acreditava que, se fosse permitido ao indivíduo acumular riquezas sem uma justificável interferência do Estado, o resultado seria o de bem-estar social. Goldsmith (1998: 81) comenta que em essência, "quando nos comportamos da maneira mais egoísta possível, maximizamos não apenas nossos próprios interesses materiais, mas os da própria sociedade também; esta é uma filosofia otimista que racionaliza o individualismo e o egoísmo que marcaram as divisões sociais da época da Revolução Industrial". Com o tempo, a própria felicidade se tornou algo que podia ser definido em termos quantitativos, quer dizer, o valor da propriedade e dos bens materiais do indivíduo. Com isso, maximização da acumulação de riquezas também significa uma maximização da felicidade.

Mas enquanto a acumulação de riquezas era louvável, gastar tal riqueza em luxúrias era algo desencorajado por causa da influência do protestantismo (mais especificamente do calvinismo). De acordo com Deborah Du Nann Winter (1996: 45), "uma das poucas boas coisas que o indivíduo podia fazer em sã consciência com suas economias era "colocá-las de volta no próprio negócio"; ou seja, reinvesti-las. Desse modo, o calvinismo encorajou a combinação perfeita de trabalho duro e de uma vida simples, e isso permitiu o rápido desenvolvimento do capitalismo". O calvinismo também encorajou a acumulação de capital por considerar a recompensa material como uma dádiva de Deus. Em contraste com isso, a pobreza era vista como uma punição pela falta de vontade de trabalhar. Winter (1996: 44) conclui que "de acordo com o protestantismo moderno, o trabalho e a riqueza são bons; o lazer e a pobreza são pecados".

Assim, nessa cosmologia substituta o individualismo e a acumulação de capital são mais valorizados que a responsabilidade com a comunidade. A natureza é valorizada apenas na medida em que pode ser "melhorada", ou, como diríamos mais tarde, "desenvolvida". Ao invés de termos responsabilidades com o todo da sociedade, ficamos dotados de direitos e liberdades individuais e inalienáveis. O historiador Richard Tarnas observa que:

> A visão clássica do mundo dos gregos tinha enfatizado o propósito intelectual e a atividade espiritual do ser humano como sendo essenciais para a unificação (ou reunificação) do "homem" com o cosmo e com a inteligência divina, mas o objetivo do cristianismo era a reunificação do "homem" e do mundo com Deus, o objetivo moderno é a criação do máximo possível de liberdade para o "homem"; liberdade da natureza, da opressão de estruturas políticas, sociais e econômicas, e de crenças metafísicas e religiosas que restringem (apud WINTER, 1996: 44).

Os conceitos de liberdade e de dignidade do indivíduo incorporados na ideia de direitos humanos individuais certamente não são por si só negativos. E, certamente, ser livre de estruturas políticas, econômicas, sociais e religiosas opressoras também parece ser algo louvável. Entretanto, esses objetivos se tornaram tão individualistas que o bem-estar da sociedade e sem dúvida o de outras criaturas e do meio ambiente foram grandemente esquecidos. Além disso, o conceito da "liberdade de" tem como objetivo algo que só pode ser definido negativamente; quer dizer, pode ser claro que o indivíduo quer ser "livre de" algo, mas o que é que o indivíduo deseja no lugar disso? É a acumulação de riquezas e de possessões pessoais suficientes para isso?

Os valores baseados na competição individualista e no ganho pessoal argumentados por Adam Smith e por seus seguidores foram eventualmente reincorporados pelas ciências na forma da Teoria da Evolução baseada na competição e na "sobrevivência do mais forte" de Charles Darwin (1809-1882). Edward Goldsmith (1998) vê fortes paralelos entre "a mão invisível" de Smith e "o método de seleção natural" de Darwin, já que os dois têm propriedades quase mágicas que resultam em progresso e no bem-estar comum a partir da promoção do interesse individual.

Darwin precisava achar uma razão que explicasse por que a evolução acontece num universo sem propósito e que se dirige a uma eventual morte termodinâmica. *Por que* organismos simples evoluem e se tornam mais complexos neste universo? Darwin precisava de uma explicação que não envolvesse qualquer tipo de propósito ou design (aquilo que é chamado de teleologia), visto que qualquer alusão a isso tornaria sua teoria não científica. A ideia de variações ao acaso e a "sobrevivência do mais forte" proporcionavam uma resposta que fazia sentido dentro do contexto científico e econômico daquele tempo. Rupert Sheldrake (1988: 6) nota que:

> A doutrina darwinista diz que a evolução de organismos vivos não envolve um processo de esforço com propósito e nem que ela é concebida ou dirigida por Deus; ao invés disso, os organismos variam por pura chance e seus descendentes herdam essas variações, e a partir da manipulação cega da seleção natural as várias formas de vida evoluem consciente ou inconscientemente e sem o recurso de um design ou propósito. Os olhos e as asas, as mangueiras e o joão-de-barro, as colônias de formigas e de cupins, os sistemas de radares dos morcegos e todos os aspectos da vida surgiram por pura chance por conta das operações mecânicas de forças inanimadas e pelo poder da seleção natural.

Assim, a competição sem propósito entre os indivíduos resulta no progresso para a espécie inteira. Mesmo hoje em dia essa ideia de Darwin sobre o esforço competitivo que dirige a evolução ainda continua sendo muito influente. De fato, Richard Dawkins, um biólogo militantemente reducionista, argumenta que os próprios genes competem uns com os outros; ele até descreve os genes como sendo "egoístas" e os compara com "guerreiros" e "gangsteres" (ROSZAK, 1999: 129). O que é inacreditável é que cientistas levam essas explicações a sério. Theodore Roszak salienta que parece ser aceitável inserir motivos egoístas em genes, os quais não são nada mais que moléculas complexas. Mas, se sugerirmos que organismos vivos podem ter algum tipo de intenção ou ser motivados pela cooperação ou altruísmo, seríamos taxados imediatamente de "não científicos"!

O pensamento darwinista sobre a evolução inspirou outros, como o do filósofo inglês Herbert Spencer (1820-1903), a promover a ideia de progresso social. Nessa visão as economias e as sociedades evoluem do simples para o complexo da mesma maneira que as espécies evoluem. As sociedades dos caçadores-coletores progridem a sociedades agrárias, e as agrárias a sociedades industrializadas. Os povos começam como meros "selvagens" mas eventualmente se tornam "civilizados". Como podemos imaginar, essa teoria de progresso serviu como uma justificativa conveniente para a colonização; com a expansão imperialista a Europa levou a civilização a sociedades "mais atrasadas". Nos Estados Unidos essa ideia de progresso deu suporte à crença em seu "destino" de expandir para o oeste e conquistar os "selvagens" e os "territórios virgens" que eles habitavam. De maneira parecida, essa ética do "progresso" pode ser usada para justificar o racismo com o argumento de "civilizar" raças "inferiores" ou "atrasadas".

Essa noção do progresso estava extremamente ligada ao conceito de melhorar a terra e de propriedade privada de Locke. Winter (1996: 48) nota que "o progresso ocorre quando indivíduos fazem uso de tecnologia" (e nós adicionaríamos trabalho) "para converter suas terras em rendimentos". Com o passar do tempo, o conceito de converter a terra se estendeu e incorporou todos os tipos de "matérias-primas" e de "recursos naturais". O progresso passou a ser entendido em termos de "crescimento econômico" medido por meio da taxa de PIB. Tudo isso está intimamente relacionado à nossa cosmologia e ao nosso entendimento do poder porque, como Winter (1996: 48) concluiu:

> O progresso (alcançado a partir da possessão de terras ou de riqueza econômica) é uma característica fundamental da nossa visão do

mundo. O entendimento de que a vida humana é fundamentada no *tempo linear* caracterizado por uma progressão em direção a algo melhor corre paralelo ao entendimento grego e cristão de que estamos fundamentados numa *ordem linear de poder*. Na tradicional visão do cosmo no Ocidente, Deus reina sobre os homens que imperam sobre as mulheres, crianças, plantas e toda matéria inorgânica (e nessa ordem).

A cosmologia da exploração e do desespero

A cosmologia da dominação desenvolvida no Ocidente nos últimos quatro séculos é uma cosmologia que licencia a opressão e a exploração, que promove o individualismo e a competição e que dá origem a um tipo de desespero existencial nascido de nosso senso de falta de propósito. Entretanto, essa cosmologia não é algo inevitável e não é também a única cosmologia "racional" ou "objetiva" que pode ser concebida, dado o conhecimento que temos das sociedades humanas, da Terra e de seus organismos vivos e do cosmo que tudo engloba. Muito pelo contrário, a cosmologia da dominação é uma construção social criada dentro de um contexto histórico para sustentar uma visão específica do mundo que era conveniente para aqueles que estavam no poder. Assim sendo, ela pode ser desconstruída e substituída; de fato, para aqueles que desejam mudanças radicais, essa cosmologia da dominação *deve* ser substituída.

Como já vimos anteriormente, a cosmologia da dominação (e mais especificamente o tipo que surgiu nos últimos quatrocentos anos)[7] suplantou uma cosmologia mais antiga que via a Terra e o cosmo como sendo um organismo cheio de vida e de propósito. No lugar disso nos foi dado um universo que se parece com uma grande máquina feita por matéria morta e inerte. Esse universo funciona dentro de princípios de forças cegas e leis universais; e se entendermos essas forças e leis, então a humanidade (geralmente concebida como "homens") pode dominar e controlar a natureza e moldá-la para qualquer propósito que queira. O cosmo cessa de ser uma comunidade de indivíduos e passa a ser um grupo de objetos mortos.

---

7. Apesar de termos focado na cosmologia da dominação moderna, vale notar que houve cosmologias transicionais que não eram totalmente animistas e que também não eram totalmente mecânicas ou reducionistas. O atual processo de afastamento de cosmologias animistas durou milênios e as antigas teorias atomistas gregas podem ser vistas como os primeiros exemplos disso; contudo, notamos que nos últimos quatrocentos anos esse processo se tornou extremamente acentuado.

Theodore Roszak (1999: 96-97) acredita que o conceito de um universo morto leva à "violação da natureza" e esse abuso *não* é metafórico neste caso. Essa violação é fundada na "mentalidade que licencia a dominação" e na "ganância pelo poder que não é nada metafórica [...]. A violação vem de um estado de espírito e pouco importa se a vítima é uma mulher ou a floresta tropical. A violação começa quando se nega a ela sua dignidade, autonomia e sentimentos; e os psicólogos chamam isso de objetificação da vítima".

Roszak (1999: 106) observa que essa violação é normalmente resultado de "uma compulsão pelo controle, pelo controle absoluto" e que isso leva o estuprador a ter um sentimento de inadequação na presença de mulheres. O medo causa a raiva e a necessidade de punir ou dominar. Similarmente, a necessidade de subjugar ou controlar a natureza vem do medo causado por um senso de inferioridade ou inadequação. A mulher problemática deve ser moldada pela vontade do homem e trazida sob seu controle; para se fazer isso ela deve ser tornada num objeto e "marcada com a imagem de seu mestre". E com isso o homem se sente no direito de usufruir o corpo da mulher ou os frutos da natureza. No caso da natureza, não precisamos pedir perdão ou dizer obrigado pelo que tomamos ou destruímos porque o mundo é essencialmente morto. A morte da natureza significa que nos sentimos no direito de tomar o que quer que seja sem restrições morais. Somos livres para violar a Terra.

Como notamos em nossa discussão da ecopsicose, o medo da natureza que motivou a mudança de uma cosmovisão onde a natureza era entendida como viva e fecunda para outra onde ela foi convertida em matéria morta e inerte pode ter se originado em parte na peste negra causada pela peste bubônica que matou mais ou menos um terço da população europeia entre 1347 e 1350. Além disso, houve também a ocorrência da Pequena Idade do Gelo (*Little Ice Age*) em meados do século XV, a qual deve ter, sem dúvida, reforçado o desejo de controlar as forças destrutivas da natureza. Como já refletimos, a "caça às bruxas" e o uso da tortura podem ter tido alguma influência sob a atitude "inquisitorial" com a natureza, já que esta também é concebida em termos femininos. A natureza precisa ser "irritada" para que "ela" diga seus segredos; "ela" precisa ser moldada de acordo com as necessidades e propósitos do "homem".

A cosmologia baseada na mecânica e na matéria morta remove grande parte (se não remove todos) dos limites éticos contra a exploração da natureza. Ao mesmo tempo, a rígida separação entre a mente e a matéria herdada do cartesianismo leva à desvalorização do mundo orgânico (incluindo o próprio corpo humano; assim, o trabalho físico e todos aqueles engajados nesse tipo de trabalho são também desvalorizados. E como resultado disso, constatamos uma facilitação da opressão das mulheres, de escravos e da classe trabalhadora.

Ao mesmo tempo, a ideia de que a matéria é formada por átomos pequenos, singulares e indivisíveis reitera a visão individualista da realidade, na qual relacionamentos e cooperação são pouco importantes; não há lugar para o altruísmo e para a compaixão num universo sem propósito. A evolução e o progresso são impulsionados por uma implacável competição que permite a sobrevivência só aos mais fortes. Os seres humanos, como todos os animais, estão engajados numa luta infindável pela sobrevivência num mundo inóspito e hostil. Os mais fortes ganham riquezas (e a riqueza é um sinal da bênção de Deus) e aqueles que não são tão fortes vivem na pobreza (que passa a ser uma indicação de preguiça e de inferioridade).

No universo-máquina tudo pode ser previsto se soubermos o bastante a respeito das leis eternas que governam o movimento e a matéria; e nada genuinamente novo é possível. A evolução da Terra é, na melhor das hipóteses, uma anomalia curiosa. E o que *será* é determinado pelo que *foi*. Michael Lerner (1986: 213) observa que:

> Se os seres humanos estão realmente sob o domínio das complexas leis da física clássica, então se torna irrelevante tentarmos nos esforçar para mudar as coisas. Nossos próprios esforços são previsíveis, e, assim como eles falharam no passado, também falharão no futuro. Somos desafiados a "apontar uma revolução que produziu uma real transformação". Não conseguimos, e a razão disso é que as ciências sociais já preestabeleceram que este tipo de evento dramático é algo impossível. Então, devemos parar de nos enganar.

Lerner (1986: 12) observa que o "inconsciente social" (que é fundado nas mais profundas premissas que fazem parte da nossa cosmologia) é a causa do que ele chama de "excesso de falta de poder"; quer dizer, "da totalidade de convicções e de entendimentos sobre o mundo e de como ele não pode ser mudado". Até mesmo o marxismo, o qual Lerner (1986: 219) considera como "a mais profunda e detalhada crítica da sociedade capitalista", falha no final porque ele é fundado numa cosmologia mecânica que legitima a ideia de que os seres humanos são nada mais que entidades "governadas por leis científicas".

Kirkpatrick Sale (1985: 18) conclui que a nova concepção científica da realidade foi tão facilmente aceita na Europa porque ela satisfazia os requisitos políticos e econômicos das classes dominantes; "ela fornecia a estrutura intelectual e o mecanismo prático para pôr fim ao localismo-feudal e contribuir para o surgimento da nação-estado, bem como para sustentar o sistema mercantil, o capitalismo industrial e os esforços de colonização e exploração em escala global". Por exemplo, a nova força do nacionalismo achava o conceito de leis imutáveis uma ideia conveniente para o estabelecimento de controles; ao mesmo tempo, o capitalismo florescia (e era visto como algo natural e inevitável) num universo materialista impulsionado pela competição e pela iniciativa individual; o processo de colonização foi respaldado pela busca por controle e subjugação da natureza por parte das ciências (e eventualmente a teoria da evolução adicionou outras justificativas para isso por defender a necessidade de "desenvolvimento de terras virgens" e de "levar a civilização aos selvagens").

A cosmologia da dominação não só remove os limites éticos contra a exploração; de fato, ela passa a justificar a exploração e torna esta algo "natural" ou "científico". Isso não é apenas uma observação histórica porque essa mesma cosmologia continua a sustentar as empreitadas daqueles que continuam querendo tornar a Terra viva em capital morto. Continuamos a viver com o legado dessa cosmologia da dominação, mesmo que muitas de suas fundações "científicas" tenham se desintegrado há muito tempo.

Para além da mecânica

> *A verdadeira transformação social requer uma mudança das categorias fundamentais de nossa forma de pensar, requer uma alteração da estrutura de nosso intelecto que formula nossas experiências e percepções. De fato, precisamos mudar a totalidade da nossa maneira de pensar, precisamos aprender uma nova forma de linguagem* (ZOHAR & MARSHALL, 1994: 38).

Precisamos reconhecer as fraquezas da iniciativa científica e da visão do mundo que a acompanha; quer dizer, necessitamos reconhecer seu papel na justificativa do patriarcado, da colonização, do consumismo e da destruição do meio ambiente; entretanto, também devemos reconhecer algumas das características positivas delas. Por exemplo, poucas pessoas vivendo nas sociedades modernas desejariam um retorno do modo de vida da Idade Média europeia. Poucos de nós desejariam viver numa sociedade com classes sociais rígidas, com pouco conforto e com várias ameaças às nossas vidas. A maioria de nós aprecia a democracia e a ideia dos direitos humanos que foram paulatinamente estabelecidos. As ciências trouxeram grandes benefícios às sociedades humanas, mesmo que essas bênçãos tenham sido tingidas com alguns malefícios (e mesmo que seus efeitos na saúde do planeta tenham sido todos praticamente de natureza prejudicial). Há alguma maneira de se preservar os benefícios associados às ciências e à pseudocosmologia enquanto ao mesmo tempo atenuam ou eliminam seus aspectos prejudiciais?

O filósofo Ken Wilber (1996) identificou três características primárias (*Big Three*) que constituem a "dignidade moderna". Primeiramente, a diferenciação do ego individual ou "Eu" dentro da própria cultura ou sociedade ajudou no estabelecimento das instituições democráticas modernas (por exemplo, a eleição de governos e direitos humanos). Depois, a diferenciação da mente da natureza pode ter ajudado movimentos de liberação porque as ideias de "poderio biológico" ou de força bruta não podiam mais ser usadas para justificar a dominação. Finalmente, a diferenciação da cultura da própria natureza serviu de fundação para a ciência empírica, na qual a verdade não era mais dependente de ideologias políticas ou religiosas. Na visão de Wilber (1996: 126) "o benefício da Modernidade foi que aprendemos a *diferenciar* esses três (*Big Three*)"; quer dizer, o indivíduo da cultura, a mente da natureza e a cultura da natureza; "o problema é que nós ainda não aprendemos a integrá-los". De fato, ao invés de simplesmente diferenciá-los, passamos a dissociá-los. Wilber (1996: 276) conclui:

> A ecocrise é o grande resultado da contínua dissociação dos *Big Three*. Não conseguimos alinhar a natureza, a cultura e a consciência; não conseguimos alinhar a natureza, a ética e a mente. Estamos fragmentados nessa modernidade desvairada.

De maneira similar, Morris Berman (1981: 179) lamenta nossa perda de consciência participativa, de nossa habilidade de nos identificarmos com os outros (quer dizer, de se tornar o outro); isto é o que ele chama de "mímese". Até a Renascença "o ego não negava tanto essa consciência participativa, e foi tal atitude que o tornou uma estrutura viável por vários séculos. Quando ele começa a negar essa atitude, passa a negar suas próprias fundações porque [...] o ego não é autossuficiente. O inconsciente é a fundação do ser".

Nosso atual entendimento do ego e da análise é um distúrbio que resulta em tendências perigosas porque falha na integração da consciência participativa. Contudo, Berman não argumentava que deveríamos simplesmente abandonar nossa capacidade de analisar e diferenciar; de fato, ele nota que muitas sociedades são caracterizadas por um grande componente de consciências não participativas, como no caso da Antiga Grécia e da Itália Renascentista, as quais produziram culturas de "um maravilhoso iluminismo". A totalidade da Idade Média não produziu artistas e pensadores da estatura de Michelangelo,

Shakespeare ou Leonardo da Vinci. O caminho para uma psique saudável e produtiva é a *integração* da consciência mimética e analítica. Berman (1981: 189) comenta:

> O dualismo cartesiano e a ciência erguida em suas falsas premissas são a expressão cognitiva de um profundo distúrbio biopsíquico. Quando foram levados ao extremo, eles passaram a representar uma cultura extremamente não ecológica e destrutiva e um tipo de personalidade nunca antes visto. A ideia de domínio sobre a natureza, da lógica econômica, é nada mais que impulsos humanos que passaram a governar a totalidade da vida nos tempos modernos. Para recuperarmos nossa saúde e desenvolvermos uma epistemologia mais acurada não precisamos destruir nossa consciência individual, o que precisamos (como Bly diz) é de um processo que junte a consciência-mãe e a consciência-pai (ou mais precisamente a inteligência mimética e a consciência cognitiva). É por essa razão que eu considero tentativas contemporâneas de se criar uma ciência holística como o grande projeto, como a grande necessidade do século XX.

Certamente, nos últimos cem anos uma nova cosmologia começou a emergir das ciências; ela começou com a física, mas agora incorpora a biologia, a ecologia e as ciências sociais. Podemos estar vendo o começo de uma nova maneira de se entender a realidade, uma "grande nova síntese", que entende o cosmo como um processo evolutivo, como "um fenômeno complexo e holisticamente dinâmico de desdobramento de uma ordem universal que se manifesta de várias maneiras, como matéria e energia, informação e complexidade, consciência e autoconsciência" (JANTSCH, 1980: 307). É difícil conceber uma cosmologia que contraste mais com a versão mecânica que foi incutida em nós; entretanto, várias de suas facetas já são muito substanciadas.

Não devemos nos surpreender ao saber que essa nova cosmologia permanece virtualmente desconhecida da maioria do público, incluindo muitos com alta formação escolar. Sabemos que a antiga cosmologia mecânica e determinista foi promovida pelas classes dominantes porque ela sustentava seus objetivos, então a nova cosmologia pode estar sendo negligenciada (ou mesmo sutilmente reprimida) porque ela tem o potencial de subverter o sistema dominante. Mesmo na comunidade científica a concepção mecânica da realidade continua sendo dominante em praticamente todas as áreas, com exceção da física quântica e da teoria de sistemas; mas é claro que em todas as disciplinas há pioneiros que começam a adotar perspectivas não mecânicas. Em parte, a relutância dos cientistas em abraçar mudanças é causada pela própria natureza perpetuadora que os paradigmas têm; quer dizer, eles filtram o que podemos ou não podemos perceber. Quando Einstein errou porque inseriu uma "constante cósmica" em suas equações para produzir um universo estático ou a tendência que as ciências tinham até recentemente de ignorar sistemas não lineares são bons exemplos disso.

Uma cosmologia mais holística poderia ser extremamente ameaçadora para a atual des/ordem. Edward Goldsmith (1998: 144) observa que enquanto continuarmos a ver a natureza e os seres humanos como máquinas complexas, podemos continuar argumentando que nossas necessidades são apenas de ordem material ou tecnológica; assim sendo, o crescimento econômico e o desenvolvimento podem satisfazer todas as nossas necessidades e podemos continuar seguindo a cosmologia do consumismo. Entretanto, se a realidade é fundada em relacionamentos e se a natureza está viva, então concluiremos que nossas necessidades reais são "biológicas, sociais, ecológicas, espirituais e cognitivas – e estas *são cada vez menos satisfeitas* pelo progresso e pelo desenvolvimento econômico".

A nova cosmologia ainda enfrenta resistência, mas ela continua a *surgir* das ciências. Isso é algo notável porque ela surge *apesar* dos preconceitos e das distorções causadas pela antiga visão do mundo das ciências. Roszak (1999: 132) observa que "o universo continua a se revelar, como se fosse uma imagem que se torna mais e mais clara, e nos damos conta que há mais a ser estudado. Quanto mais as ciências estudam o mundo, mais descobrem; elas descobrem estruturas sutis e uma riqueza de relacionamentos em todos os níveis".

Essa nova cosmologia é solo fértil para nossa imaginação, abre-nos para novas perspectivas e possibilidades. E quando ela é integrada a discernimentos de antigas fontes de sabedoria, pode nos dar uma grande motivação para agir em nome da verdadeira libertação. Ao invés de um universo atomista composto por partículas singulares que pode ser entendido quando desconstruímos o complexo e identificamos componentes menores e mais simples, o cosmo se revela mais e mais como tendo uma natureza relacional e de interconexões, como sendo um todo maior que suas partes. De fato, o entendimento da natureza da matéria como algo estático e morto se dissolve quando esta é examinada dentro do dinâmico bailado de energias e relações. A Terra, e o cosmo, começam a se assemelhar a um grande organismo vivo marcado por surpreendentes explosões de criatividade e de acontecimentos; a Terra e o cosmo têm um profundo senso de propósito, o qual não pode ser entendido como uma destinação final ou como um esquema estático, mas como um senso de direção manifestado na sabedoria do Tao.

7

Transcendendo a matéria
O microcosmo holístico

*O Tao é uma taça vazia;
quando se usa, não se enche.
Parece não ter fundo.
É como a fonte de todas as coisas.*

*Ele suaviza as arestas,
desata todos os nós,
atenua o brilho intenso,
reúne toda a poeira do mundo.*

*É um abismo escondido,
mas sempre presente.*

*De quem é filho? Não sei.
Parece estar muito antes dos deuses
(Tao Te Ching, § 4)*[1].

*Os átomos são compostos por partículas,
e estas partículas não são compostas de
materiais ordinários [...]. Quando nós
as observamos, nunca vemos qualquer
tipo de substância; o que observamos
é uma dinâmica de comportamentos
continuamente se transformando uns nos
outros – o contínuo bailado das energias*
(CAPRA, 1982: 91).

---

1. LAO-TZU (2010). *Tao Te Ching.* Lisboa: Presença, p. 20 [Trad. de Joaquim Palma] [N.T.].

No final do século XIX as ciências (com seu enfoque mecânico e materialista) pareciam estar atingindo seu apogeu, especialmente no que se diz respeito à física. Alguns professores até mesmo desencorajavam seus alunos de estudar física na universidade porque eles viam poucas oportunidades para contribuições verdadeiramente originais nessa disciplina. Lord Kelvin, um dos físicos mais respeitados da era, entendia que havia apenas "dois probleminhas" a serem resolvidos; senão nosso entendimento do mundo material estava praticamente completo. Pouco sabia ele que esses "dois probleminhas" levariam a descobertas que dissolveriam completamente verdades da visão mecânica e que revelariam um novo e misterioso entendimento da realidade.

Um desses "probleminhas" que precisava ser resolvido era prever a distribuição de energia radiando em frequências diferentes nos tão chamados "corpos negros"[2] (*Black Bodies*); e essa questão levou ao aparecimento de uma nova disciplina, a física quântica. O segundo "probleminha" era o fracasso do experimento de Michelson-Morley (*Michelson-Morley experiment*) em detectar o "éter" (*ether*) através do qual a luz e outras formas de radiações teoricamente viajariam. Esse "probleminha" serviu de inspiração para Einstein desenvolver sua Teoria Especial da Relatividade (*Special Theory of Relativity*).

De acordo com a física newtoniana, a velocidade da luz deve variar dependendo do movimento do observador; quer dizer, se ele vai na direção da fonte de luz ou não. A luz, como qualquer outra forma de onda, requer um meio através do qual ela possa viajar, e este meio (o suposto éter) deve também se mover (ou permanecer em descanso) de acordo com o "ponto de vista" do observador. Por exemplo, se o indivíduo está indo em direção a uma fonte de luz, então ela deve parecer estar se movendo mais rápido do que se ele estivesse indo na direção oposta à fonte de luz.

Em 1881, e com o uso de novos instrumentos, Albert Michelson tentou testar essa teoria, mas ele não verificou nenhuma diferença na velocidade da luz em relação ao movimento do observador. Em 1887 ele repetiu esse experimento com a ajuda de Edward Morley usando equipamentos ainda mais acurados, mas eles obtiveram os mesmos resultados. Mas como isso pode ser possível? Isso não faz sentido num universo governado pelas leis newtonianas.

---

2. Os "corpos negros" são objetos que absorvem toda radiação eletromagnética que os atingem; nenhuma radiação passa através deles ou é refletida por eles. Entretanto, teoricamente eles deveriam refletir todos os tipos de ondas de energia. Apesar do nome, os "corpos negros" não são literalmente negros porque eles irradiam luz, especialmente em grandes temperaturas.

Em 1905 Albert Einstein (1879-1955) postulou que não há éter e que a velocidade da luz no vácuo permanece constante independentemente da velocidade e do movimento do observador. Ao mesmo tempo, Einstein presumiu que todos os observadores se movendo a uma velocidade constante devem experimentar as mesmas leis físicas.

Pela combinação desses dois postulados Einstein demonstrou que intervalos de tempo mudam dependendo da velocidade do sistema e de sua relação com o observador; entretanto, só notamos esse efeito quando a velocidade do sistema chega perto da velocidade da luz (como no caso de partículas subatômicas). Assim, de acordo com a Teoria Especial da Relatividade (*Special Theory of Relativity*), as observações mudam dependendo do ponto de vista do observador.

Alguns estranhos paradoxos resultam desse novo entendimento do universo. Por exemplo, um corpo em aceleração que se dirige para longe do observador, fazendo depois meia-volta e retornando com velocidade similar, envelheceria muito mais lentamente que o observador. Este efeito foi provado com uso de relógios atômicos, os quais são extremamente acurados; entretanto, esse fenômeno só é mesmo significante quando lidamos com corpos se movendo perto da velocidade da luz. Outro caso é o seguinte: dois objetos do mesmo comprimento quando estacionários aparecerão de tamanhos diferentes se um desses corpos estiver se movimentando perto da velocidade da luz em referência ao outro; além disso, *qual* objeto parecerá mais comprido dependerá do ponto de vista do observador. Por ter demonstrado esses tipos de fenômenos a Teoria da Relatividade começou a questionar a ideia de observação objetiva e imparcial, que é algo tão central nas ciências clássicas no Ocidente.

Outra implicação da teoria de Einstein é que a matéria e a energia se tornam essencialmente permutáveis, sinônimas, o que é demonstrável pela famosa equação $E = mc^2$ (a energia é igual a massa multiplicada pela velocidade da luz ao quadrado). Com isso, a Teoria da Relatividade desafia o entendimento da matéria como algo estático e imutável que dominava a física clássica. A matéria é simplesmente uma forma especial de energia e, assim sendo, os próprios átomos não podem ser considerados como eternos e indivisíveis.

A Teoria da Relatividade também concebe o tempo e o espaço como partes de uma continuidade. Einstein descreveu o universo como tendo quatro dimensões geométricas, nas quais o tempo é tratado como algo análogo às dimensões espaciais. Assim, novas maneiras de se conceber o universo são sugeridas e alteram nosso entendimento da natureza do movimento e da transformação.

Com o desenvolvimento da Teoria Geral da Relatividade (*General Theory of Relativity*) em 1916, Einstein propôs que a gravidade não é uma força que age à distância, mas que ela é uma deformação da continuidade do espaço-tempo. Assim, o tempo corre mais devagar dependendo da influência do campo gravitacional. A Teoria Geral da Relatividade solucionou algumas aparentes aberrações da órbita de Mercúrio que não podiam ser previstas pela física newtoniana; e Arthur Eddington ajudou a provar essa teoria quando observou que a luz de uma estrela era distorcida pelo campo gravitacional do Sol durante um eclipse solar em 1919 (e isso acontece por causa de deformações no espaço-tempo).

De acordo com as teorias da relatividade, a massa e o tamanho dos objetos (bem como o fluxo do tempo) não são absolutos; quer dizer, eles dependem do ponto de vista do observador. Devido a essas teorias, aquela visão da realidade que era tão engenhosa, organizada e de "bom-senso" suprida pela física newtoniana começou a se dissolver. Uma nova dinâmica do Todo foi revelada, incluindo a unidade do espaço e do tempo, além da complementaridade de massa e energia.

Entretanto, foi nas disciplinas de física subatômica e quântica que descobertas científicas mais seriamente questionaram a síntese newtoniano-cartesiana. O mundo do minúsculo (o microcosmo) parece ser uma realidade que desafia nossa imaginação de muitas maneiras. Somos simplesmente incapazes de visualizá-lo ou concebê-lo em termos de experiências comuns. Esse microcosmo parece ser uma realidade constituída por insondáveis *koans* (aqueles problemas paradoxais usados pelo zen-budismo como maneira de ajudar o indivíduo a alcançar um novo estado de consciência que transcende o pensamento discursivo). Mesmo os cientistas ficam estarrecidos com o mundo subatômico; a mecânica quântica é usada para descrever essa realidade, mas como o físico e ganhador do Prêmio Nobel Richard Feynman disse: "Eu posso dizer que ninguém realmente entende a mecânica quântica".

A física quântica afirma que a energia é composta por pequeninos pacotes chamados de quanta. Como mencionamos anteriormente, até o final do século XIX se entendia que a luz e outras formas de energia eletromagnética eram formas de ondas que se moviam através de um meio bem delicado chamado éter. Entretanto, experimentos sobre a radiação de "corpos negros" (*blackbo-*

dy radiation) (examinando a maneira pela qual "corpos" emitem ou absorvem calor) e sobre o efeito fotoelétrico (*photoelectric effect*) (onde o foco de luz causa uma corrente elétrica no metal) demonstraram que a radiação de corpos negros é emitida numa multiplicidade de quantidades mínimas de energia; o que foi chamado de "quantum". Mais tarde, Einstein demonstrou que o efeito fotoelétrico acontece quando uma "quanta" de luz (os fótons) colidem contra a superfície do metal, e, com isso, passam sua energia aos elétrons que estão na superfície, o que gera eletricidade. Essas descobertas serviram de fundação para o desenvolvimento da teoria quântica durante a primeira parte do século XX.

Nick Herbert identificou três características da física quântica que a diferenciam da visão newtoniana do mundo. É interessante notar aqui que essas mesmas características são algo que muito perturbaram Albert Einstein; Herbert (1993: 172) nota que "Einstein ficou impressionado com o sucesso da física quântica, mas não conseguia aceitar as noções do acaso no mundo, que o mundo não é constituído por objetos e que o mundo é conectado de uma maneira tão estranha que desafia o bom-senso e sua própria Teoria da Relatividade".

A primeira característica do mundo subatômico da física quântica poderia ser descrita como *a ausência de objetos* (*thinglessness*). Os átomos, elétrons e outras partículas subatômicas não têm atributos objetivos por si só e até o momento quando são observados. Quer dizer, até o momento da observação, de certo modo, eles existem só como probabilidades; podemos entender melhor isso se imaginarmos que são entes potenciais ainda não manifestados na realidade. Além disso, a maneira pela qual nós os observamos afeta qualquer descoberta que fazemos sobre eles. Podemos medir a posição de uma partícula, mas não podemos determinar seu movimento, ou vice-versa; e entidades como partículas subatômicas e fótons são de certa maneira ondas e de outras maneiras partículas. Assim, a ideia da matéria foi redefinida em termos de "campos e forças imateriais"; o conceito clássico de "matéria" se tornou uma "ideia extinta" ou um "não conceito". Roszak (1999: 106) nota que "como Karl Popper uma vez disse, num universo quântico 'a matéria se transcende'".

Uma segunda característica do microcosmo quântico é o *acaso* ou a *indeterminação*. Num mundo constituído de probabilidades, simplesmente não há uma maneira de se saber por certo qual dessas probabilidades se realizará. Nick Herbert (1993: 176) nota que uma maneira de se entender isso é imaginarmos que "situações idênticas podem dar resultados diferentes. No mundo newtoniano situações idênticas sempre tinham os mesmos resultados e no mundo quântico dois átomos absolutamente idênticos podem exibir comportamentos diferentes". O mundo do determinismo linear se dissolve em face dessa nova realidade (pelo menos no nível subatômico).

Finalmente, o mundo quântico é caracterizado pela *inseparabilidade*, pela *relação* e pelo *emaranhado*. Quando dois objetos interagem, eles de certa forma se conectam (se *emaranham*) por certo período de tempo. E essa conexão é instantânea não importa a distância, o que à primeira vista parece violar o princípio da relatividade que proíbe comunicação mais rápida que a velocidade da luz. Enquanto essa conexão é algo misterioso (e de fato é algo inútil do ponto de vista da comunicação por causa do *acaso*), ela realmente existe. O cosmo não é simplesmente um conglomerado de objetos, mas uma teia de relacionamentos sutis. Fritjof Capra (1982: 92) observa que:

> Na física moderna, a imagem do universo newtoniano-cartesiano foi suplantada por uma outra indivisível e dinâmica, cujas partes são essencialmente inter-relacionadas e que podem ser entendidas como tendências no processo cósmico. No nível subatômico as inter-relações e as interações entre as partes do todo são mais fundamentais e importantes que as próprias partes. Há movimento, mas não há atores; há bailado, mas não há dançarinos.

Nas seções seguintes exploraremos em mais detalhes essas características do mundo quântico, e com isso ganharemos um melhor discernimento dele. Vamos lidar com essa realidade estranha como se ela fosse um paradoxo ou *koan*, porque enquanto entendemos que não podemos compreender completamente este mundo, ele *é* de fato muito sugestivo e criativo se adotarmos uma perspectiva mais intuitiva e holística.

A ausência da matéria (Thinglessness)

> *Já no final do século XIX as ciências demonstraram que o átomo newtoniano era um produto da imaginação teórica. O átomo nunca existiu; nunca houve boas razões para se acreditar em sua existência. O núcleo do átomo tem se mostrado cada vez mais poroso com o descobrimento de estruturas cada vez mais profundas. Timothy Ferris, o historiador das ciências, disse que "os átomos são como galáxias", eles são "catedrais num universo cavernoso". E, como catedrais, eles têm uma*

*maravilhosa e intricada arquitetura que se
torna cada vez mais barroca à medida que
vamos mais fundo no núcleo atômico. Ou
talvez poderíamos dizer que uma melhor
metáfora seria que o átomo se abre e revela um
mundo infinito e tão delicadamente complexo
quanto qualquer ecossistema natural do
mundo macroscópico. Nós poderíamos mesmo
conceber que o átomo tem uma ecologia,
uma coerência entre partes interconectadas*
(ROSZAK, 1999: 51).

*A matéria parece ser nada mais que uma
energia efêmera fluindo de maneira uniforme
e com maravilhosa coerência, produzindo tipos
de ondas com uma estabilidade dinâmica e
uma aparência sólida* (ELGIN, 1993: 277).

A maioria de nós conhece a tradicional imagem do átomo. Fomos ensina-dos a imaginar uma bola sólida composta por pequeninas esferas (os prótons e nêutrons) ao centro que são rodeadas por outras pequenas esferas (os elé-trons). Esse tipo de imagem do átomo já é diferente do concebido por Newton, porque ele nunca tinha pensado a existência de partículas menores que o pró-prio átomo. Para Newton, o átomo era por definição a menor partícula da matéria e indivisível por natureza.

Entretanto, no final do século XIX J.J. Thomson descobriu o elétron, uma pequena partícula com carga negativa muito menor que o átomo. Thomson propôs o que é hoje em dia chamado de modelo "pudim" (*plum pudding*) do átomo que consiste em um núcleo com carga positiva e elétrons grudados em sua carapaça. Em 1911 Ernest Rutherford descobriu que as cargas positivas no centro do átomo formavam um núcleo minúsculo, e assim ele propôs a imagem do átomo como sendo a de um núcleo denso e elétrons orbitando esse núcleo. Em 1914 Neils Bohr demonstrou que os elétrons têm órbitas dife-rentes dependendo de seu nível de energia; e, logo depois, Arnold Sommerfield e Wolfgang Pauli determinaram a forma dessas órbitas e o comportamento dos elétrons nelas. Entretanto, em 1919, Rutherford descobriu o próton, uma partícula com massa 1.836 vezes menor que a do elétron; e em 1936 James Chadwick descobriu o nêutron, que tem uma massa um pouquinho maior que a do próton.

Todas essas descobertas e modelos avançaram nosso entendimento do átomo; contudo, elas são enganosas especialmente quando tentamos visualizar o átomo. Primeiro de tudo, nenhum desses diagramas captura o espaço no átomo porque em média mais de 99,99999999999% do volume do átomo é composto por um vazio. Quer dizer, se o núcleo do átomo tivesse o diâmetro de uma ervilha (cerca de 4 milímetros) então ele teria cerca de 100 metros, ou o tamanho de um campo de futebol. E se também levarmos em conta que os elétrons são muito menores que o núcleo, colocamos tudo em perspectiva e observamos que grande parte do átomo é só um vazio; sendo assim, há muito pouco "sólido" nele.

Mas o que podemos dizer das próprias "partículas"? Mesmo essas entidades, as quais normalmente visualizamos como esferas sólidas, são essencialmente etéreas por natureza. Em 1924 Louis Broglie derivou a equação da dualidade de partícula-onda (*wave-particle duality equation*; usando o equivalente da equação $E = mc^2$ de Einstein) demonstrando que partículas podem ser concebidas como ondas. Hoje em dia, partículas não são realmente consideradas como "coisas", mas como "blocos de ondas" (*wave packets*) ou simplesmente como "eventos" (*events*). Theodore Roszak (1999: 32-33) nota que "na teoria das supercordas (*superstring theory*), uma das teorias mais esotéricas da física, partículas são entendidas como vibrações nos pequenos fios que se desdobram em dez dimensões". Se nos basearmos nessa imagem, poderíamos conceber partículas como "notas musicais que são palpáveis 'na realidade' do mesmo modo que o tom da corda de um piano também é palpável 'na realidade'". De fato, o grande físico Werner Heisenberg concebeu o cosmo como composto por algo mais parecido com uma música do que com a matéria ou energia.

De acordo com o teórico e místico Sufi Neil Douglas-Klotz, a tradicional cosmologia do Oriente Médio defende uma visão similar à da dualidade de partícula-onda, ou seja, a vibração e a manifestação concreta são entendidas como dois aspectos da mesma realidade. Por exemplo, a palavra aramaica para céu (*shemaya*) evoca a imagem da "vibração sagrada (*shem*) que vibra sem limites por toda a manifestação do cosmo (*aya*)", enquanto que a palavra para terra (*ar'ah*) pode se referir "a toda natureza de forma singular, de uma planta a uma estrela". No Gênesis esses dois arquétipos são criados do princípio, mas eles não são uma dualidade e sim uma complementaridade por natureza. Douglas-Klotz (1999: 100) nota que "do ponto de vista da 'terra', somos uma infinita variedade de seres únicos; do ponto de vista dos 'céus', estamos conectados a todos os seres do universo por uma onda ou outra de luz ou de som".

Somos completos somente quando unificamos essas duas visões da realidade; o céu é o mundo das possibilidades, potencialidades e entendimentos, e a terra é o mundo das formas manifestadas concretamente em espaço e tempo.

Uma visão semelhante da realidade foi concebida pela física quântica. As partículas não são coisas no sentido normal da palavra; e de certa maneira elas não estão nem "aqui" nem "ali" até serem observadas. De acordo com o Princípio da Incerteza de Heisenberg (*Uncertainty Principle*), é impossível saber a posição e o movimento de partículas ao mesmo tempo; quanto mais precisamente sabemos sobre um atributo, menos sabemos sobre o outro. Para observarmos uma partícula precisamos usar pelo menos um quantum de energia; por exemplo, usamos luz (a qual é composta por fótons) para ver ou para detectar algo com o uso de instrumentos. Assim, a energia quântica usada (mesmo que seja só um quantum) afeta o que observamos porque estamos lidando com partículas tão minúsculas que estas são deturpadas pela própria energia quântica usada para observá-las. Por essa razão, quando determinamos a posição de uma partícula acuradamente, afetamos seu movimento no processo, e vice-versa.

Mas o Princípio da Incerteza de Heisenberg tem implicações mais sérias que vão além da limitação em medir algo no nível subatômico. Partículas são por natureza ondas, mas estas ondas são essencialmente fundadas na "probabilidade". Quer dizer, até ser observada a partícula só existe potencialmente em algum lugar (e não num lugar em particular); há apenas uma probabilidade de onde ela pode ser achada. O próprio ato de observação, misteriosamente, força a partícula a se manifestar num lugar específico (e imprevisível). Nick Herbert (1993: 177) nota que:

> Quando decidimos qual atributo queremos medir e nos dispomos dos instrumentos necessários para isso, convidamos esse atributo (mas não seu coatributo) a se manifestar no mundo real. No *mundo não observado* da pura possibilidade atributos incompatíveis (como posição e movimentação) podem existir sem contradição, mas isso não pode acontecer no mundo real. Qual atributo aparecerá não é algo especificado pelo paradigma quântico, mas pelo tipo de medida que o observador quer fazer.

É verdade que partículas têm uma natureza de onda e é igualmente verdade dizer que a energia (incluindo a luz) tem uma natureza de partícula. Assim sendo, entidades como elétrons e fótons existem simultaneamente como ondas de energia e partículas; e em ambos os casos o Princípio da Incerteza se aplica. O'Murchu (1997: 27) observa que:

Ninguém pode dizer se eles são partículas ou ondas de energia; se eles existem definitivamente num certo momento e lugar, ou se existem como ondas de possibilidades. Hoje em dia eles tendem a ser entendidos como ondas não lineares (chamados de sólitons), cuja existência só faz sentido dentro dos parâmetros do meio ao qual pertencem, isto é, o campo subquântico pleno de informações. Assim, Laszlo (1993: 138) nos oferece a seguinte definição: "A quanta é um fluxo de sóliton observado dentro de um meio subquântico não observado.

Outra implicação do Princípio da Incerteza de Heisenberg é que no microcosmo subatômico da física quântica não há uma distinção rígida entre o observador e o observado porque eles formam um sistema único. De certo modo, o ato de observação causa "o colapso" da onda de possibilidades, forçando a manifestação de uma específica realidade na forma de onda ou de partícula. Assim, o físico Wolfgang Pauli (1900-1958) notou que toda observação envolve uma escolha e um sacrifício; quando escolhemos saber uma coisa, sacrificamos o conhecimento da outra (WILBER, 1985). Ao mesmo tempo, o que descobrimos depende do que queremos saber e isso implica um tipo de epistemologia (ou maneira de saber) radicalmente diferente do usado pela física clássica. Um dos mais importantes físicos envolvidos na pesquisa sobre a dualidade da partícula-onda no mundo quântico, Erwin Schrödinger (1887-1961), disse:

> A ideia de subjetividade em toda aparência é antiga e bem conhecida. Hoje em dia o que é novo não são só nossas impressões da realidade que dependem da natureza e da contingência de nossa sensibilidade; a própria realidade que queremos assimilar é modificada por nós, notavelmente pelos aparatos usados para observá-la [...].

> O mundo me é dado de uma só vez como existindo e como sendo percebido. Sujeito e objeto são unidos. E não podemos dizer que a barreira entre eles foi quebrada como resultado de experimentos recentes das ciências físicas porque essa barreira nunca existiu.

Neils Bohr (1885-1962) refletiu sobre o Princípio da Incerteza de Heisenberg e afirmou que era errôneo dizer que entidades subatômicas (como elétrons) podem ter direção, posição ou velocidade. De acordo com ele, "o próprio conceito de direção é algo ambíguo na escala quântica" (PEAT, 1990: 45). O'Murchu (1997: 30) percebe que nessa perspectiva mais radical:

> O mundo quântico é *real* porque eventos realmente acontecem nele e porque percebemos e identificamos vários aspectos da realidade; mas ele não é *real* no sentido de ter objetos (no latim *res*).

Thompson (1990: 99) menciona que "de acordo com a perspectiva de Copenhagen [...] até uma observação ser feita as partículas estão num estado de ambiguidade, fantasmagórico; entretanto, o ato de observação 'reduz' a partícula a um estado determinado, no qual a observamos [...]". Zohar (1993: 21ss.) adota um entendimento semelhante ao considerar a realidade como um vasto oceano de potenciais no qual o cientista (e, de fato, cada um de nós) age como se fosse uma parteira invocando a cada momento um aspecto (ou vários) do vasto potencial presente na realidade.

Para a maioria de nós, a ideia de que algo existe como uma onda de possibilidades até se manifestar como partícula desafia nossa imaginação. Um fenômeno relacionado com isso pode nos ajudar a ilustrar o quão estranho é o mundo quântico, e nós nos referimos aqui ao experimento da fresta-dupla (*double-slit experiment*). Nesse experimento a luz passa por uma fresta bem estreita e atinge uma película fotográfica; como esperado, nesse caso o padrão que emerge da película são pequenos pontos, sendo um ponto para cada fóton (o quantum indivisível da luz); então até aqui tudo bem. Contudo, quando repetimos o experimento emitindo um fóton de cada vez, mas com duas frestas bem estreitas abertas, como o fóton é indivisível esperamos que ele passe só por uma fresta, *mas não é isso que acontece* porque um padrão demonstrando interferências aparece na película. Mas como pode ser isso possível? Se cada fóton foi emitido individualmente, como ele pode ter interferido com outro fóton? Não havia outro fóton que pudesse causar qualquer interferência! Peat (1990: 10) nota que:

> A inevitável conclusão disso é que a física quântica jogou o bom-senso pela janela e que os físicos foram obrigados a reconhecer que um único e indivisível fóton *age* como se pudesse passar por duas frestas (e estar em dois lugares diferentes) ao mesmo tempo. Senão, algum tipo de comunicação novo e misterioso está ocorrendo e informando um fóton numa parte do universo do que está ocorrendo em outras partes.

Os resultados desse experimento são idênticos se usarmos outras partículas, como o elétron, ao invés de luz. O experimento da fresta-dupla não só demonstra o quão estranho é a dualidade do mundo das partículas-onda; isto pode ser uma indicação de que há uma profunda e fundamental unidade conectando o comportamento de todas as partes.

Como notamos anteriormente, o experimento da fresta-dupla parece sugerir que é possível para uma partícula ou um quantum de energia estar em dois lugares ao mesmo tempo. De certo modo isso não deveria nos surpreender porque se uma partícula não está em lugar algum até ser observada, então ela está, de certa maneira (ou pelo menos potencialmente), presente em vários lugares ao mesmo tempo[3].

De fato, conceitos como direção e posição têm pouco sentido quando lidando com fenômeno quântico. Por exemplo, é possível para uma entidade quântica se mover de um lugar para outro sem nunca ocupar o espaço entre esses dois lugares. Isto ocorre, por exemplo, quando um elemento radioativo emite partículas elementares de seu núcleo. Num primeiro instante elas estão no núcleo e no momento seguinte elas estão se movendo no exterior em alta velocidade; entretanto, elas nunca "escapam" do núcleo. Além disso, "o pulo" é instantâneo; é como se a partícula desaparecesse do núcleo e simplesmente reaparecesse fora dele.

Neils Bohr afirmou que somos simplesmente incapazes de construir um modelo ou imagem do mundo atômico porque as percepções da realidade que experimentamos, bem como nossos entendimentos da física clássica, interferem cada vez que tentamos fazer isso. David Peat (1990: 64) escreve que "nosso discurso sobre direção, órbita e propriedades intrínsecas representa um resíduo de maneiras clássicas de conceber o universo. Quando tentamos imaginar o átomo, esses entendimentos interferem e resultam num paradoxo e em confusão". Precisamos usar pares de palavras como espaço e tempo, ou partícula e onda. Uma partícula elementar tem uma forma individual e localização, ao mesmo tempo em que apresenta uma forma distribuída de onda. Na concepção da cosmologia do Oriente Médio, ela é simultaneamente parte do mundo de *shemaya* (céu) e de *ar'ah* (terra).

A realidade subatômica parece não ter "coisas" no senso normal da palavra. O físico e ganhador do Prêmio Nobel Steven Weinberg concluiu que "da fusão da relatividade com a física quântica uma nova visão do mundo apareceu, na qual a matéria perdeu sua posição central" (apud ROSZAK, 1999: 51). De maneira similar e como notamos anteriormente, Werner Heisenberg começou eventualmente a ver o universo como composto por música ao invés de matéria e energia; ele notou, ao comentar sobre partículas subatômicas, que "as menores

---

3. Uma maneira de entender o que acontece nesse experimento melhor é considerar cada fóton (ou elétron) que se aproxima das duas frestas como sendo "um ente em potencial", porque ele ainda não foi observado. Assim, uma possibilidade do fóton passa por uma fresta, outra possibilidade desse mesmo fóton passa pela outra fresta e uma interfere com a outra *antes* de atingirem a película onde ela é finalmente observada. O fóton (ou elétron) é forçado a se manifestar só quando ele atinge a película, mas quando isso acontece, a interferência já ocorreu no mundo das possibilidades; e por causa disso nós observamos o padrão de interferências na película.

unidades da matéria não são de fato objetos físicos no sentido ordinário da palavra; elas são formas ou estruturas (ou Ideias num senso platônico)" (WILBER, 1985: 52). Heisenberg notou durante uma conversa com David Peat que o conceito de "'elementos essenciais da matéria' dá uma interpretação confusa da natureza da realidade quântica; na verdade, 'os elementos essenciais da matéria' nada mais são que manifestações superficiais de processos quânticos mais profundos. O mais fundamental são [...] as simetrias e não as partículas" (PEAT, 1994: 283). E outro físico, David Bohm (1917-1992), descreveu partículas subatômicas como sendo "concentrações e nós em um campo contínuo e fundamental" (apud ROSZAK, 1999: 52). Elas são entidades que de alguma maneira dão forma e solidez à matéria, mas elas mesmas são não materiais. No fundo, o cosmo não é formado por "coisas", mas por uma estrutura relacional e dinâmica que emerge de algo mais profundo e sutil.

Relações fundamentais

Para os físicos que vieram depois de Einstein, até a distinção entre a existência e a não existência se tornou tênue. O padrão ondular em relações interdependentes demonstra a possibilidade de "uma tendência de existir" como evento ou partícula. Ao invés de desconstruirmos o mundo e descobrirmos entes fundamentais ou "elementos essenciais", os cientistas descobriram uma teia de relacionamentos num vazio na qual eventos acontecem e são interconectados uns com os outros. Essa teia de relacionamentos está ligada a todo o cosmo, no qual tudo é conectado a tudo e não apenas espacialmente, mas temporalmente também (RUETHER, 1992: 38).

O microcosmo quântico é onde o mundo dos objetos se dissolve em um mundo de processos e relacionamentos. O físico Henry Stapp escreveu que "uma partícula elementar não é uma entidade existindo independentemente. Ela é em essência um grupo de relacionamentos alcançando todas as coisas" (apud CAPRA, 1982: 81). Stapp também descreve o átomo como "uma *teia de relacionamentos* no qual nenhuma parte pode existir sozinha; cada parte deriva seu significado e existência do lugar que ocupa no todo" (apud ROSZAK, 1999: 126).

A evidência da profunda natureza relacional desse microcosmo vem de experimentos usando gigantescos aceleradores que quebram partículas subatômicas. A partir desses experimentos descobrimos que quanto menores forem as partículas, mais forte será o relacionamento entre elas. As partículas subatômicas chamadas quarks, por exemplo, coexistem em grupos muito coesos[4]. Mesmo com o uso de forças titânicas só é possível separá-los por um mero instante (menos de um quadrilhésimo de segundo) antes de se reagruparem novamente. Theodore Roszak (1999: 125) se refere a esse caso e observa que "a complexidade das tendências de totalidade no mundo atômico e subatômico está se mostrando mais tenaz, mais resistente ao distúrbio do que qualquer outra coisa composta por eles. É como se a natureza estivesse tentando nos dizer que a relação é o que vem primeiro e que não há nada mais fundamental".

Essa teia de relações fundamentais do cosmo também se mostra a partir das conexões "não locais", as quais são instantâneas e independem de distâncias. Esse fenômeno, que algumas vezes é chamado de entrelaçamento quântico, ocorre quando duas partículas interagem entre si; a partir desse momento, elas permanecem misteriosamente ligadas e o estado de uma partícula permanece permanentemente correlacionado ao da outra.

As implicações desse tipo de entrelaçamento quântico foram primeiro discutidas em 1935 quando Einstein, junto com Boris Podolsky e Nathan Rosen, publicaram um artigo argumentando que a física quântica estava incompleta. Nesse artigo eles fazem uso de um "exercício intelectual" (*thought experiment*) para demonstrar que a teoria quântica implica, por exemplo, que, quando medimos um atributo de uma partícula, necessariamente afetamos qualquer outra "entrelaçada" à partícula observada por causa de interações anteriores. Visto que esse efeito deve necessariamente ser instantâneo e independer das distâncias entre essas partículas, Einstein e seus colegas concluíram que a teoria quântica está incompleta porque essas comunicações instantâneas e não locais entre partículas parecem violar a impossibilidade de comunicação mais rápida que a luz imposta pela Teoria da Relatividade.

Em 1964 John Bell (1928-1990) demonstrou o erro desse argumento quando propôs o que é hoje chamado de "Teorema de Bell" (*Bell's Theorem*). Ao invés de se presumir que conexões não locais são impossíveis, Bell conje-

---

4. Os prótons e nêutrons são na verdade compostos por quarks. Há vários tipos de quarks incluindo *up* (para cima), *down* (para baixo), *charm* (charme), *strange* (estranho), *top* (topo) e *bottom* (fundo) quarks!

turou que elas na verdade existem. Se alguém observar uma partícula e com isso "o colapso de seu estado de onda" porque ela foi forçada a se manifestar de maneira particular, então o estado de onda de qualquer outra partícula entrelaçada a ela vai necessariamente atingir o colapso simultaneamente. Experimentos subsequentes confirmaram esse fenômeno; entretanto, essas conexões instantâneas são muito sutis e não são significantemente visíveis, uma vez que ocorrem por debaixo da superfície da realidade percebida. Podemos provar que elas existem, mas não podemos vê-las diretamente.

As conexões entre partículas não só transcendem o espaço como também o tempo. Robert Nadeau e Menas Kafatos (1999: 50) notam que outros experimentos demonstram que "o passado é inexoravelmente mixado ao presente e que o fenômeno do tempo está diretamente conectado à escolha de experimentos". O Teorema de Bell e o fenômeno de entrelaçamento quântico parecem identificar uma unidade profunda e fundamental conectando o cosmo inteiro no nível quântico da realidade. De fato, dado nosso atual entendimento dos princípios do universo, no qual a energia, o espaço e o tempo despontaram juntos no tão chamado *big-bang*, então nos parece apropriado afirmar que as entidades quânticas têm interagido umas com as outras e se tornado entrelaçadas. Nadeau e Kafatos (1999: 81) notam que:

> O físico N. David Mermin demonstrou que o entrelaçamento quântico aumenta exponencialmente dependendo do número de partículas envolvidas no estado quântico original e que não há limite teórico para o número de partículas entrelaçadas. Sendo assim, o universo pode ser num nível bem básico nada mais que uma teia de partículas, que se mantêm em contato imediato ("fora do tempo"; *no time*) a qualquer distância, mesmo não trocando energia e informações. Contudo, isso sugere (mesmo que pareça muito estranho) que toda a realidade física é um sistema quântico único que responde em conjunto a qualquer interação [...]. Não localidade e não dissociação [...] podem ser entendidas como condições factuais do universo.

A ideia de conexões não locais, mesmo que sejam por natureza muito sutis, foi tão chocante para Einstein e seus colegas que eles simplesmente não podiam aceitá-la. A não localidade representa um enorme desafio para alguns dos pressupostos mais queridos das ciências desde o tempo de Descartes e Newton. Quando o universo era entendido como uma máquina gigantesca, imaginávamos um universo cheio de "objetos" se empurrando e atraindo. Um "objeto" se movia porque algo havia agido sobre ele; a causalidade não era só linear, mas era também local e mecânica por natureza.

Mas no caso do entrelaçamento quântico, não há objetos se empurrando ou atraindo, e com isso o relacionamento de causa e efeito se torna muito mais misterioso e complexo. De fato, o mundo quântico inteiro parece ser governado pela chance e pela probabilidade, o que é algo que cientistas como Einstein acham difícil de aceitar; Einstein até disse: "Eu não posso acreditar que Deus jogaria dados com o universo" (apud HERBERT, 1993: 173). Entretanto, a existência de conexões não locais nos fornece uma oportunidade para entender o fenômeno da causalidade no mundo quântico. Capra (1982: 85-86) argumenta que:

> De acordo com a física quântica, eventos específicos não têm sempre uma causa definida. Por exemplo, quando o elétron pula de uma órbita para outra, ou quando uma partícula subatômica se desintegra, esses são eventos que podem ocorrer espontaneamente e não precisam ser causados por outros eventos. Nunca podemos prever quando e como esses tipos de fenômenos vão ocorrer; só podemos conjeturar a probabilidade de ocorrerem. Isso não quer dizer que eventos no nível atômico ocorrem de maneira completamente arbitrária, mas que eles não acontecem em decorrência de causas locais. O comportamento de qualquer parte é determinado por conexões não locais com o todo e como nós não sabemos muito a respeito dessas conexões, temos que substituir nossas noções clássicas de causa e efeito com o conceito mais amplo de causalidade estatística.

Talvez, ao invés de "causalidade estatística" seria melhor dizermos "causalidade holística". Tivemos num cosmo cujas fundações são construídas por relações profundas, fundamentais. Assim, de maneira sutil, tudo influencia tudo. A causa e o efeito não são lineares nem locais, mas também não são completamente ocasionais; quer dizer, eles são misteriosos e criativos. A imagem de um universo-máquina foi destruída, e o que aparece no lugar dela é algo muito mais holístico em natureza, muito mais parecido com um organismo do que com um mecanismo.

O vazio repleto de potencial

> *O tecido do espaço-tempo está [...] envolvido no bailado da criação. O tão chamado espaço vazio não é mais visto como um vácuo descaracterizado e indefinido, como era concebido pela física clássica. O espaço não é simplesmente a ausência de forma à espera de ser preenchido por matéria; o espaço*

é uma presença dinâmica repleta de uma
inacreditavelmente complexa arquitetura
(ELGIN, 1993: 279).

Na física clássica a contrapartida da matéria dura e sólida era o vazio espacial. Como já vimos, a matéria dura de Newton e de seus seguidores foi dissolvida em algo muito mais sutil e etéreo. Os próprios átomos são nada mais que formas cintilantes de ondas; eles são mais parecidos com turbilhões dinâmicos do que com uma substância. Os elétrons vibram quase quinhentos trilhões de vezes por segundo, quer dizer, o número de tique-taques que um relógio faria em dezesseis milhões de anos. O físico Max Born (1882-1970) disse: "Quanto mais fundo nós vamos, mais inquieto o universo se torna; tudo flui e vibra num bailado indômito" (apud ELGIN, 1993: 277).

Entretanto, a física moderna muda nossa concepção da matéria; o espaço e o tempo se tornam emaranhados formando uma dinâmica unidade. Ao mesmo tempo, a partícula e sua antipartícula podem espontaneamente surgir desse aparente vazio e logo depois se aniquilarem. De onde elas vêm? Elas parecem surgir do vazio (mas não temos certeza se o vazio é simplesmente devido à nossa percepção do espaço-tempo ou se há uma realidade escondida da qual o próprio espaço-tempo surge). Seja como for, esse "vazio repleto de potencial" parece ser um vasto oceano de energia pleno de possibilidades. Alguns físicos chegam a especular que, em certas ocasiões, as ondas de energia no vazio se juntam, e desta breve junção um novo universo aparece.

A física clássica nos ensinou a ver a matéria como algo fundamental; o espaço era entendido como se fosse uma tela na qual a matéria existe e se move. Entretanto, no novo entendimento do cosmo o espaço ganha primazia; Elgin (1993: 279) comenta que "o espaço não é um vazio estático, mas um processo de contínua abertura que proporciona o contexto para a matéria poder se manifestar. Já que o espaço-tempo é inseparável do movimento (e o movimento é uma forma de se descrever a energia), então grandes quantidades de energia são requeridas para a contínua abertura do grande volume de espaço-tempo em nosso cosmo".

De acordo com a Teoria Quântica de Campos, o que percebemos como sendo "um vazio espacial" na verdade contém uma grande quantidade de "energia de zero ponto" (*zero point energy*) que surge da combinação de todos os campos quânticos que a compõe. O "vácuo", e não a matéria, é o fundamental; a matéria é simplesmente uma pequena perturbação num vasto oceano de energia. Algumas estimativas dizem que num centímetro cúbico do "vazio" (ou espaço manifestado como sendo "vazio") há uma quantidade de energia equivalente à explosão de toda a matéria conhecida no universo (BOHM & PEAT, 1987).

O próprio átomo nos permite vislumbrar esse vasto oceano de energia. Se seguirmos a física clássica, então esperaríamos que os elétrons radiassem energia e gradualmente sucumbissem em direção ao núcleo. Entretanto, isso não acontece. De fato, esse problema inspirou o nascimento da física quântica, na qual os elétrons estão contidos em órbitas específicas ou níveis de energia. Assim sendo, os elétrons só irradiam energia quando pulam órbitas (eles não irradiam energia constantemente) e nesse caso eles emitem energia como múltiplos inteiros de apenas um quantum.

Contudo, isso não explica por que os elétrons nas órbitas inferiores não caem eventualmente no núcleo. A resposta tradicional é: "Eles simplesmente não caem". Harold Puthoff, um físico da Universidade do Texas (*University of Texas*), concebeu uma teoria alternativa que pode nos dar outra resposta. Puthoff acredita que o átomo suga constantemente energia do vácuo inerente para compensar a perda de energia irradiada pelo elétron. De acordo com Duane Elgin (1993: 278), Puthoff afirma que "a estabilidade dinâmica da matéria é a prova da presença de um oceano de energia imenso que está presente em todo o universo".

Por causa disso, alguns físicos sugerem uma nova cosmologia de contínua-criação, visto que a matéria é mais bem entendida como um tipo de processo ininterrupto; ou "tendências que se perpetuam; turbilhões de água num rio que corre constantemente", como o matemático Norbert Wiener (1894-1964) diz. Objetos materiais podem ser compreendidos como "padrões de ressonância dinamicamente construídos existindo dentro de tendências de ressonância maiores presentes no 'agrupamento' que é nosso universo" (ELGIN, 1993: 277-278). De acordo com essa visão, o universo inteiro continuamente cintila em existência e cessa de existir a cada momento. Percebemos a matéria como sendo sólida simplesmente porque as oscilações entre esses dois momentos ocorrem muito rápido. A realidade é como uma vibração surgindo do "vazio repleto de possibilidades", como uma onda num oceano de energia.

Brian Swimme compara o vazio à "escuridão extremamente-essencial de Deus", a qual é "a base de todo o *ser*" (apud SCHARPER, 1997: 121). Zohar e Marshall (1994) comparam o "vazio" ao conceito budista de *sunyata*, um vácuo repleto de pura potencialidade. E nós podemos compará-lo ao próprio Tao:

O Tao é uma taça vazia;
quando se usa, não se enche.
Parece não ter fundo.
É como a fonte de todas as coisas (Tao Te Ching, § 4).

As palavras de Thomas Berry (1999: 175), quando ele refletiu sobre a imensa quantidade de energia no vazio, parecem-nos apropriadas aqui: "Não nos faltam forças dinâmicas para a criação do futuro. Estamos imersos num oceano de energia que vai além da nossa compreensão. Mas essa energia, no final, não pode ser apropriada pela dominação, mas pela invocação". Berry pode não estar se referindo à energia do ponto-zero da Teoria Quântica de Campos, mas as duas imagens se convergem. Seria possível *invocar* a grande quantidade de energia presente no vazio para realizarmos novas possibilidades? Como poderíamos fazer isso? Obviamente, isso não é uma questão de força de vontade porque não podemos dominar ou controlar quantidades tão vastas de energia. Entretanto, há alguma maneira de invocarmos essa energia e de ajudarmos a criar novas possibilidades do vazio pleno de potenciais?

Talvez as tradicionais práticas de meditação concebidas para nos ajudar a alcançar um estado de vazio receptivo poderiam nos ajudar nessa tarefa. Em todo o caso, se refletirmos sobre o vasto potencial ao nosso redor, teremos uma nova esperança na possibilidade de uma profunda e genuína libertação que mudará fundamentalmente nosso relacionamento com o cosmo, com a Terra e com toda a comunidade de vida à qual pertencemos.

A imanência da mente

Hoje em dia há um grande consenso, quase unânime, nas ciências físicas de que nosso conhecimento está cada vez mais demonstrando uma visão não mecânica da realidade; o universo começa a parecer cada vez mais como um grande pensamento do que com um grande maquinário. A mente não é mais considerada como um intruso acidental no mundo da matéria; começamos a suspeitar de que deveríamos aclamá-la como a criadora e governadora da matéria; certamente, não nos referimos aqui a nossas mentes individuais, mas à mente na qual os átomos que formam nossas mentes vieram a existir como pensamentos (SIR JAMES JEANS, apud WILBER, 1985: 151).

A visão cartesiana do mundo foi construída num rigoroso dualismo que separava a mente da matéria. Entretanto, a física quântica parece ter dissolvido tal separação. A natureza da matéria foi transformada no que o físico Arthur Eddington (1882-1944) chama de "substância mental" (WILBER, 1985). O Princípio da Incerteza de Heisenberg demonstra que o que é observado depende das escolhas feitas pelo observador. O ato de observação não só deturpa o que está sendo medido; ele também convida a partícula a se manifestar de uma maneira específica (ou talvez ele a invoca em existência). Até o momento quando a observação acontece, Heisenberg afirma que as entidades quânticas (como o átomo e as partículas elementares) "formam um mundo de potencialidades ou possibilidades ao invés de um mundo de coisas e fatos" (apud PEAT, 1990: 63). Inspirando-se nesse entendimento, o matemático John von Neumann (1903-1957) defendeu a ideia de que na totalidade do mundo físico permanece uma mera possibilidade (quer dizer, uma onda de probabilidades) até o momento quando a mente consciente "decide promover uma porção do mundo de seu estado normal de indefinição a uma condição de existência real" (HERBERT, 1993: 156). Nick Herbert (1993: 250) descreve a visão de Neumann da seguinte forma:

> A ideia geral de Neumann e de seus seguidores é de que o mundo material não é propriamente material; ele consiste em nada mais do que constantes possibilidades vibratórias não realizadas. A mente entra nesse mundo de puras possibilidades para tornar algumas delas reais, e para impor propriedades como solidez, valor e fiabilidade (as quais são tradicionalmente associadas à matéria) no resultante mundo das percepções.

Na visão de Neumann, a consciência essencialmente traz existência à realidade. Essa é uma ideia muito intrigante e certamente nos leva a grandes questões filosóficas, como: Poderíamos dizer que algo foi observado se não houver uma consciência envolvida? Por exemplo, um instrumento emitindo um quantum de energia para detectar a posição de uma partícula elementar por si só não pode causar "o colapso do estado de onda" dessa partícula mais que um fóton de luz ao acaso poderia. Um observador registrando os dados deve estar envolvido nisso (e isso implica o envolvimento de uma consciência). Esse entendimento de Neumann (de que a consciência é um pré-requisito para a observação) parece ser uma consequência lógica do Princípio da Incerteza de Heisenberg. Morris Berman (1981) observa que esse tipo de interpretação da física quântica implica um novo entendimento de consciência participativa; quer dizer, implica algo mais parecido com a visão alquímica do que com a visão das ciências tradicionais.

Alguns teóricos têm chamado essa visão de *animismo quântico*. Tal perspectiva (de que nossas mentes causam a manifestação da realidade) coincide com o entendimento de muitas religiões e filosofias do Oriente. Entretanto, poderíamos nos perguntar aqui se essa visão não é profundamente antropocêntrica por privilegiar a consciência de tal forma; ou seja, os seres humanos parecem ganhar um papel central. Nesse caso passamos a acreditar que a mente e a consciência são atributos exclusivamente humanos. Na realidade, não há razão alguma para se acreditar que animais, por exemplo, não têm alguma forma de consciência. De fato, é quase impossível *provar* que algo tem ou não tem consciência. Nós só sabemos que temos consciência porque a experimentamos diretamente; presumimos que outras pessoas também a possuem porque elas assim o afirmam, mas não temos provas diretas disso. Poderia o fenômeno da consciência ser muito mais comum do que presumimos? Certamente, podem haver diferentes formas de consciência relacionadas a diferentes entes; talvez, até mesmo plantas tenham alguma forma de consciência. O fato é que não podemos saber definitivamente de um modo ou de outro.

Se, como James Jeans (1877-1946) afirmou, o cosmo se parece com um grande pensamento, então não poderíamos dizer que a mente é imanente ao cosmo? Como examinaremos em mais detalhes no capítulo 10, parece-nos improvável que o universo tomou forma ao acaso e a partir do mero embaralhamento de partículas, energias e da matéria que vai surgindo disso. Assim sendo, como Jeans declarou, a mente deve ser concebida como a autora e criadora da totalidade do mundo material, e de todo o cosmo? Se entendermos a consciência, incluindo a consciência autorreflexiva, como uma propriedade emergente do processo de evolução cósmica, então devemos entender o próprio universo como sendo de alguma maneira consciente. Certamente, os seres humanos podem ser considerados como um aspecto do cosmo que se tornou consciente; mas se a consciência apareceu na humanidade, então ela pode também ter surgido em outros lugares e em outros organismos da Terra (mesmo que ela apareça de outras maneiras que causam variações da capacidade reflexiva). Theodore Roszak (1992: 134) afirma:

> Se o tempo é concebido como possuindo um começo, então, num sentido que as ciências não conseguem explicar, a mente que eu uso para escrever essas palavras, a mente que você usa para lê-las, sempre existiram e se desdobraram com as primeiras radiações que se dilataram do nada para criar o espaço. As leis, as tendências e as estruturas para seu desenvolvimento através do tempo já estavam presentes aí. Quando observamos os primórdios do universo e estudamos a

radiação de fundo (*background radiation*) no espaço sideral ou a movimentação de corpos celestes muito distantes, utilizamos essa consciência que nasceu do processo de evolução cósmica e assimilamos o que entendemos ser uma ideia; quer dizer, a ideia do cosmo.

David Spangler nota que culturas inspiradas pela cosmologia mecânica veem a mente e a consciência como algo efêmero, enquanto que algumas tradições místicas e animistas entendem o contrário, quer dizer, que a realidade física, incluindo a matéria, deve ser considerada como uma projeção da consciência; a realidade foi invocada a existir pela consciência. Este último tópico parece ser muito similar ao *animismo quântico*. Mas se de alguma forma a mente constrói nossas percepções da realidade física, ela não o faz de maneira controladora ou dominadora. Spangler (1996: 59) comenta que "a mente não está 'acima da' matéria (e a matéria não está 'acima da' mente). Elas se moldam e se afetam num bailado universal que cria e destrói formas e tendências". Similarmente, o filósofo Peter Koestenbaum escreve que "não há uma fronteira definida entre a mente e a matéria [...]. A área de conexão é mais como um nevoeiro que gradualmente se torna mais denso" (apud BERMAN, 1981: 148). A mente e a matéria se interpenetram; uma dá existência a outra; ou talvez elas só sejam mesmo simples manifestações de algo que existe num nível bem sutil.

Dado este entendimento da mente e da natureza, o físico Wolfgang Pauli afirmou que deveríamos ver o corpo e a mente como "aspectos complementares da mesma realidade". Morris Berman (1981: 148) acredita que de acordo com a física quântica o relacionamento entre o corpo e a mente pode ser entendido como um tipo de campo "alternadamente diáfano e sólido".

Então, assim como a matéria pode ser de alguma forma construída pela mente, esta pode também de algum modo surgir da matéria; ou, mais precisamente, de processos quânticos no cérebro. Danah Zohar e I.N. Marshall (1994: 73) notam que não há simplesmente um processo mecânico que possa explicar o extremamente unificado senso de "eu" que resulta da interação entre os cem bilhões de neurônios no cérebro, mas "uma estrutura quântica holística e emergente possivelmente poderia". Eles propõem que nossos cérebros podem gerar o chamado "condensado de Bose-Einstein" (*Bose-Einstein condensate*) ou algum outro fenômeno similar. O condensado de Bose-Einstein é produzido por *lasers* onde os fótons se correlacionam num mesmo estado óptico; e por supercondutores onde grupos de elétrons-conectados (chamados de pares de Cooper (*Cooper pairs*)) ocupam possibilidades quânticas idênticas. Herbert Frölich, um físico britânico, teorizou que sistemas vivos também podem ser capazes de produzir isso a partir do fenômeno de ferroeletricidade; e, por sua vez, Marshall acredita que esse tipo de fenômeno pode existir no cérebro (HERBERT, 1993).

O condensado de Bose-Einstein é caracterizado por apresentar uma ordem fluida de constantes mudanças e um estado unitário de grande correlação. Algo parecido pode explicar a unidade interna das experiências tão característica da consciência; quer dizer, o campo elétrico cerebral gerado com extrema coerência pode constituir um "estado de fundo" para a consciência, o qual nos permite ter um senso do "eu". Este "estado de fundo" é análogo a um oceano no qual nossos pensamentos, emoções, memórias e imaginações causam pequeninas ondas na superfície.

Outra razão para se acreditar que o cérebro possa ter processos quânticos, como os dos condensados de Bose-Einstein, é que isso poderia explicar sua maravilhosa capacidade de processamento. Um neurobiólogo calculou que um computador usando processamento em paralelo levaria mais tempo para processar apenas um evento perceptivo do que já se passou desde o princípio do universo. Em contraste com isso, se o cérebro faz o mesmo uso de processos quânticos, então ele seria capaz de testar todas as diferentes combinações de possibilidades de dados simultaneamente, o que lhe permite produzir rapidamente um sentido de experiência unificada (ZOHAR & MARSHALL, 1994).

Se a mente funciona de certo modo no nível quântico da realidade, então seria ela capaz de interagir diretamente com outros fenômenos quânticos? Poderia a mente intervir diretamente no que chamamos de realidade física? Um estudo extensivo conduzido por Robert Jahn e Brenda Dunne descobriu que a mente parece ser capaz de afetar as operações de um gerador de números ao acaso. O efeito é minúsculo, mas mensurável. Depois de sete anos de trabalho, o efeito de psicocinese foi tão notável que há apenas uma chance em um milhão de que foi causado pelo acaso. Nick Herbert (1993: 199) conclui que "se experimentos desse tipo tivessem sido conduzidos desde a Idade da Pedra, não mais que um resultado semelhante a esse teria ocorrido por acidente".

Outro experimento muito bem construído demonstra que mentes separadas parecem ser capazes de se ligar de um modo que desafia qualquer explicação em termos ordinariamente físicos. William Braud e Donna Shafer separaram pares de pessoas em edifícios diferentes. Um indivíduo era capaz de ver o outro por uma tela de televisão conectada a uma câmera focada na outra pessoa. A cada trinta segundos era perguntado à pessoa que estava sendo observada se o indivíduo no outro edifício a estava observando ou não. Eles deveriam ser capazes de adivinhar corretamente metade das vezes pelo acaso e foi este o resultado produzido. Entretanto, um sensor cutâneo galvânico conectado à pessoa sendo observada detectou estresses anormais 59% das vezes que ela de fato estava sendo observada; o que é significantemente maior que 50%. Assim, num nível subconsciente, aqueles que estavam sendo observados sentiam isso, mesmo que não estando conscientes disso. Herbert (1993: 241) conclui que: "Esse experimento parece sugerir que mentes separadas podem se ligar de maneiras que vão além de explicações ordinárias e mecânicas. Nesse caso, a conexão parece ter ocorrido abaixo do nível consciente e foi registrada como uma resposta corporal sutil ao invés de uma percepção consciente". Talvez isso seja uma indicação de algum tipo de conexão não local operando no nível quântico.

Um terceiro experimento estudando o relacionamento entre a reza e a cura parece indicar que o pensamento e a intenção influenciam processos biológicos a distância. O cardiologista Randolph Byrd dividiu quase quatrocentos pacientes cardíacos em dois grupos. Os nomes daqueles pertencentes a um desses grupos foi dado a grupos de reza nos Estados Unidos. De quatro a sete pessoas rezavam por cada um desses pacientes, mas os pacientes e os médicos que os tratavam não sabiam que isso estava ocorrendo. Entretanto, tal estudo concluiu que o grupo de pacientes recebendo a atenção dos grupos de reza precisava cinco vezes menos de antibióticos e tinha uma chance três vezes melhor de não desenvolver água nos pulmões. Nenhum dos pacientes recebendo o benefício de rezas precisou de entubação endotraqueal para ajudar com a respiração em comparação com doze pessoas no outro grupo. Além disso, o efeito da reza parece independer da distância (HERBERT, 1993). Certamente, esse fenômeno pode ser atribuído à intervenção divina, mas esse tipo de explicação também vai além de nosso entendimento mecânico. Ou a mente dos indivíduos rezando pelos pacientes afetou esses pacientes ou houve a intervenção de uma Mente maior.

Se a intenção e o pensamento interagem de alguma forma com a realidade física, isso tem importantes implicações para ações transformativas. A liberação deve ser libertação de estruturas sociais opressivas e libertação de maneiras de pensar opressivas. O entendimento e a intenção podem ter um efeito real e direto em nosso trabalho para o restauro da saúde e do bem-estar do planeta; de fato, o entendimento e a intenção podem ter um papel central nisso. Isto não quer dizer que organização e engajamento político não são importantes ou necessários; apenas quer mostrar que devemos trabalhar nossas intenções (ou espiritualidade) ao mesmo tempo em que trabalhamos para transformar as estruturas de dominação e opressão. Não deve haver uma dicotomia nisso.

Se a realidade mental e física se interpenetram, então qual é a implicação disso para o lugar que a humanidade tem no cosmo? Se nos referirmos à pergunta posta por Brian Swimme de novo: É o universo um lugar amigável? James Jeans pode nos dar uma resposta:

> Esse novo conhecimento sendo gerado nos leva a revisar nossas conclusões precipitadas de que vivemos num universo que não se importa ou que é hostil à vida. O antigo dualismo da mente e da matéria, o qual era o principal responsável pela suposta hostilidade, parece ter desaparecido; não é porque a matéria se tornou mais sombria (ou não substancial) do que já era ou porque a mente se tornou uma função da matéria, mas porque a matéria é entendida como a criação e a manifestação da mente (apud WILBER, 1985: 151).

Obviamente, o relacionamento entre a mente e aquilo que é normalmente concebido como realidade física é algo muito complexo. Entretanto, o que fica claro é que o antigo dualismo cartesiano que separava a mente e a matéria se torna insustentável por causa da física quântica. No mínimo, a consciência parece ser capaz de causar o "colapso do estado de onda" e induzir a realidade a se manifestar de um modo particular; então, no nível de fenômenos quânticos a mente, de certa forma, traz existência à realidade. Ao mesmo tempo, parece ser possível que a própria mente tenha uma dimensão quântica em seu funcionamento. É provável que a mente e a matéria interajam de maneiras que ainda não entendemos e que conexões entre mentes existam. Seja como for, o processo de libertação deve se esforçar para unir o pensamento, a visão e a intenção com métodos tradicionais de organização e de ações transformativas.

O cosmo holístico

> Dizem que no céu de Indra há um conjunto de pérolas arrumadas de forma que se você olhar para uma você vê todas as outras refletidas nela, e se você se mover dentro desse conjunto, você causa o toque de sinos que podem ser ouvidos pelo conjunto inteiro, por toda parte da realidade. Dessa maneira, cada pessoa, cada objeto do universo, não está sozinho, mas está envolvido com tudo no universo; de certo modo, toda pessoa e objeto representa ele (paráfrase de HOUSTON (1982: 188) do *Avatamska Sutra*).

Uma específica forma da realidade parece momentaneamente se manifestar do vasto oceano de possibilidades no mundo quântico; e a mente e a consciência parecem ter um importante papel nesse processo de manifestação. Mas há algo além dessa realidade mais profunda, "por detrás do véu" (*beyond the veil*), da qual as partículas elementares e ondas se manifestam? Poderíamos dizer que a mente, a energia, a matéria, o espaço e o tempo surgem de outro plano, o qual não podemos perceber diretamente, mas apenas inferir?

James Jeans acreditava que a mais importante consequência da física quântica foi que os cientistas, pela primeira vez em séculos, foram forçados a reconhecer que lidavam apenas com as "sombras" da realidade, e não com a própria realidade. Schrödinger concordou com isso e disse: "Precisamos notar que os recentes avanços da física quântica e relativista não causaram ao mundo físico um caráter de "sombra"; de fato, esse foi o caso desde a era de Demócrito de Abdera e mesmo antes dele. Entretanto, não tínhamos consciência disso e pensávamos que estávamos lidando com a própria realidade" (apud WILBER, 1985: 7). Mas se isso é verdade, quer dizer, que estamos lidando com "sombras", então o que está causando a "sombra" que percebemos?

Uma das teorias mais intrigantes tentando responder essa questão foi proposta pelo físico David Bohm e é chamada de analogia holográfica (*holographic analogy*). O holograma é um padrão de interferência registrado numa chapa fotográfica por dois *lasers*, sendo um refletido do objeto fotografado para o filme e outro (o raio de referência) dirigido diretamente ao filme. Enquanto que a imagem registrada na chapa fotográfica é indecifrável a olho nu, uma imagem tridimensional do objeto original pode ser reproduzida quando um *laser* passa pelo filme revelado. O que é ainda mais interessante é que apenas um pequeno fragmento da chapa fotográfica pode reproduzir a imagem inteira em tamanho reduzido. Como as pérolas de Indra descritas pela "sutra" budista no começo desta parte do livro, cada holograma contém a essência do todo.

A analogia holográfica postula a existência de um nível *explicativo* e de um nível *implicativo* na realidade. A ordem *implicativa*, como a imagem na chapa fotográfica, é uma realidade "dobrada"; ou seja, em essência ela é a base unificadora da qual todo fenômeno surge, é o vazio sem forma do qual a realidade percebida por nós se manifesta (e assim podemos entendê-la como sendo o próprio Tao). Em contraste com isso, a realidade que normalmente experimentamos é a ordem *explicativa*, ou "desdobrada", ou do espaço e do tempo.

A ordem *implicativa* é holística e não local por natureza e a ordem *explicativa* corresponde ao mundo das aparências composta por objetos. Podemos entender a ordem *implicativa* como um rio e a ordem *explicativa* como os movimentos na superfície desse rio, movimentos esses que são criados e sustentados pelo próprio rio. Peat (1990: 156) comenta que:

> O turbilhão no rio, por exemplo, tem uma posição específica no espaço e no tempo. É possível se criar no rio certos tipos de ondas, chamados de sólitons, que se comportam de várias maneiras como partículas (eles colidem uns com os outros). Mas esses turbilhões e sólitons não existem independentemente do rio que os sustenta. O turbilhão existe porque é constantemente criado.

Assim, a ideia de uma ordem *implicativa* é de vários modos equivalente àquela do "vazio repleto de potencial" que discutimos antes. Para David Bohm, a ordem *implicativa* "dobra" o espaço, o tempo, a matéria e a energia; a ordem *explicativa* (o mundo das nossas percepções) é na verdade uma pequena porção da realidade. As formas que vemos são simplesmente um "desdobramento" temporal da ordem *implicativa* que tudo cria e tudo sustenta. É interessante notar que Bohm e seu colega Basil Hiley procuraram uma forma matemática que pudesse descrever a ordem *implicativa* e chegaram a considerar a álgebra de Grassman, que foi formulada originalmente para descrever a natureza do pensamento (PEAT, 1994).

Enquanto trabalhava com Bohm, o neurologista Karl H. Pribram teorizou que a própria mente aparece (pelo menos em algumas de suas dimensões) na ordem *implicativa*, mas que se transforma em ordem *explicativa* usando um processo matematicamente similar às "transformadas de Fourier" (*Fourier transforms*) (PEAT, 1987). Assim como a luz de um *laser* focada na chapa fotográfica contendo um padrão de interferência gera um holograma, o enfoque da consciência cria a percepção da realidade. A própria mente é algo análogo a um holograma "dobrado" num universo holográfico. Entretanto, diferentemente de um holograma, a realidade e a mente são dinâmicas; e em razão disso David Bohm preferia usar o termo "holomovimento" (*holoflux*) para descrever essa ideia (WEBER, 1982).

A teoria de que a mente funciona de maneira análoga ao laser se torna ainda mais fascinante se a combinarmos com a ideia de que o cérebro produz algo parecido com os condensados de Bose-Einstein (o qual também é produzido por um *laser*). Zohar e Marshall (1994) notam que o holograma é simplesmente uma ondulação ou modulação no campo uniforme do *laser*. Similarmente, os pensamentos e percepções da mente podem ser considerados como ondulações de condensados de Bose-Einstein gerados pelo cérebro. Em contraste a isso é o estado meditativo profundo que retorna a mente a um estado de pureza, o qual gera um estado de consciência inadulterado similar a um lago calmo e espelhado ou a um *laser* que não foi perturbado por um holograma.

Se a mente é de certa forma similar a um holograma, então ela deveria exibir a mesma dinâmica holística que permite a cada e qualquer parte de incluir o todo. A natureza da memória parece ser um exemplo disso. Karl Pribram notou que as memórias parecem não estar localizadas em lugares específicos do cérebro, mas distribuídas de uma maneira misteriosa. Danos cerebrais não resultam na perda de memórias seletivas (mesmo que o dano cubra uma área grande do cérebro). David Peat (1990) se pergunta se isso não é um caso de correlações não locais e sugere que há a possibilidade de algum tipo de processo quântico estar envolvido nisso. Outros especulam que a memória não é guardada em lugar algum, mas que a mente é capaz, de algum modo, de olhar o passado e de se referir a eventos e experiências passadas. Alternativamente, se a mente existe na ordem *implicativa*, talvez ela tenha maneiras de guardar memórias fora do cérebro; pode ser o caso que ele só sirva como um meio de acesso às memórias, mas que na verdade não as guarde.

Há paralelos fascinantes entre a ideia de uma ordem *implicativa* (ou de um "vazio repleto de potencial") e as crenças espirituais de muitos povos. Os aborígenes australianos, por exemplo, veem o universo como tendo dois aspectos: um corresponde à realidade "comum" (ou à ordem *explicativa*) e o outro do qual este é derivado, que é chamado de "Terra dos Sonhos" (*Dreamtime*). A "Terra dos Sonhos", a qual poderíamos entender como correspondente à ordem *implicativa*, canta a existência da realidade material incluindo pedras, rios, árvores, animais e seres humanos. Tudo é constantemente sustentado pela "Terra dos Sonhos" (ELGIN, 1993). De maneira similar, a tradição budista acredita que todo fenômeno surge de um vazio e que tudo é passageiro. Lama Govinda escreve que "este mundo aparentemente sólido e substancioso [...] é um rodamoinho de surgimento e desintegração de formas" (apud ELGIN, 1993: 284). Essas crenças também estão relacionadas à ideia da contínua criação que discutimos antes. De fato, a analogia holográfica sugere que o mundo dos fenômenos é sustentado e criado continuamente pela ordem *implicativa*.

Mesmo que as complexidades da teoria holográfica sejam difíceis de entender, elas são de certa maneira baseadas em muita conjetura. É interessante considerar algumas das consequências dessa teoria, muitas delas coincidem com observações a respeito da natureza da realidade quântica. Primeiro, parece não haver algo que poderíamos dizer ser "puramente energia" ou "puramente matéria". Todo aspecto do universo existe como um tipo de vibração, o que coincide com a ideia de dualidade de partículas-onda e com o Princípio da Incerteza de Heisenberg. Isso é muito parecido com a cosmologia sufi, porque ela também entende a realidade em termos de vibrações. Inayat Khan (1983: 5) comenta:

> A absoluta vida da qual tudo que sentimos, vemos e percebemos [corresponde à ordem *explicativa*] e a vida para qual tudo retorna é silenciosa, imóvel e eterna [corresponde à ordem *implicativa*; e os sufis a chaman de *zat*]. Todo movimento que vem dessa vida silenciosa é uma vibração e um criador de vibrações.

Em segundo lugar, toda faceta do cosmo é um todo, um sistema abrangente contendo toda informação sobre si mesmo. Mas ao mesmo tempo ela é parte de um todo maior, da ordem *implicativa* que tudo sustenta. Já que esses eventos vibratórios interagem dentro do "holomovimento" (*holoflux*), toda faceta contém informações sobre o todo. Essa parte da analogia holográfica coincide com a ideia de conexões não locais implícitas no Teorema de Bell (mas ela de certo modo também expande isso). A imagem das pérolas de Indra vem à mente; quer dizer, todas as partes da realidade de certa maneira refletem o todo.

Em seguida, no universo holográfico o tempo não está confinado ao fluxo linear, podendo existir de forma multidimensional e assim fluindo em várias direções simultaneamente. A antiga cosmologia mecânica era determinista e entendia todo evento dentro do contexto de causa e efeito. Enquanto que esse tipo de explicação tem seu uso, ele é incompleto como as "ocorrências sincrônicas" (o termo usado por Jung para descrever coincidências misteriosas e significativas) demonstram. No modelo holográfico, a unidade do mundo mental e do mundo material assume aqui toda sua importância: sincronicidades ocorrem quando a mente funciona dentro de seus próprios parâmetros e seu potencial criativo é realizado (TALBOT, 1991: 158). Isso não quer dizer que a realidade é uma ilusão, mas que nossa psique pode interagir diretamente com a ordem *explicativa*.

De maneira parecida, a cosmologia holográfica sugere que tudo é de certo modo causado por tudo, que todos os eventos são de alguma forma relacionados. Isso não implica predeterminação porque todo momento é aberto à criatividade. De fato, os discernimentos de outra área de pesquisa das ciências, a teoria de sistemas, demonstram que mesmo as menores ações num sistema complexo podem ter consequências significantes. Peat (1987: 52) concluiu que:

> Quando argumentamos que "tudo é causado por tudo", estamos sugerindo que os vários fenômenos no universo surgem do fluxo total e isso talvez seja mais bem descrito como a "lei do todo". Enquanto

a causalidade linear funciona bem em sistemas limitados, mecânicos e isolados, em geral algo mais sutil e complexo é necessário para descrever a riqueza e fertilidade da natureza.

Assim, a cosmologia holográfica nos abre para o verdadeiro mistério da transformação e nos liberta da frieza do determinismo. Nossas escolhas e ações podem ter um impacto real e de longo termo na realidade; de fato, até mesmo uma pequenina ação no momento apropriado pode se amplificar e se tornar muito mais poderosa do que se tinha imaginado. Dentro do contexto holístico, os indivíduos são chamados a alcançar seu pleno potencial e a lidar criativamente com a realidade. Esse entendimento, por sua vez, reitera o potencial de criatividade do *poder de dentro* e do *poder em conjunto*; e com isso a transformação liberadora se torna algo possível. O ponto crucial para ações eficazes não está no poder de dominar e de controlar, mas em ter as intenções corretas e em agir de maneira apropriada na hora e no momento certo.

Finalmente, a cosmologia holográfica inclui a consciência e a espiritualidade como partes integrais da realidade. Marilyn Ferguson (1987: 23-24) observa que:

> Está implícito nessa teoria o pressuposto de que estados coerentes e harmoniosos de consciência estão mais sintonizados no nível primário da realidade (o qual é uma dimensão ordenada e harmoniosa). Essa sintonia pode ser prejudicada por raiva, ansiedade e medo, e facilitada por amor e empatia. Isso gera consequências para a educação, as comunidades, família, artes, religião, filosofia, cura e autorregeneração. O que nos divide? O que nos torna totalidades?

> Aquelas descrições de um senso de fluxo e de cooperação com o universo em processos criativos, em atuações esportivas maravilhosas e algumas vezes no dia a dia; poderíamos dizer que elas significam uma união com a "fonte"?

> [...] O modelo holográfico também ajuda a explicar o estranho poder da *imagem*; por que eventos são afetados pelo que imaginamos, pelo que visualizamos? Uma imagem transcendental pode se tornar algo real.

O encorajamento de atitudes de amor, alegria, respeito e reverência é essencial para ações transformadoras dentro desse contexto cosmológico; assim, o valor das artes, da visualização criativa, de práticas meditativas fica muito aparente.

A cosmologia holográfica também valoriza a intuição porque esta não é vista como um estado especial ou alterado de consciência, mas como "uma conexão direta com o implícito funcionando como se estivesse escaneando uma holografia de uma maneira atenta, difundida e sem impor nenhuma noção preconcebida" (WELWOOD, 1982: 132). Quer dizer, a intuição é vista como um atrelamento direto da mente na ordem *implicativa*. A intuição não é algo irracional; ela é simplesmente uma forma de racionalidade distinta do pensamento discursivo. Assim, aqueles que estão envolvidos com a luta pela total libertação e restauração dos sistemas vivos da Terra deveriam tentar desenvolver e valorizar suas capacidades intuitivas. Isso não quer dizer que a lógica deve ser colocada de lado; de fato, a visão holográfica da realidade rejeita dualismos e procura integrar todas as facetas da mente.

Concluindo, a metáfora holográfica nos força a ver a mente, a matéria e o espírito como um todo inseparável. Weber (1982: 207) comenta que "a matéria é saturada de espírito, e o espírito se enche de matéria. Estes dois são inseparáveis na realidade". A mente é um tipo de interface entre o espírito e a matéria; a mente é parte da ordem *implicativa* porque ela é a base do ser, mas também é parte da ordem *explicativa* porque ela é a interpretadora da realidade. Assim, a autêntica práxis libertadora deve procurar integrar a mente, a matéria e o espírito num todo funcionando integralmente.

O holismo quântico

> *Todo e qualquer átomo parece ser nada mais que uma potencialidade afetando o comportamento de outros átomos. Assim, o que nós descobrimos não são realidades elementares no espaço-tempo, mas uma teia de relacionamentos na qual nenhuma parte pode existir sozinha; toda e qualquer parte deriva seu significado e existência de seu lugar no todo* (Henry Stapp, apud NADEAU & KAFATOS, 1999: 195).

Decidam vocês se a analogia holográfica nos ajuda mesmo a entender a realidade do microcosmo; entretanto, fica claro que os discernimentos da física quântica eliminam qualquer possibilidade de entendermos o cosmo como algo puramente mecânico ou material. O universo-máquina de Newton e Descartes se dissolveu numa visão de mundo muito mais complexa, misteriosa e holística. Heisenberg uma vez descreveu o universo como "um tecido complicado de eventos, no qual conexões de vários tipos se alternam, cobrem-se e se combinam, e com isso determinam a textura do todo" (apud NADEAU & KAFATOS, 1999: 195). Os átomos e as partículas elementares não são mais vistos como "coisas" (de fato, eles contêm muito pouco daquilo que poderia ser "matéria sólida"), mas como eventos ou processos, como rodamoinhos num riacho. Se pudéssemos dizer que a matéria existe, então teríamos que dizer que ela não é um substantivo, mas um verbo. David Peat (1991: 80) comenta que:

> A física nos diz que uma pedra é composta por um vasto número de átomos; e que esses átomos (que no nível quântico estão "dobrados" em ambiguidade) conspiram e se engajam num grande bailado que se manifesta coletivamente na forma de pedra. A pedra é pura dança. Sua qualidade de "pedra", de "inércia", entre outras, é a manifestação de um constante movimento e fluxo.

O mundo quântico nos revela o quão profundamente relacional é a natureza. Por exemplo, o que é um quark por si mesmo e que se recusa a ser isolado e analisado? Um quark só existe quando relacionado a outros quarks. De fato, como podemos descrever qualquer tipo de partícula elementar por si só? Toda partícula é ligada a outras partículas por relações não locais, e assim sendo não podemos considerar qualquer partícula isoladamente. Num cosmo onde tudo é causado de certa forma por tudo, só podemos entender uma parte em relação às outras. A matéria, a energia, o espaço e o tempo coexistem numa dinâmica teia de relacionamentos; e todas essas manifestações da realidade podem ter sua origem num nível mais profundo de unidade, no "vazio repleto de potencial", no vasto oceano de energia que as cria e sustenta a todo momento.

Além disso, na escala quântica as entidades a que nos referimos parecem não ter posição, direção e movimento em e por si mesmas. Até o momento em que uma partícula é observada, ela existe como pura potencialidade e possibilidade num tipo de onda de probabilidade. As qualidades específicas só se manifestam quando observamos a partícula. O observador nunca pode ser considerado como um ente separado do observado. A consciência força a manifestação de certos aspectos da partícula-onda. O mundo quântico tem uma natureza holística que inclui a mente e a consciência. Similarmente, a relatividade demonstra que o ponto de vista do observador afeta o que é observado; e assim, mais uma vez, o observador não pode ser separado do observado.

O holismo do mundo quântico também pode ser visto em sua característica de complementaridade. Quer dizer, a partícula também é onda; o espaço e o tempo coexistem como partes do todo; a matéria e a energia são aspectos da realidade. Isso se assemelha à ideia de complementaridade do *yin* e *yang* do taoismo ou do *jemal* e *jelal* do sufismo (os quais são análogos ao feminino e masculino, ou ao receptivo e o assertivo). Uma tensão de presumidos opostos cria uma unidade dinâmica. Ou, alternativamente, poderíamos entender que eles mesmos são manifestações complementares de algo mais profundo que dá origem a eles.

A física quântica nos revela um verdadeiro holismo, no qual o todo é maior que a soma de suas partes e onde as partes manifestam o todo. Nadeau e Kafatos (1999: 195-196) descrevem esse tipo de holismo da seguinte forma:

> No verdadeiro todo os relacionamentos entre as partes são "internos ou imanentes" às próprias partes; em oposição a isso, no falso todo as partes formam uma totalidade em decorrência de relacionamentos externos a elas. Um grupo de partes constituindo um todo na física clássica é um bom exemplo do falso todo. As partes constituem um verdadeiro todo quando o princípio universal de ordem está presente nas próprias partes; isso força cada uma delas a se ajustar às outras como numa engrenagem e assim elas se tornam mutuamente complementares. Isto não só descreve o caráter do todo revelado pela Teoria da Relatividade e pela física quântica como também é consistente com a maneira pela qual começamos a entender o relacionamento entre as partes e o todo na biologia moderna.

O universo revelado pela física moderna da mecânica quântica e pela Teoria da Relatividade é profundamente holístico por natureza. O mundo da matéria morta e do determinismo cego da mecânica newtoniana se foi. E se foi também a separação entre a mente e a matéria. A mente e a matéria são interligadas de uma maneira misteriosa e ornamental. Poderíamos dizer que a própria consciência surge do mundo quântico (ou talvez a mente e a realidade física surjam juntas de algo mais profundo e sutil).

O novo entendimento é de um universo profundamente relacional e, por isso, ecológico. Tudo, em algum nível, está conectado a tudo. Até mesmo a consciência parece ser algo imanente no cosmo; e assim os seres humanos não podem se ver como entes separados do mundo ao redor deles. Somos desafiados a adotar esse novo (mas antigo) entendimento e viver essas interconexões de maneira conscienciosa no nosso dia a dia.

Ao mesmo tempo, o racionalismo frio e linear da física clássica deu espaço a algo muito paradoxal. Descobrimos que é impossível ter uma visão completa do mundo quântico. Até mesmo o vocabulário da física se tornou lunático e inclui termos como "gosto", "cor", "charme" (todas essas qualidades de quarks), glúon (*gluon*) e *wimps*. Os próprios físicos dizem que se entendermos o que eles estão falando, então não estamos entendo!

Para alguns, o fim de um universo compreensível, previsível e determinado pode ser causa para desespero, mas se entendermos que mistério e complexidade são criativos, então não ficaremos angustiados. Talvez o determinismo seja algo confortante para aqueles que querem ver as coisas seguindo da maneira que estão no momento, mas se quisermos mudar de maneira fundamental nosso modo de vida, então a natureza paradoxal e surpreendente do cosmo (como revelada pela física quântica) deve nos dar esperança.

8

Complexidade, caos e criatividade

O Tao faz nascer o um.
O um faz nascer o dois.
O dois faz nascer o três.
O três faz nascer todos os seres.

Todas as coisas transportam,
às costas,
a obscuridade feminina
e, em seus braços,
a força masculina;
o sopro vital harmoniza a obscuridade e a força
(Tao Te Ching, § 42)[1].

Age a partir da não ação.
Trabalha através do não esforço.
Saboreia por meio do não sabor.

Tornar grande o pequeno,
aumentar o pouco.
Assim se responde à maldade com virtude.

Os assuntos mais difíceis do mundo
começam por ser fáceis.
Os grandes assuntos do mundo
começam sempre por ser pequenos
(Tao Te Ching, § 63)[2].

---

1. LAO-TZU (2010). *Tao Te Ching*. Lisboa: Presença, p. 83 [Trad. de Joaquim Palma] [N.T.].
2. Ibid., p. 117 [N.T.].

> *[...] Que nossa ação seja sábia [...]*
> *(Tao Te Ching, § 8)[3].*

> *Imagine um universo no qual todo*
> *átomo, pedra e estrelas bebem das*
> *mesmas infinitas águas de criatividade.*
> *A natureza é uma sinfonia na qual*
> *todos os temas, harmonias e estruturas*
> *se "desdobram" continuamente. Essas*
> *estruturas e processos permanecem em*
> *constante comunicação umas com as*
> *outras e se empenham num bailado*
> *de forma. A vida nada nesse oceano de*
> *significado de forma tão ativa e coerente*
> *que obscurece a distinção entre o animado*
> *e o inanimado, entre o pensamento*
> *e a matéria. Novos valores surgem*
> *nesse mapa porque como participantes*
> *neste universo vivo somos chamados a*
> *implementar novas maneiras de agir e de ser*
> (PEAT, 1991: 204).

> *Estamos no começo de uma grande síntese.*
> *A comunicação entre estruturas estáticas*
> *não é o importante, mas a conectividade*
> *de dinâmicas auto-organizacionais (a mente)*
> *em seus vários níveis. Assim, fica possível*
> *entender a evolução como um fenômeno*
> *complexo e holisticamente dinâmico*
> *de "desdobramento" da ordem que se*
> *manifesta de várias maneiras, como*
> *matéria e energia, como informação*
> *e complexidade, como consciência e*
> *autorreflexão* (JANTSCH, 1980: 307).

Enquanto o novo entendimento do microcosmo que surge da física quântica é fascinante e sugestivo por causa do universo que ele revela, também pode parecer muito distante das experiências do nosso dia a dia. Certamente, os fenômenos quânticos têm um papel importante em nossas

---

3. Ibid., p. 25 [N.T.].

vidas; por exemplo, tudo que vemos é gerado pela interação entre fótons e nossas retinas. Entretanto, poderíamos dizer que o mundo subatômico é provavelmente muito diferente e misterioso para ter um impacto direto em nossa percepção da realidade. Até mesmo físicos que lidam diariamente com o mundo quântico dizem que não são capazes de entender completamente sua natureza paradoxal. Na melhor das hipóteses, a cosmovisão do mundo quântico se infiltra paulatinamente em nossas consciências, infundindo-nos com uma implícita sensibilidade de que nossas percepções da realidade "sólida" surgem do intricado bailado de tendências efervescentes de energia e da interação destes com a mente.

Essa dinâmica holística e relacional manifestada no microcosmo também se reflete nos complexos sistemas que formam o mundo acessível a nossas sensações e percepções. Contudo, não somos sempre conscientes dessa dinâmica por causa da cosmovisão que foi impressa em nós. Ainda temos a tendência de perceber a realidade em termos mecânicos; como se ela fosse formada por partes materiais trabalhando juntas de maneira muito simples e onde a conexão entre causa e efeito é direta e entendível.

Na verdade, a física clássica só é capaz de lidar com sistemas lineares, isolados e relativamente simples que operam perto do equilíbrio. Mas esse tipo de sistema é quase sempre uma mera idealização; eles só têm uma correspondência com o mundo real em poucos casos. Por exemplo, enquanto as leis do movimento de Newton descrevem de modo brilhante a interação entre dois planetas, a interação entre três ou mais corpos celestiais resulta em equações não lineares que não podem ser traduzidas em soluções matemáticas simples, o que torna impossível prever as trajetórias desses corpos com precisão. Um outro exemplo é o caso de um pêndulo; quando este oscila em pequenas órbitas, pode ser facilmente analisado, mas quando ele começa a se movimentar em órbitas cada vez maiores, elas se tornam caóticas e não podem ser previstas.

As limitações da física clássica ficam ainda mais claras quando tentamos aplicá-la a sistemas abertos (como no caso de organismos vivos) que trocam matéria e energia com seus arredores. De acordo com as leis da termodinâmica formuladas no século XIX, a entropia deve sempre aumentar; quer dizer, sistemas têm a tendência de se tornarem cada vez mais caóticos. Entretanto, organismos vivos criam e mantêm a ordem, e na verdade evoluem para formas mais complexas. E mesmo outros tipos de sistemas, incluindo sistemas físicos como o *laser*, demonstram uma dinâmica de auto-organização que não pode ser entendida dentro dos parâmetros da física clássica.

Já faz muito tempo que os cientistas sabem dessas limitações, mas até muito recentemente eles tinham simplesmente escolhido ignorá-las. De fato, eles excluíram de suas investigações a maioria dos sistemas do "mundo real" porque eles não podiam ser entendidos em termos deterministas e mecânicos.

Nos últimos cinquenta anos uma nova perspectiva (normalmente chamada de "teoria de sistemas") vem se estabelecendo como um modo de entender sistemas complexos. De certo modo, a teoria de sistemas no sentido normal da palavra não é uma teoria, mas "um conjunto de princípios aplicável a qualquer todo ou totalidade irredutível" (MACY, 1991a: 3); ou, nas palavras de Ludwig von Bertalanffy, um dos grandes pensadores no campo da teoria de sistemas, ela é "uma nova maneira de ver" o mundo. De fato, ela deu origem a uma gama de teorias utilizadas por várias disciplinas. E por causa disto muitos nomes são dados a essa perspectiva, como teoria do caos, do surgimento, da complexidade e da auto-organização.

Enquanto nós, algumas vezes, podemos considerar sistemas simples, na verdade estamos mesmo interessados naqueles sistemas que demonstram uma dinâmica de auto-organização e de evolução; o que alguns chamam de "sistemas vivos". Dentre esses sistemas vivos certamente achamos organismos e, além deles, também encontramos ecossistemas, e algumas vezes o termo é usado para caracterizar organizações e sociedades. A própria Terra pode ser entendida como um sistema vivo (e nós examinaremos isso em detalhe quando discutirmos a Teoria de Gaia no capítulo 10) e alguns argumentam que o universo pode ser entendido assim. O'Murchu (1997: 167) comenta que "os sistemas vivos são essencialmente dinâmicos (quer dizer, não são estáticos). Eles crescem, transformam-se e se adaptam. Eles possuem uma vontade de viver, uma capacidade maravilhosa e intrigante de se regenerarem, o que normalmente ocorre pelo ciclo de nascimento-morte-renascimento".

Alguns pensadores estendem o conceito de sistemas vivos a fenômenos que não são normalmente associados com a vida e especialmente a outros sistemas abertos que se mantêm coerentes por conta da dissipação de energia. Obviamente, a dinâmica de auto-organização é quase sempre presente nesses tipos de sistemas. Dito isso, iremos primariamente lidar com aqueles sistemas que podem claramente ser considerados como vivos no sentido normal da palavra, como organismos, ecossistemas e sociedades humanas. Para isso, inspiramo-nos no trabalho de Joanna Macy (1991a) e Diarmuid O'Murchu (1997) e pudemos identificar algumas características-chave de sistemas vivos, tais como:

1) Nesses sistemas, o todo é sempre maior que a mera soma de suas partes. O sistema não pode ser reduzido a seus componentes sem que isso cause uma alteração em suas características básicas. Ao contrário de sistemas fechados simples (p. ex., um muro), nesses sistemas as partes só podem ser entendidas levando-se em conta o contexto e a função delas no todo. Se um organismo é dissecado, ele cessa de ser um ente vivo; assim, sua identidade muda. De certa maneira, as tendências ao invés de partes são o que constitui a essência de sistemas vivos[4].

2) O sistema vivo não é apenas um todo, mas parte de um algo ainda maior; ele é um subsistema do sistema maior (com exceção, talvez, do cosmo, se o consideramos como sendo um sistema vivo). Assim, esses sistemas são análogos a um organograma no qual os ramos (sistemas) se subdividem (subsistemas) continuamente.

3) Os sistemas vivos são homeostáticos, quer dizer, são capazes de se estabilizarem a partir de um processo de interação onde a "saída" (*output*) é constantemente ajustada em relação à "entrada" (*input*); assim, o sistema troca constantemente material, energia e informações com seu meio, mas seu padrão e ordem essenciais são mantidos. Em outras palavras, sistemas vivos não existem num estado de equilíbrio termodinâmico; de fato, esse tipo de equilíbrio só acontece quando o sistema morre e se decompõe.

4) Os sistemas vivos são auto-organizados e autorregeneradores. Se as "entradas" (*inputs*) e as "saídas" (*outputs*) não podem ser balanceadas, o sistema procura um novo padrão para poder funcionar. Isso significa que os sistemas vivos são capazes de se desenvolver e evoluir, o que pode dar origem a algo verdadeiramente novo; quer dizer, sistemas vivos demonstram uma dinâmica muito criativa.

5) A auto-organização significa um processo de aprendizado ou "cognitivo". Por exemplo, o sistema imunológico que lutou contra uma infecção "se relembrará" como fazê-lo novamente. Esse processo de aprendizado

---

4. Outro exemplo pode nos ajudar a clarear essa ideia. O corpo humano é um sistema aberto que constantemente troca materiais com seu meio. Normalmente todos os átomos do corpo são trocados no período de sete anos num processo de constante regeneração (e de fato, 98% dos átomos do corpo são mudados todos os anos!). De um ponto de vista materialista, somos pessoas totalmente diferentes a cada sete anos; mas da perspectiva de sistemas, continuamos a ser os mesmos porque o padrão geral de nossa existência permaneceu intacto, mesmo que tenhamos crescido e envelhecido.

não requer um cérebro ou sistema nervoso porque é uma característica inerente a todos os sistemas vivos.

Como percebemos na leitura desta lista, a teoria de sistemas tem entendimentos muito parecidos com os da física quântica mesmo que tenha chegado a eles a partir do estudo da natureza e de outro tipo de fenômeno. Por exemplo, de acordo com a teoria de sistemas, a dinâmica de relacionamentos e organização é muito mais importante que substâncias. Além disso, os sistemas vivos demonstram uma dimensão criativa que resulta naquilo que alguns consideram como uma forma de processo mental (ou tipo de mente), mesmo que sistemas nervosos não estejam envolvidos. Assim sendo, a teoria de sistemas é orgânica e holística ao invés de mecânica e reducionista. Talvez, mais importante que isso seja o fato de que ela pode nos ajudar a transformar nosso entendimento do relacionamento entre causa e efeito, e do nosso poder para implementar mudanças em estruturas complexas. Para entendermos isso precisamos estudar a teoria de sistemas mais detalhadamente.

Explorando a teoria de sistemas

A teoria de sistemas moderna surgiu nos últimos cem anos em conexão com várias disciplinas, incluindo a biologia. Nos séculos XIX e XX, muitos biólogos tentaram explicar organismos vivos de maneira estritamente mecânica; isso é algo que ainda acontece hoje em dia por conta de entendimentos reducionistas vindos da ciência genética. Contudo, explicações mecânicas têm suas limitações, especialmente em áreas de estudo como a de desenvolvimento e diferenciação celular.

Mas vale notar que alguns cientistas do século XIX propuseram teorias baseadas num *vitalismo* (*vitalism*) e defendiam a ideia de que uma força ou entidade não física deveria ser adicionada às leis da química e da física para que pudéssemos entender a vida. Esses cientistas também afirmavam que o funcionamento de organismos vivos deve ser entendido como uma parte integral do todo e que a atividade de cada parte só pode ser compreendida no contexto do sistema total que a incorpora.

Nos últimos oitenta anos uma terceira alternativa para o entendimento de organismos vivos, chamada de *organicismo* (*organicism*), surgiu. Como no caso do *vitalismo*, o *organicismo* afirma que a vida deve ser entendida holisticamente, mas diferentemente do primeiro não propõe que precisemos de uma força ou entidade exterior para explicá-la. Ao invés disso, o organicismo afirma que processos físicos e químicos em "relações organizacionais" são suficientes para o entendimento das dinâmicas da vida. Capra (1996: 25) comenta: "Já que essas relações organizacionais são tendências de relacionamentos imanentes na estrutura física do organismo, os biólogos organicistas afirmam que não há necessidade de uma entidade à parte e não física para explicar a vida". Recentemente, essa ideia tem sido entendida em termos de uma dinâmica de auto-organização.

Filosoficamente, o organicismo se inspirou nos discernimentos de pensadores como Aristóteles, Goethe e Kant. Aristóteles, por exemplo, acreditava que toda entidade, incluindo organismos vivos, tinha um padrão de organização (um tipo de alma imanente que ele chamava de *entelechy*) que unifica a forma e a matéria. O organicismo moderno continua com essa tradição, mas de uma maneira que vai contra o dualismo cartesiano da mente e da matéria; e vale notar que esse dualismo está de certa forma presente no mecanismo e vitalismo. Entretanto, ao contrário da visão aristotélica, o organicismo e a teoria de sistemas que ela ajudou a inspirar são essencialmente dinâmicos e evolutivos porque novas formas e padrões surgem do processo de auto-organização. Alguns teóricos aplicam a perspectiva organicista à totalidade da realidade e afirmam que isso deve ser entendido como algo inerente ao organicismo. Rupert Sheldrake (1988: 54-55), por exemplo, comenta que:

> Na perspectiva organicista a vida não é algo que surgiu da matéria morta e que precisa ser explicado com a adição de fatores vitalistas. A natureza *inteira* está viva. Os princípios organizadores da vida são diferentes em grau, mas não são diferentes dos princípios de ordem encontrados em moléculas, sociedade e galáxias. Assim, como Whitehead disse, "a biologia é o estudo dos organismos maiores enquanto a física é o estudo dos organismos menores". De acordo com a nova cosmologia, a física também é o estudo do universo orgânico que tudo engloba, bem como dos organismos galáticos, estelares, planetários, que surgiram dentro dele.

Outra linha de pensamento que contribuiu para o desenvolvimento da teoria de sistemas moderna é mais filosófica. No começo do século XX Alexander Bogdanov (um cientista, filósofo, economista, médico e revolucionário marxista que viveu na Rússia entre 1873 e 1928) tentou pela primeira vez formular uma teoria geral de sistemas, a qual ele chamou de "tectologia" (*tektology*), a qual significa "ciência das estruturas". A tectologia tentou delinear sistematicamente os princípios de organização inerentes em sistemas vivos e não vivos. Bogdanov demonstrou como uma crise organizacional leva à destruição de antigas estruturas e ao surgimento de novas; e assim ele antecipou o trabalho de Ilya Prigogine em quase meio século. Bogdanov também foi o primeiro a reconhecer explicitamente que sistemas vivos são entidades abertas operando em condições longe do ideal termodinâmico. Por último, ele formulou o conceito de relação que é similar ao conceito mecânico de reação (*feedback*), que se tornou tão fundamental para o campo da cibernética.

O trabalho de Bogdanov foi de várias maneiras profético, mas pode-se dizer também que poucos prestaram atenção nele no Ocidente e que foi marginalizado na própria Rússia por muitos anos em decorrência de diferenças políticas com Lênin. Foi então Ludwig von Bertalanffy (1901-1972) quem formulou a teoria geral de sistemas mais conhecida em meados dos anos de 1940, a qual foi publicada em 1968 com o título de *Teoria Geral dos Sistemas* (*General Sistems Theory*).

Bertalanffy estava interessado em explicar a evolução da vida sob a perspectiva da termodinâmica. A segunda lei da termodinâmica afirma que qualquer sistema fechado e isolado tenderá a sair de um sistema de ordem para um de desordem. Isso introduziu a ideia de "seta do tempo" (*arrow of time*) nas ciências porque processos mecânicos sempre dissipam energia na forma de calor e esta energia nunca pode ser completamente recuperada. Assim, o universo inteiro deve chegar a uma eventual "morte térmica" da qual não há escapatória. Em contraste com isso, a Teoria da Evolução das Espécies demonstrou que organismos vivos estavam evoluindo em formas cada vez mais complexas e ordenadas de seres. Como isso pode ser possível?

Bertalanffy postulou que organismos vivos não se encaixam na caracterização clássica de sistemas fechados descrita pela segunda lei da termodinâmica; quer dizer, eles são sistemas abertos funcionando em condições fora de equilíbrio, mas que mantêm um "estado estável" por conta do contínuo fluxo de energia e matéria. Ele também identificou o metabolismo como o processo que mantém o "estado estável" (que ele descreveu em termos de "corrente de equilíbrio" (*flowing balance*)) em organismos vivos. Em sistemas abertos a entropia (ou desordem) pode na verdade *diminuir*, mas ao custo do aumento da entropia no meio à sua volta. Assim, enquanto a segunda lei da termodinâmica ainda é importante, organismos vivos conseguem estabelecer um estado de ordem cada vez maior pela assimilação de energias e alimentos de seu meio ao mesmo tempo em que expelem resíduos e calor (e com isso causam uma maior entropia) em seu habitat.

Uma terceira influência no surgimento da teoria de sistemas moderna é o campo da cibernética, uma disciplina que começou a ser desenvolvida durante os anos de 1940. A cibernética lida com sistemas de *input/output* e serve como fundação para nossa moderna tecnologia de computadores. A cibernética tenta criar modelos de organismos vivos como formas de "máquinas complexas de processamento de informação". Fritjof Capra nota que "essa corrente de pensamento ainda é uma forma de teoria mecânica de sistemas", mas "é uma maneira muito sofisticada disso" (CAPRA & STEINDL-RAST, 1991: 72).

John von Neumann, um gênio matemático (e já nos referimos a ele quando discutimos seus pensamentos sobre a física quântica, a consciência e o desenvolvimento de nossas percepções da realidade), foi um dos pioneiros dessa disciplina. Von Neumann é considerado por vários como o inventor do computador; e, de fato, podemos fazer uso da metáfora do computador para explicar seu entendimento da teoria cibernética.

Quando cientistas começaram a construir modelos de redes binárias (*binary networks*) baseados na teoria cibernética dos anos de 1950 eles ficaram surpresos ao descobrir que atividades ao acaso começaram a se organizar em padrões discerníveis num espaço muito curto de tempo. A natureza não linear dessas redes fundada no processo de reação (*feedback loop*) parece gerar ordem ao caos. Esse surgimento espontâneo de ordem eventualmente ficou conhecido como o fenômeno da "auto-organização".

O pensador do campo da cibernética, Norbert Wiener, adotou uma abordagem diferente e estudou a dinâmica de sistemas auto-organizadores como se eles fossem organismos vivos. Enquanto Von Neumann se concentrou em entender as ações do cérebro em termos lógicos, Wiener estava mais preocupado em entender sistemas naturais e vivos. Capra (1996: 54) nota que "enquanto que Von Neumann procurou pelo controle, por um programa, Wiener apreciou a maravilha das tendências naturais e procurou uma síntese conceitual compreensível". O pensamento de Wiener inspirou o trabalho de Gregory Bateson (1904-1980), o qual abordou a teoria de sistemas da perspectiva das ciências humanas.

Inicialmente, a corrente de pensamento de Wiener, que entendia a teoria de sistemas como sendo fundada na auto-organização, foi negligenciada em favor de uma corrente cibernética mais mecânica inspirada pelas teorias de Von Neumann. Entretanto, nos anos de 1970 e 1980 um renascimento do enfoque orgânico ocorreu devido às contribuições de pensadores como Ludwig von Bertalanffy. Alguns teóricos importantes envolvidos nessa nova abordagem integracionista são Ilya Prigogine (1917-2003), James Lovelock, Lynn Margullis, Humberto Maturana e Francisco Varela (1946-2001).

O conceito de auto-organização que surgiu aí é muito mais abrangente que o utilizado nos princípios da cibernética. As novas teorias não só procuram entender por que a ordem nasce do caos em redes envolvendo processos de reação (*feedback loops*), mas também procuram compreender "a criação de novas estruturas e de comportamentos durante o processo de desenvolvimento, aprendizado e evolução" (CAPRA, 1996: 85). Além disso, essas teorias se concentram em sistemas abertos funcionando em condições longe do equilíbrio e nos quais a matéria, a energia e a informação são constantemente permutadas. No final, todas essas teorias são preocupadas com sistemas que fazem uso de processos de reação (*feedback loop*) como forma de regulamentar suas atividades, e isso resulta em interconexões e interações complexas entre todos os componentes do sistema.

De acordo com Ludwig von Bertalanffy, duas propriedades fundamentais estão presentes em todos os sistemas vivos. A primeira é a "manutenção biológica" pela qual todos os organismos lutam para se preservarem a partir do processo de homeostase (estabilidade interna mediante múltiplos ajustes nos fluxos de troca com o ambiente). Isso pode ser entendido como a propriedade de autoafirmação ou de subjetividade que Humberto Maturana e Francisco Varela chamaram de *autopoiesis* (do grego: *auto*, "próprio"; *poiesis*, "criação").

A segunda propriedade se manifesta num tipo de tensão dialética com a primeira. Von Bertalanffy identificou essa segunda propriedade como uma forma de organização hierárquica; quer dizer, todo sistema é ao mesmo tempo um subsistema de um outro maior e composto por vários subsistemas menores. Podemos entender isso como a propriedade de comunhão, de relacionalidade e de contextualidade; de certa forma, "as partes e o todo não existem num senso absoluto" (CAPRA, 1982: 43). A ideia da relacionalidade está embutida no significado da palavra "sistema", que tem sua origem na palavra grega *synhistanai* o que significa "colocar junto". "Para entendermos essas 'coisas' sistematicamente significa literalmente que precisamos colocá-las num contexto e estabelecer a natureza de seus relacionamentos" (CAPRA, 1996: 27).

Alguns teóricos se referem à existência dessas duas aparentemente opostas propriedades como a "essência de Janus" (Janus era o deus romano com duas faces) presente em sistemas. Podemos também tentar entender isso em termos taoistas e seus conceitos de *yin* e *yang*. Essas duas tendências – a autoafirmação (*yin*) e a comunhão (*yang*) – devem existir numa forma saudável de equilíbrio e tensão para que o sistema possa florescer.

Como notamos anteriormente, os sistemas mantêm suas identidades (suas subjetividades) pelo processo de homeostase que pode ser entendido como um tipo de calmaria em movimento ou de estabilidade na mudança. Isso difere da antiga visão materialista da física clássica porque sistemas não são definidos por suas substâncias, mas por seus padrões de organização. A imagem de um turbilhão ilustra bem este ponto: a água que flui por um turbilhão muda constantemente, mas o próprio turbilhão (seu padrão de organização) permanece o mesmo. Norbert Wiener (1950: 96) comenta que "somos nada mais que turbilhões num rio permanente; não somos substâncias permanentes, mas tendências que se perpetuam".

O conceito de *autopoiesis* ou "a característica que sistemas vivos têm de continuamente se renovarem e de regularem esse processo de renovação de modo a manter a integridade de suas estruturas" (JANTSCH, 1980: 7) é algo muito próximo à ideia de homeostase. Num sistema vivo, cada componente da teia trabalha para sustentar, transformar e substituir outros componentes para que o sistema possa se regenerar continuamente. No organismo humano, por exemplo, o pâncreas renova quase que a totalidade de suas células no espaço de um dia e aproximadamente 98% das proteínas do cérebro são refeitas no período de um mês. Mas apesar de todas essas mudanças, o padrão geral de organização permanece estável (CAPRA, 1996).

Os sistemas vivos mantêm suas estruturas pela absorção de energia; por exemplo, as plantas absorvem a luz do sol e os animais se alimentam de outros organismos. Mas isso lhes permite existir num estado que está longe do equilíbrio. Ilya Prigogine chamou sistemas abertos que se mantêm em ordem pelo consumo de energia de "estruturas dissipativas". No contexto da termodinâmica, isso quer dizer que sistemas vivos diminuem sua entropia interna (criam ordem) aumentando a entropia externa, com seu meio ambiente (gerando desordem); "no mundo vivo, a ordem e a desordem são sempre criadas simultaneamente" (CAPRA, 1996: 188).

Algo importante para a continuação estrutural é o processo de reação negativa (*negative feedback loop*). Por exemplo, quando uma pessoa sente calor, vários processos entram em andamento causando a secreção de água pelas glândulas sudoríparas, ocasionando a evaporação que resfria o organismo. De maneira similar, quando os níveis de glicose sobem na corrente sanguínea, o pâncreas produz mais insulina para ajudar o corpo a utilizar o açúcar convertendo-o em energia. É através desses tipos de processo que sistemas vivos mantêm seus padrões gerais de organização enquanto trocam constantemente energia, matéria e informação com o ambiente.

O processo de *autopoiesis* permite a um sistema vivo a manutenção de sua identidade em meio ao constante fluxo; essa identidade está sempre condicionada ao relacionamento que o sistema tem com seus próprios subsistemas e com o sistema maior do qual ele é parte. Quer dizer, eles não têm propriedades intrínsecas, mas características que surgem de seus relacionamentos. Podemos nos referir a isso como sendo a natureza contextual ou relacional de sistemas. Um sistema não pode ser dissecado ou reduzido às suas partes sem que sua integridade (sua identidade) seja destruída. Capra (1982: 267) comenta que "apesar de podermos identificar partes individuais em qualquer sistema, a natureza do todo é sempre diferente da soma de suas partes".

Algumas vezes propriedades surgem em sistemas de maneira misteriosa. Isso pode ser visto até no nível atômico onde partículas elementares conspiram na criação de quase cem elementos químicos naturais. Os subsistemas envolvidos (que nós chamamos de prótons, nêutrons e elétrons) são essencialmente os mesmos (variando apenas em número), mas pela adoção de diferentes padrões de organização produzem elementos com as mais diversas propriedades. Similarmente, o hidrogênio e o oxigênio se unem para formar moléculas de água que têm propriedades muito diferentes das associadas a seus elementos constitutivos. Os organismos biologicamente complexos (por exemplo, muitas espécies de mamíferos) podem ter subsistemas parecidos (os órgãos), mas a maneira de organização deles significa que cada espécie pode ser completamente diferente da outra.

Vale notar que um alto grau de simbiose está presente no caso de organismos vivos. Lynn Margulis demonstrou que as células eucariotas (aquelas com núcleo) carregam mais de um "pacote" de DNA e foram provavelmente produzidas por um processo que ela chama de "simbiogênese", no qual dois (ou mais) micróbios se combinaram para formar uma célula nova e mais complexa (CAPRA, 1996). Numa escala maior, poderíamos dizer que cerca de 50% do peso do corpo humano é composto por organismos "não humanos" como bactérias e leveduras intestinais que nos permitem metabolizar alimentos e fabricar vitaminas, e assim são essenciais à nossa sobrevivência. Korten (1999: 13) nota que "toda célula e todo micro-organismo no nosso corpo são uma entidade individual e autônoma, mas quando se juntam eles funcionam como uma única entidade cujas habilidades vão além de suas partes". Assim, nossa identidade não depende somente de nossa substância (por exemplo, de nossa configuração genética), mas do padrão total de relacionamentos que nos tornam um sistema vivo.

Uma maneira de se entender melhor a natureza relacional dos sistemas vivos seria por meio de referência àquilo que Arthur Koestler chama de "hólons" (*holons*). Os hólons são subsistemas que são simultaneamente partes e todos; todo hólon tem a tendência de se integrar e de se autoafirmar. Esse modelo de organização, que poderia ser chamado de "holarquia", é muito parecido com o conceito de hierarquia e, assim, muitas vezes essas duas ideias são confundidas. De fato, Ludwig von Bertalanffy expõe a propriedade de relacionalidade em termos hierárquicos. Entretanto, a holarquia não é baseada em ordem categórica ou no poder da dominação, mas em níveis de inclusão e aprofundamento cada vez maiores. Os sistemas maiores incluem e transcendem os sistemas menores que os formam; e os subsistemas não são dominados por sistemas maiores, mas sustentados por eles enquanto os servem.

Na visão hierárquica, os sistemas são vistos como sendo rígidos e tendo formas piramidais. Contudo, na visão holárquica os sistemas são vistos como esferas concêntricas, umas dentro das outras. A holarquia também pode ser visualizada como uma árvore que se ramifica constantemente; e o sistema inteiro depende da saúde do ecossistema que o sustenta. Nesse caso, verificamos que há uma ordenação, mas ela não é baseada no exercício do poder de cima para baixo (ou do *poder sobre*). Ao invés disso, nutrientes, informações e energia fluem em ambas as direções mantendo uma interação dinâmica entre sistemas e subsistemas. Em essência, o poder em sistemas significa relacionalidade e interdependência, ou seja, o *poder em conjunto* e não o *poder sobre* que é tão típico de hierarquias humanas.

A diferença entre as perspectivas de sistemas e hierárquicas fica ainda mais clara quando examinamos outra característica de sistemas vivos: a diferenciação. Joana Macy (1983: 26) nota que na visão de sistemas:

> A ordem e a diferenciação são concomitantes. Subsistemas se integram ao mesmo tempo em que se diferenciam (como células nervosas no cérebro). Isso contrasta com a visão mecânica e patriarcal que entendia a ordem como forma de uniformidade e subordinação a uma vontade superior e separada. Na visão de sistemas, a ordem se manifesta dentro do próprio sistema quando componentes se diversificam enquanto se inter-relacionam e interagem com seu meio.

Assim sendo, em sistemas abertos a saúde e a integridade são mantidas e reiteradas pela diferenciação, o que vai contra a ideologia da monocultura. Um ecossistema diverso, por exemplo, é inerentemente mais estável que um ecossistema mais simples. Em contraste, a dinâmica de dominação e homogeneização enfraquece o sistema e o torna mais rígido e suscetível à destruição.

Enquanto essa visão da realidade encapsulada pela teoria de sistemas é certamente holística por natureza, ela pode ser ainda melhor descrita como sendo *ecológica*. Capra comenta que "ela não olha algo como sendo um todo, mas que está inserido num todo maior [...]. Num nível mais profundo, a consciência ecológica é uma consciência da interconexão e interdependência fundamental de todo fenômeno e isso faz parte do universo" (CAPRA & STEINDL-RAST, 1991: 69-70).

David Suzuki e Amanda McConnell (1997: 199) identificam que essa consciência ecológica nos desafia a transformar nossa própria maneira de perceber e entender o mundo ao nosso redor quando dizem que "nossa linguagem não captura propriamente nossas percepções por causa da maneira com que fomos ensinados a ver o mundo. Pertencemos, somos feitos do mundo ao nosso redor e respondemos a ele de maneiras que vão além do nosso saber". Para explicar isso, eles dão o exemplo de se tentarmos visualizar uma árvore de uma nova maneira, em relação com o meio ambiente ao seu redor, veremos assim que a própria ideia de limite começa a se dissolver. Neil Evernden, em *The Natural Alien*, diz:

> Uma árvore, poderíamos dizer, não é uma coisa, mas um ritmo de mudança, ou talvez um centro de forças organizacionais. A transpiração induz o fluxo para cima de água e nutrientes e facilita a absorção destes do solo. Se tivermos consciência disso e pararmos de focalizar somente na forma da árvore, então poderemos vê-la como o centro de um campo de forças que atrai a água [...]. O objeto ao qual damos tanta significância é a configuração das forças necessárias para a existência da árvore [...] [assim] uma focalização rígida nos limites pode mascarar a própria existência (apud por SUZUKI & McCONNELL, 1997: 199).

O surgimento da criatividade e da mente

> *O surgimento espontâneo da ordem em momentos críticos de instabilidade é um dos novos conceitos mais importantes para nosso entendimento da vida. Ele é tecnicamente conhecido como auto-organização e é muitas vezes chamado simplesmente de "surgimento". Ele é reconhecido como sendo a origem dinâmica do desenvolvimento, do aprendizado e da evolução. Em outras palavras, a criatividade (a geração de novas formas) é uma*

propriedade-chave em todos os sistemas vivos. E como o "surgimento" é uma parte integral da dinâmica de sistemas abertos, chegamos à importante conclusão de que sistemas abertos se desenvolvem e evoluem. A vida constantemente procura o novo (CAPRA, 2002: 14).

Talvez, o "surgimento" do novo e da criatividade seja o mais intrigante e surpreendente discernimento vindo do estudo de sistemas operando em condições não estáveis. O cosmo não está condenado a se repetir infinitamente ou enclausurado por leis universais. Ao invés disso, o universo evolui e se transforma; ele dá continuamente à luz novas formas. Assim, o cosmo não se parece mais com algo moribundo, condenado a uma paulatina e implacável morte térmica, mas com algo criativo e fecundo. De fato, a própria mente parece ser uma qualidade surgida do universo.

Do ponto de vista da matemática, essa criatividade está ligada à natureza não linear de sistemas operando em condições não estáveis. Nesse caso, Peat (1991: 202) observa: "o que acontece numa região depende diretamente do que acontece em outra, e por sua vez o que acontece na primeira afetará a segunda; [...] partes diferentes trabalham em cooperação; [...] [e] o todo se engaja num bailado".

Como vimos anteriormente, o processo de reação negativa (*negative feedback loop*) ajuda a manter a estabilidade do sistema porque regula suas funções mantendo-as dentro de certos parâmetros. Esse tipo de estabilidade-flutuante sustentada por esse processo pode ser entendida matematicamente com o uso do conceito de "atrator". Um "atrator" pode ser visualizado como uma região no espaço (ou um grupo de coordenadas) para o qual um sistema "gravita" ou tende a se dirigir com o tempo.

Mais precisamente, se colocarmos a posição e a velocidade de um sistema cobrindo certo período de tempo num gráfico (por exemplo: o movimento de um pêndulo), uma imagem de seu "espaço de fase" (*phase space*) surge demonstrando uma clara tendência. Podemos entender essa tendência como uma "bacia de atração" (*basin of attraction*) que pode ser um único ponto (no caso de um sistema simples em descanso), ou uma curva, ou vários pontos. No caso de sistemas não lineares, geralmente identificamos muitas "bacias", cada uma com seu próprio "atrator".

Algumas vezes um "atrator" pode tomar a forma de um "fractal" (*fractal*), uma forma geométrica complexa na qual as partes parecem ser pequenas versões do todo. Esse tipo de "atrator estranho" (*strange attractor*) está associado com o que tem sido chamado na matemática de "atividade caótica". Mas esse caos não é uma mera desordem porque a atividade ligada a ele não ocorre ao acaso e também não é errática. Ao invés disso, ela é uma ordem extremamente complexa e não determinista. O comportamento do sistema caótico não pode ser previsto acuradamente, mas seu comportamento está sempre dentro de certos limites (ou bacias de atração) determinados pelo "atrator".

Podemos entender o "atrator" como algo que "puxa" ou "molda" o sistema, mas isso não ocorre pela força. O "atrator" é de fato inerente ao sistema e não algo que o guia externamente; quer dizer, o "atrator" é uma característica do próprio sistema. Podemos entendê-lo como o padrão do sistema, o qual pode ser muito complexo; assim sendo, ele é ordenado, mas não é sempre previsível ou determinado.

Entretanto, vale notar que há outras dinâmicas (caracterizadas pelo processo de reação positiva (*positive feedback loop*) que funcionam junto com a dinâmica que mantém a estabilidade, especialmente quando o sistema está sob estresse. Ao invés de abrandar as flutuações, o processo de reação positiva as aumenta, o que leva a rápidas e surpreendentes mudanças. Por exemplo, esse processo está claramente envolvido no fenômeno de mudanças climáticas. No começo da era glacial a grande expansão de gelo e neve que cobria a Terra refletia mais radiação de volta ao espaço, o que resfriava ainda mais o planeta levando à formação de mais gelo e neve. Mas quando o planeta começou a se esquentar, incêndios florestais se tornaram mais comuns e a camada de gelo eterno (*permafrost*) começou a diminuir, o que levou a um aumento da liberação de dióxido de carbono na atmosfera, acelerando o efeito estufa e o aquecimento global.

O processo de reação positiva pode multiplicar os efeitos de pequenas mudanças a partir de sucessivas interações. Esse tipo de "reação galopante" (*runaway feedback*) foi sempre considerado como algo destrutivo pela teoria cibernética, mas Prigogine descobriu que isso nem sempre acontece quando se trata de sistemas abertos e dissipados. É verdade que, quando o fluxo de matéria e energia atinge um ponto crítico (em termos matemáticos, o ponto de bifurcação (*bifurcation point*), o sistema se torna instável. Quando isso acontece, o "atrator" do sistema pode desaparecer completamente e o sistema começa a se fragmentar. Entretanto, há uma outra possibilidade; quer dizer, o "atrator" pode se transformar, o que permite ao sistema alcançar uma ordem completamente diferente, a qual é muitas vezes mais complexa que a anterior.

Em termos de sistemas vivos, isso significa que o estresse (com novas condições ambientais adjacentes ou no sistema maior) pode levar à fragmentação do sistema provocando a morte, mas ela pode também levar à evolução e ao surgimento de formas completamente novas de vida. Essa fragmentação possibilitadora de novas formas não é algo predeterminado. Quer dizer, o sistema pode "escolher" dentre diversas possibilidades de transformação, mas qual escolha ele fará não é algo previsível apesar de depender da história do sistema e das forças externas atuando sobre ele e o levando à transformação.

A natureza não linear de sistemas naturais, demonstrada pela estabilidade caótica e pelos "saltos" evolutivos, significa que eles são extremamente sensíveis a pequenas mudanças. Entretanto, essa vulnerabilidade não é uma fraqueza, mas uma vantagem, porque ela leva a uma adaptação rápida a novas condições. Isso também significa que, quando estamos lidando com sistemas complexos, fica impossível prever o futuro.

Uma maneira de se ilustrar isso é a partir do "efeito borboleta", o qual foi encontrado pelo meteorologista Edward Lorenz (1917-2008) nos anos de 1960. Quando ele concebia um modelo matemático simples de padrões climáticos baseado em três equações não lineares interligadas, Lorenz ficou surpreso ao saber que as soluções de seus cálculos eram extremamente sensíveis ao ponto inicial que fora designado por ele. De fato, começando com dois grupos de condições que eram ligeiramente diferentes, resultava em acontecimentos completamente diferentes no sistema com o passar do tempo. As previsões no longo prazo, mesmo dentro desse sistema simples, tornavam-se impossíveis. E se transferirmos isso para o caso climático então, fica teoricamente possível que o movimento das asas de uma borboleta pode "causar" uma tempestade do outro lado do planeta um mês mais tarde.

Ao mesmo tempo em que sistemas complexos levam ao fim do determinismo, eles também abrem as portas para a criatividade. Já que esses sistemas são muito sensíveis, até a ação de um único indivíduo pode ter um efeito (mas este efeito nunca pode ser previsto). Entretanto, esse discernimento pode ser muito "empoderador" e trazer muita esperança. Além disso, o argumento de que "algo não pode acontecer porque nunca aconteceu antes" fica sem sentido. Capra (1996: 182) nota que "perto do equilíbrio vemos fenômenos que se repetem e leis universais. Mas quando saímos do equilíbrio deixamos o universal para trás e caímos no único, na fertilidade e na variedade". O mundo não está condenado a repetir acontecimentos passados perpetuamente; algo genuinamente novo e a autêntica transformação são sempre uma possibilidade, mesmo que o processo que lhes dá origem contenha certo elemento de mistério e surpresa.

A habilidade que sistemas dissipados têm de criar espontaneamente estruturas faz parecer que eles têm, de certa maneira, vontade própria. Certamente, sistemas auto-organizados parecem possuir uma criatividade inerente que nós normalmente associaríamos com o fenômeno da mente. Gregory Bateson, por exemplo, entendia isso como uma forma de "processo mental". Capra nota que, para Bateson, "a mente não é uma coisa, ela é um processo. E esse processo mental é um processo de auto-organização, quer dizer, é o próprio processo da vida. Assim sendo, o processo da vida em todos os seus níveis é um processo mental" (CAPRA & STEINDL-RAST, 1991: 103). Similarmente, Humberto Maturana e Francisco Varela (CAPRA, 2002) entendem o processo da vida como um processo de saber (ou como um "processo cognitivo"). Toda interação de sistemas vivos com seus arredores é de algum modo um ato cognitivo; assim sendo, a mente (entendida como processo cognitivo) é imanente à vida e a todos os sistemas vivos em todos os seus níveis.

Para entendermos essa ideia mais claramente, consideremos o processo de auto-organização em sistemas vivos. Um organismo responde ao seu meio a partir de mudanças estruturais (e o organismo simultaneamente interfere e modifica seu meio). E como vimos com o fenômeno da bifurcação, a "escolha" de uma nova estrutura não é algo predeterminado, mas um acontecimento criativo. Capra (2002: 37) nota que:

> Os sistemas vivos respondem de maneira autônoma com mudanças estruturais aos distúrbios do meio (ou seja, eles rearranjam seus padrões de conectividade). De acordo com Maturana e Varela, nunca podemos direcionar um sistema vivo; só podemos deturpá-lo. Mais que isso: os sistemas vivos não só determinam suas mudanças estruturais, eles também determinam quais distúrbios do meio as desengatilham. Quer dizer, os sistemas vivos detêm a liberdade de decidir sobre o que deve ser averiguado e do que conta como distúrbio. Isso é um importante aspecto da Teoria de Cognição de Santiago; assim, as mudanças estruturais no sistema constituem atos de cognição. Quando os sistemas determinam quais distúrbios do meio desengatilham mudanças, eles determinam também o alcance de seu domínio cognitivo; isso, como Maturana e Varela dizem, "gera uma realidade".

Similarmente, na concepção de Bateson a mente engloba processos como o da memória, do aprendizado e da tomada de decisões. Entretanto, esses processos começam muito antes do cérebro ou sistema nervoso estar envolvido, como notamos anteriormente com o exemplo do sistema imunológico que aprende a responder a uma infecção; ele se lembra disso e decide quando é necessário novamente. Toda vida, incluindo as formas de vida mais simples, está associada a esses tipos de processo. Para Maturana, a cognição não é a representação de uma realidade exterior, mas um tipo de "geração" a partir do ato de especificação (ou seja, da escolha) de uma realidade em particular. Essa "geração de uma realidade" (ou "o ato de dar à luz uma realidade") é algo inerentemente conectado ao próprio processo de auto-organização. Assim sendo, todos os sistemas vivos podem ser considerados sistemas cognitivos possuindo processos mentais ativos.

Entretanto, a ideia de "geração de uma realidade" não deve ser entendida como indicando que "o mundo material" não existe (isso apesar de nossa discussão sobre a realidade quântica ter nos conscientizado de que aquilo que percebemos como sendo material é algo mais parecido com um minucioso bailado de formas de energia e ondas). O discernimento de Maturana e Varela é semelhante. Por exemplo, a maneira pela qual uma vaca percebe uma folha de relva é bem diferente do modo com que uma minhoca percebe esse mesmo objeto; indivíduos da mesma espécie percebem coisas ligeiramente diferente uns dos outros, mas esse grau de diferença seria maior se fossem espécies diferentes. Capra (1996: 271) nota que, quando vemos um objeto, invocamos uma realidade do nada, "mas a maneira pela qual delineamos objetos e identificamos padrões usando a grande variedade de dados sensoriais que recebemos depende de nossa constituição física. Maturana e Varela diriam que o modo pelo qual nos acoplamos estruturalmente ao nosso meio, bem como 'o mundo que geramos', depende das nossas próprias estruturas". De maneira semelhante, Joanna Macy (1991a: 122) comenta esse aspecto de uma perspectiva budista[5]:

> Criamos nosso mundo, mas não fazemos isso unilateralmente porque a consciência é moldada por aquilo que ela afeta; sujeito e objeto são interdependentes [...]. A experiência sensorial nos molda ao mesmo tempo em que nós a plasmamos. O condicionamento é mútuo. O mundo nunca se apresenta independentemente do observador e o observador nunca está independente de suas percepções porque a cognição é algo transcendente.

Como no caso da física quântica, a visão da teoria de sistemas sobre a mente implica a impossibilidade de um observador verdadeiramente "objetivo", ou

---

5. É interessante notar que Francisco Varela se tornou um monge tibetano nos anos de 1970. Talvez essa influência budista tenha lhe ajudado na concepção de seu pensamento ao redor da ideia de que "geramos a realidade".

seja, independente da realidade observada. Da perspectiva da teoria de sistemas, o observador é sempre parte do sistema observado e sua interação com ele sempre moldará suas percepções. Dessa maneira, o conhecimento é sempre uma aproximação porque, como Heisenberg disse: "O que observamos não é a natureza por si, mas a natureza exposta ao nosso método de questionamento"; e poderíamos acrescentar, "natureza essa que é vista da perspectiva de nossa posição única no grande sistema das coisas, do qual somos partes integrais".

Se a mente (ou pelo menos os processos mentais) é algo inerente em todos os sistemas vivos, então como os teóricos da teoria de sistemas entendem a consciência? A teoria de sistemas certamente afirmaria "a natureza dinâmica e irredutível da atividade psíquica", e isso não pode ser igualado ou reduzido à "atividade de observação de fenômenos exteriores" (MACY, 1991a: 110). Mas como a consciência surge?

Humberto Maturana argumenta que a consciência não pode ser entendida em termos químicos ou físicos, mas apenas em termos linguísticos e de contexto social. Enquanto que sua rejeição de entendimentos mecânicos de consciência é algo louvável e que vai de acordo com a perspectiva da teoria de sistemas, essa rejeição também representa uma limitação. Como, por exemplo, poderia sua visão explicar a experiência de consciência daqueles indivíduos que pensam em imagens (ou em outros tipos de impressões sensoriais) ao invés de linguagem? E como poderia ela explicar o que muitos vivenciam como sendo um "estado mais alto de consciência", o qual é evidenciado em experiências místicas e no qual a linguagem não se aplica? Finalmente, essa visão da consciência parece ser extremamente antropocêntrica por causa de sua ênfase na linguagem; assim, poderiam outras criaturas, especialmente vertebrados mais complexos, experimentar alguma forma de consciência mesmo que esta seja diferente da vivenciada por nós?

Nesse sentido, o entendimento da consciência de Francisco Varela nos parece ser mais promissor. Para Varela, todos os vertebrados complexos provavelmente experimentam algum tipo de consciência envolvendo "um espaço unitário mental", mesmo que este não seja autorreflexivo por natureza. Enquanto "os estados mentais são transitórios e surgem e desaparecem continuamente", toda sensação e pensamento são compostos por "um único e coerente estado mental composto por percepções sensoriais, memórias e emoções" (CAPRA, 1996: 292). Varela acredita que esse estado de coerência surge da oscilação rítmica e unificada da rede neural (do córtex cerebral e de outras partes do sistema nervoso). Isso parece ser sustentado por experimentos demonstrando a rápida sincronização do aumento e decréscimo de oscilações na rede neural. Mas isso não é "identificado em estruturas neurais específicas; é a manifestação de um processo cognitivo único, quer dizer, uma sincronização transitória de vários circuitos neurais que oscilam ritmicamente" (CAPRA, 1996: 293).

Capra parece rejeitar qualquer tipo de explicação quântica da consciência, sua descrição da teoria de Varela é muito similar àquela que entende que redes neurais geram um tipo de condensado de Bose-Einstein (como os gerados por *lasers*); o que foi discutido no capítulo 7, na subseção "A imanência da mente". Essa coincidência se torna ainda mais significante quando consideramos que os próprios condensados de Bose-Einstein são sistemas auto-organizados que existem longe do equilíbrio. Se algum tipo de condensado de Bose-Einstein está envolvido ou não (ou se algum outro fenômeno similar e correlacionado), é algo impossível no momento; de qualquer forma, as duas teorias parecem ter muitas semelhanças.

A complexidade e a transformação

A dificuldade em entender a interação de sistemas vivos com a mente e a consciência é geralmente resultado do nosso entendimento da causalidade (quer dizer, do relacionamento entre causa e efeito). A cosmologia mecânica nos ensinou a vê-la em termos lineares; assim, ou a realidade material deve de alguma forma produzir a mente (o que é postulado pela ciência puramente materialista) ou a mente deve produzir a realidade (o que é postulado por algumas formas de idealismo). Mas, e se concebermos que algo muito mais criativo e misterioso está envolvido? E se os processos mentais forem condicionados por sistemas e vice-versa? E se ela envolver alguma forma de reciprocidade?

A natureza da causalidade é algo extremamente importante para a práxis transformativa; ela lida com o modo pelo qual "as coisas acontecem e como a mudança ocorre" (MACY, 1991a: 1). A teoria quântica enfraqueceu o determinismo da causalidade linear inerente à física clássica, mas foi incapaz de formular uma alternativa satisfatória. Joanna Macy (1991a: 70) aponta que "o vaivém cego e sem propósito de átomos" e de partículas subatômicas governado pela lei do acaso é quase tão "sombrio ao espírito" quanto o determinismo do universo-máquina.

Enquanto as conexões não locais evidenciadas pelo Teorema de Bell identificam a possibilidade de um entendimento mais misterioso e holístico da causalidade (onde tudo pode ser de certa maneira causado por tudo), esse entendimento nos dá poucos discernimentos concretos de *como* a mudança ocorre. Em contraste com isso, a teoria de sistemas nos oferece um entendimento claro do relacionamento entre causa e efeito que tem implicações fascinantes para a práxis libertadora. Quer dizer, ela representa a via intermediária entre o determinismo e o acaso, onde a mudança não é concebida como algo que ocorre por pura chance (mesmo que seja misteriosa), mas como sendo algo criativo.

Contrastando com sistemas lineares onde a "entrada" (*input*) determina a "saída" (*output*), a dinâmica não linear de sistemas vivos produz relacionamentos extremamente complexos entre causa e efeito. Como notamos, nesses sistemas o processo de reação (*feedback loop*) e o comportamento caótico geram uma alta sensitividade, e assim o que ocorre numa região afeta todas as outras de maneira não determinista, e o sistema inteiro trabalha cooperativamente para criar "um turbilhão de permanência". Por causa da dinâmica holística, a causa e o efeito interagem mutuamente de forma que efeito se torna causa e vice-versa. A ideia de processos de reação nos ajuda a imaginar esse tipo de causalidade circular e interativa. Ela não é linear e unidirecional, mas recíproca (ou mesmo circular); o resultado depende menos da "entrada" (*input*) e mais da complexa dinâmica do sistema.

Em seu livro *Mutual Causality in Budhism and General Systems Theory: The Dharma of Natural Systems*, Joanna Macy (1991a) nos fornece uma clara análise, suplementada com ideias budistas, das implicações da teoria de sistemas para nosso entendimento da causalidade. Visto que ela é a fundação de nosso entendimento da transformação e da mudança, vale a pena examinar essa análise em detalhe.

No budismo o conceito de Dharma não se refere à substância ou essência, mas "à maneira pela qual as coisas funcionam" ou "ao próprio processo de ordem" (p. xi); o que é algo similar ao Tao. E como no caso da teoria de sistemas, todo fenômeno é considerado interdependente e assim toda experiência é vista como viável e ampla. A doutrina do *paticca samuppada* ("co-origem dependente"), quer dizer, a causalidade mútua ou recíproca é central nesse caso. Tudo isso é refletido no entendimento ecológico e auto-organizador inerente à teoria de sistemas porque esta concebe a realidade como um processo envolvendo tendências mentais e físicas auto-organizadoras. Na teoria de sistemas, bem como no budismo, a causa e o efeito surgem "de um emaranhado de incertezas" (p. xii).

A mente e o espírito não estão isolados da causalidade interativa implícita na teoria de sistemas e no budismo. Nesse sentido, a dinâmica presente na analogia holográfica, a qual nos referimos antes, nos é útil; quer dizer, a matéria e a mente interagem e se afetam reciprocamente. Tal noção fica ainda mais clara quando a suplementamos com os discernimentos do *paticca samuppada*. Macy (1991a: 19) comenta que:

> A ideia de que as preconcepções e predisposições da mente moldam a realidade é parte integral ao conceito de "co-origem dependente". Isso vai contra o bom-senso de que o mundo está "lá fora" e que é diferente e independente do ego-observador. Um entendimento genuíno da causalidade mútua envolve ir além da dicotomia convencional entre o ego e o mundo; implica a transformação da maneira pela qual a experiência é processada, e isto significa uma revisão profunda de nossos pressupostos mais fundamentais. *Paticca samuppada* não é uma teoria que requer aprovação, mas uma verdade e um discernimento que somos convidados a experimentar a partir da introspecção disciplinada e da minuciosa atenção ao surgimento e desaparecimento de fenômenos físicos e mentais.

Esse novo entendimento que emerge dessa teoria de sistemas, suplementado com discernimentos do budismo, apresenta-nos um mundo no qual a novidade é uma possibilidade real. Os sistemas abertos se modificam de maneiras fundamentais em resposta a mudanças no sistema no qual estão inseridos. Assim, o determinismo do universo-máquina e o acaso estatístico da teoria quântica são rejeitados; no lugar deles surge um entendimento da causalidade que permite a possibilidade de transformações genuínas e de nossa habilidade em participar de maneira significativa nisso.

Enquanto a causalidade estava restringida pelo determinismo ou pelo acaso, nosso poder para implementar mudanças no mundo parecia ser, na melhor das hipóteses, uma mera ilusão. De fato, nossos pensamentos inconscientes sobre ela podem ser algo fundamental ao desespero de muitos em face da crise global que nos afeta. Macy (1991a: xiii) nota que:

> Na visão hierárquica da realidade e na causalidade linear e unidirecional que ela leva, os valores e o poder são atribuídos a um absoluto, uma entidade, uma essência que não é afetada por fenômenos [...]. Mesmo quando a crença no absoluto se desmorona, o hábito de pensar em termos unidirecionais persiste no pressuposto de que o poder funciona de cima para baixo. Essa noção é ainda mais perigosa em tempos de distúrbios e de escassez global. Ela faz as pessoas verem a liberdade pessoal como subjugada pela sobrevivência coletiva e que a ordem só pode ser imposta de cima para baixo. De fato, os fanáticos políticos e os fundamentalistas religiosos de nosso

tempo dizem que a vontade comum e a ação coordenada necessitam da subserviência a um líder ou divindade.

Esse entendimento como algo interativo e recíproco que resulta da teoria de sistemas muda isso. Nossa habilidade de mudar a realidade não depende da força bruta de nossa ação inicial (*input*), mas da sutileza da teia de relacionamentos inerente no exercício do *poder em conjunto*. Na visão da teoria de sistemas, "a ordem não é imposta de cima para baixo pelo exercício da vontade mental sobre as estúpidas forças físicas; ela é intrínseca à natureza auto-organizacional do mundo fenomenal" (MACY, 1991a: xiii). Esse poder intrínseco de auto-organização pode ser entendido como sendo a fonte do *poder em conjunto* e, por causa disso, a eficácia de uma ação depende da qualidade (tempo, lugar etc.) ao invés da quantidade de "força". Nas palavras do *Tao Te Ching*: "Que a nossa ação seja sábia" (§ 8)[6].

De fato, não são apenas nossas ações que têm potencial de impacto; nossos próprios pensamentos e intenções também podem influenciar a realidade. Assim, a mudança de nossa maneira de ver a realidade afetará nosso modo de vida; nosso poder de mudar o mundo se torna real; e resta para cada um de nós descobrir como implementar isso de maneira eficaz. Macy (1991a: xiv) afirma que "quando reconhecermos nosso papel na "co-origem de tendências" poderemos reivindicar nosso poder de agir. Só então poderemos dar expressão e vigor à organização presente em todas as formas de vida a partir de nossas escolhas".

Na concepção budista, a tendência de "nos agarrarmos a formas e categorias fixas criadas pela mente ao invés de aceitarmos a natureza impermanente e transitória de todas as coisas" está no centro do sofrimento humano. De fato, todas as formas fixas (sejam elas conceitos, categorias ou coisas) são um tipo de *maya* ou ilusão. Capra (1996: 294-295) comenta que "por causa de nossa ignorância (*avidya*) dividimos o mundo das percepções em objetos distintos, os quais são vistos como sólidos e permanentes; mas na verdade eles são transitórios e mudam constantemente. Tentamos nos agarrar a essa rigidez ao invés de aceitarmos a fluidez da vida, e isso nos levar a vivenciar frustração após frustração".

Macy (1991a: 18) nota que essa análise sobre o sofrimento é muito importante para entendermos o processo de libertação, especialmente no que diz respeito ao nosso sentimento internalizado de impotência que aparece na forma de negação, desespero, vício e opressão. Nós citamos:

---

6. LAO-TZU (2010). *Tao Te Ching*. Op. cit., p. 25 [N.T.].

Nosso sofrimento é causado pela interação desses fatores e especialmente pela desilusão, obsessão e aversão que surgem de nossos mal-entendidos. Criamos nossas próprias prisões porque teorizamos e nos agarramos àquilo que é por natureza eventual e passageiro. As abstrações que construímos falsificam nossas experiências, prendem-nos em egos criados por nós mesmos e condenam nossas vidas a ciclos permanentes de aquisição e ansiedade. Assim sendo, nosso sofrimento não é endêmico; ele não é inevitável.

De acordo com o budismo, uma das maneiras mais importantes para quebrarmos as correntes internas que nos aprisionam é pela prática da meditação (e com isso desenvolver um estado puro e aberto de mente). Esta prática também é importante para o desenvolvimento de uma intuição profunda sobre a natureza da "co-origem dependente" e assim ela representa um modo de nos engajarmos criativamente com o processo de transformação. A mente "se libera não porque ela se coloca à parte do mundo, mas porque ela se torna mais consciente dele. Essa atenção minuciosa traz discernimentos sobre a 'co-origem dependente' do mundo" (MACY, 1991a: 155).

Quando refletimos sobre a causalidade, o poder e a dinâmica de sistemas complexos, ganhamos discernimentos sobre a natureza econômica, social e cultural da transformação. Primeiramente é importante notar que nenhum sistema aberto (independente do tamanho e da complexidade) é imutável. Muitas vezes podemos nos sentir aturdidos pela complexidade dos sistemas que queremos mudar. Assim, a possibilidade de que um único indivíduo ou movimento social possa verdadeiramente contribuir para a mudança de maneira significativa parece ser infinitamente pequena.

Mas a teoria de sistemas sugere que este não é o caso. Quanto mais complexo um sistema for, mais sensível ele será às mudanças. Se o sistema é saudável e funciona bem, ele se adaptará facilmente e responderá às mudanças de maneira positiva. Caso contrário, ele vai se adaptar às necessidades do momento (como podemos comparar com nosso atual sistema político e econômico) e a dinâmica do processo de reação positiva (*positive feeback loop*) poderá forçá-lo a um ponto de bifurcação (*bifurcation point*) onde sua estrutura atual deve ser rapidamente substituída por uma nova e melhor adaptada aos requisitos da nova situação. É exatamente isso que acontece no processo evolucionário: estresses externos levam a "pulos" evolutivos súbitos (muitas vezes ocorridos com surpreendente rapidez) que ocorrem por conta de um fenômeno chamado de "evolução pontuada" (*punctuated evolution*) (exploraremos isso em mais detalhes no próximo capítulo).

Quando agimos para a transformação de sistemas sociais, econômicos e culturais (incluindo os paradigmas comuns que eles têm entre si), devemos lembrar que sistemas são mais sensíveis naqueles lugares onde enfrentam mais pressões. Assim como novas espécies tendem a aparecer em locais onde o ecossistema enfrenta estresse (nas regiões marginais), este também pode ser o caso com as sociedades humanas. Devemos procurar criatividade na periferia de nossos sistemas sociais, econômicos e culturais porque pode ser exatamente nessas regiões que estruturas e paradigmas cheios de criatividade estão começando a aparecer.

Quando trabalhamos para trazer a autêntica libertação, precisamos entender que crises são oportunidades para mudanças radicais. De acordo com a teoria de sistemas, uma crise é potencialmente um ponto de bifurcação no qual a estrutura social, o sistema econômico ou o paradigma cultural podem estar particularmente vulneráveis a mudanças. Ilya Prigogine e Isabelle Stengers (1984: 313) observam que:

> Sabemos que as sociedades são sistemas complexos envolvendo um número potencialmente infinito de bifurcações exemplificado pela variedade de culturas que surgiram no relativo curto período da história humana. Sabemos que esse tipo de sistema é muito sensitivo a flutuações. Isso nos dá esperança, mas também nos ameaça. Dá-nos esperança porque até pequenas flutuações podem crescer e mudar a estrutura maior; assim, as ações de um indivíduo não são consideradas insignificantes. Entretanto, isso também nos ameaça porque a segurança de um universo estável e governado por leis permanentes desaparece; assim sendo, vivemos num mundo perigoso e cheio de incertezas que não nos inspira uma confiança cega.

A segurança pode ser elusiva nesse mundo, a esperança por uma transformação profunda e genuína não é. O fenômeno da causalidade recíproca e os efeitos aumentativos do processo de reação positiva implicam que os pensamentos, motivos e ações de todos os indivíduos têm o potencial de causar essas mudanças. Dentro dessa perspectiva, o papel de indivíduos, organizações e movimentos sociais pode ser algo extremamente importante. Macy aponta que nessa direção nosso sistema social, econômico e político (e, por extensão, nosso sistema de valores e nossa cosmologia) não é uma ordem estática e preordenada à qual os indivíduos têm que se adaptar. Pelo contrário, esses sistemas são tendências fluidas nas quais participamos e sobre as quais temos influência. A dinâmica de "co-origem dependente" está sempre presente. Margaret Mead escreveu que "nunca deveríamos duvidar de que um pequeno grupo de cidadãos esclarecidos e engajados pode mudar o mundo. De fato, é só assim que isso ocorre" (apud SUZUKI & McCONNELL, 1997: 218).

Nossa habilidade de implementar mudanças não depende da força bruta ou do tamanho do movimento (mas é claro que em algumas circunstâncias a "massa crítica" é necessária para o sucesso). Mais importante que isso é nossa habilidade de discernir entre a ação correta com a intenção adequada no momento e no lugar certo. Uma boa análise é importante nesse processo; contemplação, intuição e criatividade são ainda mais. Para influenciarmos uma situação precisamos estar sintonizados com as sutilezas envolvidas, fazer uso delas e gentilmente redirecionar o fluxo do sistema para uma nova direção. Esse tipo de ação sutil e intuitiva pode requerer o uso de práticas como meditação, visualização, arte e outros métodos normalmente associados a caminhos espirituais.

Uma maneira de ilustrar esse tipo de sintonização intuitiva é a partir da história de um cozinheiro que corta um boi no texto taoista *Vida que alenta*, de Chuang Tzu:

> O cozinheiro Ting descarnava a carcaça de um boi para o Lorde Wen-hui. Suas mãos dançavam, seus ombros se mexiam no compasso do passo e do dobrar do joelho. Com chiado e silêncio, a lâmina cantava às suas ordens, sem jamais trocar uma nota. Ting e sua lâmina se moviam como se dançassem ao som do "Bosque das amoreiras", ou como se regessem o "Ching-shou" com toda uma orquestra.
>
> – Que beleza! Como é bom, não é, que um ofício tão simples possa ser tão exaltado! – exclamou Lorde Wen-hui.
>
> Ting largou a faca:
>
> – Só o que me importa é o Caminho. Eu o encontro no meu ofício, e só. Quando carneei um boi pela primeira vez, nada vi senão a carne de boi. Demorei três anos para ver o boi inteiro. Hoje saio para encontrá-lo com todo o meu espírito, e não penso somente no que capta o olhar. Interrompem-se as sensações e o conhecimento. O espírito segue para onde quer, acompanhando os contornos naturais, revelando grandes cavidades, guiando a lâmina pelas aberturas, avançando conforme a verdadeira forma – e, no entanto, sem tocar as artérias centrais, nem tendões ou ligamentos, e muito menos o osso.
>
> Um bom cozinheiro – continuou – não precisa afiar sua lâmina mais de uma vez por ano. Corta com precisão. O cozinheiro inapto afia

sua faca todo mês. Dá talhos. Uso esta faca há dezenove anos e já descarnei milhares de bois. E a lâmina está tão afiada quanto na primeira vez em que a passei na pedra de amolar. Nas articulações existem espaços, e a lâmina não tem espessura. Penetrando sem espessura onde há espaço, a lâmina avança livremente, a seu bel-prazer; sobra espaço para se movimentar. Assim, dezenove anos depois, minha faca continua tão afiada quanto no primeiro dia de uso.

Ainda assim, sempre existem locais difíceis, e quando enxergo problemas à frente, meu coração presta o devido respeito, e paro para examinar com calma. Aí trabalho devagar, movendo a lâmina cada vez mais sutilmente até que – catapofe! – a carne se separa como torrão esboroante. Então ergo a faca e analiso meu trabalho, até ficar absolutamente satisfeito. Depois limpo bem a faca e a guardo com cuidado.

– Isso é realmente bom! – disse Lorde Wen-hui. – O cozinheiro Ting me mostrou como encontrar o Caminho que alenta a vida[7].

E se pudéssemos nos engajar na arte da práxis libertadora da mesma maneira pela qual o cozinheiro corta o boi? E se pudéssemos intuir o Tao da mesma maneira e agir em conformidade com ele? No caso de transformação cultural e social, o desafio é ainda maior porque estamos lidando com um vasto número de sistemas auto-organizados e complexamente relacionados e num estado de constante fluidez. Entretanto, a mesma ideia se aplica; quer dizer, uma sintonização intuitiva com o todo, pela qual tentamos discernir a abordagem apropriada para lidar com o problema que enfrentamos.

É interessante notar que a versão aramaica da prece de Jesus (o Pai-nosso) pode enriquecer nossos discernimentos sobre ações apropriadas. A palavra que Jesus usa para "bem" (*taba*) essencialmente significa "maduro", enquanto a palavra que Ele usa para "mal" (*bisha*) significa "verde" ou "podre". Assim, se nos referirmos às raízes aramaicas dessas palavras, a frase que é normalmente traduzida como "Não nos deixeis cair em tentação, mas livrai-nos do mal" poderia ser mais acuradamente apresentada como "Não nos deixeis ser iludidos por superficialidades ou seduzidos por aparências, mas livrai-nos de ações inapropriadas (infrutíferas)", ou "Não nos deixeis ser cativos da incerteza e nem agarrados a esforços infrutíferos".

Neil Douglas-Klotz (1990; 1999) comenta que o ponto crucial nisso tudo é achar a ação apropriada para a situação que enfrentamos: "Aqueles que são

---

7. CHUANG-TZU (1998). *Ensinamentos essenciais.* São Paulo: Cultrix, p. 39-40 [Trad. de Sam Hamil e J.P. Seaton] [N.T.].

'bons' são aqueles que estão no lugar e no momento certos e que agem de maneira apropriada. Desse modo, eles estão preparados para qualquer eventualidade; estão prontos e completamente engajados a qualquer momento". Em contraste com isso, o "mal" implica que o indivíduo "está fora de ritmo com a Unidade Sagrada". Pode ser que a ação ainda não esteja "pronta para atingir seu propósito" (porque ela não está "madura") ou que a ação "já passou do amadurecimento; ela já foi apropriada para um lugar e momento, mas agora está fora do ritmo sagrado do 'Eu sou' e se apodreceu" (DOUGLAS-KLOTZ, 1999: 123).

Para incorporarmos uma verdadeira práxis libertadora então, significa que precisamos nos tornar sensíveis às situações que enfrentamos ao mesmo tempo em que somos receptivamente atentos a ela. Isso quer dizer entrar no mistério de causalidade recíproca e reconhecer que a razão discursiva e analítica nunca poderá ir a fundo em todas as complexidades envolvidas. Isso ainda significa utilizar o poder da relacionalidade e da criatividade como energia para nos engajarmos na jornada transformadora. Finalmente, devemos deixar para trás as ilusões que aprisionam nossas mentes, que se internalizam como impotência e que nos ludibriam e acorrentam.

A libertação é uma arte, ela é um processo auto-organizador que nos faz entender ao mesmo tempo em que somos chamados a agir pela contemplação, criatividade e a partir de nossas relações. Os resultados desse processo nunca são previsíveis, mas o valor de cada indivíduo, comunidade e momento nunca pode ser subestimado. Macy (1983: 36) nota que "dentro do contexto maior (da teia da vida) nossos esforços individuais podem parecer insignificantes. Mas por causa da natureza interativa e sistêmica da teia, todo ato ressoa por ela de maneiras impossíveis de se ver; e, assim, cada ato pode ser essencial para sua sobrevivência".

9

Memória, ressonância mórfica e surgimento

Quando o olhamos, não o vemos,
e chamamos-lhe "o invisível".
Quando o escutamos, não o ouvimos,
e chamamos-lhe "o inaudível".
Quando o tocamos, não o seguramos,
e chamamos-lhe "o etéreo".

Esses três estados são indecifráveis
e contribuem para o que é uno.

Seu lado de cima não é luminoso,
seu lado de baixo não é escuro.

Ele move-se sempre,
inominável,
e regressa ao seio do nada.

É forma sem forma.
É imagem sem imagem.
De frente, não se lhe vê a face.
Por detrás, não se lhe veem as costas.

Para alcançares o agora,
caminha com o antigo Tao.
Descobrir a essência de tudo
leva-te à sabedoria do "caminho".
(Tao Te Ching, § 14)[1].

---

1. LAO-TZU (2010). *Tao Te Ching*. Lisboa: Presença, p. 35-36 [Trad. de Joaquim Palma] [N.T.].

> *As regularidades da Natureza são mais como hábitos que leis [...] elas não estão fixadas eternamente e desde os princípios do tempo. Elas são hábitos que a Natureza adotou. A Natureza tem um tipo de memória inerente ao invés de uma mente eterna e matemática. Todos nós temos um tipo de memória coletiva do que aconteceu com coisas parecidas no passado [...]. A memória depende do processo que eu chamo de ressonância mórfica, da influência do "parecido sobre o parecido" através do espaço e do tempo. Tendências similares de atividades ou vibrações "sabem" o que aconteceu com tendências semelhantes no passado* (FOX & SHELDRAKE, 1996a: 163-164).

A teoria de sistemas serve como ótima fundação para começarmos a entender a natureza da transformação em sistemas complexos. Entretanto, o fenômeno do surgimento permanece de certa maneira misterioso. Os processos de reação positiva (*positive feedback loop*) e a matemática do caos nos ajudam a descrever alguns dos fenômenos mais importantes envolvidos nisso, mas eles não explicam exatamente *por que* a criatividade parece ser algo inerente ao cosmo. Eles também não explicam alguns dos aspectos mais enigmáticos do surgimento criativo; especialmente, como novos comportamentos e conhecimentos parecem "ter vida própria" e se espalham de maneiras surpreendentemente rápidas que desafiam o entendimento que normalmente temos do aprendizado e da transformação.

Um dos exemplos mais intrigantes desse tipo de misteriosa transmissão de conhecimento pode ser visto numa série de experimentos conduzidos por William McDougall na Universidade de Harvard, nos anos de 1920 (SHELDRAKE, 1988). McDougall tentava achar por meio desses experimentos alguma evidência para a transmissão hereditária do conhecimento; assim, ele treinou um grupo normal de ratos de laboratório brancos a percorrer um complexo labirinto montado num tanque de água com duas saídas: uma era iluminada (e os ratos recebiam um choque elétrico) e a outra ficava na penumbra (e os ratos saíam ilesos). A saída iluminada que dava o choque elétrico nos ratos era mudada periodicamente; e, com o tempo, os ratos aprenderam que era mais seguro sair pela saída escura e que deveriam evitar a saída iluminada.

Em média, a primeira geração de ratos escolheu a saída iluminada mais ou menos 165 vezes antes de aprender que deveriam evitá-la. A geração seguinte de ratos, contudo, aprendeu a evitar a saída iluminada depois de apenas vinte tentativas; e isso considerando que McDougall tinha escolhido os ratos menos inteligentes da geração precedente como progenitores da próxima. McDougall concluiu que havia algum tipo de memória herdada em funcionamento e que levara à vasta melhora no desempenho de aprendizado da segunda geração.

Pouco depois, um cientista em Edimburgo na Escócia tentou replicar o experimento de McDougall usando um novo grupo de ratos. Entretanto, nesse caso a primeira geração de ratos aprendeu muito mais rápido que no experimento de McDougall, evitando constantemente a saída iluminada depois de apenas vinte e cinco tentativas. Similarmente, um grupo de cientistas em Melbourne na Austrália relatou que sua primeira geração havia aprendido muito mais rápido que a do experimento original. Além disso, depois de terem trabalhado com mais de cinquenta gerações de ratos durante um período de vinte anos, eles contaram que a taxa de aprendizado continuava aumentando; e isso mesmo com o uso de ratos que não eram descendentes da geração anterior. Assim, o aprendizado das gerações subsequentes de ratos (mesmo daqueles que não tinham uma ligação direta com aqueles que os precederam) continuou melhorando com o passar do tempo.

Esse experimento é certamente muito intrigante e ele pode ter importantes implicações para a práxis transformadora. Como veremos com o desenrolar deste capítulo, esse caso não é isolado; é um exemplo claro e rigorosamente bem documentado de um fenômeno muito comum. Qual é a natureza do processo em funcionamento aqui? Sozinha, a teoria de sistemas não parece nos dar uma resposta adequada. As conexões quânticas não locais sugeridas pelo Teorema de Bell nos sugerem algumas possibilidades, mas não fica imediatamente claro como essas conexões poderiam ter um papel na transmissão do conhecimento. Mais interessante aqui é a ideia de *ordem implicativa*, porque indica que a mente e a memória podem não ser um fenômeno localizado e que o cérebro simplesmente acessa de alguma maneira as memórias que existem na *ordem implicativa* (ou se preferirmos outro termo: no vazio repleto de potencial).

Como vimos em nossa discussão sobre a teoria de sistemas, a mente (incluindo a memória) não precisa estar associada a um sistema nervoso. O sistema imunológico, por exemplo, lembra-se da configuração de substâncias estranhas (como um vírus ou uma bactéria) durante décadas. Diarmuid

O'Murchu (1997) salienta que poderíamos entender o sistema imunológico como um tipo de campo de memória; ele também nota que o DNA de uma célula poderia ser visto como um tipo de sistema de armazenamento visando a transferência de informação. O'Murchu (1997: 70) comenta que:

> O DNA nunca muda nem um milionésimo de sua estrutura porque o genoma (os três bilhões de partes que contêm informação do DNA) sabe onde tudo tem que estar. Esse fato nos indica que a memória deve ser algo mais permanente que a matéria. Consequentemente, uma célula pode ser descrita como uma memória que constituiu matéria ao redor de si mesma e, assim sendo, deu forma a uma tendência. O portador de informações (e nós ousaríamos dizer de significado) então é a memória e não a matéria.

Dentro desse contexto, os conceitos de forma e de memória estão extremamente relacionados. Como já vimos, na teoria de sistemas a forma tem precedência sobre a matéria. Visto que a forma requer uma constante regeneração que ocorre pelo turbilhão dinâmico da estabilidade pelo fluxo, poderíamos dizer que sistemas são manifestações de memórias; e a natureza da causalidade recíproca (ou "co-origem dependente") implica que sistemas continuamente criam (ou re-criam; ou pelo menos contribuem para a criação de) memórias.

Neste capítulo exploraremos em maiores detalhes a dinâmica da memória. Veremos assim que a memória (que pode ser considerada como sendo um aspecto de um conceito maior da mente) parece ser algo inerente a todos os sistemas e não somente àqueles que normalmente consideramos como "vivos"; por exemplo: as moléculas de proteínas e os cristais químicos podem ser vistos como tendo um tipo de memória e o mesmo pode ser dito de sociedades e ecossistemas. Para explorar essas ideias, inspiramo-nos no trabalho de Rupert Sheldrake, um bioquímico britânico pouco convencional. Enquanto suas teorias não são consideradas como parte das "principais correntes" das ciências, visto que vão contra as ortodoxias científicas modernas, elas explicam uma grande quantidade de fenômenos intrigantes que muitos cientistas têm escolhido ignorar, talvez por representarem grandes desafios ao pensamento tradicional científico moderno. As teorias de Sheldrake, no mínimo, possuem perguntas interessantíssimas e nos dão indicações que podem nos levar a um novo entendimento da memória e da evolução de novos hábitos e comportamentos. Elas também nos indicam uma nova maneira de ver a realidade que pode ter implicações importantes para a práxis transformativa.

A ideia principal de Sheldrake está contida em sua teoria de "causalidade formativa", a qual propõe que a memória é inerente à natureza e contida em "campos mórficos" (do grego *morph*, que significa "forma") imateriais (de alguma forma "locais" e "não locais") que detêm certo caráter "físico". Sheldrake (1988: xvii-xix) comenta que:

> Os campos mórficos, como os outros campos conhecidos da física, são regiões de influência não materiais que se estendem pelo espaço e tempo. Eles estão localizados dentro e ao redor dos sistemas que organizam. Quando certo sistema organizado cessa de existir, como quando um átomo se desintegra ou um floco de neve se dissolve ou um animal morre, seu campo organizador desaparece daquele lugar. Mas, de certa maneira, os campos mórficos não desaparecem porque eles são tendências latentes de organização e podem aparecer fisicamente de novo num outro lugar e tempo se as condições físicas forem apropriadas. Quando isso ocorre, eles contêm dentro de si mesmos as memórias de suas existências anteriores.

A ideia de campos mórficos é muito parecida com a de "relações organizadoras" (ou com a "dinâmica de auto-organização") da filosofia do organicismo[2]. De fato, Rupert Sheldrake entende sua própria teoria como uma extensão (ou desenvolvimento) da perspectiva organicista. Para ele, o campo é imanente no sistema, é algo parecido à ideia de "alma" em Aristóteles (e que vai contra a ideia platônica de formas eternas e transcendentes). Apesar disso, muitos críticos, incluindo, Fritjof Capra, consideram as ideais de Sheldrake como uma forma sofisticada de vitalismo, o que é categoricamente rejeitado pelo último autor.

Quando consideramos as acusações de tendências vitalistas nas teorias de Sheldrake, precisamos lembrar que os vitalistas insistem que a "força vital" é algo que só se aplica a organismos vivos e que é diferente de campos mórficos, os quais estão presentes em todos os sistemas do universo. Como notamos antes, Sheldrake (1988: 54-55) acredita que "do ponto de vista organicista, a vida não é algo que surge da matéria morta e que precisa ser explicada com a adição de fatores vitais, como no caso do vitalismo. *Toda* natureza está viva. Os princípios organizadores dos organismos vivos têm diferente graus, mas são os mesmos tipos de organização achados em moléculas, sociedades e galáxias".

---

2. Como discutimos anteriormente, o organicismo afirma que processos físicos e químicos junto com "relações organizadoras" são suficientes para entendermos a dinâmica da vida; e isso contrasta com o vitalismo porque não faz referência à necessidade de uma força ou entidade externa. A ideia de "relações organizadoras" tem sido entendida ultimamente em termos de uma "dinâmica de auto-organização".

Além disso, os campos mórficos de Sheldrake são considerados "físicos" como qualquer outro campo da física (por exemplo, o campo gravitacional ou elétrico), mesmo que tenham uma natureza única. Vale também notar que os campos mórficos e os sistemas interagem a partir da causalidade recíproca; quer dizer, a criatividade do sistema interage com o campo mórfico, e ela faz isso por conta da adição de novos conhecimentos e experiências ao campo da memória coletiva.

De acordo com a teoria de causalidade formativa, a memória ("o processo pelo qual o passado se torna presente") ocorre pela "ressonância mórfica" que envolve "a transmissão de influências formativas através do espaço e do tempo" (SHELDRAKE, 1988: ix)[3]. Com o processo de acumulação de memórias nos campos mórficos, as coisas passam a se tornar normais. Por exemplo, o "comportamento" dos átomos, moléculas ou partículas elementares já ocorreu tantas vezes e durante tanto tempo que parece ser algo imutável. Mas aquilo que consideramos ser "leis eternas" deveriam, na verdade, ser entendidas como hábitos arraigados da natureza.

Mesmo que a ressonância mórfica possa fazer com que certos hábitos pareçam imutáveis, ela tem uma natureza extremamente evolucionária e dinâmica. Os campos mórficos podem mudar, e mudam, com o tempo; e quando isso ocorre, grandes explosões de criatividade acontecem de repente[4]. De fato, no centro da teoria da ressonância mórfica está a convicção de que num universo em evolução não pode haver leis fixas ou eternas. Tudo, incluindo o campo organizacional do próprio cosmo, evolui com o tempo.

No decorrer deste capítulo, exploraremos como a teoria da ressonância mórfica pode beneficiar nossos discernimentos de uma nova cosmologia. Mais especificamente, examinaremos como os campos mórficos nos dão um entendimento único da natureza da memória (e da própria mente) que nos permite descobrir novos discernimentos sobre a natureza do aprendizado e da dinâmica de auto-organização e da criatividade. Também investigaremos como a perspectiva mórfica nos permite ir além do entendimento mecânico

---

3. A partir deste ponto passaremos a utilizar o termo "teoria da ressonância mórfica" ao invés de "causalidade formativa" porque esta última evoca imagens de um campo "causador" de forma funcionando de maneira linear e unidirecional. O termo "ressonância" contrasta com isso porque tem uma conotação de reciprocidade e, assim sendo, é mais coerente com um entendimento mais sofisticado da causalidade.

4. Pelo que sabemos da teoria de sistemas, poderíamos postular que quanto mais complexo o sistema, mais vulnerável seu campo mórfico será a mudanças.

dos genes para que possamos ver o desenvolvimento e a evolução de organismos vivos sob uma nova ótica. Em seguida, discutiremos como os campos mórficos nos ajudam a conceber uma cosmologia verdadeiramente evolutiva, na qual as tão chamadas leis eternas não reinam como se fossem um tipo de "movedor imóvel" governando o cosmo. Finalmente, consideraremos como a ressonância mórfica nos auxilia a descobrir novos discernimentos sobre a práxis transformadora.

As reverberações da memória

> *O que aprendemos e pensamos pode afetar outras pessoas a partir da ressonância mórfica. Nossas almas são conectadas às dos outros e ao mundo que nos rodeia. A ideia de que a mente está dentro de nossas cabeças, de que ela é uma entidade pequena e portável isolada na privacidade de nossos crânios, é algo muito estranho. Nenhuma cultura no passado teve essa ideia e é de se estranhar que a cultura mais avançada e sofisticada que já existiu (como gostamos de pensar sobre nós mesmos) possa subscrever a algo tão estranho* (FOX & SHELDRAKE, 1996a: 94).

A maioria de nós pensa que o cérebro é a sede da consciência e da memória. Sem dúvida, o cérebro é um órgão maravilhoso; ele é tão complexo que estamos longe de entender todas as suas misteriosas dinâmicas e a busca pela sede da memória dentro do cérebro tem sido algo muito elusivo.

Os neurocientistas vindos de uma perspectiva puramente materialista têm postulado que a memória deve ser entendida em termos de modificações físicas ou químicas no sistema nervoso; ou seja, "um vestígio material" localizado no cérebro. Esses cientistas têm feito uso de experimentos em animais para tentar achar evidência de tal "vestígio"; nessas experiências eles ensinam ao participante algo e depois tentam remover partes de seu cérebro (em alguns casos, eles removem cerca de 60%) para verificar se o participante se lembra do que lhe foi ensinado. Os resultados dessas experiências são, na melhor das hipóteses, inconclusivos porque uma memória em particular não pode ser removida com a extirpação de partes específicas do cérebro. A memória parece estar distribuída por todo o cérebro e assim ela está, ao mesmo tempo, em todo e em nenhum lugar (SHELDRAKE, 1990).

De fato, as pessoas afetadas pela amnésia causada por danos cerebrais traumáticos tendem a perder suas memórias de forma holística, ao invés de segmentos específicos de memória. Se a memória é resgatada, ela retorna de maneira cronológica; quer dizer, as memórias mais antigas são recuperadas primeiro. Isso parece ir contra a ideia de que há "vestígios" localizados de memória armazenados no cérebro.

Rupert Sheldrake sugere que os "vestígios" de memória podem de fato não existir. O cérebro pode não armazenar memórias, mas simplesmente acessá-las de forma análoga à televisão que está sintonizada à radiação eletromagnética (quer dizer, o sinal). Danos cerebrais podem afetar nossa capacidade de nos sintonizarmos com o campo da memória, o que resulta na inabilidade de lembrar uma memória do passado (ou seja, receber o sinal) ou de guardar novas memórias nele (transmitir o sinal). É por isso que os tão procurados "vestígios" de memória não são achados: "Se procurarmos dentro da TV vestígios dos programas que assistimos na semana passada, inevitavelmente falharíamos pela mesma razão: o aparelho está sintonizado às transmissões, mas não as armazena" (SHELDRAKE, 1990: 93).

Sheldrake (1990: 94) acredita que a memória está armazenada em campos mórficos e que ela funciona por meio do processo mórfico de ressonância ao invés de ser armazenada materialmente no cérebro:

> A ressonância mórfica depende da similaridade. Ela envolve o efeito do igual sobre o igual. Quanto mais parecido um organismo for a outro organismo do passado, mais direta e efetiva será a ressonância mórfica. Em geral, qualquer organismo é mais parecido com si mesmo no passado e, assim sendo, ele é sujeito a ressonâncias mórficas extremamente diretas de seu próprio passado.

Isso não significa que os distúrbios físicos e químicos no sistema nervoso não afetam o comportamento; isso só quer dizer, na verdade, que essas perturbações são similares a danos no hardware (e não no software) de um computador. De fato, a habilidade do cérebro de resgatar memórias perdidas por danos e traumas pode ser explicada em termos de campos mórficos; Sheldrake (1988: 168) comenta que:

> Com a ocorrência de danos cerebrais, esses campos podem ser capazes de organizarem células nervosas em outras regiões a fim de efetuarem funções perdidas. O fato de que hábitos aprendidos sobrevivem a danos cerebrais graves pode ser resultado da propriedade auto-organizadora desses campos; propriedade esta que também é evidenciada na morfogênese a partir da regeneração e regulamentação embriônica.

A ideia de que a memória fica armazenada em campos mórficos está diretamente associada às noções do psicólogo Carl Gustav Jung sobre o inconsciente coletivo; quer dizer, um tipo de campo coletivo de memória compartilhado por toda a humanidade e que é expressado por símbolos e arquétipos comuns a mitos e sonhos. Jung argumentou que todas as pessoas compartilham um grupo de arquétipos, mas que culturas específicas podem também partilhar grupos exclusivos de memórias inconscientes. Marie-Louise van Franz levou essa ideia adiante e concebeu o inconsciente coletivo de maneira "holárquica", de forma que o inconsciente individual está inserido no inconsciente da família e este no do clã, da cultura e assim por diante, como se fossem círculos concêntricos. É por essa razão que a mitologia de cada cultura parece ter elementos únicos a ela ao mesmo tempo em que compartilha elementos com as culturas adjacentes e com a totalidade da humanidade (SHELDRAKE, 1988: 252)[5].

Poderíamos conceber campos mórficos de memória da mesma maneira, ou seja, como "holarquias" que se expandem como círculos concêntricos. Presumivelmente, esses círculos vão além da própria humanidade e incluem as memórias de outras espécies também, mas a capacidade de "ressonância" com esses outros campos se enfraquece à medida que as similaridades diminuem.

A ideia de que memórias ficam armazenadas em campos mórficos pode explicar em parte o fenômeno de "memórias de vidas passadas" que algumas pessoas experimentam, o qual vem à luz mais claramente sob hipnose. Pode ser que, por causa de similaridades de caráter ou de estruturas psíquicas, uma pessoa "ressona" de alguma forma com as memórias de certos indivíduos que viveram no passado e, assim sendo, conseguem acesso e experimentam essas memórias com mais facilidade.

O próprio conceito de "campo" pode parecer inicialmente como algo misterioso. Quer dizer: é o campo uma mera abstração metafísica, uma ideia, ao invés de algo que se manifesta mais concretamente? Quando formulamos tal questão, precisamos ser cuidadosos e examinar nossos pressupostos materialistas. Como já vimos, mesmo as realidades "físicas", como as partículas subatômicas, são mais como bailados sutis de energia, são ondas de probabilidade se movimentando num vazio pleno de potencial. De fato, uma maneira de expres-

---

5. Os campos mórficos também estão relacionados à ideia de "inconsciente ecológico" que Roszak (1992: 304) chama de "a inteligência compacta ecológica de nossa espécie", a qual já discutimos anteriormente.

sarmos a natureza de onda da matéria é em termos de "campos quânticos" (ou "campos de matéria quântica"). Sheldrake (1988: 118) salienta que "nesses campos de matéria quântica não há dualidade entre o campo e a partícula no sentido do campo ser algo fora da partícula. De fato, a realidade física essencial se tornou um grupo de campos que indicam a possibilidade de acharmos 'quanta' em pontos específicos do espaço. Partículas são manifestações da realidade de campos subjacente". De acordo com a nova física, devemos conceber campos (quer dizer, entidades organizadoras ou formativas) como mais fundamentais que a matéria ou a substância. Nesse sentido, devemos considerar o conceito de campos mórficos desta perspectiva, já que eles podem envolver fenômenos quânticos.

Uma maneira de se conceber campos mórficos é considerá-los como sendo campos de informação parecidos com programas de computador, mas que são usados por organismos. Ao mesmo tempo, os campos mórficos são, como campos quânticos, probabilísticos por natureza. De fato, Sheldrake sugere que, no nível de entes atômicos e subatômicos, aquilo que é normalmente descrito pela teoria de campos quânticos pode ser algo idêntico ao campo mórfico de átomos e partículas subatômicas. Em termos de fenômeno biológico, a natureza probabilística aparece no fato de que nenhum organismo ou sistema biológico é completamente idêntico, mesmo quando se desenvolve em condições parecidas (mesmo quando são indistinguíveis geneticamente). Há sempre um elemento indeterminado em ação. Entretanto, o campo mórfico cria certos limites para formas e comportamento; desse modo, os campos mórficos são análogos aos "atratores" (*attractors*) da teoria de sistemas (mas na teoria de sistemas os "atratores" não são considerados de forma alguma como causativos).

O fenômeno de ressonância mórfica também contribui para a natureza probabilística dos campos mórficos. Um campo mórfico ressona com os inúmeros campos de outros organismos ou sistemas similares do passado mesmo que haja variações entre todos esses campos; essas variações criam um tipo de barreira complexa que delimita o escopo probabilístico de formas e de comportamentos. Assim, o campo mórfico nunca pode ser rigidamente determinista porque há sempre uma probabilidade estrutural (entretanto, em alguns casos, como no de fenômenos físicos, o escopo é tão pequeno que se torna imperceptível).

A ressonância mórfica, em contraste com a maioria das ressonâncias físicas (como a ressonância magnética nuclear ou a ressonância acústica), não envolve uma transferência de energia entre sistemas, mas "uma transferência não energética de informações". Entretanto, a ressonância mórfica é similar a outros fenômenos ressonantes porque ela "ocorre tendo como base tendências de atividades rítmicas" que incluem vibrações atômicas, oscilações de atividades celulares, ondas de atividade elétrica no sistema nervoso e muitos outros ciclos presentes em organismos vivos. Sheldrake (1988: 109) comenta que:

> De acordo com a hipótese de causalidade formativa, a ressonância mórfica ocorre entre estruturas de atividade rítmicas similares, e através dessa ressonância tendências passadas de atividades influenciam sistemas similares subsequentes. A ressonância mórfica envolve ações distantes espacial e temporalmente, que nunca declinam em influência.

Os campos mórficos se parecem com os *entelechies* de Aristóteles porque não existem como ideais transcendentes e independentes de organismos e sistemas. Assim, eles são bem diferentes do conceito platônico de formas ideais que moldam a realidade de maneira unidirecional e determinista. No caso dos campos mórficos, a informação não flui simplesmente do campo para a forma, mas flui também da forma para o campo de maneira interativa e recíproca. Assim, os campos mórficos são dinâmicos e evolutivos por natureza.

Quando Sheldrake (1988: 112) teorizou a respeito de como campos mórficos passam informações a partir do espaço e do tempo, afirmou que não precisamos postular algum tipo de "éter morfogênico" ou algum tipo de fenômeno funcionando em outra dimensão, mas que deveríamos "conceber o passado como "encostado" no presente e está potencialmente em todo lugar".

Se essa ideia nos parece estranha, então devemos nos relembrar de que as ideias newtonianas de leis imutáveis são também muito misteriosas e ainda mais estranhas. Só nos acostumamos com elas e não questionamos seus pressupostos fundamentais. Sheldrake (1988: 112) afirma que:

> Estamos tão acostumados com a ideia das leis imutáveis da física que não a questionamos; mas, se pararmos e refletirmos sobre a natureza dessas leis, veremos que elas são profundamente misteriosas. Elas não são materiais e não são energéticas. Elas transcendem o espaço, o tempo e estão potencialmente presentes em todos os lugares o tempo todo.
>
> Assim, apesar de a ressonância mórfica parecer misteriosa, as teorias convencionais também são se nos lembrarmos dos pressupostos extraordinários que elas englobam. A hipótese da causalidade formativa não é uma especulação metafísica bizarra que contrasta com o purismo, bom-senso e empirismo da teoria mecânica. A teoria mecânica depende de pressupostos que são, de fato, *ainda mais* metafísicos que a ideia de causalidade formativa.

Como notamos, a ideia de campos mórficos pode ser facilmente relacionada à teoria de sistemas se considerarmos que esses campos são análogos à ideia de "atratores", constituindo um limite para formas e comportamentos. Em essência, poderíamos entender o "atrator" como um tipo de equação matemática do campo mórfico. Além disso, os conceitos de campos mórficos e de ressonância mórfica também estão relacionados à teoria de *ordem implicativa* e à analogia holográfica. De algum modo, a totalidade da "holarquia" de campos mórficos pode ser pensada como equivalente à *ordem implicativa*. David Bohm, um dos fundadores da perspectiva holográfica, entende esse relacionamento da seguinte forma:

> A ordem implicativa pode ser entendida como a fundação fora do tempo, como uma totalidade da qual todo e qualquer momento é projetado na ordem explicativa. Para cada momento que é projetado na ordem explicativa há outro movimento pelo qual esse momento é injetado (ou "introjetado") de volta na ordem implicativa. Se tivermos um grande número de repetições desse processo começaremos a construir uma constante nessa série de projeções e "introjeções". Quer dizer, uma disposição fica estabelecida. O fato é que por conta desse processo as formas passadas tendem a se repetir ou a se replicar no presente e isso é muito parecido com o que Sheldrake chama de campo morfogenético (ou mórfico) e ressonância mórfica. Além disso, esse tipo de campo não está localizado em lugar algum. Quando ele se projeta de volta na totalidade (ordem implicativa), visto que o tempo e o espaço não se aplicam a ela, todas as coisas de natureza similar se conectam e ressonam dentro dessa totalidade. Quando a ordem explicativa se dobra na ordem implicativa, a qual não tem espaço, todos os lugares e tempo são fundidos de modo que o que acontece num lugar interpenetrará o que acontece em outro (apud SHELDRAKE, 1988: 305-306).

O conceito de que memórias são armazenadas em campos mórficos fica ainda mais claro se considerarmos exemplos concretos que parecem evidenciar tal fenômeno. Esses exemplos não são provas experimentais definitivas da ressonância mórfica; eles sugerem que há algo além das memórias físicas guardadas no cérebro.

Um exemplo disso é o da aquisição da linguagem. Noam Chomsky postulou que a rapidez com a qual as crianças aprendem a se comunicar não pode ser explicada propriamente pelo modelo behaviorista de aprendizagem. Para Chomsky, a linguagem parece crescer na mente e as estruturas de organização linguísticas são fundamentalmente inatas. Por causa disso, Chomsky propôs que há um tipo de gramática universal que ele acredita ser, de alguma maneira, geneticamente programada.

Uma explicação alternativa para este fenômeno pode ser dada pela teoria da ressonância mórfica. Já que há campos mórficos para todos os seres humanos que falaram outras línguas no passado, então a ressonância mórfica deve facilitar o aprendizado dessas línguas. Sheldrake (1988: 185) nota que "a ressonância mórfica proporciona uma tendência de aprendizado de linguagem nas crianças, mas quando elas começam a falar uma língua específica, como o sueco, elas entram em ressonância mórfica com todas as pessoas que elas escutam falar tal língua; o aprendizado da gramática e do vocabulário é facilitado por essa ressonância".

A ressonância mórfica parece nos fornecer uma melhor explicação para a facilidade do aprendizado de línguas do que qualquer outra explicação baseada na programação genética. Se a programação genética tivesse um papel nisso, esperaríamos achar muito menos diversidade e mais rigidez nas estruturas linguísticas do que de fato encontramos. Ela explica o grau de regularidade presente em línguas (características como palavras e sentenças) enquanto permite uma grande diversidade de sistemas linguísticos.

Rupert Sheldrake concebeu um experimento linguístico para ilustrar como a ressonância mórfica tem um papel na aquisição de linguagem. Ele pediu a um poeta japonês três rimas: uma tradicional cantiga de roda para crianças recitada por gerações no Japão e duas outras que se pareciam com ela, uma que fazia sentido em japonês e outra que não. Essas três cantigas foram ensinadas a crianças nos Estados Unidos e no Reino Unido que não falavam japonês. Mais ou menos dois terços das crianças acharam que a cantiga tradicional era a mais fácil de se aprender mesmo sendo todas as três equivalentes em termos de dificuldade; e isso é um resultado estatisticamente muito significante.

Essa experiência não nos fornece uma conclusão definitiva, mas ela dá suporte à ideia de que a ressonância mórfica facilita o aprendizado da linguagem. A repetição de uma cantiga por gerações de crianças teria criado um campo de memória muito forte que pode ser acessado a partir dela. Outras experiências envolvendo o reconhecimento direto ou indireto de palavras reais ou irreais escritas em línguas que são desconhecidas pelos participantes também dão suporte à ideia de ressonância mórfica (SHELDRAKE, 1988: 190-193).

Ela pode também explicar o poder de rituais, canções e mantras tradicionais das várias tradições religiosas do mundo. A constante repetição de ritos religiosos (algumas vezes por milhares de anos) teria criado um campo mórfico coletivo de memória muito poderoso. Por causa disso, esses rituais teriam acumulado um tipo de poder espiritual (conectado aos estados espirituais daqueles que experimentaram esses rituais no passado) que modernos rituais não possuem. Similarmente, os mantras tradicionais (quer dizer, rezas repetidas constantemente por milhões de pessoas por longos períodos de tempo) teriam um profundo poder porque acessam as memórias centenárias de estados meditativos de um vasto número de indivíduos.

A ressonância mórfica também explica a rapidez pela qual novos hábitos se espalharam por populações animais. Um caso interessantíssimo ilustrando isso é o do Chapim Azul, um pássaro da Europa Ocidental. Durante os anos de 1920 até os anos de 1940 esse pássaro ganhou o hábito de abrir a tampa das garrafas de leite no Reino Unido; isso mesmo levando-se em conta que tal pássaro geralmente não viaja mais de 25 quilômetros de seu ninho. Esse hábito não se espalhou de forma geográfica constante, mas "surgiu" independentemente em vários locais. (As garrafas de leite foram introduzidas no Reino Unido em 1880, então o Chapim Azul levou pelo menos quarenta anos para formar esse hábito.) Sheldrake (1988) salienta que um monitoramento detalhado mostra que tal hábito começou a se espalhar mais rapidamente com o tempo e que foi descoberto independentemente por pelo menos 89 chapins azuis durante esse período. Além disso, esse costume também se espalhou pela Holanda, Dinamarca e Suécia; no caso da Holanda, onde as garrafas de leite praticamente desapareceram durante a Segunda Guerra Mundial, o hábito reapareceu rapidamente com o fim da guerra e mesmo que a ocupação nazista da Holanda (e a suspensão de entregas de leite) tenha durado muito mais que a vida média de um Chapim Azul.

A hipótese da ressonância mórfica pode explicar por que o hábito de abrir garrafas de leite se acelerou com o passar do tempo. Com o aumento do número de mais pássaros adotando o hábito de abrir garrafas, a ressonância mórfica tornou cada vez mais fácil a adoção do costume por tornar descobertas independentes e novas cada vez mais frequentes.

O fenômeno de campos mórficos pode ser levado para além da memória e englobar outros aspectos que normalmente concebemos como sendo "a mente". Consideremos, por exemplo, o complexo comportamento coletivo dos cupins que lhes permite construir imensas estruturas com solo e saliva. O ninho dos cupins é algo extremamente complexo; por exemplo, o ninho dos cupins africanos que cultivam fungos pode chegar a três metros de altura e acomodar cerca de dois milhões de insetos. Esses ninhos têm um *design* engenhoso que irradia calor e mantêm ventilação adequada. E.O. Wilson observa que:

É praticamente impossível de se imaginar como um membro da colônia poderia supervisionar mais que uma pequeníssima fração do trabalho ou conceber o projeto inteiro do começo ao fim. Alguns desses ninhos requerem várias gerações de trabalhadores para serem completados e cada nova geração precisa entrar em sincronia com a anterior. A existência desses ninhos nos leva a concluir que os trabalhadores interagem de maneira muito ordenada e previsível. Mas como podem os trabalhadores se comunicar tão eficazmente durante um período tão longo de tempo? Além disso, quem tem a planta do ninho? (WILSON, 1971: 228, apud SHELDRAKE, 1988: 228-229).

Outros naturalistas observaram como cupins que estão em lados diferentes de uma barreira são capazes de coordenar suas ações para que as duas metades do ninho se encaixem perfeitamente; e isso mesmo em casos onde qualquer tipo de comunicação física entre eles era impossível (por exemplo: quando uma grande chapa de aço é colocada entre as duas metades do ninho).

Nenhuma explicação mecânica adequada foi sugerida para tal fenômeno; a hipótese de campos mórficos e de ressonância mórfica pode nos dar uma maneira de entender o que acontece. Sheldrake sugere que a estrutura do ninho dos cupins é organizada por conta dos campos mórficos sociais presentes na própria colônia. De certo modo, isso funciona como um tipo de mente coletiva movida com a participação de todos os insetos membros da colônia. Um fenômeno parecido pode ser verificado nos grandes cardumes de peixes, os quais são capazes de coordenar seus movimentos com muita rapidez (algo da ordem de um quinquagésimo de segundo). De fato, experimentos usando peixes demonstram que mesmo aqueles que foram cegos com o uso de lentes de contato especiais são capazes de coordenar seus movimentos com o grupo. Mais uma vez, o campo mórfico social (um tipo de mente coletiva) pode explicar o que acontece e as explicações mecânicas não.

Além do determinismo genético

A teoria da ressonância mórfica (ou a causalidade formativa) nos leva a uma maneira intrigante de conceber a memória e a própria mente. Como vimos em nossa discussão sobre a teoria de sistemas, nosso entender da mente deve ser expandido para que inclua todos os tipos de vida e não apenas organismos com sistemas nervosos. De fato, a memória e a mente são inerentes a todos os sistemas vivos, e talvez a todos os sistemas naturais.

Essa concepção engrandecida da memória e da mente parece ter um papel importante no processo da herança biológica. A ortodoxia científica moderna atribui aos genes um papel poderoso, quer dizer, eles guiam o desenvolvimento do organismo (da sua forma, sua morfogênese) e também é o mecanismo pelo qual a própria herança biológica é transmitida. A teoria da ressonância mórfica não ignora o papel importante dos genes; ela lhes dá uma função muito mais modesta. Nesta subseção exploraremos as limitações da atual teoria genética e examinaremos como os campos mórficos e a ressonância mórfica nos fornecem uma explicação alternativa (talvez mais satisfatória) para o processo de herança e desenvolvimento biológico.

À primeira vista pode parecer estranho desafiar a teoria genética moderna. Certamente, a genética teve importantes sucessos ao mesmo tempo em que é uma teoria muito útil para a explicação de uma gama de processos biológicos. De fato, muitos diriam que estamos vivendo no alvorecer da "era genética", uma era caracterizada por poderosas técnicas, como a engenharia genética, que podem remodelar nosso planeta de maneiras fundamentais.

Entretanto, pode ser argumentado que a genética (ou a biologia molecular) se tornou uma das mais atomistas e reducionistas disciplinas da ciência moderna. Theodore Roszak afirma que o gene tem um papel na biologia análogo ao átomo da física do século XIX e são, em muitos casos, apenas projeções mentais dos biólogos na realidade. Alguns biólogos moleculares, por exemplo, chegam ao ponto de projetar o egoísmo nos genes[6].

Isso não deveria nos surpreender se considerarmos as origens da genética moderna. Richard Heinberg (1999), em *Cloning the Buddha*, observa que duas correntes se encontraram na formação da biologia molecular. Uma, financiada por um número de famílias ricas dos Estados Unidos, era fundada na filosofia eugênica que procurava melhorar tudo aquilo que era determinado geneticamente. Uma consequência direta dessa perspectiva é que melhoramentos sociais não ocorrem a partir de mudanças políticas e sociais (nem por mudanças de paradigmas), mas por conta da melhora da "bagagem genética" da humanidade. Se um indivíduo é pobre, comete crimes, ou sofre de alcoolismo ou de uma desordem psicológica, os genes, e não as condições sociais, são os culpados. A ciência, e não a transformação social, tem a chave para resolver todos os problemas. Obviamente, essa filosofia é algo reconfortante para a elite governamental (a qual, certamente, é elite por causa de sua superioridade genética!).

A segunda corrente de influência vem da física newtoniana, o que não deveria ser uma surpresa. Dois pensadores da área de matemática aplicada, Max

---

6. Cf., p. ex., DAWKINS, R. (1989). *The Selfish Gene*. Oxford: Oxford University Press.

Mason (1877-1961) e Warren Weaver (1894-1978), trabalharam com a Rockfeller Foundation na reformulação da biologia de forma a torná-la mais mecânica e reducionista. De acordo com Philip Regal, um professor de ecologia, evolução e comportamento da University of Minnesota, Mason e Weaver:

> [...] foram ainda mais engajados na ideologia determinista e reducionista que a maioria dos biólogos. Os biólogos flertavam com essa ideologia, mas Mason e Weaver se entregaram a ela. Isso tem a ver com a razão pela qual eles deixaram a física; quer dizer, eles estavam revoltados com a física quântica. Não admitiam a ideia de incerteza. Eram apegados à antiga ideia newtoniana de um universo mesa de bilhar; ou seja, uma vez entendida a mecânica, podemos dar andamento ao desenvolvimento porque ela é a fundação de tudo (apud HEINBERG, 1999: 36).

Regal também nota que no início os biólogos não aceitaram prontamente os métodos reducionistas introduzidos por Mason e Weaver (e por outros químicos e físicos que entraram na disciplina de biologia molecular nos anos subsequentes). Entretanto, os "mecânicos" tinham uma "posição privilegiada" que lhes permitia fácil acesso a financiamentos públicos e privados para seus projetos de pesquisa, o que eventualmente levou a biologia a adotar o paradigma mecânico.

Dadas as origens da biologia molecular, talvez devêssemos suspeitar um pouco de seus supostos sucessos. Mason e Weaver, e todos aqueles que pensavam como eles, presumiram que com o passar do tempo a teoria quântica seria provada como errada, mas isso não aconteceu até hoje. Se aceitarmos que a física não é mecânica por natureza, então seria muito estranho saber que a biologia, cujos processos físicos e químicos envolvem processos quânticos em algum nível, é mecânica e reducionista. De fato, dado o aumento da complexidade e não linearidade dos sistemas envolvidos, esperávamos que a biologia fosse a disciplina científica menos mecânica e determinista de todas.

Paul Weiss (1898-1989), um dos primeiros biólogos a propor a ideia de campos morfogênicos (ou seja, campos mórficos guiando o desenvolvimento de organismos vivos), afirmou que era ridículo oferecer atributos "mentais" aos genes. Ele acusou os biologistas moleculares de:

> [...] encobrir a dificuldade de dar ao gene a faculdade de "espontaneidade", o poder de "ditar", "informar", "regular", "controlar" etc. o processo organizador num meio desorganizado para que este passe a funcionar de maneira coordenada e culmine na formação do organismo. Mas eles nunca explicam como isso ocorre (apud GOLDSMITH, 1998: 272).

Na verdade, o papel provado dos genes é muito mais modesto: os genes (seções específicas da molécula de DNA) codificam as estruturas das proteínas (incluindo enzimas) do organismo servindo assim como um padrão para as proteínas a partir da ação intermediária da molécula de RNA. Mesmo esse processo parece não ser tão simples e linear como se pensava no princípio, como veremos a seguir. De qualquer forma, esse papel é bem diferente daquele de "ditar, informar, regulamentar e controlar" o organismo.

Se os genes sozinhos determinassem a estrutura e o comportamento do organismo, então as células com um material genético idêntico deveriam ser idênticas. Mas isso não acontece. As células do fígado, sanguíneas, dos ossos em nossos corpos têm o mesmo material genético, mas elas têm estruturas e funções distintas. Todos os nossos órgãos possuem os mesmos genes, mas são diferentes uns dos outros. Sheldrake (1990: 86) salienta que se presumir que "com os genes apropriados e, assim, com as proteínas e os sistemas adequados que as sintetizam, o organismo se faz de alguma forma sozinho", é "como entregar os materiais adequados em um canteiro de obras no momento apropriado e esperar que a casa se faça espontaneamente".

A teoria mecânica de genes que serve de fundação para a biologia molecular (especialmente para a engenharia genética) se apoia no que foi chamado de "dogma central" da genética, o qual foi proposto primeiro por Francis Crick (1916-2004), um dos cientistas que descobriu a estrutura de dupla-hélice do DNA. Colocado simplesmente, esse "dogma" afirma que um gene específico (uma pequena porção da molécula de DNA), por meio da ação intermediária da molécula de RNA, codifica proteínas específicas que se manifestam no final como "características" do organismo. Por causa disso deve haver uma correspondência direta entre o número de genes e o número de proteínas no organismo. A progressão de gene para proteína é sempre linear por natureza, quer dizer, o DNA determina a estrutura da proteína de maneira unidirecional.

DNA → RNA → Proteína → Característica

Enquanto a maioria dos biólogos moleculares concorda que essa versão do "dogma" é muito simplista, a ideia de que genes (partes específicas do DNA) no final determinam características de maneira fundamentalmente linear, permanece a fundação da "engenharia genética" moderna, a qual tenta adicionar ou extirpar características específicas de um organismo pela inserção de novos genes a partir da tecnologia de "DNA recombinante".

De fato, enquanto o "dogma central" é algo atraente por sua simplicidade, ele é na melhor das hipóteses um "caso especial" que não se aplica universalmente. Por exemplo, baseados no número de proteínas presentes no corpo humano, geneticistas esperavam que houvesse cerca de 100 mil genes codificadores de proteínas no genoma humano. Na verdade, o número desses genes parece ser algo em torno de 20 e 25 mil (o que é similar aos 19 mil achados na lombriga). Assim sendo, não há uma correspondência direta entre genes e proteínas.

Hoje em dia se entende que a maneira pela qual os genes codificam as proteínas é muito mais complexa do que se pensava originalmente. Um processo contribuindo para essa complexidade é o de "*splicing* alternativo" (*alternative splicing*) que permite a um gene codificar uma multitude de proteínas. Por exemplo, um único gene codificando uma proteína achada no ouvido interno de uma galinha pode dar origem a outras 576 proteínas e um gene achado na "mosca da fruta" (*fruit fly*) pode codificar mais de 38 mil variações de proteínas moleculares (COMMONER, 2002). Barry Commonner (2002: 42) explica que:

> O "splicing alternativo" teve um impacto devastador na teoria de Crick porque ele destrói a hipótese de um sistema molecular isolado que transmite informações genéticas de um único gene para uma única proteína. Com a reorganização do nucleotídeo de um único gene em uma multiplicidade de novas sequências de RNA mensageiro (sendo todas diferentes do original), o processo de "splicing alternativo" gera novas informações genéticas.

O processo de "splicing alternativo" contradiz o "dogma central" de outra maneira também porque ele envolve proteínas de "spliceossomos" (*spliceosome*) que influenciam a maneira pela qual a informação genética é transmitida. Commonner (2002: 42) comenta que "essa conclusão vai contra a segunda hipótese de Crick de que proteínas não podem transmitir informações genéticas a ácidos nucleicos (neste caso, o RNA mensageiro) e isso despedaça a lógica elegante das duas hipóteses autossustentadoras de Crick"; quer dizer, cada gene codifica uma proteína e a informação sempre vai de maneira unidirecional do gene para a proteína. De acordo com Commoner (2002: 47), Crick teria afirmado que "o descobrimento de apenas um tipo de célula" na qual a informação genética é passada de proteína para o ácido nucleico ou de proteína para proteína, "demoliria as fundações intelectuais da biologia molecular".

Na verdade, o gene não é nem responsável pela precisão de sua própria replicação, visto que proteínas especiais intervêm para evitar erros. Assim, enquanto os genes são determinantes no formato das proteínas, estas também têm um papel determinante em como a informação genética é replicada e transmitida, o que sugere um tipo de causalidade recíproca (e não linear). De fato, a replicação bem-sucedida do DNA depende do meio celular por inteiro (ou da rede epigenética (*epigenetic network*)).

A ideia de que um gene tirado de um organismo funcionará da mesma maneira em outro também é falsa em várias circunstâncias. Por exemplo, muitos genes associados ao câncer em ratos não são conectados ao câncer humano (CAPRA, 2002). De fato, o mesmo gene pode ter um papel completamente diverso em diferentes espécies. O funcionamento dos genes parece depender do contexto genético (e, talvez, celular) no qual é achado. O papel de genes isolados como transmissores exclusivos de herança tem sido assim muito exagerado.

Poderíamos até disputar o próprio conceito de "genes". A ideia de que uma parte específica da molécula de DNA codifica uma proteína em particular (ou mesmo que ela determine uma característica) simplesmente não funciona em muitos casos. Não só um único gene pode codificar mais que uma proteína (e assim contribuir para o aparecimento de várias características) como uma única característica pode ser determinada por vários genes (que algumas vezes são achados em cromossomos diferentes). Assim, poderíamos dizer que a própria ideia de se separar e delinear partes específicas do DNA e chamá-las de "genes" não faz sentido algum? Certamente, o material genético parece funcionar muito mais holisticamente do que foi primeiramente concebido.

O problema do tão chamado "DNA lixo" (*junk DNA*) (que poderia ser chamado mais apropriadamente de "DNA misterioso") tem de ser considerado dentro desse contexto. No caso humano, cerca de 97% do nosso material genético parece não ter papel algum na codificação das proteínas. Qual é a função desse DNA? Alguns biólogos entendem que o "DNA lixo" é formado por fragmentos de material genético não necessário; mas por que então retê-lo? Poderia esse DNA ter alguma função que ainda não entendemos? Certamente, já que o mesmo gene pode desempenhar papéis diferentes em diferentes organismos, então nos parece razoável postular que este "contexto genético" tem um papel no organismo.

O que parece ser claro é que o papel do gene (ou talvez devêssemos dizer DNA) é algo muito mais complexo do que foi originalmente suposto pela biologia molecular. A ideia de que há uma correspondência direta entre genes e proteínas (e entre genes e características) parece ser muito simplista; ela só se aplica em casos especiais e não pode ser generalizada. Por exemplo, agora se pensa que apenas 2% das doenças humanas são relacionadas a genes. A ideia de que podemos remover o gene de uma espécie e inseri-lo ao acaso em outra e que ele funcionará normalmente nessa nova espécie (uma premissa da engenharia genética fundamentada na tecnologia de DNA recombinante) parece ser falsa na maioria dos casos. De fato, apenas 1% de todos os experimentos nessa área são bem-sucedidos (CAPRA, 2002) e, neste caso, eles envolvem características bem simples. Mesmo assim, dado que o DNA depende de complexos processos celulares para sua fiel replicação, não podemos supor que o DNA estrangeiro continuará a se replicar corretamente em futuras gerações. Se os genes funcionam de fato de maneira holística dependendo do contexto de "DNA misterioso" temos que questionar como um "gene estrangeiro" pode distorcer o genoma do organismo, ocasionando efeitos que não podem ser vistos imediatamente.

Se a ideia de que genes determinam proteínas específicas de maneira linear e unidirecional é problemática, a noção de um "programa genético" determinando as características, forma e desenvolvimento do organismo parece algo ainda mais difícil de se aceitar. Como notamos, num organismo as células partilham do mesmo genoma, mas funcionam e se desenvolvem de maneiras diferentes. Mesmo gêmeos univitelinos, que partilham do mesmo genoma, são concordantes em apenas 90% quando consideramos dez características físicas principais (HILLMAN, 1996). Sydney Brenner, um professor adjunto de biologia do Institute Salk, por exemplo, nota que:

> No passado se dizia que as respostas para nossas perguntas sobre o desenvolvimento viriam de nosso conhecimento dos mecanismos moleculares que controlam os genes. Eu duvido que alguém acredite nisso hoje em dia. Os mecanismos moleculares nos parecem tão simples e eles não dizem o que queremos saber. Temos de tentar descobrir os princípios de organização (apud SHELDRAKE, 1988: 94).

Um modo de se explicar esses princípios de organização é a partir de campos mórficos. Na verdade, o próprio conceito de campos mórficos teve sua origem no estudo de desenvolvimento embrionário (ou morfogênese), quando a ideia de campos "morfogenéticos" foi proposta pelos cientistas Hans Spemann (1869-1941), Alexander Gurwitsch (1874-1954) e Paul Weiss (1898-1989) para explicar como as células com a mesma herança genética se diferenciavam e se desenvolviam diversamente. Eles propuseram que campos morfogenéticos organizavam o desenvolvimento do organismo e direcionavam o processo de regeneração de lesões.

Na teoria de campos mórficos de Sheldrake, os genes ainda têm um papel, mas eles estão limitados à codificação de proteínas e não são responsáveis por programar a forma e o desenvolvimento do organismo. (Na verdade, dada complexidade envolvida no processo de codificação de proteínas e o relacionamento de causalidade recíproca envolvido nisso, os campos mórficos podem ter um papel na formação de proteínas também.) Esse papel desempenhado pelos genes continua sendo importante, mas é muito mais modesto do que o proposto por biólogos moleculares.

Quando levamos em conta campos mórficos, fica mais fácil entender como os seres humanos partilham entre 96 e 99% de seu genoma com os chimpanzés. Essa similaridade não significa que nossas *formas* são quase idênticas (apesar de termos um parentesco muito próximo), mas que nossas *proteínas* (quer dizer, nossa composição química) é praticamente idêntica. De fato, 29% de nossos genes codificam as mesmas proteínas, e entre aquelas que diferem essa diferença é muito sutil.

Sheldrake sugere que os genes podem ter um papel adicional, quer dizer, eles de alguma forma "se conectam" aos campos mórficos como se fossem um sintonizador de rádio ou televisão. Isso também pode indicar o possível papel desempenhado pelo "DNA misterioso", o qual representa uma grande proporção do genoma de organismos vivos. Seja como for, da perspectiva de ressonância mórfica os genes sozinhos não determinam a forma ou o desenvolvimento do organismo, mas interagem com a "holarquia" de campos mórficos que contêm de informação formativa. Esse processo de interação pode até envolver fenômenos quânticos; por exemplo, David Peat (1991: 108) nota que:

> A molécula de DNA seria constantemente informada sobre seu meio e assim algumas de suas "informações secretas" se tornariam ativas. É possível que a célula aja de maneira inteligente e cause modificações em seu próprio DNA; ou seja, a mutação de organismos seria uma resposta cooperativa a mudanças no contexto global no qual as células vivem ao invés de um evento ao acaso e sem propósito. A evolução se torna um processo cooperativo, o resultado de um diálogo constante entre formas de vida e seu meio ambiente.

Assim, dentro da perspectiva de campos mórficos, os genes têm um papel a desempenhar, mas eles não são vistos como os agentes mecânicos que contêm o programa para a formação e o desenvolvimento do organismo. De fato, Sheldrake afirma que os genes (assim como o cérebro) têm sido sobrevalorizados. Claro que o cérebro e os genes são importantes, mas o papel deles é servir de plataforma de relação (*interface*) entre o organismo e os campos mórficos. O fenômeno de ressonância mórfica manifestado na dinâmica de auto-organização e da memória é algo mais fundamental que agentes físicos e mecânicos como os genes e o cérebro.

Das leis eternas para hábitos evolutivos

Como vimos em nossa discussão sobre a natureza da mente e sobre as limitações do determinismo genético, a perspectiva de ressonância mórfica apresenta desafios à concepção mecânica da memória, da mente, da herança e do desenvolvimento biológico. Como já notamos também, outra importante característica dos campos mórficos é sua natureza dinâmica e evolutiva. Os campos mórficos mudam com o tempo; novas informações são constantemente adicionadas, a memória coletiva cresce e novos campos surgem.

De acordo com a teoria da ressonância mórfica, o universo é inativamente evolutivo. Isso apresenta um desafio à visão dualista que herdamos do século XIX que entendia a vida na Terra como estando num processo evolucionário enquanto o universo permanece num estado estático e governado por leis eternas. Desde então, os físicos passaram a notar gradativamente que a própria estrutura do universo evolui; entretanto, a ideia de leis eternas e matemáticas persiste e continua sendo praticamente incontestada.

Mas a crença em leis eternas nada mais é do que isso: uma crença que nunca foi desmistificada propriamente. Dado que ela foi originada nas ciências durante a revolução newtoniana, há razões para nos perguntarmos se essa crença realmente corresponde à realidade. Ela parece de certa maneira fluir do conceito teológico de Deus como um tipo de "movedor imóvel" e legislador eterno. Mas, e se leis eternas na verdade não existem? E se elas são apenas uma projeção filosófica imposta ao mundo para que possamos entendê-lo, e talvez controlá-lo?

Se aceitarmos a teoria cosmológica moderna, que afirma que o universo surgiu de repente num desdobramento de espaço e tempo naquilo que é normalmente chamado de *big-bang*, então o vazio que precedia a gênese do universo era privado de matéria, energia, espaço e tempo. Talvez uma mente (na forma de Deus, como ele é concebido por muitos de nós) existisse no "vazio repleto de potencial" (ou *ordem implicativa*). Mas isso parece ir contra a natureza evolucionária presente no tecido do universo? Sheldrake (1988: 11) nota que:

> O pressuposto de que as leis da natureza são eternas é o último legado da antiga cosmologia. Nem nos damos conta dele. Mas quando nos concentramos nele podemos ver que é apenas uma possibilidade dentre várias. Presume-se que todas as leis da natureza

surgiram com o *big-bang*; ou talvez que elas surgiram paulatinamente em estágios e, uma vez que foram realizadas, continuam imutáveis para todo o sempre. Por exemplo, as leis governando a cristalização do açúcar podem ter surgido quando as moléculas de açúcar primeiro se cristalizaram em algum lugar do universo; elas se tornaram então universais e imutáveis desde aquele momento. Talvez as leis da natureza podem ter evoluído e continuam a evoluir. Talvez elas não sejam leis, mas hábitos, e a própria ideia de "leis" seja algo inapropriado.

Se concebermos que o cosmo é um sistema vivo, que ele se parece mais com um organismo do que com uma máquina, então a noção de que o cosmo tem memórias e hábitos armazenados em campos mórficos pode ser algo tão plausível quanto a de leis eternas e imutáveis. Das possibilidades que Sheldrake salienta, a ideia de leis que evoluem ou de hábitos parece ser a mais coerente com uma perspectiva evolutiva.

O próprio conceito de leis físicas (quando analisamos em mais detalhes) parece ser algo ainda mais misterioso que o de campos mórficos. Sabemos que campos de vários tipos existem e que da perspectiva quântica eles são mais fundamentais que a matéria e a energia. Por outro lado, leis são algo muito mais inefável. Por que deveríamos acreditar que existem leis físicas?

No contexto do século XVII, a metáfora de leis era muito apropriada. Se concebermos Deus como um legislador eterno e imutável, então leis eternas devem governar o universo. No nível ideológico, o conceito de leis eternas e imutáveis também é conveniente para aqueles que estão no poder ou que acham conforto e segurança num universo que se parece com um jardim inglês bem organizado.

Do ponto de vista do século XXI e da física moderna, entretanto, essa visão é longe de ser "natural". Mesmo na teologia o conceito de Deus como um legislador eterno e imutável está restrita a facções mais conservadoras das várias tradições religiosas. O Deus dos místicos, o Deus que continuamente cria e renova, o Deus da compaixão, o Deus que escuta os clamores dos pobres e que responde, o Deus liberador, este é o Deus que se confronta com o Deus das leis eternas e rígidas.

Se retornarmos à física, realmente notamos que há regularidades observáveis na natureza. O universo tem uma forma e ordem reconhecíveis pela mente (pelo menos num certo nível). Mas Sheldrake (1988: 13) observa que "não há razão para pensarmos que essas regularidades são eternas; as regularidades evoluem num universo que evolui: isto é evolução". Assim, o cosmo pode ter hábitos ao invés de leis; alguns desses hábitos podem ser extremamente arraigados, mas todos evoluirão com o tempo.

A ideia de que há hábitos que evoluem, e não leis, não é algo completamente novo. Diríamos que para os povos que tradicionalmente veem o universo como um organismo vivo essa ideia viria naturalmente, mesmo que não fosse explicitamente afirmada. No começo do século XX, alguns filósofos como Charles Peirce (1839-1914) e Friedrich Nietzsche (1844-1900) propuseram a ideia de hábitos evolutivos como extensão da teoria da evolução. Para Peirce, o cosmo deveria ser considerado como um ente vivo com uma mente e que "a lei do hábito é a lei da mente". A matéria é impregnada pela mente; assim, a mente fica "aprisionada pelo surgimento do hábito e devido a isso quebrá-lo se torna algo muito difícil" (apud SHELDRAKE, 1988: 14). Nietzsche acreditava que as "leis" da natureza evoluíram e até experimentaram alguma forma de seleção natural.

Muitos filósofos no final do século XIX e meados do século XX especularam a respeito da evolução de hábitos ou leis cósmicas. De acordo com Sheldrake (1988), essas ideias se tornaram cada vez menos atraentes quando físicos, incluindo Einstein[7], começaram a insistir que o universo era eterno por natureza e governado por leis imutáveis. Desde então os próprios físicos mudaram de opinião pelo menos no que diz respeito à evolução e ao desenvolvimento das grandes estruturas do cosmo. A vida na Terra não parece mais ser a exceção num universo estático; agora são as leis eternas que parecem ser esquisitices. Se o processo cósmico é evolutivo por natureza, então a ideia de que a natureza tem hábitos evolutivos (ou poderíamos dizer "leis evolutivas", para tornar o termo mais aceitável à nossa maneira de pensar) parece ser mais lógica e coerente com a nova cosmovisão que surgiu nas últimas décadas.

Um mundo governado por leis eternas é um mundo fundamentalmente conservador e estático. A cosmologia baseada em leis eternas (de uma maneira sutil ou subconsciente) perpetua certos pressupostos sobre as limitações da autêntica transformação. Passamos a acreditar que tudo no futuro será uma mera modificação do passado. Algo realmente novo parece ser uma impossibilidade e mudanças fundamentais na ordem mundial simplesmente não ocorrem.

---

7. Como notamos anteriormente, Einstein "arrumou" suas equações de campos com a inserção da "constante cosmológica", o que assegurou resultados estáticos, mas anos depois ele viu isso como um de seus maiores erros. Mais recentemente, a "constante cosmológica" foi revivida como um pequeno valor *positivo*; isso foi feito não para assegurar resultados estáticos, mas para comportar a *aceleração* que ocorre devido à "energia escura" (*black energy*).

Obviamente, a perspectiva evolutiva já apresenta desafios a esses pressupostos conservadores, mas não o fazem totalmente, visto que o conceito de leis eternas permanece central a tudo. A ideia de hábitos nos dá muito mais esperanças. É verdade que hábitos são difíceis de mudar, especialmente quando são tão arraigados, mas a possibilidade de mudança sempre permanece. Além disso, um grupo de pessoas trabalhando juntas podem sempre remodelar seus comportamentos e criar novos hábitos. O novo é sempre uma possibilidade e o que será não é predeterminado pelo que foi.

No caso de fenômenos normalmente associados com a física fica difícil de provar que eles são hábitos e não leis eternas, já que hábitos arraigados por natureza parecem ser praticamente imutáveis; isso principalmente se considerarmos a pequena porção de tempo envolvida no desenvolvimento das ciências modernas. Apesar disso, há alguns exemplos intrigantes que sugerem a ideia de um cosmo organizado por campos mórficos e hábitos ao invés de leis imutáveis.

Há evidência de que muitas das constantes fundamentais da física flutuam (muito ligeiramente) com o tempo. Por exemplo, a constante gravitacional (normalmente designada pela letra G) é normalmente calculada como sendo $(6,674 \pm 0,003) \times 10^{-11} m^3 kg^{-1} s^2$. Entretanto, em 1986 pesquisadores na Austrália determinaram o G como sendo $(6,674 \pm 0,002)$ e outros cálculos feitos nos Estados Unidos, Alemanha, Nova Zelândia e Rússia também demonstraram variações significantes. Mas há a possibilidade de os aparelhos usados apresentarem alguma limitação, e vale notar também que geralmente os mesmos aparelhos são usados para se medir o G (SHELDRAKE, 1995).

Ainda há algumas indicações de que a velocidade da luz (c) pode apresentar flutuações. Existem indicações de que sua velocidade diminuiu em cerca de 20km por segundo no período entre 1928 e 1945, antes de retornar ao seu valor atual (SHELDRAKE, 1995). Esse resultado é muito interessante porque vários cientistas usaram métodos diferentes obtendo resultados parecidos naquele período. Isso porém não é prova definitiva de que constantes estão enfrentando um processo de mudanças; entretanto, essas pequenas variações estão mais de acordo com a ideia de hábitos arraigados do que com a de leis eternas.

A evidência mais forte dos hábitos evolutivos da natureza vem da química; isso porque novos compostos e estruturas químicas são constantemente inventados e assim nem todos os hábitos envolvidos tiveram tempo para se tornar arraigados. Sheldrake (1988) nota que novos compostos que acabaram de ser sintetizados não se cristalizam com facilidade e levam muitas semanas para formar soluções supersaturadas. Contudo, com o passar do tempo fica cada vez mais fácil para esses compostos se cristalizarem em qualquer parte do mundo. Nesse sentido, parece que uma vez estabelecido o hábito de cristalização fica mais fácil sintetizar o composto.

Se nos referirmos ao campo da biologia, notaremos que o dobramento de proteínas também parece estar de acordo com a ideia de campos mórficos e hábitos. Uma vez que uma proteína é desmembrada (quer dizer, desdobrada numa cadeia de polipeptídios, o que faz com que ela perca seu formato original), ela rapidamente se dobra e retoma sua forma original. Entretanto, a maneira pela qual cadeias de polipeptídios podem se desdobrar é virtualmente sem limites; por exemplo: uma proteína consistindo de cerca de cem aminoácidos tem aproximadamente 10^{100} (um seguido de cem zeros ou "googol") configurações possíveis. Se a proteína tivesse que tentar cada uma dessas variações ao acaso até que ela achasse sua forma correta, levaria muito mais tempo que toda a história do universo para fazer isso. Todavia, uma vez que o processo não dura mais que segundos, leva-nos a crer que a proteína de alguma forma "se lembra" de sua configuração original dentre todas essas possibilidades. Como isso pode ser possível não é ainda claro e ninguém foi capaz de achar essa informação codificada na própria proteína. A teoria da ressonância mórfica pode nos explicar o ocorrido a partir das memórias coletivas (que são essencialmente um hábito arraigado) dessas proteínas. Sheldrake (1988: 126) nota que:

> Os campos [...] direcionam o processo de dobramento para um ponto característico [...]. Das muitas possibilidades de dobramento e de formas finais, os campos escolhem um caminho e uma forma [...]. Os próprios campos mórficos são estabilizados pelo processo de ressonância mórfica envolvendo as inúmeras estruturas similares do passado. O longo processo de evolução estabilizou aquelas estruturas que eram úteis e as favoreceu durante o processo de seleção natural; o vasto número de moléculas do passado tem um efeito estabilizante poderosíssimo nos campos de ressonância mórfica.

Sheldrake pontua ainda que muitas proteínas têm estruturas similares mesmo tendo aminoácidos que variam enormemente, o que é algo esperado se as informações para o desdobramento de proteínas são armazenadas em campos mórficos e não nos aminoácidos. Por exemplo, a molécula de hemoglobina achada na maioria dos animais e em algumas plantas tem uma estrutura comum, mas apenas três de seus 140 ou 150 aminoácidos são geralmente achados em diferentes espécies.

A ressonância mórfica pode também explicar as similaridades encontradas em ecossistemas compostos por espécies extremamente diferentes. Por exemplo, Tim Flannery (2001: 113) observou que a fauna nas savanas da América do Norte quinze milhões de anos atrás era muito parecida com a encontrada na África de hoje em dia:

> Alguns pesquisadores tentaram explicar isso pela ideia de coevolução. Eles dizem que todas as espécies na Terra são moldadas pela interação com as outras espécies no meio ambiente e que nas savanas há um número limitado de possibilidades para isso devido à competição entre as espécies. Eles acreditam que os grandes herbívoros têm necessariamente que ter formas como as de girafas para conseguirem alcançar o topo das árvores; os animais que comem grama precisam ser rápidos e migratórios como os cavalos, ou semiaquáticos como os hipopótamos; ou enormes e potentes como os rinocerontes brancos. Outros pesquisadores não estão de acordo com esse argumento e explicam as similaridades em termos de pura coincidência [...].

Um exemplo ainda mais impressionante pode ser achado na Austrália, onde os marsupiais tomaram uma variedade de formas que são muito similares às de mamíferos placentários em outros lugares do planeta. Por exemplo, o marsupial australiano *flying phalanger* se parece muito com o esquilo voador placentário, e o lobo da Tasmânia é muito similar ao lobo placentário. Outro bom exemplo vindo da biologia é o olho do polvo que é estruturalmente similar ao humano, mas que se desenvolveu separadamente.

Esse tipo de "evolução convergente" fica fácil de explicar se entendemos que memórias são armazenadas em campos mórficos e que elas facilitam a repetição de formas estabelecidas (mesmo em contextos diferentes). Isto também pode explicar por que a evolução ocorre com "saltos" (um rápido surgimento de novas espécies seguido por longos períodos de relativa estabilidade). Uma vez que novos hábitos, formas e características foram estabelecidos eles se tornam comuns, mas o aparecimento de uma nova característica pode levar tempo porque o campo mórfico ainda não surgiu propriamente.

A criatividade e a mudança

Enquanto a ideia de que a natureza tem hábitos é muito mais dinâmica e evolutiva que a de leis eternas, ela insinua o envolvimento de um elemento conservador que poderia limitar a práxis libertadora. Os fenômenos físicos seguem tendências reconhecidas por nós e os organismos se comportam e se desenvolvem dentro de certos limites. Mas isso não quer dizer que o novo não ocorre de tempos em tempos. A natureza evolutiva da vida na Terra (e o próprio drama da evolução cósmica) nos mostra claramente que há uma criatividade inata em funcionamento.

Da perspectiva da ressonância mórfica, há duas ordens de criatividade. A primeira (e a mais fraca das duas) funciona dentro do contexto de campos mórficos existentes. Nesse caso, há certo grau de adaptabilidade, de flexibilidade e de engenhosidade que contribuem para a evolução do campo mórfico, mas os "atratores" (ou tendências de comportamento) característicos do campo permanecem essencialmente os mesmos. Isso fica claro no exemplo do Chapim Azul (*Blue Tits*) que adquiriu o novo hábito (de abrir garrafas de leite), o que lhes permitiu uma melhor adaptação ao seu meio ambiente.

Mas há também uma ordem maior de criatividade que é evidenciada com o surgimento de novos campos com novos "atratores". A produção de um composto químico completamente novo seria um exemplo disso. O "salto" no processo evolutivo ou o surgimento de um novo tipo de organização social em sociedades humanas também seriam evidências dessa forma de criatividade.

O que fica claro é que da perspectiva da ressonância mórfica mudanças na forma afetam o campo mórfico e vice-versa. O campo e a forma coevolvem com o tempo. Sheldrake (1988) identificou quatro características-chave no processo evolucionário da perspectiva mórfica:

1) O surgimento de novas formas (ou de novas tendências de organização; ou de novos paradigmas) está sempre associado ao aparecimento de novos campos mórficos.

2) Nem todos os campos mórficos que surgem continuam a existir no futuro; quer dizer, eles estão sujeitos a um processo de seleção natural. Aqueles que não são viáveis desaparecerão e aqueles que são bem-sucedidos se estabelecerão com o tempo.

3) A herança de organismos vivos ocorre primariamente por conta da herança deles (via ressonância mórfica) e não pela modificação seletiva de genes.

4) Esses campos se diferenciam e se especializam com o tempo e alguns se tornam mais comuns e estáveis que outros.

Como exemplo concreto disso, Sheldrake (1988: 284-285) cita o fenômeno de evolução pontuada (*ponctuated evolution*), na qual a evolução dá "saltos" repentinos e se estabiliza com o tempo:

Muitos paleontólogos deduziram do registro fóssil que quando uma nova linha evolutiva aparece (quando um novo tipo de corpo-básico aparece) há sempre uma "imensa gama de tipos, uma *fase explosiva* na parte inicial da filogênese e que apenas certas ramificações continuam a se desenvolver e a se estabilizar" (RENSCH, 1959). Um exemplo disso foi a rápida adaptação dos mamíferos depois da repentina extinção dos dinossauros 60 milhões de anos atrás. A maioria das ordens de mamíferos surgiu durante um período de 12 milhões de anos: carnívoros, baleias, golfinhos, roedores, marsupiais, tamanduás, cavalos, camelos, elefantes, morcegos e vários outros. De fato, a maioria das formas básicas de mamíferos que apareceram nessa época ainda existem.

Da perspectiva de campos mórficos, o fenômeno de evolução pontuada fica facilmente entendido. Eles são normalmente bem estáveis, mas quando uma nova forma aparece (ou seja, quando um ponto crucial é alcançado), o campo mórfico novo que a acompanha abre o caminho para o surgimento de uma série de novas tendências (ou variações no mesmo tema) a partir do fenômeno da ressonância mórfica. Com o tempo e devido ao processo de seleção natural, alguns deles são eliminados e outros se estabilizam e se tornam cada vez mais comuns.

Claro que isso não nega o fato de o processo de seleção natural também ocorrer no nível genético. Aqueles organismos cujas formas são mais bem adaptadas ao habitat serão mais bem-sucedidos e seus genes se propagarão mais facilmente e se tornarão mais comuns com o tempo; assim, os genes daqueles que não são tão bem-sucedidos tenderão a diminuir com o tempo. A seleção genética ocorrerá; mas, da perspectiva da ressonância mórfica, a chave do processo evolutivo é a estabilização e seleção natural de campos mórficos e de suas correspondentes formas e tendências de organização. Sheldrake nota que essa maneira de entender a evolução está de acordo com Darwin porque reconhece o poder do hábito e também vai contra ele porque permite a ocorrência de mudanças repentinas e graduais com o tempo. A teoria de Darwin explica mudanças graduais muito bem, mas ela não explica os "saltos" repentinos que tanto caracterizam a *fase explosiva* da evolução.

A perspectiva mórfica fica ainda mais atraente quando consideramos o processo de "evolução pontuada" que ocorre não só com entes vivos, mas também em outros contextos. Sheldrake (1988: 320) nota que *"fases explosivas* similares podem ter ocorrido nas tendências evolutivas de comportamento instintivo e com o desenvolvimento de línguas e de estruturas sociais, políticas e culturais humanas. Algo parecido também ocorre nas religiões, artes e ciências e com as seitas, escolas e tradições que as formam".

Por que isso acontece? No princípio, quando uma nova forma aparece, há muitas experimentações com variações dela; mas há também um número limitado de variações que são completamente novas. Com o tempo, algumas dessas variações sobressaem mais que outras. Assim, muitas variações são descartadas ou morrem completamente ao mesmo tempo em que outras, as mais bem-sucedidas, ganham dominância. Com o passar do tempo, essas últimas se tornam cada vez mais comuns.

Os campos mórficos parecem manifestar um tipo de tensão *yin* e *yang* entre o hábito e a criatividade. Por um lado, as tendências (ou os "atratores") do campo são conservadores por natureza. Mas mesmo no caso de comportamento habitual, como vimos em nossa discussão sobre a teoria de sistemas, certa flexibilidade e adaptabilidade são essenciais. Isso corresponde ao comportamento do sistema ao redor de um "atrator". Ele nunca é previsível, mas está restringido dentro de certos limites impostos pelo "atrator".

Ocasionalmente, um "salto" ocorre e um "atrator" completamente novo surge, e assim um novo campo aparece. O que causa a ocorrência disso? Mais uma vez nos referimos à nossa discussão sobre a teoria de sistemas; o estresse pode levar um sistema a ir além dos limites de seu antigo "atrator", campo ou paradigma. Em alguns casos, esse estresse pode resultar na eliminação do antigo campo mórfico e de suas formas correspondentes, mas em outros ele pode levar ao surgimento de um novo campo organizado ao redor de um novo "atrator" ou tendência.

Da perspectiva da ressonância mórfica, a criatividade incorporada nesses "saltos" é uma propriedade inerente a campos mórficos. Contudo, os novos campos não estavam de alguma forma presentes na eternidade (como se fossem formas platônicas) à espera de alguma forma que os incorporasse. Ao invés disso, os próprios campos são dinâmicos e evolutivos; nada é predeterminado nesse entendimento e a autêntica criatividade é parte da natureza do universo. Isso não quer dizer que não há um objetivo final ou propósito na história cósmica, mas que o caminho para atingi-lo não está predeterminado; é também concebível que os próprios objetivos evoluam com o tempo.

A ressonância mórfica e a práxis transformativa

A perspectiva mórfica tem importantes implicações para a práxis transformativa. Por um lado, a natureza conservadora dos campos mórficos demonstra a dificuldade em mudar hábitos arraigados. Mas, de outro, também vemos que "saltos" criativos e qualitativos de novas formas, paradigmas e práticas permanecem uma possibilidade, especialmente quando as formas antigas estão estressadas e não conseguem mais lidar com a crise que enfrentam.

Um universo onde os campos mórficos estão presentes (como o cosmo da teoria de sistemas) é um universo onde não há espaço para o determinismo rígido da causalidade linear e para o acaso, mas um no qual o surgimento criativo é sempre uma possibilidade. A forma afeta o campo e vice-versa. A causalidade deve ser entendida como sendo complexa e criativa. Nem mesmo as leis da física são verdadeiramente estáticas e imutáveis, uma vez que todos os hábitos podem mudar. A transformação autêntica permanece uma possibilidade e a mudança libertadora pode realmente ocorrer.

Como vimos, os campos mórficos nos permitem entender o fenômeno de "evolução pontuada" de uma nova maneira. Se a evolução for governada pelo surgimento de novos campos mórficos, então esses "saltos criativos" podem ocorrer, e realmente ocorrem, em outros contextos. Sheldrake observou que a natureza conservadora de paradigmas é um bom exemplo da natureza habitual de campos mórficos, mas que suas características evolutivas e criativas também permitem "saltos", o que torna o surgimento de novos paradigmas sempre possível. Sheldrake (1988: 268) observou em referência a paradigmas científicos que:

> O surgimento de novos campos mórficos, de novos paradigmas, não pode ser explicado inteiramente pelo que ocorreu antes. Os novos campos começam como discernimentos, lapsos intuitivos, adivinhações, hipóteses e conjecturas. Eles são como mutações mentais. Novas associações ou tendências de conexões surgem de repente como um tipo "*gestalt switch*". Os cientistas falam muitas vezes que "as escamas caíram de seus olhos" ou que "um flash de luz iluminou" um problema difícil fazendo com que seus componentes fossem vistos de outra maneira, o que permitiu que fosse solucionado.

Num nível mais espiritual, aquilo que os zen-budistas chamam de *satori* (iluminação) parece corresponder a esse tipo de "salto criativo". Depois de muitos anos de meditação e de intensas práticas espirituais, o indivíduo de repente alcança uma maneira totalmente diferente de perceber a realidade e de viver no mundo. O que é interessante sobre esse exemplo é que as práticas zen foram concebidas para incubar um tipo de crise interior (o que é geralmente feito a partir de questões paradoxais chamadas de *koan*) que força o indivíduo a ir além de sua maneira habitual de ver o mundo. Da perspectiva mórfica, é como se o campo mórfico pessoal do indivíduo desse um "salto" repentino para um novo estado.

Seria esse tipo de "salto" possível no nível social? Poderia a humanidade mudar seus hábitos de repente e de maneira radical, e talvez em um nível global? Não há simples respostas a essas perguntas, mas a perspectiva mórfica certamente indica que poderíamos implementar mudanças radicais mais rápido do que pensamos.

Dessa maneira o fenômeno da ressonância mórfica nos parece muito promissor. Ela insinua que novos conhecimentos e novos hábitos podem ser difundidos rapidamente pela comunidade (e talvez mais misteriosamente) do que imaginamos. Há alguma maneira de se ampliar tal fenômeno? Como aqueles que se empenham no desenvolvimento de um futuro mais justo e sustentável podem fazer uso da ressonância mórfica na implementação de mudanças?

Mais uma vez não há respostas diretas, mas a ideia de se criar "comunidades de visão" pode ser uma maneira de se realizar isso. À medida que tentamos viver de um modo diferente, moldamos o futuro que queremos criar; começamos a criar novos hábitos e maneiras de viver que (pela ressonância mórfica) tornam as coisas cada vez mais fáceis para os outros. Assim, quanto mais gente põe em prática um novo hábito ou modo de vida, mais forte será o campo mórfico para esse comportamento.

O fenômeno de ressonância mórfica demonstra a importância do que alguns chamam de "lealdade antecipada" (*anticipatory fidelity*), ou seja, ser fiel àquilo que queremos no futuro. A chave desse processo podemos conceber e imaginar um modo diferente de vida; mas da perspectiva de campos mórficos essa nova concepção deve ser implementada em nossas próprias vidas (quer dizer, ela tem de ser colocada em prática) para que comece a afetar os outros.

A teoria da ressonância mórfica pode também nos ajudar a aprofundar nosso entendimento da natureza relacional do poder. Poderia o *poder em conjunto* ser reforçado não apenas por conta de nossos relacionamentos com outros, mas também a partir de nossa interação com o campo mórfico coletivo? Poderiam nossos relacionamentos (à medida que criam uma forma de comunidade) dar surgimento a um campo mórfico que amplia seu poder por meio da ressonância mórfica? Se isso de fato acontece, a força do poder relacional pode depender não somente do número de relacionamentos, mas da qualidade deles ao conectarem os membros da comunidade.

Cabe aqui formular as seguintes questões por serem diretamente relacionadas com o Tao. Qual relacionamento tem "o Caminho" (o Dharma, o Malkuta) com os campos mórficos e com a ressonância mórfica? Se os campos mórficos são concebidos como "holarquias" de agrupamentos de campos, qual é o relacionamento do Tao com essa "holarquia", qual é o papel desempenhado por ele na formação desses campos? Podemos conceber o Tao como um tipo de "atrator" universal caracterizado ou como um campo mórfico supremo que sutilmente dirige a evolução cósmica sem predeterminar o caminho evolutivo. O Tao é a forma disforme que inclui todas as formas; ele é seguido, mas não tem destino. Assim, o Tao pode ser também entendido como a incorporação do princípio criativo pelo cosmo.

10

O cosmo como revelação

Tudo no mundo tem uma origem.
Essa origem é "a mãe suprema".

Conhecer a mãe
é conhecer o filho.
Quem conhece o filho,
regressa à mãe,
não mais correrá perigo
(Tao Te Ching, § 52)[1].

O grande Tao tudo inunda.
Pode ir para a esquerda ou para a direita.
Todas as coisas dependem dele para viver,
mas ele não interfere.
Depois de agir, desaparece.

Alimenta todas as coisas
sem delas se apoderar.
Não tem desejos.
Chamemo-lhe "pequeno".

A ele todas as coisas retornam.
Contudo, não o conhecem como dono.
Chamemo-lhe "grande".

Não aceitando ser grande,
o sábio atinge a grandeza
(Tao Te Ching, § 34)[2].

---

1. LAO-TZU (2010). *Tao Te Ching*. Lisboa: Presença, p. 97 [Trad. de Joaquim Palma] [N.T.].
2. Ibid., p. 70 [N.T.].

> *Quando reverenciamos a Terra por si mesma,*
> *criamos a possibilidade de ações culturais*
> *proféticas. Nós já sabemos o que acontece*
> *quando uma cultura falha em entender a*
> *realidade da Terra: ela se separa do povo e*
> *do planeta. Estamos atualmente enfrentando*
> *essa morte cultural que nos leva à ruína*
> *e à devastação do planeta. Esse momento*
> *crucial de colapso cultural nos desperta para*
> *oportunidades de conhecimento e de algo mais*
> *saudável.*
> *Há uma nova história sendo contada. Essa*
> *história é sobre um universo vivo. Nós falhamos*
> *em entender que o universo é vivo. E a melhor*
> *maneira de entendermos tal noção é a partir*
> *de uma história; dessa maneira poderemos*
> *entender que a história do universo é também*
> *nossa própria história* (CONLON, 1994: 3).

> *Essa história contada pela expansão galáctica,*
> *pela formação da Terra, pelo surgimento da*
> *vida e da consciência reflexiva realiza hoje*
> *em dia o papel que as histórias míticas do*
> *universo desempenharam no passado, quando*
> *a sensibilidade humana era dominada por*
> *modos espaciais de consciência. Deixamos o*
> *cosmo para trás e adotamos a cosmogênese,*
> *não usamos mais as jornadas por mandalas*
> *tentando chegar ao centro de um universo*
> *eterno e, assim, abraçamos a jornada*
> *irreversível do próprio universo. Esta é uma*
> *jornada sagrada e é a jornada de todo ente do*
> *universo* (BERRY, 1999: 163-164).

> *A natureza integral do universo é revelada em*
> *suas ações* (BERRY & SWIMME, 1992: 19).

Uma das maiores revoluções no entendimento científico dos últimos cinquenta anos foi a mudança de uma concepção eterna e estática do cosmo para um universo dinâmico e evolutivo. A maioria dos cientistas agora concorda que o universo surgiu mais ou menos quatorze bilhões de anos atrás e que ele se expande e se transforma desde então. Podemos visualizar o cosmo não como uma coisa, mas como um ente vivo no processo de se transformar; podemos visualizá-lo como uma evolução em andamento.

De fato, a própria ideia de espaço-tempo como uma realidade única parece suportar esse discernimento. Um universo que tem começo, que muda com o tempo, é um universo que conta uma história. As ciências nos contam uma história do universo que é magnífico e misterioso mito, esse que nos inspira reverência; ela é considerada um mito não porque não seja verdade, mas ela nos permite entender nosso lugar no universo. Assim, o cosmo não é somente nosso lar e narrativa, mas é também um contínuo processo de revelação que pode guiar e orientar nossas vidas. O universo é nosso mentor.

David Peat (1991: 204) salientou que os seres humanos são participantes ativos nessa história; estamos engajados nesse processo de evolução e revelação. Como participantes num cosmo vivo, não podemos nos considerar simplesmente espectadores; não podemos simplesmente nos contentar com a exploração dos frutos da natureza como se fôssemos um tipo de parasita ou, pior ainda, um câncer. Não, somos chamados a ser muito mais que isso. Como participantes integrais do cosmo, nossa consciência, criatividade e discernimentos fazem parte do processo cósmico maior de autorreflexão e de descobrimento. Somos chamados para nos esforçarmos e entendermos o universo; acharmos nosso lugar nele e participarmos neste processo de criatividade.

Quando nos engajamos nesse projeto de proporções míticas, retornamos aos antigos esforços cósmicos que sempre foram parte da história da humanidade; com exceção, talvez, da anômala cultura científica ocidental dos últimos quinhentos anos. Pode ser que assim conseguiremos sanar a erosão que nos separa da comunidade cósmica, curar o autismo cultural que nos aprisiona num mundo imaginário e que nos cega para a realidade de um caminho pleno de destruição. Talvez poderemos ouvir mais uma vez a voz da natureza que está presente na fúria incendiária de uma supernova e na brisa carinhosa da primavera.

Para nos abrirmos a essas vozes precisamos fazer com que a cosmologia se torne algo vivo; necessitamos experimentar a história em nossos corações, sangue e ossos. Não é suficiente apenas refletir sobre a história em nossas mentes; precisamos *viver* a história para realmente entendermos que somos parte dela e que ela é parte de nós. Não temos significado fora da história cósmica. Jim Conlon (1994: 17) observa que "os seres humanos são a dimensão dela onde o universo se torna autorreflexivo [...]. Eu não posso conhecer minha cultura em separado do universo. Quando conto a história do universo, eu me dou conta de que estou profundamente interconectado com a grande aventura cósmica".

Temos a sorte de viver nessa época porque, como Swimme observa, estamos desenvolvendo a sensibilidade de perceber os ecos do nascimento do universo pela primeira vez. Talvez isso não seja uma coincidência, mas um evento feliz que tinha de acontecer; talvez nós precisássemos dessa revelação nesse momento da história humana para que pudéssemos enveredar novamente por um caminho saudável e integral que nos permita trabalhar em harmonia com o Tao que se desdobra na direção de seu propósito.

Além de percebemos as vibrações da explosão primordial, somos também capazes de discernir a serie única de estágios da história cósmica. Ela tem um começo e pode ter um fim (mas isso não é algo certo). Podemos perceber certos temas, tendências, "atratores" e encanto em cada estágio que dá forma ao universo. Quando o cosmo se desdobra, parece se tornar cada vez mais complexo, diverso e relacionado. Alguns veem nisso um tipo de propósito, um "Caminho" que parece orquestrar a história cósmica. Roszak (1992: 8) comenta que:

> Quando a natureza ao nosso redor se desdobra e nos revela nível sobre nível de complexas estruturas, vemos que habitamos um universo ecológico densamente conectado onde nenhuma coisa é simples, desconectada ou isolada; e nada é acidental. A vida e a mente que no passado eram consideradas como exceções anômalas da entropia agora são vistas como tendo suas estruturas físico-químicas fundadas nas condições iniciais ocasionadas após o *big-bang*.

Neste capítulo refletiremos sobre a natureza e o significado da história cósmica que nos está sendo revelada, especialmente da história de nosso lar, a Terra, e da comunidade de vida que forma sua biosfera. Assim, tentaremos estabelecer a direção e o senso de propósito do Caminho, do Tao, que parece estar presente no tecido do universo. Isso não quer dizer que há um grupo de leis eternas, mas algo mais sutil, dinâmico e criativo. O que é este saber que nos é revelado pelo cosmo? O que ele nos ensina sobre nosso papel na história do universo? Mais importante ainda: Como podemos nos abrir para o mistério do Tao a fim de que possamos nos tornar participantes criativos e em harmonia com a história cósmica que se desenrola?

Cosmogênese

> *É realmente simples. Esta é toda a história: [...]*
> *Você pega o gás hidrogênio, deixa-o em paz, e*
> *ele se torna roseiras, girafas e seres humanos*
> (SWIMME, 2001: 40).

> *O big-bang é como um orgasmo primordial, um momento de geração; ou como a quebra do "ovo cósmico". O cosmo é como um organismo em crescimento, formando novas estruturas dentro de si enquanto se desenvolve. Parte da atração intuitiva dessa história é que ela nos conta que tudo é relacionado. Tudo veio de uma única fonte: todas as galáxias, estrelas e planetas; todos os átomos, moléculas e cristais; todos os micróbios, plantas e animais; todas as pessoas do planeta. Todos nós somos relacionados em diferentes graus com tudo, com todos os organismos vivos e com tudo que é e que já foi* (SHELDRAKE, 1990: 101).

No começo não havia nada; não havia coisa alguma e nem tempo, espaço ou energia. O que havia? O vazio repleto de potencial, o fundamento do ser, o pensamento gerador, aquilo que vai além do mental e do material, e do ser: o Tao. Nós não podemos dizer exatamente o que "ele" era porque nenhum conceito ou caracterização pode capturá-lo. Ele é o mistério por detrás de todos os mistérios e que dá vida a tudo.

Os cientistas não sabem o que havia antes do nascimento do universo. De fato, a palavra "antes" pode não ter sentido aqui. Quando o cosmo veio a ser, o tempo nasceu com ele. Stephen Hawking descreve o cosmo, com o uso de termos matemáticos, como tendo fronteiras abertas e sem um começo e fim definidos[3]. Se isso é verdade, então podemos chegar cada vez mais perto do momento do nascimento do universo, mas não podemos atingir o momento específico quando o universo surgiu do vazio potencial. Entretanto, há um começo do qual tudo surgiu, um momento inicial que Martha Heyneman (1993: 92) chama de "o ponto zero entre a ausência de tempo e o tempo, a ausência de espaço e o espaço" que "é aqui e agora, em todo lugar e sempre".

---

3. De acordo com a teoria quântica, poderíamos postular que o espaço-tempo forma uma superfície fechada e sem limites, o que implica que não tem começo nem fim. "Todas as estruturas complicadas que vemos no universo podem ser explicadas pela falta de limites do universo associado ao princípio da incerteza da física quântica" (HAWKING, 1998: 140).

Nossa imaginação e nosso entendimento são desafiados quando tentamos visualizar os primeiros momentos do nascimento do universo, o *big-bang*. Esta infeliz expressão evoca imagens de uma explosão massiva no espaço que acontece muito longe; talvez, como algo parecido com uma supernova, mas numa escala muito maior.

Esta imagem é enganosa. Não havia "exterior" do qual esse evento podia ser visto; não havia espaço "vazio"; tudo que havia estava naquele incêndio primordial. O físico Stephen Weinberg descreve que isso era como "uma explosão que ocorreu simultaneamente em todo lugar" (apud HEYNEMAN, 1993: 92). Não era só energia, mas também espaço e tempo nascendo nesse momento gerador inicial. O calor e a fúria desse instante desafiam qualquer compreensão. Certamente, tal nascimento foi extremamente violento (pelo menos da perspectiva de organismos vivos que nunca poderiam sobreviver naquelas circunstâncias), mas foi uma violência mais parecida com a dor e com o trabalho de parto que com a destruição de um cataclismo. Thomas Berry e Brian Swimme (1992: 21) comentam que:

> Naquela realidade primordial a maior das montanhas do Himalaia se dissolveria mais rapidamente que um castelo de areia num tsunami. A solidez da Terra se desintegraria nela. No princípio, o mais breve dos sonhos humanos, um momento de distração num dia de verão, seria um intervalo de tempo no qual a chama primordial relampejaria a morte e o nascimento de mil universos.
>
> No chão sereno da floresta tropical há um furacão cósmico. Nas raízes das florestas aquáticas há a explosão de trilhões de graus onde tudo começou. Tudo que existe no universo tem uma ligação direta com esse exótico e incompreensível momento, com essa semente microscópica, com essa realidade estratificada com o poder de jogar mil galáxias através de um vasto abismo num movimento que tem durado quinze bilhões de anos. A natureza do universo e de todo ser hoje em dia está integralmente relacionada com a natureza dessa explosão primordial. O universo é um desenvolvimento único e multiforme no qual todo evento está integrado a todos os outros no tecido da continuidade do espaço-tempo.

O poder e o mistério do incêndio primordial inspiram tal respeito que só o imaginário espiritual parece entendê-lo. De fato, as grandes tradições religiosas do mundo muitas vezes invocam a memória desses primeiros momentos em algumas de suas mais sagradas escrituras. Por exemplo: no islã, a primeira palavra do *Sura Fateha* (o primeiro capítulo, ou *sura*, do Corão) e de todas as outras *suras* invoca a imagem do nascimento cósmico; a palavra *Bismillâh*, que é normalmente traduzida como "Em nome de Alá", contém as letras *SM* que podem ser traduzidas como o nome, a luz, o som e a vibração que emanam de Alá; assim, Alá passa a ser entendido como o Um, como a "Unidade Cósmica", "a força que fundamenta o ser e o nada" (DOUGLAS-KLOTZ, 1995: 15). De maneira similar, a primeira linha da prece aramaica de Jesus invoca a imagem de *shem* (que também quer dizer nome, luz, som e vibração) emanando (ou sendo sopradas) do Um, da unidade, que dá vida a tudo (DOUGLAS-KLOTZ, 1990: 13). O Corão e a prece de Jesus (que normalmente chamamos de Painosso) recordam aqueles primeiros momentos de geração do cosmos, bem como a unidade essencial que conecta todas as coisas e todos os seres.

Toda vez que nos lembramos desse momento primordial, afirmamos a unidade fundamental do cosmo. Viemos da mesma fonte. Todas as coisas e todos os seres têm as mesmas origens. Essa unidade não é apenas uma memória, mas uma realidade viva. Como vimos em nossa discussão sobre o Teorema de Bell, o fenômeno do entrelaçamento quântico significa que todas as partículas no universo permanecem de alguma forma interligadas por conexões misteriosas e instantâneas. Uma unidade fundamental interliga tudo. Berry e Swimme (1992: 29) observam que "a chama se manifesta como milhares de partículas separadas e interagindo; isso nos demonstra que o universo é um todo indivisível. Nenhuma parte do presente pode ser dissociada dele, do passado ou do futuro".

Depois da explosão primordial da semente geradora, depois de apenas um centésimo de segundo, o universo começou a se esfriar rapidamente atingido a temperatura de cem bilhões de graus, consistindo em uma mistura disforme de energia e matéria (formada por núcleos de hidrogênios (*hydrogen nuclei*) ou prótons livres (*free protons*)). Depois de três minutos os primeiros núcleos de hélio começaram a se organizar; assim, no espaço de trinta minutos a maioria da matéria primordial (núcleos de hidrogênio e de hélio) já havia sido formada ao mesmo tempo em que o universo se tornava transparente pela primeira vez (quer dizer, a luz podia viajar livremente através dele). Depois de mais de setecentos mil anos de expansões e esfriamentos, as condições ideais para a formação de átomos estáveis com núcleos e elétrons surgiu; e depois de um bilhão de anos os princípios das primeiras galáxias começaram a aparecer.

Nos quatro bilhões de anos seguintes as grandes nuvens galácticas se formaram seguidas das primeiras estrelas. Tais estrelas foram o início para o aparecimento de formas de matéria mais complexas, mas foi só com o advento das primeiras supernovas que elementos como o carbono e o oxigênio (e todos os outros elementos mais pesados que o hélio) se dispersaram pela primeira vez. A segunda e a terceira gerações de estrelas, como o nosso próprio sol, foram formadas dos restos dessas explosões de supernovas. Foi apenas com esta última geração de sistemas solares que a vida orgânica, como a conhecemos, pôde se formar. Nosso sistema solar e nós mesmos somos feitos da antiga poeira cósmica.

Essa história cósmica nos revela uma contínua evolução e criatividade. A chama primordial cria as condições para o que vem depois ao mesmo tempo em que o universo continua a manifestar novas formas de criatividade o tempo todo. A criação não acontece de uma só vez porque a criatividade é um processo contínuo que se manifesta numa série de estágios (muitos dos quais são únicos). Por exemplo: há apenas um momento no qual as galáxias se formaram. Se isso não tivesse ocorrido, nosso cosmo teria permanecido uma mistura amorfa de energia e matéria primitiva sem forma e estrutura. Nesse tipo de universo a mente e a vida nunca teriam surgido.

Similarmente, as galáxias poderiam não ter gerado estrelas. Na verdade, há duas formas delas, as espirais que podem produzir estrelas e outro tipo, as elípticas, que não possuem estruturas internas capazes de gerar estrelas. Se uma galáxia elíptica colide com uma espiral, a capacidade de gerar estrelas da galáxia resultante pode ser comprometida. As estrelas gradualmente se esgotam e morrem e, simultaneamente, não há novas gerações para substituí-las.

Assim, a criatividade não é algo certo. De fato, a criatividade do nosso universo repousa no fio da navalha. Há duas forças opostas num equilíbrio muito delicado que permitiram a evolução estrutural; quer dizer, a força contrativa criada pela ação da gravidade na matéria e a força expansiva que rebenta da chama primordial. Elas formam um tipo de *yin* e *yang* da física cósmica.

Se a força da gravidade fosse um pouquinho maior, o universo teria se contraído em si mesmo rapidamente e teria se esmagado na forma de um buraco negro. Se ela tivesse sido ligeiramente mais fraca, o universo não teria formado galáxias ou qualquer outro tipo de estruturas. A diferença de um em 10^{59} (10 seguido de 59 zeros!), ou seja, uma diferença infinitamente minúscula de 1% para cima ou para baixo e o universo com todas as suas galáxias, estrelas, planetas e vida nunca teria surgido.

Thomas Berry entende que esse equilíbrio delicado entre a atração (ou limitação) e a expansão (ou exuberância selvagem) como a "primeira expressão e modelo fundamental da disciplina artística". Berry (1999: 52) considera "o selvagem e o disciplinado" como "as duas forças constitutivas do universo; ou seja, como as forças expansiva e contrativa que mantêm o universo junto e que são expressas em tudo no universo". É desse *yin* e *yang* que todas as expressões de criatividade no cosmo nascem.

É de se estranhar que a quantidade conhecida de matéria no universo não explica a atração gravitacional medida. Agora se presume que a maioria do cosmo seja invisível (ou escuro (*dark*)) por natureza, consistindo de partículas e energia que raramente interagem com coisas visíveis, sendo assim indetectáveis por instrumentos científicos. Estima-se atualmente que a matéria escura (*dark matter*) corresponde a 22% do universo e que a energia escura (*dark energy*) corresponde a outros 74%, o que significa que meros 4% do cosmo são diretamente perceptíveis. Rupert Sheldrake (1990: 74) nota que "é como se a física tivesse descoberto o inconsciente. Assim como a mente consciente flutua sobre a superfície de um mar de processos mentais inconscientes, o mundo físico conhecido flutua sobre um oceano de matéria escura".

O delicado equilíbrio entre a expansão e a contração sugere que a natureza do cosmo não é resultado do acaso. As forças fundamentais do cosmo e as "leis" da física parecem ter sido selecionadas para permitir o surgimento de um cosmo auto-organizador. Será que o universo, naqueles primeiros momentos cintilantes quando foi criado e destruído inúmeras vezes, selecionou uma de poucas (ou talvez a única) alternativa que permitiria o aparecimento de uma criatividade autêntica? Ou será que os hábitos do universo, junto com seus campos mórficos, evoluíram de modo a permitir essa criatividade? Examinaremos essas questões em detalhe no decorrer deste capítulo, mas vale notar aqui que esse impulso na direção da criatividade e da complexidade parece estar inserido no tecido do universo desde seu princípio.

Paul Davies (1988) salienta que há uma diferença entre predestinação e predisposição. O cosmo não foi "predestinado" a formar galáxias, estrelas, a vida ou a mente. Isso foi o resultado inevitável das condições iniciais da explosão primordial; quer dizer, a possibilidade de auto-organização (e talvez a direção ou inclinação a ser seguida) já estavam presentes no início. O cosmo foi "predisposto" à criatividade e ao surgimento, mas, como o exemplo das galáxias elípticas demonstra, a dinâmica da auto-organização não é algo certo. Mas é verdade que a liberdade existe; como o *Tao Te Ching* (§ 34) diz: o Tao "tudo inunda [...] ele alimenta todas as coisas sem delas se apoderar"[4].

---

4. LAO-TZU (2010). *Tao Te Ching*. Op. cit., p. 70 [N.T.].

Brian Swimme acredita que o momento atual representa uma importante conjuntura na história cósmica, ou pelo menos na história da Terra. Como seres humanos, temos uma escolha, mas o tempo para isso é limitado. Se perdermos a oportunidade ela não retornará. É como aquele momento quando as primeiras galáxias se formaram. Swimme (2001: 41) argumenta que:

> Houve um momento quando as galáxias puderam se formar e isto não era possível nem antes nem depois. Eu acredito que nosso momento atual é parecido. Este é o momento para o planeta acordar por meio do ser humano para que a dinâmica evolutiva atual tenha a oportunidade de despertar e de começar a funcionar num nível maior. Isso não podia ocorrer antes e não poderá ocorrer depois. Se não implementarmos essa transição, a criatividade do planeta estará num estado tão degradado que não conseguirá continuar. É assustador pensar que no universo lugares que são verdadeiramente criativos *podem* perder essa criatividade. Por exemplo, nas galáxias elípticas as estrelas se esgotam e morrem uma a uma. Isso demonstra que é possível se deslocar da principal sequência criativa do universo.

Enquanto a criatividade e o surgimento não são inevitáveis (porque há escolhas a serem feitas), há também uma grande esperança revelada pela história do universo. A criatividade prevaleceu apesar de tudo. Não sabemos quantas oportunidades foram perdidas para sempre, mas sabemos que o surgimento criativo continuará, e o universo se tornará cada vez mais complexo e, no final, mais bonito e mentalmente mais profundo.

Quando adotamos essa perspectiva, fica mais fácil entender o universo como um ente vivo, um organismo que cresce e se desenvolve com o passar do tempo. Fica claro pela dinâmica do surgimento que nos é revelada pela história moderna do universo que ele não se parece com uma máquina; ao invés disso, o universo é um ente vivo livre e dinamicamente criativo. Isso fica ainda mais evidente se considerarmos a história de nosso planeta, da Terra viva da qual somos parte.

O desdobramento da vida

> *A evolução não acontece em resposta às necessidades da sobrevivência, mas como a obra criativa e a necessidade de cooperação de um universo evolutivo inteiro* (LEMKOW, 1990: 136).
>
> *A força motriz da evolução, de acordo com a nova teoria que emerge, não é achada*

em eventos de mutações acidentais, mas na
tendência inerente da vida de criar o novo, no
espontâneo surgimento de cada vez mais ordem
e complexidades (CAPRA, 1996: 227-228).

A ajuda mútua faz tanto parte da vida animal
quanto o enfrentamento mútuo, mas [...] como
fator de evolução ela é provavelmente mais
importante porque favorece o desenvolvimento
de novos hábitos e características que asseguram
a sobrevivência e o desenvolvimento da espécie
simultaneamente à promoção de um melhor
bem-estar e qualidade de vida para o indivíduo
com o uso do mínimo de energia (Peter
Kropotkin, apud GOLDSMITH, 1998: 239).

Achamos o antigo entendimento darwiniano
de uma "natureza selvagem" muito ingênuo.
Hoje em dia nos vemos como o produto de
cooperação celular (de células construídas de
outras células). A cooperação entre células que
eram estranhas e inimigas está no centro do
nosso ser (Lynn Margulis, apud SUZUKI &
KNUDTSON, 1992: 23).

A vida não tomou conta do mundo pelo
combate, mas pela associação (Lynn Margulis e
Dorion Sagan, apud CAPRA, 1996: 231).

As dinâmicas da criatividade e do surgimento inerentes ao tecido do cosmo nos são reveladas, talvez mais claramente, na história da evolução da vida na Terra. A história de nosso planeta demonstra um impulso na direção de cada vez mais complexidade, consciência e beleza que não pode ser explicado inteiramente pela dominante teoria evolucionária do neodarwinismo baseada em mutações acidentais, competição e na sobrevivência do mais forte. Algo mais sutil parece estar em funcionamento, algo sugerindo um propósito (ou pelo menos uma direção) para o qual a própria vida se dirige.

A origem da vida em nosso planeta permanece envolta em mistério. A maioria das teorias propõe que moléculas básicas orgânicas como aminoácidos se formaram de alguma forma no mar primordial e que lipídios causaram o aparecimento de membranas celulares. Mais tarde, surgiram o RNA e as proteínas e logo depois as primeiras células primitivas. Entretanto, até hoje ninguém conseguiu produzir uma célula viva em laboratório. Pode ser que novas pesquisas sejam mais bem-sucedidas nessa área, mas há grande dificuldade em se conceber quais processos poderiam ter causado o surgimento das moléculas orgânicas complexas necessárias à vida; e isso fica ainda mais complicado quando falamos da criação de células vivas. Por causa disso, alguns cientistas se perguntam se a vida (ou seus precursores imediatos) pode ter uma origem extraterrestre, chegando a nosso planeta por conta da colisão de um cometa ou de outro corpo astronômico com a Terra. Essa teoria parece mover o problema e não resolvê-lo. De qualquer forma, "o acaso" parece não ser suficiente para explicar o surgimento dos primeiros organismos vivos.

O que fica claro é que a bactéria primitiva evoluiu muito rapidamente em nosso planeta. Quer dizer, depois de apenas meio bilhão de anos da formação da Terra as primeiras procariontes (células sem núcleos) surgiram; e depois de outros cem milhões de anos, as células desenvolveram o processo de fotossíntese, o que lhes permitiu explorar a energia solar. Assim, elas começaram a produzir oxigênio, o que acabou matando as células primitivas quando atingiu grandes concentrações. A fotossíntese fundamentalmente alterou a química da atmosfera, dos oceanos e do solo terrestre. Além disso, porque ela retira gás carbônico da atmosfera, permitiu o resfriamento do planeta resultando na primeira idade do gelo aproximadamente 2,3 bilhões de anos atrás.

Depois do desenvolvimento da fotossíntese, as células levaram mais de dois bilhões de anos para se adaptar propriamente ao oxigênio, um gás perigoso que agora consideramos tão essencial à vida. Nesse mesmo período as primeiras células eucarióticas (células com núcleos) surgiram. Um bilhão de anos depois a reprodução sexuada e os primeiros heterótrofos (animais que consomem outros organismos como fonte de energia) surgiram. Trezentos milhões de anos mais tarde (ou seja, setecentos milhões de anos atrás) os primeiros organismos multicelulares apareceram e, com isso, o ritmo da evolução se acelerou rapidamente (BERRY & SWIMME, 1992).

Qual foi a força motriz por detrás dessa explosão de criatividade e diversidade? Por que os organismos se tornam cada vez mais complexos? E que processos estão envolvidos nessas mudanças? Charles Darwin observou que há variações naturais entre indivíduos da mesma espécie. Por exemplo: a pigmentação da pele de uma espécie de lagartos funciona como um tipo de camuflagem; a pele verde ao invés de marrom em lagartos vivendo em florestas. Essa pigmentação verde faz com que esses lagartos se tornem menos vulneráveis a predadores e os filhotes que herdarem tal característica também terão uma maior chance de sobreviver e se reproduzir. A "sobrevivência do mais forte" significa que com o passar do tempo a pele verde se torna mais frequente, pelo menos em habitantes de florestas e pastagens onde ela serve de camuflagem. Eventualmente, essa população de lagartos verdes se torna uma espécie diferente da de lagartos marrons, os quais podem continuar vivendo com sucesso em desertos onde sua pele se funde com a paisagem.

A Teoria da Seleção Natural de Darwin foi por fim combinada com a Teoria Genética de Mendel e essa síntese ficou conhecida como neodarwinismo. De acordo com essa perspectiva, todas as variações nas espécies ocorrem por conta de mutações genéticas espontâneas. Enquanto a maioria delas não é benéfica, ocasionalmente uma que é vantajosa ocorre. No caso anterior, por exemplo, o gene codificador para pele marrom sofre uma mutação resultando no gene para pele verde. Os genes codificadores para características favoráveis são passados mais frequentemente (pelo processo de seleção natural) e assim se tornam mais comuns com o tempo. A combinação de acaso (mutação espontânea) e necessidade (sobrevivência do mais forte) impulsiona a evolução. Como Jacques Monod disse: "O acaso sozinho é a fonte de toda inovação, de toda criação na biosfera" (apud CAPRA, 1996: 224).

O neodarwinismo é ainda a teoria da evolução mais ensinada nas escolas. Ela é simples e brilhante, mas também deixa a desejar. Primeiro, ela entende a mutação genética em termos de um gene, uma característica. De fato, em alguns casos, essa correspondência parece existir, mas como vimos isso nem sempre acontece. Muitas vezes uma gama de genes (algumas vezes localizados em diferentes cromossomos) está relacionada a uma única característica. No entendimento neodarwinista, todos esses genes teriam que sofrer uma mutação espontânea e simultânea para que uma nova característica favorável surja e se torne comum a partir do processo de seleção natural. Não é certo que isso acontece e assim não pode explicar a evolução completamente.

De maneira similar, um gene pode afetar várias características. Se uma mutação espontânea ocorre, uma característica benéfica pode surgir, mas é improvável que todas as mudanças resultem em características que assim o sejam. De fato, é mais provável que a maioria será maléfica e assim fica extremamente improvável que a mutação espontânea desse tipo de gene resultará em mais vantagens que desvantagens para o indivíduo. Fica claro que a maioria das mutações genéticas tem que estar extremamente coordenadas com o genoma para poderem ser benéficas. Vale notar que agora sabemos que a chance de erros ocorrerem na replicação genética é algo muito mais raro do que se pensava no princípio (CAPRA, 1996); e quando mutações ocorrem, há mecanismos celulares que eliminam erros.

Todas essas observações mostram que a mutação espontânea (no sentido de serem mudanças genéticas ao acaso) parece ser um processo que não pode explicar suficientemente o aparecimento de novas características e adaptações. De fato, no caso de bactérias as mutações não parecem ocorrer ao acaso e são, na verdade, muito direcionadas. Os biólogos John Cairns (Harvard University) e Barry Hall (Rochester University) concluíram que "certas mutações em bactérias ocorrem mais frequentemente quando são mais úteis à bactéria do que quando não são" (apud GOLDSMITH, 1998: 164). Qual é o processo seletivo de quais mutações devem ocorrer? Isso ainda não é claro, mas algo muito mais seletivo (e alguns diriam com mais propósito) do que mutações ao acaso parece estar envolvido.

O neodarwinismo também não explica propriamente a evolução de organismos complexos e multicelulares. Do ponto de vista da "sobrevivência do mais forte", não há dúvida de que as bactérias são os organismos mais bem-sucedidos do planeta. As bactérias podem traçar material genético livremente umas com as outras, o que permite que elas se adaptem mais facilmente a mudanças que organismos mais complexos. O Sorin Sonea até argumenta que as bactérias não deveriam ser divididas em espécies diferentes porque elas, em essência, fazem uso do mesmo "reservatório genético". Cada bactéria "individual" troca cerca de 15% de seu material genético todos os dias, o que leva Sonea a dizer que "a bactéria não é um organismo unicelular, ela é uma célula incompleta [...] pertencendo a diferentes 'quimeras genéticas' dependendo das circunstâncias". De certo modo é como se "toda bactéria fosse parte de uma teia da vida microscópica e única" (apud CAPRA, 1996: 230).

Podemos dizer que, do ponto de vista da sobrevivência e da adaptação, a teia da vida bacteriana é a mais antiga, adaptável e bem-sucedida da Terra. Ela não teve "necessidade" de se tornar eucariota ou de se desenvolver em organismos com reprodução sexuada e muito menos naquilo que consideramos formas de vida multicelulares. Assim, a competição e a luta pela sobrevivência sozinhas não podem explicar o processo evolucionário levando a formas cada vez mais complexas.

Outra objeção contra o neodarwinismo é sua falha em explicar a evolução de adaptações mais complexas. É verdade que a teoria pode explicar pequenas mudanças, como a de tom de pele que mencionamos antes; outro exemplo é o surgimento de uma característica que torna plantas resistentes ao herbicida glifosato (isto é, controlado por só um gene e assim pode ser explicado pela teoria neodarwiniana). Contudo, o que poderia explicar a evolução de estruturas complexas como o olho e o ouvido? Poderíamos dizer que uma célula fotossensível surgiu espontaneamente (mas sua utilidade para grandes organismos é incerta sem algum tipo de conexão com o sistema nervoso), mas não poderíamos dizer que todas as estruturas que trabalham juntas para formar um olho funcional apareceram ao mesmo tempo espontaneamente. Similarmente, o funcionamento do ouvido depende de várias estruturas trabalhando juntas: os nervos auditivos, os ossos do ouvido médio, o tímpano e o ouvido externo. Mas essas estruturas (até estarem completas e trabalhando em conjunto) não dão vantagem alguma ao organismo. Por que então surgiriam? Charles Darwin achava isso inconsistente com sua teoria:

> Supor que um olho com todos os seus inimitáveis estratagemas de ajuste de foco para diferentes distâncias, para receber diferentes quantidades de luz, e para corrigir aberrações esféricas e cromáticas poderia ter surgido pelo processo de seleção natural me parece, eu confesso, *completamente absurdo* (apud GOLDSMITH, 1998: 197).

Se o neodarwinismo sozinho pudesse explicar a evolução, esperaríamos que o registro fóssil mostrasse mudanças contínuas e graduais de espécies com o passar do tempo. De fato, o que vemos é o fenômeno de "evolução pontuada" caracterizado por longos períodos de relativa estabilidade seguidos por comparativamente curtos períodos de explosões criativas e experimentação. Por que alguns períodos foram caracterizados por poucas mudanças e outros por muito mais do que esperaríamos? Como vimos, a teoria de sistemas e a hipótese de campos mórficos nos ajudam a entender esse fenômeno. Em contraste com isso, a "evolução pontuada" parece ser completamente inconsistente com as explicações neodarwinistas.

Edward Goldsmith (1998) observa que o neodarwinismo coloca muita ênfase na mudança e pouca na estabilidade. O que explica a continuidade das espécies durante longos períodos que algumas vezes atingem milhares ou mesmo milhões de anos? Na visão neodarwinista, mudanças (minúsculas sintonizações do organismo) devem ser contínuas e graduais. Mas isso raramente acontece. O processo de estabilidade genética que mencionamos antes explica em parte a continuidade das espécies. A maioria das mutações é reparada antes de se propagarem e aquelas que não são, na maioria das vezes, são quase sempre prejudiciais e podem causar a morte do organismo. A hipótese de campos mórficos complementa isso: o campo do organismo é habitual por natureza e só muda com grandes dificuldades. É apenas quando enfrenta uma nova forma de estresse (uma crise que ameaça a viabilidade da antiga forma) que novas formas surgem. Na perspectiva de sistemas, o estado de caos leva eventualmente à formação de novos "atratores" e, com eles, de novas formas. A seleção natural pode ter um papel efetivo, testando formas novas e ajudando a determinar quais são mais adequadas à sobrevivência no longo prazo.

O último problema com o neodarwinismo são suas hipóteses iniciais. Como notamos antes, Darwin foi muito influenciado pelas teorias econômicas de seu tempo e pela "lei" populacional de Thomas Malthus (1766-1834), que concebia a vida como uma competição por recursos escassos. Theodore Roszak (1992: 153) nota que:

> Todos os pressupostos duros e competitivos de Malthus e da Manchester School se misturaram com as fundações da biologia darwiniana. Ao invés de ler a ética da selva nas sociedades civilizadas, ele leu a ética da sociedade capitalista na selva e concluiu que toda vida tinha que ser o que ela havia se tornado nas primeiras cidades industriais: uma incessante e dura "luta pela sobrevivência".

Nem todos os biólogos da época de Darwin, ou que vieram depois, subscreveram o ideia de que a competição é a força motriz da evolução. O zoólogo Peter Kropotkin (1842-1921), por exemplo, acreditava que uma complexa dinâmica de cooperação era algo muito mais fundamental. Mesmo a ação de predadores pode ser entendida dessa perspectiva de cooperação porque quando matam os fracos e os doentes os predadores fortalecem a caça, o que assegura recursos alimentares no futuro. De fato, o relacionamento intricado entre espécies e a complexa dinâmica de ecossistemas é muito mais aparente para nós hoje em dia do que era na época de Darwin (com a importante exceção dos povos indígenas que eram normalmente muito conscientes desse relacionamento).

Por exemplo: quando os lobos foram reintroduzidos no Yellowstone Park nos Estados Unidos, descobriu-se que os alces pastavam menos perto das margens dos rios, onde podiam se tornar alvo de predadores. Como resultado disso, a erosão do solo perto dos rios diminuiu, permitindo o desenvolvimento de populações de peixes mais saudáveis em rios e riachos. Por mais estranho que pareça, os lobos têm um papel-chave na preservação do solo e na saúde de populações de peixes de água doce.

Pesquisas científicas recentes sugerem que a cooperação e a simbiose são dinâmicas muito importantes para o processo evolutivo. Como já vimos, as bactérias partilham material genético regularmente e constituem efetivamente uma teia de vida microscópica. Isso não nega o fato de que, por um lado, a bactéria compete com outras por alimentos e outras necessidades; por outro lado, elas agem em cooperação partilhando conhecimento e experiências com a troca de material genético. Vale notar que elas podem partilhar informações genéticas globalmente no espaço de apenas alguns anos. É essa teia bacteriana que cria as condições essenciais para formas mais complexas da vida na Terra. Nadeau e Kafatos (1999: 110) comentam que:

> Durante os primeiros dois bilhões de anos de evolução, as bactérias foram os únicos habitantes da Terra e o surgimento de formas mais complexas de vida está relacionado a associações e simbiose. Nesse período, procariotas (ou organismos compostos de uma célula sem núcleo, ou seja, bactérias) transformaram a superfície e a atmosfera da Terra. Foi a interação desses simples organismos que resultou nos complexos processos de fermentação, fotossíntese, respiração aeróbica (com utilização de oxigênio) bem como da remoção de gás carbônico da atmosfera. Esses processos não teriam evoluído se tais organismos fossem atomizados à maneira de Darwin ou se a força da interação das partes fosse apenas exterior a elas.

Lynn Margulis demonstrou que todas as células eucariotas são o resultado da aliança simbiótica de organismos ainda mais simples. Isso é muito evidente na mitocôndria da célula, uma organela que permite à célula utilizar energia a partir de reações químicas que usam oxigênio. A mitocôndria tem um DNA distinto do DNA presente no núcleo da célula. É provável que as células eucariotas sejam o resultado de uma aliança entre bactérias primitivas consumidoras de oxigênio (que formaram a mitocôndria) e outros organismos, assim formando um organismo simbiótico mais complexo. Pode ser que a bactéria mitocondrial tenha invadido ou "infectado" a célula hospedeira no princípio, mas depois desistiu de sua independência em retorno de proteção e de um suprimento seguro de nutrientes. Outras organelas podem ter origem similar.

Margulis até afirma que células com núcleos são "coletividades microbiais" ou "confederações de bactérias" que "cooperam e se unem, e, quando fazem isso, formam um novo tipo de governo celular" (apud ROSZAK, 1999: 126). Fritjof Capra (1996: 231) observa que essa "teoria da simbiogênese implica uma mudança radical na percepção do pensamento evolucionário. A teoria convencional entende o desdobramento da vida como um processo no qual espécies divergem umas das outras, mas Lynn Margulis afirma que a formação de novos entes compostos ocorre a partir da simbiose entre organismos independentes e que isso tem sido uma força evolucionária mais poderosa e importante".

A simbiose não existe apenas nas células, mas em organismos multicelulares também. Como observamos antes, quase 50% do nosso peso é composto por outros organismos (especialmente bactérias) que são essenciais à nossa sobrevivência. Todo ser humano, todo organismo multicelular, é um tipo de confederação coesa de diversos organismos. Similarmente, também dependemos da rede inteira de organismos (muitos dos quais são microscópicos) para a manutenção das condições básicas da vida. Todos os organismos da Terra vivem nesse tipo de relacionamento simbiótico. Todos os seres vivos não só se adaptam aos seus meios; eles também os moldam e transformam. Entes vivos, especialmente micróbios, alteraram fundamentalmente a composição química da atmosfera, da geologia e do clima de nosso planeta.

Num outro nível, espécies individuais, como as de lobos no Yellowstone Park, têm um papel surpreendente na manutenção da saúde e na viabilidade de outras espécies com as quais têm interações mínimas. Seria a evolução um tipo de coevolução? O especialista em mamíferos aquáticos Victor Scheffer observa que "organismos não têm se desenvolvido sozinhos desde a era arqueana. Comunidades inteiras evoluíram como se fossem grandes organismos. Assim, toda evolução é coevolução e a biosfera é uma confederação de dependências" (apud SUZUKI & KNUDTSON 1992: 158).

De acordo com essa perspectiva, precisamos reinterpretar a ideia da "sobrevivência do mais forte" não como a habilidade de matar e destruir outras espécies, mas como a de *se encaixar* bem e contribuir com o resto da comunidade biótica. Isso não quer dizer que a competição não tem um papel, mas que ela é apenas complementar (e normalmente secundária) à cooperação. A competição parece estar mais presente em ecossistemas pioneiros porque ela ajuda a dispersar organismos vivos e ajuda no desenvolvimento da diversidade com o tempo. Goldsmith (1998: 253) comenta que "com a evolução de organismos vivos, com o desenvolvimento do ecossistema além de seu estado pioneiro e com a aproximação de seu clímax [...] a competição dá lugar à cooperação e [...] a homeostase aumenta de acordo com isso".

O relacionamento entre a borboleta e a flor pode nos ajudar quando consideramos a ideia de coevolução. As flores evoluíram para atrair polinizadores como borboletas e elas dependem do néctar das flores como fonte de alimento. Uma não pode existir sem a outra. Qual veio primeiro? Precisaram evoluir juntas? Como devemos entender seu relacionamento? Será que a flor usa artifícios enganosos para ser polinizada pela borboleta ou será que ela ludibria a flor para conseguir o néctar? Poderíamos nos concentrar num só aspecto e presumir que cada um desses organismos está apenas interessado em sua própria sobrevivência e necessidade.

Mas isso não poderia ser diferente? Não seria a flor que de alguma forma se preocupa com a sobrevivência e bem-estar da borboleta e vice-versa? Não poderia haver algo parecido com o amor envolvido nesse relacionamento? Muitos entenderiam tal perspectiva como "não científica"; entretanto, há alguma razão para supor que o egoísmo é mais "científico" que o amor, a compaixão e a preocupação pelo bem-estar? Se a cooperação e a simbiose são realmente mais fundamentais que a competição e a "luta pela sobrevivência", então o amor (ou pelo menos alguma forma de atração, fascinação ou preocupação pelo bem-estar) parece ser algo mais essencial (ou pelo menos tão essencial quanto) a autoafirmação e o egoísmo.

A visão cooperativa e criativa da evolução que surge da teoria de sistemas e da teoria da simbiogênese difere fundamentalmente da perspectiva neodarwiniana. A evolução não é vista como o resultado de combinações que aconteceram por pura chance (mutações ao acaso) e da necessidade (sobrevivência do mais forte). Ao invés disso, o impulso por uma maior cooperação, complexidade, diversidade e formas de consciência parece estar em funcionamento. Mesmo o intercâmbio de informações genéticas que acontece globalmente na teia microscópica bacteriana evoca a imagem de uma mente partilhando "memórias" e "experiências" genéticas.

Perguntamos novamente: Como as inúmeras mudanças inter-relacionadas que são necessárias para a evolução de estruturas complexas como o olho e o ouvido ocorreram? Isso parece ter requerido uma série de mutações genéticas extremamente coordenadas que resultasse algo funcional. Mas, como vimos, os genes sozinhos não determinam formas. Se campos mórficos (ou algo parecido) existem, não poderiam eles ter tido um papel na coordenação dessas transformações? Como argumentamos em nossa discussão sobre a convergência evolutiva, os campos mórficos poderiam explicar como o olho, uma vez surgido, pode ter sido mais facilmente desenvolvido numa outra espécie completamente diferente. Mas como a coordenação necessária para a evolução do primeiro olho (ou de outra estrutura complexa) aconteceu inicialmente?

Enquanto não há uma resposta clara para essa questão, poderíamos dizer que parece que uma série de mudanças ocorreram com certo objetivo (como o desenvolvimento do olho). O objetivo parece indicar que há um senso de propósito ou pelo menos de direção. É interessante notar aqui a teoria da evolução proposta originalmente por Alfred Russel Wallace (1823-1913) e por Charles

Darwin (1809-1882). Enquanto os dois concordaram com a ideia do processo de seleção natural, Wallace passou a divergir de Darwin com o passar do tempo porque ele não acreditava que mudanças ao acaso podiam explicar o impulso evolucionário, o qual seria guiado por algum tipo de inteligência criativa que ele concebeu como espíritos organizadores funcionando de maneira muito parecida a campos mórficos (SHELDRAKE, 1988: 53).

Isto não significa que precisamos adotar alguma versão do "design inteligente", o qual evoca a imagem de um plano firmado no começo de tudo. Os discernimentos da teoria de sistemas nos ajudam a imaginar algo mais criativo que isso. O que isso parece requerer é um tipo de atividade mental no universo, algo que impulsione a evolução na direção de mais complexidades e diversidades; quer dizer, algo como o Tao ou o Dharma ou Malkuta. Seja lá a forma com que queiramos visualizá-lo, ele parece fazer parte do tecido do universo. Ele não é uma "lei", mas algo mais dinâmico e que evolui e se desdobra com o tempo.

Uma maneira de conceber isto é ver o cosmo como se dirigindo na direção de um "atrator" ou, melhor ainda, na direção de uma visão que também está em evolução. Isso é similar à ideia do paleontólogo jesuíta Pierre Teilhard de Chardin (1881-1955), que propôs que "os detalhes da evolução não são guiados de acordo com um plano preexistente, mas são moldados como um todo para convergirem a um estado superior a ser ainda atingido, o qual ele chamou de 'Ponto Ômega'" (DAVIES, 1988: 110). Não podemos dizer o que este "Ponto Ômega" realmente é, mas fica claro que ir em sua direção envolve níveis cada vez maiores de complexidade, inter-relacionamento, diversidade e autoconsciência.

Gaia: a terra viva

A totalidade da matéria viva da Terra, das baleias aos vírus, dos carvalhos às algas, pode ser considerada como constituindo uma única entidade viva capaz de manipular a atmosfera da Terra para acomodar as necessidades de todos e dotá-la de faculdades e poderes que vão muito além de suas partes constitutivas (James Lovelock, apud GOLDSMITH, 1998: 115).

A hipótese de Gaia afirma que as condições da superfície da Terra são reguladas pelas atividades da vida [...]. Essa manutenção do meio ambiente é realizada pelo crescimento e atividades metabólicas de uma gama de organismos (quer dizer, biota). Essa hipótese implica que onde a vida é eliminada, as condições da superfície da Terra revertem àquelas que vão entre as achadas em Marte e Vênus. Apesar dos detalhes desses mecanismos que controlam a superfície da Terra serem pouco entendidos, eles devem envolver cerca de trinta milhões de espécies orgânicas (Lynn Margulis, apud JOSEPH, 1990: 86).

A dinâmica cooperativa evidenciada na evolução da biosfera da Terra levou James Lovelock e Lynn Margulis a afirmar que o clima, os oceanos e as composições atmosféricas do planeta são regulamentados por organismos vivos trabalhando juntos e coordenadamente para manter as condições necessárias para a vida. Na versão mais aceita da teoria, essa coordenação acontece a partir de processos de reação (*feedback loops*) cibernética muito complexos, como aqueles que consideramos em nossa discussão sobre a teoria de sistemas. Tal sistema sustentador da vida engloba a totalidade da biosfera da Terra (a ecosfera)[5]; quer dizer, os organismos vivos mais as águas, os solos e o ar com os quais a vida interage. James Lovelock afirma que esse sistema funciona como se fosse um único organismo vivo, o qual Margulis e o próprio Lovelock chamaram de "Gaia", o nome da deusa grega para a Terra.

O relacionamento da biosfera com o planeta pode ser comparado a uma árvore. Há apenas uma camada bem fina de células vivas no exterior da árvore cerca de 97% dessa camada são compostos de madeira morta. A biosfera é como essa camada fina cobrindo todo o planeta (ela é mais fina que uma demão de tinta se o planeta tivesse o tamanho de uma quadra de basquetebol). A biosfera é feita de organismos biológicos e as rochas, solos, oceanos, rios, aquíferos e ar habitados por esses organismos. Assim, ela atinge as profundezas dos oceanos e muitos quilômetros abaixo da crosta terrestre bem como acima dela, quase dez quilômetros na atmosfera. Capra (1996: 214) comenta que:

Assim como a casca da árvore protege a camada fina de células vivas de danos, a vida na Terra é rodeada de uma camada atmosférica

---

5. Lovelock, ao contrário de Margulis, acredita que essa entidade engloba toda a Terra, até mesmo seu centro. Mas a discussão geralmente acontece dentro do contexto da biosfera.

protetora que nos resguarda dos raios ultravioleta e de outras influências perigosas ao mesmo tempo em que mantém a temperatura da Terra correta para o desenvolvimento da vida. Nem a atmosfera acima nem as rochas abaixo de nós estão vivas, mas elas têm moldado e transformado consideravelmente os organismos vivos, de maneira análoga à casca e à madeira da árvore.

A biosfera trabalha como um sistema vivo e integrado, maior que a soma de suas partes. Lovelock (1988: 19) nota que "Gaia, como uma entidade do tamanho do planeta, tem propriedades que não são necessariamente discerníveis a partir do conhecimento sobre espécies em particular ou sobre populações vivendo em conjunto". Da perspectiva da teoria de sistemas, a autorregulamentação é vista como uma propriedade emergente desse ente integrado.

As bactérias têm um papel-chave nessa entidade. Como Margulis notou, durante a história do planeta mais de 99% de todas as espécies se tornaram extintas. Em contraste a isso, a teia bacteriana sobreviveu durante bilhões de anos no planeta e continua a ter um papel importante na regulação das condições necessárias à vida. Capra (1996: 216) comenta que "a ideia de uma rede autopoiética planetária faz sentido porque toda a vida está inserida numa teia bacteriana auto-organizadora que dispõe de redes elaboradas de sistemas de controle e percepção que só agora começamos a reconhecer. A miríade de bactérias vivendo nos solos, nas rochas, nos oceanos e dentro de plantas, animais e seres humanos continua a regulamentar a vida na Terra".

A evidência da atividade autorreguladora da ecosfera é muito forte. Se considerarmos Gaia como sendo uma entidade viva, a atmosfera se torna algo análogo à membrana semipermeável de uma célula permitindo algumas substâncias entrarem (por exemplo, a luz do sol) e outras não (por exemplo, radiações perigosas e a maioria dos meteoritos).

Pode-se argumentar que vários planetas possuem atmosfera, mas não vida – o que é certamente verdade. Porém, a atmosfera da Terra é única (pelo menos em nosso sistema solar e pelo pouco que sabemos de outros sistemas) porque existe num estado fora do equilíbrio químico. Sem a constante atividade da vida, sua composição seria fundamentalmente diferente. Vênus e Marte, por exemplo, têm atmosferas que consistem primariamente de gás carbônico (96,5 e 95%, respectivamente) enquanto que na Terra ele só constitui 0,03%. Nas atmosferas de Vênus e Marte o nitrogênio chega só a 3%, enquanto na Terra esse gás compõe 79% da atmosfera. Além disso, em Vênus e Marte encontramos apenas traços de oxigênio, mas na Terra a concentração desse gás chega a 21% (LOVELOCK, 1988).

James Lovelock salienta que sem a vida a atmosfera da Terra se pareceria muito com a de Vênus e Marte. De fato, o oxigênio livre na atmosfera terrestre combina tão facilmente com outros gases e substâncias presentes e só pode ser mantido com a constante produção gerada pela fotossíntese. Similarmente, o nitrogênio livre é resultado da atividade bacteriana. Ao mesmo tempo, organismos vivos descobriram maneiras de remover o gás carbônico da atmosfera, feito principalmente pelo seu enterramento (na forma de petróleo ou de carvão criados por aquecimento e compressão de antigos organismos) ou por sua clausura em rochas (na forma do carbonato de cálcio que faz parte da cal, o qual foi criado pelas conchas de plâncton oceânico depositadas no fundo do mar).

A remoção do gás carbônico da atmosfera foi uma das razões mais importantes para que a Terra mantivesse uma temperatura relativamente constante nos últimos quatro bilhões de anos, mesmo levando-se em conta que o sol ficou de 30 a 50% mais quente durante esse mesmo período. Inicialmente, o gás carbônico formava uma camada protetora de efeito estufa que permitiu à vida se desenvolver no planeta. Contudo, se esse gás carbônico não tivesse sido gradualmente removido pela ação de organismos vivos, a superfície da Terra teria chegado a algo entre 240°C e 340°C hoje em dia, o que é parecido com o clima infernal de Vênus muito superior à média de 13°C que experimentamos.

As florestas tropicais são outro importante instrumento de regulação de temperatura, mas elas estão desaparecendo cada vez mais da superfície de nosso planeta. As florestas tropicais agem como um sistema de ar-condicionado porque liberam vastas quantidades de água na atmosfera, as quais formam nuvens refletivas. Se fôssemos pagar em dinheiro pelo sistema de resfriamento que elas providenciam, teríamos que desembolsar mais ou menos 450 milhões de dólares anualmente (LOVELOCK, 1988).

Além da regulação da temperatura e dos níveis de carbono, parece evidente que Gaia também regula os níveis de oxigênio na atmosfera. Se o nível de oxigênio caísse muito, o planeta não poderia sustentar muitas das atuais formas de vida, e, se ele subisse apenas alguns pontos percentuais, uma combustão espontânea ocorreria levando à destruição de muito da biosfera numa tempestade de fogo e fumaça. Contudo, apesar da contínua atividade de fotossínteses, a concentração de oxigênio nunca chega a níveis perigosos.

Foi a liberação de oxigênio na atmosfera que causou a formação da camada de ozônio, protetora da vida porque bloqueia a maioria da perigosa radiação ultravioleta. Antes da formação desse escudo protetor, a vida estava restrita aos oceanos. Assim, a liberação de oxigênio na atmosfera pelo processo de fotossíntese de organismos criou de maneira indireta as condições para a vida na terra.

É argumentável que a vida nos mares ajuda a regular o grau de salinidade da água. Os oceanos do planeta têm mantido uma concentração praticamente constante de sal pelos últimos 3,5 bilhões de anos. Se a concentração de sal subisse apenas 3,5%, a maioria dos organismos marítimos não sobreviveria. Mas o sal é constantemente adicionado aos oceanos: as rochas e os solos erodem, as chuvas carregam sal aos rios e destes aos oceanos. De acordo com as taxas de adicionamento, a quantidade atual de sal nos oceanos dobraria em apenas 80 milhões de anos. Como a salinidade dos oceanos se mantém constante? Enquanto os processos envolvidos nisso não são completamente claros, foi sugerido que micro-organismos têm um papel fundamental no processo porque criam lagoas de evaporação e, desse modo, movem sal do mar para a terra (SHELDRAKE, 1990). De qualquer forma, parece-nos mais uma mera coincidência que a salinidade dos oceanos é mantida dentro dos parâmetros que permitem o florescer da vida.

É também provável que a contínua presença de água no planeta resulta da vida. A água e o gás carbônico reagem com os óxidos nas rochas basálticas e produzem uma variedade de carbonatos. Nesse processo, o hidrogênio é liberado na atmosfera e eventualmente escapa da Terra, visto que é muito leve para ser mantido pelo campo gravitacional do planeta. David Suzuki e Amanda McConnell (1997: 58-59) afirmam que durante os primeiros bilhões de anos da história de nosso planeta praticamente toda a água poderia ter sido perdida dessa forma. Felizmente, os organismos vivos evitaram que isso acontecesse:

> Quando as plantas evoluíram no processo de fotossíntese e produziram oxigênio como subproduto, alguns hidrogênios da água eram retidos pelo anel de carbono da glicose, o que retinha o hidrogênio no planeta. Além disso, os hidrogênios produzidos pela oxidação de pepitas de ferro eram utilizados por bactérias como fonte de energia. O oxigênio, o hidrogênio e o enxofre reagiam quimicamente e produziam água e sulfeto de hidrogênio, o qual tem estruturas que valorizam o uso de energia. Assim, as forças da vida podem ter prevenido a dessecação de nosso planeta porque capturavam hidrogênio, tão necessário para a formação de água, e assim evitavam que ele escapasse para o espaço.

Não foi somente a atmosfera e os oceanos da Terra que foram moldados e regulados pela vida, mas também suas rochas e solo. Como vimos, as rochas calcárias são o subproduto das conchas de pequenos organismos marítimos.

O calcário é uma substância que tem certo peso, o que lhe permite afundar vagarosamente na crosta terrestre. Há especulações de que a pressão na crosta criada por esse processo pode ter um papel na contínua atividade geológica do planeta, e talvez na formação dos continentes. Alguns argumentam que o granito (uma rocha que parece existir apenas na Terra, pelo menos em nosso sistema solar, e que parece ser um constituinte importante na formação de continentes) pode também depender da vida. Minik Rosing (apud McLEOD, 2006) acredita que a fotossíntese pode ser extremamente importante na formação de granito porque ela fornece energia para processos geoquímicos[6]. Uma maneira de isso ocorrer concretamente é pela ação de micróbios vivendo perto de fontes hidrotermais que transformam o basalto em ilita e esmectita, as quais contribuem para a formação de granito. Já que o granito é mais leve que o basalto na manta terrestre, ele flutua para a superfície e assim ajuda na estabilização da crosta continental.

Enquanto a contribuição dos processos da vida na formação das rochas e continentes da Terra ainda não é inteiramente clara, fica evidente que o solo é resultado da vida; de fato, poderíamos dizer que o solo está vivo. Cada centímetro cúbico de solo contém bilhões de microflora e microfauna incluindo bactérias (até um bilhão por grama), fungos (até um milhão por grama), algas (cem mil por grama), protozoários (cem mil por grama), nematoides (cem por grama) e minhocas (até trezentas por metro cúbico). Suzuki e McConnell (1997: 80-81) notam que:

> Praticamente todo o nitrogênio essencial à vida se torna disponível pela ação de microorganismos, a maioria dos quais presentes no solo, que fixam o nitrogênio. O solo é um microcosmo onde todos os relacionamentos do mundo são refletidos; na terra os outros três elementos se unem: o ar, a água e a energia criam a vitalidade do solo [...]. Os organismos no solo compõe uma grande porção da diversidade total da vida. Nesse mundo escuro e fervilhante, minúsculos predadores caçam suas vítimas, herbívoras pequeninas pastam em algas, milhares de microorganismos aquáticos se refugiam numa gota de água e fungos, bactérias e vírus desempenham seus papéis num palco invisível. A vida e a morte desses organismos criam e mantém a textura e a fertilidade do solo; eles são os zeladores do misterioso material que cria a vida, do qual eles e nós mesmos dependemos.

---

6. Atualmente o processo de fotossíntese fornece "três vezes mais energia para o ciclo geoquímico total da Terra que as atividades geológicas do interior do planeta" (McLEOD, 2006: 12).

Os organismos do solo constituem uma porção muito grande da biomassa total da terra, especialmente quando consideramos que eles alcançam as profundezas da Terra. Algumas amostras cilíndricas de rocha sólida retirados de profundidades de até quatro quilômetros estão cheios de micro-organismos. Suzuki e McConnell salientam assim que mesmo as rochas da Terra estão de certo modo vivas.

Há evidências muito fortes para vários aspectos da Teoria de Gaia, mas mesmo assim não há consenso científico sobre ela. Em parte, o grau de aceitação depende de que versão da teoria está sendo defendida. A hipótese que poderíamos chamar de "Gaia Fraca" (*Weak Gaia*), quer dizer, que a vida tem influenciado (e que talvez tenha tido uma grande influência) vários aspectos não bióticos da Terra como a atmosfera e os oceanos, é provavelmente mais bem aceita pela maioria dos cientistas.

A hipótese de "Gaia Moderada" (*Moderate Gaia*), a qual é um pouco mais forte, afirma que a biosfera modifica o meio ambiente e que organismos e habitat coevolvem. Essa versão um pouco mais controversa também parece receber bastante apoio.

Contudo, a versão da teoria que pode ser chamada de "Gaia Forte" (*Strong Gaia*) é muito mais controversa porque afirma que os organismos vivos trabalhando em conjunto de alguma forma regulam e controlam seu meio ambiente para sustentar (ou mesmo otimizar) as condições necessárias à vida.

Um problema com a versão forte de Gaia é que essa hipótese nunca pode ser provada pela experimentação científica. Mas mesmo que ela não seja uma no sentido normal da palavra, isso não nega o fato de que ela pode ser verdade. Ela parece ser a explicação que melhor corresponde aos fatos.

Outro problema está no fato de que as ciências sempre suspeitam de qualquer hipótese que sugira "propósito" em organismos não humanos. Assim, afirmar que organismos trabalham em conjunto para alcançar um objetivo representa um desafio muito grande à ortodoxia científica. Para tentar responder a essa objeção, James Lovelock criou um modelo matemático simples chamado de "o mundo das margaridas" (*Daisy World*) envolvendo um planeta com dois tipos de margaridas, as brancas (que refletem a luz) e as pretas (que absorvem a luz), as quais regulam a temperatura da superfície do planeta por meio do processo de seleção natural. Em suma, quando o planeta esfria, as margaridas pretas se multiplicam em relação às brancas porque elas absorvem o calor mais facilmente e isso termina por aquecer o planeta (porque elas refletem menos radiação solar). Se o planeta esquentar muito, as margaridas brancas que refletem a luz são favorecidas e sua característica refletiva ajuda a esfriar o planeta. Esse modelo tenta demonstrar de uma maneira bem simples como o processo de reação (*feedback loop*) cibernética pode explicar as atividades regulamentadoras de Gaia.

Devemos notar também que há algumas diferenças entre as teorias de Gaia propostas por Lovelock e por Margulis. Lovelock muitas vezes descreve Gaia como uma entidade viva ou mesmo como um organismo vivo. Muitos cientistas como Margulis rejeitam esse tipo de terminologia. O que o termo "organismo" significa neste caso? Um organismo não precisa ser capaz de se reproduzir?[7] Margulis (1988: 120) afirma que a Terra é um sistema extremante complexo, uma "série de ecossistemas interativos que compõe um único e enorme ecossistema na superfície da Terra; e ponto-final". Ela acrescenta que "a superfície do planeta se comporta, de maneira limitada, como um sistema fisiológico", e assim pode "ser entendida como viva".

Do nosso ponto de vista, a evidência para a Gaia que regulamenta as condições as quais permitem a vida florescer parece ser forte e nós a considerarmos como uma entidade viva comparável a um organismo ou talvez a alguma forma de um superorganismo. A ortodoxia científica pode continuar a reduzir as atividades complexas e extremamente coordenadas de nosso planeta vivo a uma série de processos de reação cibernética, ou, pior ainda, a uma série de acasos; mas para nós a atividade da Terra parece ter propósito no sentido de que ela se esforça para manter as condições necessárias à vida.

Um exemplo muito intrigante desse tipo de atividade pode ser verificado no ciclo do enxofre. O enxofre é um elemento essencial para organismos vivos, mas na terra ele (na forma de íons de enxofre) é constantemente perdido no escoamento dos rios. De fato, o enxofre teria sido completamente esgotado dos continentes e ilhas da Terra se não tivesse sido continuamente reposto pelas grandes quantidades de sulfureto de dimetilo liberadas por muitos organismos marinhos. Lovelock (1988: 136) posta a pergunta: "Por que algas marinhas em mar aberto se preocupariam com a saúde e bem-estar das árvores, girafas e humanos em terra firme?" Ele propõe que um possível processo evolucionário pode ter forçado algas a emitir sulfureto de dimetilo, mas nota que isso não explica por que outros organismos marinhos também o fazem. Além disso, Lovelock comenta que, por outro lado, a presença de organismos

---

7. Entretanto, alguns, como Carl Sagan, acreditam que os seres humanos poderão eventualmente ajudar a reproduzir Gaia via viagens espaciais. Nesse entendimento, Gaia ainda não atingiu o estágio de maturidade reprodutiva.

terrestres beneficia a vida marinha porque aumenta a erosão das rochas e o fluxo de nutrientes essenciais para os mares[8].

Não seria isso evidência de que algo parecido com o altruísmo ou um tipo de coevolução está presente, requerendo assim de nós uma visão mais ampla do todo? Será que todos os organismos vivos trabalham em conjunto de uma maneira misteriosa para otimizar as condições para a vida no planeta? Desse ponto de vista, a contribuição dos animais terrestres para com os marítimos parece bem lógica e vice-versa. No mínimo, a perspectiva da teoria de sistemas diria que um sistema vivo como o da Terra funciona de maneira consciente e inteligente. Capra (1996) afirma que esse tipo de consciência não precisa de um design ou propósito final; entretanto, enquanto isso nos parece verdade, diríamos que ela demonstra ser resoluta no sentido de se esforçar para manter as condições necessárias à vida e se tornando cada vez mais complexa, diversa e comunitária.

Em muitas culturas, como na Europa da Idade Média, as pessoas acreditavam que a Terra (ou o universo inteiro) tinha uma alma: a *anima mundi*. Rupert Sheldrake crê que a ideia da alma do mundo corresponde ao campo mórfico da própria Terra e que esse campo está relacionado ao campo maior do cosmo. Não poderia esse campo, de alguma maneira, coordenar as atividades das partes para o bem do todo? Isto não requer uma consciência, apesar de indicar algum tipo de atividade mental. Os campos mórficos são formativos por natureza e evoluem com o tempo. Sheldrake (1990: 135) observa que:

> O campo organizador e cheio de propósito de Gaia pode ser entendido como sendo seu campo mórfico [...]. Supomos que esse campo mórfico coordene todos os processos constituintes de Gaia, como a circulação dos rios de lava em seu interior, a dinâmica da magnetosfera, o movimento das placas continentais, os padrões de circulação dos oceanos e da atmosfera, bem como suas composições químicas, a temperatura global e a evolução de ecossistemas. Essas atividades reguladoras, como aquelas de campos mórficos de sistemas em outros níveis de complexidade, dariam ordem àquilo que ao contrário seriam processos probabilísticos e indeterminados.

---

8. Outro exemplo intrigante é notado por Lovelock em seu livro *The Revenge of Gaia* (2006: 18-19), o ciclo da ureia. Este ciclo parece demonstrar um tipo de altruísmo iluminado. O nitrogênio que os animais excretam na ureia presente na urina poderia, por exemplo, ser excretado mais eficazmente (com menos perda de água) se os animais simplesmente o soltassem pela respiração. Mas se isso ocorresse, o nitrogênio de nossa ureia não chegaria propriamente às plantas. Claro que ajudar as plantas no final beneficia os animais, mas como Lovelock conclui: "Como podemos ter evoluído para sermos tão altruístas e ter um interesse próprio tão iluminado?"

Do ponto de vista da práxis transformativa, uma vantagem da Teoria de Gaia é sua qualidade mística que pode servir como motivação para a humanidade trabalhar na cura do planeta. A ideia de Gaia, da Mãe Terra, tem ressonâncias antigas que despertam em nós uma atitude sacra e de reverência para com nosso planeta. Dentro do contexto de Gaia nos vemos como parte da grande comunidade da vida, a qual trabalha em conjunto para manter as condições que permitem à vida florescer e evoluir. Isso desperta em nós um senso de responsabilidade e de conexão com o todo do qual somos parte. Ao mesmo tempo, como Deborah Du Nann Winter (1996: 253) salienta, há perigo no imaginário feminino evocado por Gaia:

> Os termos *Mãe Terra* e *Gaia* (já que se entende que *Gaia* tem uma identidade feminina por sua conexão com a mitologia grega) estão carregados de atitudes sexistas inconscientes sobre as habilidades das mulheres e dos homens. Se as mães e as mulheres são vistas como ilimitadamente generosas, atenciosas e amorosas, tendemos a superestimar a capacidade regeneradora do planeta. Alternativamente, ver a natureza como uma mulher bruta e recalcitrante, como Freud e outros pensadores do Iluminismo fizeram, encorajará nossas tentativas de controlá-la e dominá-la.

Podemos nos interrogar se essas objeções não seriam superadas à medida que deixamos para trás os antigos estereótipos da mulher e da natureza. Certamente, não há necessidade de se pensar a Natureza como feminina ou masculina e muitas culturas tradicionais que se referiram à Terra como mãe eram extremamente respeitosas das mulheres e do planeta. De qualquer modo, se pensamos ou não em Gaia como feminina, a personificação dela serve para tornar a entidade viva representada por ela mais real e sugestiva até de uma dimensão espiritual. Enquanto isso tem a vantagem de capturar a imaginação de muitas pessoas, infelizmente também aliena cientistas, os quais dão pouca atenção à teoria exatamente por causa de seu imaginário mítico.

Do ponto de vista de ações transformadoras, a perspectiva da Gaia pode nos ajudar a re-contextualizar problemas e ver situações de outras maneiras. No caso da atual crise climática, devemos entender o aumento da quantidade de gases de efeito estufa causado pela atividade humana dentro do contexto da história de Gaia. Os organismos da Terra têm trabalhado pelos últimos três ou quatro bilhões de anos para remover o gás carbônico da atmosfera para que a temperatura do planeta não aumentasse. De fato, da perspectiva de Gaia, mais frio pode ser melhor porque durante as eras glaciais grandes extensões de terras apareceram quando o nível dos mares caiu, o que permitiu o desenvolvimento de grandes extensões de florestas tropicais, e, com elas, de maior biodiversidade. Ao mesmo tempo, como os gases de efeito estufa têm sido sistematicamente removidos da atmosfera, as plantas se adaptaram para sobreviver com concentrações de carbono cada vez menores.

Mas num piscar de olhos (pouco mais de dois séculos) os seres humanos têm escavado o carbono (petróleo e carvão) que estava enterrado por muito tempo, queimam-no e retornam-no à atmosfera. Nesse espaço de tempo começamos a mudar o clima do planeta. Nos últimos cinquenta anos as temperaturas globais subiram 1°C e subirão outros 1°C ou 2°C nos próximos cinquenta anos; elas talvez subam entre 3°C e 4°C até o final deste século. Para colocarmos isso em perspectiva basta saber que as temperaturas agora são só 5°C mais quentes do que eram na última era glacial. De fato, por causa dos processos de reação positiva (*positive feedback loops*) os danos já causados por nós podem se ampliar com o tempo. Do ponto de vista de Gaia, fica claro que estamos agindo de uma maneira extremamente irresponsável porque estamos desfazendo o trabalho que a teia biótica fez durante mais de cem milhões de anos, num mero instante de tempo da perspectiva planetária. Lovelock (1988: 227) nota que:

> Se o calor do período atual for uma febre planetária, supomos que se a Terra fosse deixada em paz ela adormeceria num confortável estado da era glacial. Mas isso pode não acontecer porque removemos muito de sua pele para a agricultura, derrubamos as árvores que são o meio para sua recuperação. Também colocamos um vasto cobertor de gases de efeito estufa sobre um paciente febril e assim pode ser que Gaia comece a tremer e entre num novo estado de estabilidade, mais apropriado para uma biota diferente e mais responsável. Talvez esse novo estado seja muito mais quente, e, seja como for, ele não será esse mundo confortável que conhecemos. Tais previsões não são cenários ficcionais de apocalipse, mas certezas desconfortáveis. Já mudamos a atmosfera de maneira jamais vista na história geológica recente do planeta. Parecemos estar descendo um barranco em direção ao mar e não nos damos conta de que ele está subindo e vai nos afogar.

Somos menos pessimistas que Lovelock sobre o destino da humanidade, mas esse alerta tem seus méritos. Não devemos presumir que Gaia conseguirá manter as condições ideais para os seres humanos se continuarmos com as práticas atuais. De fato, a humanidade pode se destruir e devastar um número de espécies no processo se não acordar para o fato de que é parte de um grande todo; um todo com o qual devemos trabalhar em cooperação se quisermos continuar a florescer neste planeta. Se estivermos à altura do desafio e entendermos nosso papel na evolução e nos objetivos de Gaia e de todo o cosmo, aprenderemos a viver e agir de maneiras que contribuem para o bem-estar coletivo de todo o planeta.

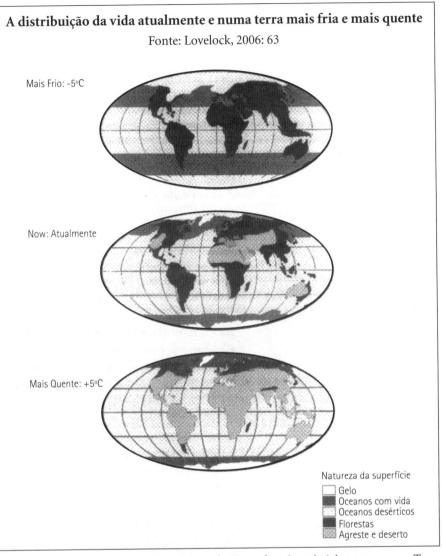

Compare a situação atual com as duas imaginárias: uma com a Terra 5°C mais quente que agora (prevista pelo IPCC (International Panel on Climate Change; Painel Intergovernamental sobre Mudanças Climáticas) para o final deste século) e uma outra com a Terra 5°C mais fria que atualmente, com temperaturas parecidas com as da última era glacial. Julgando pela abundância da vida, Gaia parece preferir mais frio e isto pode ser a razão pela qual na maior parte dos últimos dois milhões de anos (talvez até mais) a Terra esteve em idades do gelo [...]. É importante reconhecermos que uma Terra mais quente é uma Terra mais fraca. Num planeta mais quente a vida nos oceanos se restringe aos litorais dos continentes e às regiões desérticas se expandem (LOVELOCK, 2006: 62-64).

Um senso de propósito

Um senso de propósito faz parte e está difundido pelo tecido do universo. Até a curvatura do espaço é delicadamente constituída entre o colapso devastador de um buraco negro (se ela fosse uma fração maior) e uma explosão massiva de partículas sem vida (se fosse uma fração menor) (O'MURCHU, 1997: 99-100).

A ideia de que a complexidade do cosmo é o resultado de interações ao acaso não é mais viável [...]. Há uma corrente importante no mundo científico convencida de que de uma maneira ou de outra o universo desde o começo se dirigia na direção de [...] comunidades mais complexas (SWIMME, 1997).

Há [...] no nível mais fundamental da física um argumento sugerindo fortemente que um único princípio evolutivo seleciona a vida e a consciência em todo estágio de desenvolvimento do universo (ZOHAR & MARSHALL, 1994: 176).

A evidência de processos de vida com propósito em todos os níveis de organização da hierarquia da ecosfera é tão forte que negá-la se torna algo inconcebível (GOLDSMITH, 1998: 168).

Sem o direcionamento para um objetivo, não podemos explicar os fenômenos que observamos. Se não virmos algum tipo de propósito em partículas subatômicas, arriscamos colocar os seres humanos muito acima da natureza. Nós, seres humanos, conhecemos o propósito, agimos com propósito. Será que isso nos separa da natureza? Eu acredito que não (David Steindl-Rast, apud CAPRA & STEINDL-RAST, 1991: 199).

Para que a humanidade se oriente pela história do universo, e especialmente pela história do desenvolvimento da Terra, a questão do propósito se torna imperativa. Como notamos, a cosmologia viva dá sentido às nossas vidas. Mas se o acaso e a falta de propósito imperam no universo, então que esperança temos de achar sentido em nossas vidas? Se somos meros acidentes, parte de uma longa corrente de acasos, pode a vida ter algum propósito? Nas palavras de Bertrand Russell, citadas anteriormente, é verdade que se somos apenas "o produto de causas que não tinham ideia do que estavam produzindo; suas origens, crescimento, esperanças, medos, amores e crenças são nada mais que o produto de colisões acidentais de átomos" e assim é "apenas nessa fundação de desespero inabalável que a habitação da alma pode ser construída" (apud SHELDRAKE, 1988: 6-7). Se o cosmo não tiver sentido, nossas vidas seriam reduzidas à luta pela sobrevivência ou talvez à perseguição de prazeres momentâneos. Não diríamos que não tem importância, dentro da escala das coisas, tentar nos libertar verdadeiramente e procurar viver de maneira harmoniosa com a comunidade biótica da Terra?

Pode ser que alguns de nós achem algum nobre propósito nessa visão desesperadora do mundo, mas parece improvável que esse tipo de propósito tenha o poder de motivar a humanidade coletivamente. Se não há algum propósito inerente ao universo, então muito do que foi escrito neste livro foi em vão. Mas nosso exame da cosmologia parece revelar que algum tipo de propósito está presente no tecido do universo. Por que o universo, contra todas as expectativas, formou galáxias, estrelas e planetas? Por que a vida surgiu? Por que as bactérias, que são perfeitamente adaptadas ao nosso planeta, evoluíram em organismos mais complexos? Tudo isso sugere um movimento, um impulso na direção da complexidade que não pode ser explicado pelo acaso.

O propósito não significa predestinação. A cosmologia que surge da física subatômica e da teoria de sistemas não sustenta a ideia do universo de Laplace, na qual se soubéssemos precisamente as condições iniciais de tudo então poderíamos prever a história inteira do universo. Entretanto, aqui queremos dizer algo mais sutil e criativo. Ele não é o destino, mas a direção, a orientação da evolução cósmica, o que sugere um significado mais profundo e de certa forma um objetivo. Este objetivo pode estar em evolução e haver uma infinidade de caminhos que vão na mesma direção. Isso é o Tao, um tipo de caminhada, uma sabedoria que evolui e que está presente no tecido do universo. Isso não pode ser definido, mas apenas percebido. Como a ideia de Malkuta, o princípio criativo, é "um "braço forte" com a intenção de criar, ou uma corda embaraçada pronta a se desenrolar para o potencial vivente da Terra. Ele é aquele que diz "Eu posso" dentro de nós e que tem a coragem de ir contra tudo e de dar um passo numa outra direção" (DOUGLAS-KLOTZ, 1990: 20). Isso é como o Dharma que de alguma forma orienta "o modo de ser das coisas", algo que pode ser descrito como "o processo de ordem" (MACY, 1991a: XI).

O desdobramento do universo não acontece de maneira predeterminada, mas pela dinâmica de auto-organização que nunca pode ser prevista por causa das interações da causalidade mútua ou da "co-origem dependente". Porém essa criatividade sugere uma direção, um movimento levando a cada vez mais complexidade, diversidade, relações e consciência. Nesse universo há significado e propósito, mas não há um plano determinado. Alguns caminhos podem ser tentados e pode-se descobrir que são becos sem saída. Outros caminhos provarão serem melhores pelo menos para certos estágios da jornada. Tendências surgem com o tempo e se movem, genericamente falando, numa certa direção, mas o futuro design nunca pode ser previsto; ele "não ocorre ao acaso e também não é determinado, mas criativo" (BERRY, 1999: 169).

Há de fato muita evidência científica sustentando a ideia de que o universo não poderia ter evoluído por pura chance. Como já notamos, se a taxa de expansão do cosmo tivesse sido um pouquinho menor ou se a força da gravidade tivesse sido insignificantemente maior, o cosmo não teria desenvolvido estrutura alguma. Similarmente, Brian Swimme (1997) nota que a forma precisa das quatro forças básicas (gravidade, eletromagnetismo, força nuclear forte e fraca) perfeitamente equilibradas para poder possibilitar o desenvolvimento de um cosmo com estruturas. A probabilidade de esse equilíbrio ocorrer ao acaso foi estimada em apenas uma em 10^{229} (quer dizer, uma em um seguido por 229 zeros!). Para colocarmos isso em perspectiva, o número total de partículas elementares no universo é estimado em 10^{90} (um seguido de 90 zeros). Probabilidades como essas são tão pequenas que a mente humana nem consegue entendê-las. Parece que o equilíbrio das forças teve que ser selecionado por algum tipo de processo: Assim, como teriam surgido? Berry e Swimme (1992: 19) comentam que:

> Pode ser que suas formas finais [...] dependeram de alguma maneira de experimentação e explorações de uma era mais livre e mais antiga. Talvez suas estruturas foram determinadas de certo modo por aquilo que precedeu o momento de simetria, quando uma atividade pura (ou pelo menos original) tomou uma forma em particular. Se este for o caso, essas quatro interações podem ser consideradas como análogas a hábitos que o universo adotou para suas primeiras ações [...].
>
> O universo estabeleceu suas interações físicas fundamentais de maneira similar do mesmo modo que se manifestava no espaço; ou seja,

com uma elegância deslumbrante. Se o cosmo tivesse escolhido interações um pouco mais fortes, o aparecimento de todas as estrelas teria sido seguido por grandes explosões pouco depois, o que teria tornado a maravilha da vida impossível. Se o cosmo tivesse escolhido interações gravitacionais, nenhuma galáxia teria surgido. A natureza integral do universo é revelada nessas ações. Quando o universo se expande e estabelece sua coerência básica, ele revela uma elegância de atividades necessárias e abertas às grandes e complexas possibilidades de um futuro exuberante.

Quando consideramos as probabilidades da vida surgir por mero acaso, deparamo-nos com o mesmo tipo de impossibilidade. Por exemplo:

- Como sabemos, toda a vida depende dos átomos de carbono. Mas se a ressonância nuclear do carbono fosse ligeiramente diferente, praticamente nenhum carbono teria se formado nas estrelas e a vida na Terra nunca teria começado (O'MURCHU, 1997).

- Algumas estimativas afirmam que não se passou tempo suficiente desde o começo do universo para a formação de um único aminoácido pela colisão ao acaso de átomos; mas aminoácidos existem na Terra e universo afora (BERRY & SWIMME, 1992).

- No caso de enzimas formadas por pequenas correntes de vinte ou trinta aminoácidos, a probabilidade de terem se formado por meras chances desafia nossa compreensão. Fred Hoyle e Chandra Wickramasinghe estimam que a probabilidade disso ocorrer ao acaso é da ordem de uma em 10^{40000} (quer dizer, uma em um seguido por quarenta mil zeros) (ROSZAK, 1992).

Probabilidades como essas levaram cientistas a formular o que é chamado de Princípio Antrópico Cosmológico (*Anthropic Cosmological Principle*). Em sua forma mais fraca, esse princípio afirma que "os valores observados em todas as quantidades físicas e cosmológicas não têm a mesma probabilidade; eles são restringidos pelo requerimento de que existam locais onde a vida baseada no carbono possa evoluir e pela necessidade de o universo precisar ser velho o bastante para isso acontecer" (BARROW & TIPLER, 1986: 16). Uma definição alternativa para essa mesma ideia pode ser achada no *Merriam-Webster Dictionary*, que diz simplesmente: "As condições observadas no universo devem permitir a existência do observador".

Nesta versão do Princípio Antrópico não precisamos presumir que haja qualquer forma de direção ou propósito. Podemos até afirmar o óbvio: dado que a vida existe no universo, então as leis (ou hábitos) físicas e condições no universo devem ser tais que permitem a existência da vida. De acordo com um entendimento, pode ser que haja um número infinito de universos, a maioria dos quais nunca desenvolve estrutura alguma, muito menos a vida. Mas acontece que habitamos um dos pouquíssimos universos onde a vida é possível[9]. Isso é ter confiança máxima no acaso, uma ideia análoga à de que num número infinito de macacos usando máquinas de escrever ao acaso pelo menos um deles por pura chance criaria as obras completas de Shakespeare. Theodore Roszak (1992: 125) observa que "essas ideias têm o mesmo caráter dos *koan* do zen-budismo: elas confundem a mente com contradições. Elas parecem dizer ao mesmo tempo em que vivemos numa condição única que não tem nada de especial".

Outra versão do Princípio Antrópico, chamada de versão forte, toma outro rumo. Ela afirma que "o universo deve ter aquelas propriedades que permitem à vida (ou, mais geralmente, observadores) se desenvolver nele em algum momento da história" (BARROW & TIPLER, 1986: 21). Mais uma vez, esse tipo de afirmação se parece com uma tautologia; quer dizer, se o universo tem observadores, então ele deve possuir propriedades que permitam a existência desses observadores. Essa versão é muito controversa porque sugere algum tipo de propósito, ou design, no cosmo.

A verdadeira significância do Princípio Antrópico (em qualquer de suas versões) baseia-se no fato de os cientistas estarem discutindo esses problemas. Theodore Roszak (1992: 125) nota que mesmo "a versão mais irreverente do Princípio Antrópico provoca certa surpresa sobre a existência da inteligência. Ela brinca com o fato de o universo ter gerado vida autoconsciente que sobrevive dentro de parâmetros tão pequenos de probabilidades". Ele também detecta este fato: "o que é original no Princípio Antrópico é o fato de que ele coloca a vida e a mente no centro da cosmologia como problemas que têm que ser considerados e explicados" (ROSZAK, 1992: 126-127). Um dos cientistas que parece adotar essa visão é o matemático e físico Paul Davies, o qual afirma que "um princípio oculto parece estar em funcionamento organizando o cosmo de maneira coerente" (apud ROSZAK, 1992: 126).

---

9. Enquanto não podemos refutar a Teoria de Infinitos Universos, sua confiança em processos ao acaso parece ir contra o comportamento observado de sistemas auto-organizadores. Por exemplo, processos ao acaso parecem ser incapazes de explicar o rápido redobramento de proteínas desnaturadas, já discutido anteriormente. Similarmente, enquanto processos ao acaso podem explicar a formação de um aminoácido (ou de diferentes tipos de aminoácidos), num número infinito de universos fica difícil imaginar que eles se formariam em quantidades suficientes e se espalhariam a lugares sem vida. Claro, quando falamos do infinito tudo é possível, mas no final esse tipo de argumento parece ser um jogo matemático mental do que realidade.

Mas por gerações os cientistas têm evitado qualquer teoria que sugerisse propósito no universo. Mesmo hoje em dia há muita resistência por parte considerável da comunidade científica a qualquer hipótese "teleológica" (quer dizer, que sugira design, propósito, princípio de direção ou finalidade na natureza). Por exemplo, quando a hipótese de Gaia foi criticada como teleológica (porque parece sugerir que o superorganismo Gaia age com o propósito de manter as condições necessárias à vida), Lovelock (com a ajuda de Andrew Watson) respondeu a seus críticos com o modelo do "mundo das margaridas", demonstrando que um simples processo de reação cibernética junto com a seleção natural pode explicar as funções reguladoras de Gaia (mas, na verdade, esse modelo rudimentar é muito simplista para explicar o comportamento que parece ser cheio de propósito de nosso planeta).

A maioria dos esforços dos cientistas para evitar a teleologia (principalmente quando se referem a organismos vivos) parece ser semântico. Por exemplo, Goldsmith (1998) nota que enquanto não é aceitável dizer que "a função do coração dos vertebrados é bombear o sangue" (o que é algo que muitos de nós diriam ser óbvio), é aceitável dizer que "o coração é a condição necessária para a circulação do sangue em vertebrados". Esta tão chamada "teleonomia" é aceitável porque é essencialmente mecânica por natureza e evita qualquer tipo de metafísica; ela permite perguntarmos o porquê, mas apenas dentro de certos limites.

Outra estratégia é dizer que organismos simplesmente *parecem* ter propósito. Julian Huxley, por exemplo, diz que "à primeira vista o mundo biológico parece cheio de propósito. Os organismos agem *como se* perseguissem um propósito conscientemente. Mas a verdade está nas palavras 'como se'" (apud GOLDSMITH, 1998: 29). Charles Darwin também afirmou que qualquer sugestão de propósito é pura aparência e que organismos não agem com propósito, eles "agarram oportunidades".

Contudo, Goldsmith salienta que "agarrar oportunidades" em si implica propósito; o referido autor (1998: 29) comenta que "um indivíduo adaptativo não agarra oportunidades para trazer mudanças ao acaso, mas para trazer aquelas que servem a seus propósitos, aquela que julga ser "hipoteticamente a melhor" para si mesmo e para a hierarquia de sistemas naturais do qual é parte". De fato, "a luta pela sobrevivência" em si é um propósito. Por que um animal, uma planta ou um microorganismo deveriam "lutar para sobreviver" se não tivesse propósito? Se seu objetivo é sobreviver e presumivelmente se propagar, então um propósito já foi estabelecido. O biólogo Richard Dawkins, como notamos anteriormente, até afirma que os genes são "egoístas". Assim, pode-se atribuir propósito à molécula de DNA desde que seja egoísta, mas a sugestão de que esse propósito é de alguma maneira altruísta ou cooperativo por natureza (mesmo em organismos complexos com sistemas nervosos bem desenvolvidos) é algo inaceitável.

A seleção natural também implica propósito. O que está sendo selecionado? O biólogo francês P.P. Grassé pontuou que "não pode haver seleção sem propósito (intenção)" e "ao explicar a evolução do mais forte em termos de seleção, os neodarwinistas dotam todos os seres vivos com um objetivo inerente" (apud GOLDSMITH, 1998: 32). No final, a rejeição da teleologia pelas ciências (especialmente pela biologia) é apenas uma ilusão. A biologia não rejeitou a teleologia, ela só não aceitou aquelas explicações teleológicas não baseadas no egoísmo, na competição e na sobrevivência; quer dizer, ela aceita o propósito quando ele está de acordo com a mentalidade capitalista, mas o rejeita caso contrário. Ela também favorece descrições mecânicas do propósito com o detrimento daquelas que são mais orgânicas por natureza.

A atração de processos ao acaso como forças motrizes da criatividade no cosmo como um todo está enraizada na ideologia relacionada com o capitalismo econômico. Goldsmith (1998: 165) nota que:

> O acaso é visto como essencial porque é impossível justificar os fabulosos empreendimentos desenvolvidos por nossas sociedades industriais, os quais envolvem a sistemática transformação da biosfera para que ela satisfaça os interesses comerciais de curto prazo, se ela for vista como organizada para alcançar um grande projeto seu. Por outro lado, se olharmos a ecosfera como não sistemática, fica possível argumentar que qualquer ordem presente no mundo foi criada pelas ciências, pela tecnologia e pela indústria ao invés de Deus ou do processo evolutivo. "A tendência cardinal do progresso", como J.D. Bernal disse, "é a substituição de um meio indiferente ao acaso por um *criado deliberadamente*".

Por fim, deve observado que a rejeição da teleologia está firmemente enraizada no antropocentrismo. Presume-se que os seres humanos têm um propósito e que são únicos nisso. Por que apenas os seres humanos seriam dotados de propósito? Se outras criaturas têm o mesmo comportamento, não seria mais simples, baseados em nossas experiências, concluir que todos os comportamentos têm propósito?

Para sermos justos, talvez haja algum tipo de confusão envolvendo o termo "propósito". Por exemplo, Fritjof Capra (2002: 120) afirma que enquanto "o entendimento sistêmico da vida reconhece a difusão, auto-organização e inteligência manifestadas pelo mundo vivo afora" (e não poderíamos dizer, pelo cosmo?), "o pressuposto teleológico de que ele é inerente a fenômenos naturais é uma projeção humana porque o propósito é uma característica de consciência reflexiva que não existe na natureza". Mas esse termo, da maneira que o temos usado, *não* requer uma consciência autorreflexiva. Um ente não precisa estar consciente de seu objetivo para ter um; de fato, muitas pessoas são motivadas por objetivos que permanecem no inconsciente. Não como o entendemos; ele é muito parecido com um princípio organizador, como uma sabedoria oculta que se manifesta no desdobramento do universo.

Assim sendo, a rejeição da teleologia parece ser impulsionada por pressupostos ideológicos e não por lógica. Há forte evidência de que o universo tem evoluído numa certa direção, o que implica objetivo e propósito. A probabilidade de que o cosmo poderia ter evoluído complexamente como fez pela ação do acaso é, para todos os efeitos, zero. Como os cientistas dizem, o universo é "bem sintonizado" para permitir a evolução de complexidades, e, consequentemente, da vida e da consciência. Em nosso nível planetário, a evidência da hipótese de Gaia demonstra um tipo de propósito coletivo no sentido de haver um movimento na direção de mais complexidades, diversidades, cooperação e consciência. Edward Goldsmith (1998: 29) nota que "é apenas em termos de uma ecologia teleológica que podemos entender o papel dos seres vivos na hierarquia de Gaia, mais especificamente seu caráter fundamentalmente sustentador do todo [...], o qual traz ordem, integridade e estabilidade ao mundo vivo [...]. A ecologia tem que ser teleológica porque o propósito é possivelmente uma das coisas mais essenciais aos seres vivos".

A própria humanidade nasceu da Terra viva e assim nós também somos chamados a trabalhar pelo grande propósito revelado na dinâmica holística do planeta e do cosmo. O teólogo John Haught (1993: 34) observa que:

> O cosmo não é forçado, mas convidado, a permitir em si mesmo continuamente e cada vez mais diversas formas de novas tendências. Ele não aceita sempre esse convite de maneira direta. Ele se permite vagar e experimentar várias formas de beleza. Por isso merece nossa ajuda, não porque está em necessidade, mas porque é um exemplo de beleza inspirado pelo divino.

O uso da palavra "convidar" é muito perspicaz. Não há planos, talvez não haja mesmo um objetivo claro e definido, mas há a dinâmica da fascinação (ou o "atrator") que guia o cosmo numa certa direção. Dentro dessa visão, a atividade do cosmo é consciente. Além disso, já que somos parte do cosmo (estamos aqui apenas porque uma miríade de forças, entidades, sistemas e seres vivos criaram a possibilidade para nossa existência), sabemos que a *possibilidade* do desenvolvimento de autoconsciência é parte do tecido do universo desde seu princípio. Não há predestinação nisso (as coisas poderiam ter sido diferentes e, de fato, provavelmente são diferentes em outras partes do universo), mas a possibilidade de manifestação do nosso tipo de mente existiu desde o momento que o cosmo veio a ser.

Fica claro que a humanidade precisa entender que nós (e nosso planeta) não somos um acidente cósmico. O universo tem se esforçado por quase quatorze bilhões de anos para nos trazer à luz. Isso não quer dizer que somos o ápice de uma ordem hierárquica porque toda criatura e coisa têm seu lugar no cosmo. De certa maneira, somos todos especiais e necessários. A partir de nossa própria perspectiva, Gaia pode ser entendida como a mais preciosa criança do universo. Gaia, em sua totalidade, é muito mais complexa (e, poderíamos dizer, mais bela) do que qualquer ser que faz parte deste superorganismo planetário. Roszak (1999: 124) nota que apesar "dos esforços desesperados de afirmar a onipotência do acaso de uma maneira poética e astronomicamente acurada, podemos dizer agora que o universo inteiro deu à luz a Terra viva".

A própria humanidade é filha dos processos cósmicos e da evolução de Gaia. Nosso papel e propósito devem ser entendidos dentro do contexto maior do propósito de Gaia e do universo. À medida que nos alinhamos (como indivíduos e espécie) a esse fato, novas possibilidades que nunca poderíamos imaginar podem aparecer. Mas, para isso, precisamos primeiro tentar entender mais claramente esse grande propósito; assim perguntamos: Que sabedoria nos é revelada pelo cosmo?

A sabedoria do cosmo

> *O princípio cosmogênico afirma que a evolução do universo é caracterizada pela "diferenciação, autopoiesis e comunhão" através do tempo, do espaço e em todos os níveis da realidade. Esses três ("diferenciação, autopoiesis e comunhão") são os temas governantes e as intenções básicas de toda existência* (BERRY & SWIMME, 1992: 71).

> *O impulso básico da evolução é se aprofundar [...]. A consciência se desdobra cada vez mais,*

> *realiza-se cada vez mais, manifesta-se cada vez mais [...]. Porque a evolução vai além do que era antes, porque ela abraça o que era antes e assim sua natureza envolve a transcendência e a inclusão; a evolução tem uma direção inerente, um impulso secreto pelo aprofundamento, aumento do valor intrínseco e da consciência [...]. Nós (e todos os outros seres) estamos mergulhados nesse significado, boiando nessa corrente de amor, de profundo valor, de sentido último e de consciência intrínseca* (WILBER, 1996: 40-42).

> *A ecologia é uma fé na sabedoria das forças que criaram o mundo natural e o cosmo do qual é parte; é uma fé na capacidade do universo em nos fornecer benefícios extraordinários que satisfazem nossas necessidades básicas. É uma fé em nossa habilidade de desenvolver tendências culturais que nos permitam sustentar a integridade e a estabilidade do cosmo* (GOLDSMITH, 1998: 96).

Como dissemos no prólogo deste livro, *O Tao da libertação* procura a sabedoria, a sabedoria necessária para implementarmos mudanças profundas e libertadoras em nosso mundo. Decidimos descrever tal sabedoria por meio da antiga palavra chinesa *Tao*, ou o caminho que leva à harmonia, à paz e à maneira correta de se relacionar. O Tao pode ser entendido como o princípio da ordem das fundações básicas da criação; o Tao é a estrutura fluida e indescritível do universo que só pode ser experimentado. Ele é a sabedoria no coração do cosmo que encapsula a essência de seu propósito e direção. Nossa exploração cosmológica tem sido uma tentativa de experimentá-lo, de tatear seus contornos e de intuir suas direções. No final, essa sabedoria não pode ser descrita por palavras, mas palavras podem servir para nos apontar a direção correta.

Para contemplarmos a sabedoria do cosmo é apropriado aqui revermos os discernimentos que ganhamos em nossa exploração cosmológica:

1) De máquina para organismo

Na cosmologia reducionista e mecânica, que chamamos de "cosmologia da dominação", o universo é entendido como uma grande máquina. Se desmontarmos o universo em suas partes constitutivas, fica possível ganhar um entendimento fundamental da realidade, e isso tem a consequência de permitir à humanidade (ou aos "homens") controlar (ou "dominar") a natureza. A matéria era entendida como possuidora de pequenas partículas indivisíveis chamadas átomos. A matéria, a energia, o espaço e o tempo eram entendidos como entidades em separado.

Na visão holística da cosmologia evolutiva, que chamamos de "cosmologia da libertação", a metáfora principal é a do organismo. A essência da realidade não está em substâncias, mas em sistemas e relacionamentos. Um sistema é como um turbilhão que mantém sua identidade organizacional mesmo quando a matéria dentro dele muda. Todos os sistemas estão inseridos em outros maiores e constituídos por menores; quer dizer, um sistema sempre existe em relacionamento com algo mais e sua identidade é sempre determinada por esses relacionamentos como parte de uma "holarquia".

Dentro desta visão, os átomos se dissolvem em rodamoinhos efervescentes de puro relacionamento. Quanto mais fundo vamos nesse microcosmo, mais relacional e interconectado ele parece ser. Todas as partículas/ondas subatômicas são entendidas como interconectadas através do espaço e do tempo. A matéria, a energia, o espaço e o tempo coexistem numa dinâmica teia de relacionamentos. De fato, todas essas manifestações da realidade podem ter suas origens num nível mais profundo de unidade, no vazio repleto de possibilidades, no vasto mar de energia potencial que cria e sustenta tudo a cada momento.

Nessa cosmologia de libertação a matéria não é considerada morta ou inerte; toda realidade está de certa maneira viva. Todos os sistemas têm a capacidade de gerar novas formas pelo processo de surgimento criativo e visto que todos eles estão relacionados, o próprio cosmo pode ser considerado como algo vivo. Nesse contexto destaca-se em particular que nosso planeta demonstra uma dinâmica coesa que sustenta as condições necessárias à vida e que dá à luz novas formas o tempo todo.

2) Do determinismo e do acaso para o surgimento criativo

As primeiras manifestações da cosmologia da dominação eram essencialmente deterministas por natureza. Se soubéssemos as condições iniciais precisas de todos os corpos do universo e tivéssemos o entendimento das leis físicas, seria teoricamente possível prever tudo que ocorreria no futuro. A causa e o efeito estariam relacionados de maneira clara e direta. Mais tarde, o determinismo foi suplantado pelo acaso e pelas leis da probabilidade, especialmente no nível atômico e molecular. Entretanto, nessas duas visões a possibilidade de causalidade criativa e do surgimento de algo inteiramente novo não existia.

Na cosmologia da libertação a verdadeira criatividade e o novo são partes da dinâmica do universo. Em sistemas complexos nada pode ser previsto com certeza. A causa e o efeito estão relacionados por dinâmicas não lineares: um depende do outro, o que resulta numa causalidade recíproca ou "co-origem dependente". Mesmo assim, as coisas não acontecem ao acaso. Há uma ordem caracterizada por "atratores" (e possivelmente formada por campos mórficos), mas esses "atratores" não determinam completamente o que ocorrerá. Além disso, um "atrator" pode se tornar ultrapassado e um novo pode surgir em seu lugar, permitindo o aparecimento da verdadeira criatividade. A autêntica transformação sempre permanece uma possibilidade e as condições ideais para mudanças radicais podem ocorrer num espaço muito curto de tempo. Dentro desse contexto, o poder da transformação não é determinado pela força bruta, mas pela sensibilidade intuitiva para com o momento e o lugar.

3) Da eternidade para a evolução

Na cosmologia da dominação, o universo era entendido como essencialmente eterno e imutável por natureza. Mas as leis da termodinâmica sugeriam que o universo eventualmente morreria vagarosamente por perda e falta de calor. As dinâmicas evolucionárias da Terra eram vistas como exceções, as quais eram consideradas como mutações que ocorreram ao acaso, impulsionadas pela sobrevivência e por uma competição implacável.

Na nova cosmologia o universo é entendido como não só um lugar, mas um processo, visto que a história da cosmogênese se desdobra e se torna cada vez mais complexa, diversa, auto-organizada e comunitária. O cosmo tem um começo preciso e pode ter um final. O desdobramento do universo ocorre em estágios marcados por uma série de momentos únicos. Houve um momento para o cosmo nascer, um momento para o hidrogênio se auto-organizar e outro para a formação das galáxias. Os elementos mais pesados necessários à vida não se tornaram disponíveis até o momento em que foram formados no coração das estrelas e depois dispersados pela galáxia com as grandes explosões de supernovas. Em nosso próprio planeta houve uma oportunidade limitada para o desenvolvimento da vida antes que o aquecimento do sol tornasse isso impossível. Felizmente, a vida agarrou essa oportunidade e começou a transformar o planeta e a regular as condições para que pudesse continuar a se desenvolver e florescer.

Aqui na Terra podemos ver que a evolução não pode ser explicada apenas (ou primariamente) a partir de mutações ao acaso e da sobrevivência do mais forte. De fato, a evolução é marcada por um dinamismo de cooperação e simbiose e mutações parecem ocorrer de maneiras coordenadas e cheias de propósito. A evolução alcança cada vez mais complexidade e consciência.

Num cosmo que evolui, as tão chamadas "leis" da física podem evoluir com o tempo. O bom equilíbrio entre as quatro forças fundamentais, por exemplo, pode ser um hábito escolhido cuidadosamente. De fato, a evolução do cosmo pode ser acompanhada pela evolução de campos de memória (campos mórficos), os quais são inter-relacionados e constituem "holarquias" que podem juntas formar um grande campo cósmico, dinâmico e evolucionário por natureza, análogo à *anima mundi* de antigamente.

4) Da objetividade para a participação

Na cosmologia da dominação, o observador era entendido como separado do observado. De fato, a fundação da objetividade científica presumia tal separação. O termo relacionamento implicava laços emocionais e isso era visto como debilitante para o conhecimento objetivo. Idealmente, quanto mais separado o cientista fosse do objeto estudado, mais eficaz ele seria.

Na nova cosmologia, entendemos que o observador está sempre relacionado com aquilo que é observado. A física subatômica sugere que o observador sempre afeta aquilo que é observado pelo mero ato de observar. Todos nós fazemos parte do todo e assim nunca podemos nos separar daquilo que estudamos. Nessa perspectiva, o relacionamento e a participação são chaves para o conhecimento. Só podemos conhecer verdadeiramente algo do qual somos partes. Assim, o conhecimento está de alguma forma associado ao amor por aquilo que queremos conhecer.

5) Da falta de propósito para o significado

A cosmologia que dominou os últimos séculos vigorosamente rejeitou qualquer tipo de propósito fora da esfera humana. O desenvolvimento do cosmo era entendido como fundado numa combinação das leis do acaso com as leis eternas. Na melhor das hipóteses, a vida era o resultado de fortuitas circunstâncias, mas não há propósito, impulso e direção no desdobramento do cosmo. Os seres vivos (sem contar os seres humanos) não têm propósito;

eles *parecem* ter, mas são como máquinas sofisticadas ou *autômatos* que dão a impressão de propósito.

Na cosmologia da libertação o universo inteiro está cheio de um senso profundo e coeso de propósito. Isto não quer dizer que haja um plano, mas que há um tipo de atração puxando a evolução do cosmo numa certa direção ou para um padrão não determinadado, como se fosse um "atrator" ou uma sabedoria oculta (ou Tao) que sutilmente molda o desenvolvimento da realidade. De certo modo isso implica um objetivo, mas mesmo tal objetivo pode estar em evolução.

A humanidade, como criação do cosmo, faz parte desse propósito. Nossas escolhas algumas vezes podem colocar impedimentos na realização do propósito cósmico; e assim somos capazes de destruir certos caminhos que poderiam ter ajudado na evolução cósmica. No final, nossa própria realização depende de nosso alinhamento com o Tao e em acharmos como podemos contribuir de maneira única para essa narrativa cósmica.

Como podemos fazer isso? Quando procuramos o caminho precisamos identificar algumas das dinâmicas-chave que manifestam o Tao presente no universo. O princípio cosmogênico delineado por Thomas Berry e Brian Swimme em seu poético livro *The Universe Story* (1992) pode nos ser útil nisso. De acordo com esse princípio, há três características-chave marcando a história da evolução do universo: a diferenciação, a *autopoiesis* e a comunhão[10]. Essas três características são tão fundamentais que a própria existência de um cosmo estruturado depende delas; Berry e Swimme (1992: 73) comentam que "se não houvesse diferenciação, o universo se fundiria numa massa homogênea; se não houvesse subjetividade (ou *autopoiesis*), o universo se tornaria uma extensão inerte e morta; se não houvesse comunhão, o universo se transformaria num número de singularidades isoladas".

O termo *diferenciação* se refere à dinâmica cósmica associada com as palavras "diversidade, complexidade, variação, disparidade, natureza multiforme, heterogeneidade e articulação" (BERRY & SWIMME, 1992: 72). O universo cria continuamente novas formas e novos seres. Como Berry e Swimme (1992: 74-75) dizem, o universo "tem um gosto espetacular pelo novo, pelo aparecimento de

---

10. Essas mesmas dinâmicas foram introduzidas anteriormente quando discutimos a teoria de sistemas.

surpresas de maneiras prodigiosas, pela vasta extensão da existência" e, além disso, "a criatividade de cada lugar e época difere daquela de outros lugares e eras". Podemos entender a diferenciação como o impulso cósmico pela amplitude, pela expansão não de quantidade, mas de multiplicidade.

O cosmo não permaneceu um caldo indiferenciado de partículas elementares; ao invés disso, ele escolheu se dar estrutura. Como notamos, isso só foi possível porque o grande impulso expansivo do nascimento do cosmo foi muito bem sintonizado com as dinâmicas atrativas da gravidade. Por causa desse delicado equilíbrio de *yin* e *yang*, as quatro forças básicas surgiram, os átomos de hidrogênio se formaram, as galáxias apareceram e as estrelas e os planetas nasceram. Eventualmente, a vida começou em nosso próprio planeta e com ela uma nova explosão de criatividade e diferenciação. Em cada um desses estágios, entidades únicas surgiram: não há galáxias, estrelas ou células vivas que sejam completamente idênticas. O processo de se conhecer algo implica reconhecer sua singularidade. Berry e Swimme (1992: 74) afirmam:

> O relacionamento multiforme necessário num universo diferenciado se baseia no fato de que toda entidade no universo é inefável. No final, o conhecimento científico se refere à maneira pela qual estruturas são similares, quer sejam estrelas, átomos, células ou sociedades. Mas no universo, ser significa ser diferente; isto é uma manifestação única de existência. Quanto mais investigamos uma coisa no universo (a Via Láctea, a queda de Roma, a espécie de uma árvore das florestas tropicais), mais descobrimos sua singularidade. As ciências aprofundam nosso entendimento das estruturas de uma coisa ao mesmo tempo em que demonstram sua singularidade inefável. No final, mesmo que aprofundemos nosso conhecimento, tudo continua sendo tão enigmático quanto já era.

Na Terra, a diversidade de formas de vida se tornou cada vez mais rica com o passar do tempo. Essa diferenciação não foi impulsionada pela necessidade de sobreviver; de fato, bactérias, as formas mais primitivas de vida, são de certo modo as mais resistentes e adaptáveis. O que então impulsiona o cosmo a se tornar cada vez mais diferenciado? Será que o universo se esforça para criar o belo? Que ele, de alguma forma, tira prazer da criatividade? Poderíamos dizer que sua natureza parece ser movida pela busca do novo.

O impulso na direção da diversidade e da diferenciação parece estar em completa oposição à mentalidade de monocultura que sustenta o empreendimento imperialista do capitalismo industrial moderno. A ideia de se plantar um único tipo de cultura numa área ou de se criar grandes plantações de árvores; o esforço de se impor uma única cultura monolítica no planeta (mesmo que ela, pelo menos superficialmente, baseie-se em várias expressões culturais); a promoção de um único modelo político e econômico no mundo, tudo isso parece ir contra o caminho da evolução cósmica. No nível pessoal, a busca pelo indivíduo de "fazer parte" ao invés de ter a coragem de expressar seus dons e maneira única de ser pode ser vista como uma recusa de agir de acordo com o Tao. Bruce Bochte (1990: 18) salienta que o caminho da diferenciação requer força e coragem porque "a diferenciação é um caminho que necessariamente envolve a solidão".

A mortalidade e a morte estão de certa forma conectadas com a diferenciação. Quando indivíduos únicos existem, a morte se torna uma realidade. As bactérias, como um tipo de microcosmo coletivo, são praticamente imortais; elas nasceram quatro bilhões de anos atrás e vão provavelmente existir nos próximos quatro bilhões de anos que virão[11]. O mesmo não acontece com outros organismos, especialmente com aqueles que procriam por meio de reprodução sexuada para criar um ente geneticamente único (e irrepetível). Poderíamos entender a morte como um processo que abre espaço para novos indivíduos, o que cria condições para que a criatividade de nosso planeta seja continuamente renovada. Assim, precisamos entender que "a mortalidade é uma bênção para nós, ela é o aviso de que nosso tempo é finito. Só temos este momento para sermos o que somos" (BOCHTE, 1990: 18).

De uma perspectiva mais cósmica, poderíamos dizer que a diferenciação e a criação do novo são inseparáveis da dinâmica de violência e perda. O universo continuamente faz espaço para o novo pela destruição do antigo. A própria criação é muitas vezes violenta. A semente cósmica original explodiu com tamanha violência que mal podemos entendê-la, mas essa violência provou ser a mãe de toda criatividade. As supernovas explodem com uma ferocidade capaz de destruir o sistema solar ao seu redor, mas sem os elementos pesados formados por essas explosões o desenvolvimento da vida em nosso planeta teria sido impossível. Os eventos de extinção em massa na Terra foram muitas vezes seguidos de grande criatividade evolutiva. De fato, cerca de 99% de todas as espécies que já existiram durante o curso da história da Terra agora são extintas. Sem essas perdas, a variedade de formas que vemos hoje em dia nunca poderia ter existido. Como a dança de Shiva, a criação segue a destruição e a destruição segue a criação. Não há novo sem perda. Bochte (1990: 23) observa que:

---

11. Como toda bactéria se reproduz por mitose, ou simples divisões celulares, há uma continuidade entre as bactérias modernas e a primeira bactéria nascida quatro bilhões de anos atrás.

A chama primordial foi perdida para sempre. Nosso sol perecerá em cinco bilhões de anos para sempre. Os dinossauros eram criaturas magníficas, mas já se foram. Sem a eliminação dos dinossauros, os mamíferos nunca teriam evoluído (da maneira que fizeram). Mas os mamíferos também vão ter que lidar com as exigências do universo. Precisamos abraçar a perda como a realidade final.

O mal é a afirmação de que a perda não é real. Nossa sociedade foi organizada para negar essa realidade [...].

A negação da perda representa a recusa de participar num evento de sacrifício do universo. Se a perda é aceita, cada momento de nossas vidas é entendido como desaparecendo na história do universo e que nossa criatividade energiza o todo.

Pode ser difícil abraçar a perda e com ela vem a possibilidade de uma constante renovação, de mudanças que incluem a verdadeira libertação. O impulso cósmico pela diferenciação, diversidade, novidade e complexidade significa que a força criativa faz parte do universo. Quer dizer, o Tao constantemente dá à luz novas formas. O que virá irá construir no que foi antes, mas não será determinado por isso. Se a humanidade hoje em dia parece ser prisioneira de hábitos, práticas e sistemas opressivos e destrutivos, isso não determina nosso futuro. Podemos nos dirigir a algo novo, mas isso requer que deixemos o antigo para trás. No caso daqueles que se beneficiam enormemente do atual sistema, isso significa sacrificar algumas coisas muito queridas; mas se aceitarmos a perda, abrimos caminho para uma criatividade verdadeiramente libertadora.

A segunda principal característica cósmica é a *autopoiesis*, a qual vem associada à dinâmica "da subjetividade, à automanifestação, à sensibilidade, à auto-organização, à dinâmica centrada na experiência, na presença, na identidade, no princípio interior, na voz e na interioridade" (BERRY & SWIMME, 1992: 72). Poderíamos entender isso como a tendência que o cosmo tem de se *aprofundar*, de se tornar cada vez mais mental e consciente. A *autopoiesis* está diretamente relacionada com a diferenciação porque, quando entidades se tornam distintas umas das outras, suas identidades como indivíduos ficam mais claras. Ao mesmo tempo, a manutenção de suas identidades individuais depende da dinâmica de auto-organização. Mas a essência de cada ente não está na substância (visto que matéria e energia podem ser trocadas constantemente com os arredores), mas na coerência de suas dinâmicas organizacionais internas; ou seja, depende da *autopoiesis*.

Berry e Swimme (1992: 75) observam que a *autopoiesis* "se refere ao poder que toda coisa tem de participar diretamente no empreendimento criativo cósmico". Uma estrela, por exemplo, organiza o hidrogênio e o hélio em seu interior a fim de gerar energia. "Aquilo que organiza essa vasta entidade de elementos e ações é precisamente o que queremos dizer com o poder da estrela de autoarticulação". Similarmente, um átomo também organiza as partículas subatômicas em seu interior e uma célula mantém sua estrutura organizacional coesa (apesar do constante fluxo). Como já vimos, também podemos entender a própria Terra viva, Gaia, como um sistema auto-organizador com características que transcendem suas partes constituintes. Com o passar do tempo, a intensidade de interioridade manifestada no cosmo cresceu; Berry e Swimme (1992: 75-76) comentam que:

> A *autopoiesis* identifica a dimensão interior das coisas. Mesmo o átomo mais simples não pode ser apenas entendido por suas estruturas físicas ou por seu relacionamento com coisas exteriores. Tudo surge com uma capacidade interior de automanifestação. Mesmo um átomo possui uma espontaneidade quântica radical. Nos últimos desenvolvimentos do universo, essa dimensão mínima de espontaneidade cresce até se tornar um fato dominante de comportamento, como acontece na vida de uma baleia cinzenta.

Poderíamos entender esse crescimento de espontaneidade como um aumento lúdico. A criatividade e a brincadeira sempre vão juntas. Um artista precisa estar disposto a tentar coisas novas, ousar experimentar com coisas que podem não dar certo. De fato, pode-se argumentar que um artista está em seu melhor quando não pensa no sucesso ou no fracasso, mas simplesmente experimenta o momento e tira prazer do ato de criação. Assim também é com o cosmo: ele joga, brinca, experimenta com novas formas, muitas das quais não vão à frente. Na evolução de nosso planeta, o fenômeno de evolução pontuada lembra uma experimentação criativa. Pode haver um surgimento enorme de novas formas num período curto de tempo, mas poucas delas são bem-sucedidas em longo prazo.

No mundo animal, podemos ver o surgimento daquilo que só poderíamos chamar de divertimentos. Os mamíferos e os pássaros, por exemplo, parecem demonstrar comportamentos mais brincalhões do que répteis, peixes e insetos. De fato, muito do comportamento dos mamíferos transpira uma forma de alegre liberdade que não está diretamente relacionada com a sobrevivência, apesar de aumentar a coesão social (por exemplo, as saltitantes brincadeiras dos golfinhos e focas). No caso dos seres humanos, Brian Swimme (1985) salienta que o que nos diferencia dos nossos parentes genéticos mais próximos, os chimpanzés (com os quais compartilhamos cerca de 98% de herança genética) é a característica chamada de *neotenia*, ou desenvolvimento tardio. Stephen Jay Gould (1977) argumenta que os seres humanos são uma espécie essencialmente neotênica de chimpanzés, visto que nossas estruturas ósseas se parecem com a dos chimpanzés juvenis. Mas ao contrário do que acontece com os chimpanzés, que experimentam dificuldade em aprender coisas novas quando alcançam a maturidade, os seres humanos retêm essa habilidade por toda a vida. De certo modo, é como se permanecêssemos crianças e tivéssemos acesso a toda a dinâmica lúdica e senso de maravilha que acompanha esse estado. Como o próprio universo, somos feitos para o jogo da criação. Assim, não podemos entender essa capacidade de brincar que o próprio universo tem como uma expressão do aumento de sua interioridade?

Outra maneira de conceber o aprofundamento e o aumento da subjetividade do cosmo é com o crescimento do mental. Em nossa discussão sobre a teoria de sistemas, o desenvolvimento do mental envolve processos como a memória, o aprendizado, a tomada de decisões, que permitem entidades auto-organizadoras de "gerar o mundo" pelo ato da escolha de uma realidade em particular. Esse processo não requer consciência, mas certamente o desenvolvimento da consciência autorreflexiva no cosmo pode ser parte do movimento evolucionário em direção a mais aprofundamento, interioridade e características mentais.

Por que o cosmo segue nessa direção? No final, isso é um mistério, mas talvez (como vimos em nossa discussão sobre a física quântica) a mente seja de alguma forma imanente ao cosmo desde seus princípios na *ordem implicativa*. Com o passar do tempo, o processo de evolução cósmica manifesta cada vez mais o mental na *ordem explicativa*. A humanidade é certamente um exemplo dessa manifestação, mas podemos não ser a única forma de consciência. Em nosso próprio planeta outras formas de consciência existem (e de certo modo tão complexas quanto a nossa). Num universo tão vasto como o nosso, várias outras formas de consciência podem existir.

O filósofo Ken Wilber entende o movimento na direção do aprofundamento, de interioridade e de consciência como ações do cosmo que criam o divino no mundo da manifestação ou *ordem explicativa*. Wilber (1996: 42) comenta que:

> Somos partes integrais dessa imensa inteligência, desse Espírito-em-ação, deste Deus-em-formação. Não precisamos conceber Deus

como uma figura mítica escondida, fora do palco de ação. Também não precisamos conceber o divino como uma deusa imanente perdida na forma de suas criações. A evolução é ao mesmo tempo deus e deusa, transcendência e imanência. O divino é imanente ao processo, parte do tecido do cosmos; mas ele também transcende todas as suas criações e gera o novo a todo momento.

De acordo com essa perspectiva, podemos entender as atividades mentais humanas como parte do aprofundamento da consciência do universo e talvez como uma manifestação do "Deus-em-formação". Não podemos conhecer todas as formas pela qual o universo desenvolve consciência, mas pelo menos sabemos que ele se tornou consciente através de nós. Assim sendo, como podemos contribuir para as atividades mentais do universo? Quando aprofundamos nossos espíritos, será que aprofundamos também o espírito do universo? Será que, para parafrasear as palavras do místico cristão Mestre Eckhart, geramos o Deus de nossa época? De certa maneira, nossas responsabilidades como espécie não são apenas para com aqueles diretamente relacionados conosco, para com nosso planeta; somos convocados a contribuir para o aprofundamento da própria interioridade e espírito do cosmo.

A terceira dinâmica cósmica, a comunhão, está associada com "a inter-relação, interdependência, parentesco, mutualidade, relações intersubjetivas, reciprocidade, complementaridade, interconectividade e afiliação" (BERRY & SWIMME, 1992: 72), bem como contextualidade. Poderíamos também conceber esse aspecto como um aumento da *relacionalidade*, da intimidade que, de alguma forma, mantém o universo coeso. Na tradição mística sufi, essa dinâmica fundamental de comunhão ou atração é chamada de *Ishq*; ela é um profundo amor divino que age como uma goma cósmica que tudo junta.

Tal comunhão se manifesta em parte através do fenômeno de entrelaçamento quântico que misteriosamente interconecta todas as partículas/ondas do universo desde seu primeiro momento. Por causa disso, o que afeta uma partícula em particular também afeta todas as outras. Os próprios átomos, ao invés de substâncias, são melhor entendidos como centros de pura relacionalidade. Num outro nível, a gravidade mantém o universo inteiro agrupado, tornando possível a formação de galáxias, estrelas e planetas. Nosso próprio sistema solar (do sol ao menor micro-organismo da Terra) está em comunhão com as outras estrelas que existiram no passado e que geraram todos os elementos mais pesados que o hélio. Berry e Swimme (1992: 77) observam que:

O universo evolui em entidades que se diferenciam e se auto-organizam. Mas, além disso, o universo se torna uma comunidade, uma teia de relacionamentos diferenciados entre centros sensíveis de criatividade [...].

No princípio do universo, quando as partículas primitivas surgiram rapidamente, todas elas estavam interconectadas. Elas não se desconectaram em nenhum momento da história do universo. A alienação é algo teoricamente impossível para uma partícula. Os relacionamentos também são parte da existência de galáxias. Toda galáxia está diretamente conectada com todos os outros cem bilhões de galáxias do universo e em nenhum momento o destino de uma galáxia será independente das outras.

Tudo é definido em relação ao resto.

Na Terra, todos os organismos estão relacionados pela dependência que têm uns dos outros; de fato, essa comunhão é tão forte que forma uma única entidade, Gaia, que transcende a soma de suas partes e age holisticamente para manter as condições necessárias ao florescimento da vida, modificando a atmosfera, a hidrosfera e a geologia do planeta no processo. Similarmente, a natureza simbiótica e cooperativa do processo evolutivo em nosso planeta demonstra a sabedoria relacional do universo. Isso não nega a dinâmica da competição e da autoafirmação (as quais podemos entender como relacionadas à diferenciação e à *autopoiesis*), visto que a dinâmica competitiva faz parte do contexto de um todo maior, da comunidade da vida.

Um aspecto da natureza relacional do cosmo (e da vida na Terra) bem visível é a generosidade. O universo é cheio de suntuosos excessos, os quais têm o efeito de alimentar os laços relacionais que sustentam a dinâmica cooperativa do todo. Martha Heyneman (1993: 132) nota que:

> Da perspectiva da termodinâmica, os seres vivos são sistemas dissipadores e causadores de entropia. Grandes quantidades de energia são gastas em sua evolução e manutenção. Assim como na química onde grandes quantidades de reagentes são necessárias para levar reações para além de seus "atratores" de equilíbrio, grandes quantidades de energia (por causa da entropia) são necessárias para a "manutenção da vida". Isso é parecido com os suntuosos excessos da natureza que desperdiçam bilhões de bolotas de carvalho para gerar uma árvore; mas, o desperdício de um é a boa sorte de outro. O lixo de um é a riqueza de outro. As bolotas que se apodrecem fertilizam o solo e outras árvores. O sol produz grandes quantidades de energia e uma pequena fração do que é desperdiçado sustenta a vida na Terra.

Nós, todos os seres vivos, somos como que minúsculos receptáculos na magnânima Niágara do Sol. Esses excessos parecem ser necessários para nos manter vivos. Nós somos caros. Nós temos nosso preço.

Enquanto podemos visualizar a diferenciação, a *autopoiesis* e a comunhão como sendo três forças dinâmicas distintas, elas são na verdade parte de um único princípio cosmogênico; quer dizer, o cosmo aumenta em tamanho, profundeza e relacionalidade como parte de um movimento único. À primeira vista isso pode nos parecer estranho. O relacionamento entre a diferenciação e a subjetividade talvez seja mais claro porque quando uma entidade se diferencia de outras não nos surpreenderia se sua identidade se aprofundasse. Mas isso não tornaria sua comunhão com outras entidades algo mais fraco? Surpreendentemente, quanto mais diversidade e complexidade, mais fortes são os laços de comunhão. Isso pode ser visto melhor com o uso de um exemplo, como o da maturação de ecossistemas.

Edward Goldsmith (1998) nota que sistemas mais simples e menos integrados (como um ecossistema pioneiro) são capazes de se adaptarem a uma variedade de condições ambientais, mas têm uma habilidade relativamente fraca de regularem as condições do meio, o que leva a certa vulnerabilidade. Com a evolução desses sistemas, eles se tornam mais complexos e as espécies que compõem a comunidade ecológica se tornam mais especializadas.

Por exemplo, os caprinos são generalistas que podem comer praticamente tudo e geralmente habitam ecossistemas relativamente simples. Em contraste, as espécies das florestas tropicais tendem a ser mais especializadas. Uma espécie de árvore pode ter preferência por condições bem específicas, animais e insetos podem se alimentar de apenas certos tipos de plantas ou mesmo de certas partes de algumas plantas, o que lhes permite fazer melhor uso de seu habitat; similarmente, predadores podem optar por um tipo específico de caça. Por causa disso, as florestas tropicais podem sustentar uma grande variedade de vida.

Mas a especialização torna espécies mais interdependentes; e assim, quanto mais diferenciação mais integração ou comunhão. Com o aumento da diferenciação e da comunhão, o nível de complexidade do próprio sistema também cresce; quer dizer, a auto-organização do sistema se aprofunda e o sistema ganha uma habilidade de criar e manter suas condições ambientais. Por exemplo, as florestas tropicais regulam suas próprias temperaturas e facilitam a formação de nuvens, que consequentemente lhes dão chuva.

O exemplo de ecossistemas serve para elucidar as sociedades humanas. Pode-se argumentar que, na era moderna, temos enfatizado um tipo específico de subjetividade na forma de individualismo. Crescemos em conhecimento e nos tornamos cada vez mais especializados, mas seria difícil sustentar o argumento de que isso nos levou a um *aprofundamento* maior de nossa interioridade. Pode-se argumentar que ganhamos em conhecimento, mas perdemos em sabedoria; procuramos nossa felicidade não em empreendimentos criativos, práticas espirituais ou em laços comunitários, mas na busca por ganhos materiais e na forma do consumismo. Assim, favorecemos a *exterioridade* sobre a *interioridade*.

Ao mesmo tempo, nosso senso de comunidade tem erodido. Em muitas sociedades modernas urbanas retrocedemos ao patamar de famílias nucleares e mesmo elas começam a quebrar. Poucos de nós conhecem seus vizinhos. Os laços de relacionamento e de comunidade têm se enfraquecido, em alguns casos ao extremo. Temos sido puxados para uma monocultura artificial que ameaça a autêntica diversidade.

Certamente, nem tudo está perdido. Em muitos lugares, a diversidade é cada vez mais apreciada; o racismo, o machismo, a intolerância religiosa estão sendo desafiados. De fato, há uma tendência de se ir além da tolerância e de se celebrar a diversidade. Há pessoas experimentando com novas formas de comunidade que transcendem a antiga compartimentação de família, tribo, cidade e estado.

Como um todo, entretanto, não temos criado uma sociedade que verdadeiramente se esforça em abraçar a diversidade, em aprofundar a interioridade e em reiterar a relacionalidade. Isso se torna muito aparente quando consideramos o abismo que separa os ricos dos pobres e talvez ainda mais quando consideramos a separação psíquica entre as sociedades humanas e a grande comunidade da vida do planeta. Na verdade, parecemos determinados a destruir sistematicamente a diversidade da vida e a substituir ecossistemas complexos com outros muito mais simples e fragmentados. Se vamos fazer face à crise que nos desafia, precisamos reavaliar de maneira radical nosso lugar no universo, na comunidade de vida da Terra, levando em conta a sabedoria do cosmo, do Tao, como foi ilustrado na dinâmica do princípio cosmogênico.

Reinventando o humano

A solução da crise seria nos reinventarmos como espécie de maneira que nos permita viver em relações cada vez mais mútuas. Relações cada vez mais mútuas não apenas entre seres humanos, mas com todos os seres para que nossas atividades promovam a Terra; no momento, nossas interações degradam tudo (SWIMME, 2001: 39).

Quando começamos nossa exploração cosmológica, notamos que uma questão fundamental para a humanidade é se o universo é um lugar hospitaleiro. Quando começamos a lidar com essa questão, o que é claro é que somos criaturas do cosmo. A Terra é nosso lar e somos parte de uma entidade planetária maior que mantém as condições para essa vida. Podemos nos entender como uma expressão da mente evolutiva do cosmo. Assim, precisamos ir além da questão porque o universo não é um lugar, mas um processo, uma história da qual fazemos parte. Entretanto, à medida que nos "sentimos bem" no cosmo, já que a Terra nos deu a vida, poderíamos então dizer que estamos num lugar amigável. Isso não nega a realidade do sofrimento, do sacrifício, dos pesares, das dores por perdas; mas a maioria de nós se regozija com o dom da vida. Sabemos que a Terra (e o Sol que nos banha de energia) nos dá sustento material e espiritual e que somos extremamente dependentes dessa generosidade para nossa sobrevivência.

Infelizmente, parecemos não ser tão amigáveis para com o universo e especialmente com nosso planeta e com a comunidade de criaturas com as quais o dividimos. Muitas de nossas ações parecem ir contra o curso evolucionário da Terra. Ao invés de alimentarmos a complexidade e a diversidade de ecossistemas, substituímos antigas florestas, savanas e áreas pantanosas com monoculturas primitivas e insustentáveis; e, no processo, dezenas de milhares de espécies são levadas à extinção todos os anos. No nível cultural, milhares de línguas humanas estão desaparecendo e com elas milhares de maneiras de conceber e interagir com o mundo. Quando as pessoas são levadas a deixar seus lares no campo e mudar para as cidades, elas se tornam mais alienadas da ecosfera e a diversidade cultural erode ainda mais.

Com o desenrolar da evolução, a competição tende a dar espaço para a cooperação, algo que ecologistas chamam de "mutualismo". Mas temos reduzido a complexidade e acentuado o elemento competitivo. No nível cultural isso se torna evidente porque o "progresso" leva à quebra das famílias e comunidades tradicionais. No lugar disso, temos construído sociedades que valorizam a competição sobre a cooperação e destroem a intensa relacionalidade que dá significado à vida.

Com o desenrolar da evolução, sistemas tendem a se tornar cada vez mais autossuficientes porque aprendem a reciclar materiais e energias mais eficazmente. As culturas indígenas também têm sido tradicionalmente capazes de produzir e manter os essenciais para a vida com recursos locais. Em contraste com isso, as sociedades modernas criaram um nível de desperdício e ineficiência nunca visto. As comunidades locais não são mais autossuficientes e dependem da exportação para a geração de renda, a qual lhes permite importar produtos de outras longínquas comunidades; isso tudo leva a um uso enorme de energia em transportes.

Edward Goldsmith concluiu que, na era moderna, a humanidade "reverteu a progressão ecológica" e transformou uma ecologia complexa em algo mais simples, menos eficiente e sustentável. Goldsmith (1998: 424) comenta que "hoje em dia, com o processo de globalização, estamos rapidamente nos dirigindo a um anticlímax global ecosférico no qual a humanidade moderna terá revertido três milhões de anos de evolução e criado um mundo empobrecido e degradado muito menos capaz de sustentar a vida".

Thomas Berry se refere a esse processo de constante degradação como "biocídio" e "geocídio" (que chamaríamos de "ecocídio"), o qual ele considera como o maior desafio ético que a humanidade jamais enfrentou. Berry (1999: 104) comenta que:

> Nós nos achamos eticamente perdidos pela primeira vez na história, num momento crucial no qual somos confrontados pela deterioração irreversível dos sistemas maiores da vida da Terra. Nossas tradições éticas sabem como lidar com o suicídio, o homicídio e mesmo com o genocídio; mas elas não sabem lidar com o biocídio, com a extinção dos sistemas de vida vulneráveis da Terra, e com o geocídio, com a devastação da própria Terra.

Mas isso não precisa acontecer. Como vimos, não há nada "natural" (e muito menos inevitável) nesse caminho. A humanidade é parte do processo cósmico e assim o princípio cosmogênico deve ser parte de nossa natureza. Se olharmos a longa história das culturas indígenas de nosso planeta, veremos que a diversidade, a interioridade e a cooperação tem sido características essenciais dos povos autóctones. Essas dinâmicas tiveram um papel importante até mesmo nas sociedades agrícolas. Foi apenas na era moderna (com o projeto imperialista que tomou dimensões globais) que a destruição ecológica se tornou generalizada e sistemática em escala global; foi só agora com a criação de sociedades fixadas na monocultura, no consumismo e na competição.

Thomas Berry se refere à época atual como uma era antiecológica, como a era "tecnozoica". Ele propõe que nosso desafio é deixarmos esse paradigma destrutivo para trás e inaugurarmos uma nova era "ecozoica". Berry (1999: 204) afirma que:

> Estamos experimentando um momento mais significativo do que poderíamos imaginar. Pode-se dizer que as fundações de um novo período, da era ecozoica, foram estabelecidas no mundo das relações humanas. A visão mítica já foi formulada. O sonho distorcido do paraíso industrial e tecnológico está sendo substituído pelo sonho mais viável da mutualidade que promove a presença humana na constante renovação da comunidade orgânica da Terra. Esse sonho nos leva à ação. Dentro do grande contexto cultural, tal sonho se torna o mito que guia e impulsiona ações.

Ao mesmo tempo, Berry nos adverte que "este momento de graça" não durará para sempre. A transformação precisa ocorrer em breve ou a oportunidade será perdida para sempre. Somos esperançosos porque, como Berry (1999: 204) nota:

> Na longa história do universo, o fato de muitos desses momentos perigosos terem sido navegados com sucesso no passado demonstra que o universo está a nosso favor e não contra nós. Precisamos evocar essas forças para nos ajudar a suceder. É difícil se pensar que os propósitos do universo ou de nosso planeta possam ser impedidos, mas não devemos subestimar os desafios impostos por nós a eles.

Precisamos entender que como espécie (e apesar de nossos supostos vastos poderes) não podemos agir sozinhos para salvar o planeta dos males que nós mesmos causamos. Nossa única esperança é permitir que o cosmo aja através de nós. Não podemos controlar esse processo, mas podemos nos permitir tomar parte nele. Sem dúvida, a Terra está fazendo tudo que pode para desfazer os males que causamos, mas os seres humanos muitas vezes interferem nesse processo. Não podemos "dominar" os poderes "doadores de vida" da Terra, mas podemos evocá-los. Não podemos direcionar o processo de cura, mas podemos cooperar e participar dele.

Tudo isso quer dizer que precisamos nos abrir para o Tao, sintonizar-nos à sua sabedoria sussurrante e permitir que ele trabalhe através de nós. Será que isso assegurará a continuação do florescimento da vida complexa na Terra? Não podemos saber por certo. Quando Brian Swimme (2001: 135) foi perguntado se ainda temos tempo para implementar as mudanças necessárias para resolvermos a crise que enfrentamos, ele disse:

Bem, eu acho que o universo já está agindo nisso; mas precisamos participar desse processo conscientemente. Realmente precisamos participar; mas é importante lembrar que não estamos fazendo isso. Eu quero dizer: o universo já vem trabalhando nessa tarefa há muito tempo e só agora isso desponta na consciência humana. Mas não estamos controlando o processo e então eu não tenho ideia se ainda temos tempo suficiente. Esta é praticamente uma pergunta secundária para mim. Parece-me ser absolutamente correto que discutamos e trabalhemos nisso. E acho que todas as tradições espirituais vão se engajar nisso à medida que aprendem essa nova cosmologia e sobre esse momento que a espécie humana enfrenta. Haverá uma mudança no ar e assim as coisas poderão acontecer rápido; ou pode ser que demorem mil anos para ocorrer. Eu realmente não sei.

Podemos entender a participação consciente da humanidade nesse movimento na direção de maior diversidade, interioridade e comunhão como um processo de *libertação*. Quer dizer, à medida que cooperamos ativamente com o princípio cosmogênico, enveredamos pelo caminho da libertação. No nível pessoal, a libertação chamada pelos budistas de "iluminação" (*satori*) ilustra bem esse processo. *Satori* pode ser entendido como um avanço que permite à pessoa perceber diretamente a realidade, o que lhe possibilita visualizar sua essência. Devido a isso, a pessoa iluminada se torna muito consciente de sua comunhão com todos os seres e com o próprio universo. Os zen-budistas descrevem isso em termos de não dualidade, de superação da distinção entre sujeito e objeto. Esse ocorrido não nega a realidade da diversidade e permite um novo tipo de diferenciação. Um indivíduo iluminado pode ser verdadeiramente seu próprio e único "eu" diferente de todos os outros, mas que ao mesmo tempo não tem a necessidade de mudá-los. De fato, o relacionamento com todos os outros seres é caracterizado por um grande senso de respeito e compaixão. Essa iluminação leva ao aprofundamento da interioridade; de fato, o profundo senso de consciência é a chave do *satori*.

No nível social, também podemos entender a libertação no contexto do princípio cosmogênico. A libertação significa criar uma sociedade onde a diversidade é verdadeiramente valorizada, celebrada e expandida (incluindo a diversidade de sexo, de preferência sexual, espiritual, cultural e ecológica). Isto requer a renúncia ao paradigma da monocultura em todas as suas formas e manifestações.

A libertação também requer o aprofundamento da subjetividade ou interioridade e a valorização de nossa participação no "empreendimento criativo do cosmos"; não precisamos mais procurar nossa realização com a busca de bens materiais ou pelo consumismo, mas por nosso engajamento em expressões criativas que favoreçam a vida ou por nossa participação criativa na restauração de ecossistemas complexos. A libertação também significa valorizar o que poderíamos chamar de "artes espirituais", que incluem práticas meditativas, danças e movimentos espirituais e o cultivo da identificação mística com a Terra e com o cosmo, já que tudo isso tem como objetivo direto o aprofundamento da interioridade.

A libertação é um processo de aprofundamento da comunhão e das relações em todos os níveis. Como indivíduos, isso significa que precisamos reavaliar e recuperar o "ego relacional" pelo abraçamento de relações complexas e pela ampliação de nosso senso de identificação com outros seres; quer dizer, precisamos expandir nossos círculos de compaixão. No nível de sociedades humanas, isso significa superar as injustiças que dividem os povos e que nos separam da comunidade de vida da Terra, significa superar a desigualdade entre ricos e pobres bem como reconstruir uma verdadeira sociedade. No final, isso requer que achemos maneiras de coexistir pacificamente com as outras criaturas do planeta, que achemos novas maneiras de viver em harmonia com a grande comunidade de vida da Terra da qual somos parte.

Também podemos entender a libertação como um processo que nos move da era tecnozoica para a era ecozoica, causando a "Grande Reviravolta" (*Great Turning*). Esse processo requer acima de tudo uma mudança na consciência humana. Somos chamados a reinventar nossa espécie; de fato, um aspecto-chave do processo de libertação depende disso. Enquanto esse processo não é fácil, também não é algo além de nossas capacidades. De todas as criaturas, os seres humanos parecem ser os menos habituais por natureza. Temos que aprender praticamente tudo e temos poucos (se algum) instintos. Como seres neotênicos, temos a capacidade de aprender mesmo após a maturidade.

Em nossa breve história no planeta já nos reinventamos várias vezes. Nascemos nas florestas e savanas da África, mas fomos capazes de nos adaptar à vida na era glacial. Começamos como "caçadores-coletores", tornamo-nos agricultores e depois nos reinventamos como moradores urbanos de sociedades industriais. Não há razão para não podermos nos reinventar outra vez. Podemos dizer que é mais fácil para adotarmos um paradigma em harmonia com o processo evolutivo do que foi quando adotamos a atual maneira de ser antiecológica. Se nos abrirmos para a sabedoria do cosmo, para o Tao, não há dúvida de que poderemos nos re-conceber novamente. Mas como podemos fazer isso? Não há simples respostas para essa questão, mas quatro desafios inter-relacionados são aparentes:

- Precisamos aprender a abraçar limites e renunciar à pseudocosmologia do consumismo e do crescimento econômico.
- Precisamos descobrir nosso significado e nos realizar a partir de nossa participação ativa no processo de evolução cósmica, no "Sonho da Terra".
- Precisamos aprofundar nossa comunhão com nosso planeta vivo, o qual é a fonte material e espiritual de nosso sustento.
- Precisamos achar uma nova ética baseada no cuidado e na promoção da vida, da criatividade e da beleza.

Abraçando limites

Com o crescimento de nossos poderes, nossos apetites também cresceram. Como vimos, o crescimento econômico sem limites e canceroso ameaça o bem-estar de nosso planeta porque erode sua capacidade de sustentar ecossistemas complexos. Devido a isso, a diversidade da vida é solapada levando à maior extinção em massa experimentada desde o desaparecimento dos dinossauros, 65 milhões de anos atrás.

Se toda a humanidade consumisse os recursos da Terra nos níveis que fazem os povos da América do Norte e da Europa, precisaríamos de quatro planetas Terra para sustentar tal consumo em longo prazo (e com os níveis atuais de população). Assim, para alcançarmos um modo de vida justo e sustentável para todos os povos, aqueles que consomem muito precisam reduzir drasticamente seus níveis de consumo.

Um importante desafio para nossa reinvenção como espécie, então, é abraçarmos limites e renunciarmos ao vício do consumismo. Thomas Berry (1999) salienta que "a lei dos limites" é um princípio cosmológico e ecológico fundamental reconhecido pelo Dharma e pelo Tao como uma exigência sobre a humanidade. Berry e Swimme (1992: 57) comentam que:

> Recentemente a humanidade tentou se relacionar [...] com as realidades cósmicas a partir da destruição de barreiras, da negação de valores intrínsecos e da ampliação de seus desejos. Se encontramos barreiras, procuramos eliminá-las. Se o universo nos pede para contribuirmos com os custos necessários para o desenvolvimento, nossa resposta é ignorar a conta. Por outro lado, quando descobrimos um novo desejo humano, nós o fomentamos não importando quão superficiais e custosos eles sejam para a comunidade de vida da Terra. Nossa recusa em aceitar limites para a movimentação resultou nos sistemas destrutivos de transporte impostos no planeta sem preocupação alguma com a comunidade da Terra. Nossa recusa em acei-

tar limites em nossos desejos de consumir resultou na perturbação das comunidades ecológicas por todo o planeta. Nosso desejo de ter filhos sem levarmos em conta a capacidade do bioma resultou na explosão demográfica e no consequente sofrimento de bilhões de seres humanos.

A cultura moderna vê a limitação como algo negativo; entretanto, qualquer tipo de equilíbrio requer certo grau de restrição. O impulso criativo do cosmo vem da tensão entre o *yin* e *yang*; por exemplo, o equilíbrio entre as forças de expansão e contração que permitem ao universo desenvolver estruturas ou a complexa dinâmica de reciprocidade ao centro do florescimento de ecossistemas. Como notamos antes, o universo se desenvolve a partir de um equilíbrio muito delicado. Sem esse equilíbrio, sem limitação, a criatividade cessa e somos destruídos no processo.

Morris Berman (1981), inspirando-se no trabalho de Gregory Bateson, sugere que devemos renunciar à "ética do máximo" com a "ética do ótimo". Otimizar é diferente de maximizar. Por exemplo, precisamos de certa quantidade de alimento para manter nossa saúde, mas muito alimento causa obesidade e doenças. Também precisamos balancear os tipos de alimentos que consumimos. O modo de vida de quem vive no "Norte" já foi muito além do ótimo e leva à destruição da biodiversidade, exacerba a desigualdade entre ricos e pobres e devasta os sistemas sustentadores da vida no planeta.

Em contraste com isso, a ética do ótimo se inspira nos discernimentos da teoria de sistemas e nota que todos os sistemas procuram otimizar (não maximizar) certas variáveis. A manutenção da vida, bem como a realização da felicidade, depende do alcance de equilíbrios. Podemos argumentar que o foco na maximização do material nos levou a negligenciar outros aspectos da vida; nossa obsessão com a *externalidade* nos causou uma perda de *interioridade*. O abraço da autolimitação na esfera material requer uma mudança em nossa ideia de "progresso"; quer dizer, da acumulação de riquezas para o aprofundamento do espírito, para ampliação da diversidade e a reiteração dos laços de relacionalidade e reciprocidade. Esse reequilíbrio da esfera material poderá nos levar a um senso maior de realização e felicidade. Berry (1999: 170) observa que:

> Como recursos físicos se tornam cada vez mais escassos, a energia psíquica precisa sustentar o projeto humano de maneira especial. Essa situação nos leva a depositar uma nova confiança nos poderes do universo e a experimentar um "eu profundo". O universo precisa ser experimentado como um "Grande Eu". Tudo é realizado no outro;

o "Grande Eu" é realizado no "eu individual" e vice-versa. A alienação é superada quando experimentamos esse surto de energia da fonte que sustenta o universo desde seus princípios. Assim, novos campos energéticos ficam à disposição da aventura humana; essas novas energias acham expressão nela e a sustentam em celebração. No final, o universo só pode ser explicado em termos de celebração. Ele é a expressão exuberante da própria existência.

O sonho da Terra

Nossa habilidade de abraçar limites depende em grande parte de nossa habilidade de aprofundar nossa interioridade pela participação consciente na criatividade do cosmo. Se entendermos o movimento evolutivo como um processo de aumento de complexidades e do mental, podemos compreender isso como um aspecto da mente evolutiva do cosmo. Assim, quando agimos no nome da Terra, nossa perspectiva se transforma. Por exemplo, como John Seed et al. (1988: 36) apontam, não nos vemos mais como estando "protegendo as florestas tropicais", mas como "somos parte das florestas tropicais e estamos nos protegendo. Somos aquela parte da floresta tropical que evoluiu a mente recentemente".

Ken Wilber (1996: 205) se refere ao surgimento desse tipo de consciência como a experimentação do "eu econoético", e nota que isso não quer dizer que nos reconhecemos como "fios da teia", mas que tentamos perceber a realidade da perspectiva do todo. "Você faz algo que nenhum fio faz; você escapa de sua 'fiozidade', você a *transcende* e se torna um com o todo. A consciência do todo demonstra que você *não* é um mero fio".

É apenas quando adotamos uma perspectiva mais ampla que podemos achar a sabedoria para tomar controle dos vastos poderes ao nosso dispor e colocá-los a serviço do grande todo. Se falharmos em expandir nosso senso de "eu" para que abranja a Terra (e talvez o cosmo), sempre correremos o perigo de usar nossos poderes para alcançarmos pequenas metas de curto prazo que, no final, são destrutivas do grande todo, incluindo futuras gerações da humanidade. Por outro lado, se pudermos adotar essa nova perspectiva, se re-concebermos o "progresso" como o aprofundamento de nossa identificação consciente com a evolução do cosmo, poderemos canalizar nossa criatividade de maneiras que verdadeiramente nos permitam entrar na era ecozoica. Podemos re-conceber a própria tecnologia assegurando que nossa criatividade trabalha *junto com*, e não *contra*, a natureza. As ciências e a inovação terão que ser exercidas em harmonia com as necessidades da Terra e desenvolvidas dentro de um contexto ecológico. De fato, Berry (1999: 148-149) argumenta que "nossa primeira preocupação deve ser a restauração da economia orgânica de nosso planeta" a partir do cuidado com "toda sua gama de sistemas de vida" e do estabelecimento de "fontes básicas de alimentos e energia baseadas no sol, o qual fornece a energia que transforma matéria inanimada em substâncias vivas capazes de nutrir a grande biosfera da Terra".

Uma maneira de entrarmos nesse novo nível de consciência fundado na criatividade harmoniosa é pela re-mitificação da história do cosmo para que, no profundo de nossos seres, possamos sentir seu movimento e entender sua direção. Assim, podemos ter senso do propósito cósmico como uma visão que se desenrola ou como um sonho. Thomas Berry fala de nosso envolvimento consciente nos processos criativos e sustentadores da vida da Terra em termos de participação na "experiência de um sonho compartilhado", algo que nos remete à antiga sabedoria dos povos aborígenes da Austrália. Berry (1999: 64-65) comenta que:

> O processo criativo, seja na ordem humana ou cosmológica, é muito misterioso para ser facilmente explicado [...]. Esse processo pode ser descrito de várias maneiras, como uma indefinição, como um sentimento ou como um processo imaginativo. A maneira mais apropriada de descrevermos tal processo é como a realização de sonhos. O universo parece ser a realização de algo tão imaginativo e grandioso que deve ter sido sonhado em existência.
>
> Esse despertar é nossa participação no sonho da Terra, no sonho que não está completamente presente em nenhuma das expressões culturais da Terra, mas que está presente em nosso material genético. Aí a Terra funciona numa profundeza que vai além de nossos pensamentos. Só podemos ser sensibilizados por aquilo que nos é revelado. Provavelmente não tivemos muita participação no sonho da Terra desde o começo da era xamânica, mas nossas esperanças para nosso futuro e para o futuro da Terra dependem disso.

Comunhão e consciência

O apelo para o aprofundamento de nossa interioridade também é um apelo à nossa comunhão com a Terra e com o cosmo. De certa maneira, esse movimento se parece com um retorno a um modo de consciência mais antigo, um modo ainda evidenciado nas comunidades indígenas da Terra. Mas este é um retorno com uma importante e sutil diferença. Joanna Macy (1991a), por exemplo, nota que em culturas tradicionais há um tipo de "participação mística" no qual as pessoas não se sentem separadas da natureza. Passamos em estágios (das culturas primitivas e agrárias para o Iluminismo e a era moderna) e nos tornamos paulatinamente mais autoconscientes e nos distanciamos cada vez mais da natureza. Esse movimento trouxe grandes ganhos em forma de conhecimento, na ideia de direitos humanos bem como diversas inovações (que salvam vidas), mas isso tudo foi acompanhado por um alto custo em termos de grandes desigualdades e de destruição ecológica.

Estamos entrando num terceiro estágio, no qual estaremos prontos para retornar ao todo. Contudo, fazemos isso tendo desenvolvido a consciência autorreflexiva e uma nova visão do cosmo que é fruto das ciências. Ao contrário do que aconteceu no passado, precisamos ampliar nosso senso de "eu" para que inclua o universo inteiro. Se de fato começamos como fios numa teia e tentamos dolorosamente nos esvair dela, agora retornamos a ela, deixamos para trás nosso senso de separação, mas mantemos nossa capacidade de autorreflexão que nos permite ver o todo. Como diz Joanna Macy: "Somos o mundo que se conhece. Podemos retornar a casa e participar no mundo de uma maneira mais rica, responsável e comoventemente mais bonita do que antes, quando estávamos em nossa infância [...]. O mundo pode agora nos parecer como um 'eu' e um 'amante'" (apud FOX, 1994: 206).

Thomas Berry nos advertiu de que precisamos de uma reflexão crítica se vamos evitar qualquer forma de romantismo quando entramos no modo de consciência ecológica. Ele até menciona que "nossa intimidade com a natureza não deve esconder o fato de que estamos constantemente engajados numa luta com as forças da natureza". Mas ele nota que mesmo essa luta "fortalece a essência interna do mundo vivo e nos dá emoções intermináveis nessa grande aventura" (BERRY, 1999: 162). No final, "no futuro, as maiores descobertas humanas serão sobre nossa intimidade com todas as outras maneiras de ser que dividem este planeta conosco, que inspiram as artes e a literatura, revelam o mundo numinoso no qual tudo existe e com o qual trocamos a própria substância da vida" (BERRY, 1999: 149).

A nova ética

Dentro do contexto do aprofundamento de nossa comunhão com a Terra, uma nova base ética surge. Da perspectiva ecológica, "uma coisa é correta quando tende a preservar a integridade, a estabilidade e a beleza da comunidade biótica; é errada quando faz o contrário" (Aldo Leopold, apud GOLDSMITH, 1998: 97). Erich Jantsch (1980: 263) também define "o comportamento ético como comportamento que promove a evolução". De maneira similar, o princípio cosmogênico sugere como base da ética a ampliação da diversidade, o aprofundamento da interioridade e a reiteração dos laços de relacionalidade.

Todas essas fundações éticas nos levam a repensar (ou pelo menos aprimorar) aquilo que tradicionalmente chamamos de "bem" ou "mal". Mas de certa forma isso nos remete a antigas tradições; por exemplo, como notamos anteriormente, no aramaico falado por Jesus a palavra *bisha* que é normalmente traduzida como "mal", e nos traz a imagem de uma fruta que não esta nem madura nem podre, indicando que a ação é inapropriada num dado momento ou lugar. Em contraste com isso, ser "bendito", "feliz" ou "alinhado com o um" (a palavra aramaica *tubwayhun*) é produzir frutos maduros ou apropriados (DOUGLAS-KLOTZ, 1990). Assim entendida, uma boa ação é aquela apropriada ao lugar e ao tempo. Outra maneira de expressarmos seria dizer que nossas ações são verdadeiras expressões da criatividade do cosmo quando são apropriadas; caso contrário, elas não produzirão frutos.

Devemos recordar aqui o discernimento da cultura navajo do sudoeste dos Estados Unidos que entende a espiritualidade como o "Caminho da Beleza". Uma ética baseada em pensamentos, palavras e ações bonitas promove a harmonia e os relacionamentos corretos. Além disso, essa maneira de ser não acontece pela mera força de vontade, mas pela extensão do senso do "eu", pela abrangência do belo ao nosso redor e pela harmonização com nosso meio ambiente; assim, tornamo-nos parte da beleza evolutiva. Somos motivados pelo desejo de promover a beleza da Terra, de manter a harmonia e de criar relacionamentos corretos. Agiremos naturalmente de acordo com a ética ecológica.

O filósofo Immanuel Kant observou que, quando somos motivados por uma moralidade baseada no "dever", não tiraremos prazer daquilo que é "bom" ou "correto" e o veremos como um "peso". Em contraste, uma ética baseada na criação e no sustento da beleza faz com que agir de maneira correta se torne algo atrativo e prazeroso. A moralidade do "dever" é baseada na culpa, a qual, como já vimos, tende a ser mais paralisante que motivadora. Seu oposto, a ética da beleza, é baseado na pura atração e paixão. Jim Conlon (1994: 25) comenta que quando somos "puxados, atraídos, encantados pela paixão, pelo desejo e pela fascinação da beleza [...] há uma erupção e mudança. Temos a sensação de sermos carregados e abraçados pela energia do universo" ou de sermos apanhados pelo próprio Tao, de sermos empoderados pelo "Eu posso" característico de Malkuta. É esse tipo de ética que pode ser poderosamente motivador para a libertação e cura do planeta. Brian Swimme (1997) observa que precisamos criar "uma cultura que nos permita agir de maneira prazerosa e virtuosa".

Não é apenas a ética, mas todos os aspectos do humano, que precisam ser reinventados com visão e paixão. Não implementaremos as mudanças necessárias cultivando a culpa ou envergonhando pessoas a agir. É verdade, precisamos reconhecer a seriedade da situação que enfrentamos, mas no final só conseguiremos re-conceber a humanidade se formos apaixonados por uma nova maneira de viver no mundo, se sentirmos uma grande atração pela era ecozoica. A beleza, o respeito e o encanto junto com um profundo sentimento de amor por todos os seres vivos precisa se tornar nossa fonte central de energia na luta que virá. É apenas quando entendermos nosso próprio papel no grande propósito cósmico que poderemos fazer a transição. O desafio é enorme, mas também é empolgante e revitalizante. Se aprendermos a confiar no cosmo, a intuir o Tao que está no centro de tudo, poderemos nos conectar com uma energia muito maior do que jamais imaginamos.

A Carta da Terra como contexto comum

Quando refletimos sobre a reinvenção do humano e sobre a necessidade de concebermos uma nova ética, um texto importante é a Carta da Terra, um documento que é possivelmente o resultado da maior consulta na sociedade civil na história da humanidade. A Carta da Terra é uma importante contribuição para o entendimento holístico e integrado dos problemas socioecológicos atualmente enfrentados pela humanidade. A carta selecionou muitas das melhores e mais convincentes intuições sobre a ecologia e da nova cosmologia para criar uma visão fértil da realidade baseada numa nova espiritualidade e ética. Ela não entende a ecologia de maneira reducionista (quer dizer, como a administração de recursos escassos), mas como um novo paradigma de relacionamento com a natureza no qual todos os seres são interconectados, formando um imenso e complexo sistema.

Uma vantagem em usarmos a Carta da Terra como base para a visão transformativa é o fato de ela não ser o resultado do pensamento de uma única pessoa, organização ou comunidade; ela se baseia na sabedoria e discernimentos de quase cem mil pessoas de diversas culturas do planeta. Assim, representa um "consenso" excepcionalmente amplo e inclusivo que nos permite re-contextualizar nosso relacionamento com a grande comunidade de vida da Terra. O próprio processo de escrever a carta refletiu um novo paradigma, uma nova maneira de pensar coletivamente e de criar como seres humanos; isso nos permitiu conceber um contexto que nos une na diversidade e em nossa herança comum como integrantes da comunidade de vida do planeta.

A origem e a história da Carta da Terra

Em 1992, durante a Eco-92 ou Rio-92 – a Conferência das Nações Unidas sobre o Meio Ambiente e o Desenvolvimento –, foi proposto que a Carta da Terra deveria ser escrita em consulta com organizações não governamentais e governos de todo o planeta. A carta funcionaria como um tipo de "vínculo ético" dando unidade e coerência a todos os projetos propostos, e especialmente ao plano de ação (Agenda 21), durante aquela importante cúpula. Não houve consenso sobre a proposta da carta por parte de governos, porque talvez o texto ainda não estava suficientemente maduro ou ainda porque muitos dos participantes da cúpula não tinham atingido o estado de consciência necessário para abraçar a Carta da Terra. Assim, o documento foi posto de lado e a conferência adotou a "Declaração do Rio Sobre Meio Ambiente e Desenvolvimento". A rejeição da proposta da Carta da Terra provocou grande frustração nos setores mais conscientizados e empenhados com o futuro ecológico da Terra e da humanidade.

Entretanto, a ajuda de duas organizações não governamentais, a Green Cross International e a Earth Council, foi requisitada pelo governo da Holanda na formulação da Carta da Terra. Em 1995, elas patrocinaram um encontro em Haia, na Holanda, onde sessenta representantes de vários setores junto com outras partes interessadas decidiram pela criação da Comissão da Carta da Terra durante dois anos seguintes, dando procedimento a uma consulta global e culminando na elaboração do documento.

Ao mesmo tempo, os instrumentos e princípios-chave do direito internacional foram identificados e compilados de um vasto corpo de documentos oficiais sobre assuntos ecológicos. O resultado disso foi o relatório intitulado "Principles of Environmental Conservation and Sustainable Development: Summary and Survey" (ROCKEFELLER, 1996).

Em 1997 a Comissão da Carta da Terra foi criada e era composta de vinte e três personalidades respeitadas representando todos os continentes habitados do planeta. O papel da comissão era acompanhar o processo de consulta e elaborar o primeiro esboço da carta sob a coordenação do então vice-secretário-geral da ONU e do presidente da Green Cross International, Mikhail Gorbachev.

Entre 1998 e 1999 uma ampla discussão global sobre a Carta da Terra envolveu uma grande diversidade de organizações, como escolas primárias, comunidades de base, ONGs, grupos de reflexão (*think tank*) e ministérios da educação. No final, mais de cem mil pessoas de mais de quarenta e seis países estavam envolvidas no processo, o que resultou numa grande variedade de propostas para a carta.

Em abril de 1999, Steven Rockefeller, um budista praticante e professor de religião e ética, escreveu o segundo esboço da carta juntando os temas principais e pontos de convergência do mundo inteiro. Entre os dias 12 e 14 de março de 2000, em Paris, a Unesco incorporou as contribuições finais e ratificou a Carta da Terra; em 2003, a Unesco adotou oficialmente a Carta da Terra como um dispositivo eficaz a ser usado por escolas na promoção de uma consciência ecológica.

A Carta da Terra é o resultado de uma visão holística e integral. Ela considera a pobreza, a degradação ecológica, a justiça social, os conflitos étnicos, a paz, a democracia, a ética e a crise espiritual como problemas interdependentes que necessitam de soluções integradas e inclusivas. A carta é um grito de urgência face às ameaças à biosfera e ao projeto da humanidade; ela também representa a afirmação de que há esperança para a humanidade e para a Terra.

Os autores da Carta da Terra (incluindo Mikhail Gorbachev, Steven Rockefeller e Leonardo Boff) dizem claramente:

> A Carta da Terra foi concebida como uma declaração fundamental de princípios éticos e como um guia prático de significância duradoura e compartilhado por todos os povos. De maneira similar à Declaração dos Direitos Humanos da ONU, a Carta da Terra será usada como código universal de conduta guiando as pessoas e nações para um futuro sustentável (*The Earth Charter*. São José, Costa Rica, p. 4).

Uma visão holística

A carta assimila criativamente as quatro grandes perspectivas do discurso ecológico: a ambientalista, a social, a ecologia profunda e a ecologia integral.

Ela enriquece a *visão ambientalista* porque insere o meio ambiente no contexto da grande "comunidade da vida". A própria Terra é apresentada como "viva e com uma comunidade de vida única", assim abraçando a visão de Gaia como um superorganismo vivo.

A *ecologia social* surge em temas relacionados à democracia, à justiça social e econômica, à não violência e à paz.

A *ecologia profunda* aparece quando a carta se refere ao "senso de responsabilidade universal", "espírito de solidariedade humana" e "reverência pelo mistério do ser, gratidão pelo dom da vida e humildade em relação ao lugar da humanidade na natureza".

Finalmente, a *ecologia integral* é expressa no entendimento de que os seres humanos são "partes de um vasto universo em evolução" e que "a Terra tem providenciado as condições necessárias para a evolução da vida".

Apenas essa visão holística nos permite ver que "nossos desafios ambientais, econômicos, políticos, sociais e espirituais são interconectados e junto podemos forjar soluções inclusivas". Tais soluções precisam ser inclusivas e englobar todos os diferentes aspectos da atividade humana (pessoal, social e planetário) porque a humanidade chegou a um ponto crítico de sua história e porque as próprias "fundações da segurança global estão ameaçadas"[12].

A humanidade tem que "escolher seu futuro" e "ou formar uma associação global para cuidar da Terra e uns dos outros ou arriscar nossa destruição assim como a supressão da diversidade da vida". Se escolhermos a vida, essa mudança será o fruto de uma nova ética derivada de uma nova perspectiva; esta será uma ética de vida, cuidado, precaução, solidariedade, responsabilidade e compaixão.

Se tivéssemos que sumarizar esse grande sonho libertador da humanidade, a grande carta política-ética-espiritual-cultural, em uma única frase diríamos: um modo sustentável de vida. Esse modo de vida pressupõe um entendimento de que a humanidade e a Terra têm o mesmo destino e que nossa sorte está interligada. Ou cuidamos um do outro e garantimos nosso futuro comum ou juntos corremos o risco da destruição.

O modo de vida sustentável é aquele que permite à Terra (com toda sua beleza e integridade, e com toda sua abundância de riquezas limitadas) prover as autênticas necessidades da humanidade (da atual e de futuras gerações) simultaneamente ao se reproduzir, regenerar e evoluir como tem feito pelos últimos quatro bilhões e meio de anos. Nosso modo atual de vida é insustentável e se continuarmos nesse caminho poderemos ter o mesmo destino dos dinossauros.

Nunca na história da humanidade enfrentamos tamanho desafio. Para fazer face a ele temos que nos transformar profundamente. Caso contrário, enfrentaremos uma tragédia. Nisso está a importância da Carta da Terra; ela serve para nos despertar para a situação de vida e morte que enfrentamos. Ao

---

12. Todas as citações desta parte foram tiradas do preâmbulo da Carta da Terra; a não ser que estejam notadas diferentemente.

mesmo tempo, ela inspira esperança e confiança porque a situação ainda não é fatal: "juntos na esperança" de que podemos achar soluções libertadoras a partir dos quatro princípios e dezesseis pontos-chave da transformação. Como Mikhail Gorbachev (1987: 134) afirmou tão eloquentemente em seu livro *Perestroika*: "Desta vez não há arca de Noé para salvar alguns deixando o resto perecer. Ou nos salvamos todos ou pereceremos juntos". Se pudermos tornar as propostas da carta uma realidade, teremos futuro e testemunharemos o florescer de uma civilização humana unida em sua diversidade em nossa casa comum, a Terra.

A centralidade da comunidade da vida

Com grande sabedoria, mas de maneira surpreendente, a Carta da Terra não foca sua atenção no desenvolvimento sustentável, um tópico que geralmente domina documentos oficiais governamentais e de organizações internacionais. Ao invés disso, ela foca aquilo que está em perigo: a comunidade da vida em toda sua esplêndida diversidade. Ela também é centrada em atitudes que estão incondicionalmente conectadas à preservação dessa comunidade: *o respeito* e *o cuidado*. Por essa razão, nomeia seu primeiro princípio como sendo "Respeitar e Cuidar da Comunidade da Vida".

Por que o documento se refere à "comunidade da vida" ao invés de simplesmente "vida"? Porque, de acordo com as ciências da terra e com a biologia moderna, todos os seres vivos (da primeira bactéria que surgiu quatro bilhões de anos atrás, incluindo todas as plantas, animais e seres humanos) têm o mesmo alfabeto genético. Todos os organismos vivos da Terra possuem os mesmos vinte aminoácidos e os mesmos quatro pares de base de fosfatos. Por causa disso, somos todos parentes (somos todos irmãos e irmãs). Na realidade, não há "meio ambiente", mas uma verdadeira comunidade da vida na qual todos os seres são interdependentes e interconectados no tecido de inter-relacionamentos que garantem a biodiversidade e a subsistência de todos, mesmo dos mais fracos.

Visto que a vida e a comunidade da vida não podem existir sem as infraestruturas físico-químicas das quais dependem e se alimentam, esses elementos devem fazer parte de nosso entendimento da vida. Para a vida poder surgir, o universo inteiro precisou trabalhar continuamente desde seus primeiros momentos de criatividade caótica, sempre alcançando níveis mais profundos de ordem e complexidade. A vida surgiu quando a matéria saiu do caos e atingiu um estágio mais avançado de evolução, tornando-se mais complexa num ato de auto-organização. Dessa maneira misteriosa, a vida surgiu como um "imperativo cósmico", para usarmos as palavras do vencedor do Prêmio Nobel de 1974, o biólogo Christian de Duve. A vida é um capítulo na história do universo, no qual a matéria não possui nada de verdadeiramente material porque em essência é energia extremamente condensada e estabilizada agrupada num campo envolvendo inúmeras interações.

Os seres humanos são um subcapítulo do capítulo da vida, um elo nessa vasta corrente vital e membro único da comunidade da vida. Nos últimos séculos, entretanto, a humanidade escolheu se exilar dessa comunidade, tentou se colocar acima dela e, muitas vezes, foi contra ela; isso demonstra nossa capacidade de nos tornarmos o "satã" da Terra ao invés de seus bons anjos. Como a Carta da Terra afirma, os seres humanos têm que "aceitar que, com o direito de possuir, administrar e usar os recursos naturais, vem o dever de prevenir os danos ao meio ambiente e de proteger os direitos das pessoas".

Hoje em dia, grande parte da humanidade sente que devemos retornar urgentemente à comunidade de nossos irmãos e irmãs e de assumir uma dupla função: devemos nos submergir nela e ficar lado a lado com seus outros membros, do ponto de vista da comunidade da vida; devemos ser capazes de intervir criativamente (mas humilde e cuidadosamente) no processo evolucionário e nos tornar guardiões responsáveis das outras espécies. Esta é a missão ética formulada no Livro do Gênesis, quando afirma que os seres humanos são os "jardineiros do Éden" que cuidam, protegem e completam a partir do trabalho e da criatividade a obra do Criador.

Nesse contexto, não precisamos mais conceber o ser humano individualisticamente (como a cultura dominante faz), mas como uma comunidade e sociedade. O conceito de comunidade reflete bem a natureza dos seres humanos porque essa forma de organização nasce das experiências culturais, das reflexões políticas e da prática de democracia. Em comunidade podemos expressar nossa vontade de participar e de construir juntos, nossa opinião sobre o bem comum e nosso senso de corresponsabilidade por aquilo que diz respeito a todos nós. É com boa razão então que sob o primeiro princípio ("Respeitar e Cuidar da Comunidade da Vida") achamos o imperativo de "construir sociedades democráticas que são justas, participativas, sustentáveis e pacíficas".

Respeito pela comunidade da vida

Analisemos assim as duas atitudes fundamentais que são importantes de se cultivar em conexão com a grande comunidade da vida: *o respeito* e *o cuidado*.

O respeito pressupõe reconhecer outro ser como único e diferente ao mesmo tempo em que se aprecia seu valor intrínseco.

A intervenção humana na natureza começou mais ou menos há 2,3 milhões de anos, quando o *homo habilis* começou a usar ferramentas. Com essa intervenção os riscos de desrespeito e de negar as diferenças do outro (ou mesmo o risco de entender o outro não como sujeito, mas como objeto com valor instrumental, com valor em conexão à sua utilidade para os seres humanos) surgiram.

Este é o principal pecado do antropocentrismo e algo tão difundido em praticamente todas as culturas do planeta, com exceção das indígenas, as quais ainda vivem em grande comunhão com a comunidade da vida. O antropocentrismo nos força a entender todos os outros seres como tendo significado e valor apenas à medida que a humanidade pode organizá-los e usá-los a seu bel-prazer. Entretanto, os seres humanos só entraram em cena no processo evolutivo quando 99,98% da história da Terra já tinha ocorrido. Assim, a natureza não precisa que a humanidade organize sua vasta complexidade e biodiversidade. A humanidade acha seu lugar quando vive em comunhão com a comunidade da vida e se entende como um elo nessa grande teia. É verdade que a humanidade é um elo único, visto que possui uma consciência que lhe permite agir (se assim o quiser) de maneira ética e responsável, mas é também verdade que como um dos últimos elos a humanidade depende de todos os outros que vieram antes.

O respeito implica reconhecer que outros seres são mais antigos que nós e, por essa razão, merecem existir e coexistir conosco. Quando os respeitamos, colocamos limites em nossa vontade de poder sobre outros e em nossa arrogância.

Na realidade e historicamente, os seres humanos quase nunca impuseram limites ao seu poder; quase nunca vivemos com respeito pela criação. O conhecido pesquisador de biodiversidade Edward Wilson (2002: 102) concluiu secamente quando comentado sobre o relacionamento de respeito/desrespeito entre a humanidade e a natureza:

> A sombria arqueologia de espécies desaparecidas nos ensinou a seguinte lição: o selvagem romântico nunca existiu; o Éden ocupado era como um matador; o paraíso achado era um paraíso perdido. A humanidade tem até agora assumido o papel de assassina planetária preocupada com sua sobrevivência no curto prazo. Nós tiramos muito da vitalidade da biodiversidade. A ética da conservação, seja lá como for expressa (tabus, mitos ou ciência), tem ocorrido muito

tarde e feito muito pouco para salvar as formas de vida mais vulneráveis do planeta.

Hoje em dia chegamos a um impasse que só pode ser resolvido se recuperarmos uma atitude de respeito pela limitação de nossa capacidade destrutiva e como condição para a preservação da natureza e para nossa própria sobrevivência.

O respeito também implica a necessidade de reconhecer que os outros seres vivos têm valor intrínseco. Todo ser vivo tem um valor porque existe e pelo fato de expressar algo do próprio Ser, da Fonte original de energia e de virtudes da qual todos os seres vêm e retornam, o vácuo quântico, o vazio pleno de potencial. Em termos religiosos, todo ser expressa o Criador. Por essa razão, o valor pertence ao mundo das excelências. Todo ser, especialmente os seres vivos, é portador dessa excelência "independente de sua utilidade para os seres humanos". Quando percebemos o valor de todo ser, sentimos crescer dentro de nós um sentimento de reverência e veneração.

Buda e o hinduísmo no Oriente e São Francisco, Arthur Schopenhauer e Albert Schweitzer no Ocidente desenvolveram éticas baseadas no respeito e na reverência que afirmam que tudo que existe tem o direito de existir e tudo que vive merece viver. O princípio fundamental da ética do respeito e da veneração (*Ehrfurcht* e *Verehrung*) foi formulado por Albert Schweitzer: "O bem é tudo aquilo que conserva e promove o ser, especialmente os seres vivos, e entre os vivos os mais fracos; o mal é tudo aquilo que solapa ou diminui o ser ou que causa seu desaparecimento". Ele também diz que "a ética é a reverência e a responsabilidade ilimitada por tudo que existe e vive".

Cuidar da comunidade da vida com compreensão, compaixão e amor

Analisemos agora a segunda atitude-chave para com a comunidade da vida, o *cuidado*. Essa atitude tem uma longa tradição no Ocidente e evidência disso é a "fábula-mito do cuidado" (fábula n. 220) recontada pelo famoso escravo (e mais tarde homem livre) de César Augusto, Caio Júlio Higino[13]. Este livro recebeu atenção especial no livro *Ser e tempo* (*Being and Time*, § 39-44), de Martin Heidegger. Desse mito vem a ideia de que o cuidado não é apenas uma atitude básica ou uma virtude entre outras; mas que o cuidado é fundamental ao ser humano. O cuidado é a precondição que permite um ser consciente,

---

13. Uma análise detalhada desta fábula-mito pode ser achada em: BOFF, L. (1999). *Saber cuidar*: Ética do humano; compaixão pela terra. Petrópolis: Vozes, p. 43-68.

racional e livre de surgir. É apenas pelo exercício do cuidado que um ser molda sua existência junto a outros seres pela vida.

Refletindo cosmologicamente, sem a cuidadosa sinergia de todas as energias do universo, a vida e a consciência nunca teriam surgido e não estaríamos aqui refletindo sobre esses problemas.

O cuidado é concretamente o guia fundamental a toda conduta. Tudo que fazemos com cuidado é bem-feito e aquilo que fazemos sem cuidado pode ser destrutivo.

O estado de degradação da Terra e a erosão da qualidade de vida em nosso planeta são causados, fundamentalmente, pela falta de cuidado por parte dos seres humanos. O psicanalista Rollo May (2007: 305-306) afirmou eloquentemente que:

> Estamos nessa situação porque, no apogeu da racionalidade e de desenvolvimento técnico, perdemos de vista o ser humano e o respeito por ele; e agora precisamos retornar humildemente a uma atitude de cuidado [...]. O mito do cuidado (e eu muitas vezes acredito que apenas esse mito) pode nos ajudar a lidar com o cinismo e a apatia, que são as doenças mentais de hoje em dia.

Essa mesma ideia foi apresentada entusiasticamente pela *International Union for Conservation of Nature* (IUCN), pela *United Nations Environement Programme* (Unep) e pelo *World Wildlife Fund* (WWF) num livro publicado conjuntamente em 1991 e que foi intitulado *Caring for the Earth: A Strategy of Sustainable Living*. O tema do cuidado orienta todas as práticas recomendadas de preservação, regeneração e tratamento da natureza e enfatiza que a ética do cuidado é a mais universal de todas porque pode ser exercida e experimentada em todos os níveis, do pessoal ao global.

O cuidado é um relacionamento amoroso e não agressivo com a realidade. Ele é atento aos processos vitais e preocupado com todos os seres de maneira que nenhum ser é excluído ou deixado sozinho em sofrimento, e que permite a todos continuar a participar na comunidade da vida. É com cuidado, como dissemos no começo deste capítulo, que podemos "assegurar que as comunidades em todos os níveis garantam os direitos humanos e as liberdades fundamentais e proporcionem a cada pessoa a oportunidade de realizar seu pleno potencial".

A carta também enfatiza que o cuidado deve ser exercitado com *compreensão*. O entendimento não é um processo abstrato de apreensão da verdade sobre as coisas, mas uma forma de comunhão com elas; ele é essencialmente uma forma de amor. Na verdade, só podemos conhecer aquilo que amamos.

Além disso, ela afirma que devemos cuidar da comunidade da vida com *compaixão*. A ideia de compaixão é mais bem entendida se tomarmos a perspectiva budista, a qual engloba duas dimensões. A primeira é o respeito por todos os seres vivos e pela renúncia ao desejo de possuí-los (o desapego). A segunda é o cuidado para com todos os seres e de estar junto a eles em todas as circunstâncias (na felicidade e na tristeza), e de não permitir que sofram em solidão.

Finalmente, é necessário cuidar da comunidade da vida com *amor*. O amor é a energia mais poderosa que existe nos seres humanos e no universo. Ele é uma força invencível de atração e união, e que procura um tipo de fusão ou talvez de vivência da não dualidade. Se somos objetivamente irmãos e irmãs porque compartilhamos o mesmo código genético, o amor nos move subjetivamente de forma que desejamos ser irmãos e irmãs e que conscientemente queiramos viver essa realidade. Cuidar com amor é se sentir unido à estrela mais distante, ao nosso irmão pássaro, à nossa irmã formiga e se interessar pelo destino de cada pessoa do planeta. Cuidar com amor é ser capaz de declamar com emoção: "Você é infinitamente importante para mim; você não pode sofrer injustamente; você não pode desaparecer, você tem que viver".

Para concluir nossas reflexões sobre a Carta da Terra queremos dizer que o efeito final da ética do respeito e do cuidado será a paz *na* Terra e *com* a Terra. Depois de milhares de anos de hostilidades entre os seres humanos e a natureza e da devastação que causamos à Grande Mãe, precisamos agora, se quisermos ter um futuro, forjar um pacto de paz. Necessitamos tornar as palavras do pacto de Deus com os sobreviventes do dilúvio nossas próprias: "Sim, estabeleço meu pacto convosco; não será mais destruída toda a carne pelas águas do dilúvio; e não haverá mais dilúvio para destruir a terra [...]. O arco estará nas nuvens, e olharei para ele a fim de me lembrar do pacto perpétuo entre Deus e todo ser vivente de toda a carne que está sobre a terra" (Gn 9,11.16)[14]. O arco-íris é o símbolo desse pacto da vida; somos todos convidados a ser filhos e filhas do arco-íris.

---

14. Tradução oficial do Vaticano [Disponível em http: //www.vatican.va/archive/bible/genesis/ documents/bible_genesis_po.html#Capítulo 9 [N.T.].

PARTE III

O Tao da libertação

11

A espiritualidade para a Era Ecozoica

[...] Conhecer a mãe
é conhecer o filho.
Quem conhece o filho,
regressa à mãe,
não mais correrá perigo [...].

Ver o pequeno, ilumina.
Conservar a fragilidade, fortalece.
Usa a luz para regressares à luz,
para te afastares da desgraça.

Desse modo, salvarás tua vida.
(Tao Te Ching, § 52)[1].

A natureza não precisa de muitas palavras.
Os ventos intensos não sopram toda a manhã,
as fortes chuvas não duram todo o dia [...].

Encontrando quem já está no "caminho",
o Tao recebe-o com júbilo.
Encontrando quem é soberano,
o poder recebe-o com júbilo.
Encontrando quem é escravo,
o sofrimento recebe-o com júbilo.
(Tao Te Ching, § 23)[2].

---

1. LAO-TZU (2010). *Tao Te Ching.* Lisboa: Presença, p. 97-98 [Trad. de Joaquim Palma] [N.T.].
2. Ibid, p. 51-52 [N.T.].

Quando refletimos sobre a necessidade de reinventar nossa maneira de viver no mundo, fica claro que precisamos nada menos que de uma revolução espiritual. Thomas Berry salienta que a atual ameaça de ecocídio nos remete a profundas questões éticas que nossas tradições espirituais e religiosas nunca confrontaram. Essa crise nos convida a alcançar um novo entendimento do mundo e de nosso lugar nele. Assim, ela convoca a humanidade como um todo à realização de um grande despertar espiritual. Nossa sobrevivência como seres humanos bem como das miríades de outras formas complexas de vida pode depender desse despertar.

Quando discutimos a importância da renovação da psique no capítulo 4, consideramos questões sobre a espiritualidade; de fato, o significado original da palavra "psique" é "alma", o que é algo muito relacionado com o espírito. A chamada para ampliarmos nosso senso do "eu" poderia ser facilmente afirmada como uma necessidade de transcender o ego (algo chave para várias tradições espirituais), de forma que possamos aprofundar nosso senso de compaixão.

A cosmologia e a espiritualidade têm uma importante conexão. A cosmologia lida com questões relacionadas às origens, à evolução, ao destino, ao propósito do universo; assim ela fala ao nosso próprio senso de propósito e de lugar no grande esquema das coisas, incluindo nosso relacionamento com a Fonte de tudo ou Deus.

Uma maneira de concebermos a espiritualidade é entendê-la como uma maneira concreta de incorporarmos ou viver a cosmologia em nossas vidas. Como podemos participar da evolução e do desenrolar do propósito cósmico, descobrirmos nosso significado e alcançarmos realização nele? Como podemos nos abrir para as energias e a sabedoria do grande "Caminho", o Tao, o Dharma, o Malkuta, presente no cosmo? Essas são questões espirituais fundamentais.

No capítulo anterior falamos da importância do aprofundamento de nossa interioridade ou subjetividade como uma maneira de resolver nossa obsessão com a aquisição de riquezas materiais. Notamos que para abraçarmos limites precisamos mudar nossa ideia de "progresso"; quer dizer, da acumulação de riqueza para o aprofundamento do espírito, a amplificação da diversidade, a reiteração dos laços de relacionamento e reciprocidade.

Assim, já discutimos de certa forma vários aspectos da espiritualidade neste livro, mas não fomos explícitos sobre isso. Não falamos muito diretamente sobre religião apesar de termos nos referido a muitos discernimentos de várias tradições religiosas. Entretanto, enquanto a religião e a espiritualidade não são idênticas, elas são intimamente relacionadas.

A espiritualidade pode existir fora das tradições religiosas formais; toda pessoa é de certa maneira única e pode se inspirar numa variedade de tradições filosóficas e religiosas, bem como em experiências pessoais. Apesar de isso ser verdade, a maioria da humanidade se inspira em tradições religiosas para sua espiritualidade. E assim fica praticamente impossível de considerarmos a espiritualidade sem também considerarmos as influências (positivas e negativas) da religião nela.

Em termos da ecologia da transformação, é importante considerarmos o papel da espiritualidade e da religião na busca por um outro caminho que nos dirija para longe da destruição e na direção de uma participação ativa na preservação e reiteração da integridade, beleza e evolução da vida na Terra.

Entendendo a espiritualidade

O termo espiritualidade vem da palavra *espírito*. Para entendermos o que é o espírito, precisamos desenvolver uma concepção do ser humano que seja mais profunda e fértil que aquela convencionalmente transmitida pelas culturas dominantes, a qual afirma que o ser humano é composto de corpo e alma, ou de matéria e espírito. A cultura dominante não entende isso de forma holística e integrada, mas tem uma visão dualística e fragmentada no qual esses aspectos são justapostos. Por causa disso, algumas áreas do conhecimento focam no corpo e na matéria (as ciências naturais) e outras são conectadas ao espírito e à alma (as ciências sociais e as humanidades). Perdemos a visão da unidade sagrada do ser humano vivente como uma coexistência dinâmica, interconectada e interligada de matéria, energia e espírito.

A espiritualidade diz respeito ao todo ou às partes?

A espiritualidade, nessa visão fragmentada, significa cultivar um aspecto do ser humano, o espírito, pela meditação e pela interiorização para que se possa achar o "Eu" mais profundo, ou Deus. Muitas vezes, essas formas de disciplina podem implicar o distanciamento do material ou da dimensão corporal.

De acordo com isso, ela é vista como uma tarefa entre outras (claro que ainda sendo importante) e não como uma totalidade. Já que vivemos numa sociedade com processos históricos e sociais rápidos, o cultivo da espiritualidade (quando ela é entendida desse modo) nos obriga a achar um espaço onde possamos encontrar condições de silêncio, paz e tranquilidade para assim praticarmos a interiorização.

De certa forma, esse entendimento não está completamente errado. Por exemplo, o silêncio e a solidão podem certamente ter um papel importante no cultivo do espírito. Algumas vezes também ajuda a interromper nossas atividades diárias para que possamos ganhar uma nova perspectiva. Entretanto, essa visão fragmentada que separa o corpo do espírito é fundamentalmente reducionista porque ela falha em explorar a riqueza humana quando esta é entendida de forma holística. A espiritualidade não deve ser apenas compreendida como uma maneira de viver certos momentos da vida, mas como uma forma de *ser*.

Antes de prosseguirmos, é importante enfatizar que o ser humano é concretamente um todo complexo. Quando falamos do "todo", queremos dizer que não há justaposição de partes e que tudo nele está dinamicamente entrelaçado compondo um sistema vivo, interconectado e harmônico. Quando falamos de "complexo", queremos dizer que o ser humano não é simples, mas uma sinfonia de múltiplos fatores e dimensões que juntos formam o *ser*. Entretanto, podemos identificar três dimensões fundamentais na coerência única do ser humano: a exterioridade, a interioridade e a profundeza.

A *exterioridade: corporificação (Embodiment)*

O termo *exterioridade* se refere aqui a todos os grupos de relacionamentos que o ser humano tem com o cosmo, com a natureza, sociedade, outros seres, e com a realidade que inclui e sustenta todos eles: o ar que respiramos, o alimento que consumimos e saboreamos, a água que bebemos, as roupas que usamos e as energias que revitalizam nossos corpos.

Isto é normalmente referido como a dimensão corporal, mas o corpo não é um cadáver. Todo ser humano é um todo imerso no tempo e no espaço, e vivo. O ser humano pode ser descrito de maneira sucinta como um animal do filo vertebrado, da classe dos mamíferos, da ordem dos primatas, da família dos hominídeos, do gênero homo, da espécie sapiens; um ser dotado de um corpo com mais de cem trilhões de células que continuamente são renovadas por seu sistema genético, um ser formado durante o curso de 3,8 milhões de anos (ou talvez mais acuradamente se considerarmos os precursores da vida, 14 bilhões de anos) de história evolutiva.

Podemos descrevê-lo como um ser possuidor de um cérebro complexo consistindo de mais ou menos cem bilhões de neurônios (e cerca de um quatrilhão ou 10^{15} de sinapses) organizados em três níveis: o cérebro reptiliano ou basal, que surgiu a cerca de 220 milhões de anos atrás, controla nossas ações instintivas; este cérebro é envolto pelo sistema límbico que começou a surgir a cerca de 125 milhões de anos passados e que controla nossas emoções, afetividade e senso de cuidado; e, por final, temos o córtex cerebral, que tem apenas 3 milhões de anos e que nos provê com a capacidade de conceitualização e de pensamento abstrato.

O ser humano é dotado de sentimentos, inteligência, amor, compaixão e êxtase. O corpo como um todo vive numa complexidade de relacionamentos interconectados que se interiorizam e exteriorizam. Se entendermos o ser humano dessa maneira, então é mais certo falarmos dele como um *ser corporificado* (*embodied being*) ao invés de um ser *com* um corpo.

A interioridade: a psique humana

A interioridade é composta pelo universo psíquico, um universo tão complexo quanto o mundo exterior, habitado por impulsos, desejos, paixões, poderosas imagens e arquétipos ancestrais. Os desejos são possivelmente as estruturas mais básicas da psique humana. Sua dinâmica parece não ter limites. Como seres possuidores de desejos, simplesmente não desejamos isto ou aquilo; nós desejamos tudo e *o Todo*.

O objeto secreto e constante do desejo é *Ser* na totalidade. A tentação, entretanto, é identificar o *Ser* com uma de suas manifestações, como a beleza, bens, dinheiro, saúde, carreira, um ente amado, filhos e assim por diante. Quando isso acontece, uma fixação com o objeto do desejo se forma, o que representa a ilusória identificação do Absoluto com algo relativo, do *Ser ilimitado* com uma entidade finita. O efeito final é a frustração porque a dinâmica do desejo é caracterizada por querer tudo e não apenas uma parte e, assim, desejar uma entidade finita sempre resulta em fracasso. Consequentemente, um sentimento de não realização ocorre e, com isso, o vazio existencial.

Como seres humanos sempre precisamos tomar cuidado para guiarmos nossos desejos de forma que, quando passam pelos vários objetos em foco (o que é algo que necessariamente ocorre), não percam a bendita memória da grande entidade Uma que lhes permitirá verdadeiramente descansar; quer dizer, o Ser, o Infinito ou a Fonte da Realidade, ou aquilo que normalmente chamamos de "Deus". Esse Deus não é apenas o Deus da religião, mas o Deus de jornadas pessoais, de fonte de valores, da dimensão sacra em todos nós, daquilo que não é negociável e não transferível. Essas qualidades e descrições nos apontam para aquilo que existencialmente chamamos de Deus.

A interioridade também pode ser descrita como a mente humana, entendida aqui como a totalidade do ser humano refletindo dentro de si e capturando todas as ressonâncias do mundo exterior que lhe atingem.

A profundeza: o espírito

O ser humano também possui uma *profundeza*. Temos a capacidade de ir além das meras aparências, além do que vemos, escutamos, pensamos e amamos. Podemos aprender o outro lado das coisas, suas profundezas. As coisas não são apenas "coisas". Tudo possui uma dimensão adicional; toda coisa é um símbolo e metáfora para outra realidade que a transcende e que ela relembra, apresenta e identifica.

Assim, uma montanha não é apenas uma montanha. Pelo fato de ser uma montanha, ela transmite o significado do majestoso. O mar evoca a grandiosidade, o céu estrelado a imensidão e os olhos profundos de uma criança o mistério da vida.

Os seres humanos percebem valores e significados e não apenas eventos e ações. O que realmente conta não são as coisas que acontecem conosco, mas o que elas significam para nossas vidas e as experiências que elas nos dão. Tudo que acontece tem um caráter simbólico, ou podemos dizer sacramental. Todo evento nos relembra daquilo que vivenciamos e nutre nossa interioridade.

É por isso que enchemos nossos lares com fotos e objetos amados de nossos pais, avós e amigos; de todos aqueles que entram em nossas vidas e que têm significado para nós. Pode ser a última camisa usada pelo pai que morreu de ataque cardíaco, o pente de madeira de uma tia que faleceu ou a romântica carta de um namorado falando de seu amor. Essas coisas não são apenas objetos; são sacramentos porque elas falam conosco, nos lembram e nos apresentam aqueles que são muito significantes e amados por nós.

Perceber a profundidade do mundo e de todas as coisas bem como a nossa própria constitui aquilo que chamamos de *espírito*. Este não é parte do ser humano, mas aquele momento de consciência pelo qual vivenciamos o significado e o valor das coisas. Ele é também aquele estado de consciência pelo qual percebemos o todo e que somos partes integrais dele.

O espírito nos permite experimentar a não dualidade. "Você é o mundo-tudo", dizem os *upanishads* da Índia enquanto apontam para o universo. Ou "Você é tudo", como muitos yogis dizem. "O Malkuta d'Alaha ("O Reino de Deus" ou "Os Princípios-Guias do Um") estão dentro de você", proclamou Jesus. Essas afirmações nos remetem a uma experiência viva ao invés de doutrina. A experiência é que estamos ligados e religados (a raiz da palavra "religião") uns aos outros e todos à Fonte Originária. Um fio de energia, de vida e de significado passa por todos os seres, tornando-os um cosmo ao invés de caos, uma sinfonia ao invés de cacofonia.

Uma planta não é algo que está apenas à minha frente; ela é uma ressonância, um símbolo e um valor dentro de mim. Há dentro de mim dimensões montanhosas, vegetais, animais, humanas e divinas. A espiritualidade não significa conhecer isso de maneira intelectual, mas vivenciar e tornar isso a realidade de nossas experiências. Blaise Pascal disse incisivamente que "é o coração, não a mente, que percebe Deus" (*Pensées*). Esse tipo de experiência transfigura tudo. Tudo se torna permeado de veneração e pelo sagrado.

Os seres humanos são únicos porque têm a habilidade de experimentar sua própria profundeza. Podemos escutar atentamente a nós mesmos, podemos perceber na profundeza de nosso ser o chamado da compaixão, da harmonia, identificarmo-nos com outros seres e com o grande Outro, Deus. Nos conscientizamos da Presença que sempre nos acompanhou, do Centro ao redor do qual organizamos nossa vida interior e que serve de fonte para os grandes sonhos e dá significado à vida. Estamos falando de uma energia primordial e originária que tem o mesmo direito de existir que outras energias (como a sexual, a emocional ou a intelectual) que são partes de nós.

Uma parte integral desse processo de individualização é acolher essa energia, criar espaço para esse Centro, escutar seu chamado e integrar esse projeto de vida em nós mesmos. Isto é a espiritualidade entendida num senso básico e antropológico. Para ter e nutrir a espiritualidade, uma pessoa não tem que professar um credo ou aderir a uma religião organizada. A espiritualidade não é monopólio de ninguém; ela se encontra em todas as pessoas e em todos os estágios da vida. Essa profundeza dentro de nós representa a condição espiritual humana e é também chamada de espiritualidade.

Obviamente, para as pessoas religiosas esse Centro é normalmente nomeado de Deus, e seus chamados são entendidos como vindos de Deus, como a Palavra de Deus. O termo que usamos para nos referirmos a tal realidade, a qual vai além de qualquer descrição ou conceito, na verdade não é importante. Algumas religiões como o budismo e o taoísmo não falam diretamente de Deus, mas lidam da sua própria maneira com o grande mistério no centro de tudo (o budismo, por exemplo, fala do *sunyata* ou "o vazio").

As religiões vivem dessa experiência. Elas a articulam em termos de doutrinas, ritos, celebrações e caminhos éticos e espirituais. Sua função primordial é criar e oferecer as condições necessárias para permitir a toda pessoa e comunidade mergulhar na realidade divina e atingir uma experiência pessoal de Deus.

Essa experiência (precisamente por ser experiência e não doutrina) resulta na irradiação de uma serenidade e profunda paz acompanhada pela ausência do medo. Nós nos sentimos amados, acolhidos e abraçados pelo Ventre Divino. O que acontece conosco, acontece no amor dessa Realidade amorosa. Mesmo a morte não tinge a vida com o medo; a morte passa a ser experimentada como parte da vida, como o grande momento alquímico da transformação que nos permite estar verdadeiramente no Todo, no coração de Deus.

A espiritualidade

Assim, a espiritualidade é um modo de ser, uma atitude fundamental a ser vivida a todo o momento e em todas as circunstâncias. Seja na arrumação da casa, seja trabalhando numa fábrica, dirigindo o carro, conversando com os amigos, experimentando um momento íntimo com nossos entes amados; as pessoas que criam espaço para o profundo e para o espiritual se tornam centradas, serenas e cheias de paz. Elas irradiam vitalidade e entusiasmo porque têm Deus dentro de si. Esse Deus é amor, o qual, nas palavras de Dante, move os céus, as estrelas e nossos próprios corações.

Essa profundeza espiritual parece ter uma manifestação biológica. Pesquisas recentes, do final do século XX, conduzidas pelos neuropsicólogos Michael Persinger e V.S. Ramachandran, pelo neurologista Wolf Singer, pelo neurolinguista Terrence Deacon e por técnicos usando scanners modernos para fazer imagens cerebrais detectaram o que eles chamaram de "o ponto de Deus" (*God Spot* ou *God Module*) no cérebro. Parece que aquelas pessoas num estado místico têm uma excitação detectável acima do normal nos lóbulos frontais do cérebro. Esses lóbulos são ligados ao sistema límbico, o centro das emoções e valores. Isso parece indicar que a estimulação do "ponto de Deus" não está ligada a uma ideia ou pensamento, mas a fatores emocionais e experienciais; ou seja, a uma espiritualidade viva.

Estudos mais recentes apontam que pode haver de fato múltiplas regiões do cérebro estimuladas pela experiência mística, isso indica que o "ponto de Deus" pode ser na verdade uma "rede de Deus" compreendendo regiões normalmente associadas com funções cerebrais como a autoconsciência, as emoções e a representação corporal. Outros pesquisadores como Eugene D'Aquili e Andrew Newberg têm se referido a essa realidade como a "mente mística".

Esta mente mística surgiu como parte do processo antropológico-cosmogênico para alcançar uma realização evolutiva: perceber e se conscientizar da presença de Deus (do Um, do Criador) na dinâmica evolutiva em cada um e em todas as coisas. É no ser humano que esta consciência do Sagrado surge.

É nele que a espiritualidade se desenvolve. É por essa razão que a filósofa e física Danah Zohar e o psiquiatra Ian Marshall afirmam que o ser humano não é apenas dotado de inteligência intelectual e emocional, mas também de inteligência espiritual.

Para tornarmos a inteligência espiritual uma realidade concreta, um projeto consciente, precisamos reiterar a espiritualidade como uma dimensão central às nossas vidas, precisamos tornar nossas vidas abertas, sensíveis e conscientes das múltiplas dimensões da experiência humana. Essa espiritualidade nos leva a cuidar da vida em todas as suas manifestações porque nos permite ver a excelência e o valor de todos os seres. Tudo que existe merece existir. Tudo que vive merece viver.

A espiritualidade nos ajuda a dominar a perigosa lógica do egoísmo, tão presente hoje em dia, que nos leva a tomar posse das coisas para nosso próprio proveito e prazer. Ela cria espaço para a lógica da coexistência, da cordialidade, da reverência face à realidade única (a diferença) de cada ser e à nossa comunhão com todas as coisas e com Deus. A integração da inteligência espiritual com as outras formas de inteligência (cognitiva, emocional etc.) nos abre para uma comunhão amorosa com todas as coisas e para uma atitude de respeito e reverência para com todos os seres, a maioria dos quais, da perspectiva do processo evolucionário, é muito mais antiga do que nós; só assim poderemos ser acolhidos de volta como companheiros na grande aventura cósmica e planetária.

Seria o universo autoconsciente ou espiritual?

As reflexões que vem da cosmologia moderna e da física quântica, já examinadas neste livro, sugerem que a consciência e a espiritualidade podem estar relacionadas a fenômenos quânticos que emergem do contexto virtual infinito, da Fonte Nutritiva de Tudo, do Vazio Pleno de Potencial, ou, se vamos ser mais científicos, do vácuo quântico. Assim como nossa existência corporal surgiu do processo cosmogênico, também foi o caso da existência espiritual. As duas são de certa forma tão antigas quanto o universo porque estavam presentes (pelo menos de forma potencial) no primeiro momento da chama primordial.

Em termos cosmológicos, o espírito pode ser entendido como a capacidade das energias primordiais e da própria matéria de interagir entre si criando, organizando e transformando em sistemas abertos (*autopoiesis*) que se comunicam e que formam um tecido cada vez mais complexo de inter-relacionamentos que acabam por sustentar o universo. Praticamente desde o primeiro momento da chama primordial, relacionamentos e interações surgiram e deram à luz entes rudimentares (quarks e prótons) que interagiram e trocaram informações de maneiras cada vez mais complexas. Podemos entender isso como a alvorada do que chamamos de espírito.

Assim, o universo está pleno de espírito porque é interativo, pan-relacional e criativo. Dessa perspectiva, não há entes inertes, não há matéria morta contrapondo-se a seres vivos. Todas as coisas, todas as entidades (de partículas subatômicas a galáxias) participam de certo modo no espírito, na consciência e na vida. A diferença que existe entre o espírito da montanha e do ser humano não é em seu tamanho, mas no grau de evolução. Os princípios de interação e de criatividade estão presentes em ambos, mas em formas diferentes. No espírito humano é o espírito cósmico que se tornou autoconsciente e que fala e se comunica conscientemente. E o espírito que flui através de tudo atinge um novo nível de cristalização em nós. Mas ele só está presente no ser humano porque estava presente no cosmo desde o começo.

Se o espírito é vida e relacionamento, então seu oposto não é matéria, mas a morte e a ausência de relacionamentos. A matéria é um campo profundamente permeado por energia, interação e informação. A espiritualidade é o empoderamento máximo da vida e, assim sendo, há um compromisso de proteger e promover a vida. Não apenas a vida humana, mas toda a vida em sua incomensurável diversidade e formas de manifestação.

Para vivermos a realidade de um cosmo que é um ser vivo, para vivermos a realidade da Terra como Gaia (a Grande Mãe, a *Pachamama* na língua dos povos dos Andes), é preciso sentir a natureza como uma fonte viva de energia e entrar em comunhão com todos os seres que encontramos, considerando-os entes com propósitos, como irmãs e irmãos na grande aventura do universo; é demonstrar que somos verdadeiramente seres espirituais e viver profundamente uma espiritualidade ecológica, algo extremamente necessário para a sobrevivência da biosfera.

O futuro da Terra, um planeta antigo, pequeno e limitado; o futuro da humanidade que nunca cessa de crescer; o futuro dos ecossistemas exauridos pelo grande estresse causado pelos processos industriais; o futuro das pessoas confusas, perdidas, espiritualmente entorpecidas, que anseiam por vidas mais simples, claras, autênticas e com significado; esse futuro depende de nossa capacidade de desenvolver uma espiritualidade verdadeiramente ecológica. Não basta ser racional e religioso. Mais que tudo, devemos ser sensíveis aos outros, cooperar em nossa criatividade e respeitar os outros seres da natureza; quer dizer, precisamos ser autenticamente *espirituais*. Só então vamos nos mostrar como seres responsáveis e benevolentes para com todas as formas de vida, amantes da Mãe Terra e adoradores da Fonte de todos os seres e de todas as bênçãos que estão por vir, Deus.

A ecologia, a espiritualidade e a tradição cristã

Neste livro temos nos referido a várias tradições espirituais como fontes de sabedoria que podem nos levar à transformação e a um mundo mais promovedor da vida. Acreditamos firmemente que todas essas fontes de sabedoria são importantes e que precisamos aprender a escutar aberta e respeitosamente todas essas vozes.

Mas há boas razões para examinarmos em mais detalhes o papel que o cristianismo pode ter na espiritualidade ecológica. Por quê? Primeiro porque muitos daqueles que leem este livro têm raízes na tradição cristã, mesmo que não participem ativamente dela. A maioria das pessoas que vivem nas Américas e na Europa é em grande parte herdeira de valores e percepções formadas pelo cristianismo. Além disso, foi a cultura europeia enraizada nos valores cristãos que se impôs a outros povos do planeta, primeiro pela exploração colonial e mais recentemente a partir da atual des/ordem promovida pelo capitalismo corporativo global.

Assim, é justo perguntarmos: Qual foi a contribuição do cristianismo no desenvolvimento da atual cultura, tão patológica e disfuncional, de pilhagem industrial e consumismo? Foi isso resultado dos ensinamentos de Jesus ou uma distorção deles? Poderia um entendimento diferente de seus ensinamentos e ideias evangélicas importantes contribuir para a salvação do planeta?

À primeira vista fica claro que o cristianismo teve um papel importante na atual des/ordem mundial. Foram os europeus professando o cristianismo e conquistaram metade do mundo, muitas vezes destruindo vastas florestas e deturpando ecossistemas ao mesmo tempo em que exploravam os povos colonizados. Foi na Europa e na América do Norte que a revolução industrial começou e que o capitalismo nasceu. Como vimos em nossa discussão sobre a cosmologia da dominação, certas facções cristãs (especialmente o puritanismo) contribuíram para a ideologia que vê florestas, rios, minerais, terra, criaturas e mesmo seres humanos como recursos a serem explorados e *commodities* a serem compradas e vendidas. Essas ideias são hoje em dia praticamente sinônimas para o termo "civilização ocidental", a qual se desenvolveu sob a égide do cristianismo.

Entretanto, nos primeiros quinze séculos após o nascimento de Jesus uma cosmologia ecológica e holística sustentava a sociedade europeia. As comunidades monásticas cristãs, em particular, contribuíram para a recuperação ecológica de muitas áreas que tinham sido devastadas pelo destrutivo Império Romano. Se formos às raízes do cristianismo, a vida e os ensinamentos de Jesus são marcados por uma oposição clara à ideologia imperialista baseada na exploração dos pobres e da Terra.

Apesar disso, não há dúvida de que algumas interpretações das escrituras judaicas e cristãs foram usadas para reforçar uma visão do mundo que separa os seres humanos da grande comunidade da vida e que contrapõe o corpo e o espírito. Por exemplo, muitos cristãos interpretaram o primeiro capítulo do Gênesis como dizendo que os seres humanos devem subjugar e dominar a natureza. Outros distorceram os ensinamentos de São Paulo afirmando que a "carne" é má e que o "espírito" é bom. De acordo com esse entendimento, devemos esquecer as "coisas do mundo" e buscar "o Reino de Deus". O corpo é visto como a fonte da tentação e consequentemente a natureza passa a ser uma fonte corruptora. O mundo que habitamos é pecador e perdido, e assim devemos focar nossos esforços na vida que virá no céu. Com o passar do tempo, essas ideias foram combinadas com outras que surgiram com o Iluminismo e licenciaram o uso e a destruição da Terra.

Contudo, muitas dessas ideias são derivadas mais diretamente do neoplatonismo e de outras escolas filosóficas gregas do que dos ensinamentos judaicos e cristãos. As tradicionais cosmologia e psicologia do Oriente Médio consideram a separação entre corpo e espírito como algo infundado. O espírito é entendido em termos de "sopro" (*ruha* em aramaico ou *ruah* em hebraico)[3] que dá vida ao corpo.

Uma leitura mais profunda dos primeiros capítulos do Gênesis revelam que toda a criação pertence a Deus e que tudo feito por Deus é "bom" e bendito. As palavras traduzidas e usadas para justificar a subjugação da Terra e o domínio sobre todas as suas criaturas podem também ser entendidas como reiterando a consciência humana (ou como um aprofundamento da interioridade), a qual é carregada de potenciais e riscos.

Neil Douglas-Klotz (1995: 182) salienta que a palavra hebraica *khadash*, que normalmente é traduzida como "subjugar", também pode ser entendida como "a habilidade da consciência humana de funcionar com muito livre-arbítrio" de forma "estendida e incluindo a habilidade de anular o subconsciente,

---

3. Essas palavras também podem ser transliteradas como *rucha* ou *ruah*, porque o som "h/ch" (a letra *het* ou *heth* do aramaico e hebraico) tem um som similar ao "j" do espanhol.

os instintos e outras capacidades interiores porque são heranças da interioridade de seres anteriores".

Douglas-Klotz (1995: 162) também nota que a palavra hebraica *radah*, normalmente traduzida como "ter domínio", "identifica o poder único de irradiar diversidade e diferenciação, um poder que se expande, desdobra e ocupa espaço na natureza, que se move com firmeza e persevera por causa de sua própria vontade". Em ambos os casos, as palavras podem ser entendidas como dizendo que a criação está entrando numa nova fase, na qual é dado aos seres humanos o livre-arbítrio, a capacidade de agir conscientemente e fazer escolhas, de diferenciar e diversificar. Isso não é uma licença para a exploração e a destruição; ao invés disso, o texto parece indicar que temos uma grande responsabilidade vinda da coparticipação na agência criativa de Deus.

Nessa leitura, não lemos o Livro do Gênesis de forma antropocêntrica. Ao invés de sermos "as joias da criação", vemo-nos como um novo estágio dependendo de tudo que se passou antes. A progressão em dias de criação apresentada nos primeiros capítulos do Gênesis pode ser entendida dessa maneira como estágios. Brian Swimme fala da humanidade como a consciência emergente (ou como um aspecto dessa consciência) da Terra. Não estamos acima ou sobre o resto da criação; o texto pode ser entendido como afirmando que uma nova capacidade foi dada a nosso planeta, com o surgimento da humanidade, para que possa agir conscientemente e criar novas possibilidades.

O teólogo judeu Arthur Waskow sugeriu algo parecido com isso em seu comentário na primeira parte do capítulo 2 do Gênesis. Ele nota que a palavra usada para "humano", *adam*, está intimamente conectada com a palavra para terra (solo), *adamah*. Assim sendo, uma boa tradução para a palavra *adam* seria "terráqueo" ou "criatura da Terra". Waskow (1997) comenta que:

> Note que "terra" aqui não quer dizer "meio ambiente" porque não há "arredores" para os seres humanos. Não há fora, separado ou completamente "outro". Ao invés disso, *adam* está diretamente interconectada com *adamah* e vice-versa. Como poderíamos separá-las?
>
> Elas estão interconectadas, mas são distintas. A última letra/sílaba da palavra terra, o *ah* de *adamah*, é "hey", o som do sopro, a única letra que aparece no nome de Deus duas vezes (YHWH; não há vogais, mas você deve ter escutado "Jeová" ou "Yavé") e que só pode ser pronunciada com uma simples respiração.
>
> De alguma forma Deus respira/sopra essa letra, "respira/sopra a vida" da terra viva nas narinas dos terráqueos para que possam viver. A letra do sopro, o "hey", desaparece da visão pública, do nome

terráqueo porque ela vai para dentro: narinas, pulmões, sangue e cada milímetro do corpo. O sopro se torna imanente, invisível e desaparece.

A última letra/sílaba do nome da terra, o *ah* de *adamah*, também tem uma terminação feminina no hebraico. A formação de *adam* é um tipo de nascimento do ventre da mãe onde as duas estavam interligadas. Mas esse não é um nascimento comum porque o recém-nascido continua contido na mãe como se fosse uma série de bonecas russas, *matriskas*, onde uma é contida dentro de outra maior e outra maior ainda e assim por diante.

Dessa forma a humanidade é vista no Gênesis como uma expressão da Terra. Fomos criados de maneira a termos uma conexão especial com o planeta, somos formados pelo seu próprio ser como se fôssemos filhos da Terra. Somos a Terra na qual o sopro se tornou imanente. Somos a Terra feita numa nova maneira de consciência. Não estamos acima ou sobre ela, mas somos parte dela.

Assim sendo, somos chamados a viver um relacionamento profundo e consciente com a Terra e com o processo criativo. Resgatamos nossa humanidade quando resgatamos nossa "terracidade", quando reconhecemos que somos parte da grande comunidade da Terra[4].

Se olharmos mais especificamente para a teologia cristã, veremos que a encarnação de Cristo é a afirmação de que o corpo e toda a matéria são bons. Deus se torna homem, carne e sangue. O espírito e o corpo não estão em oposição, algo já dito no segundo capítulo do Gênesis com a interligação entre o sopro e a terra. O divino é imanente à matéria; o cosmo está infuso no Sagrado.

Nos evangelhos, a conexão pessoal de Jesus com a natureza é também bem evidente. Jesus quase sempre reza no exterior. Ele prega à beira do lago da Galileia rodeado pela beleza da criação. Seus ensinamentos são plenos de referências de animais (ovelhas, peixes e pássaros), do crescimento das coisas e da abundância da Terra. Ele fala que Deus cuida de todas as suas criaturas: "Não se vendem cinco passarinhos por dois ceitis? E nenhum deles está esquecido diante de Deus" (Lc 12,6)[5]. Nas beatitudes, Jesus nos ensina que os humildes

---

4. Para uma maior exploração do relacionamento entre o cristianismo e a ecologia, cf. o volume da série religião e ecologia da Harvard University Press intitulado: *Christianity and Ecology*: Seeking the Well-being of Earth and Humans (HESSEL & RUETHER, 2000).

5. Disponível em http://www.bibliaonline.com.br/acf/lc/12 [N.T.].

(em aramaico, aqueles que se entregaram verdadeiramente a Deus e que amaciaram toda rigidez interior) receberão o vigor e a força da Terra (Mt 5,5)[6]. De fato, a linguagem usada por Jesus em aramaico é plena de imagens da agricultura e relacionadas ao cultivo de coisas vivas. Jesus pensava e falava neste idioma; todos os seus ensinamentos presumem uma cosmologia onde a Terra é entendida como uma entidade viva e não um objeto para exploração.

Com o passar do tempo, a tradição cristã continuou a desenvolver muitas dessas ideias. São Basílio (329-379 d.C.), o pai do monasticismo da Igreja Oriental, ensinou a seguinte oração:

> Oh, Deus, aumente o entendimento do nosso companheirismo com todos os seres vivos, nossos irmãos e irmãs, os animais, para os quais você deu à Terra junto conosco. Lembramos vergonhosamente que no passado nós os dominamos com grande crueldade causando na voz da Terra, que deveria ter ido até você como canção, um gemido doloroso. Traga-nos a consciência de que os animais não vivem apenas para nós, mas para eles mesmos e para você; traga-nos a consciência de que eles amam a doçura da vida (apud FITZGERALD & FITZGERALD, 2005: 76).

Como exploraremos em mais detalhes no decorrer deste capítulo, São Francisco de Assis nos ensinou a louvar a Deus pelo Irmão Sol, pela Irmã Lua, pelo Irmão Vento e pela Irmã Água. Muitos santos e místicos cristãos experimentaram e celebraram a presença de Deus na criação. O grande teólogo Santo Tomás de Aquino escreveu que "o universo inteiro participa da bondade divina e a representa mais perfeitamente que uma criatura, qualquer que seja ela" (S.T. I, q. 47, a. 1). O místico da região do Reno na Alemanha, Mestre Eckhart, disse que "toda criatura é cheia de Deus e ela é também um livro sobre Ele. Se eu passasse tempo suficiente com a menor das criaturas, mesmo que seja uma lagarta, não teria que preparar nenhum sermão. Todas as criaturas são plenas de Deus". E Martinho Lutero escreveu que "Deus escreve os evangelhos não apenas na Bíblia, mas nas árvores, flores, nuvens e estrelas".

Nesta seção vamos refletir em mais detalhes sobre como podemos integrar a espiritualidade cristã com o paradigma ecológico. Isto não quer dizer que estamos criando algo novo para o cristianismo, mas que estamos retornando às suas raízes e estabelecendo conexões entre essas raízes e os discernimentos

---

6. "Bem-aventurados os mansos, porque eles herdarão a terra" (Mt 5,5) [Disponível em http: // www.bibliaonline.com.br/a] [N.T.].

da cosmologia e a ecologia moderna. Quando fazemos isso, vamos também considerar a imagem cristã de Deus, bem como nossas ideias sobre revelação, graça, salvação e destino da humanidade no cosmo.

Como ficou claro, a nova cosmologia foi concebida dentro de um contexto amplo de evolução, o qual não é linear. Ele é marcado por paradas, reversos, avanços, destruições e tentativas de renovação. Apesar de todas as perambulações, se olharmos bem seu curso evolutivo veremos uma direção, uma seta do tempo direcionando e englobando tudo.

Entretanto, sabemos que muitos cientistas famosos se recusam a aceitar a ideia de que o universo está evoluindo numa direção. Para eles, o universo não tem um significado intrínseco. Porém, outros discordam disso; por exemplo, o famoso físico britânico Freeman Dyson (1979: 250) afirma que "quanto mais examino o universo e os detalhes de sua arquitetura, mais acho evidência de que o universo de algum modo sabia que surgiríamos".

Se verificarmos o processo evolutivo que se desdobra a cerca de 13,7 bilhões de anos, não podemos negar que houve progressão: a energia se tornou matéria, o caos se organizou, o simples se tornou complexo e assim surgiu a vida e a consciência. Há um propósito (uma progressão que sugere significado) que não pode ser negado. Referimo-nos a isso anteriormente como o Princípio Antrópico, o qual afirma que se as coisas não tivessem acontecido (nos mínimos detalhes) como aconteceram, os humanos não poderiam refletir sobre essas coisas.

Foi com boa razão então que o conhecido matemático e físico Stephen Hawking (1998: 129) escreveu em seu livro *Uma breve história do tempo* (*A Brief History of Time*) que:

> As leis da ciência, tal como as conhecemos atualmente, contêm muitos números fundamentais, como a magnitude da carga elétrica do elétron e a proporção das massas do próton e do elétron [...]. O que é notável é que os valores desses números parecem ter sido muito bem ajustados para tornar possível o desenvolvimento da vida. Por exemplo, se a carga elétrica do elétron tivesse sido ligeiramente diferente, as estrelas teriam sido incapazes de queimar hidrogênio e hélio ou então não teriam explodido [...]. Parece claro que há relativamente uma escala pequena de valores para esses números que permita o desenvolvimento de qualquer forma de vida inteligente. A maioria dos conjuntos de valores daria origem a universos que, embora pudessem ser muito bonitos, não conteriam ninguém que se maravilhasse com essa beleza. Podemos entender isso como prova do propósito divino na Criação e na escolha das leis da natureza ou como suporte do princípio antrópico forte.

Como surge Deus numa nova cosmologia?

O problema de Deus aparece quando se postam as seguintes questões: O que havia antes do começo, antes da chama primordial chamada normalmente de *big-bang*? Quem deu o impulso inicial? Quem sustenta o universo como um todo e todos os seres para que continuem a existir e a se desenvolver?

Nada?[7] Mas do nada, nada pode vir. Mas se seres surgem, então isso é sinal de que Alguém ou Alguma Realidade causou a existência desses seres e os nutre através do tempo.

O que podemos dizer aqui sensatamente e sem formularmos uma resposta teológica é que antes do momento quando o espaço e o tempo surgiram havia o Desconhecido, o Mistério; e sobre isso nada podemos dizer. Por natureza, esse tipo de realidade existe antes de palavras, energia, matéria, espaço, tempo e pensamento.

Acontece que Mistério e Desconhecido são termos que religiões, incluindo o cristianismo, usam para se referir a Deus. Deus é sempre mistério e desconhecido. O silêncio vale mais que palavras quando nos deparamos com essa realidade. Apesar disso, tal realidade pode ser percebida pelo uso reverente da razão e ser sentida no coração como uma Presença que enche o cosmo e gera em nós um sentimento de grandiosidade, majestade, respeito e veneração.

Situados entre a Terra abaixo e os céus acima de nós, admiramos a miríade de estrelas, nos emocionamos e nos enchemos de reverência. Naturalmente, nos perguntamos: Quem fez tudo isso? Quem está por detrás da Via Láctea? Em nossos escritórios com ar-condicionado ou entre as quatro paredes brancas de uma sala de aula, podemos dizer o que quisermos e duvidar de tudo. Mas quando estamos inseridos na complexidade da natureza e admiramos sua beleza, não podemos ficar quietos. É impossível não nos maravilharmos com o amanhecer, ficarmos indiferentes com o florescer de uma flor ou não nos deslumbrarmos com um bebê recém-nascido. Quase que espontaneamente, somos movidos a proclamar que Deus colocou tudo em movimento e que tudo mantém. Ele/Ela é a Fonte original e o Vazio que tudo nutre.

---

7. Algumas vezes neste livro nos referimos à imagem do "vazio pleno de potencial". Ela é mais uma metáfora ou forma mística de se falar daquilo que vai além de nossa imaginação ou habilidade de perceber. O tão chamado vácuo quântico, por exemplo, é um mar de energia que vai além de nossa compreensão. O vazio pleno de potencial não é um nada, mas uma plenitude que supera a "existência de coisas" (*thingness*) e da qual tudo nasce.

Outra importante questão que surge ao mesmo tempo é: Por que esse universo existe e não outro? Por que estamos aqui? O que Deus quer exprimir com a criação? As respostas dessas questões não preocupam apenas as religiões, mas as ciências também.

Mais uma vez, as palavras de Stephen Hawking podem servir como uma maneira de ilustrar isso. Hawking (1998: 190-191) diz: "Por que o universo se dá o trabalho de existir? [...] Se descobrirmos a resposta para isso, ela será o maior triunfo da razão humana porque aí conheceremos a mente de Deus". Assim, mesmo hoje em dia os cientistas e os eruditos ainda investigam e procuram pelo design escondido de Deus.

Da perspectiva religiosa, podemos sucintamente dizer que o significado do universo e de nossa existência consciente está em nossa habilidade de servir de espelhos a Deus para que Ele se veja em nós. Deus criou o universo como forma de exceder seu ser, sua bondade e inteligência. Ele/Ela criou para que outros possam participar em sua superabundância. Os seres humanos foram criados conscientes para que possam ouvir as mensagens que o cosmo deseja comunicar; para que possam aprender as histórias da criação, dos céus, mares, florestas, animais e do próprio processo humano ao mesmo tempo em que re-ligam (do latim *religare*, a raiz de "religião") tudo com a Fonte original da qual tudo emana.

O universo e todo ser nele não revelam tudo que são e tudo que contêm porque estão num processo de evolução e expansão. O cosmo ainda está nascendo; ele ainda está num processo de gênese. Em decorrência disso, todo ser permanece cheio de potencialidades ainda não realizadas. O universo (e especialmente os seres humanos) está carregado de promessas e futuro (HAUGHT, 1993). Todas as coisas têm uma tendência de realizar e manifestar suas potencialidades ocultas. Assim, a expansão e a evolução significam revelação. Apenas quando tudo for realizado é que teremos a revelação do *design* do Criador/Criadora. Quando isso acontecer, descobriremos a fórmula que Deus usou para conjurar este esplêndido sistema que é o universo em todos os seus relacionamentos e seres interligados.

Deus se manifesta (animando, atraindo e unindo) e sustenta esse processo ao mesmo tempo em que o leva à frente. Deus é o Ponto Ômega, o grande "atrator" de toda energia e formas de matéria; Ele/Ela as seduz para que atinjam o ponto culminante onde as promessas se tornam realidade, onde aquilo que é agora virtual (ou que existe apenas potencialmente) se torne algo prazerosamente concreto.

Como chamaremos Deus numa nova cosmologia?

Como devemos chamar este Deus-que-é-um-mistério, este Deus-além-do-saber, na cosmologia evolucionária?

Nosso primeiro pensamento é chamar essa realidade de *Energia* (suprema, consciente, organizadora, sustentadora e amorosa). A energia é a realidade mais primordial e misteriosa de todas as realidades; ela veio antes do universo e está presente no "vazio pleno de potencial".

Podemos também entender Deus em termos antropomórficos e dizer que Ele/Ela se manifesta como uma infinita *Paixão* de comunicação e expansão porque o cosmo é cheio de movimento e cria o tempo, o espaço e a informação bem como seres em sua incessante evolução.

Podemos dizer que Deus é o *Espírito* que permeia tudo e todas as partes para que uma ordem subjacente seja continuamente criada desde o começo, do caos generativo inicial até a aparição de formas cada vez mais complexas, abertas, inteligentes e inter-relacionadas.

Finalmente, podemos dizer que Deus é o *Futuro*, o Ponto Ômega onde todas as promessas presentes no processo evolutivo são realizadas.

Todas as coisas entram em comunhão com tudo e com a Fonte Originária. Deus é *Deus-em-Comunhão, Deus-em-Relação*. Esse discernimento nos abre para o entendimento cristão de Deus como Trindade, como comunhão entre as Pessoas divinas, como Pai/Mãe, Filho/Filha e Espírito Santo, como examinaremos em mais detalhes a seguir.

Panenteísmo: Deus em tudo e tudo em Deus

Como é evidente, a cosmovisão ecológica enfatiza a imanência de Deus no processo da cosmogênese. Deus acompanha todos os processos de dentro e sem se perder neles porque, como Mistério e Além-do-Saber, excede e engloba tudo. Deus também orienta a seta do tempo para o surgimento de ordens cada vez mais complexas, dinâmicas e cheias de propósito.

Deus está presente no cosmo e o cosmo está presente em Deus. A teologia clássica expressa essa penetração mútua a partir do conceito de *perichoresis*, uma palavra grega que significa literalmente "girar ou dançar em volta" ou "interpenetração de um com outro". A teologia ecumênica moderna criou um novo termo, *panenteísmo*, do grego *pan* (todo), *en* (em) e *theos* (Deus); quer dizer, Deus em tudo e tudo em Deus (MOLTMANN, 1993).

O panenteísmo deve ser distinguido do panteísmo. O panteísmo (do grego *pan + theos* ou tudo-Deus) afirma que tudo é Deus e Deus é tudo. Ele afirma que Deus e o cosmo são idênticos; o cosmo, ao invés de ser uma criação de Deus, é essencialmente um modo de ser de Deus. O panteísmo não aceita qualquer diferenciação; tudo é idêntico a Deus[8].

Se tudo é Deus e Deus é tudo, então a maneira como me comporto não faz diferença: se trabalho em nome das crianças assassinadas nas ruas do Rio de Janeiro ou se faço a folia durante o carnaval; se jogo futebol ou se defendo a causa dos kayapós que enfrentam a extinção; se trabalho com os doentes da Aids ou assisto a um filme na televisão; se coloco pesticidas no meu gramado imaculado ou se começo um projeto comunitário baseado na agroecologia. Não importa o que esteja fazendo, sempre estarei experimentando Deus. Se Deus é tudo, então não há verdadeiras diferenças.

Porém esse entendimento parece ir contra o bom-senso e ofender qualquer senso ético. Uma coisa não pode ser outra; então uma coisa é dizer que Deus está presente em todas as coisas e outra é dizer que Deus é tudo. Há diferenças no mundo e essas diferenças são respeitadas pelo panenteísmo enquanto que negadas pelo panteísmo.

Nem tudo é Deus. Mas Ele/Ela está *em tudo* e tudo está *em Deus*. Pelo próprio ato da criação, Deus deixa sua marca em todas as coisas e todos os seres, o que garante a presença permanente de Deus em tudo. Isto é o verdadeiro significado da palavra "providência"; tudo depende de Deus e carrega Deus dentro de si.

Deus e o mundo são diferentes (um não é o outro), mas eles também não estão separados ou fechados ao outro. Eles estão abertos ao outro de maneira que estão intrinsecamente ligados e interpenetrados. Eles são diferentes para que possam se comunicar, unir-se em comunhão e se apresentar ao outro.

Uma das mais belas expressões dessa ideia é uma canção escrita por Hildebert de LeMans, um bispo do final do século XI e princípio do século XII:

---

8. Precisamos notar aqui que muitas das tradições religiosas que foram taxadas no passado pelo Ocidente (e especialmente pelo cristianismo) como sendo panteístas, na verdade podem ser panenteístas. Muitas vezes a percepção de que certa religião é panteísta vem de um entendimento superficial ou incompleto dela.

Super cuncta, subter cuncta,	*Sobre tudo, sob tudo*
Extra cuncta, intra cuncta,	*Exterior a tudo, interior a tudo*
Intra cuncta, nee inclusus,	*Dentro, mas não fechado*
Extra cuncta, nee exclusus	*Fora, mas não exluido*
Super cuncta, nee elatus,	*Acima de tudo, mas não nas alturas*
Subter cuncta, nee substractus;	*Abaixo de tudo, mas não suprimido*
Super totus, præsidendo,	*Completamente acima, presidindo*
Subter totus, sustinendo,	*Completamente abaixo, sustentando*
Extra totus, completendo,	*Completamente fora, abraçando*
Intra totus, implendo.	*Completamente dentro, completando.*

Por causa dessa presença mútua, a simples transcendência e a pura imanência são ultrapassadas. Essas categorias, que tiveram sua origem no pensamento grego, estabelecem um abismo entre Deus e o mundo; entretanto, podemos re-conceber esses termos para que não formem opostos, tornando-os assim uma forma dinâmica de *perichoresis*, na qual a imanência e a transcendência se interpenetram. Desse modo, a diafaneidade (a transparência) surge porque a transcendência está presente na imanência e vice-versa. Entendidos assim, Deus e o cosmo se tornam transparentes um para o outro.

Pierre Teilhard de Chardin viveu, como ninguém mais no século XX, uma espiritualidade profundamente diáfana. Ele comentou que "o grande mistério do cristianismo não é especificamente a aparência, mas a transparência de Deus no universo. *Sim, o Senhor não apenas irradia a superfície como a penetra. Não há apenas sua epifania, Jesus, mas também sua diafania*" (CHARDIN, 1964: 131); ou como ele expressou numa prece: "Mais uma vez, Senhor, pergunto qual é a melhor dessas duas beatitudes: que, para mim, todas as coisas devem estar em contato com o Senhor? Ou que o Senhor deve ser tão 'universal' que posso ir e sentir Você em toda criatura?" (CHARDIN, 1964: 127)[9].

O universo em cosmogênese nos convida a viver a experiência central do panenteísmo nas menores manifestações do ser, em todo movimento e expressão de vida, inteligência e amor; somos envolvidos pelo Mistério do cosmo-em-processo. As pessoas sensíveis ao sagrado e ao mistério são testemunhas, como São Paulo, do fato de que "vivemos, e nos movemos, e existimos" em Deus (At 17, 28)[10]. Tornar isso uma experiência viva é a base para uma verdadeira espiritualidade.

---

9. Um bom comentário sobre o pensamento de Chardin é *Teilhard in the 21st Century*: The Emerging Spirit of the Earth (FABEL & ST. JOHN, 2003).

10. Disponível em http://www.bibliaonline.com.br/acf/atos/17 [N.T.].

A Santíssima Trindade como interação dos relacionamentos inclusivos

Um discurso ecológico nos permite falar de Deus como a Trindade das Pessoas da mesma forma que cristãos acreditam na coexistência, na simultaneidade e na coeternidade do Pai/Mãe, Filho/Filha e Espírito Santo[11].

A ecologia, como temos afirmado em nossas reflexões, pode ser entendida como uma teia de relacionamentos interdependentes e inclusivos que sustentam e englobam o universo. Junto com a união (apenas um universo, um planeta Terra, uma espécie humana) reina a diversidade (agrupamentos de galáxias; sistemas solares; biodiversidade; múltiplas raças, culturas e pessoas). Essa coexistência entre a união e a diversidade abre caminho para um entendimento trinitário e comunitário de Deus. O mero ato de falarmos da Trindade ao invés de Deus pressupõe que já fomos além de uma visão monoteísta simplista, bem como de um entendimento do divino como substância. A Trindade nos coloca no centro de uma visão de relacionamentos, reciprocidades e intercomunhão que vai de acordo com o pensamento e percepções ecológicas.

Quando os cristãos dizem que Deus é Trindade (Pai/Mãe, Filho/Filha e Espírito Santo), não estão adicionando números (1+1+1 = 3). Se fôssemos falar de Deus em termos numerais, Deus seria Um e não Trindade. Não é nossa intenção como cristão multiplicar Deus quando nos referimos ao mistério da Trindade, mas expressar uma experiência singular de Deus-como-comunhão e não em-solidão.

O Papa João Paulo II enfatizou esse ponto durante sua visita à América Latina em 1979; ele disse em Puebla, México, que "Já se disse, de forma bela e profunda, que nosso Deus em seu mistério mais íntimo não é uma solidão, mas uma família, pois que leva em si mesmo a paternidade, a filiação e a essência da família que é o amor; esse amor, na família divina, é o Espírito Santo". Deus-Trindade é assim essencialmente relacional.

---

11. A terminologia tradicional para a Trindade tem sido "Pai, Filho e Espírito Santo", mas isso é problemático porque implica uma imagem masculina de Deus. Na verdade, a palavra que Jesus usa no "Pai-nosso" é *abwoon*, uma palavra que não tinha um gênero definido na época em que Jesus viveu. Essa palavra pode ser traduzida de várias maneiras, incluindo Divina Mãe, Pai Divino ou Divino Genitor (genitor no senso espiritual). Ela tem um aspecto místico retratando a fonte de união que emana a vibração do sopro, evocando assim a imagem do Criador Cósmico. A palavra aramaica para "Filho", *bar*, é claramente masculina. Entretanto, Jesus também era entendido como a encarnação da Sabedoria Sagrada (*hokhmah* ou *chokhmah*), a qual é feminina em aramaico. A palavra para "Espírito", *ruha*, é feminina em aramaico (assim como *ruah* em hebraico). Essa palavra foi traduzida primeiro como *pneuma* em grego (e tem um gênero neutro) e depois como *spiritus* em latim (assumindo assim um gênero masculino).

Nas tradições filosóficas e teológicas da Idade Média se dizia que as pessoas da Trindade "subsistiam em relações"; quer dizer, há uma relacionalidade total entre elas de modo que cada uma está envolvida e inclui recíproca e eternamente as outras; uma nunca está sem as outras.

De acordo com essa lógica, devemos entender cada pessoa da Trindade como sendo única: a pessoa do Pai/Mãe é única; o Filho/Filha é única; e a do Espírito Santo é única. Elas são todas únicas. E o Um, como os matemáticos sabem, não é um número, mas a ausência de números.

Assim, será que temos três Uns? Será que temos três deuses? Isso pode parecer algo lógico, mas a lógica da Trindade é outra. Ela não é baseada em substância e nem é estática, mas um processo dirigido e relacional. Ela afirma que os Uns estão relacionados uns com os outros de maneira absoluta (eles estão tão íntima e inexoravelmente interligados; eles se amam de uma maneira tão radical) que se tornam Um. Essa comunhão não é resultado da união de Pessoas que existiam independentemente antes e que começaram a se relacionar. Não, essa comunhão existe simultaneamente entre as pessoas desde o princípio. Elas existem por toda a eternidade como pessoas-em-comunhão, pessoas-em-relacionamento. Assim sendo, só existe um Deus-em-relaciona-mento-comunal-entre-as-pessoas.

Cada uma dessas pessoas é irredutível. Uma não é a outra, mas elas sempre existem conectadas às outras. Não basta entender cada pessoa individualmente; precisamos entender o contexto que as envolve e engloba num jogo de relacionamentos intrínsecos e ininterruptos. As próprias palavras Pai/Mãe existem porque ele/ela são genitores do Filho/Filha. O Filho/Filha é sempre a criança de um Genitor Divino. E o Espírito Santo é sempre a respiração viva/o sopro vivo (*ruha* ou *ruah*) do Pai/Mãe e do Filho/Filha. Santo Agostinho, o grande teórico da visão de Deus-em-comunhão, escreveu em seu *De Trinitate* que cada pessoa divina está "em cada uma das outras, todas em cada uma, cada uma em todas, todas em todas e todas são somente uma" (VI, 10.20).

Seria difícil para um ecologista moderno expressar melhor do que a fé cristã essa interação de relacionamentos, especialmente porque tal interação constitui a lógica fundamental da cosmogênese e da perspectiva ecológica. Se Deus é comunhão e relacionamento, tudo no cosmo vive em relacionamento e tudo está em comunhão com tudo em todos os lugares e em todos os momentos. Tudo surge como um sacramento da Santíssima Trindade.

Nós podemos expressar a Trindade de maneira mais direta se nos basearmos mais na fé vivida do que na doutrina; quer dizer, o Deus que está acima de nós e que é a fonte original, chamamos de Pai/Mãe; o Deus que está a seu lado e que se mostra como irmã/irmão, chamamos de Filho/Filha; e o Deus que vive dentro de nós e que se revela exuberante, chamamos de Espírito Santo. Eles são todos um Deus-em-comunhão-e-amor.

O Espírito Santo mora na criação

As tradições religiosas e espirituais usam como um dos nomes de Deus a palavra *Espírito*. Quando falamos do Espírito, do sopro divino, falamos da vida, do dinamismo, da interação e do propósito. Para os cristãos, o Espírito é a terceira pessoa da Santíssima Trindade, o Espírito Santo. Ele/Ela é tradicionalmente chamado de *Spiritus Creator*, ou Espírito Criador. Ele/Ela preenche a Terra e renova tudo – isso é uma afirmação essencialmente ecológica.

O Espírito está presente na primeira criação (Gn 1, 2). Ele está ativo e profusamente presente em Jesus de Nazaré. Os evangelhos atribuem a encarnação do Filho/Filha ao Espírito: "José, filho de Davi, não temas receber a Maria, tua mulher, porque o que nela está gerado é do Espírito Santo" (Mt 1,2)[12]. O Evangelho de Lucas diz que o Espírito habita e cobre Maria, algo que implica que ela foi levantada a um estado praticamente divino; por essa razão, o que nasce dela é sagrado e é Criança de Deus.

Foi também o Espírito que trouxe Jesus de volta da morte, inaugurando assim uma vida nova, mais completa e realizada, livre da entropia e com características divinas (Rm 1,4; 1Tm 3,16). O Espírito também dá origem à Igreja, a comunidade que dá continuidade à memória e herança de Jesus através da história (At 2,32). Ele se faz sentir em todo ser humano como entusiasmo, exuberância e vida.

A multiplicidade de seres, a diversidade da vida e a imensa variedade de energias criativas no cosmo são testemunhas das diversas ações do Espírito, o qual aprecia muito as diferenças. Também experimentamos isso na comunidade humana plena de diversos talentos; como diz São Paulo: "Há uma variedade de dons, mas apenas um Espírito".

O mesmo acontece na ecologia; há uma variedade de energias, partículas, seres, formas de vida e tipos de inteligência, mas existe apenas um misterioso Espírito que mantém e sustenta tudo, bem como apenas um cosmo e uma Terra. Aquilo que é verdade para a comunidade da fé cristã também é verdade

---

12. Disponível em http://www.bibliaonline.com.br/acf/mt/1 [N.T.].

para a comunidade humana, planetária e cósmica porque "a manifestação do Espírito é dada a cada um, para o que for útil" (1Cor 12,7)[13] e isso nunca é apenas humano, mas global e cósmico.

O Espírito é um fator de comunhão e comunicação. Assim como em Pentecostes "todos nós temos ouvido em nossas próprias línguas falar das grandezas de Deus" (At 2,11)[14], a diversidade de energias e seres sempre retorna à fonte criativa, ao *Dominus vivificans*, a Deus "doador de vida" (como é dito no Credo de Niceia).

A encarnação do Verbo é uma das doutrinas centrais do cristianismo; entretanto, poucos estão acostumados a ouvir que o Espírito habita sua criação. Assim como o Filho/Filha "se fez carne, e habitou entre nós" (Jo 1,14), o Espírito Santo "desceu" entre nós por meio de Maria e "cobriu" o universo (Lc 1,35).

Dizer que ele/ela desceu e cobriu a criação significa que ele/ela participa nos avanços e retrocessos que ocorrem. Ele/Ela se regozija na criação, sofre com ela, geme com as criaturas que esperam por redenção e libertação. E porque ele/ela ama e cobre a criação, ele/ela pode ser "suprimido" e "entristecido" por esse drama (1Ts 5,19; Ef 4,30).

Há um poema oriental que expressa bem esse pan-espiritualismo: "O Espírito dorme na rocha, sonha na flor, lembra no animal e vem a saber o que se lembra no ser humano".

O Espírito permeia tudo como se fosse um emaranhado do universo com ele mesmo; como um despertar da consciência, do desejo e do entusiasmo; como um grito por liberdade e como uma força de comunicação e comunhão.

Essa visão nos leva a um misticismo cósmico-ecológico. Nós nos achamos imersos num campo de absoluta Energia, o *Spiritus Creator*, que manifesta as energias do universo e se manifesta em nossa própria energia vital e espiritual. Formamos um todo com e dentro do Espírito. A espiritualidade que nasce dessa fé se sente conectada aos processos cósmicos e naturais. Quando nos permitimos ser abraçados e preenchidos por esses processos, vivemos de uma maneira natural e consciente que está de acordo com o Espírito.

O Cristo cósmico

A proclamação de que o Filho/Filha de Deus se tornou carne e morou entre nós (Jo 1,14) é fundamental ao cristianismo. Se afirmarmos isso em termos

---

13. Disponível em http://www.bibliaonline.com.br/acf/1co/12 [N.T.].

14. Disponível http://www.bibliaonline.com.br/acf/atos/2 [N.T.].

ecológicos, significa que o Filho/Filha é feito de poeira cósmica (DUVE, 1995) e dos mesmos elementos que compõem todas as outras coisas e seres. Hoje em dia sabemos que, com a exceção do hélio e hidrogênio, os quais são os elementos mais simples e irreduzíveis, quase todos os outros elementos do cosmo foram formandos no interior de estrelas por conta do processo de "nucleossíntese" (BERRY & SWIMME, 1992).

Nosso sistema solar, a Terra, toda entidade e ser humano, contêm material reciclado dessas estrelas lançado cosmo afora pelas grandes explosões de supernovas. O corpo de Jesus possuiu as mesmas origens ancestrais e era feito da poeira cósmica formada no interior de antigas estrelas que pré-datam nosso planeta e sistema solar. O ferro que correu por suas veias, o fósforo e o cálcio que fortificaram seus ossos, o sódio e o potássio que facilitaram a transmissão de sinais entre seus nervos, o oxigênio que compôs 65% de seu corpo e o carbono que compôs outros 18%, tudo isso torna a encarnação um evento verdadeiramente cósmico. O Filho/Filha integrou essa realidade quando surgiu do processo de cosmogênese (BOFF, 2008b).

O Concílio de Calcedônia (450 d.C.) reafirmou que a humanidade de Jesus é cossubstancial em corpo e alma com a nossa. Isso significa que em nossa cosmologia Jesus também é produto da chama primordial e das grandes estrelas vermelhas que morreram quando explodiram como supernovas (o que espalhou as sementes elementares da vida). Isso quer dizer que as raízes de Jesus são achadas na Via Láctea, o berço do sistema solar e de sua casa, a Terra.

Jesus participou do desdobramento da vida e do surgimento da consciência da mesma maneira que qualquer outro ser humano, como criança do universo e da Terra. Ele é membro da família terrena e todo ser humano é uma entidade na qual o universo alcançou a autoconsciência e descobriu o Sagrado, é um lócus biológico e antropológico, no qual o divino surgiu da matéria.

Essa realidade nos permite entender que a encarnação não diz respeito a apenas Jesus, mas a toda a humanidade. O Concílio Vaticano II, na Constituição Pastoral da Igreja no Mundo Atual (*Gaudium et Spes*), nota explicitamente que "pela sua encarnação Ele, o Filho de Deus, uniu-se de certo modo a cada homem" (22)[15]. Todos nós, como irmãos e irmãs de Jesus, somos chamados para sermos assumidos (de nossa própria maneira) pelo Verbo. A encarnação é um processo em andamento. O Verbo continuará a surgir da matéria, do

---

15. Disponível em http://www.vatican.va/archive/hist_councils/ii_vatican_council/documents/vat-ii_const_19651207_gaudium-et-spes_po.html [N.T.].

cosmo e da vasta humanidade até que "verbalize" todo o universo e o traga sob o Reino de Deus (*malkuta d'Alaha*) – isto é, uma caracterização perfeita do propósito que nos dirige ao Um.

A encarnação enraíza Jesus no cosmo, mas também impõe limites de espaço e tempo nele. A encarnação é um ato de limitação, de aceitar restrições, de ir do universal ao particular e, por causa disso, ela implica abrir mão, um processo de esvaziamento (*kenōsis*). Jesus era judeu e não romano; ele era homem e não mulher; ele nasceu *Homo sapiens sapiens* e não *Australopithecus* na era de César Augusto e morreu sob Pôncio Pilatos.

Foi dentro dessas delimitações, e não apesar delas, que o Verbo nos foi revelado e nos santificou. Entretanto, com a ressurreição todas as limitações de espaço e tempo caíram e o Cristo tomou uma dimensão verdadeiramente cósmica. A evolução experimentou uma verdadeira revolução nesse processo.

O Cristo cósmico surge como uma força impulsionadora da evolução que liberta e traz realização. São Paulo diz que "Cristo é tudo em todos" (Cl 3,11)[16] e que em Cristo "foram criadas todas as coisas" (Cl 16)[17]. Sem Ele tudo seria apenas torso sem a parte mais expressiva, a cabeça. Por essa razão, a Epístola aos Efésios afirma que é importante "congregar em Cristo todas as coisas" (Ef 1,10)[18]. Cristo recapitula e engloba tudo.

A descrição mais expressiva da cristologia cósmica pode ser achada no ágrafo (um dizer de Jesus não expresso nos Evangelhos) do *Evangelho Copta de Tomé* (77): "Eu sou a luz, que está acima de todos. Eu sou o 'Todo'. O Todo saiu de mim, e o Todo voltou a mim. Rachai a madeira – lá estou eu. Erguei a pedra – lá me achareis"[19].

Nisso achamos o que podemos chamar de "pan-cristicismo", derivado de uma visão global do mistério de Cristo. Quando adentramos no mundo material, sentimos os campos de força e de energia e experimentamos em nossos humildes e ardorosos trabalhos (como cortar madeira ou carregar pedras) que eles são pontos de acesso que nos permitem entrar em contato com o Cristo cósmico ressuscitado.

Assim sendo, um espaço se abre para a experiência inefável de comunhão com a totalidade do Cristo, a qual é continuamente atualizada a partir do misté-

---

16. Disponível em http://www.bibliaonline.com.br/acf/cl/3 [N.T.].

17. Disponível em http://www.bibliaonline.com.br/acf/cl/1 [N.T.].

18. Disponível em http://www.bibliaonline.com.br/acf/ef/1 [N.T.].

19. Disponível em http://www.saindodamatrix.com.br/archives/evangelhotome.htm [N.T.].

rio da Eucaristia. O pão e o vinho não são apenas porções de matéria quando no altar. Pela fé no Cristo cósmico e na presença do Espírito, o universo inteiro se transforma no pão e no vinho e se torna o corpo e o sangue do Cristo cósmico.

O Malkuta e o Tao

Nenhuma ideia é mais central à vida e aos ensinamentos de Jesus que a do "Reino de Deus" ou "Reino dos Céus". Essa realidade está no centro da mensagem de Jesus. Ele fala em parábolas (de semear o trigo, de cuidar do rebanho, de viúvas procurando justiça) para explicar sua misteriosa sabedoria. Quando as ouvimos, ganhamos um senso do processo orgânico ou princípio vivo que se desenrola no mundo; mas as palavras usadas para traduzir isso ("reino", "domínio") parecem evocar algo bem diferente, muito mais estático e, no caso de "Reino dos Céus", até fora deste mundo.

Contudo, a palavra usada por Jesus em aramaico, *malkuta*, é muito mais parecida com o conceito do Tao ou com o Dharma do budismo do que com o conceito de "reino" que imaginamos. O que Ele proclamou foi uma realidade muito mais dinâmica, sutil e poderosa do que imaginamos.

A raiz ancestral da palavra *malkuta* é *malkatuh*, um termo usado para a Grande Mãe (a Terra) no Oriente Médio. Douglas-Klotz (1990: 20) nota que "nossos antepassados viam na terra e tudo nela como possuindo uma qualidade divina expressa na afirmação 'Eu posso'. Mais tarde, aqueles que expressavam essa qualidade claramente passaram a ser reconhecidos como líderes naturais, os quais chamamos de reis e rainhas".

O Malkuta é aquilo que nos dá um senso de "Eu posso", de uma visão empoderante que não está enraizada na dominação, mas na presença divina no cosmo; é um poder que pode ser invocado, mas que pertence só a Deus. O Malkuta identifica os princípios governantes do processo evolucionário do universo.

Uma maneira de entendermos esses princípios governantes do Malkuta é em termos de libertação, como um processo que leva o cosmo a atingir cada vez mais comunhão, diferenciação e interioridade; e isso é essencialmente um processo cosmogênico e criativo. Como notamos na introdução deste livro, Malkuta invoca "a imagem de um 'braço forte' intencionado em criar, ou uma corda embaraçada pronta a se desenrolar para o potencial vivente da Terra" (DOUGLAS-KLOTZ, 1990: 20).

Quando Jesus fala de *malkutakh d'bwashmaya* (do "Reino dos Céus"), ele não está se referindo a uma realidade separada deste mundo. A palavra *bwashmaya* em aramaico tem como raiz *shem* e assim se refere a todas as formas de vibrações, sejam elas a luz, o som, a "atmosfera" ou o "nome" de cada um[20]. De certa maneira, podemos entender o "céu" como o mundo das potencialidades, das visões e das possibilidades. Isso é intimamente relacionado à ideia, já discutida, de que todas as coisas e seres são cheios de potencialidades ainda não realizadas; e o cosmo é um processo de cosmogênese no qual elas se manifestarão com o tempo.

Quando pedimos ao Malkuta que "venha", estamos procurando colocar nossas aspirações e as aspirações de nossa comunidade em harmonia com o divino. Em sua prece, Jesus usa a palavra *teytey* para expressar isso; essa palavra evoca imagens de um quarto de núpcias onde "o desejo mútuo é alcançado e a geração começa" (DOUGLAS-KLOTZ, 1990: 20). Quer dizer, podemos entender isso como a harmonização de nossos próprios desejos e com os desejos de Malkuta, agindo e pensando em acordo com o grande Caminho ou Tao.

Do ponto de vista da cosmologia evolutiva, podemos entender o Malkuta como os princípios, as tendências e os impulsos que guiam o cosmo para sua realização final, para o Ponto Ômega. O Malkuta está presente em nós e ao nosso redor. (Quando Jesus se referiu ao Malkuta como estando *em* nós e *entre* nós, Ele usou a mesma preposição aramaica, *mem*.) A visão de Deus para o mundo está ao nosso alcance, nós apenas precisamos nos abrir para sua presença (algo que é evidente na história do cosmo) e aceitar sermos guiados por ela. Assim experimentaremos a criatividade do "Eu posso", o que nos tornará participantes conscientes no desenrolar criativo do universo. Entendemos essa tarefa como algo essencial à espiritualidade da tradição cristã.

Espiritualidade ecológica

Essas reflexões servem de fundação para uma espiritualidade cristã ecológica; quer dizer, para uma experiência de Deus que está em contato com a natureza e com o processo de cosmogênese e de libertação que se desdobra no universo.

A teologia e a espiritualidade são coisas distintas; a primeira pensa e trabalha com conceitos e a segunda vivencia e trabalha com emoções profundas. Quando partimos da cabeça para o coração, a espiritualidade emerge, ela não é *pensar sobre* Deus no cosmo, mas *experimentá-lo* em todas as coisas.

Uma boa maneira de se experimentar essa espiritualidade cósmica e ecológica é contemplar a imagem da Terra reproduzida um número infinito de vezes

---

20. Para mais detalhes, veja nossa discussão anterior sobre *shemaya* (céu) e *ar'ah* (terra).

e em várias formas na mídia. O globo icônico transmite uma experiência de reverência sagrada: nosso planeta Terra contra o fundo escuro do universo, um planeta pequeno e frágil, mas pleno de evocações (MACY & BROWN, 1998).

Os mesmos astronautas que transmitiram essas imagens de nosso planeta também nos deram testemunhos emocionantes de seu grande poder inspirador. Por exemplo, James Irwin comentou quando viu a Terra em sua viagem à Lua:

> A Terra nos lembrou uma bola de natal balançando no escuro do espaço. Quanto mais longe íamos, mais ela diminuía. No final ela ficou do tamanho de uma bola de gude, a mais bonita que você pode imaginar. Aquele objeto bonito, caloroso e vivo parecia tão frágil e delicado que, se você o tocasse com o dedo, dissolveria e desapareceria. Essa visão muda a pessoa, ela faz a pessoa apreciar a criação de Deus e o amor divino (REGAN, 1999: 158).

E Gene Cernam confessou:

> Eu fui o último homem a andar na Lua em dezembro de 1972; e quando estava na Lua, eu olhei para a escuridão azul e vislumbrei a Terra com respeito. O que eu vi era demasiado belo para ter acontecido ao acaso. Não importa como você escolhe adorar a Deus [...] ele tem que existir para ter criado aquilo que eu tive o privilégio de ver (WHITE, 1998: 37-38).

A reverência, a veneração e o agradecimento surgem espontaneamente no coração humano quando experimentamos tamanha beleza, majestade e maravilha; é para isso que os seres humanos existem no universo.

Quando o ser humano vê a Terra de longe, ele/ela acorda para o entendimento de que forma uma unidade com ela; por sua vez, essa unidade é parte de outra maior e mais abrangente chamada de sistema solar, o qual é englobado por galáxias, grupos de galáxias e, no final, pelo universo inteiro. Isto nos remete à Fonte originária de tudo, a Deus. O astronauta Michael Colins disse: "Eu acredito que a visão da Terra de uma distância de cem mil milhas pode ajudar muito ao fazer com que as pessoas trabalhem juntas"; "o planeta que partilhamos nos une de uma maneira muito fundamental e mais importante que as diferenças de raça, religião ou sistema econômico" (WHITE, 1998: 37).

Estamos todos unidos no planeta Terra. Entendemos ecoespiritualmente como o templo do Espírito e ele pertence à realidade assumida pelo Verbo. Sentir no coração a abrangente realidade do ser, experimentar os sentimentos que vibram, perceber aquilo que se estende ao infinito e permitir que o coração seja inundado pela compaixão e pelo carinho, tudo isso é exemplo de experiências ecoespirituais.

Da perspectiva da ecoespiritualidade, a esperança nos assegura que apesar de todas as ameaças de devastação causadas pela ofensiva máquina de destruição que os seres humanos construíram e usam contra a Terra, um futuro bom e benéfico fica assegurado porque a Terra e o cosmo são templos do Espírito e do Verbo. Nesse futuro algo da nossa humanidade (que é feminina e masculina) fica eternizado junto ao universo. Algo penetra os limites dinâmicos absolutos da realização; algo de nós está no centro da Trindade.

Ecoespiritualmente, o *amor* faz com que nos identifiquemos com a Terra cada vez mais porque o amor é a grande força unificadora e integradora do universo. Por séculos temos teorizado *sobre* a Terra. Éramos os sujeitos pensantes e a Terra era o objeto e contento. Agora, depois de nos tornarmos conscientes do fato de que a Terra e a humanidade formam uma única realidade, é importante pensarmos, sentarmos e amarmos *como* a Terra.

Nós não estamos na Terra. Nós somos a Terra que nesta fase de sua evolução começou a sentir, pensar, amar, reverenciar e cuidar. A palavra *humano* vem de *húmus*, da "terra fértil". De maneira similar, em hebraico a palavra *adam* que significa "humano" vem de *adamah*, do "solo" ou "terra fértil". Nós somos o fruto do solo fértil da Terra.

Com amor aprofundamos nossa identificação natural com a Terra. Abraçamos o mundo, a Terra, e todas as coisas e, quando fazemos isso, também abraçamos Deus, entramos em comunhão com o Espírito enquanto Ele age nos processos naturais e históricos; abraçamos o Cristo cósmico que impulsiona a evolução na direção e no ápice de Malkuta.

Precisamos dessa espiritualidade ecológica e transformadora hoje em dia porque ela nos ajudará a cuidar da Terra e de tudo nela. Ela nos permitirá experimentar Deus na forma que Ele/Ela deseja ser encontrado/a, conhecido/a e servido/a nesta fase histórica que vivemos; uma fase na qual atingimos um novo nível de consciência da Terra e da humanidade, na qual nos foi dado o conhecimento, que nunca tivemos antes, sobre a história do cosmo e de nosso lugar nele ao lado das outras entidades; mas esta também é uma fase na qual somos confrontados pela primeira vez pela ameaça do ecocídio e em que precisamos fazer uso dessa nova sabedoria para que ela nos guie na direção da sanidade e do bem-estar da comunidade inteira da Terra.

São Francisco de Assis: ícone da espiritualidade ecológica

No Ocidente, temos o exemplo de um cristão com qualidades humanas e religiosas excepcionais, que viveu uma profunda espiritualidade cósmica.

Falamos aqui de São Francisco de Assis (1182-1226). Em seu artigo intitulado "The Historical Roots of Our Ecological Crisis", Lynn White Jr. (1967) acusou a tradição judeu-cristã (por causa de seu antropocentrismo visceral) de ser um dos principais fatores para a crise que enfrentamos, e isto tem se tornado um mantra. Por outro lado, ele reconhece que o próprio cristianismo tem um antídoto para a crise na forma do misticismo cósmico de São Francisco. Para reiterar essa ideia, ele sugeriu que São Francisco fosse proclamado o "santo padroeiro dos ecologistas" e João Paulo II assim o declarou no dia 29 de novembro de 1979.

Não é surpresa que todos os biógrafos de São Francisco, como Tomás de Celano e São Boaventura, bem como a *Compilação de Assis* (*Legend of Perugia*) e outras fontes do tempo, atestam "o afeto que tinha para com todas as coisas de Deus [...] ao ver o sol, a lua, as estrelas e o firmamento, enchia-se muitas vezes de alegria admirável e inaudita" (1 Celano 80)[21]. Ele chamava amigavelmente de irmãs e irmãos todas as criaturas, os pássaros do céus, as flores dos campos e o lobo de Gúbio. Tomás de Celano também diz que "de fato, era para admirar que até as criaturas irracionais fossem capazes de reconhecer seu afeto para com elas e de pressentir seu carinho" (1 Celano 59)[22]. Ao mesmo tempo, ele entrou em comunhão com os mais discriminados e marginalizados de seu tempo, incluindo os leprosos. E seus relacionamentos não eram limitados pela denominação religiosa, visto que ele se tornou amigo dos muçulmanos que encontrou no Egito.

O filósofo Max Scheler em seu conhecido *The Essence and Forms of Sympathy* dedicou a São Francisco muitas páginas brilhantes e profundamente escritas. Scheler (1926: 110) afirma que "nunca na história do Ocidente houve outra figura com tamanha força de simpatia e emoção universal como a de São Francisco. Nunca houve uma outra oportunidade de unir e integrar elementos nos campos da religião, do erótico, da ação social, da arte e do pensamento como São Francisco fez". Por essa razão Dante Alighieri o chamou de "o Sol de Assis" (Paraíso XI, 50).

Esse misticismo cósmico é revelado em toda sua beleza no "Cântico do Irmão Sol", de São Francisco. Nela achamos a verdadeira síntese entre a ecologia interior e a exterior. Como o filósofo e teólogo Frances Eloi Leclerc (1977)

---

21. Disponível em http: //www.procasp.org.br/paragrafo_subcapitulo.php?titulo=Primeira Vida (1Cel)&cSubCap=46&vertudo=1 [N.T.].

22. Disponível em http: //www.procasp.org.br/paragrafo_subcapitulo.php?titulo=Primeira Vida (1Cel)&cSubCap=46&vertudo=1 [N.T.].

demonstrou, os elementos exteriores como o sol, a terra, o fogo, a água, o vento entre outros não são apenas realidades objetivas, mas também realidades emocionais, verdadeiros arquétipos que dinamizam a psique porque trazem um senso de síntese e de experiência de união com o Todo.

Esses sentimentos nascidos da razão sensitiva e calorosa, da inteligência compassiva, são urgentemente necessários hoje em dia se vamos estabelecer uma aliança de sinergia e benevolência com a Terra e com seus ecossistemas.

O grande historiador inglês Arnold Toynbee (1972: 10-11) observou acuradamente que:

> Para mantermos uma biosfera habitável pelos próximos dois mil anos teremos, assim como nossos descendentes, que esquecer o exemplo de Pedro Bernardone (o pai de São Francisco e próspero comerciante de tecidos que só buscou ganhos próprios) e começar a seguir o modelo de seu filho, São Francisco, o melhor de todos os homens que já viveu no Ocidente. O exemplo dado por São Francisco deve ser imitado de coração por nós no Ocidente porque ele é o único ocidental que pode salvar a Terra.

Hoje em dia, São Francisco se tornou o irmão universal que transcende qualquer denominação e cultura. A humanidade pode se orgulhar de ter produzido um filho com tanto amor, carinho e cuidado por tudo que existe e vive. Ele é o ponto de referência natural para uma atitude ecológica que seja amigável para com todos os seres que vivem, que viva amavelmente com eles e os proteja de perigos, que cuide deles como irmãos e irmãs. São Francisco soube achar Deus em tudo. Acolheu com alegria os sofrimentos e as contradições da vida. Ele até chamou a morte de irmã. Estabeleceu uma aliança com as raízes mais profundas da Terra e com grande humildade se uniu a todos os seres cantando (*junto com eles* e não *acima deles*) canções louvando a beleza e a totalidade da criação.

Como um arquétipo, São Francisco emergiu no consciente coletivo da humanidade, no Ocidente e no Oriente, e assim nos influenciou beneficamente e nos abriu para relacionamentos amorosos com todas as criaturas como se estivéssemos vivendo num paraíso terrestre. Ele nos mostrou que não estamos condenados a ser os persistentes agressores da natureza e que, ao invés disso, podemos escolher ser os anjos da guarda que protegem, cuidam e transformam a Terra num lar comum para todos, para a comunidade inteira da vida da Terra e do cosmo.

O papel das religiões

São Francisco incorpora uma autêntica espiritualidade ecológica, uma espiritualidade caracterizada pela preocupação com a comunhão (especialmente com os pobres e marginalizados, bem como outras criaturas), com o respeito pela diversidade (incluindo uma abertura para outras religiões como o islã) e com o aprofundamento da interioridade. Seu exemplo inspirou milhões de pessoas, não apenas cristãos, mas também pessoas de outras religiões ou que não professam religião alguma.

O poder do exemplo de São Francisco ilustra muito bem o potencial que figuras religiosas têm de inspirar e motivar mudanças em nosso modo de vida. As tradições religiosas, as quais geralmente começam como movimentos de seguidores de líderes espirituais, têm um poder similar; entretanto, esse poder pode ser usado para o bem e para o mal.

Não é difícil achar exemplos de movimentos religiosos que violam o princípio da diversidade por insistir que apenas eles sabem a verdade e conhecem o caminho da salvação. Esse tipo de fundamentalismo religioso (essencialmente uma monocultura de ideologia religiosa) muitas vezes leva a discriminação, marginalização, conflitos e violência.

Isso não quer dizer que devemos abandonar as religiões e as sabedorias que elas nos dão do mundo. O fundamentalismo deve ser entendido como uma distorção da religião, como algo que ocorre quando a religião é manipulada e se torna uma ferramenta para o poder da dominação. Ele representa uma traição do propósito de Deus e de sua visão para o mundo que nunca leva à verdadeira harmonia, à paz e aos relacionamentos retos. Ele não possui a atitude fundamental de respeito pelo outro, uma precondição para o amor, e vai contra o Tao e à libertação incorporada pelo Tao.

A religião deve ser um modo de "re-ligação" com a Fonte, de nos levar à harmonia com o Tao. As religiões, igrejas e tradições espirituais devem cuidar acima de tudo da memória sagrada da experiência do Mistério de Deus. Elas nunca devem permitir que os seres humanos e as sociedades se esqueçam disso. Por essa razão possuem uma função educacional; e podem nos ensinar a ter reverência e respeito não apenas pelos textos e lugares sagrados, mas por todas as criaturas da criação e pela vasta diversidade que caracteriza a história cósmica. Todo ser veio do coração de Deus e nos revela algo da majestade e grandiosidade dele. Sem esse senso de reverência e respeito, seria impossível impor limites na voracidade de nosso consumismo, indústria e produção predatória que atacam os seres vivos e devastam ecossistemas.

A ecologia e a religião

A ecologia, como foi argumentado antes, é o contexto dentro do qual devemos considerar todos os problemas humanos. De acordo com a perspectiva ecológica, a natureza não deve ser vista como um dado, como um tipo de informação primordial englobando uma variedade imensa de fenômenos. Ao invés disso, a natureza deve ser entendida como um sistema aberto, um grupo de relacionamentos interligados ou como um tecido intricado de energias se movimentando constantemente e que passou do caos a formas cada vez mais complexas de ordem.

A matéria existe apenas como tendência; quer dizer, de acordo com a teoria da relatividade e com a física quântica, o que existe é um universo de energia. Um certo tipo de cristalização dessas energias em equilíbrio surge como matéria; outras formas extremamente complexas aparecem como consciência e espírito. Mas tudo isso está submergido num todo dinâmico, diverso e unificado.

Nesse entendimento da natureza, a lei fundamental é o *relacionamento*. Nada existe fora de relacionamentos. Tudo está relacionado com tudo em todo lugar e a todo momento. De acordo com essa perspectiva, não nos preocupamos com as espécies em ameaça isoladamente, mas no contexto de seus relacionamentos com o ecossistema regional, com a biosfera, com o planeta e, no final, com o próprio cosmo do qual é parte.

Por causa disso, não devemos fragmentar o conhecimento em disciplinas isoladas. É importante desenvolver um entendimento de transversalidade (interconexão ou interdisciplinaridade) do conhecimento e perceber como uma contribuição está relacionada à outra, complementando-a, corrigindo-a e tornando tudo uma grande síntese. Nesse processo, precisamos tomar cuidado para não prestarmos atenção somente em nossa própria cosmologia, visão do mundo, religião ou cultura. Precisamos dar espaço a todas as contribuições de outras tradições culturais e espirituais: aquelas das sabedorias ancestrais, da cultura popular, dos credos e sonhos de todos os povos. Elas se apresentam como a oportunidade de acessar dimensões diferentes e complementares da natureza.

Assim, é imperativo *escutarmos* nosso eu interior, nosso código genético, nossos impulsos de desejo mais profundos. Necessitamos escutar as mensagens de todas as coisas porque não são apenas coisas e sim significados e aberturas para novos conhecimentos. Precisamos escutar as vozes das outras pessoas bem como as vozes de outras tradições espirituais; e devemos aprender com essas vozes. Desse processo de escuta e aprendizagem uma sinfonia universal surgirá. A própria existência da dissonância e do caos nos impulsiona para criar uma sinfonia que deve ser nutrida e resguardada.

O despertar da humanidade

Acontece que o imenso e dinâmico equilíbrio da vida em nosso planeta está ameaçado pela agressividade incontrolável do ser mais complexo e misterioso da Terra: o ser humano. Nos últimos séculos, a humanidade machucou o planeta de tal forma que ele agora se manifesta doente e em estado febril. Também podemos perceber essa doença nos relacionamentos humanos mundo afora; vivemos numa sociedade globalizada enferma, machucada e marcada pela morte.

Precisamos entender a ameaça do biocídio ou ecocídio como a mais importante questão religiosa e espiritual do nosso tempo. Como podemos achar uma solução para essa dinâmica? Como podemos coletivamente limitar nossos desejos de possuir individualmente e de acumular? Como podemos desenvolver um senso de autolimitação, de justa medida e de solidariedade para com as futuras gerações? Precisamos resguardar as condições ecológicas para permitir à criação se regenerar, continuar a florescer e ser criativa, a coevoluir e a possibilitar que formas cada vez mais sinergéticas surjam no divino.

O sistema inteiro da vida (e a humanidade com ele) está ameaçado. Não há Arca de Noé esperando para salvar alguns enquanto outros vão perecer. Ou todos nós nos salvamos ou corremos o risco de que a contínua degradação da vida resultará em nossa morte.

A questão fundamental não é mais sobre o futuro de uma tradição espiritual em particular. Quantas religiões ainda se preocupam primariamente em expandir seus números? Quantas ainda estão primariamente preocupadas com a sobrevivência de sua organização e não com a sobrevivência da complexa teia da vida?

A mais importante preocupação religiosa e espiritual de nosso tempo deve ser: Qual é o futuro do planeta Terra e da humanidade como um todo? Como podem as igrejas, religiões e tradições espirituais nos ajudar a resguardar a bela criação de Deus e como podemos achar nosso papel nisso? Esta deve ser a questão central para todas as religiões de nosso tempo. Nessa perspectiva, precisamos relativizar problemas intrassistemáticos e intraeclesiais e subordinar nosso discurso à importante discussão sobre a Terra e sobre os seres interdependentes que habitam nela (seres que são diversos, complementares e que se sustentam mutuamente porque compartilham um destino comum).

Grande parte da humanidade ainda se orienta menos por ideologias e interesses econômicos e mais por valores religiosos que são os fundamentos do bem-estar espiritual. De fato, cerca de 85% da humanidade professa uma das dez mil diferentes tradições religiosas do planeta. Dois terços da humanidade seguem uma das três grandes tradições: o cristianismo, o islã e o hinduísmo (GARDNER, 2006). Assim, o potencial que a religião tem de despertar a humanidade para a crise que enfrentamos e de nos motivar para ações eficazes e transformativas não deve ser subestimado.

Isso acontece porque as religiões e tradições espirituais têm em seu seio valores importantes para o desenvolvimento de uma cultura ecológica. Elas nos dizem que a vida é sagrada, enfatizam a importância do amor, da cooperação, da compaixão, do cuidado, da preocupação para com os pobres; elas nos chamam a procurar justiça e paz. Essas atitudes são benevolentes e nos levam eficazmente na direção de um relacionamento respeitoso e não agressivo para com a natureza.

Esses mesmos valores nos ensinam a viver com simplicidade e frugalmente, a controlar nossos instintos de possuir e dominar, e a tentar cuidar de todos os seres, especialmente os mais fracos e em sofrimento.

Ao mesmo tempo, toda religião e tradição espiritual têm perspectivas e discernimentos únicos. Cada uma delas tem sua própria maneira de alcançar a Fonte de tudo, seu próprio caminho de harmonia com o Tao. Por exemplo:

- Muitas tradições espirituais indígenas enfatizam a importância de se respeitar a Mãe Terra e de nos vermos relacionados com todas as outras criaturas que compartilham nosso lar, nosso planeta (não apenas os animais e as plantas, mas também a água, o ar, as pedras e o solo). Somos ensinados a nos virmos no contexto de "todas as nossas relações" e a considerar as consequências de nossas ações para sete gerações futuras. "A espiritualidade aborígene ensina que você deve cuidar daquilo que o Criador lhe deu e que isto consequentemente cuidará de você. Há um relacionamento simbiótico" (SANDERSON, 2004: 12).

- Na tradição hindu, "o universo é o corpo divino do Divino espírito. As galáxias, os sistemas solares, os planetas e toda a vida, incluindo os seres humanos, são subsistemas do cosmo. O ser humano é como uma célula no corpo divino. O todo é maior que suas partes" (SHARMA, 2004). Assim, a humanidade, a Terra bem como todas as suas criaturas formam uma teia de interdependências, como foi ilustrado anteriormente com a imagem de Indra: "*Cada pessoa, cada objeto do universo, não está sozinho, mas está envolvido com tudo no universo; de certo modo, toda pessoa e objeto representa ele*" (Avatamska Sutra).

- Os ensinamentos do taoísmo (daoísmo), especialmente o *Tao Te Ching*, foram usados através deste livro. Como notamos na introdução, o Tao pode ser entendido como um princípio de ordem, base do cosmo; ele é a maneira de funcionar do universo e estrutura fluida cósmica que não pode ser descrita, apenas experimentada. O Tao é a sabedoria no centro do universo e encapsula seu propósito e direção. O taoísmo nos ensina que a verdadeira sabedoria está na harmonia com o Tao e inclui viver simplesmente e renunciar a todas as formas de dominação. Ao invés de usarmos e explorarmos a natureza, precisamos observá-la e entendê-la. Para os taoístas, a riqueza da comunidade não é medida pela sua acumulação de bens, mas pela diversidade da vida que ela sustenta (ARC, 2009).

- Nós nos referimos várias vezes ao budismo neste texto. O budismo gosta muito de explicar a psicologia do desejo e do sofrimento humano bem como os perigos dos três venenos: a aversão, o vício e a desilusão. Ele também nos dá importantes discernimentos sobre a natureza da mudança por entendê-la como causalidade complexa/recíproca ou "co-origem dependente". Além disso, o conceito do Dharma, da "maneira que as coisas funcionam", fornece-nos algo que complementa o Tao ou o Malkuta. Por fim, os budistas apreciam muito a compaixão e procuram a libertação de todos os seres sensíveis ao sofrimento.

- Do judaísmo, nós vimos os discernimentos inerentes aos primeiros capítulos do Livro do Gênesis retratando os seres humanos como uma nova fase na criação, com a capacidade de exercitar o livre-arbítrio, de agir conscientemente e de escolher, diferenciar e diversificar; e também o retrato dos seres humanos como "criaturas da Terra" formadas da mistura da respiração/do sopro divino com a terra viva. O judaísmo é uma religião extremamente sintonizada com os ritmos da natureza, com as estações e todas as suas principais festas seguem um calendário lunar. A tradição judaica ensina a importância do Shabat, a importância de pararmos de trabalhar e contemplarmos a criação e de dar à terra descanso a cada sete anos. A ideia de jubileu que defende a redistribuição de riqueza e da ética de justiça está no centro da lei e das tradições proféticas do judaísmo.

- O islã, que significa "paz", vê a paz como fruto da submissão ao Um, Alá, que dá à luz compaixão e misericórdia. Ser muçulmano significa ser alguém que se submete. Toda criação é entendida como muçulmana porque toda criatura se submete ao Um e segue a vontade de Alá. De acordo com esse entendimento, toda criatura pode ser entendida como um guia, como um instrutor no caminho da submissão. Os seres humanos são bons muçulmanos (eles se submetem apenas ao Um) quando limitam o uso da Terra para a satisfação de suas verdadeiras necessidades. "Toda a criação é a família de Deus e seu sustento vem Dele. Assim sendo, Deus ama aqueles que são bons com Sua família" (Profeta Mohamed, apud MOTIAR, 2004). Os muçulmanos rezam cinco vezes ao dia e se prostram quando fazem isso; esse gesto pode nos lembrar a conexão que temos com as criaturas de quatro patas do planeta. Os muçulmanos também tocam o solo vivo com suas cabeças quando rezam e isso pode nos relembrar que somos feitos da terra e a ela retornaremos quando morrermos.

Estes são apenas alguns exemplos da riqueza de sabedoria ecológica que diferentes tradições religiosas podem nos oferecer[23]. Fica claro que toda tradição espiritual oferece discernimentos únicos que aprofundam nosso entendimento do Criador, do cosmo, de nosso relacionamento com outras criaturas, da psicologia humana e da natureza do processo de libertação. Toda tradição é infusa pelo Tao, mas cada uma delas revela aspectos únicos e diferentes da Fonte. É como se cada uma revelasse uma faceta da realidade, a qual nunca pode ser completamente descrita ou entendida. Cada uma delas nos permite chegar cada vez mais perto da verdade e enriquece nosso entendimento do obscuro propósito no coração do cosmo.

Da perspectiva ecológica, devemos ver essa vasta diversidade de ensinamentos e discernimentos como um ponto forte. Quanto mais diverso, mais forte e resistente o ecossistema será. De maneira similar, as muitas maneiras de perceber e se aproximar do Mistério são um grande tesouro de sabedoria que deve ser utilizado em tempos de crise. Se as várias tradições puderem trabalhar cooperativamente com respeito e abertura, podemos fazer muito a fim de despertar a humanidade para a realidade da crise que enfrentamos e simultaneamente tendo esperança e alcançando discernimentos práticos, chegaremos a um mundo mais sustentável e justo.

Trabalhando para a transformação

De certo modo, estamos apenas começando a nos dar conta do verdadeiro potencial das religiões e tradições espirituais para mobilizar a humanidade na procura de soluções à crise atual. Ainda precisamos fazer muito para podermos realmente galvanizar o imenso poder de transformação e trazer o bem que essas tradições têm. Entretanto, podemos salientar aqui alguns exemplos concretos de como as religiões e organizações religiosas estão lidando com

---

23. Para obter mais exemplos, cf. o website da Alliance of Religions and Conservation (www.arcworld.org). Outra boa fonte é a chamada Regra Verde (*Green Rule*), disponível no website da iniciativa canadense Faith and the Common Good (www.faith-commongood.net).

assuntos relacionados à ecologia e à justiça. A maioria desses exemplos vem das igrejas cristãs e das organizações ecumênicas, mas não temos dúvida de que há muitos outros casos conectados a outras tradições:

- Dentro da tradição cristã, a Igreja Católica promoveu em vários países campanhas que tentam conscientizar as pessoas sobre a responsabilidade humana para com o futuro da vida. Por exemplo, no Brasil, a CNBB (Conferência Nacional dos Bispos do Brasil), em suas campanhas da fraternidade durante a quaresma, tem focado em temas como a água, o Amazonas e os povos indígenas. Esses temas são discutidos em todas as paróquias e comunidades de base, o que ajuda a conscientizar pessoas ligadas a igrejas sobre a importância da ecologia.
- No Canadá, a coalizão ecumênica Kairos, Canadian Ecumenical Justice Initiatives (www.kairoscanada.org), tem trabalhado num número significativo de causas ecológicas há vários anos e tem tentado conectá-las à concepção de justiça da fé cristã. Esse trabalho incluiu uma grande campanha a respeito da água e outra focada no consumo de energia e mudanças climáticas.
- Nos Estados Unidos, a organização Web of Creation (www.webofcreation.org) trabalha para encorajar um movimento visando a transformação pessoal e social que parte de uma perspectiva religiosa; ela tenta achar maneiras de tornar congregações cristãs mais "verdes".
- No Sri Lanka, o movimento de inspiração budista Sarvodaya Shramadana funciona em quase dois terços dos vinte e quatro mil vilarejos do país tentando promover ecossistemas bonitos e saudáveis, bem como assegurar o suprimento de necessidades básicas humanas como água potável, dieta balanceada, moradia, educação e saúde. Assim, essa organização se esforça para integrar necessidades ecológicas, culturais, espirituais e materiais.
- Num nível global, o Conselho Mundial de Igrejas (CMI; *World Council of Churches, WCC*), que é composto por quase 350 igrejas protestantes e ortodoxas do mundo inteiro, por mais de vinte anos, tem usado o tema "Justiça, Paz e a Integridade da Criação" (*Justice, Peace, and the Integrity of Creation*) como foco central para suas ações. Mais recentemente, o CMI trabalhou em conjunto com outras organizações ecumênicas, como a Aliança Mundial de Igrejas Reformadas (AMIR; *World Alliance of Reformed Churches, WARC*) no tópico "Pobreza, Riqueza e Ecologia" (*Poverty, Wealth, and Ecology*) para tentar assim entender mais claramente

sistemas injustos que criam grande acumulação de "riqueza" com o detrimento dos mais pobres e da própria Terra[24].

- Além disso, o CMI trabalhou extensivamente com igrejas cristãs e com outras tradições religiosas no problema de mudança climática e adotou os dois imperativos propostos pelo Painel Intergovernamental sobre Mudanças Climáticas (*International Panel on Climate Change, IPCC*): *mitigação* e *adaptação*. A mitigação lida com as causas do processo de aquecimento global e de outras manifestações de mudanças climáticas; mais especificamente, ela trabalha com nossos modos de produção predatórios e com nosso consumo sem limites e sem solidariedade. A adaptação lida com os efeitos de mudanças climáticas, especialmente nos mais vulneráveis do "Sul", o que requer a compaixão e a solidariedade de todos, visto que a não adaptação resultará em grandes perdas de vida humana.

- Importantes iniciativas centradas em problemas ecológicos e de justiça são evidentes. Por exemplo, a Faith & The Common Good (www.faithcommongood.net) tem trabalhado pela causa "Renovando o Equilíbrio Sagrado" (*Renewing the Sacred Balance*) desde 2004 no Canadá. Isso inclui iniciativas para edifícios religiosos verdes e trabalho num pôster para a Regra Verde (*Green Rule*), considerando os discernimentos de treze tradições religiosas.

- Há também um número de iniciativas coletando entendimentos ecológicos de várias tradições espirituais, como a Aliança das Religiões pela Conservação (ARC, *Alliance of Religions and Conservation*) e o Fórum sobre Religião e Ecologia (*Forum on Religion and Ecology*), da Universidade de Yale.

- O Fórum sobre Religião e Ecologia da Universidade de Yale é o maior projeto internacional e ecumênico de seu tipo. Por meio de suas conferências, publicações e website (http: //fore.research.yale.edu), esse fórum explora diferentes cosmovisões, tradições éticas e textos em diálogo com outras disciplinas procurando soluções compreensivas para problemas ecológicos locais e mundiais.

- O Patriarcado Ecumênico da Igreja Ortodoxa (*The Ecumenical Patriarch of the Orthodox Church*) organizou uma iniciativa chamada Religião,

---

24. Cf., p. ex., "Alternative Globalization Addressing Peoples and Earth (Agape)" (www.oikoumene.org).

Ciência e o Meio Ambiente (*Religion, Science & the Environment*) (http://www.rsesymposia.org) que patrocinou uma série de simpósios envolvendo várias tradições religiosas e espirituais, bem como suas ricas teologias, para sugerir respostas ao imperativo de proteger a natureza.

Todos esses exemplos são positivos, mas sem dúvida há inúmeros outros envolvendo outras tradições espirituais espalhados mundo afora. Contudo, nenhum líder ou comunidade religiosa reconhece abertamente o ecocídio e a ameaça da des/ordem global como o desafio central para a espiritualidade da nossa era. Nós ainda não vimos a totalidade do poder de tradições espirituais se empenhar para resolver os problemas que enfrentamos. Chegou a hora de cada um de nós fazer sua parte em nossas próprias tradições religiosas para que elas reorientem suas energias e preocupações.

Chegou a hora de reconhecermos que vivemos (e que muitos povos têm vivido por séculos) sem respeitar as leis básicas da vida, incluindo a lei do equilíbrio e da autolimitação. Esquecemos a antiga sabedoria que nos ensinou que não controlamos a natureza; ao invés disso, somos totalmente dependentes de sua generosidade e boa-vontade. É mais fácil enviar um homem à lua e trazê-lo de volta à Terra que fazer os seres humanos respeitarem os ritmos da natureza e os limites dos ecossistemas. Por essa razão, agora colhemos os frutos apodrecidos da vida dessacramentada; essas são consequências causadas pelo uso do poder da tecnociência a serviço de poucos que só procuram acumular bens e riquezas.

Todos nós temos que olhar mais uma vez para nossas tradições espirituais e procurar aqueles discernimentos que nos fazem reverenciar a vida, nos dirigem para uma ética de compartilha e cuidado assim como para uma visão do sagrado encarnado no cosmo. Se fizermos isso, teremos acesso a uma fonte de inspiração duradoura e profunda, a qual pode servir para o estouro de uma revolução espiritual a qual pode realmente salvar a Terra e enriquecer a qualidade da vida humana.

12

A ecologia da transformação

O bem supremo é como a água:
alimenta todos os seres
sem causar problemas;
penetra nos lugares que as pessoas detestam,
do mesmo modo que o Tao.

Vivamos perto da terra.
Cultivemos o coração.
Sejamos bondosos e verdadeiros.
Governemos com justiça.
Nos negócios, sejamos honestos.
Que a nossa ação seja sábia,
sem conflitos,
sem culpar ninguém.
(Tao Te Ching, § 8)[1].

O Tao não faz nada,
mas não deixa nada por fazer.

Se os chefes pudessem compreender isso,
todas as coisas ficariam transformadas.
Transformados, os desejos antigos seriam
refreados
Pela ação da "essência inominável".
A "essência inominável" não nos deixaria
desejar.

---

1. LAO-TZU (2010). *Tao Te Ching*. Lisboa: Presença, p. 25 [Trad. de Joaquim Palma] [N.T.].

Libertos dos desejos, encontraríamos a paz.
E o mundo, esse, organizar-se-ia a si próprio
(Tao Te Ching, § 37)[2].

Neste livro temos tentado achar o Caminho (uma "sabedoria andante") que possa nos guiar em nossos trabalhos de implementação das profundas mudanças necessárias para causar a "Grande Reviravolta" (*Great Turning*) que nos levará à Era Ecozoica. Este Caminho, o qual chamamos de Tao da libertação, é um processo dinâmico vindo diretamente do coração do universo; ele é uma energia criativa e um "atrator" universal orientando o curso evolutivo na direção de cada vez mais comunhão, diversidade e interioridade. Como o Malkuta proclamado por Jesus nos permite ir contra tudo e dizer: "Eu posso"; ele é um poder promovedor da vida que demonstra ser paciente e persistente (como a frágil grama que nasce entre as fissuras do cimento ou a água que quebra a pedra) e pode, assim, superar aquilo que parece instransponível.

Esse grande Caminho pode ser evidenciado desde o momento quando a "chama primordial" produziu o universo quatorze milhões de anos atrás. Ele é um princípio organizacional escondido assim como o Dharma ("a maneira que as coisas funcionam"), um "processo de ordenação" guiando o desenrolar da história do universo. O milagre da evolução da vida na Terra e a dinâmica de cooperação de Gaia são testemunhas disso. Nossas esperanças estão com o Tao porque se aprendermos a acessar essa sabedoria, se nos abrirmos para ser guiados e nutridos por ele, então, apesar de todos os problemas, acharemos o Caminho para um mundo mais justo e sustentável no qual os humanos florescerão como partes da grande comunidade de vida da Terra.

Mesmo quando somos inspirados e apoiados pelo Tao não devemos subestimar a gravidade dos problemas que enfrentamos. O ritmo da destruição ecológica e o abismo da desigualdade entre ricos e pobres nunca foi tão grande na história da humanidade. Os obstáculos são muitos e estão arraigados na psique humana e em nossas estruturas culturais, econômicas e políticas. Então esse sistema patológico que atualmente desgasta a Terra, envenena a vida, gera pobreza e desigualdade tem se desenvolvido por milhares de anos (pelo menos desde o momento quando os primeiros impérios surgiram cinco mil anos atrás) e a partir do século passado isso tudo ganhou uma dimensão mais sofisticada.

---

2. Ibid., p. 73.

Grande parte da humanidade, especialmente os 20% mais ricos, adotou hábitos que ameaçam a vida e danificam sua teia na tentativa de satisfazer nossa ganância. Os sistemas culturais, políticos e econômicos que criamos são baseados na dominação e na exploração; assim, eles destroem a riqueza da vida do nosso planeta porque procuram apenas acumular uma abstração morta chamada dinheiro. Esses mesmos sistemas parecem ter assumido vida própria porque dirigem sutilmente os desejos humanos visando sua própria continuação. A combinação do crescimento canceroso, mal-desenvolvimento distorcido, domínio das corporações pseudopessoas, finanças parasitas e monocultura de mentes associada ao antigo poder da dominação torna a atual des/ordem global um verdadeiro monstro que devora a vida do planeta.

Mas mesmo nisso há uma faísca de esperança. Esse sistema cresceu e se tornou extremamente poderoso, mas, quando vemos sua natureza patológica, podemos ver como ele é fundamentalmente irracional. Ninguém, nem mesmo os mais ricos e poderosos, quer viver num mundo degradado onde a beleza e a diversidade se tornaram uma memória distante. Ninguém deseja viver num mundo onde as divisões entre ricos e pobres levam à violência e à insegurança para todos. Ninguém quer ver as oportunidades das futuras gerações solapadas por séculos, ou mesmo milênios.

Podemos ver que a atual des/ordem patológica mundial é baseada em falsas premissas; por exemplo: o consumo pode crescer sem limites num planeta finito; a abstração fictícia chamada dinheiro é a única medida de valor; a ganância desenfreada, a competição e a busca por interesses próprios promovem o bem-estar coletivo. Como nossa discussão cosmológica revelou, não há nada de "natural" ou "inevitável" na atual des/ordem mundial. Ela viola os princípios evolutivos que têm guiado o desenvolvimento da vida em nosso planeta e a história do cosmo.

Quando olhamos para a história da humanidade exploramos as origens de algumas crenças, atitudes, perspectivas e práticas reforçadoras do sistema de dominação e exploração, o qual causa atualmente grandes devastações. Referimo-nos aos discernimentos da ecologia profunda como forma de criticar o antropocentrismo (o pressuposto de que apenas os seres humanos têm valor intrínseco e que todos os outros seres e entidades só têm valor à medida que servem a interesses humanos), de argumentar que ele é cientificamente irracional, moralmente censurável e um desastre como prática. Também nos referimos ao ecofeminismo para aprofundar e ampliar nossa crítica; examinamos assim o relacionamento entre o patriarcado e o antropocentrismo, suas origens históricas e suas manifestações no capitalismo corporativo.

Com isso, descobrimos as ligações entre formas diferentes de discriminação e opressão (incluindo aquelas baseadas em raça, sexo e orientação sexual) e a subjugação da natureza como o exercício do poder de dominação (o *poder sobre*). Examinamos também novas maneiras de conceber e reconstituir o poder; quer dizer, como o *poder de dentro* (o poder intrínseco do *Te* ou empoderamento) e o *poder em conjunto* (o poder da sinergia coletivo), são necessários para a transformação libertadora.

Ao mesmo tempo, vimos como o atual sistema patológico de dominação procura reforçar a dinâmica de impotência a fim de impedir a autêntica transformação, e faz isso a partir da promoção dos 'três venenos': a aversão (a negação e a opressão internalizada), o vício e a desilusão (o desespero). Isso é feito com o uso descarado da repressão e da violência, bem como de meios mais sutis que incluem o sistema de educação que fragmenta nosso entendimento e da mídia, que promove a pseudocosmologia do consumismo.

A ecopsicologia nos fornece discernimentos sobre as raízes do nosso senso de fraqueza e impotência (causado pela nossa desconexão da comunidade da vida) e assim nos dá ideias de como superar esse problema com o despertar do "eu ecológico". Em termos práticos, podemos cultivar esse senso mais amplo do "eu" e superar esse sentido de fraqueza e impotência quando encorajamos o respeito e a beleza, lidamos com o desespero e trabalhamos o empoderamento (ou "trabalhamos para nos re-conectar"), alimentamos a compaixão, construímos comunidades, cultivamos a vontade e recuperamos um senso de visão e de propósito. Neste capítulo final, vamos nos engajar com alguns desses tópicos novamente a fim de aprofundá-los enquanto examinamos a importância de se ter a visão do caminho para a libertação.

Após a ecopsicologia, aprofundamos nossas reflexões e procuramos estabelecer as raízes da nossa crise atual, a qual é causada pela perda da cosmologia funcional que nos situava no universo e fazia com que nos sentíssemos em casa nele. Não são muitos os que questionam seriamente aqueles pressupostos inconscientes sobre a natureza da realidade e da "maneira pela qual as coisas funcionam". Entretanto, esses pressupostos afetam nossa percepção do mundo e dos problemas que enfrentamos; além disso, limitam nossa imaginação e reduzem a eficácia de nossas ações na criação de um mundo mais justo e ecologicamente harmônico.

Enquanto as cosmologias tradicionais valorizam nossa conexão com a comunidade da Terra, as que surgiram nos últimos quinhentos anos nos distanciaram cada vez mais dessa visão. Isso é ainda mais verdade quando nos referimos à "cosmologia da dominação" que surgiu com o "Iluminismo" europeu. Quando ele concebeu o universo como uma máquina (não mais como um organismo vivo) e reduziu a dinâmica do todo a uma coleção de partes, começamos a ver o mundo como um agrupamento de objetos mortos e não como a comunidade de entes. Isso removeu as limitações éticas sobre a exploração da natureza e promoveu uma visão determinista que limitou severamente nossa habilidade de acreditar na possibilidade de transformações radicais. Ao mesmo tempo, a imagem de um universo eterno, infinito e nos moldes de um maquinário que sofre uma gradual morte termodinâmica removeu o senso de história e de propósito do cosmo. Enquanto a evolução darwiniana mostrou uma faísca de esperança na evolução da vida, ela também promoveu uma ideologia de competição implacável e de "sobrevivência do mais forte". De acordo com essa cosmologia, o universo não é um lugar amigável e os seres humanos são entendidos como engajados numa luta sem piedade contra as forças da natureza; não nos sentimos "em casa" no cosmo e estamos engajados numa luta interminável para subjugá-lo à nossa vontade.

Entretanto, no século passado uma nova cosmologia mais esperançosa começou a surgir das ciências. Ela é difícil de ser entendida porque é cheia de mistérios e paradoxos, porém é mais criativa que a cosmologia da dominação. Além disso, essa nova cosmologia se parece com as antigas porque situa o ser humano numa história que se desenrola dentro da comunidade da vida. Ela também tem seus próprios atributos que podem nos abrir para um senso maior de reverência e para o grande potencial da transformação criativa e promovedora da vida.

Ao invés de um universo-máquina fragmentado e composto de coisas mortas e não relacionadas, a nova cosmologia subentendida na física quântica revela uma realidade fundamental baseada na dinâmica de relacionamentos, uma realidade na qual o espaço, o tempo, a energia, a matéria e a mente formam uma grande unidade. Os próprios átomos não são pequenas partes de objetos, mas turbilhões dançantes de "ondas". Mesmo o "espaço vazio" é visto como dinâmico, como um vácuo pleno de possibilidades, como o *sunyata* do budismo. A mente e a consciência parecem fazer parte do cosmo, o qual se parece com um enorme e dinâmico holograma. De acordo com esse entendimento, devemos abandonar o universo previsível que nos dá conforto e nos causa desespero, e, ao invés disso, devemos adotar a visão de um universo de relacionamentos complexos e criativos, um lugar (ou processo que se desenrola) no qual o paradoxal e a surpresa criam infinitas e inesperadas oportunidades.

A teoria de sistemas aprofundou a visão de que o todo é mais que a soma de suas partes. O universo não se parece com uma máquina, mas com um organismo, um sistema vivo composto por outros sistemas vivos que se auto-organizam, evoluem, adaptam-se e dão saltos inesperados para novas maneiras de ser. Eles não formam uma hierarquia, mas uma holarquia (ou sistemas inseridos em sistemas de forma que o sistema maior surge criativamente dos menores e com propriedades que não estão necessariamente presentes em suas partes constituintes). Todos os sistemas vivos, os quais incluem muito mais do que aquilo que normalmente consideramos como "vivo", têm a habilidade de auto-organização e de responder à mudança de condições, o que implica a existência de um tipo de mente ou de processo mental neles. O cosmo como um todo pode ser considerado como um sistema auto-organizado. Dentro dessa realidade, o relacionamento entre a causa e o efeito é complexo e recíproco; quer dizer, a menor das ações pode ter imensos efeitos. Essa "co-origem dependente" nos dá esperanças para ações transformativas, especialmente porque sistemas podem dar saltos evolutivos e atingir novos estados de equilíbrio com surpreendente rapidez quando as condições são boas para isso, como em casos de estresse e crise. Do ponto de vista da teoria de sistemas, podemos entender a libertação como um processo de auto-organização, como a arte de discernir pela contemplação, criatividade e engajamento à ação apropriada para o lugar e o momento certos.

Esta perspectiva se enriquece ainda mais quando consideramos a possibilidade de que a memória pode ser inerente ao cosmo, talvez na forma de um campo mórfico. Se isso for verdade, não há leis eternas ou fixas no cosmo, mas hábitos em evolução. Alguns desses hábitos, como aqueles associados àquilo que normalmente chamamos de leis da física, podem ter se tornado tão estáveis que mudanças significativas são extremamente improváveis. Entretanto, outros hábitos, como a forma de espécies vivas e estruturas sociais, são difíceis de mudar, mas podem ser obviamente transformados e algumas vezes isso ocorre com muita rapidez. O fenômeno de "evolução pontuada" é um exemplo disso, o que sugere que é possível para indivíduos (e ainda mais para grupos e comunidades) criarem novos campos mórficos a partir da prática de novos hábitos, de novos modos de ser no mundo. Quando incorporam essa visão, eles tornam mais fácil para outros fazerem o mesmo com o passar do tempo e por causa do fenômeno de "ressonância mórfica".

A história do universo revela um cosmo em evolução nascido da união da chama primordial. Na Terra, vemos a evolução da vida ocorrendo em grande parte por processos de cooperação, como o de simbiose. Nosso planeta revela dinâmicas de autorregulação e auto-organização (bem como de altruísmo cooperativo) que o fazem parecer um organismo vivo, que muitos chamam de Gaia. A evolução do cosmo (e da Terra) revela um senso de propósito ou de Tao; isso sugere que há um "atrator universal" ou Ponto Ômega guiando tudo na direção de uma maior diversidade, comunhão e interioridade (ou consciência). Nós, como seres humanos, podemos nos ver como parte desse processo: somos uma parte do cosmo e da Terra viva que se tornou consciente. Assim, somos desafiados a reinventar o ser humano para que possamos participar conscientemente dessa história cósmica não como agentes que deturpam a ecologia e revertem o processo de evolução, mas como participantes que facilitam o processo de libertação pelo encorajamento e pela promoção da comunhão, da diversidade e da interioridade.

No final, isso tudo representa um desafio espiritual. Precisamos perceber o Sagrado em tudo para que possamos deixar para trás a lógica do egoísmo; precisamos ampliar nossa consciência para que nossas empatia e compaixão abracem toda a criação. As tradições religiosas, como importantes fontes espirituais para a maioria da humanidade, podem ter um papel importante em nosso despertar para uma nova consciência e para nossa re-conexão ao cosmo. No caso do cristianismo, por exemplo, a teologia da Trindade nos fornece um rico discernimento sobre Deus-como-Comunhão-na-Diversidade e os ensinamentos de Jesus sobre o Malkuta e os de São Francisco sobre afeto e cuidado para com os pobres e a respeito de nosso relacionamento com toda a criação nos dão ricos entendimentos da genuína espiritualidade ecológica da libertação. À medida que todas as tradições espirituais comecem a partilhar suas sabedorias e a receber de braços abertos as contribuições de outras, as religiões ajudarão a humanidade a achar soluções para o desafio ético que enfrentamos, para o problema do ecocídio.

Essa jornada nos permitiu adotar uma nova perspectiva do cosmo e especialmente de ver o vasto potencial para a transformação radical e promovedora da vida presente no grande Caminho, no Tao. A sabedoria multifacetada que exploramos (a partir de diversas áreas, como tradições espirituais, ciências modernas, ecopsicologia, ecofeminismo e ecologia profunda) é inspiradora e cheia de esperanças. Entretanto, Joanna Macy e Molly Young Brown (1998) salientam que essas sabedorias não nos ajudarão na libertação se continuarem a ser apenas algo intelectual, meras "brincadeiras mentais". Elas só poderão ajudar na "Grande Reviravolta" se as colocarmos em prática, se permitirmos que transformem nossas vidas e nosso modo de ser e agir no mundo. Assim sendo, tentaremos colocar nossos entendimentos em prática e faremos isso imaginando o formato de uma sociedade ecozoica, bem como pela caracterização de formas libertadoras de práxis transformativa baseadas em nossa nova cosmovisão.

Pontos de persuasão para ações transformadoras

É obviamente impossível de se criar um guia para ações eficazes e transformadoras que levam ao surgimento de uma sociedade justa e ecologicamente sustentável. Na melhor das hipóteses, podemos sugerir algumas considerações importantes que devem transformar nossos esforços quando colocamos a teoria em prática.

Como ponto de referência geral, devemos nos lembrar que nem todas as nossas ações têm o mesmo impacto transformativo. Por exemplo, alguns tipos de ações melhoram o sistema existente, mas não desafiam seus pressupostos fundamentais e não causam mudanças autênticas no sistema. Donella Meadows (1999) chegou a afirmar que há doze "pontos de persuasão" em sistemas. Ela salienta que cerca de 95 a 99% das intervenções humanas em sistemas ocorrem num nível que chama de "parâmetros de mudanças"; ou seja, elas ajustam o sistema (como no caso da diminuição do imposto de renda) o que raramente causa mudanças significativas. Em contraste com isso, são ações direcionadas à modificação dos processos de reação (*feedback loop*) que permitem aos sistemas se autorregularem eficazmente e isso têm um impacto muito maior. Por exemplo, a redução populacional e das taxas de crescimento econômico restringem os efeitos dos processos de reação positiva (*positive feedback loop*) enquanto que a melhora nutricional e da medicina preventiva aprimoram a autorregulação dos processos de reação negativa (*negative feedback loop*).

Mais eficazes ainda são ações que visam a melhora do fluxo de informações e que fornecem dados acurados e significativos para análises. Por exemplo, o acesso a informações sobre grandes poluidores pode criar uma pressão que os força a diminuir ou eliminar emissões. As mudanças fundamentais em regras que governam sistemas também são extremamente importantes; isso inclui mudanças constitucionais ou negociações internacionais de comércio e acordos de investimento. Outro importante exemplo é a mudança das regras que governam corporações, especialmente no que diz respeito à remoção de seu *status* de "pessoa de direito" e à implementação de provisões legais para que se tornem mais socialmente responsáveis e conscientes.

Uma forma mais forte de intervenção está no poder de modificar a natureza auto-organizadora do sistema. Uma maneira de se fazer isso é adicionar um novo processo de reação. Por exemplo, uma mudança de impostos visando recompensar comportamentos ecologicamente sustentáveis enquanto penaliza os destrutivos pode criar processos de reação que encorajam a eficiência energética e a redução de desperdícios. Quando tornamos comportamentos sustentáveis economicamente viáveis, um grande potencial para mudanças sistêmicas é desencadeado.

A implementação de mudanças aos objetivos do sistema são ainda mais importantes. Assim, se decidirmos que nosso objetivo não é a maximização do crescimento econômico (ou PIB), mas a maximização do bem-estar social e a felicidade (como faz o reino do Butão, no Himalaia, desde 1972), então precisaremos reorientar nosso sistema fundamentalmente. Uma medida que pode refletir essa mudança seria descartar o PIB como medida de progresso e adotar um outro indicador como o de Índice de Progresso Genuíno (IPG; *Genuine Progress Indicator, GPI*) ou o Felicidade Nacional Bruta (FNB; *Gross National Happiness, GNH*) do Butão.

Os últimos dois níveis de transformação são mais profundos e desafiadores. O primeiro envolve uma mudança na maneira de pensar, do paradigma ou da cosmologia. Isso é difícil, mas Meadows (1999: 20) aponta que:

> Não há nada necessariamente físico, oneroso ou lento à mudança de paradigmas. Num indivíduo ela pode ocorrer em um milésimo de segundo; só é preciso um "clique" na mente, ver as coisas de maneira diferente. Mas, quando falamos de sociedades inteiras, as coisas são diferentes. Elas resistem a mudanças de paradigmas. Sociedades responderam a tentativas de mudanças de paradigma com crucificações, fogueiras, campos de concentração e arsenais nucleares.
>
> Assim, como podemos implementar mudanças de paradigmas? [...] Precisamos continuar a salientar as anomalias e as falhas do antigo paradigma, precisamos discutir e defender o novo, precisamos engajar pessoas públicas que estão no poder. Não devemos desperdiçar tempo com reacionários; precisamos enfocar nossas forças como agentes engajados em fazer mudanças e trabalhar com as pessoas de centro e de mente aberta.

Meadows continua e diz que teóricos de sistemas muitas vezes procuram "mudar paradigmas a partir de modelos criados em computadores, o que nos dá uma visão exterior do sistema e nos força a vê-lo como um todo". Este livro pode ser visto como fazendo isto, especialmente no que se refere aos primeiros capítulos, nos quais tentamos ganhar um entendimento do atual sistema que domina nosso planeta e de sua natureza patológica. Parece-nos que o próximo passo seria moldar um novo sistema baseado na nova cosmologia para assim criar uma visão de mudanças e depois testá-la e aprimorá-la em prática.

O nível mais radical de ação transformativa é ir além do próprio paradigma. Isso é algo enigmático, mas é um aviso de cautela contra a adoção de cosmovisões. Nenhuma visão, nenhum paradigma será perfeito. Devemos ser sempre abertos a novos discernimentos e a novas fontes de sabedoria. Seja lá o que fizermos ou adotarmos, isso deve ser sempre entendido como algo provisório. Como o provérbio zen diz: "Tente não procurar o que é verdade e cesse de acalentar opiniões". Se apegar a um paradigma, não importa quão belo, pode resultar no tipo de fanatismo característico do fundamentalismo e isso não está de acordo com o mistério do Tao, o qual no final vai além do saber. Nenhum paradigma ou cosmovisão humana pode abraçá-lo completamente. O que devemos fazer é permanecermos abertos e nos esforçarmos na procura do modo de ser correto para o momento e o lugar no qual nos encontramos. Com o passar do tempo, todos os paradigmas têm de se adaptar e evoluir, como ocorre com o próprio cosmo.

A ideia de "pontos de persuasão" nos ajuda a contextualizar nossas reflexões sobre a práxis transformadora. Entretanto, outra maneira de concebermos ações libertadoras é por meio do papel do reformador, do profeta e do visionário. Todos os três são necessários, mas sua adequação depende do momento. A reforma tem como objetivo a modificação e a melhora das estruturas, mas sem colocar desafios às tendências básicas do sistema ou do paradigma. Ela é parte do processo homeostático que continuamente re-sintoniza o sistema ao seu meio ambiente. Contrastando com isso é a ação profética que critica e desafia os fundamentos do sistema e, assim, leva-o a atingir um ponto de bifurcação e de transformação radical. Já o visionário tenta iniciar novas tendências e experimenta novas maneiras de realizar um novo paradigma; assim, ele tem uma função análoga ao de campos mórficos guiando a transformação a partir do ponto de bifurcação a um novo padrão de estabilidade.

Em tempos de crise como este, há uma urgente necessidade de irmos além da função homeostática do reformista. A ação profética continua a ter uma importante função, mas nos parece que a ação visionária se torna ainda mais importante. Marilyn Ferguson (1987: 428-429) se refere a um mito da tradição mística judaica, a *Kabalah*, que nos parece ser pertinente aqui: quando o mundo precisa ser refeito, "as crianças da câmara do desejo ardente" (os profetas) desencadearão um estado de caos quando fizerem tremer as fundações da antiga ordem e os "mestres da construção" (os visionários) direcionarão o fogo da revolução e o transformarão em novas formas.

Macy e Brown (1998: 17-24) argumentam algo similar quando comentam sobre três tipos de ações:

- *Ações de manutenção* que procuram defender a vida, prevenir injustiças bem como danos à Terra. Isso inclui ações para melhorar as leis, protestos contra injustiças e boicote a corporações. Essas ações são necessárias porque podem abrandar ou mesmo bloquear aquilo que danifica a vida e empobrece a humanidade, mas elas não são suficientes para reparar os danos feitos e não nos fornecem novas maneiras de viver no mundo. Entretanto, apesar de as considerarmos como reformistas, vale notar que elas muitas vezes vão além da mera denúncia de injustiças e de destruições sistêmicas e assim também podem ser consideradas como tendo aspectos proféticos.
- Ações que *procuram determinar as causas estruturais* ou que *procuram construir alternativas* são claramente proféticas por natureza. Estas ações incluem iniciativas educacionais que visam a conscientização, projetos colaborativos como ecocidades, a implementação de indicadores de progresso alternativos e a formação de jardins comunitários ou sistemas de moeda local. Muitas dessas contêm as sementes de um novo paradigma e podem nos levar a ações visionárias.
- Ações direcionadas a *mudança de percepções e a um novo paradigma* que procuram incorporar diretamente a nova cosmologia fundada no holismo, na teoria de sistemas, na ecologia profunda, no ecofeminismo, na teoria de Gaia e na história do universo. Isso inclui, por exemplo, trabalhar o desespero e o empoderamento, assim como re-mitificar a história do universo. De certo modo, essa é a área de ação menos definida porque é mais difícil de ser concebida, mas ela também se apresenta com os maiores potenciais para grandes transformações.

Como dissemos, todas essas três formas de ações são importantes, mas a primeira (*ações de manutenção*) nunca poderá nos levar a resolver a crise atual. A autêntica libertação será o fruto de ações baseadas num entendimento profundo da crise e que tentam conceber novas alternativas baseadas num paradigma ecológico.

Concebendo uma nova visão

Para concebermos essas ações precisamos de uma visão clara. Todas as visões são provisórias, mas elas servem de inspiração e de guias. Necessitamos de coragem e de sabedoria se vamos resolver essa crise e confrontar as estruturas que nos impedem a libertação. A culpa e o medo nunca podem nos motivar a confrontar os perigos envolvidos nisso ou a fazer os sacrifícios necessários; na verdade, eles podem nos paralisar, nos levar a um estado de desilusão por causa da dinâmica da aversão, do vício e do desespero. Precisamos de uma visão (ou visões) convincente que nos inspire, nos dirija a uma nova realidade mais bela, esperançosa e plena de maravilhas. Duane Elgin (1993: 14) nota que:

> Quando pudermos imaginar coletivamente um caminho sustentável e feliz para o futuro, poderemos começar a construir conscientemente o futuro. Precisamos nos inspirar em nossa sabedoria coletiva e descobrir imagens do futuro que despertem nosso entusiasmo pela evolução e que nos mobilizem como sociedade.

Quando discutimos o conceito da vontade, notamos que Roberto Assagioli descreveu cinco estágios necessários ao exercício da vontade que aqui podem ser entendidos como nosso poder de efetuar mudanças. Primeiro, precisamos ter uma motivação ou objetivo claro, ou seja, uma visão que nos inspire e ilumine. Só depois podemos alcançar os outros estágios: a deliberação (ou discernimento), a afirmação, o planejamento e a execução do plano de ação.

Para ser convincente e para que traga felicidade, essa visão precisa ser baseada em valores importantes para a vida; quer dizer, não no poder e na ganância de poder, mas nos relacionamentos, no amor, no senso de pertença, beleza, respeito e de aproveitar a vida. Isso não deve representar um retorno romântico a uma era mítica, uma idade de ouro que nunca existiu; ao invés disso, ela precisa representar um avanço. Morris Berman (1981) nota que isso pode significar que precisamos *recapturar* discernimentos e modos de vida presentes em sociedades tradicionais (especialmente o entendimento de que somos parte da grande comunidade da vida), mas não deve representar um *retorno* ao passado. Dado o tamanho da humanidade e os danos já causados, algumas formas de tecnologia serão essenciais para a sociedade "transformada" que criaremos; contudo, a maneira como usamos a tecnologia bem como sua escala e o propósito terão de ser modificados fundamentalmente.

Thomas Berry (1999: x) fala de como um artista muitas vezes experimenta "algo parecido com um sonho consciente que se esclarece por meio do processo criativo". Da mesma maneira, "precisamos ter uma visão para o futuro que seja encantadora e nos suporte na atual transformação do projeto humano". Obviamente, essa visão não precisa ser completa antes de começarmos porque há uma relação dialética entre a teoria e a prática. Quando experimentamos novas maneiras de ser no mundo, a visão se refina e se torna mais clara. Nosso caminho se tornará cada vez mais claro quando começarmos a enveredá-lo. Entretanto, o sonho ainda é aquilo que nos inspira e nos sustenta nessa jornada; como Berry (1999: 204) diz: "O sonho guia a ação".

Uma maneira de concebermos isso é através da ideia de "lealdade antecipada" (*antecipatory fidelity*); devemos ser fiéis à visão que queremos para o futuro, mesmo que ela ainda não seja uma realidade. Letty Russel, teóloga e feminista, explica isso através do termo grego *hōs mē* ou "como se não":

> Nós devemos viver "como se não"; como se a verdade da situação fosse apenas provisória por causa da liberdade potencial. A [...] antecipação do novo mundo está acontecendo e todos os outros aspectos da vida não podem ser tomados como sendo certos [...].

> Viver o *hōs mē* é mais uma atitude de vida que uma ação em particular. É um chamado para olharmos criticamente para o que acontece no mundo, ver os problemas e agir de modo a tornar o próprio problema uma contradição; assim, as pessoas começam a se transformar.

Uma maneira mais positiva de afirmarmos isso é dizer que devemos viver *como se* a realidade que queremos para o futuro já estivesse aqui; devemos tentar incorporar a visão que queremos para o mundo. Da perspectiva da ressonância mórfica, o que devemos fazer é criar e praticar novos hábitos, novas maneiras de ser para que se tornem mais fáceis de serem adotadas por outras pessoas e se difundam com o tempo. Isso pode ser extremamente difícil no começo; entretanto, à medida que *recapturamos* percepções e hábitos praticados no passado pela humanidade (e hoje em dia por povos indígenas), e quando tentamos nos alinhar ao grande "atrator" universal, o Tao, não estamos criando hábitos do nada, mas adotando percepções e hábitos que já existem.

A alternativa do biorregionalismo

Neste livro, começamos a discernir as características de uma sociedade que foi realmente transformada e vive em harmonia com a grande comunidade de vida da Terra. Quando consideramos a atual des/ordem global, vemos a necessidade de mudança de uma economia baseada no crescimento canceroso para uma de equilíbrio e contínua evolução qualitativa. No nível político, vimos a necessidade de deixar para trás o domínio do *poder sobre* e de encorajarmos o *poder de dentro* e o *poder em conjunto*. No nível cultural, há a necessidade de valorizar a diversidade e de promover a fluidez dos papéis desempenhados pelos sexos. Nossa subsequente reflexão sobre a teoria de sistemas nos forneceu valorosos discernimentos sobre a dinâmica da evolução, auto-organização, holarquia e estabilidade enquanto nossa discussão sobre a Carta da Terra nos proveu um contexto ético comum a todos.

O atual chanceler da Bolívia, David Choquehuanca, inspirou-se na filosofia indígena dos Andes e defende que devemos deixar para trás o objetivo de "viver melhor" (a ética do progresso e do desenvolvimento infinito) e assumir o objetivo de "viver bem" (a ética da suficiência). "Viver melhor" nos leva a competir com outros e a uma corrida de acumulação sem fim. Em contraste com isso, "viver bem" sempre significa o bem-estar para toda a comunidade: um indivíduo não pode viver bem se a comunidade como um todo também não estiver bem. "Viver bem" não é algo baseado na riqueza material (mas ela pressupõe as necessidades da vida), mas no bem-estar das pessoas e comunidades em todas as suas dimensões. A comunidade não pode viver bem num ecossistema degradado; de fato, precisamos estender nossa noção de comunidade para que ela abrace todas as criaturas bem como o ar, a água e o solo que as sustenta.

Que tipo de sociedade pode refletir esse objetivo de viver bem e em harmonia com a grande comunidade da Terra? Como podemos fundar a ética de respeito, cuidado, beleza e relacionamentos retos numa ordem social concreta? Quando consideramos essas questões, precisamos nos lembrar que uma sociedade humana sustentável e funcional deve se inspirar na sabedoria revelada por sistemas vivos e auto-organizados, como, por exemplo, ecossistemas maduros. Baseando-se em nosso conhecimento de sistemas vivos e os enriquecendo com os outros discernimentos que ganhamos em nossas reflexões, podemos listar algumas importantes características de uma ordem social alternativa[3]:

- *Sustentabilidade* – Precisamos abraçar limites, ser cuidadosos para não consumirmos mais que nosso ecossistema pode produzir sustentavelmente e produzir apenas dejetos que possam ser reciclados ou absorvidos pelo meio ambiente sem que danos sejam causados a ele. Precisamos criar produtos duradouros que sejam funcionais, eficientes e bonitos. Precisamos desenvolver economias que reúsam e reciclam materiais sabiamente (copiando os ciclos ecológicos se possível). Devemos ser frugais com recursos, mas generosos com a criatividade e o amor a fim de garantir que futuras gerações vivam com abundância.
- *Justiça e igualdade econômica* – As verdadeiras necessidades têm que ser supridas assegurando assim um estilo de vida modesto e digno a todos.

---

3. Muitas dessas características são baseadas naquelas já delineadas por David Korten (1995: 272-274; 2006: 292-294).

A igualdade não significa que todos têm o mesmo nível de riqueza, mas também não significa que as diferenças em níveis de riqueza podem ser tão grandes que manifestam uma falta fundamental de justiça; isso pode levar ao ressentimento, ao ultraje e à violência. O princípio de justiça também implica assegurar que o suprimento das necessidades da humanidade não compromete o bem-estar das outras espécies ou de futuras gerações.

- *Diversidade biológica e cultural* – Devemos procurar maximizar a diversidade cultural e assegurar uma ampla diversidade de criaturas e ecossistemas. A diversidade é um símbolo de sistemas maduros e em bom funcionamento porque o torna mais eficiente e resistente. Uma das melhores maneiras de medir a verdadeira riqueza de uma comunidade é pela diversidade harmoniosa de vida, artes, culturas e espiritualidades que ela sustenta.

- *Enraizamento num lugar* – Como qualquer outra comunidade biológica, devemos conhecer nosso ecossistema local e procurar viver na medida do possível dentro dos limites que ele nos impõe. Como notamos em nossa discussão sobre o ecofeminismo, nossa identificação com a Terra deve ser enraizada em laços emocionais com pessoas, lugares e comunidades bióticas reais se vamos ser realmente inspirados e motivados a agir. Ao mesmo tempo e à medida que nos adaptamos com sucesso ao lugar que habitamos, podemos aprender a viver de maneiras que respeitam a capacidade e a contribuição da grande comunidade ecológica. Além disso, quando vivemos dentro dos limites locais, a energia gasta com transporte é minimizada e a tentação de exportar a poluição e outros problemas é reduzida. Tendemos a sujar menos nosso próprio ambiente (e a exaurir recursos) se temos que viver primariamente dentro dos limites de nosso ecossistema local.

- *Independência e abertura* – Enquanto o enraizamento num lugar enfatiza a necessidade de independência, as comunidades e economias locais (como todos os sistemas vivos) também precisam de limites permeáveis. O comércio sempre será algo necessário, mas a produção deve ser local quando possível. As pessoas e as ideias devem ser capazes de se mover livremente e comunidades locais precisam se manter abertas à criatividade e a expressões culturais que surgem além de suas fronteiras. O famoso economista John Maynard Keynes afirmou que "dependências econômicas" deveriam ser minimizadas, mas outras áreas requerem uma maior compartilha: "As ideias, o conhecimento, as ciências, a hospitalidade e as viagens – estas são as coisas que por natureza devem ser internacionalizadas. Mas a produção de bens deve ser local quando for sensato e conveniente e, acima de tudo, as finanças devem ser primariamente nacionais" (apud ATHANASIOU, 1996: 218-219).

• *Democracia, participação e subsidiariedade* – As pessoas devem, quando possível, participar ativamente nas decisões que lhes concernem. De acordo com o princípio de subsidiariedade, problemas devem ser resolvidos no nível mais baixo de pequenas entidades sistêmicas locais. Os níveis mais altos, mais inclusivos da holarquia devem lidar apenas com os problemas que afetam o sistema maior e que não podem ser resolvidos eficazmente pelos níveis mais baixos.

• *Auto-organização cooperativa* – As economias e culturas precisam ser livres para se auto-organizar criativamente dentro dos limites de valores comuns e assegurar o bem-estar e a sustentabilidade da comunidade. Isso implica uma amplitude de liberdades econômicas, políticas e culturais, mas essa liberdade vem com muitas responsabilidades.

• *Compartilhar o conhecimento e a sabedoria* – O conhecimento nunca deve ser privatizado e deve ser compartilhado o máximo possível. O fluxo de informação e o compartilhamento de sabedorias reforçam o sistema e o tornam mais sensível e resistente.

Responsabilidade e direitos – Os indivíduos e a comunidade devem ser livres para exercitar seus direitos fundamentais de vida, saúde, participação e expressão. Entretanto, o exercício desses direitos não deve comprometer a responsabilidade que a comunidade tem de suprir as necessidades básicas de todos e de assegurar a sustentabilidade e o bem-estar do sistema local.

• *Equilíbrio* – O senso de equilíbrio deve reinar em tudo. Há tensões de *yin* e *yang* entre os direitos e os deveres, entre a independência e o compartilhamento, a generosidade e a conservação. Mas sempre devemos tomar cuidado para não desvalorizarmos um valor quando maximizamos outro; quer dizer, precisamos incorporar uma ética de *otimização* ao invés de *maximização*.

Uma visão que captura e sintetiza todos esses elementos é a do *biorregionalismo*. A ecofeminista Judith Plant (1990) entende o *biorregionalismo* como uma "ideia integradora" que nos permite colocar nossa visão de um mundo novo em prática; ele é uma *práxis* (teoria integrada à prática ou um tipo de "sabedoria que caminha") que nos permite viver aquilo que acreditamos. A ideia do biorregionalismo não é nova; de fato, ela se inspira nos modos de vida milenares praticados antes do surgimento dos primeiros impérios cinco mil anos atrás. Em sua forma moderna, o movimento biorregionalista tem cerca de vinte anos, mas muitas de suas ideias não são muito conhecidas.

A biorregião é uma entidade geográfica normalmente definida pela área de lençol freático. Ela exibe certas particularidades em termos de vegetação, geografia do terreno, bem como de fauna e flora (NOZICK, 1992). Ela tem um tamanho que permite o desenvolvimento da diversidade e possibilita uma independência econômica básica enquanto facilita o conhecimento profundo da região. Tal conhecimento é importante porque o biorregionalismo é centrado na ideia de "se tornar nativo a um lugar", de assumir uma conexão profunda com a natureza no nível local. De acordo com a visão biorregionalista, precisamos nos inserir em ecossistemas e na economia natural local ao invés de tentarmos moldar o lugar a nossa vontade (mas presumivelmente um processo de modificação mútua ocorre). Kirkpatrick Sale (1985: 41-42) se refere a isso como a necessidade de nos tornarmos verdadeiros "habitantes da terra":

> Para nos tornarmos habitantes da terra, reaprendermos as leis de Geia, conhecer a terra completamente e honestamente, a tarefa crucial e abrangente é entender o lugar onde vivemos. O tipo de solo e de rochas sob nossos pés; a fonte de água que bebemos; o significado dos diferentes ventos; os insetos, pássaros, mamíferos, plantas e árvores comuns; o ciclo das estações e a época de plantar, de colher e de coletar específicos do lugar – precisamos saber tudo isso. Os limites dos recursos; a capacidade das terras e das fontes de água; os lugares onde não devemos aplicar estresse; os lugares onde recursos podem ser desenvolvidos; os tesouros presentes e não presentes – tudo isso precisa ser entendido. E a cultura do povo, das pessoas nativas da terra, daqueles que cresceram no lugar, as estruturas sociais, econômicas, urbanas e rurais, que foram moldadas e adaptadas pela geografia local – tudo isso tem que ser apreciado.

Para alcançarmos esse patamar, precisamos reorientar radicalmente nosso modo de vida. Mary Gomes e Allen Kanner (1995: 121) notam que:

> Para abraçarmos a visão biorregionalista, precisamos fazer mais do que reciclar e consumir menos – apesar dessas coisas serem importantes. O biorregionalismo envolve uma mudança em nosso senso de identidade que permite aos nossos arredores crescer *em* nós, que permite a terra nos reivindicar como as trepadeiras fazem com as casas antigas ou como as flores silvestres fazem quando crescem pelas

rachaduras nas calçadas. Isso tudo significa a morte do antigo "eu industrial" e o nascimento de algo novo.

Os cinco objetivos do biorregionalismo podem ser sumarizados como a independência, a harmonização com a natureza para suprir necessidades individuais básicas, construir uma cultura comunitária e estabelecer controles no nível local. Sale (1985) acrescenta que a implementação da visão biorregional requer o conhecimento da terra e do ecossistema locais; o aprendizado das tradições, da história e da cultura locais; o desenvolvimento do potencial da biorregião pela realização de suas possibilidades dentro dos parâmetros de suas capacidades enquanto promotora de autossuficiência; a libertação do "Eu" pela promoção da realização pessoal dentro do contexto de comunidade. O quadro a seguir contrasta a visão biorregional com a atual des/ordem[4]:

	Modelo biorregional	Capitalismo corporativo/ crescimento industrial
Escala	Região/comunidade	Estado/nação/mundo
Economia	Conservação/restauração Estabilidade/evolução/adaptação Local/autossuficiência Cooperação	Exploração Crescimento/progresso Global/especialização e comércio Competição
Política	Descentralização Complementação/subsidiaridade Diversidade/consenso Participação/empoderamento	Centralização Hierarquia/controle Uniformidade/governo da maioria Dominação/controle
Cultura	Simbiose Evolução/crescimento qualitativo Pluralidade/diversidade	Polarização Violência/crescimento quantitativo Monocultura

Quando comparamos essas duas visões, precisamos tomar cuidado para não criarmos falsas dicotomias. Enquanto a unidade fundamental do biorregionalismo é a comunidade local isto não quer dizer que unidades sistêmicas maiores e mais abrangentes não são importantes. De acordo com o princípio de subsidiaridade, níveis de organização maiores (inter-regionais, nacionais e internacionais) ainda são necessários, incluindo aqueles que funcionam num nível global. Assim, a ideia central é de que o nível biorregional se torna a unidade primária para a tomada de decisões e organização da economia. Entre-

---

4. Quadro adaptado de Sale (1985).

tanto, ainda somos parte da comunidade planetária e alguns problemas (como a mudança climática) afetam a todos e requerem ações coordenadas, mesmo que implementadas em nível local. A ideia de uma visão "glocal" nos ajuda a entender isso: precisamos pensar e agir local e globalmente; precisamos entender a unidade fundamental entre o local *e* o global. Devemos entender nossa realidade local e como melhor agir dentro dela, mas também devemos nos informar da realidade global e das experiências em outras regiões.

Enquanto a cooperação e a simbiose são valores primários, a competição retém um papel importante. O princípio de diversidade significa que uma grande variedade de empreendimentos econômicos existirá e que eles irão inevitavelmente competir uns com os outros. Como já vimos, a competição é necessária para a saúde de ecossistemas, mas a cooperação e a simbiose permanecem como dinâmicas primariamente mais importantes. Isso precisa ser refletido por nosso sistema econômico; o exemplo de David Korten (1995: 312) nos parece inspirador porque fala de "uma economia de empreendimento comunitário" que consiste de "uma economia de mercado composta primariamente, mas não exclusivamente, de empresas familiares, pequenas cooperativas, empresas que são propriedades dos trabalhadores e corporações de bairro e municípios".

A economia: a comunidade sustentável enraizada no lugar

Na visão biorregional, a economia deve ser centrada em valores como a independência, a sustentabilidade, a igualdade e a justiça. O conceito de uma economia "de suficiência" ou "de viver bem" está no centro desse entendimento. Uma economia que possa satisfazer igualmente as *necessidades* humanas (em contraste com os *desejos*) nos permite *viver* e respeitar os limites de nosso ecossistema local (e global). Theodore Roszak (1992) chamou isso de princípio de *plenitude*, o qual requer um exame de nossas autênticas necessidades. Precisamos nos perguntar o que é a riqueza e qual é seu uso. Ao invés de procurarmos a acumulação de bens que vão além do necessário, precisamos procurar outro tipo de riqueza, como o tempo para os amigos, a família, refletir, meditar, desenvolver nossa criatividade, para a natureza e para nos divertir.

De certa maneira, a economia biorregional se parece com as economias de subsistência que discutimos antes. A atividade econômica não tem como objetivo a geração de dinheiro, de *commodities*, visando a acumulação de capital ou a aquisição de luxos, mas a criação e re-criação da vida. A prioridade é dada ao suprimento das necessidades básicas materiais e espirituais. Isso requer uma mudança da atual tendência de globalização para outra baseada na autossuficiência local. Marcia Nozick (1992: 14-15) explica que:

> Primeiro, quando focamos a produção local nas necessidades locais, minimizamos a distância que os produtos tem que viajar para serem distribuídos; assim cortamos os custos com transporte, o uso de energia desnecessário e a poluição. Segundo, as necessidades locais (comunidade e região adjacente) por produtos pode ser suprida por indústrias de pequena escala e tecnologias que podem ser facilmente gerenciadas pela comunidade. O desenvolvimento descentralizado (com o uso de tecnologia em pequena escala, produzindo menos para menos pessoas) dispersa o impacto do desenvolvimento mais igualmente pela biosfera, o que permite à natureza assimilar e processar dejetos com mais tempo. Terceiro, quando descentralizamos a indústria e criamos mais empresas de pequena escala, as quais substituem os projetos de grande escala, aumentamos o número de empregos e o acesso a eles, criando assim uma maior distribuição de riqueza. Quarto, os trabalhadores têm uma maior influência sobre seu ambiente de trabalho nas pequenas empresas e, por causa disso, acham seu trabalho mais significativo.

A economia biorregional é fundada na otimização da escala, na reciclagem e na conservação de recursos. Esses aspectos asseguram sua sustentabilidade; quer dizer, asseguram a habilidade que a sociedade tem de satisfazer suas necessidades sem diminuir os prospectos para futuras gerações da comunidade biótica (CAPRA & STEINDL-RAST, 1991). Ao invés de adaptar o meio ambiente às necessidades dos seres humanos, são eles que se adaptam, harmonizam-se com a natureza e mantêm o equilíbrio ecológico. A economia passa a ter como objetivo o uso mínimo de recursos não renováveis e a não destruição da natureza ao mesmo tempo em que maximiza a habilidade de reciclagem e o trabalho e a criatividade humana.

O movimento "dieta das cem milhas" (*hundred mile diet*) é um exemplo concreto baseado na ideia de economia local inspirado pelo biorregionalismo. Esse movimento argumenta que devemos tentar consumir alimentos produzidos regionalmente. Obviamente, isso é mais difícil de colocar em prática em certos lugares que em outros por causa de fatores climáticos e da produtividade agrícola; entretanto, o princípio fundamental é lógico. Alimentos produzidos regionalmente requerem menos infraestrutura de transporte e são mais frescos que os produzidos em outras regiões. Num outro nível, alimentar-se de produtos locais nos enraíza na região. Isso é ainda mais verdade quando nos engajamos em Agricultura Apoiada pela Comunidade (*Community Supported Agriculture*), no qual um grupo de indivíduos se organiza para comprar a produção de um fazendeiro local. Esses grupos formam muitas vezes um relacionamento vivo entre consumidores e produtores porque visitam a fazenda e até mesmo ajudam nas atividades produtivas. Outro exemplo é a produção de alimentos em nossos próprios jardins (em casa ou em terrenos comunitários) porque nos enraíza no local *e* nos fornece produtos frescos e orgânicos. No final, toda agricultura biorregionalista tem como objetivo a sustentabilidade e é baseada nos princípios orgânicos e de agroecologia.

A renovação do trabalho humano como uma atividade sustentadora da vida deve permanecer central à economia biorregional, e isso é algo defendido também pelo ecofeminismo. Ao invés de "postos de trabalho", precisamos criar autênticos "modos de vida" que sejam úteis, significativos e sustentadores da vida. Na escala local, isso significa re-unir o consumo e a produção; o trabalho pode se tornar menos especializado e mais variado, a divisão entre trabalho e recreação mais tênue.

Também essencial a essa visão é a abolição da divisão de trabalho baseada no sexo. Os homens devem ter papéis mais ativos nos trabalhos domésticos, incluindo o cuidado com as crianças. Ao invés de valorizarmos as atividades intelectuais acima de tudo, iremos valorizar mais as atividades que envolvem contato direto com a natureza, bem como aquelas que estão ligadas ao sustento da vida.

É concebível que os computadores e as tecnologias de comunicação modernas facilitarão esse novo modelo porque permitirão às pessoas trabalharem em casa, como acontecia na era pré-industrial. Não usaremos a tecnologia para eliminar postos de trabalho ou para acelerar a acumulação de riqueza, mas para reduzir o tempo gasto trabalhando e aumentar o tempo para relacionamentos, recreação, artes e atividades focadas na restauração de ecossistemas e sustento da vida.

Se a visão econômica biorregional parece ser à primeira vista utópica, devemos lembrar que as economias de subsistência têm tradicionalmente sustentado milhões de pessoas permitindo uma grande harmonia ecológica. Obviamente, a conversão para esse tipo de economia vai requerer o fim dos níveis suntuosos de consumo do grande "Norte", mas não há razão alguma de pensarmos que nossas necessidades básicas não serão providas por esse modelo econômico. A liberação das vastas quantidades de recursos que atualmente são usados para a acumulação de capital e militarismo permitirá a sustentabilidade ecológica e a satisfação de nossas necessidades básicas. De fato, para a maioria da humanidade, o modelo biorregional promete uma melhora significante de sua qualidade de vida material. Essa melhora na satisfação das necessidades básicas combinada ao empoderamento das mulheres pela reestruturação do trabalho e do poder criará as condições necessárias para a estabilização da população humana mais rapidamente.

A cultura: comunidade e diversidade

O modelo biorregional não propõe apenas uma renovação econômica; ele também defende a renovação cultural. Com a reordenação das atividades humanas em escala local, o advento de verdadeiras comunidades se torna uma possibilidade. Viver a ética ecológica se torna uma possibilidade real porque as consequências de nossas ações ficam bem aparentes; por exemplo, a poluição e a pobreza não podem ser exportadas para longe de nós. Poderemos persuadir mais facilmente as pessoas a agir corretamente porque fica imediatamente claro que isso está em seu próprio interesse, assim como no interesse de suas comunidades. Além disso, o conhecimento da terra e de nossa conexão com ela cria uma consciência ecológica espontânea que ajuda na fluidez dessa nova ética.

Um aspecto importante na construção de verdadeiras comunidades locais é o da regeneração da cultura local. Wendell Berry (1988) argumenta que quando a cultura local é fortalecida, ela pode exercer um tipo de força centrípeta que conecta o solo à memória. No passado (e ainda hoje em dia em algumas culturas autóctones), o destino de uma criança era suceder seus pais; os jovens eram impregnados nas tradições, conhecimentos e histórias locais. Hoje em dia, as crianças são educadas não para retornar ao lar, mas para deixá-lo e fazer dinheiro "para um futuro mutável sem conexão com o lugar ou a comunidade" (BERRY, 1988: 11). Quando a economia local não está bem estabelecida, as relações familiares e entre vizinhos sofrem porque as pessoas não contam mais umas com as outras. As pessoas se tornaram dependentes de desconhecidos que vivem longe e a cultura local sofre porque é substituída pela especialização. Quando a economia e a cultura local não têm sólidas fundações, "ficam abertas à exploração e podem até ser destruídas" (BERRY, 1988: 13). Nozick (1992: 181) comenta que:

> A cultura é a *cola* que junta a comunidade e lhe permite durar por gerações; ela é ainda mais importante que o poder político e econômico. *A cultura é a alma e a força vital da comunidade*, a expressão coletiva de valores, percepções, linguagem, tecnologia, história, es-

piritualidade, arte e organização social. Eu exprimo aqui a cultura como modo de vida e não como algo "erudito".

O sucesso de comunidades biorregionais depende do desenvolvimento da cultura local em contraposição à atual tendência de monocultura. Toda comunidade tem sua própria cozinha, costumes, valores e arte. Parte da tarefa de viabilizar culturas biorregionais é recuperar, re-criar, sustentar e promover a autêntica cultura do lugar. Como notamos anteriormente, isso requer o conhecimento da terra e de suas criaturas, bem como da história e histórias locais.

Assim sendo, o objetivo não é criar uma cultura única e uniforme, mas respeitar as múltiplas expressões culturais. Isso é ainda mais verdade no mundo de hoje porque a imigração leva a interações de culturas, línguas e tradições religiosas. Esse encontro não é uma ameaça, mas uma oportunidade de enriquecimento cultural. O *respeito* deve permanecer central à diversidade e isso inclui respeito pela fluidez dos papéis desempenhados pelos sexos. A diversidade não é uma ameaça e deve ser vista como algo benéfico que deve ser celebrado (não apenas "tolerado").

A cultura biorregional também procura aprofundar a interioridade a partir da participação no "esforço de criação do cosmo". Ao invés de buscar a realização na acumulação material, a cultura biorregional se esforça para aprimorar as expressões criativas que promovem a vida, seja isso na forma de atividades artísticas tradicionais ou na participação criativa na restauração de complexos ecossistemas.

Esse tipo de cultura valoriza aquilo que chamamos de "artes espirituais", as quais incluem práticas meditativas, danças e movimentos espirituais e o cultivo da identificação mística com a Terra e com o cosmo, tendo como objetivo direto o aprofundamento da interioridade. A espiritualidade biorregional sempre estará relacionada com a Terra e com o lugar; de fato, uma grande energia espiritual pode ser liberada quando estabelecemos um verdadeiro relacionamento com o lugar, com o solo e com suas diversas formas de vida.

Um exemplo interessante disso é o da comunidade de Findhorn, localizada numa região inóspita do norte da Escócia. Ela surgiu em meados dos anos de 1960 quando Peter Caddy começou a cultivar a terra arenosa de Findhorn com a ajuda de sua família e de amigos. Ele não tinha nenhuma experiência agrícola, mas contava com um profundo senso espiritual e fez uso das técnicas biodinâmicas de Rudolf Steiner; assim, ele e a comunidade que surgiu a seu redor alcançaram resultados impressionantes. As plantas cresciam a taxas jamais vistas e os legumes chegavam a tamanhos enormes. Sir George Trevelyan visitou Findhorn em 1969 e observou:

> Eu não digo que sou jardineiro, mas sou membro da Associação do Solo (*Soil Association*), interessado em métodos orgânicos e sei bem que adubo e palha misturado com o solo pobre e arenoso não são suficientes para a horta [...]. Findhorn é algo novo porque um grupo de amadores que começou a cultivar sem conhecimento prévio estabeleceu contato direto e mental com o "espírito da natureza" e fundou seu trabalho nessa cooperação [...]. Eles demonstram literalmente que o merecimento floresce como uma rosa, e isso pode ocorrer com rapidez. Se isso pode ocorrer assim rápido em Findhorn, pode também ocorrer no Saara (apud HAWKEN, 1975: 166-167).

Não precisamos necessariamente acreditar em espíritos da natureza para apreciar os resultados dessa experiência. Quando percebemos o Sagrado na criação, o respeito e o cuidado fluem naturalmente através de nós. Quando desenvolvemos um relacionamento vivo e próximo da terra e de suas criaturas, nos harmonizamos com seus espíritos, podemos acelerar os processos de restauração do balanço e da ecologia da Terra. Isso também causa o desenvolvimento de uma forma mais ampla de compaixão, a qual serve como base e sustento para comunidades autênticas.

O desenvolvimento de culturas biorregionais viáveis não depende apenas do cultivo do relacionamento com a terra, mas também da transmissão e do aprimoramento do conhecimento e da história local. A história também tem um papel importante nisso porque ajuda a enraizar o conhecimento na visão mais ampla e cosmológica; ela re-mitifica a história do universo. Todos os membros da comunidade local têm um papel nesses esforços; todos são chamados a serem criadores e artistas que recontam a história por meios diversos.

O propósito da cultura local é celebrar a riqueza de diversidade dentro e fora de si. Assim como toda cultura reafirma suas próprias características dentro do contexto global, ela também celebra as contribuições de todo os indivíduos. O crescimento é promovido, mas esse é um crescimento de diversidade e aprofundamento e não de quantidade. Thomas Berry (1999) salienta que enquanto a energia física e os recursos materiais diminuem com o uso, as energias espirituais e psíquicas aumentam quando são compartilhadas. A riqueza da cultura biorregional não é medida pela acumulação de capital e consumo, mas pela riqueza de sua diversidade de expressões culturais e artísticas.

A cultura biorregional, como qualquer sistema aberto, também interage e se enriquece com a riqueza de outras culturas. Entretanto, esse compartilhamento é baseado na igualdade e mutualidade, e não na dominância de uma cultura sobre outra. Essas interações têm um potencial infinito de estimular a evolução do conhecimento e do espírito humano; isso é ainda mais verdade no mundo atual, visto que os meios de comunicação modernos e a internet facilitam a compartilha de informações de maneira nunca vista antes.

A política: colocando novos modelos de poder em ação

A mutualidade deve caracterizar todos os aspectos da comunidade biorregional: a economia, a cultura e o governo. Isso enfatiza o *poder de dentro* e o *poder em conjunto* porque a comunidade serve de contexto para essas formas de poder, as quais, quando são cultivadas, nos ajudam a superar a dinâmica da impotência.

Para facilitar o exercício de formas participativas de poder e minimizar o *poder sobre*, as estruturas de governo local devem refletir os princípios de consenso, subsidiariedade e auto-organização.

O consenso é baseado na imagem de um círculo e se origina na ideia dos Quaker de que toda pessoa tem *um pedaço* da verdade. O objetivo do consenso é pegar todos esses *pedaços* (mesmo aqueles que parecem ser contraditórios) e juntá-los numa decisão refletindo uma sabedoria maior (NOZICK, 1992). Isso está de acordo com a perspectiva da teoria de sistemas, a qual valoriza flutuações e diversidades como fontes de criatividade e transformação; e vai contra a ideia de voto da maioria que efetivamente suprime flutuações e diversidades (JANTSCH, 1980). Um indivíduo com fortes objeções pode bloquear uma decisão; entretanto, para o consenso ser realmente eficaz, ele precisa ser baseado na abordagem do não confronto, de escutar sinceramente as vozes das outras pessoas e de uma abertura para aceitar a sabedoria do grupo maior. O consenso só funcionará num grupo relativamente pequeno que seja capaz de se encontrar face a face ou se comunicar interativamente uns com os outros[5].

A subsidiariedade reflete o entendimento de poder (e não a hierarquia) do sistema e minimiza os abusos do *poder sobre*. Ela exprime a natureza holárquica dos sistemas vivos, na qual sistemas maiores surgem de outros menores. Ela implica que qualquer decisão que pode ser tomada em "níveis inferiores" (subsistemas) só deve ser levada a "níveis superiores" (subsistemas maiores) de autoridade se os "níveis inferiores" forem incapazes de resolver o problema; por exemplo, quando o consenso no nível da comunidade falha ou se o

---

5. Outro processo interessante de tomada de decisões que parece refletir o princípio de consenso é o de "círculos falantes" (*Talking Circles*) usados por muitos povos e tradições da América do Norte.

problema requer uma abordagem mais inclusiva e inter-regional (CAPRA & STEINDL-RAST, 1991). Devemos notar aqui que o modelo biorregional não exclui a coordenação econômica e política quando lidamos com problemas maiores ou globais; entretanto, o respeito à subsidiaridade requer que as estruturas maiores não tenham poder absoluto.

A auto-organização é outra característica de sistemas vivos. As sociedades humanas se organizam espontaneamente em famílias, clãs, tribos, vilarejos e ligas. Essas estruturas só são saudáveis se a "cola" fundamental que as mantêm juntas não é o autoritário *poder sobre*, mas a ética do cuidado e do respeito mútuo (ROSZAK, 1992). A eficácia dessas pequenas estruturas sociais depende do quanto elas facilitam a cooperação e as respostas criativas às nossas necessidades e às mudanças de condições. A liderança deve ser amplamente distribuída e fluida e deve mudar com o tempo e com a evolução da organização. É apenas nesse contexto que o *poder em conjunto* pode evoluir.

A governança da biorregião deve ser baseada em funções mais do que em autoridade. Presumivelmente, um grande número de juízes, delegados, tesoureiros e oficiais ainda existiriam, mas eles teriam uma função especial baseada em sua área específica de serviço e responsabilidade e não na autoridade (o *poder sobre*). A comunidade como um todo reteria a prioridade no exercício de poder. Neste modelo, a competição pelo poder político sempre estará sob controle e com isso as perspectivas de curto prazo da maioria dos políticos que tentam ganhar votos do eleitorado serão eliminadas.

A educação: da informação à sabedoria

Quando exploramos a renovação da psique, descobrimos a importância de recuperarmos o que Roszak chama de "eu ecológico", daquela "qualidade animista inata" que experimentamos quando somos crianças. Quando recapturamos essa forma de consciência e a integramos a outras formas de percepção e de saber, ganhamos "um senso de responsabilidade ética para com o planeta" que "tentamos integrar [...] no tecido de relações sociais e de decisões políticas" (ROSZAK, 1992: 320-321). David Korten (1995: 325) fala de nossa necessidade de despertar "de um transe cultural profundo". A comunidade biorregional serve de contexto para esse despertar, ela é um lugar onde podemos recuperar nosso "eu ecológico" porque nos enraizamos no lugar e permitimos que a grande comunidade ecológica nos transmita seus conhecimentos.

A educação biorregional em todos os seus níveis (crianças, adolescentes e adultos) precisa nos ajudar a deixar para trás a cosmologia que vê o mundo como uma coleção de objetos para outra na qual os relacionamentos são entendidos como fundamentais à realidade. Gregory Bateson foi além e argumentou que os relacionamentos devem ser a base de todas as definições, que só conhecemos algo quando levamos em conta seus relacionamentos (CAPRA, 1982). Essa visão ecológica e relacional deve ser a fundação de toda educação no nível biorregional.

A raiz da palavra "educar" vem do latim *educere* que significa "trazer para fora" (*drawn/lead out*). A educação não é primariamente preocupada com o acúmulo de informações (mas claro que a disponibilidade e fluxo de informações é algo necessário para a manutenção do sistema vivo em bom funcionamento); a educação deve ser entendida como um processo intrinsecamente transformador que nos capacita, como seres humanos, a nos sintonizar com nosso ecossistema local e com a história do universo enquanto facilita nossas interações harmônicas e criativas com outros seres humanos e com a comunidade da Terra. Quer dizer, ela nos leva para cada vez mais perto do Tao, permite-nos agir consciente, criativa e harmonicamente com o desenrolar do propósito do universo.

De acordo com esse entendimento, não estamos procurando e memorizando conhecimento, mas algo que se torne parte do nosso ser, algo que "traga para fora" nosso verdadeiro "eu ecológico" e o integre à nossa consciência. A educação não toca apenas nossas mentes, mas nossos corações. Ao invés de focar na informação ou no conhecimento, ela procura instigar a sabedoria. Matthew Fox (1994: 170) se refere a essa transformação como o abandono das "fábricas de conhecimento" e a criação das "escolas de sabedoria".

Essa transformação depende da transição de um entendimento do conhecimento como poder (controle ou dominação) para outro que vê o conhecimento como amor. O conhecimento como amor implica uma sensibilidade empática, um esforço de nos identificarmos com aquilo que queremos conhecer. A percepção tem precedência sobre a conceituação; a contemplação atentiva se torna mais importante que a análise. Esse tipo de aprendizagem intuitiva e holística tem sido negligenciado ou perdido por causa do racionalismo científico fundado no reducionismo. Isso não quer dizer que a análise não tem um papel importante, mas que ela deve ser complementada por outros modos de saber.

Uma maneira de fazermos isso é através de modos experimentais de aprendizagem. O corpo e a mente devem aprender em conjunto; devemos aprender não apenas pela audição e visão, mas pelo gosto, sensação e cheiro.

Assim como quando aprendemos a andar de bicicleta, esse tipo de conhecimento não pode ser ensinado; ele "acontece", é absorvido por nosso ser e nunca esquecido. Morris Berman (1981) fala do "aprendizado mimético", um tipo de cognição integrado ao corpo e baseado na "consciência participativa" que contrasta com o aprendizado da mente (separada do corpo) do observador objetivo[6]. O aprendizado mimético envolve tradicionalmente tarefas repetitivas diretamente relacionadas à experiência; por exemplo, o aprendizado de uma arte ou habilidade (*craft*). Ele também acontece no desenvolvimento teatral ou musical e leva as outras pessoas a se identificarem com os atores ou músicos.

Como podemos invocar essa "consciência participativa" quando tentamos aprender sobre a terra e para que nos tornemos verdadeiramente "nativos ao lugar"? Como podemos expandir nossas consciências para que possamos incorporar a história do universo? O ritual, o mito e jogos criativos podem facilitar esse tipo de identificação emocional com nossa comunidade ecológica local, com a Terra viva e com o cosmo. À medida que acordamos para esse tipo de "consciência participativa", vamos além do aprendizado de fatos *sobre* nossa biosfera, planeta e universo (mas claro que eles também são importantes) e incorporamos uma verdadeira identificação empática e amorosa. Precisamos *vivenciar* nossa participação na história da evolução do universo para aprendermos (para que "aconteça") o que ela significa para nossas vidas.

Precisamos explorar novas maneiras de aprender que valorizam e incorporam o aprendizado a partir da experiência, da consciência participativa e do desenvolvimento da intuição. Por intuição, entendemos uma forma holística de cognição distinta da razão discursiva. A intuição não é irracional, mas simplesmente uma forma diferente de racionalidade que tenta perceber diretamente tudo aquilo que está implícito. A maioria do que percebemos nunca se torna completamente consciente e a intuição é uma maneira de acessar holisticamente essas percepções difusas e de permitir ao subconsciente transformá-las em novos entendimentos.

A incorporação do aprendizado intuitivo não significa que precisamos abandonar o pensamento discursivo ou analítico. Quer dizer, devemos usar ambos de forma complementar. Uma maneira de entendermos isso é visua-

---

6. Mas claro, e como nossas reflexões sobre a física quântica demonstraram, estamos, de certa forma, sempre participando daquilo que observamos.

lizando o aprendizado como um ciclo, o qual nos lembra a metodologia tradicional de ver-julgar-agir usada em muitas variedades de educação popular. Começamos por juntar informações (incluindo nossa própria experiência) sobre um problema que queremos entender ("ver"); analisamos as causas e as consequências a fim de descobrirmos as raízes do problema e de propor soluções para ele (em comunidades religiosas isso é enriquecido com reflexões teológicas) ("julgar"); finalmente, sintetizamos os discernimentos ganhos e criamos um plano de ação ("agir"). Uma fase adicional no ciclo é avaliar nossas ações e recomeçar o ciclo novamente[7]. Esse processo de práxis é muito útil, mas pode ser ainda mais se enriquecido por um componente intuitivo, como ilustrado a seguir:

---

7. Este processo é muito similar ao ciclo do aprendizado de Kolb (1984), que começa com a "experiência concreta" (*concrete experience*), passa à "observação reflexiva" (*reflective observation*) e depois para a "conceituação abstrata" (*abstract conceptualization*); finalmente, ele retorna novamente à prática enriquecida por novos discernimentos, a "experimentação ativa" (*active experimentation*).

1) Preparação: Começamos por coletar informações sobre o problema que queremos estudar. Isso envolve processos discursivos que incluem juntar e analisar dados e nossas próprias experiências. Ao mesmo tempo, há uma mudança gradual de um modo perceptivo discursivo para outro intuitivo.

2) Incubação: Métodos como meditação, arte, práticas de incorporação, trabalho com os sonhos e visualização são usados para estimular processos intuitivos, criar espaço para novas percepções e discernimentos, e permitir o surgimento de novas inspirações.

3) Iluminação: Os discernimentos inconscientes coletados pelo uso da intuição são tornados conscientes. Isso normalmente ocorre espontaneamente e acontece em "estouros" repentinos; não é algo que pode ser forçado ou previsto. Uma vez que o discernimento emerge, a cognição discursiva toma conta, o articula e o clareia.

4) Verificação: Tentamos colocar nossos novos discernimentos em prática e eles são avaliados por sua eficácia com o tempo. Assim, o ciclo recomeça.

Devemos entender tal ciclo de aprendizagem de forma contínua. Na prática, as quatro fases se sobrepõem umas às outras. Quando agimos, um novo discernimento pode vir a nós. Em nosso dia a dia podemos estar incorporando práticas que estimulam nossa intuição ou coletando informações que nos levarão a novos descobrimentos. O crucial é reconhecer que a intuição e a criatividade têm um papel importante nesse processo e que devemos procurar intencionalmente estimulá-las e valorizar suas contribuições. A coleta de dados, a reflexão e a análise são componentes necessários, mas não são suficientes para nos levar a níveis mais profundos de aprendizado transformativo.

Construindo as bases de uma visão

Quando consideramos a visão biorregional, nossas intenções foram de delinear um tipo de "atrator" que possa nos inspirar na jornada da patologia à sanidade. Com o passar do tempo e à medida que nos dirigimos para esse "atrator", ele continuará a evoluir, suas características se transformarão e a visão se tornará cada vez mais clara e detalhada.

Será que essa visão (ou algo que se parece com ela) se tornará realidade? Nesse momento pode parecer inacreditável que ela possa acontecer, mas, se investigarmos mais detalhadamente, notaremos que ela já está emergindo em várias partes do planeta e de muitas maneiras. David Suzuki e Holly Dressel

(2002) compilaram um livro inteiro sobre projetos e iniciativas que incorporam a visão de comunidades sustentáveis referida aqui.

Um exemplo interessante é o da Comunidade Gaivotas, localizada nas savanas devastadas pela guerra no leste da Colômbia (GARDNER, 2006). Esse ecovilarejo tem trabalhado desde 1971 para se tornar um exemplo vivo de comunidade sustentável. O que o tornou muito inspirador é o fato de ter ocorrido numa das zonas mais violentas do planeta, numa região de solo relativamente pobre e com poucos recursos naturais. Apesar de todos esses desafios, a Comunidade Gaivotas atraiu um grupo de estudantes, trabalhadores, cientistas e de pessoas que se refugiaram lá, as quais empregaram criativamente um número de tecnologias sustentáveis como a solar, o biogás, a agricultura orgânica e um método inovador de bombear água subterrânea. Eles também criaram uma escola e um hospital para servir à população e começaram um ambicioso projeto de reflorestamento que supre a comunidade com um número de empregos.

O fundador da comunidade, Paolo Lugari, diz que "Gaivotas é mais que tudo um estado de espírito. Ela não é apenas um lugar, mas um modo de vida e de pensar. Ela não significa apenas ser diferente, mas inovar e re-inventar constantemente". A comunidade não tem prefeito, polícia e nem regras formais. Ao invés disso, ela adotou vários princípios que facilitam o tipo de criatividade auto-organizadora característico de sistemas vivos saudáveis (KAIHLA, 2007):

- A comunidade mantém o número de reuniões mínimo porque prefere que todo trabalho e atividade comunitária forme um tipo de sessão contínua e ilimitada para criar ideias (*brainstorm*).
- Eles inventam a partir de um processo coletivo de constantes melhoras e aprimoramentos.
- Quando a comunidade lida com um problema, procura abandonar todos os pressupostos anteriores e se abrir completamente para novos discernimentos.
- Estão presentes em Gaivotas todos os tipos de hierarquia e de *status* baseados em qualificações profissionais. As opiniões e ideias de todos os seus membros são valorizadas e têm seus próprios méritos e não levam em conta quem a pessoa é ou o que ela estudou formalmente.
- A comunidade promove uma cultura na qual todos os indivíduos são encorajados a se expressar livremente e a participar de forma total.
- Gaivotas promove a troca de ideias e o pensamento interdisciplinar. Ela faz isso porque coloca especialistas para trabalhar em áreas fora de seus

campos tradicionais e porque encoraja todos os membros da comunidade a se tornar, de certa forma, generalistas.

• A comunidade evita programar o trabalho de seus membros, preferindo que eles devotem seu tempo a tarefas que lhes inspirem e lhes permitam ser criativos.

Um dos aspectos mais impressionantes de Gaivotas é que a comunidade floresceu apesar das condições relativamente duras de vida na Colômbia. Entretanto, há certa lógica nisso da perspectiva da teoria de sistemas; quer dizer, muitas vezes é nas margens do sistema, nos lugares onde há mais estresse que as evoluções criativas ocorrem. Como vimos quando discutimos o fenômeno de evolução pontuada, o estresse leva a uma bifurcação na qual uma nova ordem de sistema surge da inovação.

Uma maneira de entendermos isso é em termos de "criatividade das margens". Aqueles que lutam pela sobrevivência, que não se beneficiam da atual des/ordem, irão provavelmente se ariscar mais na criação de algo novo. Muitas vezes a necessidade nos força a inventar; as pessoas que vivem nas margens do sistema precisam desenvolver e aprimorar sua criatividade para sobreviver e se essa criatividade pode ser direcionada, pode gerar coisas extraordinárias. Isso representa uma imensa, mas apenas superficialmente usada, força para ações transformadoras.

É também nas margens do sistema que economias de subsistência podem ainda ser achadas. São as "mulheres produzindo sobrevivência", como diz Vandana Shiva (1989), as quais são ricas de sabedoria e inspiração na luta por um futuro sustentável. Quando nos disponibilizamos dessa sabedoria e a desenvolvemos, isso pode nos ajudar a reforçar a economia de subsistência e a cultura local contra a globalização e a monocultura. Em casos onde há muitas perdas, devemos facilitar processos pelos quais o conhecimento, a história e a sabedoria ecológica são recuperados, renovados e re-implementados.

O papel mais importante de todos trabalhando para uma libertação plena e para a criação de comunidades sustentáveis é afirmar a dignidade dos participantes e valorizar o conhecimento e cultura local. Para isso, os ativistas e educadores comunitários terão que ser extremamente sensitivos às dinâmicas de poder, mesmo que tenham a mesma herança cultural e social dos outros participantes. Muitas vezes o mito do "especialista" de fora ou estrangeiro pode solapar o processo de transformação. A adoção de métodos de trabalho participativos encoraja o compartilhamento no papel de liderança e a conscientização; assim, muito pode ser feito a fim de se criar um espaço onde as dinâmicas da impotência internalizada, especialmente a opressão, possam ser parcialmente neutralizadas para que o processo de aprendizado transformador possa realmente acontecer.

Enquanto as margens são lugares privilegiados para ações transformadoras, não devemos deixar de lado o trabalho com aqueles que se beneficiam do atual sistema político e econômico de dominação. Precisamos urgentemente desmontar a dinâmica exploradora das estruturas desse sistema e devemos fazê-lo o mais rápido possível. Muitas alternativas reais podem surgir e se desenvolver nas margens, mas qualquer ação que subverta o poder de dominação do centro do sistema nos dará ainda mais possibilidades de transformação. Além disso, à medida que o apetite voraz do centro se abranda, ganhamos tempo para implementar as mudanças necessárias.

Devemos lembrar que os conceitos de "margem" e de "centro" são relativos. Muitos dos que se beneficiam do sistema de dominação em um aspecto podem ser oprimidos por outros; por exemplo, as mulheres da classe média que se beneficiam materialmente do sistema ainda sofrem a violência do patriarcado. Um homem homossexual pode ser bem-sucedido profissionalmente, mas ainda enfrenta a dor da negação baseada na discriminação sexual. Outros, como os portadores de câncer, dão-se conta do perigo da contaminação química dos alimentos que ingerimos para nossa saúde e organizam iniciativas comunitárias de agricultura orgânica. Assim, há "ilhas marginais" perto do centro que nos dão oportunidades de implementar mudanças.

Há duas avenidas quando procuramos subverter o centro. A primeira envolve a reestruturação dos papéis dos sexos e isso é algo que toca todos os seres humanos. De acordo com a análise de Rosemary Radford Ruether (1992), uma maior paridade na divisão de trabalho pode reorientar os homens a desenvolver papéis mais preocupados com a vida. E, com o tempo, isso pode levar à derrocada do patriarcado. Pode-se dizer que o movimento feminista tem um papel fundamental na conscientização das mulheres de todas as classes sociais, mas devemos notar que suas iniciativas não precisam ser restringidas apenas às mulheres; quer dizer, muitos homens sentem uma grande insatisfação com o papel que o patriarcado lhes conferiu. Quando eles se conscientizam dessa insatisfação, a paridade dos sexos fica mais perto de se tornar uma realidade.

A segunda avenida para subvertermos o centro visa o desenvolvimento de um sistema de educação que reconhece gerações futuras. Quando nos conscientizamos de nossa conexão com futuras gerações (algo que é acessível à maioria das pessoas pela reflexão na vida de seus filhos, netos e sobrinhos), a preocupação para com o atual estado e futuro do planeta passa a ser cultivada. Essa abordagem pode ser muito eficaz na conscientização até daqueles que estão muito perto do centro do poder.

Mas vale notar que há outros potenciais catalisadores de mudança, como práticas e reflexões espirituais e encontros interculturais. Tudo isso pode nos levar a outras maneiras de ver o mundo e nos abrir para uma nova cosmovisão.

Há histórias inspiradoras de executivos de grandes corporações e de políticos influentes que mudaram suas maneiras de ver o mundo e se tornaram importantes defensores da nova cosmovisão. Um bom exemplo disso é Al Gore e seu filme *Uma verdade inconveniente* (*An Incovenient Truth*), que lida com o fenômeno de mudança climática; outro exemplo é Ray Anderson, presidente da *Interface*, que tornou sua empresa líder de reciclagem e de redução de dejetos após ter lido o livro *The Ecology of Commerce*, de Paul Hawken (1993). Nunca devemos subestimar o potencial dessas conversões ocorrerem; de fato, Donella Meadows salienta que só precisamos do catalisador certo para que as viseiras caiam e desenvolvamos uma nova maneira de ser e ver o mundo.

Os quatro caminhos para a libertação

O último passo nesta jornada é refletir sobre um novo estilo de práxis que nos leve à visão de comunidades sustentáveis que desejamos para o mundo. *Como* podemos nos libertar? *Como* podemos colocar nossa cosmologia em prática? *Como* podemos nos abrir para o Tao e permitir que ele nos guie em nossas tarefas de reiteração da comunhão, de amplificação da diversidade e de aprofundamento da interioridade da comunidade da Terra?

Todas as nossas reflexões sobre o paradigma holístico e a nova cosmologia serão em vão se não pudermos traduzi-las em diretrizes e princípios de ações que nos permitam trabalhar mais proveitosamente na transformação do sistema que devora a humanidade e o planeta. Precisamos levar a visão que concebemos, o contexto ético que consideramos, as intuições espirituais que ganhamos e colocá-las em prática de maneira significativa.

Não podemos criar uma receita mágica para a transformação, mas podemos discernir os processos e princípios que podem nos guiar. Também precisamos nos lembrar de que o Tao, o Dharma, o Malkuta são uma realidade viva que já está presente e ativa ao nosso redor. Suas diretrizes estão escritas em nossos corações; a graça cósmica nos abraça. Para nos tornarmos agentes de mudanças só precisamos nos abrir para eles, invocá-los e nos encher com seu poder libertador; contudo, isso requer que aprendamos novas maneiras de ser e de agir no mundo.

A imagem da analogia holográfica pode nos ajudar a clarear nossas tarefas. Há uma ordem implicativa, uma substância unificadora e presente em tudo, que também é o Tao, o grande Caminho guiando o desdobramento do universo. Mas há igualmente o mundo manifesto, a ordem explicativa que corresponde ao Te, a maneira pela qual o Tao toma uma forma particular.

Como notamos anteriormente, a cosmologia do Oriente Médio fala de algo similar. Há a realidade de *shemaya* (*shemaya* em aramaico; *shemayin* em hebraico) e a realidade de *ar'ah* (*ar'ah* em aramaico; *há'aretz* em hebraico). Essas realidades, em essência, são reflexões de uma profunda unidade subjacente. Normalmente traduzimos esses dois aspectos como "céu" e "terra", mas *shemaya* pode ser entendido como um arquétipo de vibração, som, luz e ondas enquanto *ar'ah* corresponde ao arquétipo das formas concretizadas, como a partícula (DOUGLAS-KLOTZ, 1999). Em termos de física quântica, essas realidades expressam a realidade da partícula-onda. Ambas estão presentes, mas só perceberemos aquela que é o foco da nossa atenção.

Podemos entender o Tao ou *shemaya* como o mundo da visão, das possibilidades, das potencialidades, e o Te ou *ar'ah* como sua incorporação em formas concretas. Quando Jesus fala no "Pai-nosso" de "assim na terra como no céu", ele aponta para a necessidade de incorporarmos o Malkuta de maneira real. Em termos práticos, isso significa que, quando trabalhamos para a libertação, devemos sempre ser conscientes da união entre essas duas realidades. O mundo de *shemaya* e o Tao nos inspiram e guiam, por isso precisam ser encarnados por nós se vamos transformar o mundo. O misticismo e a ação devem sempre ser unidos se vamos trabalhar eficazmente para a libertação.

O teólogo cristão Matthew Fox (1983) argumentou muito sobre a importância da união entre a mística e a ação profética, da espiritualidade incorporada. Ele refletiu sobre isso e concebeu uma sistematização útil para nossas reflexões aqui e que são chamadas de "os quatro caminhos" da espiritualidade da criação:

- *A via positiva* é o caminho que nos enraíza na bondade da criação, que celebra a presença do sagrado em tudo e que nos desperta para o respeito, a beleza e o louvor.
- *A via negativa* é o caminho pelo qual nos esvaziamos de tudo; pelo qual criamos espaço para o Sagrado entrar em nós; de lamentar e de deixar passar; de vivenciar o vazio pleno de potencial.
- *A via criativa* é o caminho da criação e da geração; da reunificação com a visão empoderadora de Malkuta; de nossa reconexão com a grande história cósmica e de nosso alinhamento com o propósito que se desenrola; de conceber novos discernimentos e perspectivas.

• *A via transformativa* é o caminho que incorpora a visão e que lhe dá forma; do trabalho ativo na transformação do mundo; da construção da comunidade e da solidariedade.

Na prática, todos esses caminhos são entrelaçados e interconectados. Não vamos de um a outro de maneira linear ou circular. Há uma dialética criativa evidente entre a *via positiva* e a *via negativa*, bem como entre *a via criativa* e a *via transformativa*, mas todos os caminhos estão relacionados e, na prática, muitas vezes, sobrepõem-se. Juntos eles criam um contexto para nossas reflexões sobre os processos e dinâmicas envolvidos na práxis libertadora. Assim sendo, nós os utilizaremos em nossa argumentação dos "quatro caminhos para a libertação".

Quando nos referimos aos "quatro caminhos", presumimos que o caminho da libertação é um caminho espiritual, de uma espiritualidade ecológica e incorporada. Na tradição hindu isso pode ser entendido como o "karma yoga", como a disciplina espiritual de ação ou como a "união pela ação". Essa "yoga" representa a junção de várias formas, incluindo aquelas que focam mais na meditação e na contemplação.

Somos conscientes de que o budismo descreve oito caminhos para a iluminação (ou libertação): a visão correta, a intenção correta, o discurso correto, a ação correta, o modo de vida correto, o esforço correto, o pensamento correto e a concentração correta. Quando falamos de "quatro caminhos", nós os vemos como perspectivas complementares ao invés de conflitantes; e os próprios componentes descritos pelos oito caminhos do budismo podem ser vistos nos "quatro caminhos" que exploraremos.

Eles também são evidentes nas tradições espirituais do Oriente Médio, especialmente nas primeiras quatro linhas da prece de Jesus, do "Pai-nosso", e da primeira *sura* (ou capítulo) do Corão, a *Sura Fateha* ("A Abertura"). Essas duas preces são recitadas por praticamente metade da humanidade e vamos nos referir a ambas como fontes inspiradoras de sabedoria para os "quatro caminhos"[8].

---

8. Vamos nos referir especialmente às interpretações "midráshicas" de Neil Douglas-Klotz destas preces. A interpretação de Douglas-Klotz difere das traduções tradicionais porque ele faz uso de uma tradução "expandida" que procura englobar as várias camadas de significados inerentes às raízes das palavras aramaicas e árabes. No caso da prece de Jesus, do "Pai-nosso", formulamos nossa própria interpretação baseados nas reflexões e interpretações de Douglas-Klotz (cf. *Prayer of the Cosmos* (1990) e *Desert Wisdom* (1995: 249), que nos fornecem duas interpretações complementares. Para mais informações (incluindo arquivos sonoros da versão aramaica do "Pai-nosso"), visitar o Abwoon Resource Centre (www.abwoon.com). As interpretações do *Sura Fateha* foram inspiradas (com pequenas mudanças na primeira linha) diretamente pelo *Desert Wisdom* (1995: 90-93).

Os "quatro caminhos" também têm uma conexão com os ensinamentos das quatro direções das tradições indígenas da América do Norte. De acordo com um entendimento em particular, a *via positiva* corresponde ao *sul*, a *via negativa* ao *norte*, a *via criativa* ao *leste* e a *via transformativa* ao *oeste* (FOX, 1991: 24). Isso nos dá outra perspectiva que pode enriquecer e complementar a nossa.

A invocação: a abertura para o Tao

> *Abwoon b'washmaya*
> Oh! Sopro criativo, Pai e Mãe do Cosmo
> indo e vindo de todas as formas.
>
> Oh! Som cintilante!
> Seu Nome radiante dança em e ao redor de
> tudo que há
> (Interpretação da primeira linha da prece
> aramaica de Jesus, do "Pai-nosso").
>
> *Bismillahir rahmanir rahim,*
> *Alhamdulillahi rabbi-l"alamin,*
> *Arrahman irrahim.*
> Na luz do um,
> que gera a compaixão – intrínseca e
> responsiva,
> afirmamos que tudo que o Cosmo faz,
> pequeno ou grande,
> através de qualquer ser ou comunidade de
> seres que ajudam a desenvolver seu propósito,
> afirmamos que esse ato celebra a Fonte da
> história que se desenrola.
>
> Assim sendo, louvemos e celebremos com alegrias
> este Ser dos seres que misteriosamente nutri e
> sustenta,
> desenvolve e matura
> todos os mundos, universos e pluriversos,
> todos os aspectos da consciência e do
> conhecimento.
> Essa Fonte é o Ventre Originário do Amor em
> todos os seus aspectos
> (Interpretação das primeiras três linhas do
> *Sura Fateha*).

O primeiro estágio para a libertação é a invocação, o caminho de abertura para a graça do Tao, de relembrar nossa conexão com a Fonte e nossa comunhão com todos os seres, de celebrar e louvar a bondade da criação. Esse caminho está muito relacionado com a descoberta de nosso lugar no cosmo, de nos sentirmos em casa nele e de perceber a sacralidade da vida. Ele também se refere à nossa conscientização da história e do propósito da evolução que se desenrola.

Podemos nos abrir primeiramente pelo cultivo da *conscientização*. Abrimo-nos para o Tao, para a Fonte, quando nos tornamos conscientes de sua presença em tudo. Essa conscientização é algo chave na criação de formas de poder libertadoras (o *poder em conjunto* e o *poder de dentro*), o que já sugerimos antes. Joanna Macy (1991a) salienta que o budismo ensina que a mente não é libertada a partir da sua separação dos fenômenos da realidade, mas por uma atenção extrema que lhe permite perceber a dinâmica da "co-origem dependente".

Talvez isso possa ser facilmente alcançado pela experiência da beleza, do respeito, da maravilha e da reverência porque ela nos leva espontaneamente a um estado maior de consciência. A admiração do belo, especialmente da beleza da natureza, pode ser a maneira mais potente de nos abrir para o estado de atenção que ela requer; o belo também nos re-conecta com o *poder de dentro* porque, como Rachel Carson nota:

> Aqueles que contemplam a beleza da Terra acham reservas de forças que perduram a vida toda. Há um simbolismo e beleza na migração dos pássaros, no ir e vir das marés e no botão de uma flor preste a abrir. Há algo infinitamente sadio nos estribilhos repetitivos da natureza, na segurança de que o nascer do sol virá depois da noite e a primavera depois do inverno (apud SUZUKI & McCONNELL, 1997: 221).

Em nível coletivo, o trabalho de "alfabetização ecológica" pode servir como início para esse tipo de conscientização, especialmente se essa aprendizagem vai além da retenção de informações e envolve um despertar experiencial para a beleza e sabedoria do ecossistema local.

O sábio budista Thich Nhat Hanh nos relembra que podemos cultivar um estado pleno de mente em nossas atividades diárias (por exemplo, lavando a louça, comendo, limpando a casa ou trabalhando no jardim). Qualquer tipo de atividade (especialmente tarefas simples que podem ser feitas em silêncio) nos dão oportunidade para meditar e desenvolver nossa consciência.

Em nível prático, podemos começar por achar tempo para aquilo que realmente gostamos de fazer. O primeiro passo é descobrir aquilo que nos dá realmente energia, que nos faz feliz, que nos traz prazer. Se nos engajarmos conscientemente nessas atividades (por exemplo, andar à beira do rio, beber uma taça de chá ou passar tempo com os amigos), elas podem se tornar "portões naturais para a reverência" e nos permitirem desenvolver um senso maior de consciência. Quando nos engajamos nessas atividades regularmente e reorientamos nosso senso de valores e prioridades, fica mais fácil desenvolver a consciência maior porque descobrimos que muito não depende de gastar dinheiro, adquirir bens ou explorar a Terra.

Com o tempo, podemos expandir nossas práticas de conscientização para que incluam atividades mais mundanas. Quando aprendemos a cultivar a consciência, descobrimos que atividades que considerávamos chatas ou árduas são na verdade oportunidades para o desenvolvimento da consciência e de um senso de paz interior.

No final, precisamos expandir nossa consciência para que ela englobe todos aqueles lugares e situações nos quais a beleza foi profanada, o sofrimento abunda, a vida foi destruída e a injustiça impera. O caminho da conscientização inevitavelmente nos levará à *via negativa* e assim nós aprenderemos a cultivar a compaixão e nossa capacidade de empatia; ampliaremos nosso senso de ser e desenvolveremos o "eu ecológico".

A *memória* está diretamente relacionada à consciência. A prática sufista de *zikr* ou de "se lembrar do Um" é uma atividade espiritual muito importante porque permite a seus praticantes "polir o espelho da alma", e isso é feito pela memória, pela lembrança na profundeza do ser, de que não há realidade fora do Um: *La illaha illa "llahu.*

Algo similar é dito no *Sura Fateha: Bismillah*; quer dizer, na luz/no nome (*sm*) do Um (*Alá*). Isso se apresenta como a imagem da fonte de unidade da qual a realidade da luz, do som e da vibração nascem do Ventre (*rhm de rahman* e *rahim*) da compaixão. A primeira linha da prece de Jesus (o "Pai-nosso") diz algo parecido: o Um gerador (*Abwoon*) do qual surge o *shemaya*. Assim e num certo nível, ambas nos relembram o momento quando o cosmo surgiu da chama primordial.

Quando nos *lembramos* do momento do nascimento cósmico, da unidade da qual tudo vem, nos re-conectamos com a história do universo e com todas as entidades e seres. As rezas tradicionais, especialmente quando colocadas nesse tipo de contexto, podem nos ajudar a relembrar de maneira muito experiencial nossa comunhão com tudo e nossa conexão com a Fonte de todas as coisas. O poder dessas práticas nunca deve ser subestimado porque seu poder de transformação foi muito ampliado com o tempo (por causa da dinâmica de ressonância mórfica). De fato, nosso engajamento consciente com esses campos de memória nos parece ser algo muito normal quando tentamos resgatar memórias.

O mero ato de respirar, se nos tornamos consciente dele, pode ser uma porta de entrada para a memória. A cada respiração inalamos átomos exalados por outros seres humanos e criaturas que habitaram a Terra (com exceção, talvez, dos recém-nascidos)[9]. Esses átomos foram parte dessas criaturas vivas (mesmo que brevemente). Eles também foram parte das antigas supernovas que geraram todos os elementos mais complexos que o hidrogênio e o hélio em nosso sistema solar. Assim sendo, numa respiração nos conectamos com outros seres, com todos os nossos ancestrais, com a totalidade da comunidade da vida que existiu antes de nós, com a Terra e com as estrelas. Assim sendo:

> Cada respiração é sagrada, é uma afirmação de nossa conexão com todas as coisas vivas, uma renovação de nossa ligação com nossos ancestrais e uma contribuição para com as novas gerações. Nossa respiração é parte da respiração da vida, do oceano de ar que engloba a Terra. Ele é único no sistema solar; o ar é criador e criação da vida (SUZUKI & McCONNELL, 1997: 38).

Os mitos e os rituais são outro caminho para a memória porque eles nos conectam com a história da Terra e do cosmo. Eles são processos, especialmente aqueles que invocam a consciência participativa, que podem nos despertar o senso de reverência, de maravilha e de consciência. Quanto mais entendemos e vivenciamos a história cósmica, mais eles nos instruem. Brian Swimme, por exemplo, fala da força de atração gravitacional do universo como um tipo de amor e compaixão (é interessante notar que isso ecoa a ideia de *ishq* da tradição sufi, da força atrativa do amor que unifica o universo). Os rituais podem nos ajudar a experimentar esse discernimento, não apenas mentalmente, mas através de nossos corpos e almas também. Quando re-mitificamos a história

---

9. "O famoso astrônomo de Harvard, Harlow Shapley, e outros astrônomos calcularam que cada respiração contém cerca de 30.000.000.000.000.000.000 ou $3,0 \times 10^{19}$ átomos de argônio e quintilhões de moléculas de dióxido de carbono. Suponha que você exale uma vez e siga os átomos de argônio expelidos. Em minutos eles estarão espalhados pelo ar muito além do lugar onde foram expelidos e continuarão a viajar. Um ano depois, esses átomos de argônio estarão misturados na atmosfera e espalhados ao redor do planeta, de modo que cada nova respiração sua incluirá pelo menos 15 átomos de argônio daquela respiração de um ano antes! Assim, todas as pessoas com vinte anos ou mais já respiraram pelo menos 100 milhões de vezes e inalaram átomos de argônio exalados pela primeira respiração de todas as crianças nascidas um ano antes!" (SUZUKI & McCONNELL, 1997: 37-38).

cósmica, incorporamos esses ensinamentos nela e criamos rituais que transmitem essa sabedoria experimentalmente, geramos oportunidades e nos abrirmos para o poder libertador do Tao.

No final, essas experiências nos dão alegrias, senso de louvor, de celebração e de agradecimento porque experimentamos a Fonte, "o Ventre Originário do Amor em todos os seus aspectos". O senso profundo de gratidão e de louvor pode ser uma das forças mais poderosas e inspiradoras em nossos esforços compassivos para a transformação do mundo.

O desprendimento: abraçando o vazio

Nethqadash shmakh
Preparemos as fundações do nosso ser
e sacramentemos em um lugar para plantar a
Presença.
Penetremos nos recessos mais profundos de
nosso coração
e abramos espaço onde o Nome cintilante
possa nos re-iluminar
(Interpretação da segunda linha da prece
aramaica de Jesus, do "Pai-nosso").

Iyyaka n'abadu wa iyyaka nasta'ain
Quando abrimos caminho através de
distrações, vícios, desvios, desilusões,
e através de todos os tabus, ideologias,
teologias, ofensas e desentendimentos
conflitantes,
estamos afirmando que agiremos apenas de
acordo com o Propósito do Universo,
desenvolvemos habilidades que servem
apenas àquilo que é Real,
fazemos reverência e veneramos a profunda
Fonte de toda a Vida,
esperamos ajuda e diretrizes apenas dela.
Assim, tudo aquilo que precisamos nos é dado
livremente pelo Um
(Interpretação da quinta linha do *Sura Fateha*).

O caminho do desprendimento e de abraçar o vazio coexiste de maneira complementar com o caminho da abertura e da invocação; quer dizer, só podemos nos abrir quando já nos desfizemos das teias da desilusão e criamos espaço para a permanência do Sagrado. Entretanto, é apenas quando nos sentimos cheios de um sentimento de reverência, de admiração pelo belo, de louvor, daquilo que é fruto do caminho da invocação que achamos coragem para nos desprender e mergulhar na escuridão do vazio.

Quando refletimos sobre o holismo do microcosmo, encontramos a ideia do vácuo quântico, algo que é aparentemente vazio, mas no qual partículas subatômicas surgem e desaparecem instantaneamente. Esse vazio é um vasto oceano de energia pleno de possibilidades, como o mistério do *sunyata* do budismo.

Quando tentamos nos desprender para que possamos experimentar o vazio, pode ser uma das coisas mais difíceis de fazermos em nossas vidas. Assim que tentamos achar a calma, notamos que nossas mentes são cheias de pensamentos que demandam atenção. Pode levar anos de prática para alcançarmos o ponto onde, por momentos fugazes, experimentamos brevemente o vazio que nos enche com uma energia que nos renova o ser; nesses momentos vivenciamos o Nome ou Presença cintilante que nos ilumina e nos serve de fundação fértil para novas inspirações e discernimentos.

Muitas formas tradicionais de meditação e de contemplação podem nos levar a esse tipo de experiência. Muitas delas são bem fáceis de aprender, pelo menos na teoria. Algumas usam mantras (palavra-prece) ou cantos como maneira de focar a atenção, enquanto outras focam a respiração; algumas fazem uso da atenção corporal (como o Tai Chi ou a dança espiritual), enquanto outras procuram cultivar um novo ponto de consciência, do qual podemos ver nossos pensamentos de longe e de maneira objetiva. Todos esses tipos de meditação e contemplação são maneiras de desenvolver uma consciência maior. Essas práticas são reforçadas quando as exercemos num contexto comunitário porque, pode-se dizer, uma forma de ressonância surge no grupo, facilitando assim o desenvolvimento da concentração e do desprendimento.

Como notamos antes, quando Marilyn Ferguson (1987: 23) teorizou sobre a analogia holográfica, salientou a importância daquilo que ela chama de "estados coerentes de consciência" como aqueles que são frutos de práticas meditativas e outras atividades parecidas porque elas são "mais sintonizadas no nível primário da realidade, o qual é uma dimensão mais ordenada e harmoniosa". De fato, podemos dizer que qualquer atividade que nos leva a um "senso de fluxo", seja ela artística ou atlética, pode facilitar nossa união com o Tao.

Esse tipo de consciência nos permite começar a perceber a dinâmica de "coorigem dependente" e a desenvolver novas intuições que podem guiar nossas ações. Ao mesmo tempo, a causalidade recíproca inerente no *paticca samuppada* ("co-origem dependente") implica a invalidação da dicotomia entre o mundo e o "eu"; consequentemente, a harmonia mental tem efeitos reais no mundo. À medida que purificamos nossas mentes de preconceitos e predisposições, abrimo-nos para a possibilidade de novas realidades, para a transformação libertadora do mundo.

Esse processo de abrir espaço necessita que nos purifiquemos das teias de desilusão que nos escravizam e nos tornam impotentes. A meditação pode facilitar isso porque ela nos ajuda a trabalhar nossos vícios, negações, opressões internalizadas e senso de desespero; ela também nos ajuda no desprendimento de hábitos antigos para que possamos abraçar novas maneiras de perceber, pensar e ser. Fox e Sheldrake (1996a: 117) comentam que:

> Todos os seres são relacionamentos e processos. A meditação nos ensina a ser com a escuridão, a ser no presente. A ser completamente no presente, o que significa se desprender do passado e do futuro, de todos os esquemas, projeções, projetos e tendências. Assim sendo, significa ser aberto para tendências futuras que ainda não surgiram.

Quando a meditação nos ensina a concentração, ela facilita o cultivo da *vontade*, do poder de dirigir nossa atenção e nos permite agir livremente de acordo com nossa natureza (e não por compulsões externas). Isto tem um papel em nossa libertação das teias da desilusão que nos aprisionam e nos abrem para caminhos criativos de empoderamento.

No nível da comunidade, o uso da metodologia de "desespero e empoderamento" ou do "trabalho de re-conexão" de Joanna Macy pode ser uma ferramenta eficaz no desmantelamento da desilusão, da negação, da opressão internalizada, do vício e do desespero. Quando reconhecemos nosso sofrimento e os temores que temos para o futuro do planeta, e passamos a trabalhar isso verdadeiramente e com coragem, abrimo-nos para a interconectividade de tudo com tudo. Muitas das diretrizes desse tipo de trabalho podem ser achadas no livro *Coming Back to Life* de Macy e Brown (1998).

Em nível prático, a resolução do vício consumista significa ter desprendimento daquilo que não precisamos; quer dizer, cessamos de adquirir aquilo que foi produzido pela exploração dos pobres e dos ecossistemas da Terra. Quando adotamos um estilo de vida mais simples e somos mais singelos para com a Terra, podemos nos direcionar para outras fontes de valor e divertimento como relacionamentos, rituais, preces, esportes, literatura, artes e a natureza. Podemos achar novas oportunidades, novos "portões de reverência", que nos ajudarão a nos abrir ainda mais para o Tao.

O empoderamento criativo: re-conectando-se ao Te

Teytey malkutakh
Neste quarto de núpcias onde os desejos dão
frutos
concebamos o poder criativo que nos permite
dizer "Eu posso".
Deixemos o ritmo de vosso ditame reverberar
em nossas vidas
para que nos empodere com vossa visão
criativa
(Interpretação da terceira linha da prece
aramaica de Jesus, do "Pai-nosso").

Maliki yaumadin
Diz-se "Eu posso" quando todos os elementos
se separam e retornam à Fonte,
quando todos os fios entrelaçados do destino
se desembaraçam e todas as falhas são
reparadas.
Quando o Ser, o Universo, aceita a missão de
resolver o irresolvível
(Interpretação da quarta linha do *Sura Fateha*).

O terceiro caminho procura nos re-conectar com o poder intrínseco do *Te* e leva o poder do Tao ao coração de uma maneira que combina a intuição e a compaixão. O *Te* é o poder intrínseco que nos permite ver claramente e agir eficazmente no lugar e tempo certo, que nos permite levantar (como o Malkuta), ir contra tudo e dizer "Eu posso" (ou de resolver aquilo que parece não ter solução). Esse senso de empoderamento nos enche de uma dignidade majestosa e de um senso natural de liderança, características sagradas da Grande Mãe, Gaia, Pachamama. O *Te* também é uma energia criativa pronta a emergir em sincronia com o poder promovedor da vida da Terra.

Nos dois primeiros caminhos estávamos preocupados com nossa abertura para o Tao, com a abertura de espaço, com o processo de deixar para trás preconceitos e desilusões para que pudéssemos nos harmonizar com o propósito, a visão e a dinâmica que se desdobra. Esse terceiro caminho tem um foco mais concreto e é mais preocupado com ações e incorporação (*embodiment*), mas ele também representa um momento decisivo ou de virada, algo análogo à iluminação do ciclo holístico do aprendizado. A palavra *teytey* da prece aramaica de Jesus (o "Pai-nosso") evoca a imagem de um quarto nupcial; num certo nível ela significa "vir", mas em outro ela quer dizer "desejo mútuo, a definição de um objetivo (ou propósito)", "um lugar onde o desejo mútuo se realiza e a geração acontece" (DOUGLAS-KLOTZ, 1990: 20).

Em nossas reflexões vimos como sistemas complexos podem ser muito sensíveis a mudanças; uma pequena alteração nas condições iniciais, um pequeno ajustamento nos processos de reação ou qualquer outra mudança sutil pode ter efeitos consideráveis (como no caso da imagem de uma borboleta que "causa" um tufão no outro lado do planeta). Nesses sistemas, o determinismo dá lugar à criatividade. A chave para a transformação é achar a ação adequada para o tempo e o lugar. Já que há uma sutileza presente na "co-origem dependente", mesmo mudanças pequeninas em nossas percepções, pensamentos ou crenças (e, consequentemente, em como elas afetam nosso discurso, emoções e ações) podem ter um efeito concreto no mundo.

Isso tudo subjaz à sabedoria dos oito caminhos budistas. Junto com a ação correta, discurso correto e modo de vida correto (conduta ética), também achamos a sabedoria necessária (o pensamento correto e a intenção correta) e a disciplina mental (o esforço correto, a visão correta e a concentração correta). Não é apenas *o que* fazemos, mas também o entendimento do que fazemos, nossas intenções e nossa disciplina espiritual, que nos afeta e afeta o mundo ao nosso redor. Podemos ver aqui claramente a ligação entre a *via positiva* e a *via negativa* da práxis transformativa.

Para acharmos a ação correta para o momento, precisamos desenvolver um senso profundo de *intuição*. Se nossas ações vão dar frutos[10], se elas vão ser apropriadas e eficazes, precisamos de bons discernimentos sobre a situação. A análise e a discussão podem certamente nos ajudar nisso, mas a natureza caótica de sistemas vivos (especialmente em tempos de crise quando eles fogem ainda mais do equilíbrio) significa que uma forma de cognição mais holística (a intuição) se torna crucial. Esse discernimento nos dá muita esperança porque a habilidade de implementar mudanças passa a não depender da força bruta, mas das teias sutis de relacionamentos inerentes ao *poder em conjunto* e ao poder de auto-organização do *poder de dentro*.

O desprendimento associado à *via negativa* tem um papel importante para o surgimento da intuição. Danah Zohar e Ian Marshall (1994: 329-330) se inspiraram na teoria quântica de sistemas e observaram que:

---

10. Devemos nos lembrar aqui de nossa discussão anterior sobre como intuir o Tao e a ideia de bem ("madura") ou mal ("verde" ou "podre") no aramaico.

Quando o cérebro primeiro percebe um campo heterogêneo e não consegue entendê-lo completamente com o uso das categorias perceptivas habituais (quer dizer, vê-se face a face com o "irresoluto"), ele o coloca em "suspensão". Todas as informações são estocadas no sistema límbico, o cérebro se engaja num processo de desconstrução que no final leva a uma re-síntese. A desconstrução é como que atingir um estado de indeterminação; ela nos desprende de antigos conceitos e categorias, "decide" olhar as informações de maneira nova. Assim, durante o processo de ressintetização (ou "iluminação"), novos conceitos e categorias evoluem, os quais conseguem integrar a diversidade que desafia o cérebro.

A intuição não pode ser forçada, mas pode ser cultivada. Muitas das práticas descritas pelos dois primeiros caminhos nos ajudam muito em preparar as fundações para ela. Além delas, as artes marciais orientais (especialmente o Tai Chi e o Aikido) bem como o Qigong fazem muito uso e afiam as faculdades intuitivas. O senso cinestético envolvido na movimentação do corpo pelo espaço parece ser um modo poderoso de intuição; a dança sagrada, por exemplo, tem um poder de levar seus praticantes a um estado de profunda conexão com o todo. Piero Ferrucci (1990: 177) nota que:

> Cada movimento da dança sagrada tem um significado que não é apenas compreendido mentalmente, mas também realizado pelo ser (corpo e alma). Os movimentos da dança sagrada podem ter vários sentidos: eles podem inserir os seres humanos na harmonia das esferas celestiais; interconectar os participantes com o Todo; ligar os seres humanos com o mundo divino; representar a progressão de multiplicidade para a união. O giro pode simbolizar o processo de transformação ao redor do Centro do Ser em calmaria etc., mas um entendimento puramente mental é algo incompleto. As realidades representadas na dança sagrada não podem ser completamente expressas por palavras porque ela fala do inefável. Ela tem a função de despertar a intuição e de abrir o organismo para o mundo maior num momento de receptividade acentuada.

A prática de danças sagradas (como da "dança da paz universal" (*dance of universal peace*)) que são por natureza comunais e que fazem uso de antigos mantras também é uma maneira de re-acordar o *poder de dentro* e o *poder em conjunto*. Muitas vezes, o praticante experimenta um senso muito forte de "Eu posso" quando engajado nessas danças. As comunidades envolvidas em ações transformativas podem se beneficiar dessas práticas não apenas porque elas dão vazão a novos discernimentos, mas também estabelecem uma conexão mais profunda entre as pessoas e lhes permite experimentar um senso de empoderamento que vem além de seus próprios "Eus".

Outra maneira de cultivar a intuição é a partir da conscientização da *sincronicidade*, daquilo que Carl Jung chama de "coincidências significativas". Algumas vezes, por exemplo, vemos algo num sonho que mais tarde se manifesta na realidade ou encontramos com uma pessoa em que acabamos de pensar e que não vimos por muitos anos. Nossas reflexões sobre o microcosmo holístico e sobre os sistemas vivos sugeriram que há uma unidade subjacente e profunda no mundo, e que nesse nível a relação entre causa e efeito vão além de nosso entendimento. Para Jung, a sincronia é um tipo de "princípio conectivo não casual". David Peat (1990: 158) explica que Jung acreditava que "há tendências na natureza e padrões conectivos de consciência [...] que não são gerados por causas mecânicas. Isso muitas vezes toma um significado numinoso para nós porque se o universo é impregnado por tendências e padrões significativos, isso sugere que há propósito na natureza". Assim, aquilo que parece ser "estranhas coincidências" na verdade são avenidas que podem nos levar a vislumbrar o profundo propósito que se desdobra através da complexa dinâmica de causalidade recíproca. Jung entendeu que as sincronicidades são a prova da "ordenação significativa", do Tao, Dharma ou Malkuta.

Prestar atenção nessas "coincidências significativas" (sincronicidades) ajuda no desenvolvimento da intuição. Isso gera um tipo de conscientização que quando aplicado no contexto da comunidade pode ser muito amplificado e servir de recurso para discernimentos criativos e novas formas de ação.

Jung acreditava igualmente que as artes de divinação, como o *I Ching* (O livro das mutações), um texto e prática enraizados no taoismo, podiam nos ajudar a tomar consciência da causalidade recíproca e facilitar o discernimento intuitivo. Para fazer uso de oráculos, o participante precisa primeiro formular a questão sobre a qual quer ajuda claramente. A questão deve ser aberta para que não caia na dicotomia do sim ou do não. Assim, depois de purificar suas intenções e entrar num estado meditativo e consciente, o participante joga moedas ou palitos para poder construir um hexagrama (*kanji*) que corresponde a uma das 64 combinações possíveis de *yin* e *yang*. O hexagrama (que na verdade é resultado de dois padrões, um que representa a situação atual e outro de que ela se transforma) é aí consultado no livro do *I Ching*. Há um pequeno texto acompanhando cada hexagrama dando conselhos de acordo com a situação. Normalmente, o texto é enigmático e requer uma maior contemplação para fazer sentido.

Isso pode parecer "supersticioso" à primeira vista, mas está de acordo com o entendimento da teoria de sistema, descrito pela analogia holográfica, sobre a causalidade e a relação entre a mente e a matéria. Por exemplo, Jung Young Lee (1971: 87) salienta que no *I Ching* "os princípios de mudanças [...] pressupõe um relacionamento de causa e efeito. O processo de transformação é um processo de transição de causa para efeito e de efeito para causa". Quer dizer, o processo é baseado no entendimento de causalidade recíproca ou "co-origem dependente". David Peat (1991: 186) nota que, do ponto de vista do microcosmo holístico entrelaçado em conexões não locais:

> Se a mente e o corpo humano pudessem entrar em comunhão direta com esse oceano ativo de informações, teriam acesso a formas e tendências que transcendem os limites entre interior e exterior, mente e matéria; ou seja, teria acesso a sincronicidades. Os sábios chineses deram seu próprio entendimento sobre sincronicidades no *I Ching*. Nosso mundo manifesto, eles disseram, é a reflexão de uma realidade profunda que existe fora do domínio temporal. As sincronicidades são momentos embriônicos que contêm as potencialidades dobradas dessa realidade transcendente. Pela contemplação de tendências, as quais podem ser discernidas em certos momentos especiais, é possível se desdobrar as potencialidades que se manifestam no universo. Da mesma maneira, a visão do universo como um vasto oceano de informações sugere que podemos acessar nele certas imagens que contêm alusões sobre a realidade transcendente do universo.

Da perspectiva do Tao, "o caminho que pode ser enveredado ou descrito não é o verdadeiro Tao [...] porque o Tao engloba um princípio profundo e elusivo [...] Jung reconheceu isto como parte da própria natureza do *I Ching*; quer dizer, seu princípio interior o move constantemente *para além de condições causais* do momento" (PROGOFF, 1973: 29). A chave para a eficácia do método que explora nossas faculdades intuitivas para acessar uma gama de informações complexas é nosso próprio estado mental. Jung Young Lee (1971) compara a atitude perfeita àquela do artista taoísta que só começa a pintar retratar atingiu uma união contemplativa com o objeto que deseja pintar; o indivíduo consulta o *I Ching* apenas depois de ter purificado seu coração da intenção de dominar e de ter se unificado sinceramente com a procura da verdade.

O *I Ching* é geralmente usado por indivíduos como uma ferramenta para discernimentos particulares; assim, seria interessante usá-lo num contexto comunitário ou organizacional. Por exemplo, pelo uso de métodos de análise e reflexão tradicionais, um grupo pode chegar a uma questão (ou série de questões) que quer discernir. Os participantes do grupo poderiam utilizar o *I Ching* na procura de ajuda; depois eles poderiam se reunir novamente e partilhar os oráculos recebidos e suas reflexões sobre eles. Essas reflexões do grupo podem enriquecer a experiência, e, com o tempo, uma imagem mais inclusiva de como proceder pode começar a surgir.

Os sonhos podem ter uma função similar, especialmente se discutidos num contexto grupal. Uma comunidade lidando com um problema específico pode pedir a seus membros para tentar lembrar e anotar seus sonhos durante um período; depois, cada pessoa do grupo pode escolher um sonho que sente ser significativo e partilhá-lo com o grupo. Por exemplo, o trabalho de Jeremy Taylor (1983) nos fornece diretrizes para esse tipo de processo e exemplos concretos de grupos que o utilizaram para acessar o poder da intuição.

De maneira mais geral, podemos dizer que qualquer atividade que estimula nossa criatividade, incluindo as artes e as brincadeiras, pode servir para estimular nossa intuição e facilitar a re-conexão com formas mais sinergéticas de poder. Por um lado, os esforços criativos focam nossa atenção enquanto nos ajudam a suspender a inteligência discursiva e nos engajam em formas mais holísticas de aprendizado. Essas atividades nos libertam das mordaças e das pressões que bloqueiam nossas percepções.

A criatividade pode servir para restaurar nosso senso de visão e de propósito porque ela nos põe em contato com níveis profundos de experiência e nos ajuda a acessar a intuição. Assim, podemos deixar para trás a desilusão e o desespero, bem como as prisões da pré-conceituação e abraçar novas esperanças e possibilidades.

Encarnando a visão: a arte da libertação

Nehwey tzevyyanach aykanna d'bwashmaya aph b'ar'ah
Para que, unidos completamente com o turbilhão de vossos desejos, possamos incorporar a luz do vosso propósito.
Harmonize nossos objetivos e propósitos com o vosso;
A emanação e visão bem como a forma (Interpretação da quarta linha da prece aramaica de Jesus, do "Pai-nosso").

Ihdina sirat almustaquim
Nós lhe suplicamos que nos revele o próximo estágio de harmonia;

Mostre-nos o caminho que diga: "Levante-te,
vá à frente e faça!"
O qual nos ressuscita do adormecimento
entorpecido
e nos leva à realização dos desejos do Coração,
como se fossem estrelas e galáxias em
sincronia e no tempo e na direção certa
(Interpretação da sexta linha do *Sura Fateha*).

A *via transformativa* procura encarnar aquilo que discernimos na *via criativa*; procuramos incorporar o poder do *Te*, "nos levantamos", "prosseguimos"; nos movemos criativamente entre o mundo visionário do *shemaya* e o mundo manifesto do *ar'ah* e fazemos isso de maneira interativa, que reflete a "co-origem dependente". Para fazer isso fiel e responsavelmente, precisamos sempre tentar harmonizar nossos desejos e propósitos com o grande Caminho do Tao. Da perspectiva ecológica, precisamos tentar agir como participantes conscientes da grande comunidade da Terra, precisamos trabalhar para tornar nosso mundo um lugar mais justo e mais harmonioso, bem como promover uma maior diversidade, interioridade e comunhão.

David Spangler (1996) fala desse processo de ir da visão para a incorporação como a arte da *manifestação*, como um processo que combina a visualização, a afirmação e a fé. Podemos entender a manifestação como relacionada à prece; entretanto, ela é muitas vezes associada a técnicas específicas e não envolve necessariamente uma crença em Deus. Contudo, a ideia é similar, quer dizer, para tornar algo realidade devemos ter uma visão clara *daquilo* que desejamos e *pedir* com todo o nosso ser que aconteça. No caso específico da manifestação, o "pedir" normalmente toma a forma de uma afirmação; ou seja, pedimos com tanta fé e confiança que afirmamos nossa vontade, a qual se tornará realidade.

A manifestação pressupõe que procuramos nos enraizar no Tao e discernir as direções corretas (o estagio harmônico que "nos leva à realização dos desejos do Coração") a partir das dinâmicas da *via positiva, via negativa* e *via criativa*, e sua eficácia depende disso. Precisamos tentar assegurar que nossos propósitos e desejos estão em harmonia com os do Caminho, com o propósito que se desdobra e evolui de Malkuta.

Infelizmente, algumas pessoas têm uma visão distorcida da manifestação porque a contaminam com a cosmologia do consumismo. Para elas, a manifestação é simplesmente uma técnica para adquirir aquilo que desejamos. Estes métodos, se fundados na cosmologia mecânica e em nossos próprios desejos egoístas, podem se tornar perigosos porque eles reforçam as desilusões e vícios do consumismo; eles *não* estão de forma alguma em harmonia com o Tao. Essa forma distorcida da manifestação não tem nada a ver com aquilo que Spangler (1996: 37-38) tinha em mente:

> Meu entendimento é que a manifestação tem muito mais a ver com a encarnação (com a nossa transformação e a do mundo) do que com a aquisição. Ela é um ato de amor e de compartilhamento para com o resto da criação caracterizado por dar e receber. Sem essa paixão e presença, ela se torna uma técnica de aquisição sem senso, entorpece nossa vida ao invés de avivá-la.
>
> A manifestação é um ato de confiança. Ela é a alma que jorra no mundo, é como um pescador que joga sua rede para pegar os peixes que quer. Cada tentativa feita acertadamente trará aquilo que precisamos, mas primeiro temos que nos lançar às profundezas sem saber o que vamos encontrar.

Como um ato de encarnação, a manifestação pressupõe um trabalho de purificação de nossos desejos pessoais, pressupõe a prática da invocação, do desprendimento e do empoderamento criativo combinado ao discernimento intuitivo. Só assim a manifestação pode se tornar um ato de abertura para o caminho da libertação transformadora.

Ela também pressupõe um cosmo fundado em relacionamentos que se desdobram do estado primordial de união. Spangler (1996: 18) comenta que "o espírito e a matéria, a alma e a personalidade, a mágica e o trabalho, o extraordinário e o ordinário são aspectos dessa realidade única, do fluxo único de eventos e energia. É a visão e experiência dessa totalidade que queremos cultivar que serve de fonte de poder para nossos atos de manifestação".

Ela assume que o universo é um lugar amigável que se preocupa com o bem-estar da comunidade inteira da Terra, incluindo o nosso. Mas já que ela pode ser entendida como um modo de participação no propósito evolutivo do cosmo, ela se torna cada vez mais eficaz à medida que entramos em mais comunhão com o mundo ao nosso redor.

Normalmente, o método de manifestação é bem simples. Começamos por visualizar o que desejamos; isso presume que não queremos adquirir apenas para ganhos pessoais ou indulgência, mas que já procuramos profundamente pela visão apropriada ao momento. Quando visualizamos tentamos ver o mais claro possível aquilo que queremos ver manifestado; ao mesmo tempo, ela requer uma abertura para o novo, ou seja, o que é realmente requerido não é aquilo que primeiro imaginamos. Se formos muito específicos, especialmente no princípio do processo, podemos sufocar a criatividade e reduzir o poder visionário. Devemos estar abertos a novos discernimentos, novas direções, mesmo quando damos início ao processo de manifestação. Com o passar do tempo, entretanto, devemos conseguir ver claramente o que tentamos manifestar em nossas mentes.

A visualização é essencialmente uma forma de pedir, de tornar claro aquilo que desejamos que aconteça. O próximo passo é a afirmação, quer dizer, criar uma afirmação que reitere a visão. Se eu visualizo uma nova organização trabalhando no restauro do ecossistema local, essa afirmação pode ser algo no gênero de: "Estamos criando uma organização eficaz e promovedora da vida que trabalha no restauro de nosso ecossistema nesse momento crítico". Isto pode parecer muito diferente de pedir, mas é uma maneira de ter fé de que aquilo que desejamos realmente acontecerá.

O terceiro passo, normalmente chamado de "pensamento positivo", significa levar adiante e partir para a ação com uma atitude de confiança e fé de que nossa visão se tornará realidade. Trabalhamos para colocar nossa visão em ação, o que pode ser chamado de manifestação.

Esse tipo de abordagem pode parecer algo estranho no começo. Será que realmente funciona? Vale notar que estes métodos (ou parecidos) têm sido usados com sucesso por atletas e artistas há muitos anos. Por que não funcionariam conosco quando tentamos implementar as mudanças libertadoras?

A eficácia da manifestação pode ser multiplicada quando praticada num contexto organizacional ou comunitário. Por exemplo, cada membro da organização pode começar a formar uma visão daquilo que deseja acontecer. Essas visões podem ser compartilhadas entre o grupo, o qual pode então conceber uma visão coletiva para a organização. Assim, a visão pode ser cada vez mais aprimorada quando passamos a nos perguntar: "O que essa visão significa para futuras gerações?"; "Quais são as consequências dela?"; "O que é necessário para a implementação dessa visão?" O grupo pode visualizar tudo isso de maneira cada vez mais clara procurando os estágios a serem implementados e os problemas a serem evitados. O próximo passo é conceber uma afirmação porque passamos da visão para a atitude de "Eu posso". Finalmente, passamos à manifestação a partir da escolha do time certo e asseguramos que estamos todos sincronizados uns com os outros e que temos a mesma visão. Dhyani Ywahoo (1989: 277-278), chefe *cheroquee*, pacifista e líder espiritual budista, afirma que:

O sucesso vem de ter a ideia claramente em nossas mentes e de se assegurar de que a ideia beneficia outras pessoas (e a grande comunidade da Terra) por sete gerações. Essa ideia está nas mentes das pessoas e não é algo que deve ser imposto a elas. Se sentar e pensar que ela acontecerá porque você a visualiza não é suficiente. Você precisa procurar as conexões certas, precisa conscientemente tirar as ervas daninhas do jardim mental, conscientemente juntar os fundos necessários. A construção de comunidades, de relacionamentos, é algo muito ativo.

David Spangler (1996: 231) afirma que o uso da manifestação no contexto comunitário pode ser uma maneira maravilhosa de ganharmos discernimentos sobre o caráter e trabalhos do grupo, de explorar o contexto holístico no qual a organização funciona e de revelar tendências e interconexões que muitas vezes passam despercebidas. Como uma arte de "encarnação e empoderamento", a manifestação é uma maneira de "nos aprofundarmos em nossa própria perspectiva sistêmica e cocriativa, bem como na de nosso mundo, e de tocar as fontes interiores de poder que realçam a individualidade (ou diferenciação) e os esforços do grupo (ou comunhão)".

A manifestação não é uma técnica, uma fórmula mágica que podemos empregar na procura de resultados, mas uma arte que requer uma sintonia de corpo e alma com a realidade. A arte da manifestação *não* é baseada na premissa de que podemos fazer algo acontecer pelo simples *pensar*. Ao invés disso, a atitude-chave é a *presença* e Spangler (1996: 83) usa a imagem de uma solução supersaturada para explicar isso. Nós primeiro precisamos "ferver" nossas "percepções, expectativas, hábitos, histórias e futuros normais" para que percam a força que têm sobre nossa consciência. Depois, "nesse momento de potencialidade saturada" uma imagem aparece, uma visão particular que serve de semente para uma nova realidade. O importante é se *apresentar* para essa nova imagem, deixar a imagem aparecer para que surja na realidade a partir do processo de manifestação.

Da perspectiva de sistemas vivos, podemos entender a manifestação como uma arte que tenta formar novos "atratores" levando o sistema a uma nova forma. Do ponto de vista de campos mórficos, podemos entendê-la como uma maneira de criar novos campos que facilitam a formação de novos hábitos pelo fenômeno de ressonância mórfica. E de acordo com a analogia holográfica, aquilo que procuramos pode já existir de forma dobrada e potencial no holofluxo. A manifestação é uma maneira de se criar tendências, de gerar as condições e energias necessárias para "reorganizarmos nossas vidas de acordo com a tendência que procuramos". Segundo esse entendimento, "não *adquirimos* o que desejamos, nós nos *tornamos* nele" (SPANGLER, 1996: 46-47).

Para ser bem-sucedida, a manifestação deve ser infusa pelo espírito de generosidade e de abundância. Precisamos ir além de nós mesmos, das limitações de nossos egos, e abraçar um "eu" mais inclusivo, inspirar-se nas forças tecidas nas profundezas de nosso ser *e* "de tudo no mundo [...]; essas profundas energias criativas dão forma e existência a tudo. Assim sendo e neste nível, a manifestação representa a arte da encarnação" (SPANGLER, 1996: 6).

Os ensinamentos da prece de Jesus podem complementar e enriquecer nosso entendimento desse processo de visão à encarnação. Mt 7,7, que normalmente é traduzido como "Pedi, e dar-se-vos-á; buscai, e encontrareis; batei, e abrir-se-vos-á", é uma passagem muito instrutiva especialmente se considerarmos a tradução expandida do aramaico (DOUGLAS-KLOTZ, 2006: 51-53):

> Peça intensamente –
> como se fosse uma linha gravada diretamente para o objeto que deseja;
> reze com vontade –
> como se interrogasse sua própria alma sobre
> seus mais profundos e obscuros desejos;
> e você receberá em abundância –
> não apenas o que desejou, mas também aquilo que o sopro primordial lhe trouxe –
> o amor, o lugar que lhe trará frutos
> e onde você se tornará parte do poder gerador e amoroso do universo.
>
> Procure ansiosamente –
> do interior de seus desejos a incorporação exterior;
> permita àquilo que lhe devora e consome interiormente lhe levar a um ato de paixão –
> não importa quanto materialista ou indefinido seu objetivo possa parecer primeiramente;
> você achará realização
> no impulso carnal de alcançar o propósito e vê-lo acontecer.
> Como uma primavera sem fim, você ganhará uma força
> profundamente inerte depois de cada esforço –
> como o poder gerador da terra depois de cada nova estação.

Bata inocentemente –

como se estivesse fincando uma tenda ou tocando claramente uma nota musical

jamais ouvida antes.

Crie espaço dentro de si para receber a força que soltar;

se consagre –

a purificação das esperanças e medos obscuros

torna isso mais fácil,

a resposta natural para o espaço criado,

que vai de acordo com a contração/expansão do universo;

é o preenchimento tranquilo e sem problemas –

da mesma maneira como o cosmo se abre e se fecha ao redor das palavras de nossos desejos satisfeitos.

Quando vamos da visão para a ação, também precisamos nos lembrar que as ações têm que estar de acordo com o Tao. Como já notamos anteriormente, a força de nossas ações são menos importantes que sua adequação ao tempo e ao lugar. Ao mesmo tempo, a *maneira* pela qual agimos faz toda a diferença. Há uma passagem no *Tao Te Ching* (§ 78) muito apropriada aqui; ela evoca a imagem da água que desgasta a pedra pela persistência, pelo fluxo que abraça ao invés de ir contra. Assim, não é a força que triunfa, mas a persistência e o uso de energia de acordo com o fluxo natural do Tao.

A filosofia baseada no ceder para suceder é muito utilizada, muitas vezes com resultados impressionantes, pelas artes marciais orientais. Por exemplo, o Aikido e o Tai Chi (os quais são quase que exclusivamente defensivos por natureza) usam a força do oponente para desviar o ataque. Ao invés de usar força contra força (*yang* com *yang*), o indivíduo cede de maneira controlada e sutilmente re-dirige a força colocando o oponente fora de balanço, causando assim a queda do agressor.

O Aikido se baseia muito no princípio de "se misturar" com as energias do agressor. No Aikido, o defensor entra no movimento de ataque de maneira profunda. Isso não tem a intenção de machucar, mas de causar a identificação e a "mistura" com o agressor. A "mistura" requer um tipo de empatia com o oponente, requer ver o mundo da sua maneira. Esta nova perspectiva pode levar à compaixão, permitindo assim ao praticante de Aikido de re-dirigir a energia agressiva do agressor para uma resolução não violenta. Esses mesmos princípios podem ser utilizados em nosso dia a dia, em agressões verbais ou físicas (SAPOSNEK, 1985: 182).

O Aikido aplica essencialmente uma abordagem sistemática que inclui a noção de causalidade mútua. Os praticantes dessa arte marcial se veem num contexto, veem-se como parte de um sistema total que inclui os desafiantes e fatores de tempo e espaço. Eles se colocam no centro dessa dinâmica de interações. O axioma central de resposta é "vire quando empurrado, entre quando puxado", produzindo assim movimentos esféricos ao invés de lineares. Quando faz isso, o praticante emprega um tipo de causalidade mútua; Saposnek (1985: 180-181) comenta que: "A rápida mistura de forças torna o relacionamento de causa e efeito indistinguível e demonstra apenas a circularidade de uma mistura de forças empregadas na solução de um problema mútuo". O sucesso dessa estratégia depende do desprendimento de maneiras de pensar lineares e forçosas e de agir de outro modo, de acordo com o *yin*, com a intuição. Um problema para os iniciantes dessa arte marcial é que continuam a usar o pensamento linear e a força. Para se tornar bem-sucedidos, eles precisam relaxar e deixar para trás maneiras habituais e reflexivas de fazer as coisas, precisam acreditar que resultados positivos virão se o indivíduo fizer uso da intuição e se mover de acordo com o fluxo.

De maneira similar, o físico David Peat (1990: 163) argumenta que precisamos achar um novo estilo de trabalho para a implementação de mudanças, o qual ele chama de "ação gentil". Ao invés de procurarmos isolar problemas individualmente, analisar situações específicas e só depois propor soluções, a "ação gentil" tenta operar o sistema de maneira gentil e não localizada e se baseia na "sensível e cuidadosa observação e num instinto gentil de equilíbrio e harmonia". Peat (1991: 220; 222-223) argumentou que:

> A "ação gentil" é global. Ela surge da natureza e da estrutura total de um problema. Ela não lida somente com problemas práticos, como o preço do petróleo ou a eficiência de uma fábrica, mas também com a qualidade de vida, os valores e a ética. A "ação gentil" começa de maneira coordenada e inteligente numa variedade de situações. Ela se move, converge-se ao redor de um problema como ondulações ao redor de um ponto. Ela não funciona por força e energia bruta, mas pela modificação dos processos que geram e sustentam efeitos danosos ou indesejados [...].

> A "ação gentil" [...] dá uma nova dimensão à ideia de ação social [...]. Assim como a célula e o organismo podem ser representados como um bailado de significado e comunicação, o mesmo pode ser dito do indivíduo e da sociedade [...]. Isso sugere que a origem de ações eficazes podem estar com o público, em indivíduos, nos membros de um grupo e em seus valores, ética, objetivos e desejos.

A imagem de ondulações num lago salienta a necessidade de uma rede de ações num nível global. Enquanto muitas obras podem ocorrer localmente, nossos pensamentos *e* ações devem englobar o local *e* o global. A combinação das ondulações alcançando vários lugares multiplica os efeitos das nossas ações por causa da ressonância, especialmente se trabalharmos de maneira a combinar nossos propósitos e diversidade de manifestações.

Outro modo de encarnarmos a práxis transformadora é por meio de nosso próprio trabalho. A maioria de nós passa grande parte das horas em que estamos acordados trabalhando, seja esse trabalho assalariado ou tarefas diretamente relacionadas à nossa sobrevivência, à de nossa família ou comunidade. Precisamos mudar de uma perspectiva de "emprego" (uma ideia reducionista e mecânica que tende a separar o trabalho e a vida) para outra centrada em "meio de vida" (que entende o trabalho como sempre relacionado com a "Grande Reviravolta").

O "meio de vida" correto significa em primeiro lugar parar de causar danos a outros; precisamos parar de nos engajar em trabalhos que exploram o planeta e outros seres humanos. Todo trabalho, todas as nossas atividades, devem promover a manutenção da vida e/ou o processo de transformação que nos levará a um mundo mais justo e sustentável.

Isso significa que cada um de nós deve escolher cuidadosamente sua *vocação*, nosso propósito único em meio ao propósito que se desenrola no universo, o Tao. Se nos referirmos ao *Sura Fateha* (linha 5), podemos assegurar que estamos realmente desenvolvendo nossas habilidades para servir "apenas àquilo que é real" e o que fazemos venera "a profunda Fonte de toda a Vida"!

Em termos práticos, cada um de nós precisa discernir como podemos colocar nossos dons, paixões e habilidades a serviço da libertação. Para isso precisamos nos perguntar: O que me causa mais raiva e tristeza? O que me preocupa mais? Ao mesmo tempo, precisamos também nos conectar com nossas paixões e fontes de alegrias: O que mais amo fazer? Com quais talentos e dons posso contribuir? Quando refletimos sobre tudo isso, podemos descobrir discernimentos profundos que nos aconselham sobre nosso propósito e razão de ser, sobre a parte que temos no cosmo; assim nos perguntamos: O que posso fazer para combinar minhas preocupações, interesses e paixões de forma concreta para ajudar na implementação de transformações?

Obviamente, quando consideramos essas questões ainda precisamos achar maneiras de nos sustentar, bem como a nossas famílias. Isso pode significar que temos que reorientar nossas vidas gradualmente ou procurar oportunidades para atuar como voluntários fora de nosso trabalho regular ou "emprego". O importante é ter tempo para discernir onde e como podemos melhor trabalhar para trazer a "Grande Reviravolta" ao mundo e achar maneiras para nos movermos, progressivamente, nessa direção.

Em todas as nossas ações, precisamos nos lembrar que seremos mais eficazes quando trabalharmos com outros construindo comunidades em sinergia com o *poder em conjunto*. Certamente, a comunidade pode tomar várias formas. Ela pode ser uma organização dedicada a um problema específico, a um ecossistema, ou um grupo de pessoas; ela pode ser uma comunidade de fé; ou ela pode ser simplesmente nossa vizinhança, vilarejo ou cidade. Contudo, quando refletimos sobre a comunidade, devemos sempre procurar expandir nossa visão para que inclua a comunidade biótica da qual somos parte.

Mas o trabalho em conjunto pode nos apresentar vários desafios. Uma comunidade não pode ser fundada em relacionamentos opressivos ou na desigualdade de poder ou respeito se ela quiser ser verdadeiramente libertadora. Precisamos de um novo tipo de comunidade, um tipo fundado na mutualidade, no engajamento comum visando o crescimento e em ações transformativas que estão em comunhão com a comunidade da Terra da qual somos parte. Os entendimentos de consenso e participação que exploramos durante nossa discussão sobre o biorregionalismo podem servir como diretrizes para o tipo de comunidade que queremos construir no futuro.

Precisamos também expandir nosso senso de comunidade, conectarmo-nos solidariamente com aqueles que se preocupam como nós ou que se esforçam para gerar comunidades sustentáveis. Necessitamos criar comunidades de comunidades, redes que englobam regiões inteiras ou mesmo o planeta.

À medida que construímos comunidades e trabalhamos em solidariedade com outros, também criamos um contexto para nossas ações assim como possibilidades de ajuda mútua. Como vimos, quando trabalhamos em conjunto podemos realçar nossa capacidade de "entrar" no vazio pleno de possibilidades a partir do uso de práticas meditativas, do aprofundamento de nossa intuição e do enriquecimento de visões e manifestações. Quando nos conectamos a outros, podemos explorar o potencial de "ações gentis"; ou seja, podemos agir de "maneira sutil e global enquanto tentamos restaurar a harmonia por meio de correlações gentis" (PEAT, 1990: 164).

O sustento enquanto trabalhamos

Hawvlan lachma d'sunqanan yaomana
Washboqlan khaubayn (wakhtahayn) ayakana
daph khnan shbwoqan l'khayyabayn.
Wela tahlan l'nesyuna, ela patzan mim bisha.
Metol dilakhie malkuta wahayla wateshbukhta
l'ahlam almin. Ameyn.
Que possamos gerar com paixão e alma
o sustento e o entendimento que precisamos
para o próximo passo.
Deixando para trás os erros do passado e nos
desprendendo de esperanças frustradas,
enquanto libertamos outros e lhes
restauramos aquilo que lhes foi usurpado.
Não nos embaracemos nas teias da desilusão
ou nos percamos em distrações e
esquecimentos
que nos desviam de nosso propósito,
mas nos iluminem as oportunidades de todo
momento.
Porque do vosso solo fértil vem uma visão
que nos dá força,
uma energia vital que cria e sustenta,
uma canção harmoniosa que ilumina maravilhas.
Por gerações, permita que isso seja verdade
(Interpretação da quinta à oitava linha da
prece aramaica de Jesus, o "Pai-nosso").

Sirat alladhina na'amta 'alayhim
ghayril maghdubi "alayhim wa laddalin.
A órbita de todo o ser no universo é cheia de
encantos.
Quando ela se move conscientemente,
suspira em maravilha frente à expansão e à
abundância.
Este não é o caminho da frustração, raiva ou
aborrecimento,
que acontece somente quando perdemos
temporariamente nosso caminho e nos
esgotamos; vagamos muito longe
da Fonte do Amor
(Interpretação da sétima linha do *Sura Fateha*).

Quando trabalhamos para a libertação pelos quatro caminhos, precisamos sempre nos lembrar que, apesar de nossos melhores esforços em agir e em nos enraizar no Tao, não há garantias de que qualquer ação ou iniciativa será bem-sucedida. Por causa da natureza de sistemas complexos, nunca podemos estar absolutamente certos de que aquilo que fazemos é a ação mais apropriada para o tempo e o lugar. O melhor que podemos fazer é tentar nos enraizar cada vez mais no Tao, nos harmonizar com o propósito evolutivo de Malkuta. De acordo com o ciclo holístico do aprendizado, precisamos sempre nos lembrar de verificar, de tentar ver se produzimos os frutos desejados. De fato, algumas vezes aprendemos mais com nossos fracassos do que com nossos sucessos e essas lições podem enriquecer e informar futuras ações (*práxis*).

Mas precisamos ser cuidadosos mesmo aqui. O que realmente conta como sucesso? Aquilo que à primeira vista parece não dar frutos, com o passar do tempo pode provar ser algo extremamente fértil, enquanto aquilo que parece ser fecundo pode definhar com o tempo. Precisamos cultivar uma atitude saudável e desprendida de resultados imediatos. Vandana Shiva observa que:

> Eu aprendi com o Bhagavad Gita e com outros textos da minha cultura que preciso me desprender dos resultados das minhas ações porque eles estão fora de meu poder. O contexto não está sobre nosso controle, mas nosso compromisso está; podemos nos comprometer profundamente e com total desprendimento dos resultados. Você quer um mundo melhor, você molda suas ações e se responsabiliza por elas, mas você se desprende. Essa combinação de paixão e desprendimento profundo sempre me permite enfrentar o próximo desafio porque eu não me paraliso, eu não me apego, eu funciono como um ser livre [...]. Eu penso que precisamos celebrar a vida e substituir o medo e a desesperança com coragem e alegria (apud KORTEN, 2006: 357-358).

Precisamos sempre dar um passo de cada vez, procurando sustento e sabedoria para o estágio atual da jornada. Precisamos também nos desprender dos erros do passado e das esperanças frustradas, tomando cada dia como um novo começo. A *via negativa* é muito importante para isso: devemos aprender com o passado e devemos nos desprender das decepções e desilusões (desespero, negação, opressão internalizada e vícios) do passado que podem nos desviar de nosso propósito.

Ao mesmo tempo, devemos nos lembrar de que a luta pela libertação é algo sério, mas isso não quer dizer que precisamos ser solenes. Se nossas ações vão ser eficazes, elas precisam ser infusas com divertimentos e alegrias inerentes a todos os esforços criativos, incluindo os do cosmo. A brincadeira está no centro de nossa humanidade, como vimos em nossa discussão na *neotenia*. Se não nos lembrarmos disso, em pouco tempo nos sentiremos sem energia e deprimidos. A *via positiva* (o caminho da celebração, maravilha e respeito, o caminho da lembrança e da re-conexão com a fecunda Fonte de tudo), assim como a brincadeira e o humor, pode se associar à *via criativa* e ter um papel importante no sustento de nossos esforços para uma comunidade da Terra mais justa e sustentável.

A alegria, a celebração e a brincadeira capturam algo que subverte muito a dinâmica de controle do sistema dominante; a música, a dança e a gargalhada estão no centro dos esforços pela vida. Por exemplo, na Colômbia e em meio a uma das situações mais violentas do planeta, os ativistas de direitos humanos sabem o valor de sair à noite para dançar e isso lhes re-conecta com a profunda Fonte da vida e lhes inspira a continuar a lutar por suas causas; alguns deles chamam isso de "dançando a revolução".

À medida que vamos mais a fundo e nos engajamos com a renovação da Terra, poderemos achar em nossas comunidades e em nossa re-conexão com o cosmo uma nova fonte de alegria que jorra do aprofundamento de nossa compaixão. Joanna Macy (1983: 32) se refere a isso com o uso do termo budista *muditha*, "a alegria na alegria dos outros", que surge a partir do compartilhamento de nossos dons e poderes na luta. À medida que nos conectamos mais profundamente uns com os outros e com o cosmo, o poder dessa alegria é imbatível. No final, é esse poder (essa energia vital que cria e sustenta, essa canção que nos ilumina de maravilhas) que causará a "Grande Reviravolta" e uma nova era para a humanidade e o planeta Terra.

Continuando a jornada

O Tao da libertação é por natureza apenas um passo num caminho que se desenrolará com o tempo. Se você estiver interessado em continuar a explorar as ideias presentes aqui, visite, por favor, o website do livro (www.taoofliberation.com). Nos próximos meses, esperamos tornar disponíveis recursos que facilitarão uma discussão mais profunda de certos temas e questões que introduzimos neste texto. Por exemplo, estamos planejando desenvolver um guia de estudos para grupos que desejam refletir sobre este livro e examinar as implicações dele para suas vidas e para a práxis transformadora.

Vale notar também que Mark Hathaway está trabalhando para formar um novo centro participativo de pesquisas que continuará a aprofundar os temas explorados aqui e partilhar seus discernimentos com o público. Esse centro se esforçará para conectar ativistas e acadêmicos, coletará estudos e explorará visões de um futuro sustentável e caminhos para uma autêntica libertação. Se você estiver interessado em participar desse projeto e contribuir com seu trabalho, visite, por favor, o website do centro, *The Centre for Transformative Ecology* (www.centreco.org).

Referências

ADAMS, P. (1991). *Odious Debts*: Loose Lending, Corruption, and the Third World's Environmental Legacy. Toronto: Probe International.

ARC (2009). *Alliance of Religions and Conservation* [Disponível em http://www.arcworld.org/].

ARENDT, H. (1970). *On Violence*. Nova York: Harcourt Brace Jovanovich.

ASSAGIOLI, R. (1965). *Psychosynthesis*: A Manual of Principles and Techniques. São Francisco: Aquarian.

ATHANASIOU, T. (1996). *Divided Planet*: The Ecology of Rich and Poor. Boston: Little Brown.

AYRES, E. (1999). *God's Last Offer*: Negotiating a Sustainable Future. Nova York: Four Walls Eight Windows.

_____ (1998). "The Fastest Mass Extinction in Earth's History". *World Watch Magazine*, set.-out., p. 6-7. Washington, DC.: Worldwatch Institute.

AYRES, E. (org.) (2002). "Matters of Scale". *World Watch Magazine*, jan.-fev., p. 23. Washington, DC.: Worldwatch Institute.

_____ (1999). "Just a minute". *World Watch Magazine*, jul.-ago, p. 39. Washington, DC.: Worldwatch Institute.

BAKAN, J. (2004). *The Corporation*: The Pathological Pursuit of Profit and Power. Toronto: Viking.

BARROW, J.D. & TIPLER, F.J. (1986). *The Anthropic Cosmological Principle*. Nova York: Oxford University Press.

BARROWS, A. (1995). The Ecopsychology of Child Development. In: ROSZAK, T.; GOMES, M. & KANNER, A. (orgs.). *Ecopsychology*: Restoring The Earth, Healing the Mind. São Francisco: Sierra Club.

BERMAN, M. (1981). *The Reenchantment of the World*. Ithaca, NY: Cornell University Press.

BERMAN, T. (1993). "Towards an Integrative Ecofeminist Praxis". *Canadian Woman Studies*, 13, p. 15-17.

BERRY, T. (1999). *The Great Work*: Our Way Into the Future. Nova York: Bell Tower.

BERRY, T. & SWIMME, B. (1992). *The Universe Story: From the Primordial Flaring Forth to the Ecozoic Era* – A Celebration of the Unfolding of the Cosmos. São Francisco: Harper.

BERRY, W. (1988). "The Work of Local Culture". *The 1988 Iowa Humanities Lecture*. Iowa City: Iowa Humanities Board.

BOCHTE, B. (org.) (1990). *Canticle to the Cosmos*: Study Guide. São Francisco: Tides Foundation.

BOFF, L. (2008a). *Essential Care*: An Ethics of Human Nature. Waco, Tex.: Baylor University Press.

_____ (2008b). *Evangelho do Cristo cósmico* – A busca da unidade do Todo na ciência e na religião. Rio de Janeiro: Record.

_____ (2000). *Holy Trinity, Perfect Community*. Maryknoll, NY: Orbis.

BOHM, D. & PEAT, F.D. (1987). *Science, Order, and Creativity*, Toronto: Bantam.

BRITTO GARCIA, L. (1990). "Guaicaipuro Cuauhtémoc cobra la deuda a Europa". *El National*, 18/10. Caracas [Disponível em http://www.kaosenlared.net/ noticia/suederia-si-guaicaipuro-cuauhtemoc-cobra-deuda-europa – Acesso em jun./2009].

BROWN, L.R.; FLAVIN, C. & POSTEL, S. (1991). *Saving the Planet*: How to Shape an Environmentally Sustainable Global Economy. Nova York: W.W. Norton.

BROWN, L.R. et al. (1997). *State of the World*: 1997. Nova York: W.W. Norton.

_____ (1994). *State of the World*: 1994. Nova York: W.W. Norton.

BUNCH, C. (1987). *Passionate Politics: Essays, 1968-1986* – Feminist Theory in Action. Nova York: St. Martin's.

BUNTING, I. (1999). "The Heart of Africa". *Internationalist Magazine*, 309 [Disponível em http:// www.newint.org/features/1999/01/01/anticolonialism].

BUNYARD, P. (2000). "Fiddling While the Climate Burns". *Ecologist*, 30, p. 48-49.

CAPRA, F. (2002). *The Hidden Connections*: Integrating the Biological, Cognitive, and Social Dimensions of Life into Science of Sustainability. Nova York: Doubleday.

_____ (1996). *The Web of Life*: A New Scientific Understanding of Living Systems. Nova York: Doubleday.

_____ (1982). *The Turning Point*: Science, Society, and the Rising Culture. Nova York: Simon & Schuster.

CAPRA, F. & STEINDL-RAST, D. (1991). *Belonging to the Universe*: Explorations on the Frontiers of Science and Spirituality. São Francisco: Harper.

CHANG, L. (org.) (2006). *Wisdom for the Soul*: Five Millennia of Prescriptions for Spiritual Healing. Washington: Gnosophia.

CHATTERJEE, P. (1997). "Conquering Peru: Newmont's Yanacocha Mine Recalls the Days of Pizarro". *Multinational Monitor*, vol. 18, n. 4, abr.

CHOMSKY, N. (1989). *Necessary Illusions*: Thought Control in Democratic Societies. Montreal: CBC Enterprises.

COMMONER, B. (2002). "Unravelling the DNA Myth: The Spurious Foundation of Genetic Engineering". *Harper's Magazine*, fev.

CONLON, J. (1994). *Earth History, Sacred Story*, Mystic, Conn.: Twenty-Third.

CONN, S.A. (1995). When the earth hurts, who responds? In: ROSZAK, T.; GOMES, M. & KANNER, A. (orgs.). *Ecopsychology*: Restoring the Earth, Healing the Mind. São Francisco: Sierra Club.

DALY, H.E. (2008). "The Crisis: Groundbreaking Economist, Herman Daly, Zeroes in on the Root Cause of Our Financial Meltdown". *Adbusters*, 19/11. [Disponível em http://www.adbusters.org/magazine/81/the_crisis.html – Acesso em jan./2009].

_____ (1996). *Beyond Growth*: The Economics of Sustainable Development. Boston: Beacon.

DALY, H.E. & COBB JR., J.B. (1989). *For the Common Good*: Redirecting the Economy toward Community, the Environment, and a Sustainable Future. Boston: Beacon.

DALY, N. (1994). "Ravaging the Redwood: Charles Hurwitz, Michael Milken and the Costs of Greed". *Multinational Monitor*, set. [Disponível em http://www.essential.org/monitor/hyper/issues/1994/09/mm0994_07.html].

DANKELMAN, I. & DAVIDSON, J. (1988). *Women and the Environment in the Third World*: Alliance for the Future. Londres: Earthscan.

DAVIES, P. (1988). *The Cosmic Blueprint*: New Discoveries in Nature's Creative Ability to Order the Universe. Nova York: Simon & Schuster.

DEVALL, B. & SESSIONS, G. (1985). *Deep Ecology*: Living as if Nature Mattered. Layton, UT: Peregrine Smith.

DILLON, J. (1997). *Turning the Tide*: Confronting the Money Traders. Ottawa: Canadian Centre for Policy Alternatives.

DOUGLAS-KLOTZ, N. (2006). *Blessings of the Cosmos*: Benedictions from the Aramaic Words of Jesus. Boulder, Col.: Sounds True.

_____ (1999). *The Hidden Gospel*: Decoding the Spiritual Message of the Aramaic Jesus. Boulder, Col.: Sounds True.

_____ (1995). *Desert Wisdom*: Sacred Middle Eastern Writings from the Goddess through the Sufis. São Francisco: Harper.

_____ (1990). *Prayers of the Cosmos*: Meditations on the Aramaic Words of Jesus. São Francisco: Harper & Row.

DREHER, D. (1990). *The Tao of Inner Peace*. Nova York: Harper Collins.

DURNING, A.T. (1995). Are We Happy Yet? In: ROSZAK, T.; GOMES, M. & KANNER, A. (orgs.). *Ecopyschology*: Restoring the Earth, Healing the Mind. São Francisco: Sierra Club.

DUVE, C. (1995). *Vital Dust*: Life as a Cosmic Imperative. Nova York: Basic.

DYCHTWALD, K. (1982). Reflections on the Holographic Paradigm. In: WILBER, K. (org.). *The Holographic Paradigm e Other Paradoxes*: Exploring the Leading Edge of Science. Boulder, Col.: Shambhala, p. 105-113.

DYSON, F. (1979). *Disturbing the Universe*. Nova York: Harper & Row.

EINSTEIN, A. (1995). *Out of My Later Years*. Secaucus, NJ: Citadel.

ELGIN, D. (1993). *Awakening Earth*: Exploring the Evolution of Human Culture and Consciousness. Nova York: William Morrow.

FABEL, A. & ST. JOHN, D. (orgs.) (2003). *Teilhard in the 21st Century*: The Emerging Spirit of the Earth. Maryknoll, NY: Orbis.

FENG, G.-F. & ENGLISH, J. (1989). *Tao Te Ching*. Nova York: Vintage.

FERGUSSON, M. (1987). *The Aquarian Conspiracy*: Personal e Social Transformation in Our Time. Los Angeles: J.P. Tarcher.

FERRUCCI, P. (1990). *Inevitable Grace – Breakthroughs in the Lives of Great Men and Women*: Guides to Your Self-realization. Los Angeles: J.P. Tarcher.

_____ (1982). *What We May Be*: Techniques for Psychological and Spiritual Growth. Los Angeles: J.P. Tarcher.

FITZGERALD, J. & FITZGERALD, M.O. (2005). *The Sermon of All Creation*: Christians on Nature. Bloomington, Ind.: World Wisdom.

FLANNERY, T. (2001). *The Eternal Frontier*: An Ecological History of North America and its Peoples. Nova York: Atlantic Monthly.

FOUCAULT, M. (1980). *Power/Knowledge*: Selected Interviews and Other Writings 1972-1977. Nova York: Pantheon.

FOX, M. (1994). *The Reinvention of Work*: A New Vision of Livelihood for Our Time. São Francisco: Harper.

_____ (1991). *Creation Spirituality*: Liberating Gifts for the Peoples of Earth. São Francisco: Harper.

_____ (1983). *Original Blessing*: A Primer in Creation Spirituality. Santa Fé, N.W.: Bear.

FOX, M. & SHELDRAKE, R. (1996a). *Natural Grace*: Dialogue on Creation, Darkness, and the Soul in Spirituality and Science. Nova York: Doubleday.

_____ (1996b). *The Physics of Angels*: Exploring the Realm Where Science and Spirit Meet. São Francisco: Harper.

FOX, W. (1990). *Towards a Transpersonal Ecology*: Developing New Foundations for Environmentalism. Boston: Shambhala.

GARDNER, G. (2006). *Inspiring Progress*: Religions' Contribution to Sustainable Development. Washington, DC: Worldwatch Institute.

_____ (2001). "The Virtue of Restraint: Is There Such a Thing as Too Much Choice?" *World Watch*, 14, p. 12-18.

GLENDINNING, C. (1995). Technology, Trauma, and the Wild. In: ROSZAK, T.; GOMES, M. & KANNER, A. (orgs.). *Ecopyschology*: Restoring the Earth, Healing the Mind. São Francisco: Sierra Club.

GOLDSMITH, E. (1998). *The Way*: An Ecological World-view. Athens, GA: University of Georgia Press.

GOMES, M. & KANNER, A. (1995). The Rape of the Well-maidens: Feminist Psychology and the Environmental Crisis. In: ROSZAK, T.; GOMES, M. & KANNER, A. (orgs.). *Ecopyschology*: Restoring the Earth, Healing the Mind. São Francisco: Sierra Club.

GORBACHEV, M. (2001). "The World: Nature Will Not Wait". *World Watch*, 14, p. 4-5.

_____ (1987). *Perestroika*: New Thinking for Our Country and the World. Londres: Collins.

GORE, A. (2000). *Earth in the Balance*: Ecology and the Human Spirit. Boston: Houghton Mifflin.

GOULD, S.J. (1977). *Ontogeny and Phylogeny*. Cambridge, Mass: Belknap Press of Harvard University Press.

GRAHAM, C. (1998). "Will the Public Expect Global Economy to Self-Destruct?" *The CCPA Monitor*, jul.-ago., p. 20-21. Ottawa: Canadian Centre for Policy Alternatives.

GREENWAY, R. (1995). The Wilderness Effect and Ecopsychology. In: ROSZAK, T.; GOMES, M. & KANNER, A. (orgs.). *Ecopyschology*: Restoring the Earth, Healing the Mind. São Francisco: Sierra Club.

HAUGHT, J.F. (1993). *The Promise of Nature*: Ecology and Cosmic Purpose. Nova York: Paulist.

HAWKEN, P. (1993). *The Ecology of Commerce*: A Declaration of Sustainability. Nova York: Harper Collins.

_____ (1975). *The Magic of Findhorn*. Nova York: Harper & Row.

HAWKING, S.W. (1998). *A Brief History of Time*: From the Big Bang to Black Holes. Nova York: Bantam.

HEIDER, J. (1986). *The Tao of Leadership*: Leadership Strategies for a New Age. Nova York: Bantam.

HEINBERG, R. (1999). *Cloning the Buddha*: The Moral Impact of Biotechnology. Wheaton, Ill.: Quest.

HENDERSON, H. (1996). *Building a Win-win World*: Life beyond Global Economic Warfare. São Francisco: Berrett-Koehler.

HERBERT, N. (1993). *Elemental Mind*: Human Consciousness and the New Physics. Nova York: Dutton.

HERMAN, E.S. & McCHESNEY, R.W. (1997). *The Global Media*: The New Missionaries of Corporate Capitalism. Washington: Cassell.

HESSEL, D.T. & RUETHER, R.R. (orgs.) (2000). *Christianity and Ecology*: Seeking the Well-being of Earth and Humans. Cambridge, Mass.: Harvard University Press.

HEYNEMAN, M. (1993). *The Breathing Cathedral*: Feeling Our Way into a Living Cosmos. São Francisco: Sierra Club.

HILLMAN, J. (1996). *The Soul's Code*: In Search of Character and Calling. Nova York: Random House.

HO, M.-W. (1999). "One Bird – Ten Thousand Treasures". *Ecology*, 29, p. 339-340.

HOUSTON, J. (1982). *The Possible Human*: A Course in Extending Your Physical, Mental, and Creative Abilities. Los Angeles: J.P. Tarcher.

INAYAT KHAN, H. (1983). *The Music of Life*. Nova Lebanon, NY: Omega.

JANTSCH, E. (1980). *The Self-organizing Universe*: Scientific and Human Implications of the Emerging Paradigm of Evolution. Oxford: Pergamon.

JOSEPH, L.E. (1990) *Gaia*: The Growth of an Idea. Nova York: St. Martin's.

JOY, B. (2000). "Why the Future Doesn't Need Us". *Wired Magazine*, abr. [Disponível em em http://www.wired.com/wired/archive/8.04/joy.html].

KAIHLA, P. (2007). *The Village That Could Save the Planet* [Disponível em http://money.cnn.com/2007/09/26/technology/village_saving_planet.biz2/ – Acesso em 27/09/07].

KANNER, A. & GOMES, M. (1995). The All-consuming Self. In: ROSZAK, T.; GOMES, M. & KANNER, A. (orgs.). *Ecopyschology*: Restoring the Earth, Healing the Mind. São Francisco: Sierra Club.

KARLINER, J. (1997). *The Corporate Planet*: Ecology and Politics in the Age of Globalization. São Francisco: Sierra Book Club.

KHEEL, M. (1990). Ecofeminism and Deep Ecology. In: DIAMOND, I. & FEMAN ORENSTEIN, G. (orgs.). *Reweaving the World*: The Emergence of Ecofeminism. São Francisco: Sierra Book Club.

KHOR, M. (1990). *The Uruguay Round and Third World Sovereignty*. Penang, Mal.: Third World Network.

KOLB, D.A. (1984). *Experiential Learning*: Experience as the Source of Learning and Development. Englewood Cliffs, NJ: Prentice-Hall.

KORTEN, D. (2006). *The Great Turning*: From Empire to Earth Community. São Francisco: Berrett-Koehler.

_____ (1999). "The Post-corporate World". *Yes Magazine*, 9, p. 12-18.

_____ (1995). *When Corporations Rule the World*. West Hartford, Conn.: Kumarian.

LASN, K. (1999). *Culture Jam*: The Uncooling of America. Nova York: Eagle.

LECLERC, E. (1977). *Le "Cantique des creatures" ou lês Symboles de l'union, um analyse de Saint François d'Assise*. Paris: Fayard.

LEE, J.Y. (1971). *The Principle of Changes*: Understanding the I Ching. New Hyde Park, NY: University.

LEMKOW, A.F. (1990). *The Wholeness Principle*: Dynamics of Unity within Science, Religion, and Society. Wheaton, Ill.: Quest.

LERNER, M. (1986). *Surplus Powerlessness*: The Psychodynamics of Everyday Life and the Psychology of Individual and Social Transformation. Oakland, Cal.: Institute for Labor and Mental Health.

LITTLE, B. (2000). "Century of Productivity, Inequality". *The Globe and Mail*, 17/04. Toronto.

LOVELOCK, J. (2006). *The Revenge of Gaia*: Why the Earth is Fighting Back and How We Can Still Save Humanity. Londres: Penguin.

_____ (1988). *The Ages of Gaia*: A Biography of Our Living Earth. Nova York: W.W. Norton.

LOVINS, A.B. & LOVINS, L.H. (2000). "A Tale of Two Botanies". *Wired Magazine*, abr [Disponível em http://www.wired.com/wired/archive/8.04/botanies_pr.html].

MACY, J.R. (1995). Working through Environmental Despair. In: ROSZAK, T.; GOMES, M. & KANNER, A. (orgs.). *Ecopyschology*: Restoring the Earth, Healing the Mind. São Francisco: Sierra Club.

_____ (1991a). *Mutual Causality in Buddhism and General Systems Theory*: The Dharma of Natural Systems. Albânia: State University of New York Press.

_____ (1991b). *World as Lover, World as Self*. Berkeley, Cal.: Parallax.

_____ (1983). *Despair and Personal Power in the Nuclear Age*. Filadélfia: New Society.

MACY, J. & BROWN, M.Y. (1998). *Coming Back to Life*: Practices to Reconnect Our Lives, Our World. Gabriola Island, BC: New Society.

MARGULIS, L. (1998). *Symbolic Planet*: A New Look at Evolution. Nova York: Basic.

MAY, R. (2007). *Love and Will*. Nova York: W.W. Norton.

McKIBBEN, B. (1998). *Maybe One*: A Personal and Environmental Argument for Single-child Families. Nova York: Simon & Schuster.

McLEOD, M. (2006). "And a Life Created Continents..." *New Scientist Magazine*, 2.544, 24/03.

MEADOWS, D.; MEADOWS, D. & RANDERS, J. (2004). *The Limits of Growth*: The 30-year Update. White River Junction, Vt: Chelsea Green.

_____ (1992). *Beyond the Limits*: Confronting Global Collapse, Envisioning a Sustainable Future. Post Mills, Vt.: Chelsea Green.

METZNER, R. (1995). The Psychopathology of the Human-Nature Relationship. In: ROSZAK, T.; GOMES, M. & KANNER, A. (orgs.). *Ecopyschology*: Restoring the Earth, Healing the Mind. São Francisco: Sierra Club.

MIES, M. (1986). *Patriarchy and Accumulation on a World Scale*: Women in the International Division of Labour. Londres: Zed.

MIES, M. & SHIVA, V. (1993). *Ecofeminism*. Halifax, NS: Fernwood.

MILANOVIC, B. (1999). *True World Income Distribution, 1988 and 1993* – First Calculations, Based on Household Surveys Alone. Vol. 1. [s.l.]: The World Bank.

MITCHELL, A. (2009). *Sea Sick*: The Global Ocean in Crisis. Toronto: McClelland & Stewart.

MITCHELL, S. (trans.) (1988). *Tao Te Ching*: A New English Version. Nova York: Harper & Row.

MOLTMANN, J. (1993). *Doutrina ecológica da criação*. Petrópolis: Vozes.

MOTIAR, A. (2004). "The Path of Submission and the Renewal of the Sacred Balance: An Islamic Perspective". *Scarboro Missions*, abr., p. 11.

MULLER, C. (trans.) (1997). *Tao Te Ching* [Disponível em http://mindgazer. org/tao – Acesso em 25/07/06].

NADEAU, R. & KAFATOS, M. (1999). *The Non-local Universe*: The New Physics and Matters of the Mind. Nova York: Oxford University Press.

NAESS, A. (1989). *Ecology, Community, and Lifestyle*: Outline of an Ecosophy. Nova York: Cambridge University Press.

NHAT HANH, T. (1997). *The Miracle of Mindfulness*: A Manual on Meditation. Boston: Beacon.

NICKERSON, M. (1993). *Planning for Seven Generations*: Guideposts for a Sustainable Future. Hull, PQ: Voyageur.

NORBERG-HODGE, H. (1999). "The Match of the Monoculture". *Ecologist*, 29, p. 194-197.

NOZICK, M. (1992). *No Place like Home*: Building Sustainable Communities. Ottawa: Canadian Council on Social Development.

O'MURCHU, D. (1997). *Quantum Theology*: Spiritual Implications of the New Physics. Nova York: Crossroad.

ORR, D. (1999). "Verbicide". *Conservation Biology*, vol. 13, n. 4, ago., p. 696-699.

PEAT, F.D. (1994). *Lighting the Seventh Fire*: The Spiritual Ways, Healing, and Science of the Native American. Nova York: Birch Lane.

———— (1991). *The Philosopher's Stone*: Chaos, Synchronicity, and the Hidden Order of the World. Nova York: Bantam.

_____ (1990). *Einstein's Moon*: Bell's Theorem and the Curious Quest for Quantum Reality. Chicago: Contemporary.

_____ (1987). *Synchronicity*: The Bridge between Matter and Mind. Toronto: Bantam.

PERLIN, J. (2005). *A Forest Journey*: The Story of Wood and Civilization. Woodstock, Vt.: Countryman.

PITTS, G. (2009). "$2-trillion Loss: Being Billionaire is a Lot Lonelier This Year". *The Globe and Mail*, 11/03.Toronto.

PLANT, J. (1990). Searching for Common Ground: Ecofeminism and Bioregionalism. In: DIAMOND, I. & ORENSTEIN, G.F. (orgs.). *Reweaving the World*: The Emergence of Ecofeminism. São Francisco: Sierra Club, p. 155-161.

PRIGOGINE, I. & STENGERS, I. (1984). *Order out of Chaos*: Man's Dialogue with Nature. Boulder, Col.: Shambhala.

PROGOFF, I. (1973). *Jung, Synchronicity, and Human Destiny*: Noncausal Dimensions of Human Experience. Nova York: Julian.

REAGAN, M. (org.) (1999). *The Hand of God*: A Collection of Thoughts and Images Reflecting the Spirit of the Universe. Atlanta, GA. Lionheart.

RENSCH, B. (1959). *Evolution above the Species Level*. Nova York: Columbia University Press.

ROCKEFELLER, S.C. (1996). *Principles of Environmental Conservation and Sustainable Development*: Summary and Survey [Disponível em http://www. earthcharterinaction.org/invent/details.php?id=272 – Acesso em 13/07/09].

ROCKHILL, K. (1992). *Dis/connecting Literacy and Sexuality*: Speaking the Unspeakable in the Classroom [man.].

ROSZAK, T. (1999). *The Gendered Atom*: Reflections on the Sexual Psychology of Science. Berkeley, Cal.: Conari.

_____ (1995). Where Psyche Meets Gaia. In: ROSZAK, T.; GOMES, M. & KANNER, A. (orgs.). *Ecopsychology*: Restoring the Earth, Healing the Mind. São Francisco: Sierra Club.

_____ (1992). *The Voice of the Earth*. Nova York: Simon & Schuster.

RUETHER, R.R. (1992). *Gaia and God*: An Ecofeminist Theology of Earth's Healing. São Francisco: Harper.

RUSSELL, L.M. (1974). *Human Liberation in a Feminist Perspective*: A Theology. Filadélfia: Westminster.

SALE, K. (2001). "There's no Place Like Home". *Ecologist*, 31, p. 40-43.

_____ (1985). *Dwellers in the Land*: The Bioregional Vision. São Francisco: Sierra Club.

SAMPAT, P. (1999). "Earth's Stocks Down By One-Third". *World Watch Magazine*, vol. 12, n. 4, p. 8-9.

SANDERSON, F. (2004). "A Mutually Caring Relationship: An Aboriginal Perspective". *Scarboro Missions*, abr., p. 12.

SAPOSNEK, D. (1985). Aikido: A Model for Brief Strategic Therapy". In: HECKLER, R.S. (org.). *Aikido and the New Warrior*. Berkeley, Cal.: North Atlantic, p. 178-197.

SAUL, J.R. (1995). *The Unconscious Civilization*. Concord, ON: House of Anansi.

SCHARPER, S.B. (1997). *Redeeming the Time*: A Political Theology of the Environment. Nova York: Continuum.

SCHELER, M. (1926). *Wesen und Formen der Sympathie*. Bonn: Friedrich Cohen.

SEED, J. et al. (1988). *Thinking like a Mountain*. Filadélfia: New Society.

SEWALL, L. (1995). The Skill of Ecological Perception. In: ROSZAK, T.; GOMES, M. & KANNER, A. (orgs.). *Ecopyschology*: Restoring the Earth, Healing the Mind. São Francisco: Sierra Club.

SHARMA, T.R. (2004). "Hinduism". *Scarboro Missions*, abr., p. 13.

SHELDRAKE, R. (1995). *The Variability of Physical Constants* [Disponível em http://www.sheldrake.org/experiments/constants/ – Acesso em 21/08/06].

_____ (1990). *The Rebirth of Nature*: The Greening of Science and God. Londres: Century.

_____ (1988). *The Presence of the Past*: Morphic Resonance and the Habits of Nature. Nova York: Times.

SHIVA, V. (1993). *Monocultures of the Mind*: Perspectives on Biodiversity and Biotechnology. Penang, Mal./Londres: Third World Network/Zed.

_____ (1989). *Staying Alive*: Women, Ecology, and Development. Londres: Zed.

SLIKER, G. (1992). *Multiple Mind*: Healing the Split in Psyche and World. Boston: Shambhala.

SPANGLER, D. (1996). *Everyday Miracles*: The Inner Art of Manifestation. Nova York: Bantam.

SPRETNAK, C. (1990). Ecofeminism: Our Roots and Flowering. In: DIAMOND, I. & ORENSTEIN, G.F. (orgs.). *Reweaving the World*: The Emergence of Ecofeminism. São Francisco: Sierra Club.

STARHAWK (1987). *Truth or Dare*: Encounters with Power, Authority, and Mystery. São Francisco: Harper & Row.

SUZUKI, D. & DRESSEL, H. (2002). *Good News for a Change*: Hope for a Troubled Planet. Toronto: Stoddart.

SUZUKI, D. & KNUDTSON, P. (1992). *Wisdom of the Elders*: Honoring Sacred Native Visions of Nature. Nova York: Bantam.

SUZUKI, D. & McCONNELL, A. (1997). *The Sacred Balance*: Rediscovering Our Place in Nature. Vancouver, BC: Greystone.

SWIMME, B. (2001). "Comprehensive Compassion", *Enlightenment Magazine*, 19, primavera/verão.

_____ (1997). "Human Soul and the Cosmic Heart". *Lecture at the University of St. Michael's College*, 26/06. Toronto.

_____ (1996). *The Hidden Heart of the Cosmos*: Humanity and the New Story. Maryknoll, NY: Orbis.

_____ (1985). *The Universe Is a Green Dragon*: A Cosmic Creation Story. Santa Fé, NM: Bear.

TALBOT, M. (1991). *The Holographic Universe*. Nova York: Harper Perennial.

TAYLOR, J. (1983). *Dream Work*: Techniques for Discovering the Creative Power in Dreams. Nova York: Paulist.

TEILHARD DE CHARDIN, P. (1964). *Le milieu divin*: An essay on the interior life. Londres: Collins Fontana.

TOLKIEN, J.R.R. (1999). *The Fellowship of the Ring*: The Lord of the Rings – Part I. Londres: Harper Collins.

TOOLAN, D. (2001). *At Home in the Cosmos*. Maryknoll, NY: Orbis.

TORRES, R.M. (1986). *Educación popular* – Un encuentro con Paulo Freire. Lima: Tarea.

TOYNBEE, A. (1972). *Diario ABC*, [s.n.], p. 10-11. Madri.

UNITED CHURCH CANADA (2007). *Living Faithfully in the Midst of Empire*: Report to the 39th General Council. Toronto: United Church of Canada.

WALSH, R. (1984). *Staying Alive*: The Psychology of Human Survival. Boston: Shambhala New Science Library.

WASKOW, A. (1997). "Sacred Earth, Sacred Earthling". *Gnosis*, 33, p. 58-62.

WEBER, R. (1982). The Physicist and the Mystic – Is a Dialogue between Them Possible? A Conversation with David Bohm". In: WILBER, K. (org.). *The Holographic Paradigm and the Other Paradoxes*: Exploring the Leading Edge of Science. Boulder, Col.: Shambhala, p. 187-214.

WELWOOD, J. (1982). The Holographic Paradigm and the Structure of Experience. In: WILBER, K. (org.). *The Holographic Paradigm and the Other Paradoxes*: Exploring the Leading Edge of Science. Boulder, Col.: Shambhala, p. 127-135.

WHITE, F. (1998). *The Overview Effect*: Space Exploration and Human Evolution. Reston, Va.: American Institute of Aeronautics and Astronautics.

WIENER, N. (1950). *The Human Use of Human Beings*. Nova York: Houghton Mifflin.

WILBER, K. (1996). *A Brief History of Everything*. Boston: Shambhala.

WILBER, K. (org.) (1985). *Quantum Questions*: Mystical Writings of the World's Great Physicists. Boston/Londres: Shambhala.

WILSON, E.O. (2002). *The Future of Life*. Nova York: Alfred A. Knopf.

_____ (1971). *The Social Insects*. Cambridge, Mass.: Harvard University Press.

WINTER, D. (1996). *Ecological Psychology*: Healing the Split Between Planet and Self. Nova York: Harper Collins College Publishers.

WORLDWATCH INSTITUTE (2007). *Vital Signs 2006-2007*: The Trends That Are Shaping Our Future. Nova York: W.W. Norton.

YOUNG-SOWERS, M.L. (1993). *Spiritual Crisis*: What's Really Behind Loss, Disease, and Life's Major Hurts. Walpole, NH: Stillpoint.

YWAHOO, D. (1989). Renewing the Sacred Hoop. In: PLASKOW, J. & CHRIST, C. (orgs.). *Reweaving the Visions*: New Patterns in Feminist Spirituality. Nova York: Harper Collins.

ZOHAR, D. & MARSHALL, I. (1994). *The Quantum Society*: Mind, Physics, and a New Social Vision. Nova York: William Morrow.

Leitura suplementar

ANDRUSS, V. et al. (orgs.) (1990). *Home*: A Bioregional Reader. Filadélfia: New Society.

ASSAGIOLI, R. (1973). *The Act of Will*. Baltimore: Penguin.

BERMAN, M. (1989). *Coming to Our Senses*: Body and Spirit in the Hidden History of the West. Nova York: Simon & Schuster.

BERRY, W. (1992). *Sex, Economy, Freedom, and Community*. Toronto: Random House.

BIEHL, J. (1991). *Rethinking Ecofeminist Politics*. Boston: South End Press.

BOFF, L. (2006). *Francis of Assisi*: A Model of Human Liberation. Maryknoll, NY: Orbis.

_____ (1998). *Holy Trinit, Perfect Community*. Maryknoll, NY: Orbis.

_____ (1997). *Cry of the Earth, Cry of the Poor*. Maryknoll, NY: Orbis.

_____ (1995). *Ecology and Liberation*: A New Paradigm. Maryknoll, NY: Orbis.

BRECHER, J.; CHILDS, J.B. & CUTLER, J. (orgs.) (1993). *Global Visions*: Beyond the New World Order. Boston: South End Press.

EISLER, R. (1987). *The Chalice and the Blade*: Our History, Our Future. São Francisco: Harper & Row.

HUXLEY, L.A. (1975). *Between Heaven and Earth*: Recipes for Living and Loving. Nova York: Farrar, Straus and Giroux.

LAZLO, E. (1989). *The Inner Limits of Mankind*: Heretical Reflections on Today's Values, Culture, and Politics. Londres: Oneworld.

LOWE, D. & EISLER, R. (1987). "Chaos and Transformation: Implications of Nonequilibrium Theory for Social Science and Society". *Behavioral Science*, 32, p. 53-65.

NACHMANOVITCH, S. (1990). *Free Play*: Improvisation in Life and Art. Los Angeles: J.P. Tarcher.

PEOPLE-CENTRED DEVELOPMENT FORUM (1993). *Economy, Ecology, and Spirituality*: Toward a Theory and Practice of Sustainability. Quezon City, Fil.: Asian NGO Coalition.

PLASKOW, J. & CHRIST, C. (1989). *Weaving the Visions*: New Patterns in Feminist Spirituality. São Francisco: Harper & Row.

RIFKIN, J. (1991). *Biosphere Politics*: A New Consciousness for a New Century. Nova York: Crown.

SUZUKI, D. & KNUDSON, D. (1992). *Wisdom of the Elders*: Honoring Sacred Native Visions of Nature. Toronto: Stoddart.

SWIMME, B. (1985). *The Universe is a Green Dragon*: A Cosmic Creation Story. Santa Fé, NM: Bear.

TART, C.T. (1989). *Open Mind, Discriminating Mind*: Reflections on Human Possibilities. São Francisco: Harper & Row.

TUCKER, M.E. (2003). *Worldly Wonder*: Religions Enter Their Ecological Phase. Chicago: Open Court.

WATTS, A. (1975). *Tao*: The Watercourse Way. Nova York: Pantheon.

WEISSMAN, R. (1996). "Grotesque Inequality". *Multinational Monitor*, set., p. 6.

WILLIAMS, R. & STOCKMYER, J. (1987). *Unleashing the Right Side of the Brain*. Lexington, Mass.: Stephen Greene.

Índice analítico

ação transformadora 469-473
- e a teoria de Gaia 370s.
- no centro e nas margens 494s.
acaso 250, 380, 385, 387
Acordo Multilateral de Investimentos 83
Adam 433
água
- exaustão dos aquíferos 54-56
- falta de 55s.
agricultura
- apoiada pela comunidade 483
- começo do patriarcado 120s.
- corporações transnacionais 84s.
- guerra 121
- irrigação 54
- piora na qualidade dos alimentos 34
- produção predatória 121, 129
- sementes híbridas 74
- sustentável 15
- transgênicos 15, 84s.
Aikido 517s.
alfabetização ecológica 500
álgebra de Grassman 272
aliança das religiões pela conservação 460
alma
- e a Terra 209
- humana como algo imortal 217
América Latina
- cultura de sobrevivência na 145-148
amor
- e o cuidado para com a comunidade da vida 416s.
analogia holográfica 271s., 274s., 320, 509

Anaxágoras
- e átomos 222
Anderson, R. 496
androcentrismo 118
anima mundi 201, 204, 370, 386
animais
- como máquinas complexas 219s.
animismo quântico 266s.
antropocentrismo
- capitalismo global 126-134
- ecologia profunda 113s.
- meio ambiente 111
- origens 119-126
- patriarcado 117
aprendizado
- experimental 489
- mimético 490
- transmissão do 310
Aquino, T.
- bondade divina no universo 435
- visão animista 217
Arendt, H. 137
Aristóteles
- alma 217
- Deus como eterno movedor 230
- economia *vs.* chrematística 94s.
- *entelechy* 286, 319
artes marciais 508, 517
Assagioli, R.
- psicossíntese 192s.
- visão e ação 474
Athanasiou, T. 82
atitude antropo-harmônica 116
atomismo 235
átomo 222, 241, 252s.
atrator(es) 294s., 320, 337-339, 387, 438
ausência de matéria, de objetos 248, 251-258
auto-organização 288, 297s., 313, 376
- biosfera 365s., 368-370
- nova política 488

autopoiesis 289s., 390s.

Ayres, E.
- controle corporativo da informação 159s.
- percepção da realidade 208
- vício 151

bacia de atração 294

Bacon, F. 225s.

bactéria
- biosfera 363s.
- teia bacteriana 296s.

Bakan, J.
- corporações como pessoas 87

Bateson, G.
- ética do ótimo 403
- mente como processo 296s.
- teoria de sistemas 287s.

beleza
- acordar para a 184-186
- caminho da 407

Bell, J.
- conexões não locais 259

Bell
- teorema de 259s., 274, 300, 311s.

Berman, M.
- aprendizado mimético 490
- consciência participativa 243, 265
- corpo e mente 267
- desencantamento progressivo 205
- entendimento alquímico do mundo 217
- entendimentos e ações transformadoras 474s.
- ética do ótimo 403
- quantificação 233s.
- surgimento do tempo linear 234
- visão ancestral do mundo 217

Berry, T.
- biocídio/ecocídio/geocídio 398, 422
- cosmologia animista 203
- ecopsicose 169
- energia no vácuo 264

- entendimentos e ações transformadoras 474
- lei dos limites 402
- nascimento do cosmos 348s.
- princípio cosmogênico 387-397
- seres humanos e Terra 114
- sonho da Terra 405
- transformação humana 399
- universo como Grande Eu 403
- visão do futuro 19, 34
- visão mecânica do mundo 216

Berry, W.
- comunidades locais 484
- humanidade e meio ambiente 111

Big-bang 260, 346-351

biocídio 398

biologia
- hábitos evolutivos 334
- manutenção biológica 289
- teoria de sistemas 285

biorregionalismo 21, 478-483
- como modelo para a sociedade 44
- economia 480-483

biosfera 363s.

Bochte, B. 389

Boff, L.
- e a Carta da Terra 409

Bogdanov, A.
- tecnologia 286s.

Bohm, D.
- analogia holográfica 271
- holofluxo 272
- ordem *implicativa* e *explicativa* 271, 319s.
- partículas subatômicas 257s.

Bohr, Neils 252, 255, 257

Born, M.
- universo inquieto 262

Boyle, R. 228

Braud, W.
- ligação entre mentes 269

Brenner, S.
- programa genético 329
brincadeira 391
Broglie, L.
- partículas e ondas 253
Brown, L. 16s.
Brown, M.Y. 469, 473
- "Grande Reviravolta" 33, 41, 106
- superação da crise atual 39
budismo
- causalidade 301-304
- espiritualidade ecológica 457s.
Bunch, C.
- superação da opressão 147
Byrd, R.
- prece e cura 269

Caddy, P. 485
Cairns, J.
- evolução com propósito 356
calvinismo
- e capitalismo 236
caos
- teoria do 229
capitalismo global e corporativo
- alternativas 131-134
- antropocentrismo 42, 126-134
- colonialismo 100
- como dominação e exploração 129-131
- como produção predatória 129-131
- comparado ao sistema soviético 88
- desigualdade social 14
- doenças mentais 168
- efeitos 14s.
- exploração da impotência 143s.
- fundações 126-129
- ideologia do crescimento 41
- insustentável 14
- objetivos 13
- patriarcado 42

- selvagem 79s.
- surgimento 13
- vício do consumismo 163-165
- violência 130

Capra, F.
- atividade com propósito da Terra 369
- cibernética 287s.
- consciência 300
- crise de percepção 207
- mundo subatômico 251
- patriarcado e feminismo 117
- sistemas vivos 297
- Sheldrake e a memória 313
- simbiogênese 359
- transformação 296

Carson, R.
- beleza da natureza 500

Carta da Terra 21, 408-417

causalidade
- estatística 261
- e transformação 300-306
- formativa 314
- holística 261
- linear 231
- mútua/recíproca 301-306, 375s., 504

causa
- e efeito 221, 261, 300-304, 384-386, 510

Centre for Transformative Ecology 525

cérebro
- e memória 314s.

Cernan, G. 450

céu
- e terra 253s.

Chadwick, J. 252

Chomsky, N.
- aceitação do capitalismo 154
- aquisição de linguagem 320
- estrangulamento do debate 161

Choquehuanca, D.
- e viver bem 476

chrematística vs. economia 94s.

cibernética 288, 295

ciclo holístico de aprendizagem 490s.

ciências
- como domínio do homem 228-230
- como método de controle 228
- e a ética 226, 229
- e o poder 228
- independente de valores 232

coevolução 360s.
- cooperativa 369s.

colonialismo
- e capitalismo 100, 126-129

combustíveis fósseis
- corporações transnacionais 82
- exaustão dos 55s.

Comissão da Carta da Terra 409

Commoner, B. 327

compaixão
- alimentando a 189s.

complementaridade 277

complexidade
- e sistemas vivos 283
- e transformação 300-306

comunhão
- e consciência 405s.
- e o cosmo 392-397

comunidade 519s.
- e solidariedade 190s.
- local 483s.

comunidade de vida e a Carta da Terra 409, 412-417

Comunidade de gaivotas 493s.

comunidades de visão 341

Condensado de Bose-Einstein 267, 300

conexões não locais 259, 261, 310s.

conhecimento
- como amor e poder 489

Conlon, J.
- beleza e ética 407
- criatividade 194
- participação humana no universo vivo 345

Conn, S.
- e o adormecimento psíquico 170
conscientização 392, 500
consciência 213, 265, 276s., 298s.
- como parte da realidade 275s.
- do universo 266
- e comunhão 405s.
- e natureza 215-217
- e observação 265
- mimética e analítica 244
- participativa 243, 490s.
consenso
- e a nova política 487
consumo
- e depressão 167s.
- necessidade de redução do consumo pelos ricos 68
Copérnico 217s.
cooperação 358-361, 386, 394
co-origem dependente 301-306, 312, 376, 385, 458, 468, 500, 504, 507, 510, 512
corpo
- e espírito; (cf. tb. mente e matéria)
corporações transnacionais
- acordos internacionais de comércio 83
- como pessoas 85-89
- concentração de poder e riqueza 41s., 50, 81s.
- destruição ecológica 83-85
- PAE 83
- poder dos investidores 91s.
corpos negros 247, 247 n.2
cosmo
- cheio de propósito 208s.
- como processo 385
- como processo evolutivo 244s.
- como sistema vivo 331s.
- determinista 214
- morte do cosmo vivo 216-221
- natureza relacional do 393-397
- o acaso 376
- o começo do 347-349
- papel do ser humano no 396-408

- presente em Deus 439-442
- sabedoria do 392-397
- sem propósito 214, 232s.
cosmogênese 346-352, 385, 439s.
cosmologia
- contraste entre a antiga e a nova 383-387
- cosmovisão 43
- criação contínua 263
- de dominação 19, 212-216, 383-387, 467
- de exploração 239-242
- de libertação 19s., 385, 387
- de sistemas vivos 466s.
- dos sufis 274
- e a espiritualidade 422
- e o paradigma 198
- evolutiva 384, 468s.
- holográfica 271-276
- mecânica e a ética 240
- perda da 198-200, 204-206
- pressupostos sobre a realidade 197-199
- propaganda como 165s.
- pseudo 199s., 207
- reducionista 383s.
- transformação 206-210
- visão do mundo 198
cosmologias
- animistas 201s.
- e a caça 201s.
- e espíritos hostis 202
- tradicionais 200-203
cosmovisão; cf. visão do mundo
crescimento
- atração do crescimento ilimitado 67-70
- características da des/ordem global 58-73
- econômico 233s., 238
- falhas 69-72
- insustável 59-67
criação
- como processo contínuo 350
- culturas indígenas e a criação 200s.
- e o Espírito Santo 443-445

criatividade 296s., 384
- ressonância mórfica 337s.
- surgimento da 293-300
Crick, F. 236s.
crise 40
Cristo cósmico 445-448
cristianismo
- e a ecoespiritualidade 431-437
cuidado
- e a comunidade da vida 415-417
cultura
- diferenciação entre cultura e natureza 243
- local 483s.
- modelo biorregional 483-487
cultura global
- como monocultura de mentes 96-100
- falta de diversidade na 98s.
- fragmentação do conhecimento 96s.
- mídia e 96s.
- redução do número de línguas 98s.
- televisão e 97
cura
- e prece 269

Dalton, J. 223
Daly, H.
- crescimento e desenvolvimento 60, 71
- crise do mercado hipotecário de risco 89s.
- falácia do deslocamento do concreto 93s.
- economias constantes 103
- PIB 70
Daly, N. 92
dança sagrada 508
Dança da Paz Universal 508
D'Aquili, E. 428
Darwin, C.
- evolução 237, 338, 354-357, 361s.
- propósito dos organismos 379
- sobrevivência do mais forte 237

Davies, P.
- predestinação e predisposição 351
- Princípio Antrópico Cosmológico 377
Dawkins, R. 238, 379
degradação ecológica
- antropocentrismo 114s.
- como patologia 50
- corporações transnacionais 82-85
- economia global 32
democracia e a propriedade privada 235
Demócrito de Abdera 222s., 271
depressão 167s.
Descartes, R.
- cosmologia de 219, 223
desencantamento 205
desenvolvimento
- como mal desenvolvimento 77-80
- destruição das economias de subsistência 76s.
- distorcido 73-81
- e pobreza 73-76
- reconcebendo o 80-82
- significado de 60
desespero
- empoderamento 186-189
- exploração 239
- impotência 144s., 153s.
design ecológico 15s.
- atitude para com a natureza 15
- comunidades sustentáveis 13
- objetivos do 13s.
- tecnologias do 15s.
design inteligente 362
des/ordem
- características da (dívida e especulação) 88-96
- crescimento ilimitado 58-72
- desenvolvimento distorcido 73-82
- do cosmo 51n.2
- domínio da 81-89
- monocultura de mentes 96-99
- poder como dominação 100-102

- resistência contra a 105-109
- subjugação ao poder corporativo 81-89
desprendimento
- e o caminho da libertação 502-506
destino 238
determinismo 210s., 214, 251, 274-279, 296, 300-303, 330, 340, 384, 507
Deus
- como energia 438
- como espírito 439s.
- como eterno movedor 230, 331s.
- como futuro absoluto 439s.
- como paixão 439
- e o universo 437s.
- na nova cosmologia 437-442
Dharma 26, 301, 341, 362, 376, 402, 422, 448, 458, 464, 496, 509
diafaneidade 441
diferenciação 292, 387-390
dignidade moderna 243
Dillon, J. 89
dinheiro 234, 465
- como indicador de valor 104
- como instrumento
- como riqueza ilusória
- como símbolo
DNA
- lixo/misterioso 328s.
- recombinante 326
Douglas-Klotz, N.
- cosmologia do Oriente Médio 253
- criação no Gênesis 432s.
- práxis libertadora 308
- presença divina no cosmo 448s.
dualidade partícula/onda 253-256, 272s., 277, 384
Dunne, B.
- mente 267
Duve, C.
- imperativo cósmico 413
Dyson, F. 436

Earth Council 409

Eckhart, M. 393, 435

ecocídio 398

ecoespiritualidade; cf. espiritualidade ecológica

ecofeminismo 116-120
- as ciências 129
- capitalismo corporativo global 126-134
- feminismo 116

ecologia
- conexão com a natureza 19s.
- da transformação 43-45
- e a Trindade 442s.
- e justiça 460s.
- e religião 454s.
- integral 411
- profunda; cf. ecologia profunda
- significado do termo 43-45
- social 411

ecologia profunda 111-117, 410
- autorrealização 112
- antropocentrismo 114-116
- igualdade biocêntrica 114s.
- princípios básicos da 112 n.2
- revolução da consciência

ecological footprint; cf. pegada ecológica

economia
- biorregionalismo 480-484
- complexidades da 13
- de subsistência 76s.
- fluxo financeiro 13
- neoliberal 79
- significado do termo 94
- tecnologia 13
- *vs.* "chrematística" 94s.

economia monetária 234

ecopsicologia 167s.
- reconexão com a comunidade da Terra 117-194

ecopsicose 169-177
- criação das crianças 174-176
- gênese da 172-177

- superando a 177-181
- trauma 172-174

Eddington, A.
- substância mental 265
- Teoria Geral da Relatividade 249

educação
- impotência 156-158
- modelo biorregional 488-492
- orientada para o futuro 495

efeito borboleta 296

egoísmo 235-238

Einstein, A.
- constante cosmológica 231s.
- entrelaçamento 259
- experiência do "eu" 178s.
- Teoria da Relatividade 247
- Teoria Quântica 250
- universo quântico 260s.

Elgin, D.
- compressão planetária 45
- entendimentos e ações transformadoras 473s.
- sociedade hierárquica 123

encarnação
- como confirmação da bondade cósmica 435
- e o cosmo 447
- e o Espírito Santo 444
- manifestação 512, 515

energia
- consumo humano de 37
- de zero ponto 262
- e massa 252
- e matéria 248, 251
- e o vazio 262s.
- e quanta 249

entelechy 286, 319

entrelaçamento 251
- quântico 393

escravidão
- e capitalismo 126-128

espaço 261-263
- e tempo 262, 278, 345
- unitário mental 299s.
especialização
- e comunhão 395
especulação
- e o sistema financeiro 89-93
espírito
- e a espiritualidade 423, 426s.
- e a não dualidade 426
- e o cosmo 429s.
- profundeza de 426s.
- sopro da vida 20, 432
Espírito Santo
- e a criação 443-446
- e a encarnação 444
espíritos hostis
- cosmologias tradicionais 202
espiritualidade 423-431
- aborígene e a ecoespiritualidade 456
- biorregional 485
- como modo de ser 427-429
- como parte da realidade 275
- da criação; os quatro caminhos da 496s.
- e a cosmologia 422
- e a religião 422
- ecológica 435s., 449-452
- e o cristianismo 431, 437
- e o espírito 423
- e o todo 423-429
espontaneidade 390s.
ética
- e as ciências 226, 229
- nova base para a ética em comunhão com a Terra 406s.
"Eu"
- sua diferenciação na cultura 243
Evernden, N. 293
evolução 20, 209, 214
- convergente 336
- cooperação e simbiose 358-361, 386, 394

- e a genética 356
- fase explosiva da 338-341
- pontuada 337-340, 357, 468
- propósito 353s.
exaustão dos recursos da terra 53-56
exploração
- cosmologia da 239-243
- desespero 239
exterioridade 424

Faith & the Common Good 461
Feedback loop; cf. processo de reação
felicidade
- e riqueza 236
Felicidade Nacional Bruta (FNB) 471
feminismo
- como crítica do patriarcado 116
- radical 116
- significado do 116s.
- cf. tb. ecofeminismo
Ferguson, M. 472, 504
Ferris, T.
- átomos 251
ferroelectricidade 267
Ferrucci, P.
- concentração 192s.
- dança sagrada 508
- sistema financeiro como um parasita 89-96
Feynman, R. 249
filosofia do ceder
- e as artes marciais 517
Findhorn
- comunidade de 485
Flannery, T.
- coevolução 336
florestas
- destruição das 36, 54s., 37s.
- queda das civilizações 124s.
- tropicais 229, 240, 365, 372, 388, 395, 404
- valor dos produtos florestais 78

FMI; cf. Fundo Monetário Internacional
forma
- e memória 311s.
- e os campos mórficos 337
Forum on Religion and Ecology 461
Foucault, M.
- poder 135, 137
Fox, M.
- espiritualidade da criação 496s.
- escolas de sabedoria 489
Fox, W.
- antropocentrismo 111, 114
- aprofundamento do senso do "eu" 178s.
Franz, M.-L.
- inconsciente coletivo 317
Freire, P.
- opressão e medo 146
Frölich, H. 267
fundamentalismo 454
Fundo Monetário Internacional 78
Furuno, T.
- Método Aigano para o cultivo do arroz 81

Gaia 209
- atividade autorreguladora de 364-369
- campos mórficos 370
- como um organismo vivo 362-373, 410
- forte 368
- fraca 367s.
- imaginário feminino e masculino 371
- inter-relacionamento 395
- moderada 368
- propósito de 379-382
- cf. tb. Terra
galáxias 349, 351
Galileu 218
ganância
- como fonte da pobreza e da degradação ecológica 53
Gandhi
- distribuição de recursos 53

Gardner, G.
- modo de vida Amish 168
gases de efeito estufa 36, 84s.
Genes
- egoístas 238
- e os campos mórficos 329s.
- teoria mecânica dos genes 324-329
genética
- determinismo 323-331
- evolução 356
- ressonância mórfica 324, 337-339
geocídio 398
Glendinning, C.
- trauma e vício 172-174
globalização
- como algo inevitável 50
- dimensão ética da globalização 13
- impactos sociais e ecológicos da globalização 13
- remodelando a globalização 14s.
God net; cf. rede de Deus
God spot; cf. ponto de Deus
Goldsmith, E. 225, 395
- civilização moderna 171
- neodarwinismo 356
- propósito dos organismos 379-382
- reversão da progressão ecológica 398
- satisfação das necessidades 245
Gomes, M.
- biorregionalismo 479
- dependência humana da Terra 176
- dominação 124s.
- vício do consumo 163-165
Goodhall, J.
- ciência machista 229
Gorbachev, M. 33, 409s.
Gore, A.
- *An Inconvenient Truth (uma verdade inconveniente)* 16, 496
- *Climate Project* 16
- mudança climática 496

Gould, S.J. 392
governança e o modelo biorregional 488
Govinda, L. 273
Grassé, P.P. 380
"Grande Reviravolta" 33, 45, 109, 401, 464, 469, 519, 523
Green Cross International 409
Greenway, R. 174
guerra
  - e agricultura 121
Gurwitsch, A.
  - campo morfogenético 329

hábito(s)
  - cósmico 332-335
  - que evoluem 332-335, 468
Hall, B. 356
Haught, J.
  - convite cósmico 382
Hawken, P.
  - controle corporativo das informações 159
  - devastação econômica 86
  - economia global 99
  - recursos econômicos para as mudanças 95-109
Hawking, S.
  - princípio antrópico 436
  - universo sem fronteiras 346s.
Heidegger, M.
  - cuidado 415
Heinberg, R. 324
Heisenberg, W.
  - composição do cosmo 253
  - cosmo como contexto de eventos 276
  - mundo composto por música 253, 257
  - observação 299
Heráclito
  - realidade como dinâmica 222s.
herança 323
Herbert, N.
  - física quântica 250
  - ligação entre mentes 268s.

- mundo físico e a mente 265
- papel do observador 254

Heyneman, M.
- começo do universo 347s.
- desencantamento 205
- excessos do universo 394
- Kant 199
- perda da cosmologia 206
- perda do propósito 232s.
- revolução científica do século XVI 219
- universo sem propósito 208

Hidelberg de Le Mans
- Deus 440

Highwater, J.
- conhecimento dos povos aborígenes 217

Hiley, B. 272

Hill, G.
- dinâmica feminina na sociedade 134

Hillman, J.
- despertar através da beleza 184

hinduísmo
- ecoespiritualidade 456s.

hipotecas de risco
- crise e especulação 90s.

Hobbes, T. 235

holismo quântico 276s.

holofluxo 272-274

holomovimento 272

holons 292

homens
- e as ciências 228s.

homeostase 289

Hurwitz, C. 92

Huxley, A.
- medo e ciência eurocêntrica 228

Huxley, J.
- propósito dos organismos 379

I Ching 509s.

Igreja Católica
- e a justiça ecológica 459s.

Iluminação
- o caminho budista para a 498, 506
império
- des/ordem cósmica 51 n.2
- significado do termo 51 n.2
impotência 42, 135-143
- aversão 144
- desespero 144, 152-154
- dinâmica da 144-154
- excesso de 241
- internalizada 140-147
- medo 145, 187
- negação 144, 147-150
- reiteração sistemática da 154-167
- vício 144s., 150-153
Índice de Progresso Genuíno (IPG) 71s., 108, 471
individualismo 234s., 396
- acumulação de capital 236
indivíduos
- e a transformação 304s.
inseparabilidade 251
inteligência espiritual 429
interioridade 390-341, 426
International Panel on Climate Change 160
intuição 276, 506
- artes marciais 508
invocação
- caminho da libertação 499-501
IPCC; cf. International Panel on Climate Change
IPG; cf. Índice de Progresso Genuíno
irrigação
- salinização 54
Irwin, J.
- ecoespiritualidade 449
Ishq 393, 502
islã
- espiritualidade ecológica 457s.

Jahn, R.
- mente 267

James, O.
- capitalismo e doenças mentais 168
Jeans, J.
- caráter de "sombra" da realidade 270
- cosmo como pensamento 266
- mente e matéria 269s.
Jesus
- conexão com a natureza 434
- ensinamentos da prece de 515s.
João Paulo II
- Deus como Trindade 442
Joy, B.
- tecnologias para controle da vida 101s.
judaísmo
- espiritualidade ecológica 457s.
Jung, C.G.
- coincidências significativas 509
- inconsciente coletivo 317
Jung, Y.L. 509s.

Kafatos, M.
- holismo quântico 278
- partículas que transcendem o tempo 260
Kairos
- Canadian Ecumenical Justice Initiatives 460
Kanner, A.
- biorregionalismo 479
- dependência humana da Terra 176
- dominação 124s.
- vício do consumismo 163-165
Kant, I.
- dever 407
Kepler, J. 218s.
Keynes, J.M.
- especulação 89
Keyserling, H. 192
Kheel, M.
- isolamento masculino 176
Khor, M. 83
Khun, T. 198s.

Koestenbaum, P. 266
Koestler, A.
- holons 292
Korten, D.
- comparando o capitalismo corporativo global e o sistema soviético 88
- consumo 151s., 171
- corporações como pessoas 87
- crescimento e saúde 69
- comportamento humano 104
- desenvolvimento 77
- dinheiro 95
- economias de subsistência 77s.
- ilusão da riqueza 89s.
- império 51 n.2, 106
- PIB 70
- pobreza 68
- visão para o futuro 193
Kropotkin, P.
- cooperação biológica 358
Kwaloy, S.
- sociedade baseada no crescimento industrial 51 n.2

Laplace, P.
- universo determinista 231
Lasn, K.
- corporações como pessoas 85s.
lealdade antecipada 341, 475
Lebow, V.
- vício do consumismo 164
Leclerc, E. 452
leis
- cósmicas 332s.
- eternas 219, 331s.
Lerner, M. 241
- compaixão 190s.
- comunidade 190-192
- impotência 142s., 162
Leucipo
- átomo 222s.

liberdade
- e o bem-estar da sociedade 236
libertação 400s.
- caminho de quatro etapas para a 496-523
- dimensão espiritual da 20
- *Malkutha* 448
- mudança da consciência humana 18
- transformação 27-29
limitação 403
linguagem
- aquisição de 321
Locke, J.
- propriedade privada 235, 238
Lorenz, E.
- efeito borboleta 296
Lovelock, J. 288, 379
- evolução cooperativa 370
- Gaia como organismo vivo 363-369
- Gaia e mudança climática 371-373
- isolamento 176
Lovins, A.B.
- agricultura 85
Lovins, L.H.
- agricultura 85
lúdico; cf. brincadeira
Lugari, P. 493
luxos
- gastando em 236

Macy, J. 469, 500
- ações transformadoras 470s.
- alegria 523
- ameaça de uma guerra nuclear 156
- causalidade 300-305
- consciência 405
- criação do mundo 299
- desespero e empoderamento 187s., 505
- dor 183s.
- Grande Reviravolta 33, 41, 106
- incerteza 148s.

- isolamento 153
- nossa habilidade de superar a crise atual 39
- ordem e diferenciação 292
- poder 136, 138-140
- sistemas vivos 282s.

Mãe Terra 126, 201, 371, 431, 457

Malkuta (aramaico) 341, 362, 375, 407, 422, 426, 447, 464, 496, 496, 506, 509, 512, 522
- significado do termo 26
- Tao 448s., 451, 457

Malthus, T. 358

manifestação 512s., 514s.

Margulis, L. 288
- Gaia como um organismo vivo 363s., 368s.
- simbiogênese 291, 359

Maritain, J.
- despertar 178

Marshall, I.
- inteligência espiritual 429
- intuição 507
- o "eu" 267s.

marxismo
- como crítica do capitalismo 241

Maslow, A. 228

Mason, M. 324s.

massa
- e energia 253

matemática
- e o cosmo 217-221

matéria
- dinâmica da estabilidade 263
- e energia 248, 251
- e espírito 429
- e *mater* 216

matéria escura 351
- reforçando a impotência 158-167

materialismo
- atômico 221-225, 240
- científico 213

Maturana, H. 288s.
- consciência 298
- processo da vida 297s.

May, R.
- cuidado 416
McConnell, A.
- conscientização ecológica 293
- Gaia como um organismo vivo 365s.
McDougall, W. 310
Meadows, D.
- ações transformadoras 496
- crescimento insustentável 62, 64
- mudança de sistemas 470s.
meditação 264, 504s.
memória 273, 297
- campos mórficos 314-323, 335
- cérebro 315s.
- cosmo 468
- forma 312
- na natureza 310, 313, 336s.
- ordem implicativa 311
Mendel, G.
- teoria genética 355
Mendeleyev, D. 223
mental
- substância 265
mente(s)
- como entidades separadas 213, 240
- como holograma 271s.
- cósmica 404
- diferenciação entre a mente e a natureza 240
- e matéria 265-271, 302s.
- imanência da 264-271
- ligação entre 267-269
-mística 428
- realidade quântica 268
- sistemas vivos 284, 298s.
- superior ao corpo 220
- surgimento da 293-300
mercado
- controlando a economia mundial 50s.
Mermin, N.D.
- entrelaçamento quântico 260

método científico 225s.
Metzner, R.
- amnésia coletiva 172
- descrição da ecopsicose 169-171
Michelson-Morley
- experimento 247
microcosmo
- mudança radical em nosso entendimento do 209
mídia,
- bitolando a inadequação 162-164
- controle corporativo da 159s.
- facilitando a negação 159-163
- fragmentação do conhecimento 160
- propaganda 164-167
- vício 163s.
Mies, M.
- agricultura e guerra 121s.
- caça às bruxas 127
- capitalismo e patriarcado 129s.
- começo do patriarcado 120
- divisão do trabalho baseada no sexo e a nova economia 132s.
militarismo 100-102
- impotência 154-156
mito 198, 502
- da criação 199-203
Modernidade
- dignidade moderna 242
- perda da cosmologia 198s.
Monod, J.
- acaso 355
- universo e acaso 206
Morley, E. 247
mórfica, ressonância 314-323, 331, 335, 337, 468
- criatividade 336s.
- genética 337-340
- práxis transformadora 339-342
mórficos, campos 314-323, 330s., 335s., 386
- biologia 325s.
- evolução pontuada 338s.
- forma 337

- organização genética 328-331
- teoria de sistemas 319

mortalidade
- diferenciação 389
- especulação 89s.

movimento pela justiça global 14s.
mudança climática 55, 496
mulher
- caça às bruxas 127s.
- economia de subsistência 76s.
- empoderamento da 70
- exploração da 129
- identificada com a natureza 117
- opressão internalizada 145

Mulher Aranha 200
Multilateral Agreement on Investiment; cf. Acordo Multilateral de Investimentos
Mumford, L. 208
"mundo das margaridas" 368
música
- composições do universo 253, 257

mutualismo 397

Nadeau, R. 260, 278
Naess, A.
- ecologia profunda 112, 116
- expansão do senso do "eu" 181

Nafta; cf. Tratado Norte-americano de Livre Comércio
nascimento cósmico 347-350
natureza
- como algo feminino 225
- controle da 239s.
- e a falta de propósito 213s.
- e a memória 313, 336
- seres humanos como parte da 202
- subjugando a 224-229
- viva 201, 203, 216s.
- visão mecânica da natureza e do cosmo 213

negação
- ecopsicose 169s.

- facilitada pela mídia 159-163
- medo da dor 150
- opressão internalizada 143, 147-150

neodarwinismo 354-359

neotenia 392

Net Primary Production; cf. Produção Primária Líquida

Neumann, J.
- cibernética 287
- mundo físico e mente 265

Newberg, A.
- mente mística 428

Newton, I.
- átomo 222s.
- contexto social 227
- lei da gravidade e as leis do movimento 221
- lei da gravidade e vontade divina 223
- visão do mundo e necessidade de segurança 226s.
- visão matemática do mundo 226s.

Nhat Hanh, T.
- alargamento do "eu" 184
- consciência 500

Nicolau de Cusa
- entendimento do mundo 217

Nickerson, M.
- desenvolvimento 81

Nietzsche, F.
- evolução dos hábitos 333

níveis da realidade
- ordem implicativa e explicativa 271s., 320

Norberg-Hodge, H.
- povo Ladakh na Índia 73s.

Norte, o grande "Norte"
- consumo excessivo do 61, 68s.
- significado do termo 28 n.4

novo
- e diferenciação 389

Nozick, M.
- comunidade 191s.
- cultura e comunidade 484
- economia biorregional 481

NPP; cf. Produção Primária Líquida
nucleossíntese
- e a encarnação 446
números
- e o cosmo 217
Nyerere, J.
- PAEs 80

Obama, B.
- programa político de 17
observação
- científica 254
- consciência 265
observador
- e o observado 255, 277, 386s.
- objetivo do 298
- papel do 249, 254, 266, 276s.
oceanos
- mudanças nos 55
Oikonomia
- renovação da 108s.
- significado do termo 94
Oldenburg, H.
- filosofia masculina 230
O'Murchu, D.
- memória e sistema imunológico 312
- sistemas vivos 282s.
- visão mecânica do mundo 221, 225
ONG; cf. Organização Não Governamental
O Pai-nosso
- versão aramaica 307, 349s.
opressão do patriarcado 119
ordem explicativa; cf. níveis da realidade, explicativo e implicativo
ordem implicativa; cf. níveis da realidade, explicativo e implicativo
organicismo 285, 313, 313 n.2
organismos vivos
- a complexidade dos 283
Organização Mundial do Comércio
- materiais genéticos 98
- permitindo a proteção de patentes para sementes e protestos contra

Organização Não Governamental
- movimento pela justiça global 14s.
- política 14s.
organismos geneticamente modificados 84s.
- cf. tb. agricultura
ozônio, camada 36

Pacific Lumber Company 92
Painel Intergovernamental sobre Mudanças Climáticas
pan-cristicismo 447
panenteísmo 439-441
panteísmo 439
paradigma 198
Parmênides de Elea 222
partículas
- natureza de onda das 252-256
Paticca samuppada 301, 505
patriarcado
- antropocentrismo 119
- como dominação e exploração 129s.
- explorando a impotência 144
- feminismo como crítica do 116
- opressão 118
- origens do 119-125
- poder 135
- cf. tb. antropocentrismo
Pauli, W.
- comportamento dos elétrons 252
- corpo e mente 267
- observação 255
Peat, D.
- ação gentil 518
- Jung e as coincidências significativas 509
- memória 273
- mundo quântico 257, 277
- participação humana no universo vivo 345s.
- sincronicidade 509s.
"pegada ecológica" 61
pensamento
- discursivo 213
- positivo 514

Peirce, C.
- evolução dos hábitos 333
Perichoresis 439-441
Perlin, J.
- devastação florestal e queda das civilizações 124
Persinger, M.
- ponto de Deus 428
PIB; cf. Produto Interno Bruto
Pitágoras, visão do mundo 217
Planck, M.
- mundo quântico 251
Plant, J.
- biorregionalismo 478
Platão 184, 217s., 223, 230, 258, 319, 339
pobreza
- como patologia 50
- crescimento 67-70
- desenvolvimento 73-77
- desigualdade 37s., 52s.
- economia global 32
poder 135
- corporações transnacionais 100s.
- dominação 99-104
- e as ciências 228
- e o patriarcado 135
- poder de dentro 136, 138s.
- poder em conjunto 137-140
- poder sobre 135s., 138s.
- potencial criativo 42
- reconstruindo os relacionamentos de 139
- revisando o entendimento do 135-140
- vontade 192-204
- cf. tb. antropocentrismo; patriarcado
Podolsky, B.
- entrelaçamento 259
política
- modelo biorregional 486s.
ponto
- de bifurcação 295
- de Deus 428
- Ômega 362, 438s., 449

pontos de persuasão 469-474
Popper, K. 250
população
  - controlando o crescimento da 70
  - empoderamento das mulheres 70
práxis transformativa
  - ressonância mórfica 339-341
prece
  - e cura 269
predestinação 351s., 375
predisposição 351s.
preferência
  - pela Terra 29
  - pelos pobres 29
Pribram, K.H.
  - mente 272s.
Prigogine, I. 287
  - estruturas dissipativas 290
  - mudanças nas sociedades complexas 306s.
  - reação galopante 295
Princípio Antrópico Cosmológico 377s., 436
Princípio da Incerteza de Heisenberg 254s., 265, 274
Princípio de Plenitude 481
processo
  - cognitivo e sistemas vivos 295s.
  - de reação 290, 294, 345s.
Produção Primária Líquida 61
Produto Interno Bruto (PIB) 71s.
profeta
  - papel do 472
programação genética 328s.
Programas de Ajustamento Estrutural (PAE)
  - impostos nas nações devedoras 78-80, 90
progresso 233, 238
  - social 238s.
propriedade privada 202, 235
propósito 386
  - e o cosmo 374-382
  - falta de 386
  - humano 382

psique ecológica
- despertar da 177-180
psique humana 425
Puthoff, H.
- estabilidade dinâmica da matéria 262s.

quanta 249
quântica
- física 250
- mecânica 249
quântico
- entrelaçamento 259s.
quantificação do sucesso pessoal 234
quarks 259, 259 n.4, 277
química
- e a evolução de hábitos 334

Ramachandran, V.S.
- ponto de Deus 428
realidade
- composta por átomos 222s., 241
- consciência e espiritualidade como partes da 275
- pressupostos sobre a 198-200
recursos naturais
- consumismo da minoria 55s.
- exaustão dos 53-56
- monopolizados por uma minoria 50
- cf. tb. degradação ecológica
rede de Deus 428
reducionismo 213-216, 222, 231, 234
Rees, W.
- pegada ecológica 61
reestruturação do papel da mulher e do homem 372
reformador
- papel do 472
Regal, P. 325
Reich, W.
- ordem social 145
relacionalidade 251, 257-261, 278, 393s., 455
relatividade
- e o tempo 249

relembrar 500s.

religião
- e a espiritualidade 422
- e seu papel na ecoespiritualidade 453-462

religiões
- papel na conscientização da humanidade para a crise 455s.

Religion, Science & the Environment 462

repressão
- como forma de reforçar a impotência 154s.

respiração 502

ressurreição
- do Cristo cósmico 447

revolução científica 128

riqueza
- acumulação de 20, 237
- e felicidade 236
- ilusória 92s.
- redistribuição de 68s., 202

ritual 502

Rockefeller, S. 410

Rosen, N.
- entrelaçamento 259

Roszak, T.
- Abraham Maslow e as ciências modernas 228
- átomo 223s.
- biologia como disciplina atomística 324
- biologia darwinista 358
- comunidade 192
- consciência 266s.
- crise ecológica e social 111s.
- culpa 180
- ecopsicologia 177
- ecopsicose e a criação dos filhos 175s.
- "eu" ecológico 488
- industrialização urbana 171
- inserção de motivos em organismos 237
- meio ambiente artificial 174
- papel tradicional das mulheres 229
- partículas e Teoria das Supercordas (*superstring theory*) 253
- Princípio Antrópico Cosmológico 377s.

- princípio de plenitude 481
- propósito do universo vivo 346
- pseudocosmologia 213, 215
- relacionalidade 258
- universo morto 240

Ruah (espírito em hebraico) 20, 432

Ruether, R.R.
- começo do patriarcado 120
- divisão de trabalho baseada no sexo 495
- mente e matéria 226
- papel das mulheres e dos homens 125, 133s.
- subjugação da natureza 226

Ruha (espírito em aramaico) 20, 432, 443

Russell, B.
- propósito 206, 233, 374s.

Russell, L.
- lealdade antecipada 475

Rutherford, E. 252

sabedoria
- do cosmo   382-397
- procura pela 38s.
- Tao 25-29, 383

Sale, K.
- biorregionalismo 479
- concepção científica da realidade 241
- senso de pertença a um lugar 186

salinização
- e a irrigação 54

Santo Agostinho
- e a Santíssima Trindade 443

São Basílio
- companheirismo entre todos os seres vivos 435

São Francisco de Assis
- espiritualidade ecológica 451-455
- presença divina na criação 434s.
- respeito pela vida 415

Sarvodaya, S. 460

Satori 340, 400

Saul, J.R.
- corporações como "pessoas" 87
- mercados financeiros 92
Scharper, S.
- visão antropocêntrica 115s.
Scheffer, V.
- coevolução 360
Scheler, M. 452
Schopenhauer, A. 415
Schrödinger, E.
- caráter de "sombra" da realidade 271
- sujeito e objeto 255
Schweitzer, A.
- ética de 415
Seed, J.
- mente cósmica 404
seleção natural 237, 355
"se misturar" 517s.
seres humanos
- como parte da natureza 203
- consciência 266s.
- ecologia profunda 111
- elite monopolizando recursos 50, 56
- papel no cosmo 396-408
- propósito do cosmo 381, 387, 411
Serres, M. 230
Sewall, L.
- despertar 184, 186
- negação 149
Shafer, D.
- ligação entre mentes 269
Sheldrake, R.
- campos mórficos e Gaia 370
- dualismo cósmico e leis matemáticas 223
- entendimento cartesiano de Deus 219
- evolução darwiniana 237
- matéria escura 351
- memória 311s., 331
- organicismo 285s.
- universo mecânico 231

Shepard, P.
- condição patológica coletiva das sociedades modernas 176
Shiva, V. 215, 230
- antropocentrismo 129
- as mulheres produzindo a sobrevivência 494
- cultura global 96-98
- desprendimento 522
- dinheiro como indicador de valor 95s.
- economias de subsistência 76
- feminismo 116s.
- monocultura da mente 19, 162
- percepção da realidade 133s.
- poder 135
simbiogênese 291, 358s.
simbiose 386, 394
- evolução 358-361
Simmel, G.
- economia monetária 494
sincronia 508s.
Singer, W.
- ponto de Deus 428
sistemas
- auto-organização e criatividade 297
- natureza não linear de 294, 296
- natureza relacional de 291s.
- vivos e a mente 299s.
sistema de saúde
- acesso ao 52
sistemas vivos 283
Smith, A.
- acumulação de riquezas 236s.
- fazer dinheiro de dinheiro 92
- virtude 105
sobrevivência do mais forte 214, 355, 361
social
- inconsciente social 241
sociedade humana, valores da
- cosmologias tradicionais 203
sociedades baseadas no crescimento industrial 51 n.2, 106

solo
- como um ecossistema complexo 54
- erosão do 37, 54
Sommerfield, A. 252
Sonea, S.
- bactéria 356
sonho 511
- da Terra 404s.
Spangler, D.
- manifestação 512-516
- mente e consciência 266
Spemann, H.
- campos mórficos 329
Spencer, H. 238
Spider Woman; cf. Mulher Aranha
splicing alternativo 327
Spretnak, C.
- ecofeminismo 117
Stapp, H.
- átomo como uma teia de relacionamentos 259
Star, J.
- *Tao Te Ching* 23
Starhawk
- análise sobre o poder 134-140
Steinman, L.
- cosmologia 199
Stengers, I. 305
Stockholm International Peace Research Institute 53
- gastos militares 100
Structural Adjustment Program (SAP); cf. Programas de Ajustamento Estrutural (PAE)
Subsidiariedade
- e a nova política 487
Sul, o Grande "Sul"
- significado do termo 28 n.4
Sunyata 263, 504
superioridade genética 324
surgimento 209, 310, 384s.

Suzuki, D.
- consciência ecológica 293
- Gaia como organismo vivo 366s.
Swimme, B. 346
- ciência moderna e universo 209
- conscientização das pessoas sobre a nova cosmologia 166s.
- força atrativa do amor 502
- humanidade como a Terra consciente 433
- nova cosmologia 209s.
- nova ética 408
- origens da cosmologia 198
- perda da cosmologia 207
- princípio cosmogênico 387-397
- propósito e cosmo 375-377
- transformação humana 399s.
- universo como um lugar amistoso 205
- vazio 263

Tao ("o caminho") 458
- alinhamento com a energia do 34
- da libertação 41, 44, 383, 464
- diversidade e Tao 103
- equilíbrio e interdependência 104
- sabedoria 25-29
- significado do 18s.
Tao Te Ching 23s., 457, 517
taoísmo
- e a espiritualidade ecológica 457s.
Taylor, J.
- intuição 511
Te 506
tecnologia
- "exterminadora" de sementes 84s.
- rápidos avanços tecnológicos 50
- cf. tb. agricultura; organismos geneticamente modificados
teia da criação 460
Teilhard de Chardin, P. 362
Tektology 286
teleologia
- rejeição da 379-381

teleonomia 379
tempo
- circular e linear 203, 234
- cosmologias tradicionais 202, 204, 215
- entendimento quantitativo do 234
- relatividade 248
teologia
- e espiritualidade 449
Teoria de Sistemas 283, 285-293
- campos mórficos 319
- visão ecológica da realidade 292s.
Teoria Especial da Relatividade 247s.
Teoria Geral da Relatividade 249
Terra
- como Gaia 430
- como mãe 126, 201, 371, 431, 457
- como uma comunidade de seres vivos 201, 203
- como um organismo vivo 201s., 239, 282
- crise da 35-38
- dos sonhos 273
- e alma 209
- efeitos das mudanças climáticas 372s.
- perspectivas cósmicas sobre 35-38
- violação da 240
Thinglessness; cf. ausência de matéria; de objetos
Third World Network 83
Thomson, J.J.
- elétrons 252
todo
- composto por partes 222
Tomás de Celano 452
Toolan, D. 213
toxinas
- e o meio ambiente 36, 55-57
Toynbee, A. 99, 453
trabalho 132-135, 519
tradições religiosas
- e a ressonância mórfica 321
transformação
- e a complexidade 300-305

- e a cosmologia 206-210
- ecologia da 42-45
- humana e a aceitação de limites 401
- obstáculos para a transformação cosmológica 42s.
- psicoespiritual 42
- sistêmica 41
- unitária 231
- cf. tb. ação transformadora

Transnacional Corporations; cf. corporações transnacionais
Tratado Norte-Americano de Livre Comércio 83
Trevelyan, G. 485
Trindade
- e a espiritualidade ecológica 442s.

Undp; cf. United Nations Development Programme
United Nations Development Programme
universo
- como um Grande "Eu" 403
- composto por números 217
- com propósito 436
- consciente 429s.
- e as leis do universo 219
- e Deus 437s.
- espiritual 429s.
- eterno e imutável 214
- evoluindo 352-362, 436
- expandindo 231s., 344-347
- infinito e eterno 199
- matemático 220s.
- mecânico 224, 233, 239
- propósito final 232
- sem propósito 206, 240s.
- sem vida 213
- vivo 344-347

Varela, F. 288s.
- consciência 298-300
- processos da vida 297, 299
verdade
- e o conhecimento matemático 219

verificação 522

vias

- positiva, negativa, criativa e transformativa 496-499

vício

- e a impotência 144, 150-153
- reforçado pela mídia 163-165
- trauma e vício 172-175

vida

- improbabilidade da 376s.
- processo da vida como cognição 296s.
- propósito da vida e as cosmologias tradicionais 203

violência

- do capitalismo 129
- reiterando a impotência 154-156

violação 240

visão

- biorregional 492s.
- e ações transformadoras 473-495
- encarnação da 511-520
- força vital 313
- papel do visionário 472
- social, características da 477s.
- visualização 513s.
- vitalismo 285, 313
- Von Bertalanffy, L., e a teoria de sistemas 54s., 287-289

visão do mundo 198, 212

- antropocêntrica 220
- e a cosmologia 198
- e o paradigma 198
- transformada 208

vontade

- desenvolvimento da 192s.
- divina e a gravidade 223
- entendimento e propósito da 193s.

Wackernagel, Mathias 61

Wallace, A.R.

- evolução 361

Walsh, R.
- crise atual 40
- culpa 180
- desilusão 167
- medo como oportunidade 186s.
- negação 150
- patologia da impotência 144
Warc; cf. World Alliance of Reformed Churches
Waring, M.
- PIB 70
Waskow, A. 433
Watson, A. 379
Weaver, W. 325
Weinberg, S.
- nascimento do cosmo 348
- mundo quântico 257
- universo hostil 206
Weiss, P.
- campos morfogênicos 325, 329
White Jr., L.
- São Francisco de Assis 452
Wiener, N. 290
- cibernética 287s.
- matéria como processo 263s.
Wilber, K.
- começo do patriarcado 120s.
- criação do divino 392
- dignidade moderna 243
- surgimento da mente cósmica 404
Wilson, E.
- campos mórficos/ressonância mórfica 323
- respeito pela comunidade da vida 413s.
Winter, D.N.
- calvinismo e capitalismo 236
- cosmologias tradicionais 202s.
- cosmovisão de Newton 221
- imaginação feminina e Gaia 371
- progresso 238
World Alliance of Reformed Churches e o império 51 n.2
World Council of Churches 460

World Trade Organization; cf. Organização Mundial do Comércio
Worldwatch Institute 16
- crescimento 67
- destruição ecológica 69

Yoga, k. 498
Young-Sowers, M.
- visão 193
Ywahoo, D. 514

Zohar, D.
inteligência espiritual 429
intuição 508
o "eu" 267s.

Índice geral

Sumário, 11

Prefácio, 13

Sobre o Tao Te Ching, 23

Prólogo, 25

1 Procurando a sabedoria numa era em crise, 31
   A crise da Terra: uma perspectiva cósmica, 35
   A busca pela sabedoria, 38
   Examinando obstáculos, 41
   Investigando mais a fundo: cosmologia e libertação, 42
   A ecologia da transformação, 43

Parte I. Examinando obstáculos, 47

2 Desmascarando um sistema patológico, 49
   Crescimento canceroso, 59
   Desenvolvimento distorcido, 73
   Poderio corporativo, 82
   Finanças parasitas, 89
   A monocultura da mente, 96
   Poder como dominação, 100
   Da patologia para a saúde, 102

3 Superando a dominação, 110
   Ecologia profunda, 111
   Ecofeminismo, 116
   As origens do patriarcado e do antropocentrismo, 119
   Capitalismo global: um sistema androcêntrico, 126
   Reconstruindo o poder, 135

4 Superando a paralisia – Renovando a psique, 141
   A dinâmica da impotência, 144
   Reiteração sistêmica, 154
   Examinando meticulosamente: as perspectivas da ecopsicologia, 167
   Da paralisia para a reconexão, 182

Parte II. Cosmologia e libertação, 195

5 Redescobrindo a cosmologia, 197
As cosmologias tradicionais, 200
A perda da cosmologia no Ocidente, 204
Cosmologia e transformação, 206

6 A cosmologia da dominação, 212
De organismo a máquina: a morte do cosmo vivente, 216
Reduzindo o todo a suas partes: o materialismo atômico, 221
Subjugando a natureza: a busca pelo controle, 224
Eternidade, determinismo e a perda de propósito, 230
Ganhos pessoais, progresso e a sobrevivência do mais forte, 233
A cosmologia da exploração e do desespero, 239
Para além da mecânica, 242

7 Transcendendo a matéria – O microcosmo holístico, 246
A ausência da matéria (*Thinglessness*), 251
Relações fundamentais, 258
O vazio repleto de potencial, 261
A imanência da mente, 264
O cosmo holístico, 270
O holismo quântico, 276

8 Complexidade, caos e criatividade, 280
Explorando a teoria de sistemas, 285
O surgimento da criatividade e da mente, 293
A complexidade e a transformação, 300

9 Memória, ressonância mórfica e surgimento, 309
As reverberações da memória, 315
Além do determinismo genético, 323
Das leis eternas para hábitos evolutivos, 331
A criatividade e a mudança, 336
A ressonância mórfica e a práxis transformativa, 339

10 O cosmo como revelação, 343
Cosmogênese, 346
O desdobramento da vida, 352
Gaia: a terra viva, 362
Um senso de propósito, 374
A sabedoria do cosmo, 382
Reinventando o humano, 396
A Carta da Terra como contexto comum, 408

Parte III. O Tao da libertação, 419

11 A espiritualidade para a Era Ecozoica, 421
  Entendendo a espiritualidade, 423
  A ecologia, a espiritualidade e a tradição cristã, 431
  O papel das religiões, 453

12 A ecologia da transformação, 463
  Concebendo uma nova visão, 473
  Os quatro caminhos para a libertação, 496

Continuando a jornada, 525

Referências, 527
  Leitura suplementar, 541

Índice analítico, 543

Conecte-se conosco:

 facebook.com/editoravozes

 @editoravozes

 @editora_vozes

youtube.com/editoravozes

+55 24 2233-9033

www.vozes.com.br

Conheça nossas lojas:

www.livrariavozes.com.br

Belo Horizonte – Brasília – Campinas – Cuiabá – Curitiba
Fortaleza – Juiz de Fora – Petrópolis – Recife – São Paulo

EDITORA VOZES LTDA.
Rua Frei Luís, 100 – Centro – Cep 25689-900 – Petrópolis, RJ
Tel.: (24) 2233-9000 – E-mail: vendas@vozes.com.br